圖書在版編目(CIP)數據

國家圖書館藏敦煌遺書·第六十八册/中國國家圖書館編;任繼愈主編.—北京:北京圖書館出版社,2007.11

ISBN 978-7-5013-3220-5

Ⅰ.國… Ⅱ.①中…②任… Ⅲ.敦煌學—文獻 Ⅳ.K870.6

中國版本圖書館 CIP 數據核字(2007)第 142220 號

書　　名　國家圖書館藏敦煌遺書·第六十八册
著　　者　中國國家圖書館編　任繼愈主編
責任編輯　徐　蜀　孫　彦
封面設計　李　璀

出　　版　北京圖書館出版社　(100034　北京西城區文津街7號)
發　　行　010-66139745　66151313　66175620　66126153
　　　　　66174391(傳真)　66126156(門市部)
E-mail　cbs@nlc.gov.cn(投稿)　btsfxb@nlc.gov.cn(郵購)
Website　www.nlcpress.com
經　　銷　新華書店
印　　刷　北京文津閣印務有限責任公司

開　　本　八開
印　　張　50
版　　次　2007年11月第1版第1次印刷
印　　數　1-250册(套)

書　　號　ISBN 978-7-5013-3220-5/K·1447
定　　價　990.00圓

編輯委員會

主　　編　任繼愈

常務副主編　方廣錩

副 主 編　李際寧　張志清

編委（按姓氏筆畫排列）　王克芬　王姿怡　吳玉梅　胡新英　陳　穎　黄　霞（常務）　劉玉芬

出版委員會

主　任　詹福瑞

副主任　陳　力

委　員（按姓氏筆畫排列）　李　健　姜　紅　郭又陵　徐　蜀　孫　彦

攝製人員（按姓氏筆畫排列）

于向洋　王富生　王遂新　谷韶軍　張　軍　張紅兵　張　陽　曹　宏　郭春紅　楊　勇　嚴　平

原件修整人員（按姓氏筆畫排列）

朱振彬　杜偉生　李　英　胡玉清　胡秀菊　張　平　劉建明

目錄

智圓滿一切智亦能圓滿道相智
相智由此證得一切智智善現是菩薩
摩訶薩以无性爲自性方便力故覺一切法
皆无自性其中无有想亦復无无想善現菩
薩摩訶薩應如是脩式隨念謂於其中尚无
少念况有念式
善現云何菩薩摩訶薩脩捨隨念善現是菩
薩摩訶薩脩行般若波羅蜜多時以无性爲
自性方便力故脩捨隨念若捨財若捨法俱
不起心我施我不施我捨我不捨若捨所有
身分支節亦不起心我施我不施我捨我不
捨亦不思惟所捨所與及捨施福何以故善
現如是諸法皆无自性若法无自性則无所
有若无所有則不可念所以者何善現若无
念无思惟是爲捨隨念善現菩薩摩訶薩脩
行般若波羅蜜多時應如是脩捨隨念若如
是脩捨隨念是爲菩薩摩訶薩作漸次業

BD05071 號　大般若波羅蜜多經卷三七三　（18–1）

現如是諸法皆无自性若法无自性則无所
有若无所有則不可念所以者何善現若无
念无思惟是爲捨隨念善現菩薩摩訶薩脩
行般若波羅蜜多時應如是脩捨隨念若如
是脩捨隨念是爲菩薩摩訶薩作漸次業
脩漸次學行漸次行善現是菩薩摩訶薩如
是作漸次業脩漸次學行漸次行時則能圓
滿四念住亦能圓滿四正斷四神足五根五
力七等覺支八聖道支則能圓滿空解脫門
亦能圓滿无相无願解脫門則能圓滿四靜
慮亦能圓滿四无量四无色定則能圓滿八
解脫亦能圓滿八勝處九次第定十遍處則
能圓滿一切三摩地門亦能圓滿一切陁羅
尼門則能圓滿布施波羅蜜多亦能圓滿淨
式安忍精進靜慮般若波羅蜜多則能圓滿
內空亦能圓滿外空內外空空空大空勝義
空有爲空无爲空畢竟空无際空散空无變
異空本性空自相空共相空一切法空不可
得空无性空自性空无性自性空則能圓滿
真如亦能圓滿法界法性不虛妄性不變異
性平等性離生性法定法住實際虛空界不
思議界則能圓滿五眼亦能圓滿六神通則
能圓滿佛十力亦能圓滿四无所畏四无礙
解十八佛不共法則能圓滿大慈亦能圓滿
大悲大喜大捨則能圓滿无忘失法亦能圓
滿恒住捨性則能圓滿一切智亦能圓滿道

BD05071 號　大般若波羅蜜多經卷三七三　（18–2）

真如亦能圓滿法界法性不虛妄性不變異
性平等性離生性法定法住實際虛空界不
思議界則能圓滿五眼亦能圓滿六神通則
能圓滿佛十力亦能圓滿四无所畏四无礙
解十八佛不共法則能圓滿大慈亦能圓滿
大悲大喜大捨則能圓滿无忘失法亦能圓
滿恒住捨性則能圓滿一切智亦能圓滿道
相智一切相智由此證得一切智智善現
是菩薩摩訶薩以无性為自性方便力故覺
一切法皆无自性其中无有想亦復无无想
善現菩薩摩訶薩應如是脩捨隨念謂於其
中尚无少念况有念捨
善現云何菩薩摩訶薩脩天隨念善現是菩
薩摩訶薩脩行般若波羅蜜多時以无性為
自性方便力故脩天隨念觀預流等雖生四
大王衆天或三十三天或夜摩天或覩史多
天或樂變化天或他化自在天而不可得不
應思惟觀不還等雖生色界天或无色界天
而不可得不應思惟何以故善現如是諸天
皆无自性若法无自性則无所有若无所有
則不可念所以者何善現若无念无思惟是
為天隨念善現菩薩摩訶薩脩行般若波羅
蜜多時應如是脩天隨念若如是脩天隨念
是為菩薩摩訶薩作漸次業脩漸次學行漸
次行善現是菩薩摩訶薩如是作漸次業脩
漸次學行漸次行時則能圓滿四念住亦能

BD05071號　大般若波羅蜜多經卷三七三　（18–3）

則不可念所以者何善現若无念无思惟是
為天隨念善現菩薩摩訶薩脩行般若波羅
蜜多時應如是脩天隨念若如是脩天隨念
是為菩薩摩訶薩作漸次業脩漸次學行漸
次行善現是菩薩摩訶薩如是作漸次業脩
漸次學行漸次行時則能圓滿四念住亦能
圓滿四正斷四神足五根五力七等覺支八
聖道支則能圓滿空解脫門亦能圓滿无相
无願解脫門則能圓滿四靜慮亦能圓滿四
无量四无色定則能圓滿八解脫亦能圓滿
八勝處九次第定十遍處則能圓滿一切三
摩地門亦能圓滿一切陁羅尼門則能圓滿
布施波羅蜜多亦能圓滿淨戒安忍精進靜
慮般若波羅蜜多則能圓滿內空亦能圓滿
外空內外空空空大空勝義空有為空无為
空畢竟空无際空散空无變異空本性空自
相空共相空一切法空不可得空无性空自
性空无性自性空則圓滿真如亦能圓滿
法界法性不虛妄性不變異性平等性離生
性法定法住實際虛空界不思議界則能圓
滿五眼亦能圓滿六神通則能圓滿佛十力
亦能圓滿四无所畏四无礙解十八佛不共
法則能圓滿大慈亦能圓滿大悲大喜大捨
則能圓滿无忘失法亦能圓滿恒住捨性則
能圓滿一切智亦能圓滿道相智一切相智
由此證得一切智智善現是菩薩摩訶薩以

BD05071號　大般若波羅蜜多經卷三七三　（18–4）

亦能圓滿四无所畏四无礙解十八佛不共
法則能圓滿大慈大悲大喜大捨
則能圓滿无忘失法亦能圓滿恒住捨性則
能圓滿一切智亦能圓滿道相智一切相智
由此證得一切智智善現是菩薩摩訶薩以
无性為自性方便力故覺一切法皆无自性
其中无有想亦復无无想善現菩薩摩訶薩
應如是脩天隨念謂於其中尚无少念况有
念天善現是為菩薩摩訶薩依脩六隨念作
漸次業脩漸次學行漸次行
復次善現菩薩摩訶薩脩行般若波羅蜜多
時為欲圓滿住漸次業脩漸次學行漸次行
以無性為自性方便力故應學内空應學外
空内外空空空大空勝義空有為空無為空
畢竟空無際空散空無變異空本性空自相
空共相空一切法空不可得空無性空自性
空無性自性空以無性為自性方便力故應
學真如應學法界法性不虚妄性不變異
性平等性離生性法定法住實際虚空界不思
議界以無性為自性方便力故應學四念住
應學四正斷四神足五根五力七等覺支八
聖道支以無性為自性方便力故應學苦聖
諦應學集滅道聖諦以無性為自性方便力
故應學四靜慮應學四無量四無色定以無
性為自性方便力故應學八解脫應學八勝
處九次第定十遍處以無性為自性方便力

應學四正斷四神足五根五力七等覺支八
聖道支以無性為自性方便力故應學苦聖
諦應學集滅道聖諦以無性為自性方便力
故應學四靜慮應學四無量四無色定以無
性為自性方便力故應學八解脫應學八勝
處九次第定十遍處以無性為自性方便力
故應學空解脫門應學無相無願解脫門以
無性為自性方便力故應學布施波羅蜜多
應學淨戒安忍精進靜慮般若方便善巧願
力智波羅蜜多以無性為自性方便力故應
學極喜地應學離垢地發光地焰慧地極
難勝地現前地遠行地不動地善慧地法雲
地以無性為自性方便力故應學五眼應學
六神通以無性為自性方便力故應學佛十
力應學四無所畏四無礙解十八佛不共法
以無性為自性方便力故應學大慈應學大
悲大喜大捨以無性為自性方便力故應學
無忘失法應學恒住捨性以無性為自性方
便力故應學一切智應學道相智一切相智
以無性為自性方便力故應學一切三摩地門
應學一切陁羅尼門善現是菩薩摩訶薩如
是脩學菩提道時學一切法皆以无性為
其自性於中尚无少念可得况有色念受
想行識况有念眼處念耳鼻舌身意處况有
念色處念聲香味觸法處况有念眼界念耳
鼻舌身意界况有念色界念聲香味觸法界
况有念眼識界念耳鼻舌身意識界况有念

應學一切陀羅尼門善現是菩薩摩訶薩如是修學菩提道時學一切法皆以无性為其自性於中尚无少分可得况有色分受想行識况有分眼處分耳鼻舌身意處况有分色處分聲香味觸法處况有分眼界分耳鼻舌身意界况有分色界分聲香味觸法界况有分眼識界分耳鼻舌身意識界况有分眼觸分耳鼻舌身意觸况有分眼觸為緣所生諸受分耳鼻舌身意觸為緣所生諸受况有分地界分水火風空識界况有分因緣分等无間緣所緣緣增上緣况有分无明分行識名色六處觸受愛取有生老死愁歎苦憂惱况有分布施波羅蜜多分淨戒安忍精進靜慮般若波羅蜜多况有分內空分外空內外空空空大空勝義空有為空无為空畢竟空无際空散空无變異空本性空自相空共相空一切法空不可得空无性空自性空无性自性空况有分四念住分四正斷四神足五根五力七等覺支八聖道支况有分苦聖諦分集滅道聖諦况有分四靜慮分四无量四无色定况有分八解脫分八勝處九次第定十遍處况有分一切三摩地門分一切陀羅尼門况有分空解脫門分无相无願解脫門况有分極喜地分離垢地發光地焰慧地極難勝地現前地遠行地不動地善慧地法雲地况有分五眼分六神通况有分佛十

BD05071 號　大般若波羅蜜多經卷三七三　（18–7）

量四无色定况有分八解脫分八勝處九次第定十遍處况有分一切三摩地門分一切陀羅尼門况有分空解脫門分无相无願解脫門况有分極喜地分離垢地發光地焰慧地極難勝地現前地遠行地不動地善慧地法雲地况有分五眼分六神通况有分佛十力分四无所畏四无礙解十八佛不共法况有分大慈分大悲大喜大捨况有分无忘失法分恒住捨性况有分一切智分道相智一切相智况有分預流果分一來不還阿羅漢果獨覺菩提况有分一切菩薩摩訶薩行分諸佛无上正等菩提如是諸分及所分法若少有實无有是處善現如是菩薩摩訶薩修行般若波羅蜜多時雖作漸次業修漸次學行漸次行而於其中所有一切心所行業心所行學心所行行皆悉不轉以一切法皆以无性為自性故

尒時具壽善現白佛言世尊若一切法皆以无性為自性者則應无色亦无受想行識應无眼處亦无耳鼻舌身意處應无色處亦无聲香味觸法處應无眼界亦无耳鼻舌身意界應无色界亦无聲香味觸法界應无眼識界亦无耳鼻舌身意識界應无眼觸亦无耳鼻舌身意觸應无眼觸為緣所生諸受亦无耳鼻舌身意觸為緣所生諸受應无地界亦无水火風空識界應无因緣亦无等无間緣

BD05071 號　大般若波羅蜜多經卷三七三　（18–8）

聲香味觸法處應无眼界亦无耳鼻舌身意
界應无色界亦无聲香味觸法界應无眼識
界亦无耳鼻舌身意識界應无眼觸亦无耳
鼻舌身意觸應无眼觸為緣所生諸受亦无
耳鼻舌身意觸為緣所生諸受應无地界亦
无水火風空識界應无因緣亦无等无間緣
所緣緣增上緣應无无明亦无行識名色六
處觸受愛取有生老死愁歎苦憂惱應无布
施波羅蜜多亦无淨戒安忍精進靜慮般若
波羅蜜多應无內空亦无外空內外空空空
大空勝義空有為空无為空畢竟空无際空
散空无變異空本性空自相空共相空一切
法空不可得空无性空自性空无性自性空
應无四念住亦无四正斷四神足五根五力七
等覺支八聖道支應无苦聖諦亦无集滅
道聖諦應无四靜慮亦无四无量四无
色定應无八解脫亦无八勝處九次第定十
遍處應无一切三摩地門亦无一切陀羅尼
門應无空解脫門亦无无相无願解脫門應
无極喜地亦无離垢地發光地焰慧地極
難勝地現前地遠行地不動地善慧地法雲
地應无五眼亦无六神通應无佛十力亦无
四无所畏四无礙解十八佛不共法應无大
慈亦无大悲大喜大捨應无忘失法亦无
恒住捨性應无一切智亦无道相智一切相
智應无預流果亦无一來不還阿羅漢果獨

BD05071 號　大般若波羅蜜多經卷三七三　（18–9）

地應无五眼亦无六神通應无佛十力亦无
四无所畏四无礙解十八佛不共法應无大
慈亦无大悲大喜大捨應无忘失法亦无
恒住捨性應无一切智亦无道相智一切相
智應无預流果亦无一來不還阿羅漢果獨
覺菩提應无一切菩薩摩訶薩行亦无諸佛
无上正等菩提應无佛亦无法僧應无道亦
无果應无雜染亦无清淨應无行亦无得无
現觀乃至一切法皆應是无佛言善現於汝
意云何於一切法皆以无性為自性中有性
无性為可得不善現荅言不也世尊不也善
逝於一切法皆以无性為自性中有性无性
俱不可得佛言善現若一切法皆以无性為
自性中有性无性俱不可得云何汝今可為
是問若一切法皆以无性為自性者則應无
色亦无受想行識應无眼處亦无耳鼻舌身
意處應无色處亦无聲香味觸法處應无眼
界亦无耳鼻舌身意界應无色界亦无聲香
味觸法界應无眼識界亦无耳鼻舌身意識
界應无眼觸亦无耳鼻舌身意觸應无眼觸
為緣所生諸受亦无耳鼻舌身意觸為緣所
生諸受應无地界亦无水火風空識界應无
因緣亦无等无間緣所緣緣增上緣應无无
明亦无行識名色六處觸受愛取有生老死
愁歎苦憂惱應无布施波羅蜜多亦无淨戒
安忍精進靜慮般若波羅蜜多應无內空亦
无外空[illegible]

BD05071 號　大般若波羅蜜多經卷三七三　（18–10）

因緣亦无等无間緣所緣緣增上緣應无无
明亦无行識名色六處觸受愛取有生老死
愁歎苦憂惱應无布施波羅蜜多亦无淨戒
安忍精進靜慮般若波羅蜜多應无內空亦
无外空內外空空空大空勝義空有為空无
為空畢竟空无際空散空无變異空本性空
自相空共相空一切法空不可得空无性空
自性空无性自性空應无四念住亦无四正
斷四神足五根五力七等覺支八聖道支應
无苦聖諦亦无集滅道聖諦應无四靜慮亦
无四无量四无色定應无八解脫亦无八勝
處九次第定十遍處應无一切三摩地門亦
无一切陁羅尼門應无空解脫門亦无无相
无願解脫門應无極喜地亦无離垢地發光
地焰慧地極難勝地現前地遠行地不動地
善慧地法雲地應无五眼亦无六神通應无
佛十力亦无四无所畏四无礙解十八佛不共
法應无大慈亦无大悲大喜大捨應无无忘
失法亦无恒住捨性應无一切智亦无道相
智一切相智應无預流果亦无一來不還阿
羅漢果獨覺菩提應无一切菩薩摩訶薩
行亦无諸佛无上正等菩提應无佛亦无法
僧應无道亦无果應无雜染亦无清淨應无
行亦无得无現觀乃至一切法皆應是无時
具壽善現白佛言世尊我於是法无惑无疑
然當來世有苾芻等或求聲聞乘或求獨覺

羅漢果獨覺菩提應无一切菩薩摩訶薩
行亦无諸佛无上正等菩提應无佛亦无法
僧應无道亦无果應无雜染亦无清淨應无
行亦无得无現觀乃至一切法皆應是无時
具壽善現白佛言世尊我於是法无惑无疑
然當來世有苾芻等或求聲聞乘或求獨覺
乘或求菩薩摩訶薩乘彼作是說佛說一切
法皆以无性為其自性若一切法皆以无性
為自性者誰染誰淨誰縛誰解彼於染淨
及於縛解不了知故破戒破見破威儀破淨
命曲破戒見威儀淨命當墮地獄傍生鬼界
受諸劇苦輪迴生死難得解脫我觀未來當
有如是可怖畏事故問如來應正等覺如是
深義然我於此无惑无疑佛言善現善哉善
哉如是如是如汝所說於一切法皆以无性
為自性中有性无性俱不可得不應於此執
有无性

初分无相无得品第六十六

尒時具壽善現白佛言世尊若一切法皆以
无性為自性者菩薩摩訶薩見何等義為欲
利樂諸有情故求趣无上正等菩提佛言善
現以一切法皆以无性為自性故菩薩摩訶
薩為欲利樂諸有情故求趣无上正等菩提
何以故善現諸有情類具斷常見住有所得
難可調伏愚癡顛倒難可解脫善現住有所
得者由有所得想无得无現觀亦无无上正

現以一切法皆以无性為自性故菩薩摩訶
薩為欲利樂諸有情故求趣无上正等菩提
何以故善現諸有情類具斷常見住有所得
難可調伏愚癡顛倒難可解脫善現住有所
得者由有所得想无得无現觀亦无无上正
等菩提具壽善現白佛言世尊无所得者為
有得有現觀有无上正等菩提不佛言善現
若无所得即是得即是現觀即是无上正等
菩提以不壞法界故善現若有於是无所得
中欲有所得欲得現觀欲得无上正等菩提
當知彼為欲壞法界具壽善現復白佛言世尊
若无所得即是得即是現觀即是无上正等
菩提无所得中无得无現觀亦无无上正等
菩提者云何得有菩薩摩訶薩極喜地離垢
地發光地焰慧地極難勝地現前地遠行地
不動地善慧地法雲地云何得有菩薩摩訶
薩无生法忍云何得有異熟生神通云何得
有異熟生布施淨戒安忍精進靜慮般若波
羅蜜多云何得有菩薩摩訶薩安住如是異熟
生法成熟有情嚴淨佛土於諸佛所恭敬供養
上妙飲食衣服華鬘塗散等香車乘纓絡寶幢
幡蓋房舍卧具伎樂燈明及餘種種人天資具所植
善根乃至无上正等菩提與果无盡展轉乃
至般涅槃後自設利羅及諸弟子猶得種種
供養恭敬善根勢力仍未滅盡佛言善現以
一切法无所得故得有菩薩摩訶薩極喜地

BD05071號　大般若波羅蜜多經卷三七三　（18–13）

幡蓋房舍卧具伎樂燈明及餘種種人天資具所植
善根乃至无上正等菩提與果无盡展轉乃
至般涅槃後自設利羅及諸弟子猶得種種
供養恭敬善根勢力仍未滅盡佛言善現以
一切法无所得故得有菩薩摩訶薩極喜地
離垢地發光地焰慧地極難勝地現前地遠
行地不動地善慧地法雲地即由此故得
有菩薩摩訶薩无生法忍即由此故得有異
熟生神通即由此故得有異熟生布施淨戒
安忍精進靜慮般若波羅蜜多即由此故得
有菩薩摩訶薩安住如是異熟生法成熟有
情嚴淨佛土於諸佛所恭敬供養上妙飲食
衣服華鬘塗散等香車乘纓絡寶幢幡蓋
房舍卧具伎樂燈明及餘種種人天資具乃
至无上正等菩提所植善根與果无盡展轉
乃至般涅槃後自設利羅及諸弟子猶得種
種供養恭敬善根勢力仍未滅盡
尒時具壽善現白佛言世尊若一切法皆无
所得布施淨戒安忍精進靜慮般若波羅蜜
多及諸神通有何差別佛言善現无所得者
布施淨戒安忍精進靜慮般若波羅蜜多及
諸神通皆无差別為欲令彼有所得者離染
著故方便宣說布施淨戒安忍精進靜慮般
若波羅蜜多及諸神通有差別相具壽善現
復白佛言世尊何因緣故无所得者布施淨
戒安忍精進靜慮般若波羅蜜多及諸神通

BD05071號　大般若波羅蜜多經卷三七三　（18–14）

布施淨戒安忍精進靜慮般若波羅蜜多及
諸神通皆无差別為欲令彼有所得者離染
著故方便宣說布施淨戒安忍精進靜慮般
若波羅蜜多及諸神通有差別相具壽善現
復白佛言世尊何因緣故无所得者布施淨
戒安忍精進靜慮般若波羅蜜多及諸神通
皆无差別佛言善現菩薩摩訶薩脩行般
若波羅蜜多時不得布施不得施者不得受
者不得所施而行布施不得淨戒而護淨戒
不得安忍而脩安忍不得精進而脩精進不
得靜慮而脩靜慮不得般若而脩般若不得
神通而脩神通不得四念住而脩四念住不
得四正斷四神足五根五力七等覺支八聖
道支而脩四正斷四神足五根五力七等覺
支八聖道支不得空解脫門而脩空解脫門
不得无相无願解脫門而脩无相无願解脫
門不得四靜慮而脩四靜慮不得四无量四
无色定而脩四无量四无色定不得八解脫
而脩八解脫不得八勝處九次第定十遍處
而脩八勝處九次第定十遍處不得一切三
摩地門而脩一切三摩地門不得一切陀羅
尼門而脩一切陀羅尼門不得菩薩十地而
脩菩薩十地不得五眼而脩五眼不得佛十
力而脩佛十力不得四无所畏四无礙解十
八佛不共法而脩四无所畏四无礙解十八
佛不共法不得大慈而脩大慈不得大悲大
喜大捨而脩大悲大喜大捨不得无忘失法

BD05071號　大般若波羅蜜多經卷三七三　（18–15）

摩地門而脩一切三摩地門不得一切陀羅
尼門而脩一切陀羅尼門不得菩薩十地而
脩菩薩十地不得五眼而脩五眼不得佛十
力而脩佛十力不得四无所畏四无礙解十
八佛不共法而脩四无所畏四无礙解十八
佛不共法不得大慈而脩大慈不得大悲大
喜大捨而脩大悲大喜大捨不得无忘失法
而脩无忘失法不得恒住捨性而脩恒住捨
性不得一切智而脩一切智不得道相智一
切相智而脩道相智一切相智不得有情而
成熟有情不得佛土而嚴淨佛土不得一切佛法
而證无上正等菩提善現菩薩摩訶薩應行如
是无所得般若波羅蜜多善現若菩薩摩訶
薩能行如是无所得般若波羅蜜多一切惡
魔及彼眷屬皆不能壞
尒時具壽善現白佛言世尊云何菩薩摩訶
薩脩行般若波羅蜜多時一心具攝布施淨
戒安忍精進靜慮般若波羅蜜多亦能具攝
四靜慮四无量四无色定亦能具攝四念住
四正斷四神足五根五力七等覺支八聖道
支亦能具攝空无相无願解脫門亦能具攝
苦集滅道聖諦亦能具攝八解脫八勝處九
次第定十遍處亦能具攝一切三摩地門一
切陀羅尼門亦能具攝內空外空內外空空
空大空勝義空有為空无為空畢竟空无際
空散空无變異空本性空自相空共相空一
切法空不可得空无性空自性空无性自性

BD05071號　大般若波羅蜜多經卷三七三　（18–16）

苦集滅道聖諦亦能具攝八解脫八勝處九
次第定十遍處亦能具攝一切三摩地門一
切陀羅尼門亦能具攝内空外空内外空空
空大空勝義空有為空无為空畢竟空无際
空散空无變異空本性空自相空共相空一
切法空不可得空无性空自性空无性自性
空亦能具攝真如法界法性不虛妄性不變
異性平等性離生性法定法住實際虛空界
不思議界亦能具攝五眼六神通亦能具攝
佛十力四无所畏四无礙解十八佛不共法
亦能具攝大慈大悲大喜大捨亦能具攝无
忘失法恒住捨性亦能具攝一切智道相智
一切相智亦能具攝三十二大士相八十隨
好佛告善現若菩薩摩訶薩脩行般若波羅
蜜多時所行布施波羅蜜多不離般若波羅
蜜多皆為般若波羅蜜多之所攝受所行淨
戒安忍精進靜慮般若波羅蜜多不離般
若波羅蜜多皆為般若波羅蜜多之所
攝受所脩四靜慮不離般若波羅蜜多皆為
般若波羅蜜多之所攝受所脩四无量四无
色定不離般若波羅蜜多皆為般若波羅蜜
多之所攝受所脩四念住不離般若波羅蜜
多皆為般若波羅蜜多之所攝受所脩四正斷
四神足五根五力七等覺支八聖道支不離
說處在次循空解脫門不離般若波羅蜜多皆
為般若波羅蜜多皆為般若波羅蜜多之所

BD05071號　大般若波羅蜜多經卷三七三　（18–17）

多之所攝受所脩四念住不離般若波羅蜜
多皆為般若波羅蜜多之所攝受所脩四正斷
四神足五根五力七等覺支八聖道支不離
說處在次循空解脫門不離般若波羅蜜多皆
為般若波羅蜜多皆為般若波羅蜜多之所
攝願解脫門不離般若波羅蜜多皆為般若
波羅蜜多皆為般若波羅蜜多之所攝受所
住集滅道聖諦不離般若波羅蜜多皆為
般若波羅蜜多之所攝受所脩八解脫不離
般若波羅蜜多皆為般若波羅蜜多之所攝受
所脩八勝處九次第定十遍處不離般若波羅
蜜多皆為般若波羅蜜多之所攝受所脩
一切三摩地門不離般若波羅蜜多皆為般
若波羅蜜多之所攝受所脩一切陀羅尼門不
離般若波羅蜜多皆為般若波羅蜜多之
所攝受

大般若波羅蜜多經卷第三百七十三

BD05071號　大般若波羅蜜多經卷三七三　（18–18）

BD05071 號背　勘記　（1–1）

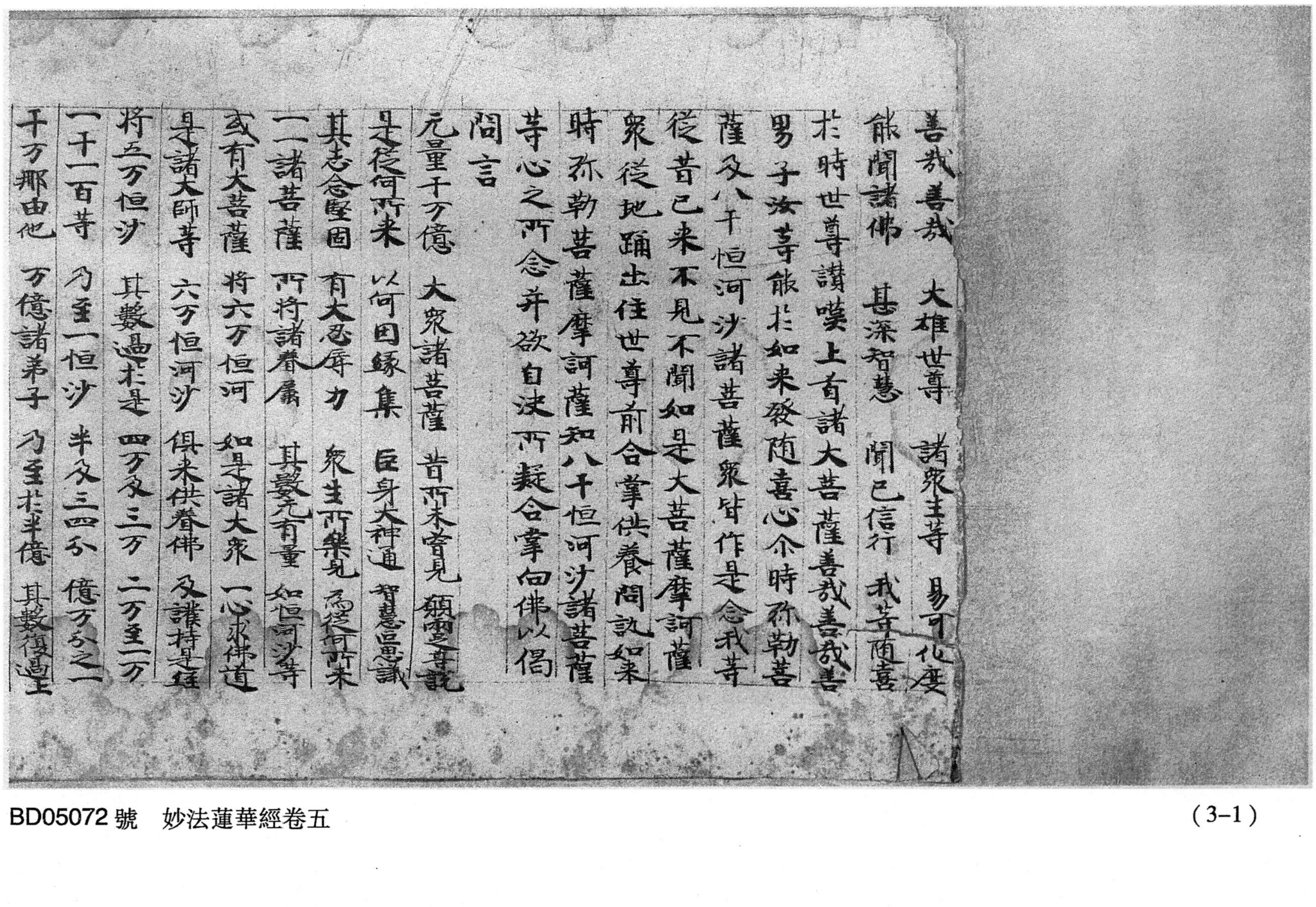

善哉善哉　大雄世尊　諸衆生等　易可化度
能問諸佛　甚深智慧　聞已信行　我等隨喜
於時世尊讚嘆上首諸大菩薩善哉善哉善
男子汝等能於如來發隨喜心尒時彌勒菩
薩及八千恒河沙諸菩薩衆皆作是念我等
從昔已來不見不聞如是大菩薩摩訶薩
衆從地踊出住世尊前合掌供養問訊如來
時彌勒菩薩摩訶薩知八千恒河沙諸菩薩
等心之所念并欲自決所疑合掌向佛以偈
問言
无量千万億　大衆諸菩薩　昔所未曾見　願兩足尊說
是從何所來　以何因緣集　巨身大神通　智慧叵思議
其志念堅固　有大忍辱力　衆生所樂見　為從何所來
一一諸菩薩　所將諸眷屬　其數无有量　如恒河沙等
或有大菩薩　將六万恒河　如是諸大衆　一心求佛道
是諸大師等　六万恒河沙　俱來供養佛　及護持是經
將五万恒沙　其數過於是　四万及三万　二万至一万
一千一百等　乃至一恒沙　半及三四分　億万分之一
千万那由他　万億諸弟子　乃至於半億　其數復過上

BD05072 號　妙法蓮華經卷五　（3–1）

或有大菩薩 將六万恒河 如是諸大衆 一心求佛道
是諸大師等 六万恒河沙 俱来供養佛 及護持是經
將三万恒沙 其數過於是 四万及三万 二万至一万
一千一百等 乃至一恒沙 半及三四分 億万分之一
千万那由他 万億諸弟子 乃至於半億 其數復過上
百万至一万 一千及一百 五十與一十 乃至三二一
單己无眷屬 樂於獨處者 俱来至佛所 其數轉過上
如是諸大衆 若人行籌數 過於恒沙劫 猶不能盡知
是諸大威德 精進菩薩衆 誰為其說法 教化而成就
從誰初發心 稱揚何佛法 受持行誰經 脩習何佛道
如是諸菩薩 神通大智力 四方地震裂 皆從中踊出
世尊我昔来 未曾見是事 願說其所從 國土之名号
我常遊諸國 未曾見是衆
我於此衆中 乃不識一人 忽然從地出 願說其因緣
今此之大會 无量百千億 是諸菩薩等 皆欲知此事
是諸菩薩衆 本末之因緣 无量德世尊 唯願決衆疑
尒時釋迦牟尼分身諸佛從无量千万億他
方國土来者在於八方諸寶樹下師子座上
結跏趺坐其佛侍者各各見是菩薩大衆於
三千大千世界四方從地踊出住於虛空各
白其佛言世尊此諸无量无邊阿僧祇菩薩
大衆從何所来尒時諸佛各告侍者諸善男
子且待須臾有菩薩摩訶薩名曰弥勒釋
迦牟尼佛之所授記次後作佛已問斯事佛今
荅之汝等自當因是得聞尒時釋迦牟尼佛

BD05072號　妙法蓮華經卷五

(3-2)

白其佛言世尊此諸无量无邊阿僧祇菩薩
大衆從何所来尒時諸佛各告侍者諸善男
子且待須臾有菩薩摩訶薩名曰弥勒釋
迦牟尼佛之所授記次後作佛已問斯事佛今
荅之汝等自當因是得聞尒時釋迦牟尼佛
告弥勒菩薩善哉善哉阿逸多乃能問佛如
是大事汝等當共一心被精進鎧發堅固意
如来今欲顯發宣示諸佛智慧諸佛自在神
通之力諸佛師子奮迅之力諸佛威猛大勢
之力尒時世尊欲重宣此義而說偈言
當精進一心 我欲說此事 勿得有疑悔 佛智叵思議
汝今出信力 住於忍善中 昔所未聞法 今皆當得聞
我今安慰汝 勿得懷疑懼 佛无不實語 智慧不可量
所得第一法 甚深叵分別 如是今當說 汝等一心聽
尒時世尊說此偈已告弥勒菩薩我今於此
大衆宣告汝等阿逸多是諸大菩薩摩訶薩
无量无數阿僧祇從地踊出汝等昔所未見
者我於是娑婆世界得阿耨多羅三藐三菩
提已教化示導是諸菩薩調伏其心令發道
意此諸菩薩皆於是娑婆世界之下此界虛
空中住於諸經典讀誦通利思惟分別正憶
念阿逸多是諸善男子等不樂在衆多有所

BD05072號　妙法蓮華經卷五

(3-3)

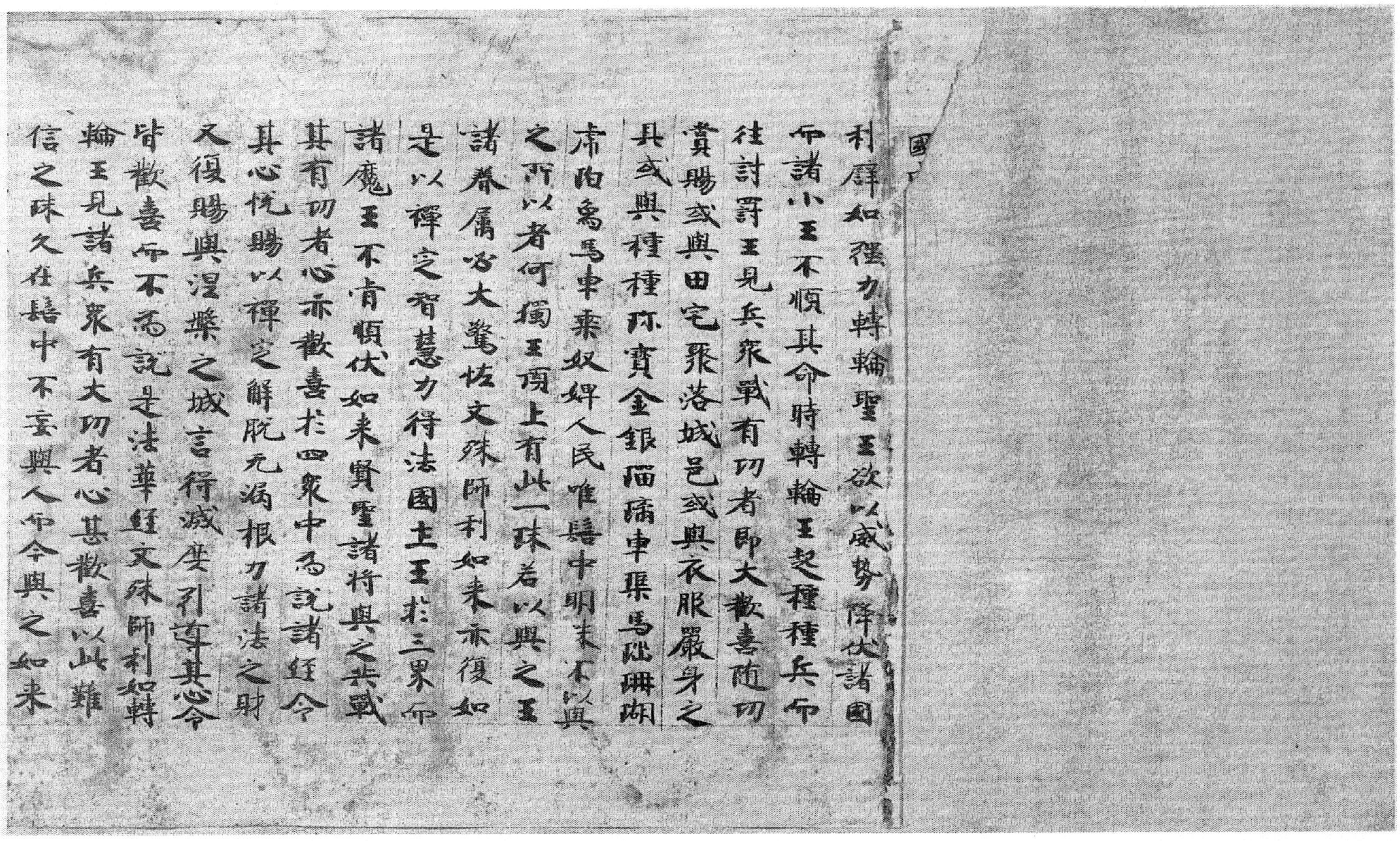
國
利譬如强力轉輪聖王欲以威勢降伏諸國
而諸小王不順其命時轉輪王起種種兵而
往討罰王見兵衆戰有功者即大歡喜隨功
賞賜或與田宅聚落城邑或與衣服嚴身之
具或與種種珍寶金銀瑠璃車𤦲馬瑙珊瑚
虎珀象馬車乘奴婢人民唯髻中明珠不以與
之所以者何獨王頂上有此一珠若以與之王
諸眷屬必大驚怪文殊師利如來亦復如
是以禪定智慧力得法國土王於三界而
諸魔王不肯順伏如來賢聖諸將與之共戰
其有功者心亦歡喜於四衆中為說諸經令
其心悅賜以禪定解脫无漏根力諸法之財
又復賜與涅槃之城言得滅度引導其心令
皆歡喜而不為說是法華經文殊師利如轉
輪王見諸兵衆有大功者心甚歡喜以此難
信之珠久在髻中不妄與人而今與之如來

BD05073號　妙法蓮華經卷五　　（6–1）

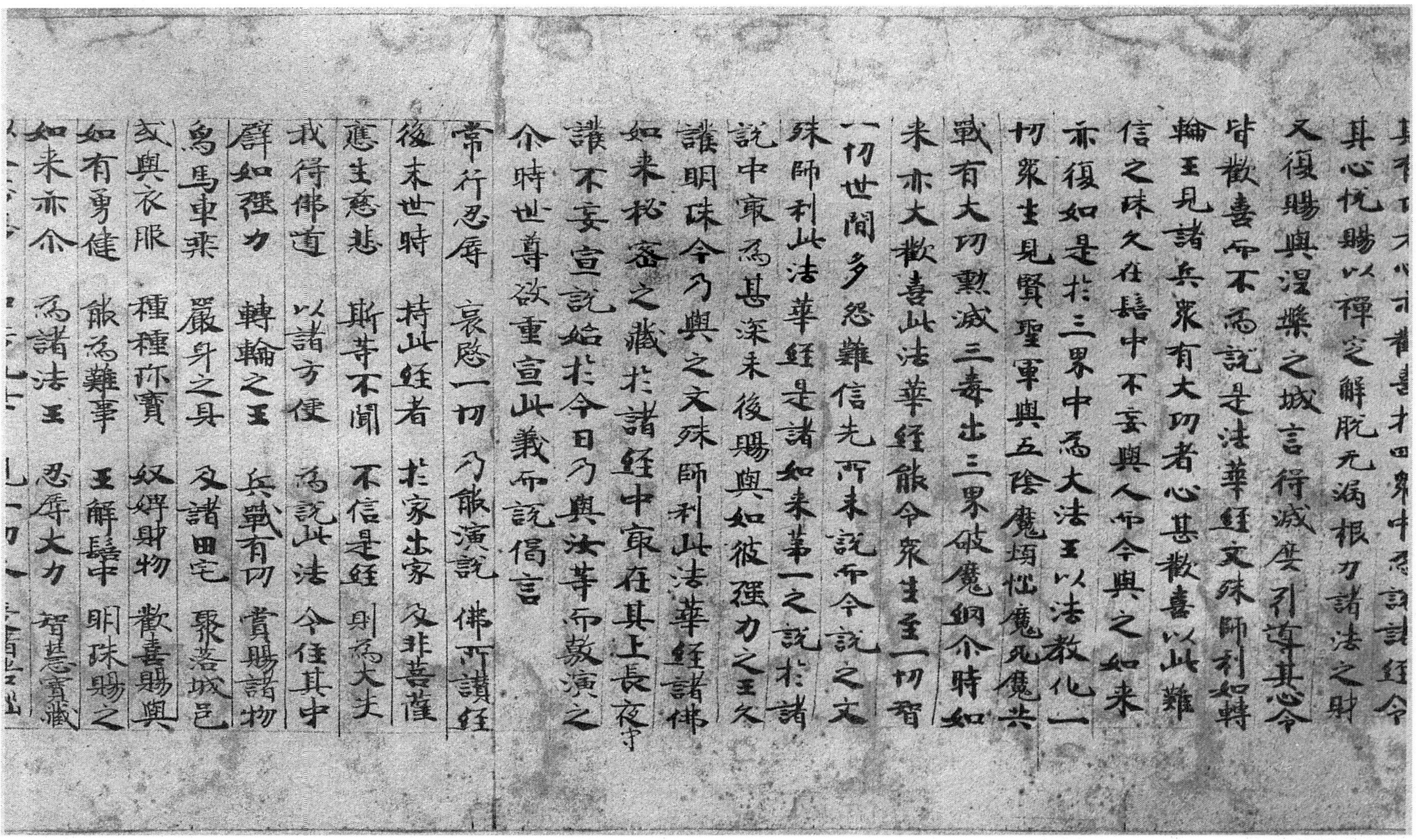
其有功者心亦歡喜於四衆中為說諸經令
其心悅賜以禪定解脫无漏根力諸法之財
又復賜與涅槃之城言得滅度引導其心令
皆歡喜而不為說是法華經文殊師利如轉
輪王見諸兵衆有大功者心甚歡喜以此難
信之珠久在髻中不妄與人而今與之如來
亦復如是於三界中為大法王以法教化一
切衆生見賢聖軍與五陰魔煩惱魔死魔共
戰有大功勳滅三毒出三界破魔網爾時如
來亦大歡喜此法華經能令衆生至一切智
一切世間多怨難信先所未說而今說之文
殊師利此法華經是諸如來第一之說於諸
說中最為甚深末後賜與如彼强力之王久
護明珠今乃與之文殊師利此法華經諸佛
如來秘密之藏於諸經中最在其上長夜守
護不妄宣說始於今日乃與汝等而敷演之
爾時世尊欲重宣此義而說偈言
常行忍辱　哀愍一切　乃能演說　佛所讚經
後末世時　持此經者　於家出家　及非菩薩
應生慈悲　斯等不聞　不信是經　則為大失
我得佛道　以諸方便　為說此法　令住其中
譬如强力　轉輪之王　兵戰有功　賞賜諸物
象馬車乘　嚴身之具　及諸田宅　聚落城邑
或與衣服　種種珍寶　奴婢財物　歡喜賜與
如有勇健　能為難事　王解髻中　明珠賜之
如來亦爾　為諸法王　忍辱大力　智慧寶藏

BD05073號　妙法蓮華經卷五　　（6–2）

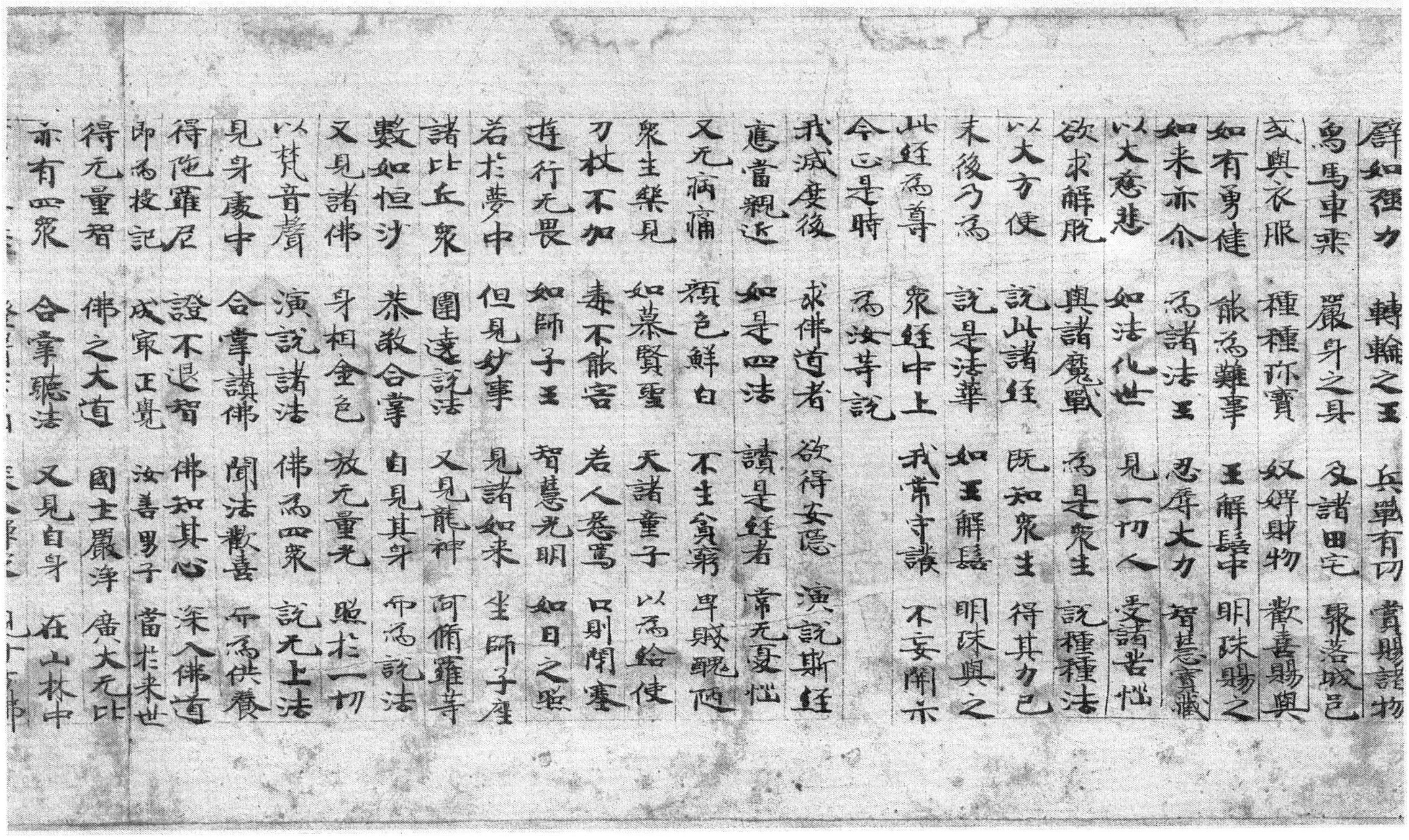
譬如強力　轉輪之王　兵戰有功　賞賜諸物
象馬車乘　嚴身之具　及諸田宅　聚落城邑
或與衣服　種種珍寶　奴婢財物　歡喜賜與
如有勇健　能為難事　王解髻中　明珠賜之
如來亦尒　為諸法王　忍辱大力　智慧寶藏
以大慈悲　如法化世　見一切人　受諸苦惱
欲求解脫　與諸魔戰　為是眾生　說種種法
以大方便　說此諸經　既知眾生　得其力已
末後乃為　說是法華　如王解髻　明珠與之
此經為尊　眾經中上　我常守護　不妄開示
今正是時　為汝等說
我滅度後　求佛道者　欲得安隱　演說斯經
應當親近　如是四法　讀是經者　常无憂惱
又无病痛　顏色鮮白　不生貧窮　卑賤醜陋
眾生樂見　如慕賢聖　天諸童子　以為給使
刀杖不加　毒不能害　若人惡罵　口則閉塞
遊行无畏　如師子王　智慧光明　如日之照
若於夢中　但見妙事　見諸如來　坐師子座
諸比丘眾　圍遶說法　又見龍神　阿脩羅等
數如恒沙　恭敬合掌　自見其身　而為說法
又見諸佛　身相金色　放无量光　照於一切
以梵音聲　演說諸法　佛為四眾　說无上法
見身處中　合掌讚佛　聞法歡喜　而為供養
得陀羅尼　證不退智　佛知其心　深入佛道
即為授記　成最正覺　汝善男子　當於來世
得无量智　佛之大道　國土嚴淨　廣大无比
亦有四眾　合掌聽法　又見自身　在山林中

BD05073 號　妙法蓮華經卷五　（6–3）

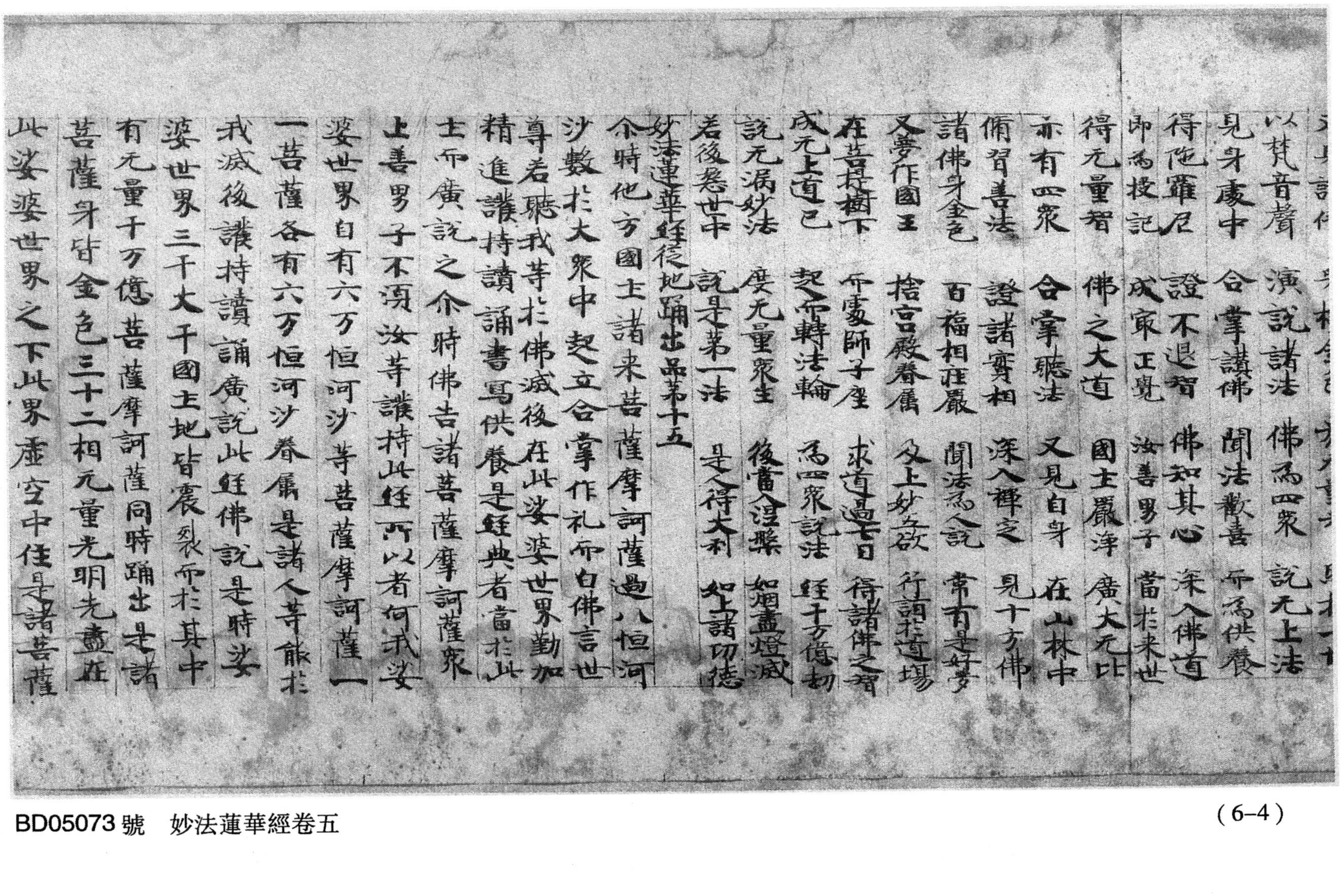
以梵音聲　演說諸法　佛為四眾　說无上法
見身處中　合掌讚佛　聞法歡喜　而為供養
得陀羅尼　證不退智　佛知其心　深入佛道
即為授記　成最正覺　汝善男子　當於來世
得无量智　佛之大道　國土嚴淨　廣大无比
亦有四眾　合掌聽法　又見自身　在山林中
脩習善法　證諸實相　深入禪定　見十方佛
諸佛身金色　百福相莊嚴　聞法為人說　常有是好夢
又夢作國王　捨宮殿眷屬　及上妙五欲　行詣於道場
在菩提樹下　而處師子座　求道過七日　得諸佛之智
成无上道已　起而轉法輪　為四眾說法　經千万億劫
說无漏妙法　度无量眾生　後當入涅槃　如烟盡燈滅
若後惡世中　說是第一法　是人得大利　如上諸功德
妙法蓮華經從地踊出品第十五
尒時他方國土諸來菩薩摩訶薩過八恒河
沙數於大眾中起立合掌作禮而白佛言世
尊若聽我等於佛滅後在此娑婆世界勤加
精進護持讀誦書寫供養是經典者當於此
土而廣說之尒時佛告諸菩薩摩訶薩眾
止善男子不須汝等護持此經所以者何我娑
婆世界自有六万恒河沙等菩薩摩訶薩一
一菩薩各有六万恒河沙眷屬是諸人等能於
我滅後護持讀誦廣說此經佛說是時娑
婆世界三千大千國土地皆震裂而於其中
有无量千万億菩薩摩訶薩同時踊出是諸
菩薩身皆金色三十二相无量光明先盡在
此娑婆世界之下此界虛空中住是諸菩薩

BD05073 號　妙法蓮華經卷五　（6–4）

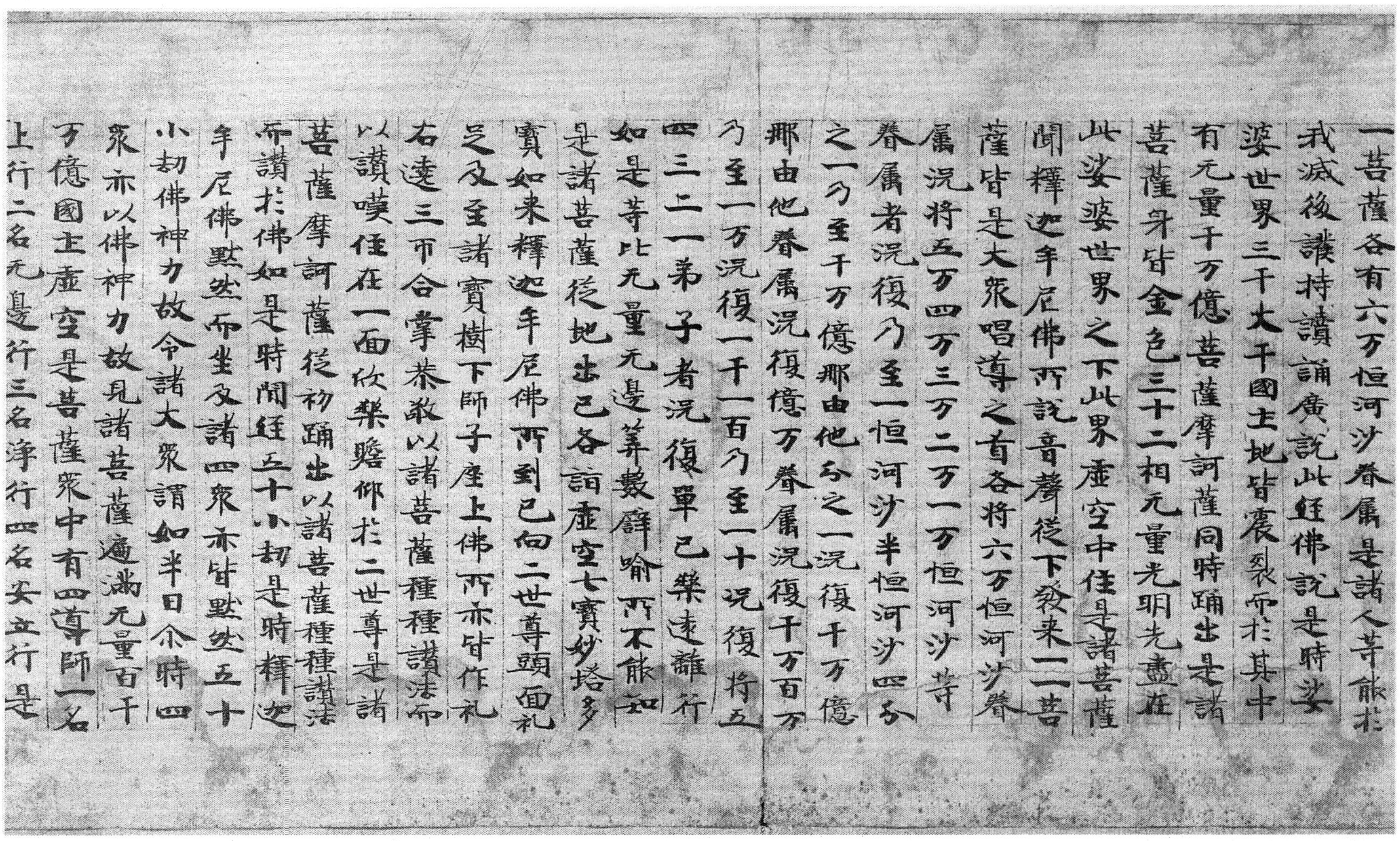
一菩薩各有六万恒河沙眷屬是諸人等能於
我滅後護持讀誦廣說此經佛說是時娑
婆世界三千大千國土地皆震裂而於其中
有无量千万億菩薩摩訶薩同時踊出是諸
菩薩身皆金色三十二相无量光明先盡在
此娑婆世界之下此界虛空中住是諸菩薩
聞釋迦牟尼佛所說音聲從下發來一一菩
薩皆是大衆唱導之首各將六万恒河沙眷
屬況將五万四万三万二万一万恒河沙等
眷屬者況復乃至一恒河沙半恒河沙四分
之一乃至千万億那由他分之一況復千万億
那由他眷屬況復億万眷屬況復千万百万
乃至一万況復一千一百乃至一十況復將五
四三二一弟子者況復單己樂遠離行
如是等比无量无邊筭數譬喻所不能知
是諸菩薩從地出已各詣虛空七寶妙塔多
寶如來釋迦牟尼佛所到已向二世尊頭面禮
足及至諸寶樹下師子座上佛所亦皆作禮
右遶三帀合掌恭敬以諸菩薩種種讚法而
以讚嘆住在一面欣樂瞻仰於二世尊是諸
菩薩摩訶薩從初踊出以諸菩薩種種讚法
而讚於佛如是時間經五十小劫是時釋迦
牟尼佛默然而坐及諸四衆亦皆默然五十
小劫佛神力故令諸大衆謂如半日尒時四
衆亦以佛神力故見諸菩薩遍滿无量百千
万億國土虛空是菩薩衆中有四導師一名
上行二名无邊行三名淨行四名安立行是

BD05073號　妙法蓮華經卷五　（6–5）

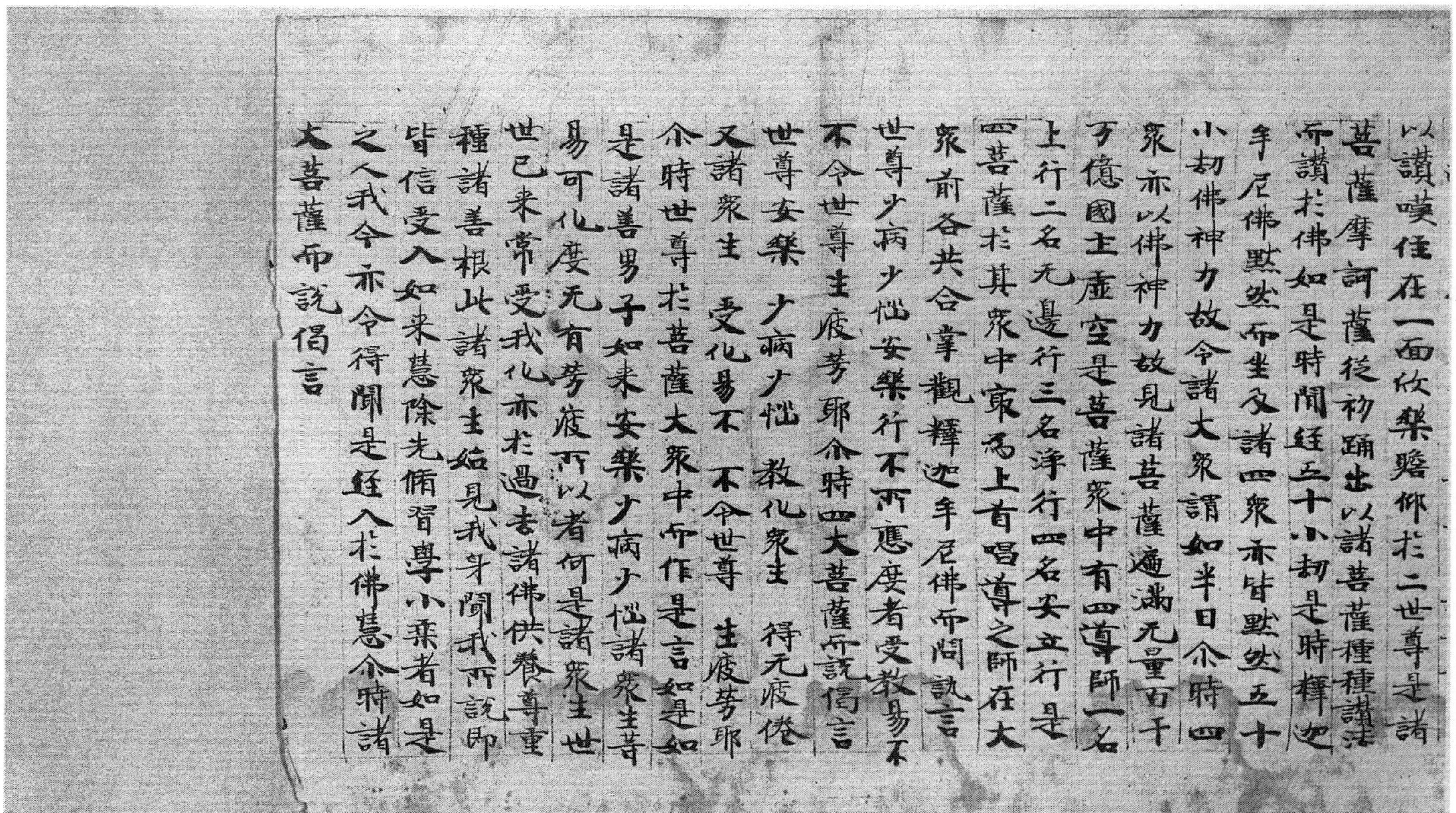
以讚嘆住在一面欣樂瞻仰於二世尊是諸
菩薩摩訶薩從初踊出以諸菩薩種種讚法
而讚於佛如是時間經五十小劫是時釋迦
牟尼佛默然而坐及諸四衆亦皆默然五十
小劫佛神力故令諸大衆謂如半日尒時四
衆亦以佛神力故見諸菩薩遍滿无量百千
万億國土虛空是菩薩衆中有四導師一名
上行二名无邊行三名淨行四名安立行是
四菩薩於其衆中最為上首唱導之師在大
衆前各共合掌觀釋迦牟尼佛而問訊言
世尊少病少惱安樂行不所應度者受教易不
不令世尊生疲勞耶尒時四大菩薩而說偈言
世尊安樂　少病少惱　教化衆生　得无疲倦
又諸衆生　受化易不　不令世尊　生疲勞耶
尒時世尊於菩薩大衆中而作是言如是如
是諸善男子如來安樂少病少惱諸衆生等
易可化度无有疲勞所以者何是諸衆生世
世已來常受我化亦於過去諸佛供養尊重
種諸善根此諸衆生始見我身聞我所說即
皆信受入如來慧除先脩習學小乘者如是
之人我今亦令得聞是經入於佛慧尒時諸
大菩薩而說偈言

BD05073號　妙法蓮華經卷五　（6–6）

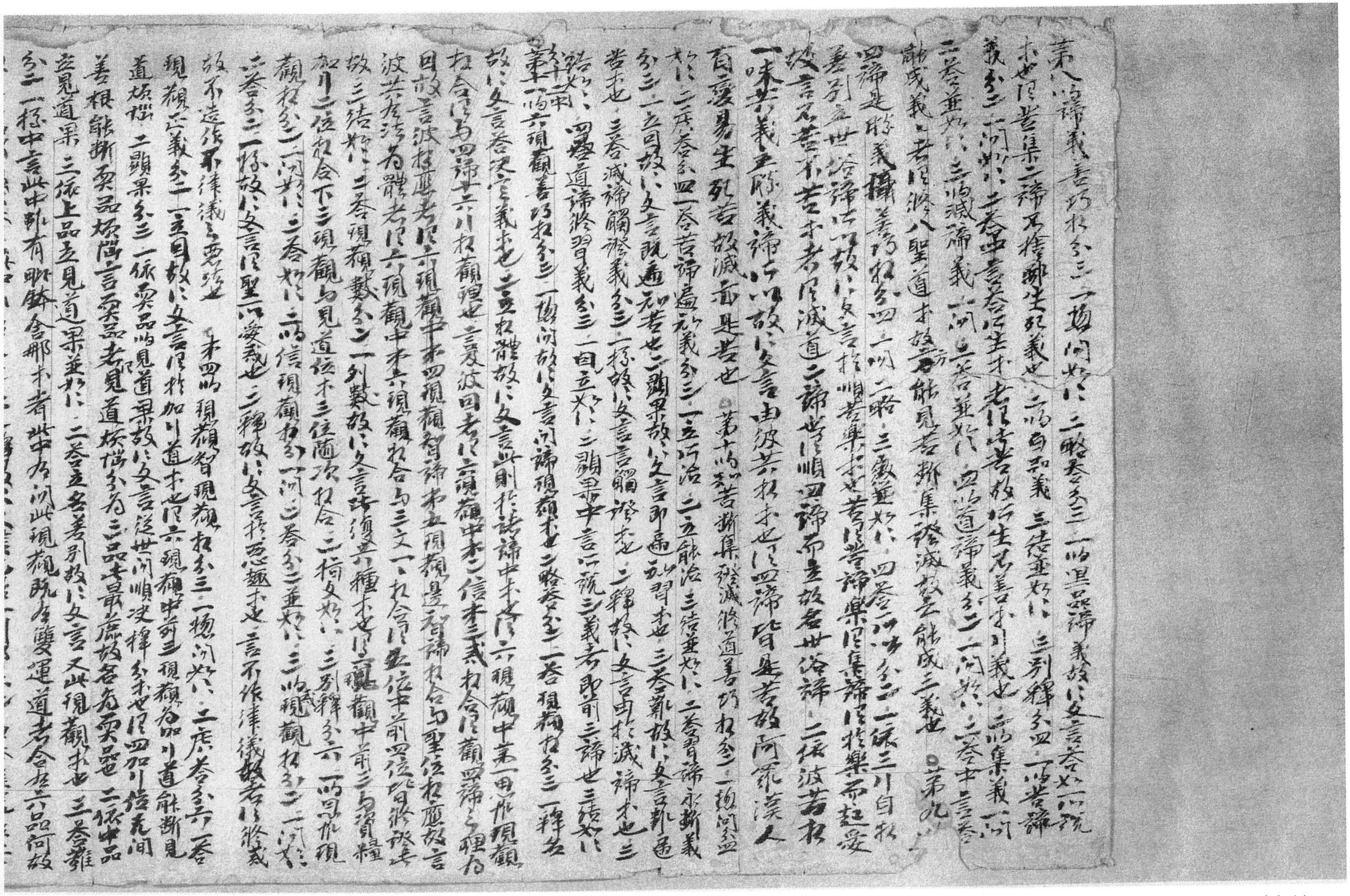

BD05074號　瑜伽師地論抉擇分分門記卷二

（6–1）

初門二位和合下三現觀与見道位等三位隨次和合。二揔文於中。三別釋分六。一所得所現
觀相分三。一問。二答。三結。一問可知。二答分二。一信現觀相分二。一問。二答分二。並可知。三明現觀相分二。一問於
二答分二。一揔。二釋。一揔故論文言聖所愛戒也。二釋故論文言於惡趣等也。言不作律儀故者謂修戒
故不造作律儀等惡行也。
第四明現觀智現觀相分三。一揔問可知。二廣答分六。一答
現觀六義分二。一立因故論文言謂於加行道等也。謂六現觀中前三現觀名加行道能斷見
道煩惱。二顯果分三。一依下品明見道果故論文言從世間順決擇分等也。謂四加行位無間
善根能斷下品煩惱言下品者見道煩惱分為三品。由最麁故名為下品。二依中品
在見道果。三依上品立見道果並可知。二答立名差別故論文言又此現觀等也。三答離
分三。一揔。中言此中刹那等者。此中唯明此現觀既有雙運道者合在六品何故
但立三品刹那故論文言云此中刹那等也。第二釋故論文言已於一刹那等也。四答唯緣非安
立諦義故論文言當知等也。言非安立諦境者謂見道二人空法空故不立四諦也。五答
法智及類智相應義故論文言於前二心等也。謂前三品中前二品緣欲界四諦智四忍斷
諸煩惱故名初二品相應。言第三心類智相應者謂三品中後一品也。謂上二界有情立
四類智四類忍斷見諸惑故与類智相應也。六答成立四諦智義分二。一立因故論文言
有所由此心勢力也。謂法智類智勢力故於四諦十六行而立信也。言第二現觀位等者
謂六現觀中第二信現觀也。言永滅一切煩惱者謂見道位分斷修道煩惱也。言一分縁事
謂身見也。
第三揔結故論文言是名現觀智等也。第五明現觀邊智諦現觀相分三。
一揔問故論文言云何名為現觀邊智等也。謂四加行後斷見道煩惱盡處無間散生修道等
智故名現觀邊智也。二略答可知。三廣解分三。一明後得智立義分四。一明現前分位分二。一立
因故論文言由此智等三心等也。二顯果故論文言方現在前也。二明攝分位分三。一立因故
論文言緣先世智等也。又謂於加行位善觀察上下二地四諦十六行相名曰悟道智因發而數
也。二顯果故論文言似法類智等也。謂後得修道智似彼見道法類十六智而生世俗智即出世
俗是後得智故。此智攝在修道智攝。三明通分位分三。一立因故論文言通世出世等也。二顯果分二
一揔故論文言於四諦等也。二釋故論文言謂乃至破樂等智也。謂前見智也。言及現觀者等智者
謂是修道智也。四明攝結故論文言於後所現觀等也。第二明法類智及出世後得智差別義分
三。異門初門依教分別立差別義分二。於故論文言此中前智等也。言後隨逐者謂修道智
分別三界修道煩惱故論文言能分別也。第二異門依斷隨眠立差別義分二。於故論文言又前智等
也。言於依止中者謂修道人所依身也。言更不復起謂修道智斷種習故。第三門依出世道
等立差別義分二。於故論文言又前智等也。第三明學等依世間道能害隨眠義分三。一揔標故
論文言無有統等也。二釋分二。一立因故論文言由世間道等也。言相執行引故者謂無種姓人唯
執三界果故不能永害隨眠也。二顯故論文言亦不能伏等也。三結故論文言是故復
道等也。
第六明究竟現觀分四。一揔問可知。二略答分二。一立因故論文言由永斷等也。二顯果故
論文言所有盡智等也。盡謂道所生智解脫道。三別釋分三。一立因故論文言或一向等也。二顯
果故論文言於現法中等也。三結可知。四釋分四。一明出世盡智相分二。一問可知。二釋
故論文言謂若盡智無分別也。謂盡微細煩惱已更不起智而分別故名無分別智也。二明世出世盡
智分二。一問可知。二答故論文言謂若智於盡無分別也。謂一類与智斷微細煩惱竟後起智觀
自他空等及無等竟而起分別也。三明世出世無生智相分二。一問可知。二答分二。一問可知。二答分

BD05074號　瑜伽師地論抉擇分分門記卷二

（6–2）

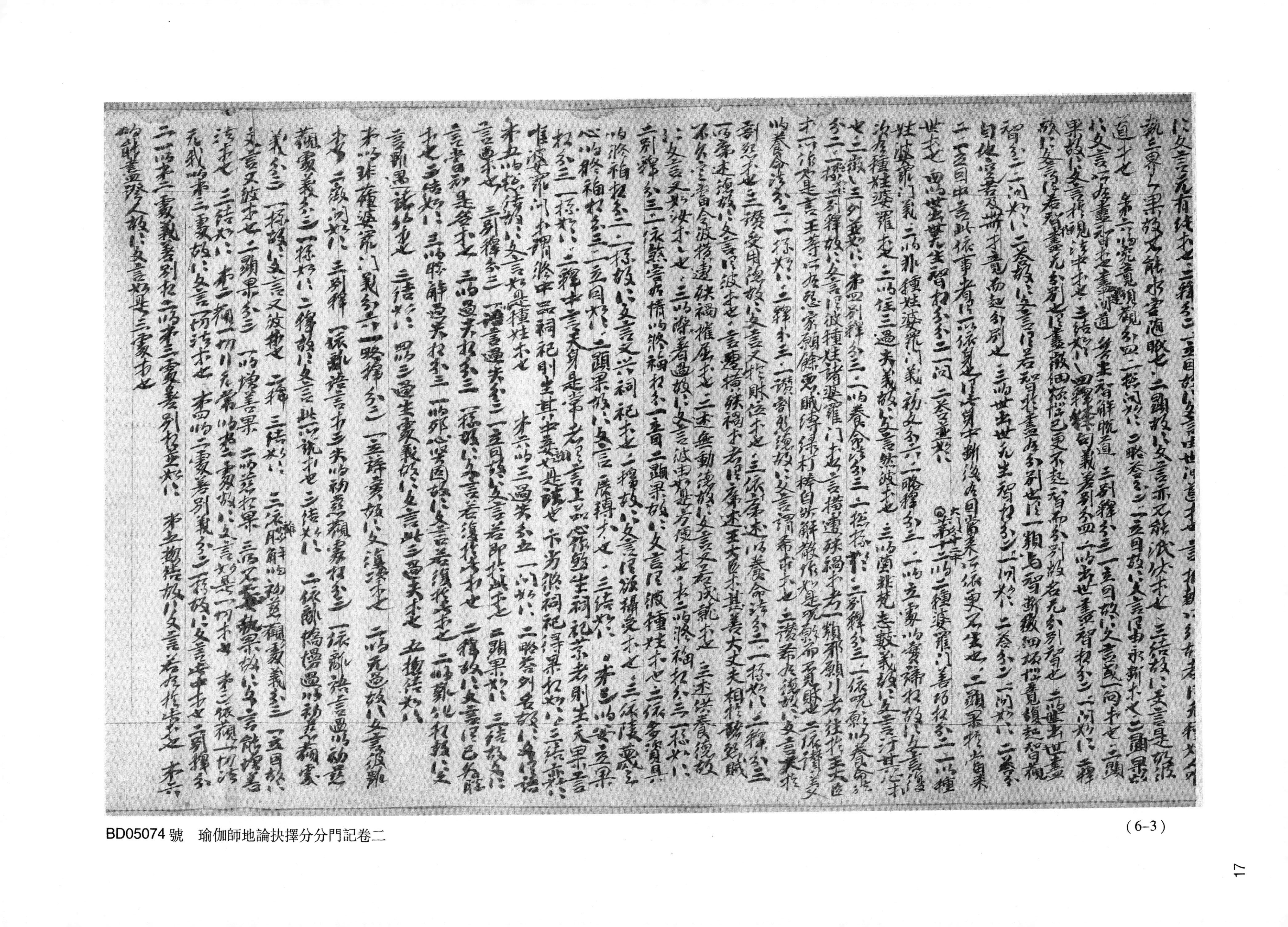

BD05074號　瑜伽師地論抉擇分分門記卷二

（6–3）

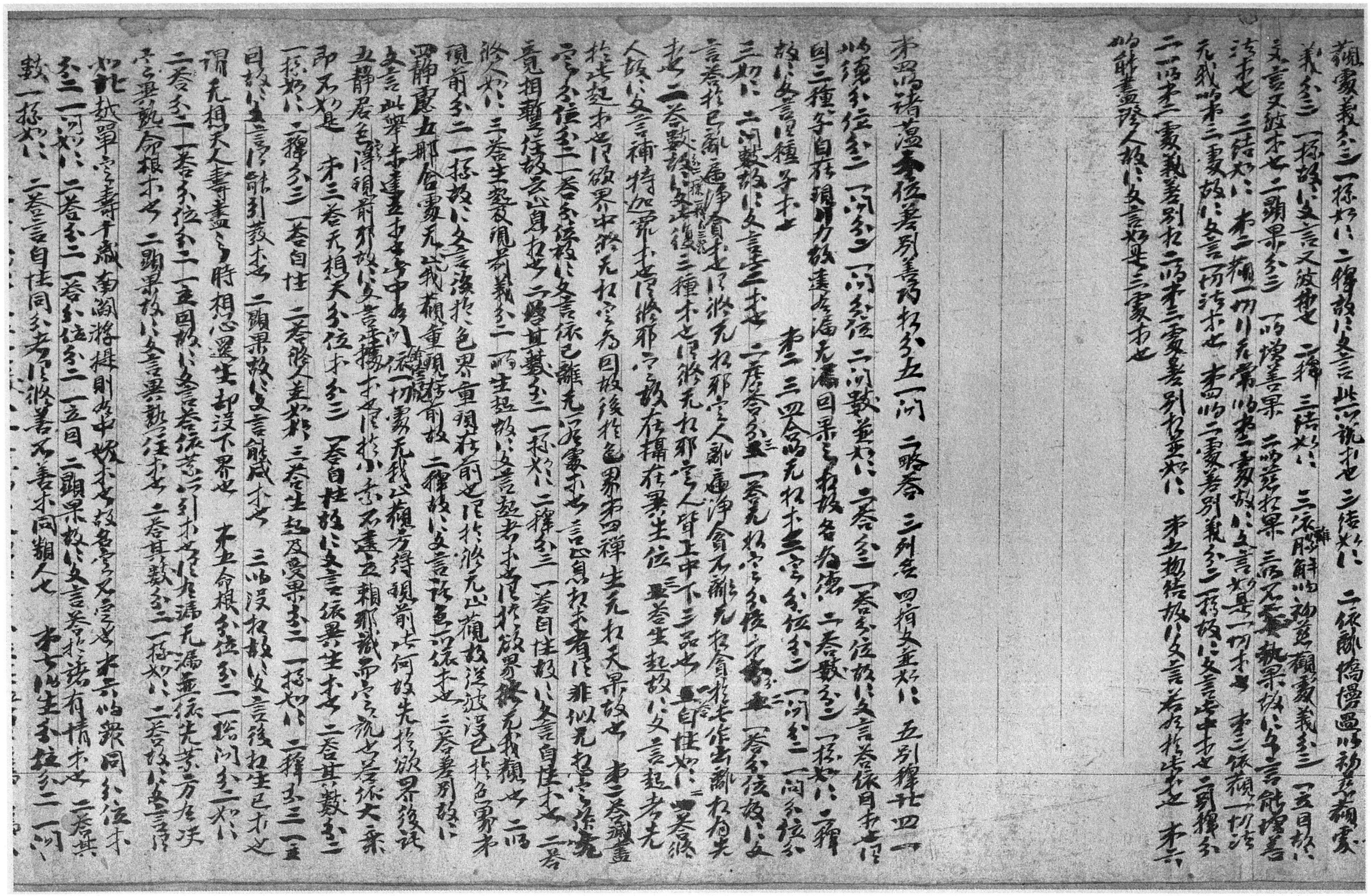

BD05074 號　瑜伽師地論抉擇分分門記卷二　（6–4）

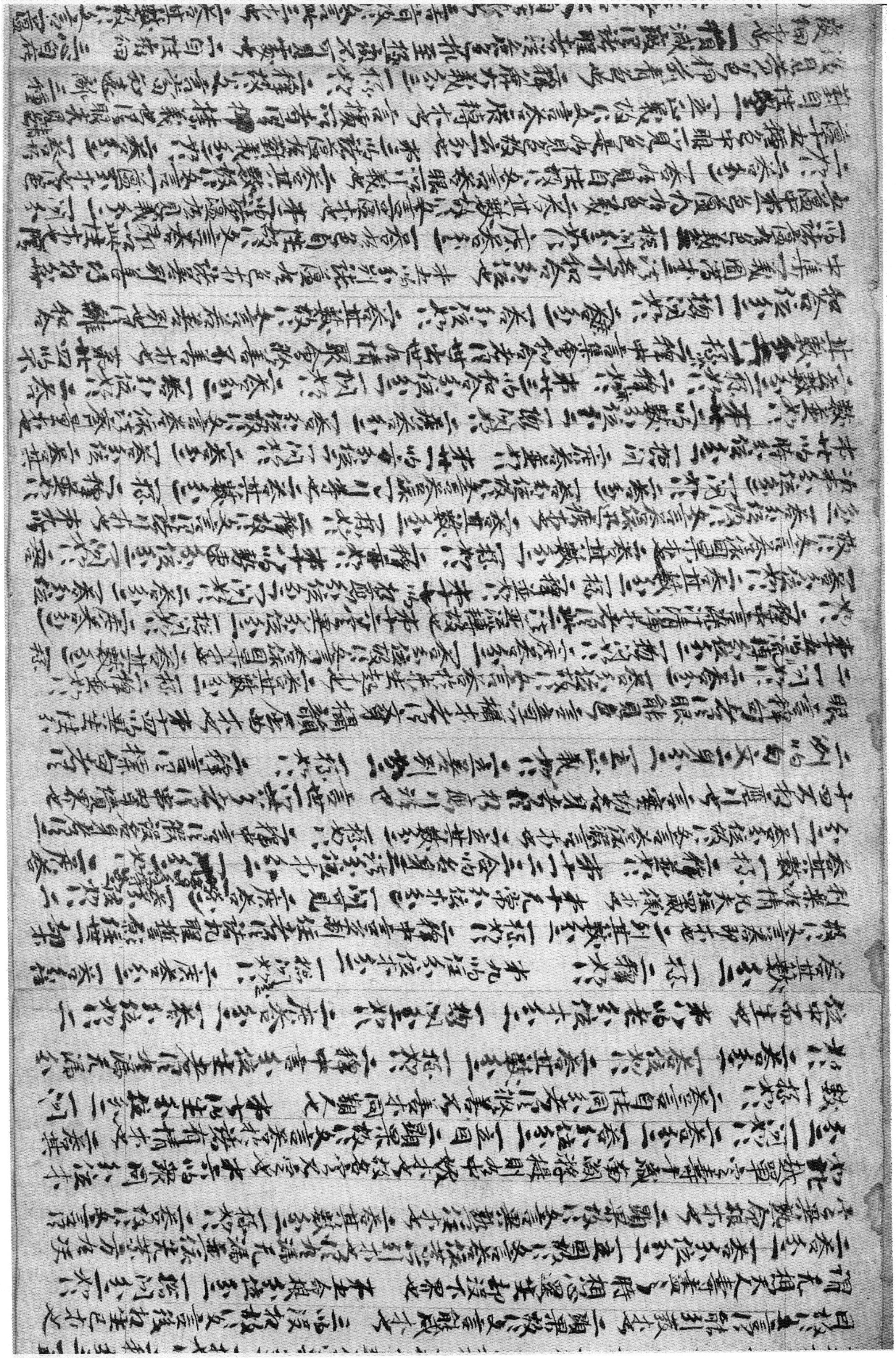

BD05074號　瑜伽師地論抉擇分分門記卷二　（6–5）

於〻 二釋中言流清淨者 是此二〻 並流轉故也 第十六明善果分位分二 一標 於〻 二廣答分二
一答分位於〻 二答其數分二 一標 二釋 並於〻 第十七明相應分位分二 一問 於〻 二答分二 一答分位
故〻 文言答依因果也 二答其數分二 一標 於〻 二釋 並於〻 第十八明勢速分位分二 一問 於〻 二答
分二 一答分位故〻 文言答依迅疾也 二答其數分二 一標 於〻 二釋故〻 文言依諸行[illegible]也 第十九明
次第分位分二 一問 於〻 二答分二 一答分位故〻 文言答依[illegible] 二答其數分二 一標 二釋 並於〻
第廿明時分位分二 一標問 二廣答 並於〻 第廿一明方分位分二 一問 於〻 二答分二 一答分位 二答其
數 並於〻 第廿二明數分位分二 一總問 於〻 二廣答分二 一答分位故〻 文言答依[illegible]量也
二答數分二 一標 於〻 二釋 於〻 第廿三明和合分位分二 一問 於〻 二答分二 一答分位 於〻 二答
其數分二 一標 於〻 二釋中言集會和合者 謂世出世有情聚會 於善等善亦也 第廿四明不
和合位分二 一總問 於〻 二答分二 一答分位 於〻 二答其數故〻 文言若善若善別 世謂離和合
中集一義圓滿 第三法答不和合分位也 第五明分別諸蘊者 色亦諸善別善巧[illegible]
一明諸蘊有色之義分二 一標問 於〻 二廣答分二 一答有色自性故〻 文言答[illegible]住[illegible]
五蘊中第一色蘊內有色義 二答其數故〻 文言[illegible] 第二明諸蘊有見義分二 一問 於〻
二於〻 二答分二 一答有見自性故〻 文言答眼所行義也 二答其數故〻 文言一蘊[illegible]有見色
蘊中五種色中眼所見色是有見色 故云一分也 第三明諸蘊有對義分二 於〻 二答分二 一答有
對自性分二 一立正義故〻 文言答展轉[illegible]言[illegible]者謂[illegible]義謂眼[illegible]
復自見[illegible]色[illegible]青色也 二釋[illegible]大義分三 一標 於〻 二釋故〻 文言當[illegible]遠[illegible]三種
處細者也 一積減處 謂諸[illegible]者[illegible]至極微不可見處也 二自性[illegible] 三心自在
處細[illegible]謂諸聖者於勝定[illegible]入自在者也 三[illegible]故〻 文言此三者也 二答其數故〻 文言一蘊
一分者也 謂十五色中除[illegible]色 餘十四色並有對也 第四明諸蘊有漏義 一標分二 於〻 二廣
答分二 於〻 一答有漏自性分二 一故〻 文言答[illegible]重[illegible]也 二答其數故〻 文言一切一分也
此[illegible]五蘊若[illegible]起[illegible]有漏故也 二明有漏異門義分五 一標 於〻 二略釋故〻 文言[illegible]處
亦[illegible]有漏[illegible] 三[illegible] 四[illegible]並於〻 五別釋[illegible]並於〻 故〻 文言
當[illegible]過[illegible]餘文於〻 第五明諸蘊有為義分二 一問 二答分三
並於〻 第六明諸蘊有淨義分二 一問 二答分二 並於〻 言自在轉者是[illegible]義[illegible]眼
[illegible]諸[illegible]法自在[illegible]轉也 第七明諸蘊有諍味義[illegible] 一問 答分二 並於〻 第八明諸
蘊[illegible]義分二 一問 二答並於〻 第九明諸蘊世間義分二 一問 二答分二 並於〻 第十
明諸蘊[illegible]義分二 一問 二答分二 並於〻

BD05074號　瑜伽師地論抉擇分分門記卷二　（6–6）

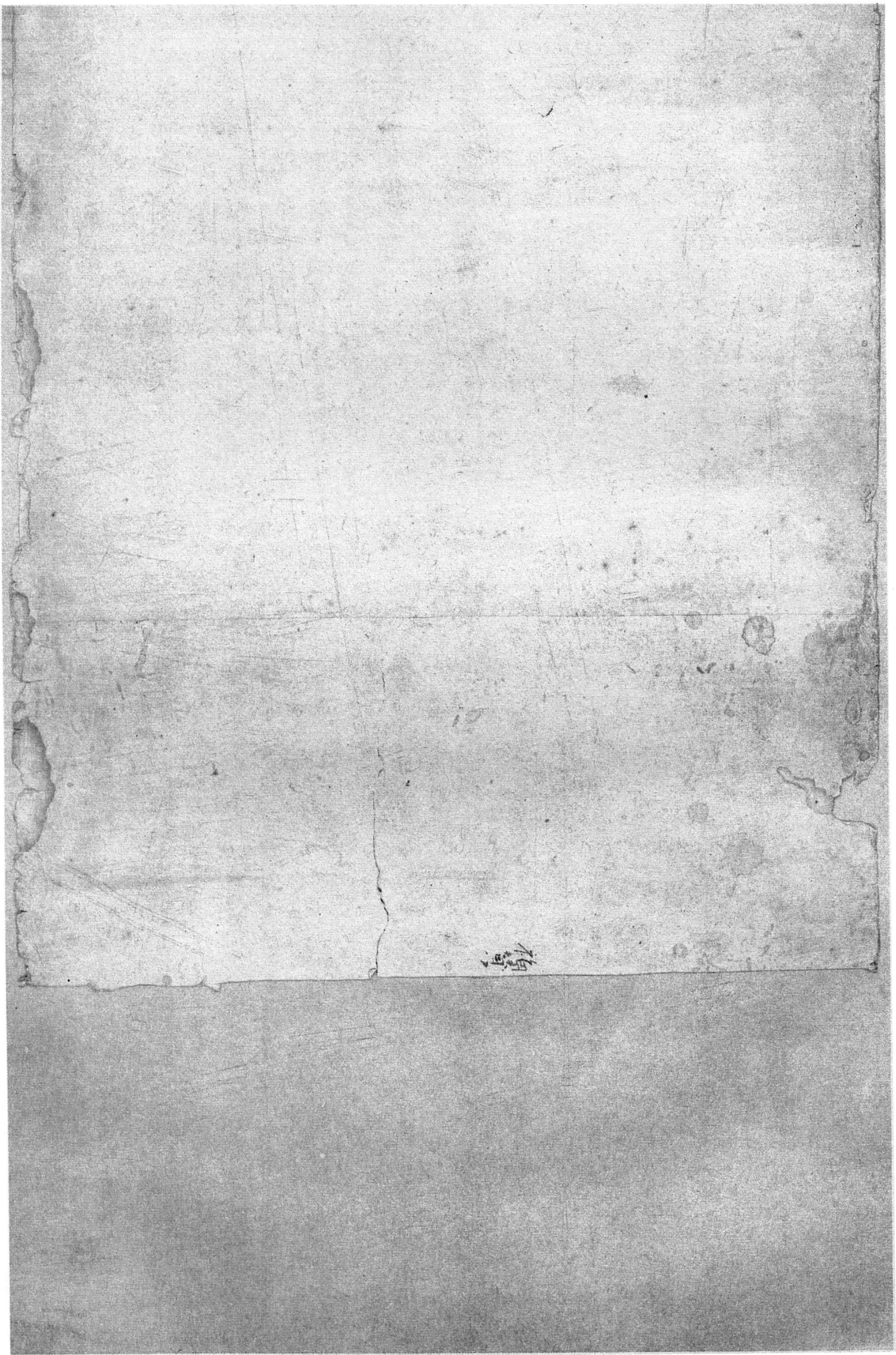

BD05074號背　題名

（1–1）

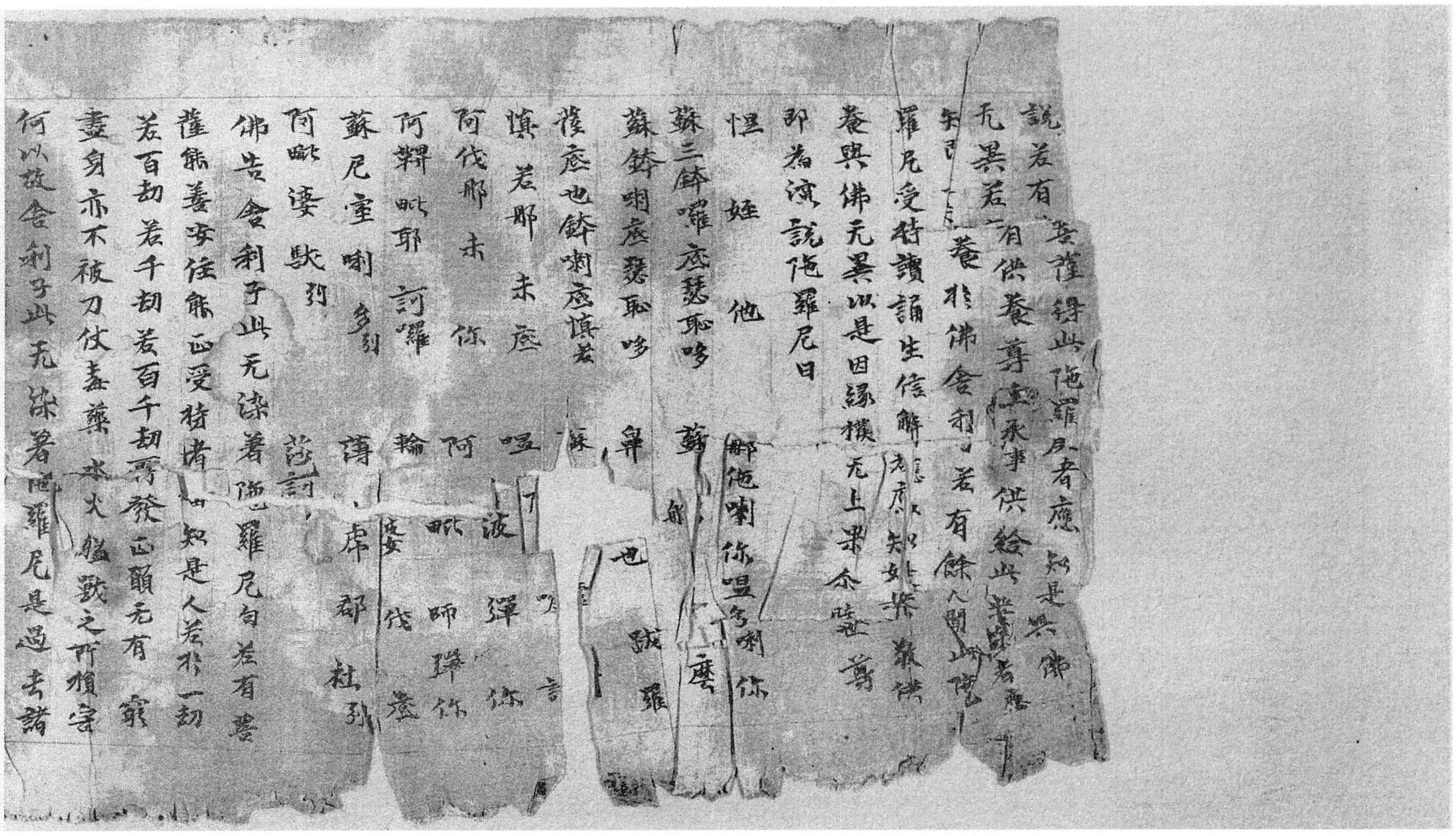

說若有菩薩得此陀羅尼者應知是與佛
无異若有供養尊重承事供給此菩薩者應
知□□養於佛舍利子若有餘人聞此陀
羅尼受持讀誦生信解者亦應知如是恭敬供
養與佛无異以是因緣獲无上果介時世尊
即為演說陀羅尼曰
怛姪他 郍陀喇你 唱多喇你
蘇三鉢囉底瑟恥哆 蘇 麼
蘇鉢喇底瑟恥哆 鼻也 跋羅
薩底也鉢喇底慎若 蘇
慎若耶 末底 嗢 波 彈你 言
阿伐耶 末 你 阿 毗 師 瑆 你
阿弭毗耶 訶囉 輸 婆 伐 壹
蘇尼室喇 多引 薄 虎 郡 杜引
阿毗婆馱引 莎訶
佛告舍利子此无染著陀羅尼句若有菩
薩能善安住能正受持者如是人若於一劫
若百劫若千劫若百千劫所發正願无有窮
盡身亦不被刀杖毒藥水火猛獸之所損害
何以故舍利子此无染著陀羅尼是過去諸

BD05075 號　金光明最勝王經卷七　（19–1）

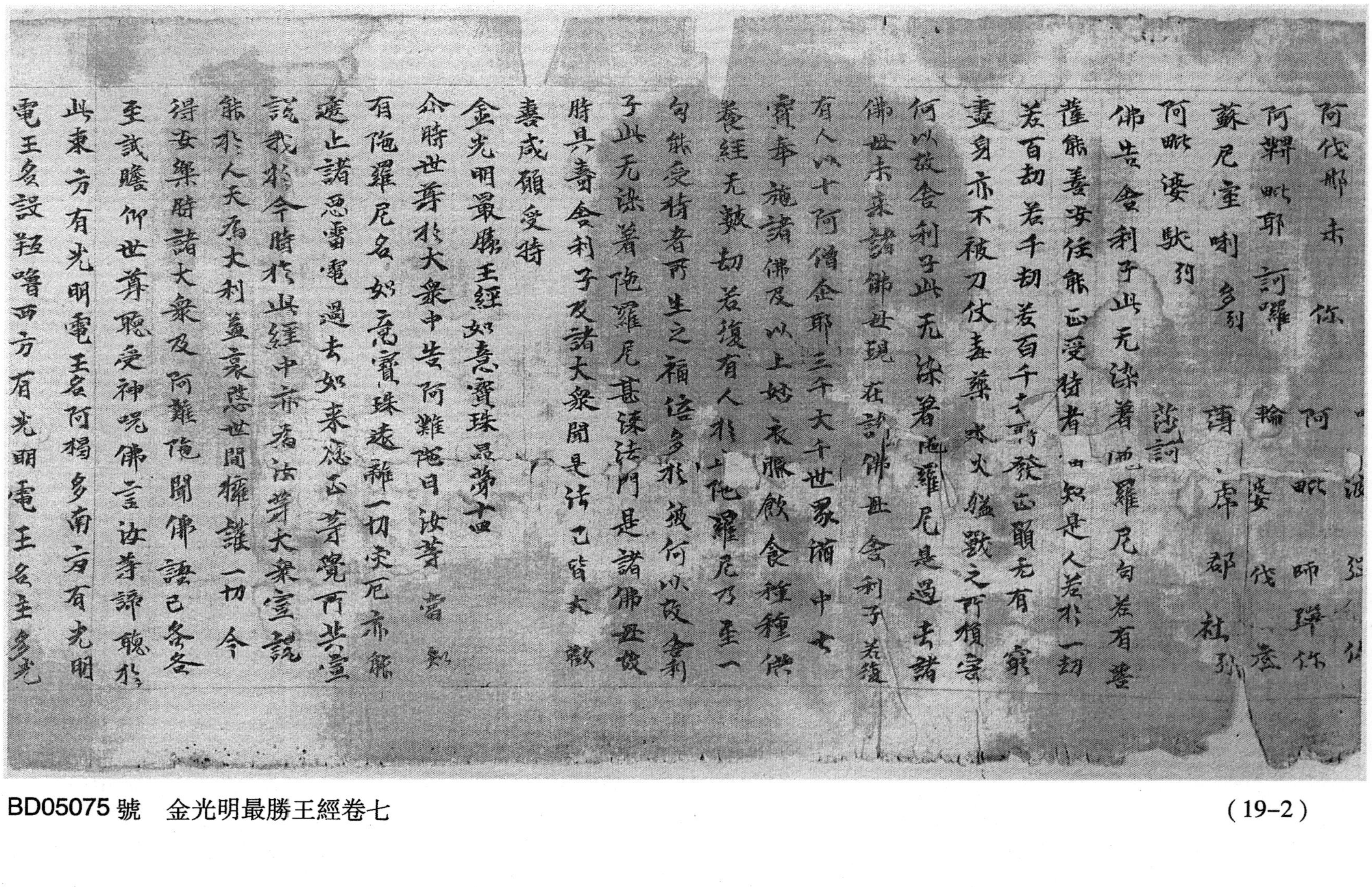

阿伐耶 末 你 阿 毗 師 瑆 你
阿弭毗耶 訶囉 輸 婆 伐 壹
蘇尼室喇 多引 薄 虎 郡 杜引
阿毗婆馱引 莎訶
佛告舍利子此无染著陀羅尼句若有菩
薩能善安住能正受持者如是人若於一劫
若百劫若千劫若百千劫所發正願无有窮
盡身亦不被刀杖毒藥水火猛獸之所損害
何以故舍利子此无染著陀羅尼是過去諸
佛母未來諸佛母現在諸佛母舍利子若復
有人以十阿僧企耶三千大千世界滿中七
寶奉施諸佛及以上妙衣服飲食種種供
養經无數劫若復有人於此陀羅尼乃至一
句能受持者所生之福倍多於彼何以故舍利
子此无染著陀羅尼甚深法門是諸佛母故
時具壽舍利子及諸大衆聞是法已皆大歡
喜咸願受持
金光明最勝王經如意寶珠品第十四
介時世尊於大衆中告阿難陀曰汝等當知
有陀羅尼名如意寶珠遠離一切災厄亦能
遮止諸惡雷電過去如來應正等覺所共宣
說我於今時於此經中亦為汝等大衆宣說
能於人天為大利益哀愍世間擁護一切
得安樂時諸大衆及阿難陀聞佛語已各各
至誠瞻仰世尊聽受神呪佛言汝等諦聽於
此東方有光明電王名阿揭多南方有光明
電王名設羯嚕西方有光明電王名主多光

BD05075 號　金光明最勝王經卷七　（19–2）

說我於今時於此經中亦為汝等大衆宣說
能於人天為大利益哀愍世間擁護一切令
得安樂時諸大衆及阿難陁聞佛語已各各
至誠瞻仰世尊聽受神呪佛言汝等諦聽於
此東方有光明電王名阿揭多南方有光明
電王名設羝嚕西方有光明電王名主多光
北方有光明電王名蘇多末尼若有善男
子善女人得聞如是電王名字及知方處者此
人即便遠離一切怖畏之事及諸灾橫悉皆
消殄若於住處書此四方電王名者於所住
處无雷電怖亦无灾厄及諸障惱非時狂死
悉皆遠離尒時世尊即說呪曰
怛　姪　他　你弭你弭你　弭
尼　民　遠　哩　窒哩盧迦盧羯你
窒哩輸攞　波　你　曷喀　又　曷喀　又
我某甲及此住處一切恐怖所有苦　惱　雷
電霹靂乃至枉死悉皆遠離莎訶
尒時觀自在菩薩摩訶薩在大衆中即從座
起偏袒右肩合掌恭敬白佛言世尊我今
亦於佛前略說如意寶珠神呪於諸人天為
大利益哀愍世間擁護一切令得安樂有大威
力所求如願即說呪曰
怛　姪　他　毗　喝　帝　你　喝　帝
鉢　喇　窒　體　雞　鉢　喇　底丁耶　窒　窒　㘑
戍　提　目　羝　毗　末　麗　鉢　喇　婆　莎　蘇活　㘑
安　荼入聲　嚧　般　荼　㘑　税平聲　帝
般　桊　囉　婆　死　你　喝　嚧　羯　荼列　嚧
[illegible]

BD05075號　金光明最勝王經卷七　（19–3）

力所求如願即說呪曰
怛　姪　他　毗　喝　帝　你　喝　帝
鉢　喇　窒　體　雞　鉢　喇　底丁耶　窒　窒　㘑
戍　提　目　羝　毗　末　麗　鉢　喇　婆　莎　蘇活　㘑
安　荼入聲　嚧　般　荼　㘑　税平聲　帝
般　桊　囉　婆　死　你　喝　嚧　羯　荼列　嚧
劫　畢　㘑　永　羯　羅　惡　繢
達　地　目　企　曷　喀　又　曷　喀　又
我某甲及此住處一切恐怖所有苦惱乃
至枉死悉皆遠離願我莫見罪惡之事常
蒙諸聖觀自在菩薩大悲威光之所護念莎訶
尒時執金剛祕密主菩薩即從座起合掌恭
敬白佛言世尊我今亦說陁羅尼呪名曰无
勝於諸人天為大利益哀愍世間擁護一切
有大威力所求如願即說呪曰
怛姪他毋你毋　你　毋尼　嚧末底　末　底
蘇末底莫訶末底　呵　呵　呵　麼　婆　以
鄔悉底帝列　波跛　跋　析　攞　波　你
惡鉗大含　姪　喋　荼上　莎　訶
世尊我此神呪名曰无勝擁護若有男女一
心受持書寫讀誦憶念不忘我於晝夜常
護是人特一切恐怖乃至枉死悉皆遠離尒
時索訶世界主梵天王即從座起合掌恭
敬白佛言世尊我亦有陁羅尼微妙法門於
諸人天為大利益哀愍世間擁護一切有大
威力所求如願即說呪曰
怛　姪　他　醯里弭里地里莎訶

BD05075號　金光明最勝王經卷七　（19–4）

護是人持一切恐怖乃至枉死悉皆遠離尒
時索訶世界主梵天王即從座起合掌恭
敬白佛言世尊我亦有陁羅尼微妙法門於
諸人天為大利益哀愍世間擁護一切有大
威力所求如願即說呪曰
怛姪他 醯里弭里地里莎訶
跋羅鉗魔布囉 跋囉鉗末泥
跋囉鉗麼揭鞞 補澀跛僧悉怛囉莎訶
世尊我此神呪名曰梵治悉能擁護持是呪
者令離憂惱及諸罪業乃至枉死悉皆遠離
尒時帝釋天主即從座起合掌恭敬白佛
言世尊我亦有陁羅尼名跋折羅扇你是大
明呪能除一切恐怖厄難乃至枉死悉皆遠
離拔苦與樂利益人天即說呪曰
怛姪他 毗你婆喇你 畔拖麼 彈諦
麼膩你 捫撥尒瞿哩 揵陁哩 旃荼哩
摩登耆上 上 羯死 薩羅跋喇 鞞去
四娜未任蒼麼多剌你 藥呼剌你達剌篤
斫羯羅婆枳 捺伐哩奢 伐哩莎訶
尒時多聞天王持國天王增長天王廣目
天王俱從座起合掌恭敬白佛言世尊我今
亦有神呪名施一切衆生无畏於諸苦惱常
擁護令得安樂增益壽命无諸患苦乃至
枉死悉皆遠離即說呪曰
怛姪他 補澀閉 蘇補澀 閉
度麼鉢喇訶囇 阿嚕耶鉢喇設悉帝
扇帝涅目帝 忙揭例窣覩帝

BD05075號　金光明最勝王經卷七　（19–5）

天王俱從座起合掌恭敬白佛言世尊我今
亦有神呪名施一切衆生无畏於諸苦惱常
擁護令得安樂增益壽命无諸患苦乃至
枉死悉皆遠離即說呪曰
怛姪他 補澀閉 蘇補澀 閉
度麼鉢喇訶囇 阿嚕耶鉢喇設悉帝
扇帝涅目帝 忙揭例窣覩帝
悉哆鼻帝 莎訶
尒時復有諸大龍王所謂末那斯龍王電
光龍王无熱池龍王電舌龍王妙光龍王俱從
座起合掌恭敬白佛言世尊我亦有如意
寶珠陁羅尼能遮惡電除諸恐怖能於人
天為大利益哀愍世間擁護一切有大威力所
求如願乃至枉死悉皆遠離一切毒藥皆
令止息一切造作蠱道呪術不吉祥事悉令
除滅我今以此神呪奉獻世尊唯願哀愍
慈悲納受當令我等離此龍趣永捨慳貪
何以故由此慳貪於生死中受諸苦惱我等願
斷慳貪種子即說呪曰
怛姪他 阿折囇 阿末囇 阿蜜㗚帝
惡叉裏 阿弊裏 奈尼鉢喇耶法帝
薩婆婆跛 鉢剌苦摩尼裏莎訶
阿離裏 般豆蘇波尼裏莎訶
世尊若有善男子善女人口中說此陁羅尼
明呪或書經卷受持讀誦恭敬供養者終
无雷霹靂及諸恐怖苦惱憂患乃至枉死
悉皆遠離所有毒藥蠱魅厭禱害人虎

BD05075號　金光明最勝王經卷七　（19–6）

薩婆　跋　鉢喇苫摩尼㚄莎訶
阿離　裔　般豆蘇波尼㚄莎訶
世尊若有善男子善女人口中說此陁羅尼
明呪或書經卷受持讀誦恭敬供養者終
无雷霹靂及諸恐怖苦惱憂患乃至枉死
悉皆遠離所有毒藥蠱魅厭禱害人虎
狼師子毒地之類乃至蚊虻悉不爲害
尒時世尊普告大衆善哉善哉此等神呪皆
有大力能隨衆生心所求事悉令圓滿爲
大利益除不至心汝等勿疑時諸大衆聞佛
語已歡喜信受

金光明最勝王經大辯才天女品第十五

尒時大辯才天女於大衆中即從座起頂禮
佛足白佛言世尊若有法師說是金光明最
勝王經者我當益其智慧具足莊嚴言說
之辯若彼法師於此經中文字句義所有忘失
皆令憶持能善開悟復與陁羅尼總持无礙
又此金光明最勝王經爲彼有情已於百千
佛所種諸善根當受持者於贍部洲廣行流
布不速隱沒復令无量有情聞是經典皆得
不可思議捷利辯才无盡大慧善解衆論及
諸伎術能出生死速趣无上正等菩提於現
世中增益壽命資身之具悉令圓滿世尊我
當爲彼持經法師及餘有情於此經典樂聽
聞者說其呪藥洗浴之法彼人所有惡星災
變與初生時星屬相違疫病之苦鬪諍戰
陣惡夢鬼神蠱毒厭魅呪術起屍如是諸惡
爲障難者悉令除滅諸有智者應作如是洗浴

BD05075號　金光明最勝王經卷七　（19-7）

諸伎術能出生死速趣无上正等菩提於現
世中增益壽命資身之具悉令圓滿世尊我
當爲彼持經法師及餘有情於此經典樂聽
聞者說其呪藥洗浴之法彼人所有惡星災
變與初生時星屬相違疫病之苦鬪諍戰
陣惡夢鬼神蠱毒厭魅呪術起屍如是諸惡
爲障難者悉令除滅諸有智者應作如是洗浴
之法當取香藥三十二味所謂
菖蒲跋者　牛黃瞿盧折娜　苜蓿香塞畢力迦　麝香莫訶婆伽
雄黃末捺眵羅　合昏樹尸利灑　白及因達囉喝悉哆　芎藭闍莫迦
枸杞根苦弭　松脂室利薛瑟得迦　桂皮咄者　香附子目窣哆
沈香惡揭嚕　栴檀旃檀娜　零凌香多揭羅　丁子索瞿者
鬱金荼矩麼　婆律膏曷羅娑　葦香捺剌拖　竹黃鵄路戰娜
細豆蔻蘇泣迷羅　甘松苫弭哆　藿香鉢怛羅　茅根香嗢尸羅
叱脂薩洛計　艾納世黎也　安息香窶具攞　芥子薩利殺跛
馬芹葉婆你　龍花鬚那伽雞薩羅　白膠薩折羅婆　青木矩瑟侘
皆等分
以布灑星日一處擣篩取其香末當以此呪呪一百
八遍呪曰
怛姪他　蘇訖栗帝　訖栗帝訖栗帝
劫摩怛里　繕怒羯喇滯
郝羯喇滯　因達囉闍利膩
鑠羯囒滯　鉢設姪囇
阿伐底羯細　計娜矩覩矩覩
脚迦鼻麗　劫鼻麗　劫鼻囇
劫毗羅末底丁里　尸羅末底
删底度囉末底里　波伐雉　畔稚囇

BD05075號　金光明最勝王經卷七　（19-8）

郝羯喇 嘚 因達囉闍利膩
鑠羯囒 㗚 鉢設姪 囇
阿伐底羯細 討娜矩覩 矩覩
脚迦 鼻嚴 劫鼻嚴 劫鼻嚴
劫毘羅末底丁里反 尸羅末底
娜底度囉末底里 波伐雉 畔雉囇
室囇 室囇 薩底悉體羝 莎訶
若樂如法洗浴時 應作壇場方八肘
可於寂靜安隱處 念所求事不離心
應塗牛糞作其壇 於上普散諸花彩
當以淨潔金銀器 盛滿美味并乳蜜
於彼壇場四門所 四人守護法如常
令四童子好嚴身 各於一角持瓶水
於此常燒安息香 五音之樂聲不絕
幡蓋莊嚴懸繒綵 安在壇場之四邊
復於場內置明鏡 利刀兼箭各四枚
於壇中心埋大盆 應以漏版安其上
用前香末以和湯 亦復安在於壇內
既作如斯布置已 然後誦呪結其壇
結界呪曰
怛姪他 頞喇計 娜也泥 去 呬囇
弭囇 祇囇 企企囇 莎訶
如是結界已 方入於壇內 呪水三七遍 散灑於四方
次可呪香湯 滿一百八遍 四邊安幰障 然後洗浴身
呪水呪湯呪曰
怛姪他一 索揭智貞勵反下同二 毘揭智三 毘揭荼伐底四
莎訶

BD05075 號　金光明最勝王經卷七　（19–9）

如是結界已 方入於壇內 呪水三七遍 散灑於四方
次可呪香湯 滿一百八遍 四邊安幰障 然後洗浴身
呪水呪湯呪曰
怛姪他一 索揭智貞勵反下同二 毘揭智三 毘揭荼伐底四
莎訶
若洗浴訖 其洗浴湯及壇場中供養飲食 棄
河池內 餘皆收攝 如是浴已 方著淨衣 既出
壇場 入淨室內 呪師教其發弘誓願 永斷眾
惡 常修諸善 於諸有情興大悲心 以是因緣
當獲无量隨心福報 復說頌曰
若有病苦諸眾生 種種方藥治不差
若依如是洗浴法 并復讀誦斯經典
常於日夜念不散 專想慇懃生信心
所有患苦盡消除 解脫貧窮足財寶
四方星辰及日月 威神擁護得延年
吉祥安隱福德增 災變厄難皆除遣
次誦護身呪三七遍呪曰
怛姪他 三謎 毘三謎 莎訶
索揭滯 毘揭滯 莎訶
毘揭荼亭耶反伐底 莎訶
娑揭囉 三步多也 莎訶
塞建陁 摩多也 莎訶
尼攞建佗也 莎訶
阿鉢囉市哆 毘㗚耶也 莎訶
呬摩槃哆 三步多也 莎訶
阿你蜜攞 薄怛囉也 莎訶
南謨 薄伽伐都 跋囉甘摩寫 莎訶

BD05075 號　金光明最勝王經卷七　（19–10）

塞達陁　摩多也莎訶
尼攞建佗也　莎訶
阿鉢囉市佗哆　毗喇耶也莎訶
四摩膆　哆　三步多也莎訶
阿你蜜　攞　薄怛囉也莎訶
南謨　薄伽伐都　跋囉坩摩寫莎訶
南謨薩囉酸蘇伐底　莫訶提鼻裏莎訶
悉甸覩漫此云成就我某甲　曼怛囉鉢陁莎訶
怛喇覩仳娃哆　跋囉蚶摩奴末覩莎訶
尒時大辯才天女說詵落法壇場呪已前礼
佛足白佛言世尊若有苾芻苾芻尼鄔波索
迦鄔波斯迦受持讀誦書寫流布是妙經王
如說行者若在城邑聚落曠野山林僧尼住
處我為是人將諸眷屬作天伎樂來詣其所
而為擁護除諸病苦流星變怪疫疾鬬諍
王法所拘惡夢惡神為障礙者蠱道呪術悉皆
除殄饒益是等持經之人苾芻等衆及諸聽
者皆令速渡生死大海不退菩提
尒時世尊聞是說已讚辯才天女言善哉善
哉天女汝能安樂利益无量无邊有情說此
神呪及以香水壇場法式果報難思汝當擁
護最勝經王勿令隱沒常得流通尒時大辯
才天女礼佛足已還復本座
尒時法師授記憍陳如婆羅門承佛威力於
大衆前讚請辯才天女曰
聰明勇進辯才天　人天供養悉應受
名聞世間遍充滿　能與一切衆生願

BD05075號　金光明最勝王經卷七　（19–11）

讚最勝經
才天女礼佛足已還復本座
尒時法師授記憍陳如婆羅門承佛威力於
大衆前讚請辯才天女曰
聰明勇進辯才天　人天供養悉應受
名聞世間遍充滿　能與一切衆生願
依高山頂勝住處　葺茅為室在中居
恒結耎草以為衣　在處常翹於一足
諸天大衆皆來集　咸同心申讚請
唯願智慧辯才天　以妙言詞施一切
尒時辯才天女即便受請為說呪曰
怛姪他　慕囉只囉　阿伐帝　阿伐吒伐底
馨恩黎　名具黎　名具羅伐底
鴦具師末喇只三合　毗三末底　惡近入喇
莫近喇怛囉只　怛囉者伐底
質哩室里蜜里　末難地雲去　底
末喇只　八囉拏畢喇囊
盧迦逝瑟瑟　盧迦失瑟瑟恥
盧迦畢喇囊　悉馱跋喇帝
毗麼目企輕利反　輸只折喇
阿鉢喇底羯帝　阿鉢喇底喝哆勃地
南母只南母只　莫訶提鼻
鉢喇底近入喇昏火很反拏上　南摩婆迦囉
我某甲勃地　達哩奢四
勃地阿鉢喇底喝哆　婆上跋覩
市婆謎毗輸姪覩　舍悉怛囉輸路迦
曼怛囉畢得迦　迦婢耶地鼓
怛姪他　莫訶鉢喇婆鼻

BD05075號　金光明最勝王經卷七　（19–12）

我某甲勃地 達哩奢 四
勃地阿鉢喇底喝 哆 婆上䟦 觀
市婆誐眦輸娃 觀 舍悉怛囉輸跢迦
曷怛囉畢㝵 迦 迦婢耶地鼓
怛 娃 他 莫訶鉢喇婆弇
呬里蜜呬里蜜里 眦析喇觀謎勃地
我某甲勃地輸 㮶 薄伽代點㮶眦鮴
薩羅酸蘇沽點丁列 㳺 羯囉奢安溼雞由癈
雞由囉未 底 呬里蜜里呬里蜜里
阿婆訶 耶 弭 莫訶提弇
勃陁薩帝娜 達摩薩帝娜
僧伽薩帝娜 [illegible]婆羅薩帝娜
䟦嘍拏薩帝娜 褱盧雞薩底婆陁娜
鞮飰薩帝娜 薩底代者詎娜
阿婆訶 耶 弭 莫訶提弇
呬里蜜里呬里蜜里 眦析喇 觀
我某甲勃 地 南謨薄伽代底丁利
莫訶提弇薩囉酸底 悉 旬 觀
曷怛囉鉢陁 弥 莎訶
尒時辯才天女說是呪已告婆羅門言善哉
大士能為衆生求妙辯才及諸珎寶神通
智慧廣利一切速證菩提如是應知受持法
式即說頌曰
先可誦此陁羅尼 令使純熟无謬失
歸敬三寶諸大衆 請求如議願隨心
敬礼諸佛及法寶 菩薩獨覺聲聞衆
次礼梵王并帝釋 及護世者四天王
一切常修梵行人 悉可至誠殷重敬

BD05075 號　金光明最勝王經卷七　（19–13）

智慧廣利一切速證菩提如是應知受持法
式即說頌曰
先可誦此陁羅尼 令使純熟无謬失
歸敬三寶諸大衆 請求如議願隨心
敬礼諸佛及法寶 菩薩獨覺聲聞衆
次礼梵王并帝釋 及護世者四天王
一切常修梵行人 悉可至誠殷重敬
可於寂靜蘭若處 大聲誦前呪讃法
應在佛像天龍前 隨其所有修供養
於彼一切衆生類 發起慈悲哀愍心
世尊妙相紫金身 繫想正念心无亂
世尊讃念說教法 隨彼根機令習之
於其句義善思惟 復依空性而修習
應在世尊形像前 一心正念而安坐
即得妙智三摩地 并獲最勝陁羅尼
如來金口演說法 妙響調伏諸人天
舌相隨緣現希有 廣長能覆三千界
如是諸佛妙音聲 至誠憶念心无畏
諸佛皆由發弘願 得此舌相不思議
宣說諸法皆非有 譬如虛空无所著
諸佛音聲及舌相 繫念思量願同諦
若見供養辯才天 或見弟子隨師教
授此秘法令修學 尊重隨心皆得成
若人欲得最上智 應當一心持此法
增長福智諸功德 必定成就勿生疑
若求財者得多財 求名稱者獲名稱
求出離者得解脫 必定成就勿生疑
[illegible]

BD05075 號　金光明最勝王經卷七　（19–14）

若見供養辯才天　或見弟子隨師教
授此秘法令修學　尊重隨心皆得成
若人欲得最上智　應當一心持此法
增長福智諸功德　必定成就勿生疑
若求財者得多財　求名稱者獲名稱
求出離者得解脫　必定成就勿生疑
无量无邊諸功德　隨其內心之所願
若能如是依行者　必得成就勿生疑
當於淨處著淨衣　應作壇場隨大小
以四淨瓶盛美味　香花供養可隨時
懸諸繒綵并幡蓋　塗香末香遍嚴飾
供養佛及辯才天　求見天身皆遂願
應三七日誦前呪　可對大辯天神前
若其不見此天神　應更用心經九日
於後夜中猶不見　更求清淨勝妙處
如法應畫辯才天　供養誦持心无捨
晝夜不生於懈怠　自利他无窮盡
所獲果報施群生　於所求願皆成就
若不遂意經三月　六月九月或一年
殷懃求請心不移　天眼他心皆悉得
尒時憍陳如婆羅門聞是說已歡喜踊躍
歎未曾有告諸大眾作如是言汝等人天一
切大眾如是當知皆一心聽我今更欲依世
諦法讚彼勝妙辯才天女即說頌曰
敬禮天女那羅延　於世界中得自在
我今讚歎彼尊者　皆如往昔仙人說
吉祥成就心安隱　聰明慚愧有名聞

BD05075號　金光明最勝王經卷七　(19–15)

難未曾有告諸大眾作如是言汝等人天一
切大眾如是當知皆一心聽我今更欲依世
諦法讚彼勝妙辯才天女即說頌曰
敬禮天女那羅延　於世界中得自在
我今讚歎彼尊者　皆如往昔仙人說
吉祥成就心安隱　聰明慚愧有名聞
為母能生於世間　勇猛常行大精進
於軍陣處戰恒勝　長養調伏心慈忍
現為閻羅之長姊　常著青色野蠶衣
好醜容儀皆具有　眼目能令見者怖
无量勝行超世間　歸信之人咸攝受
或在山巖深險處　或居坎窟及河邊
或在大樹諸叢林　天女多依此中住
假使山林野人輩　亦常供養於天女
以孔雀羽作幢旗　於一切時常護世
師子虎狼恒圍繞　牛羊雞等亦相依
振大鈴鐸出音聲　頻陀山眾皆聞響
或執三戟頭圓髻　左右恒持日月旗
黑月九日十一日　於此時中當供養
或現婆蘇大天妹　見有鬪戰心常愍
觀察一切有情中　天女最勝无過者
權現牧牛歡喜女　與天戰時常得勝
能久安住於世間　亦為和忍及暴惡
大婆羅門四明法　幻化呪等皆通達
於天仙中得自在　能為種子及大地
諸天女等集會時　如大海潮必來應
於諸龍神藥叉眾　咸為上首能調伏

BD05075號　金光明最勝王經卷七　(19–16)

權現牧牛歡喜女　與天戰時常得勝
能久安住於世間　亦為和忍及暴惡
大婆羅門四明法　幻化呪等悉皆通
於天仙中得自在　能為種子及大地
諸天女等集會時　如大海潮必來應
於諸龍神藥叉衆　咸為上首能調伏
於諸女中最梵行　出言猶如世間主
於王住處如蓮花　若在河津喻橋梯
面貌猶如盛滿月　具足多聞作依處
辯才勝出若高峯　念者皆與為洲渚
阿蘇羅等諸天衆　咸共稱讚其功德
乃至千眼帝釋王　以殷重心而觀察
衆生若有希求事　悉能令彼速得成
亦令聰辯具聞持　於大地中為第一
於此十方世界中　如大燈明常普照
乃至神鬼諸禽獸　咸皆遂彼所求心
於諸女中若山峯　同昔仙人久住世
如少女天常離欲　實語猶如大世主
普見聞差別類　乃至欲界諸天宮
唯有天女獨稱尊　不見有情能勝者
若於戰陣恐怖處　或見隨在火坑中
河津險難賊盜時　悉能令彼除怖畏
或被王法所枷縶　或為怨讎行殺害
若能尊任心不移　決定解脫諸憂苦
於善惡人皆擁護　慈悲愍念常現
是故我以至誠心　稽首歸依大天女
[illegible]

BD05075號　金光明最勝王經卷七　（19–17）

若於戰陣恐怖處　或見隨在火坑中
河津險難賊盜時　悉能令彼除怖畏
或被王法所枷縶　或為怨讎行殺害
若能尊任心不移　決定解脫諸憂苦
於善惡人皆擁護　慈悲愍念常現
是故我以至誠心　稽首歸依大天女
尒時婆羅門復以呪讚天女曰
敬禮敬禮世間尊　於諸母中最為勝
三種世間咸供養　面貌容儀人樂觀
種種妙德以嚴身　目如脩廣青蓮葉
福智光明名稱滿　譬如无價末尼珠
我今讚歎最勝者　悉能成辦所求心
真實功德妙吉祥　譬如蓮花極清淨
身色端嚴皆樂見　衆相希有不思議
能放无垢智光明　於諸念中為最勝
猶如師子獸中上　常以八臂自莊嚴
各持弓箭刀矟斧　長杵鐵輪并羂索
端正樂觀如滿月　言詞无滯出和音
若有衆生心願求　善士隨念令圓滿
帝釋諸天咸供養　皆共稱讚可歸依
衆德能生不思議　一切時中起恭敬
莎訶　此上呪頌是呪亦是讚　若持呪者必須誦之
若欲祈請辯才天　依此呪讚言詞句
晨朝清淨至誠誦　於所求事悉隨心
尒時佛告婆羅門善哉善哉汝能如是利益
衆生施與安樂讚彼天女請求加護獲福无
邊此品呪法有、有廣或開或合前後不同

BD05075號　金光明最勝王經卷七　（19–18）

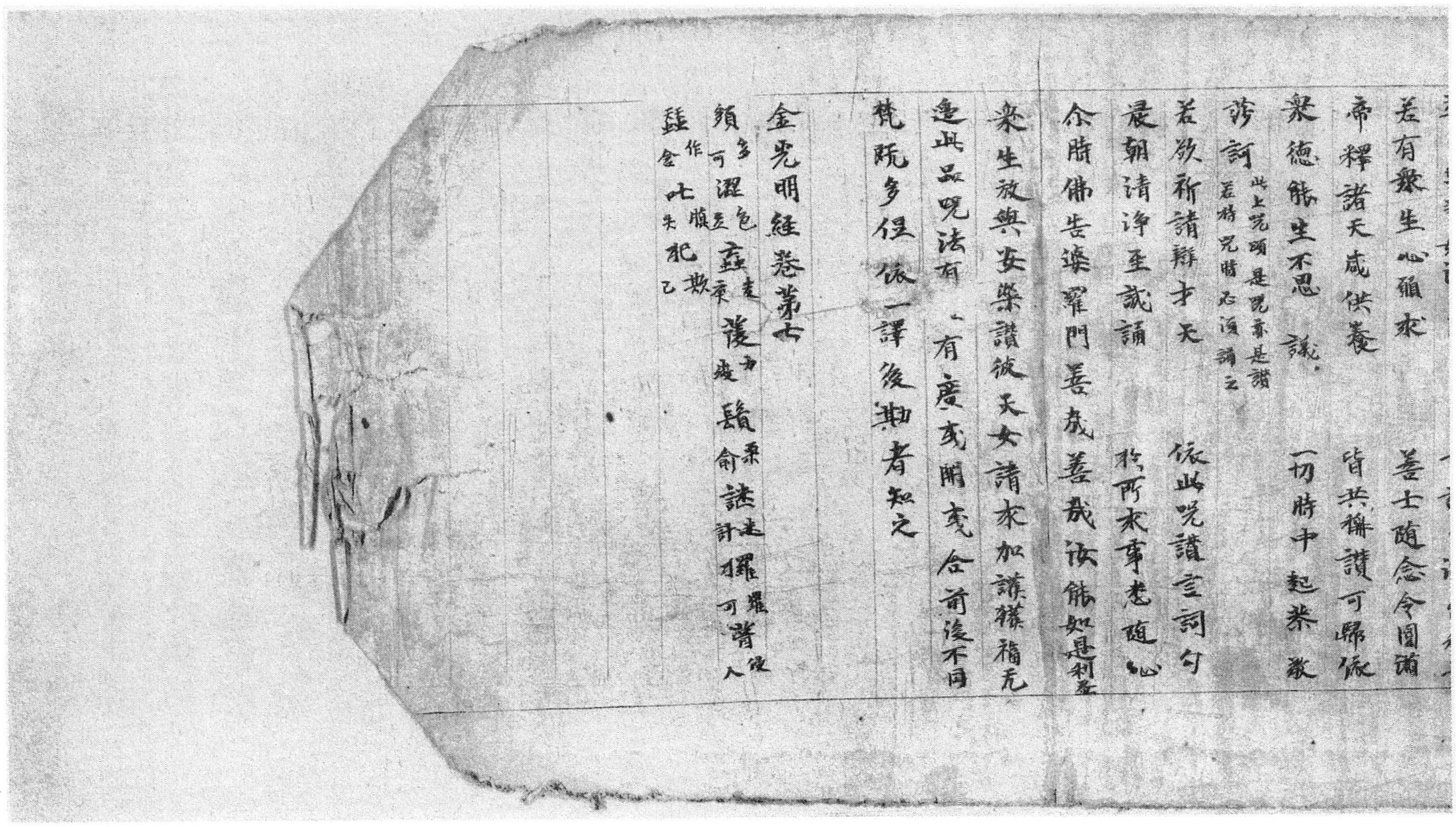

若有衆生心願求　善士隨念令圓滿
帝釋諸天咸供養　皆共稱讚可歸依
衆德能生不思議　一切時中起恭敬
莎訶 此上咒頭是咒末是讚 若持咒者右須誦之
若欲祈請辯才天　依此咒讚言詞句
晨朝清淨至誠誦　於所求事悉隨心
尒時佛告婆羅門善哉善哉汝能如是利益
衆生施與安樂讚彼天女請求加護獲福无
邊此品咒法有、有虔或開先合前後不同
梵既多但依一譯後勘者知之
金光明經卷第七

BD05075 號　金光明最勝王經卷七　（19–19）

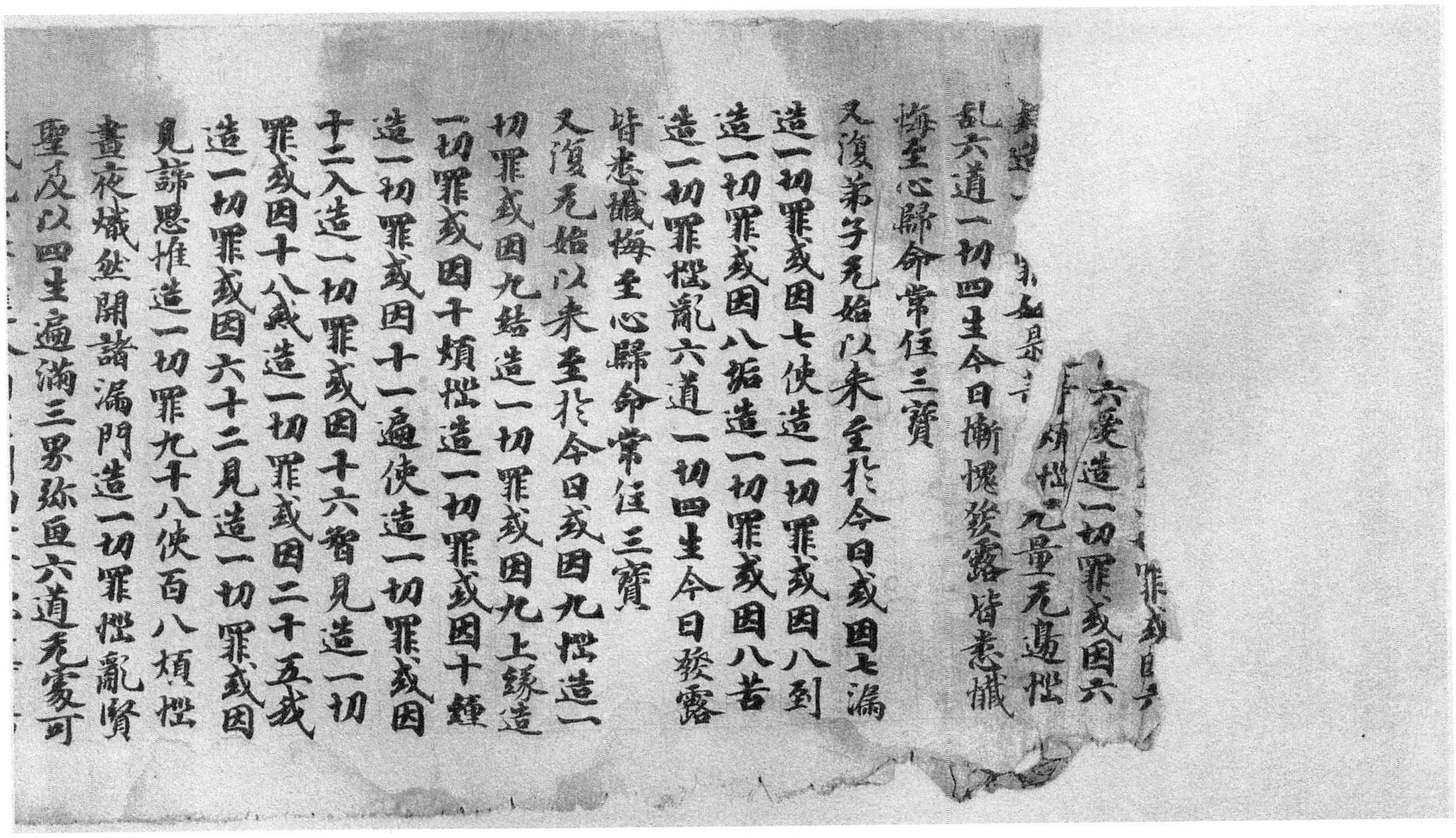

六處造一切罪或因六
煩惱无量无邊惱
亂六道一切四生今日慚愧發露皆悉懺
悔至心歸命常住三寶
又復弟子无始以来至於今日或因七漏
造一切罪或因七使造一切罪或因八到
造一切罪或因八垢造一切罪或因八苦
造一切罪惱亂六道一切四生今日發露
皆悉懺悔至心歸命常住三寶
又復无始以来至於今日或因九惱造一
切罪或因九結造一切罪或因九上緣造
一切罪或因十煩惱造一切罪或因十纏
造一切罪或因十一遍使造一切罪或因
十二入造一切罪或因十六智見造一切
罪或因十八界造一切罪或因二十五我
造一切罪或因六十二見造一切罪或因
見諦思惟造一切罪九十八使百八煩惱
晝夜熾然開諸漏門造一切罪惱亂賢
聖及以四生遍滿三界彌亘六道无處可

BD05076 號　佛名經（十六卷本）卷一四　（7–1）

[illegible]十六種見造一切
罪或因十八界造一切罪或因二十五我
造一切罪或因六十二見造一切罪或因
見諦思惟造一切罪九十八使百八煩惱
晝夜熾然開諸漏門造一切罪惱亂賢
聖及以四生遍滿三界弥亘六道无處可
藏无處可避今日至到向十方佛尊法
聖衆慚愧發露皆悉懺悔至心歸命常
住三寶
願弟子等承是懺悔三身一切煩惱生生世
世三慧明三達朗三苦滅三願滿
願弟子等承是懺悔四識等一切煩惱所
生功德生生世世廣四等心立四信業
四惡趣滅得四无畏
願弟子等承是懺悔五蓋等諸煩惱度
五道樹五根淨五眼成五分懺悔六受等
諸煩惱所生功德願生生世世具足六神通滿
足六度業不為六塵或常行六妙行
又願弟子等承是懺悔七漏八垢九結十纏
等一切諸煩惱所生功德生生世世坐七
淨華洗塵八解具九斷智成十地行
願以懺悔十一遍使及十二入十八界等一
切諸煩惱所生功德願十一空解常用栖
心自在能轉十二行輪具足十八不共之
法无量功德一切圓滿至心歸命常住三
寶

淨華洗塵八解具九斷智成十地行
願以懺悔十一遍使及十二入十八界等一
切諸煩惱所生功德願十一空解常用栖
心自在能轉十二行輪具足十八不共之
法无量功德一切圓滿至心歸命常住三
寶
佛說罪業報應教化地獄經
如是我聞一時佛在王舍城耆闍崛山
中與菩薩摩訶薩及聲聞眷屬俱亦有
比丘比丘尼優婆塞優婆夷及諸天龍鬼
神等皆悉集會尒時信相菩薩白佛言
今有地獄餓鬼畜生奴婢貧富貴賤種類
若干唯願世尊具演說之凡有衆生聞佛
說法如嬰兒得母如病得醫如倮者得衣
如闇得燈世尊說法利益衆生亦復如
是
尒時世尊觀時已至知諸菩薩勸請慇
勤即放眉間白毫相光照於世界地獄休
息苦痛安寧尒時一切受罪衆生尋佛
光明來詣佛所遶佛七帀至心作礼勸請
世尊敷演道化令此衆生得蒙解脫
尒時信相菩薩為諸衆生而作發起白
佛言世尊尒時衆生為諸獄卒剉碓斬
身從足斬之乃至其頂斬之已訖巧風吹活
而復之何罪所致佛言此人前世坐不信

世尊敷演道化令此衆生得家解脫
尒時信相菩薩為諸衆生而作發起白
佛言世尊尒時衆生為諸獄卒剉碓斬
身從足斬之乃至其頂斬之已訖巧風吹活
而復之何罪所致佛言此人前世坐不信
三尊不孝父母屠兒魁膾斬害衆生故
獲斯罪
南无旃檀香佛　南无可觀佛
南无无量智佛　南无千日威德佛
南无稽重稽佛　南无稱清淨佛
南无提賖聞佛　南无自在王佛
南无无邊智佛　南无廣光佛
南无信甘露佛　南无妙眼佛
南无解脫行佛　南无妙見佛
南无勝光佛　南无大聲佛
南无大威德聚佛　南无光明嚮難光佛
南无應供養佛　南无求那提闍積佛
南无信相佛　南无大炎佛
南无阿羅訶信佛　南无善住思惟佛
南无善橋梁佛　南无智作佛
南无普寶佛　南无日光佛
南无說橋樑佛　南无婆薩婆俱偈佛
南无心荷身佛　南无勝親光佛
南无清淨身佛　南无隨意希佛

BD05076 號　佛名經（十六卷本）卷一四　（7–4）

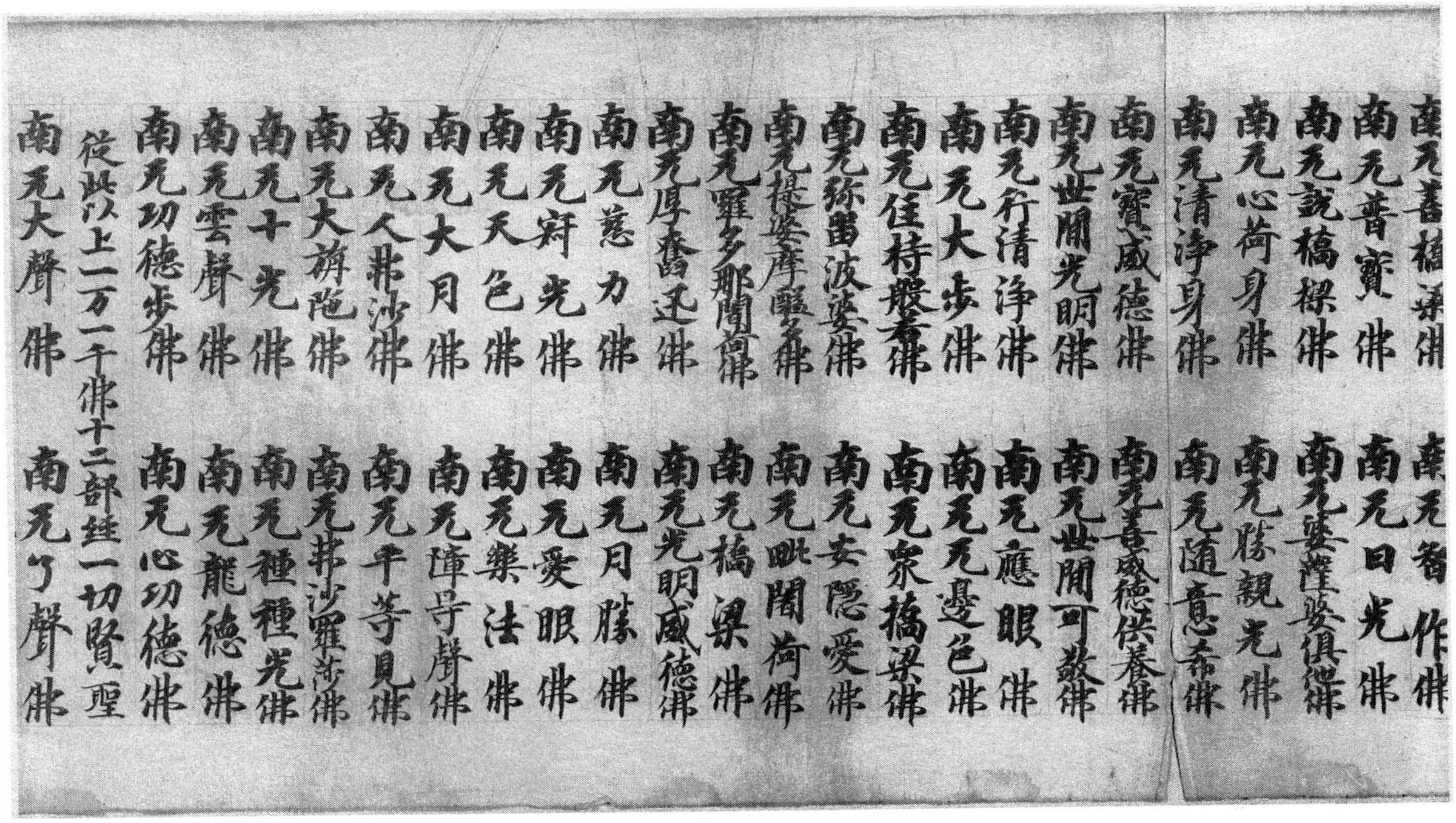

南无善橋梁佛　南无智作佛
南无普寶佛　南无日光佛
南无說橋樑佛　南无婆薩婆俱偈佛
南无心荷身佛　南无勝親光佛
南无清淨身佛　南无隨意希佛
南无寶威德佛　南无善威德供養佛
南无世間光明佛　南无世間可敬佛
南无行清淨佛　南无應眼佛
南无大步佛　南无无邊色佛
南无住持般若佛　南无衆橋梁佛
南无弥留波婆佛　南无安隱愛佛
南无揵婆摩醯者佛　南无毗闍荷佛
南无羅多那闍荷佛　南无橋梁佛
南无厚喬迟佛　南无光明威德佛
南无慈力佛　南无月勝佛
南无寂光佛　南无愛眼佛
南无天色佛　南无樂法佛
南无大月佛　南无障导聲佛
南无人非沙佛　南无平等見佛
南无大旃陁佛　南无弗沙羅苛佛
南无十光佛　南无種種光佛
南无雲聲佛　南无龍德佛
南无功德步佛　南无心功德佛
從此以上一万一千佛十二部經一切賢聖
南无大聲佛　南无可聲佛

BD05076 號　佛名經（十六卷本）卷一四　（7–5）

南无十光佛　南无種種光佛
南无雲聲佛　南无龍德佛
南无功德步佛　南无心功德佛
從此以上一万一千佛十二部經一切賢聖
南无大聲佛　南无了聲佛
南无斷惡道佛　南无天弗沙佛
南无水眼佛　南无大燈佛
南无離闇佛　南无堅固眼佛
南无不可思議光明佛　南无普光明佛
南无普賢佛　南无勝月佛
南无意德佛　南无莊嚴聲佛
南无妙意佛　南无賢光佛
南无堅固華佛　南无功德成佛
南无意成佛　南无解脫乘佛
南无降伏怨佛　南无過舌佛
南无過諸煩惱佛　南无无量光佛
南无无垢心佛　南无和合聲佛
南无不可量眼佛　南无勢力佛
南无妙光明佛　南无集功德佛
南无无可關聲佛　南无大思惟佛
南无信天佛　南无思惟甘露佛
南无了意佛　南无勝燈佛
南无堅意佛　南无力勢佛
南无華眼佛　南无菩提光明佛
南无最勝聲佛　南无六通聲佛

BD05076號　佛名經（十六卷本）卷一四　（7–6）

南无无可關聲佛　南无大思惟佛
南无信天佛　南无思惟甘露佛
南无了意佛　南无勝燈佛
南无堅意佛　南无力勢佛
南无華眼佛　南无菩提光明佛
南无最勝聲佛　南无六通聲佛
南无威德力佛　南无人稱佛
南无勝華集佛　南无大臨佛
南无不隨他佛　南无不畏行佛
南无離一切憂闇佛　南无月光明佛
南无心勇猛佛　南无解勝慧佛
南无離惡道佛　南无閻浮燈佛
南无勝供養佛　南无善思惟佛
南无勝威德色佛　南无信衆生佛
南无快恭敬佛　南无波頭摩清淨佛
南无人波頭摩佛　南无善香佛
南无勝供養佛　南无種種色華佛
南无勝功德佛　南无虛空劫佛
南无月賢佛　南无堅固佛
南无妙力佛　南无勝因陀羅幢佛
南无勝親佛　南无愛思惟佛
南无勝香佛　南无无諍行佛

BD05076號　佛名經（十六卷本）卷一四　（7–7）

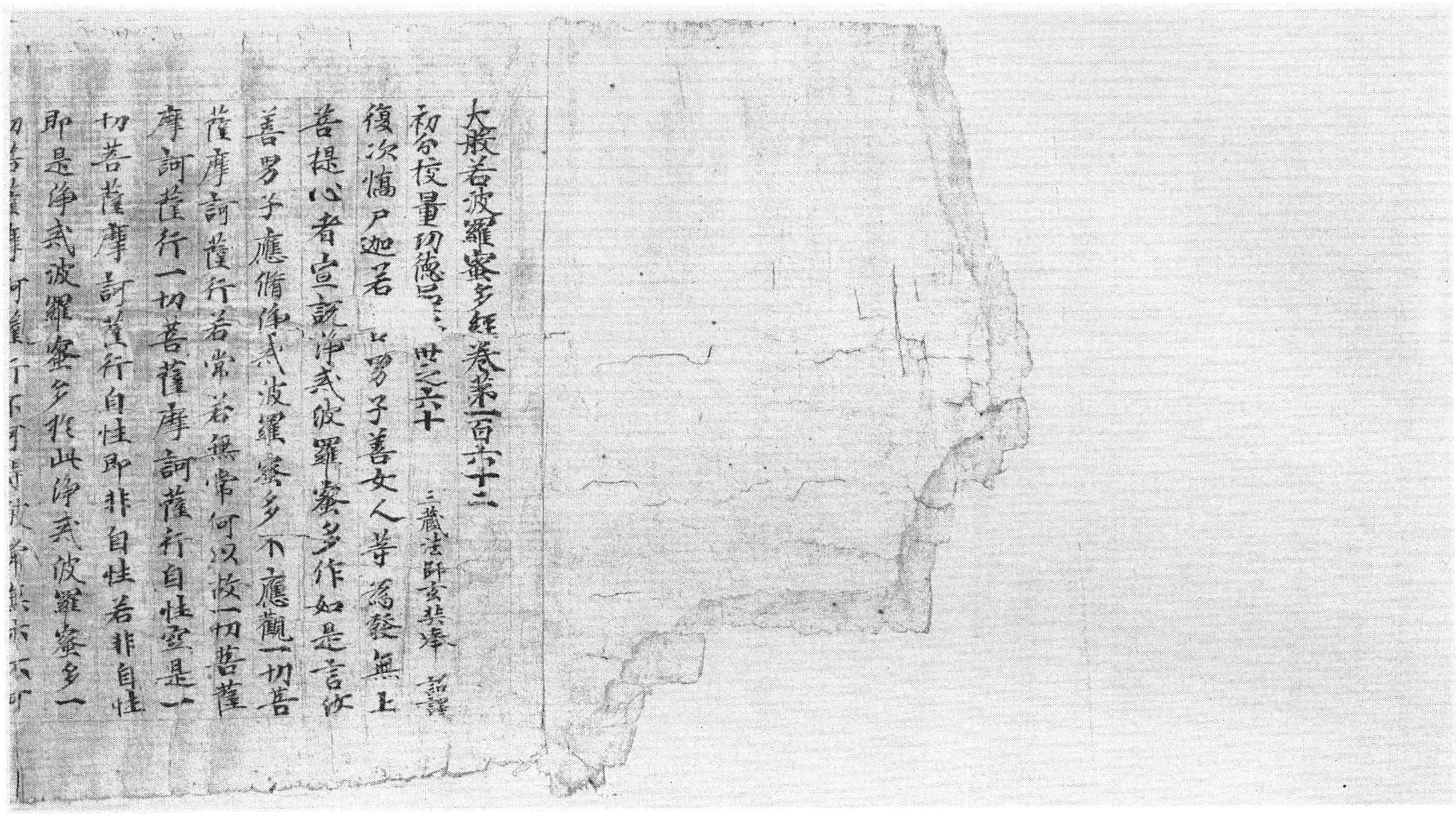
大般若波羅蜜多經卷第一百六十二　三藏法師玄奘奉　詔譯
初分校量功德品第卅之六十
復次憍尸迦若善男子善女人等為發無上
菩提心者宣說淨戒波羅蜜多作如是言汝
善男子應脩淨戒波羅蜜多不應觀一切菩
薩摩訶薩行若常若無常何以故一切菩薩
摩訶薩行一切菩薩摩訶薩行自性空是一
切菩薩摩訶薩行自性即非自性若非自性
即是淨戒波羅蜜多於此淨戒波羅蜜多一
切菩薩摩訶薩行不可得彼常無常亦不可

BD05077號　大般若波羅蜜多經卷一六二　（8–1）

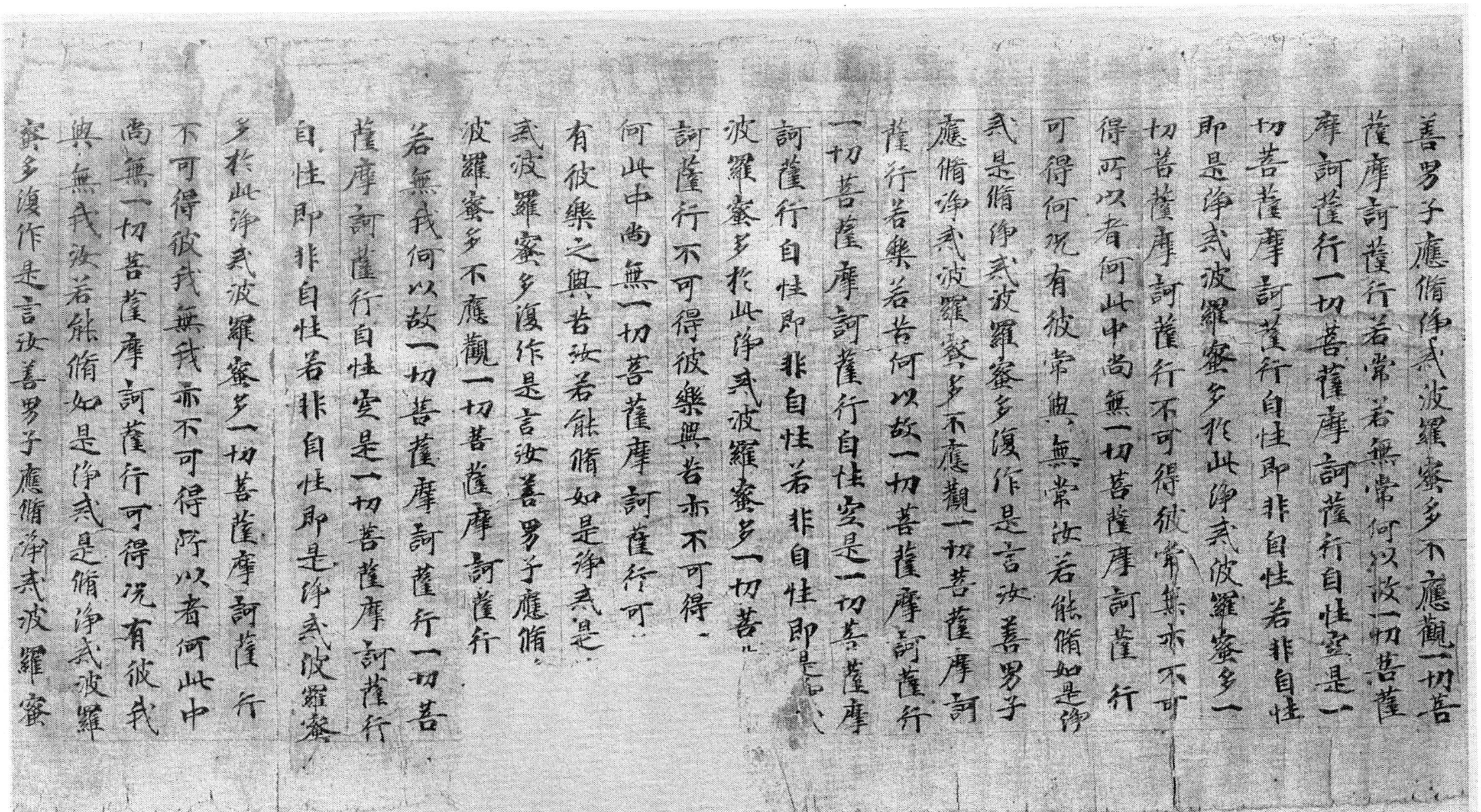
善男子應脩淨戒波羅蜜多不應觀一切菩
薩摩訶薩行若常若無常何以故一切菩薩
摩訶薩行一切菩薩摩訶薩行自性空是一
切菩薩摩訶薩行自性即非自性若非自性
即是淨戒波羅蜜多於此淨戒波羅蜜多一
切菩薩摩訶薩行不可得彼常無常亦不可
得所以者何此中尚無一切菩薩摩訶薩行
可得何況有彼常與無常汝若能脩如是淨
戒是脩淨戒波羅蜜多復作是言汝善男子
應脩淨戒波羅蜜多不應觀一切菩薩摩訶
薩行若樂若苦何以故一切菩薩摩訶薩行
一切菩薩摩訶薩行自性空是一切菩薩摩
訶薩行自性即非自性若非自性即是淨戒
波羅蜜多於此淨戒波羅蜜多一切菩薩摩
訶薩行不可得彼樂與苦亦不可得所以者
何此中尚無一切菩薩摩訶薩行可得何況
有彼樂之與苦汝若能脩如是淨戒是脩淨
戒波羅蜜多復作是言汝善男子應脩淨戒
波羅蜜多不應觀一切菩薩摩訶薩行
若無我何以故一切菩薩摩訶薩行一切菩
薩摩訶薩行自性空是一切菩薩摩訶薩行
自性即非自性若非自性即是淨戒波羅蜜
多於此淨戒波羅蜜多一切菩薩摩訶薩行
不可得彼我無我亦不可得所以者何此中
尚無一切菩薩摩訶薩行可得何況有彼我
與無我汝若能脩如是淨戒是脩淨戒波羅
蜜多復作是言汝善男子應脩淨戒波羅蜜

BD05077號　大般若波羅蜜多經卷一六二　（8–2）

多於此淨戒波羅蜜多一切菩薩摩訶薩行
不可得彼我無我亦不可得所以者何此中
尚無一切菩薩摩訶薩行可得況有彼我
與無我汝若能脩如是淨戒是脩淨戒波羅
蜜多復作是言汝善男子應脩淨戒波羅蜜
多不應觀一切菩薩摩訶薩行若淨若不
淨何以故一切菩薩摩訶薩行一切菩薩摩訶
薩行自性空是一切菩薩摩訶薩行自性即
非自性若非自性即是淨戒波羅蜜多於此淨
戒波羅蜜多一切菩薩摩訶薩行不可得
彼淨不淨亦不可得所以者何此中尚無一
切菩薩摩訶薩行可得何況有彼淨與不淨
汝若能脩如是淨戒是脩淨戒波羅蜜多憍
尸迦是善男子善女人等作此等說是為宣
說真正淨戒波羅蜜多
復次憍尸迦若善男子善女人等為發無上
菩提心者宣說淨戒波羅蜜多作如是言
汝善男子應脩淨戒波羅蜜多不應觀諸佛無
上正等菩提若常若無常何以故諸佛無上
正等菩提諸佛無上正等菩提自性空是諸
佛無上正等菩提自性即非自性若非自性
即是淨戒波羅蜜多於此淨戒波羅蜜多諸
佛無上正等菩提不可得彼常無常亦不
不得所以者何此中尚無諸佛無上正等菩提
可得何況有彼常與無常汝若能脩如是淨
戒是脩淨戒波羅蜜多復作是言汝善男子

BD05077號　大般若波羅蜜多經卷一六二　（8–3）

即是淨戒波羅蜜多於此淨戒波羅蜜多諸
佛無上正等菩提不可得彼常無常亦不
不得所以者何此中尚無諸佛無上正等菩提
可得何況有彼常與無常汝若能脩如是淨
戒是脩淨戒波羅蜜多復作是言汝善男子
應脩淨戒波羅蜜多不應觀諸佛無上正等
菩提若樂若苦何以故諸佛無上正等菩提
諸佛無上正等菩提自性空是諸佛無上正
等菩提自性即非自性若非自性即是淨戒
波羅蜜多於此淨戒波羅蜜多諸佛無上正
等菩提不可得彼樂與苦亦不可得所以者
何此中尚無諸佛無上正等菩提可得何況
有彼樂之與苦汝若能脩如是淨戒是脩淨
戒波羅蜜多復作是言汝善男子應脩淨戒
波羅蜜多不應觀諸佛無上正等菩提若我
若無我何以故諸佛無上正等菩提諸佛無
上正等菩提自性空是諸佛無上正等菩提
自性即非自性若非自性即是淨戒波羅蜜
多於此淨戒波羅蜜多諸佛無上正等菩提
不可得彼我無我亦不可得所以者何此中
尚無諸佛無上正等菩提可得何況有彼我
與無我汝若能脩如是淨戒是脩淨戒波羅
蜜多復作是言汝善男子應脩淨戒波羅蜜
多不應觀諸佛無上正等菩提若淨若不淨
何以故諸佛無上正等菩提諸佛无上正等
菩提自性空是諸佛無上正等菩提自性即
非自性若非自性即是淨戒波羅蜜多於此

BD05077號　大般若波羅蜜多經卷一六二　（8–4）

蜜多復作是言汝善男子應脩淨戒波羅蜜
多不應觀諸佛無上正等菩提若淨若不淨
何以故諸佛無上正等菩提諸佛无上正等
菩提自性空是諸佛無上正等菩提自性即
非自性若非自性即是淨戒波羅蜜多於此
淨戒波羅蜜多諸佛無上正等菩提不可得
彼淨不淨亦不可得所以者何此中尚無諸
佛無上正等菩提可得何况有彼淨與不淨
汝若能脩如是淨戒是脩淨戒波羅蜜多憍
尸迦是善男子善女人等作此等說是為宣
說真正淨戒波羅蜜多
時天帝釋復白佛言世尊云何諸善男子善
女人等說無所得布施波羅蜜多名說真正
布施波羅蜜多佛言憍尸迦若善男子善女
人等為發無上菩提心者宣說布施波羅蜜
多作如是言汝善男子應脩布施波羅蜜多
不應觀色若常若無常不應觀受想行識
若常若無常何以故色色自性空受想行識受
想行識自性空是色自性即非自性是受想
行識自性亦非自性若非自性即是布施波
羅蜜多於此布施彼羅蜜多色不可得彼常
無常亦不可得受想行識皆不可得彼常無
常亦不可得所以者何此中尚无色等可得
何况有彼常與無常汝若能脩如是布施是
脩布施波羅蜜多復作是言汝善男子應脩
布施波羅蜜多不應觀色若樂若苦不應觀

BD05077號　大般若波羅蜜多經卷一六二　（8–5）

無常亦不可得受想行識皆不可彼常無
常亦不可得所以者何此中尚无色等可得
何况有彼常與無常汝若能脩如是布施是
脩布施波羅蜜多復作是言汝善男子應脩
布施波羅蜜多不應觀色若樂若苦不應觀
受想行識若樂若苦何以故色色自性空受
想行識受想行識自性空是色自性即非自
性是受想行識自性亦非自性若非自性即是
布施波羅蜜多於此布施彼羅蜜多色不可
得彼樂與苦亦不可得受想行識皆不可
得彼樂與苦亦不可得所以者何此中尚無
色等可得何况有彼樂之與苦汝若能脩如
是布施是脩布施波羅蜜多復作是言汝善
男子應脩布施波羅蜜多不應觀色若我若
無我不應觀受想行識若我若无我何以故
色色自性空受想行識受想行識自性空是
色自性即非自性是受想行識自性亦非自
性若非自性即是布施波羅蜜多於此布施
波羅蜜多色不可得彼我無我亦不可得受
想行識皆不可得彼我無我亦不可得所以
者何此中尚無色等可得何况有彼我與无
我汝若能脩如是布施是脩布施波羅蜜多
復作是言汝善男子應脩布施波羅蜜多不
應觀色若淨若不淨不應觀受想行識若淨
若不淨何以故色色自性空受想行識受想
行識自性空是色自性即非自性是受想行
識自性亦非自性若非自性即是布施波羅蜜

BD05077號　大般若波羅蜜多經卷一六二　（8–6）

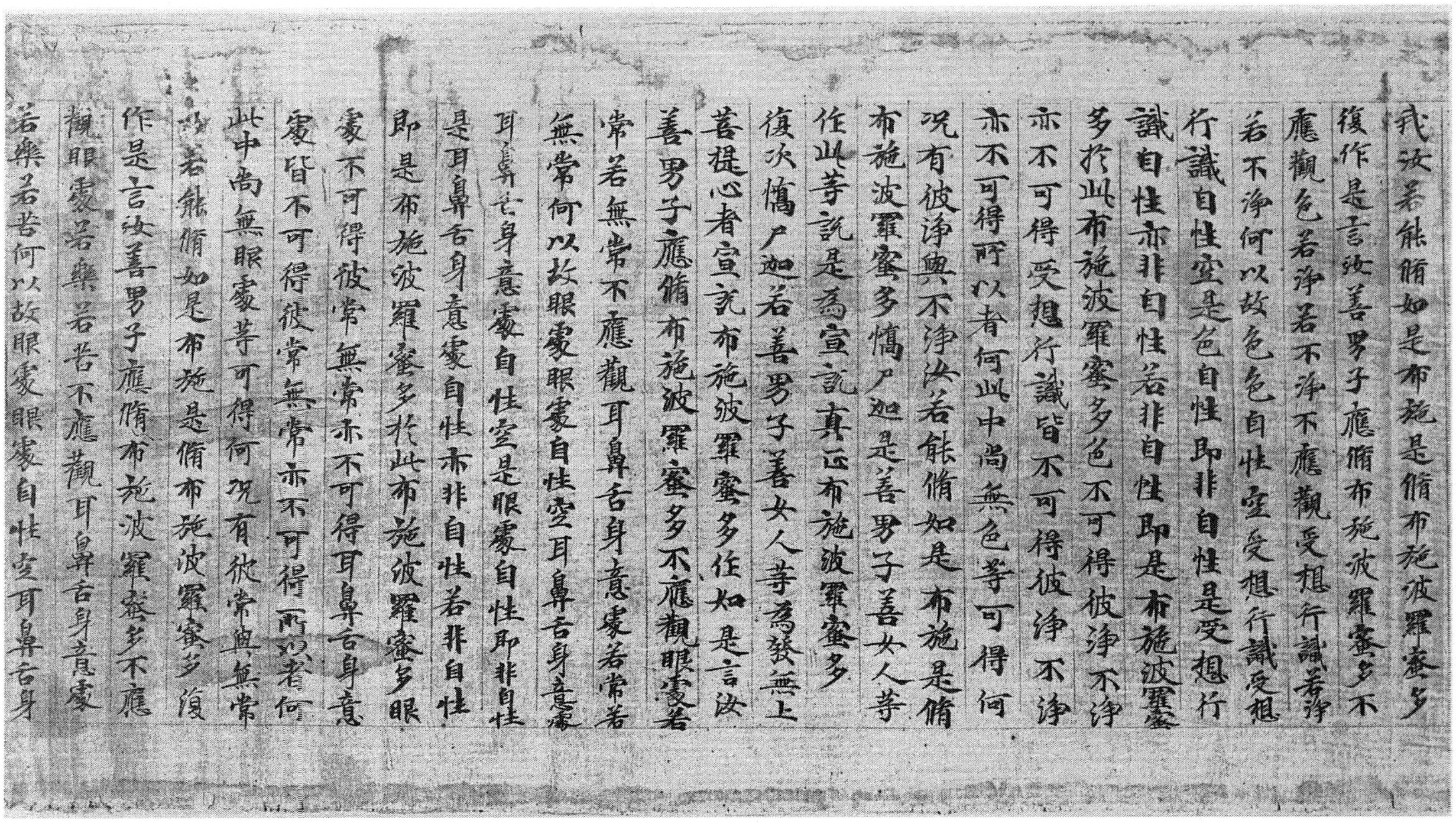

我汝若能脩如是布施是脩布施波羅蜜多
復作是言汝善男子應脩布施波羅蜜多不
應觀色若淨若不淨不應觀受想行識若淨
若不淨何以故色色自性空受想行識受想
行識自性空是色自性即非自性是受想行
識自性亦非自性若非自性即是布施波羅蜜
多於此布施波羅蜜多色不可得彼淨不淨
亦不可得受想行識皆不可得彼淨不淨
亦不可得所以者何此中尚無色等可得何
況有彼淨與不淨汝若能脩如是布施是脩
布施波羅蜜多憍尸迦若善男子善女人等
作此等說是為宣說真正布施波羅蜜多
復次憍尸迦若善男子善女人等為發無上
菩提心者宣說布施波羅蜜多作如是言汝
善男子應脩布施波羅蜜多不應觀眼處若
常若無常不應觀耳鼻舌身意處若常若
無常何以故眼處眼處自性空耳鼻舌身意處
耳鼻舌身意處自性空是眼處自性即非自性
是耳鼻舌身意處自性亦非自性若非自性
即是布施波羅蜜多於此布施波羅蜜多眼
處不可得彼常無常亦不可得耳鼻舌身意
處皆不可得彼常無常亦不可得所以者何
此中尚無眼處等可得何況有彼常與無常
汝若能脩如是布施是脩布施波羅蜜多復
作是言汝善男子應脩布施波羅蜜多不應
觀眼處若樂若苦不應觀耳鼻舌身意處
若樂若苦何以故眼處眼處自性空耳鼻舌身

BD05077 號　大般若波羅蜜多經卷一六二　（8–7）

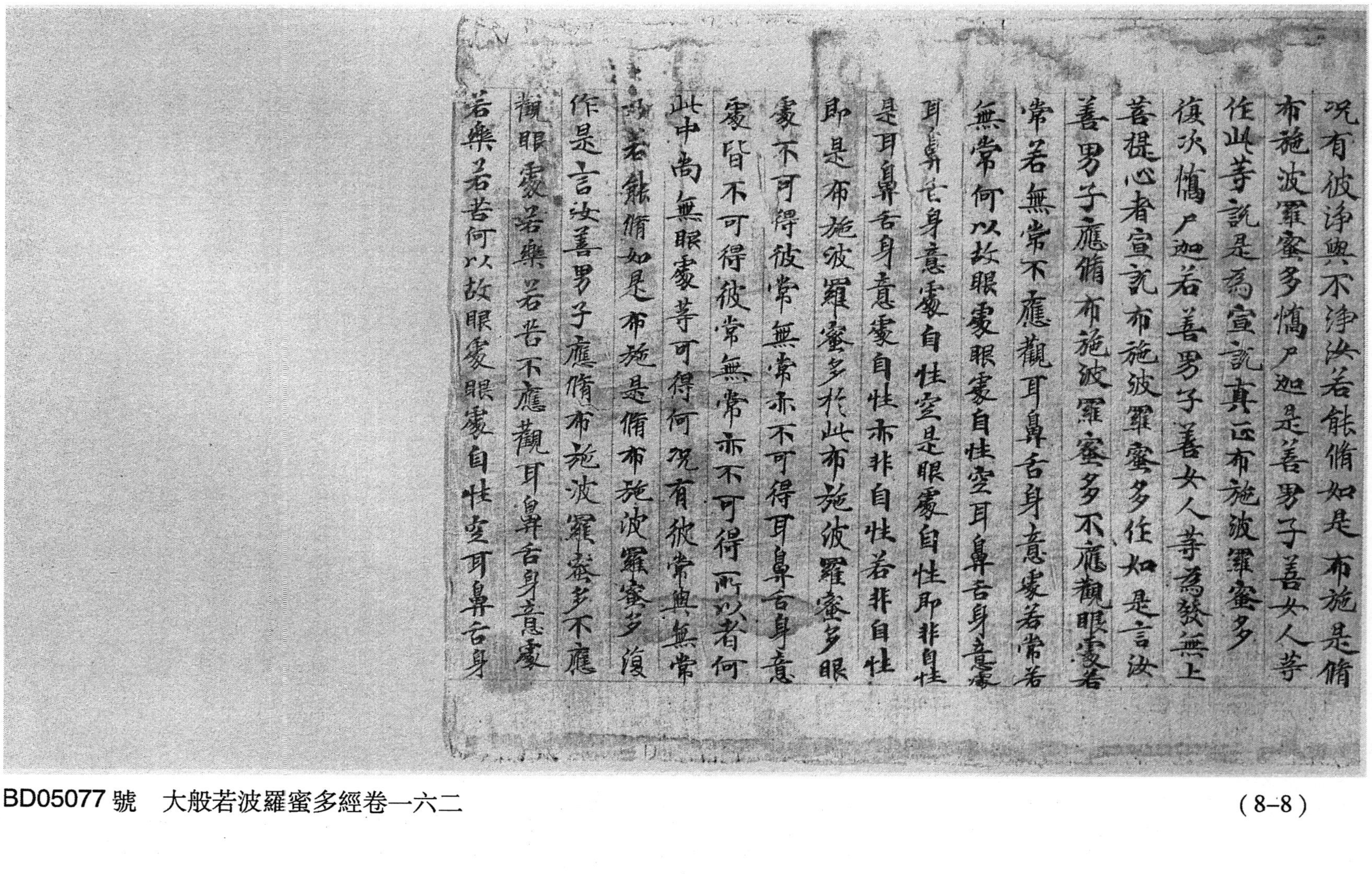

況有彼淨與不淨汝若能脩如是布施是脩
布施波羅蜜多憍尸迦若善男子善女人等
作此等說是為宣說真正布施波羅蜜多
復次憍尸迦若善男子善女人等為發無上
菩提心者宣說布施波羅蜜多作如是言汝
善男子應脩布施波羅蜜多不應觀眼處若
常若無常不應觀耳鼻舌身意處若常若
無常何以故眼處眼處自性空耳鼻舌身意處
耳鼻舌身意處自性空是眼處自性即非自性
是耳鼻舌身意處自性亦非自性若非自性
即是布施波羅蜜多於此布施波羅蜜多眼
處不可得彼常無常亦不可得耳鼻舌身意
處皆不可得彼常無常亦不可得所以者何
此中尚無眼處等可得何況有彼常與無常
汝若能脩如是布施是脩布施波羅蜜多復
作是言汝善男子應脩布施波羅蜜多不應
觀眼處若樂若苦不應觀耳鼻舌身意處
若樂若苦何以故眼處眼處自性空耳鼻舌身

BD05077 號　大般若波羅蜜多經卷一六二　（8–8）

BD05077 號背　勘記　　　　（1–1）

門識不取着眼處色
處不取着鼻處香處
舌處味處不取着身處觸處不取着意
處法處不取着眼界色界眼識界及眼觸眼觸
為緣所生諸受若樂若苦若不苦不樂不取着
耳界聲界耳識界及耳觸耳觸為緣所生
諸受若樂若苦若不苦不樂不取着鼻界香
界鼻識界及鼻觸鼻觸為緣所生諸受若
不取着舌界味界舌識
諸受若樂若苦若
觸界身識界及身觸
所生諸受若樂若苦若不苦不樂
取着意界法界意識界及意觸意觸為
緣所生諸受若樂若苦若不苦不樂不取
着有為界不取着無為界不取着布施波羅
蜜多不取着淨戒安忍精進靜慮般若波羅
蜜多不取着名不着相不取着菩薩身不取
不取着天眼慧眼法眼佛眼不取着智
不取着神通波羅蜜多不取着內
着外空內外空大空空勝義空有

BD05078 號　大般若波羅蜜多經卷四八三　　　　（24–1）

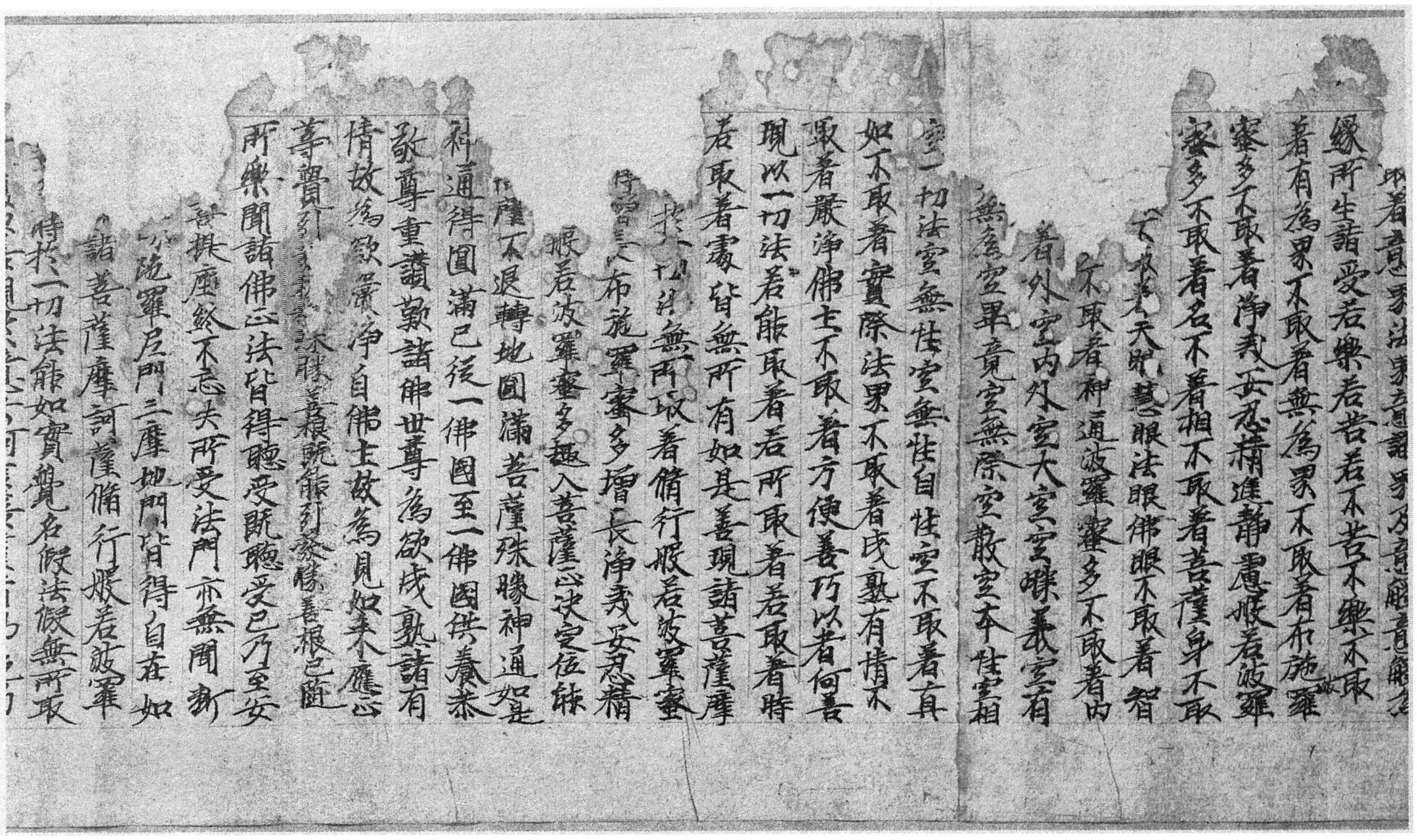

取著意處法處意識界及意觸意觸為
緣所生諸受若樂若苦若不苦不樂不取
著有為界不取著無為界不取著布施波羅
蜜多不取著淨戒安忍精進靜慮般若波羅
蜜多不取著名不著相不取著菩薩身不取
不取著天眼慧眼法眼佛眼不取著智
不取著神通波羅蜜多不取著內
著外空內外空大空勝義空有
無為空畢竟空無際空散空本性空相
空一切法空無性空自性空無性自性空不取著真
如不取著實際法界不取著成熟有情不
取著嚴淨佛土不取著方便善巧以者何善
現以一切法若能取若所取若取著時
若取著處皆無所有如是善現諸菩薩摩
於一切法無所取著脩行般若波羅蜜
布施波羅蜜多增長淨戒安忍精
般若波羅蜜多趣入菩薩正決定位餘
薩不退轉地圓滿菩薩殊勝神通如是
神通得圓滿已從一佛國至一佛國供養恭
敬尊重讚歎諸佛世尊為欲成熟諸有
情故為欲嚴淨自佛土故為見如來應正
等覺…善根既能引發勝善根已隨
所樂聞諸佛正法皆得聽受既聽受已乃至安
菩提座終不忘失所受法門亦無間斷
陀羅尼門三摩地門皆得自在如
諸菩薩摩訶薩脩行般若波羅
時於一切法能如實覺名假法假無所取

BD05078 號　大般若波羅蜜多經卷四八三　（24–2）

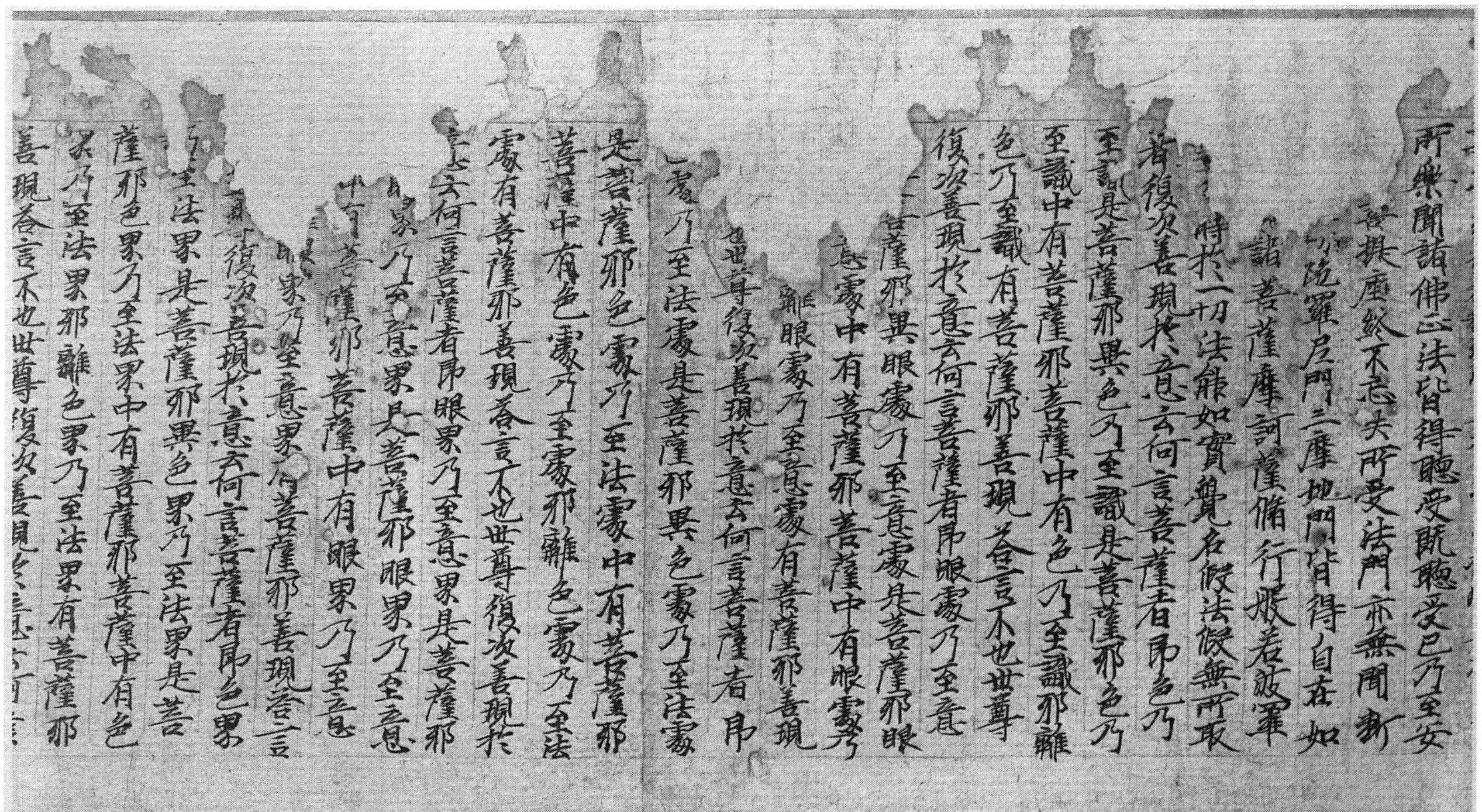

所樂聞諸佛正法皆得聽受既聽受已乃至安
菩提座終不忘失所受法門亦無間斷
陀羅尼門三摩地門皆得自在如
諸菩薩摩訶薩脩行般若波羅
時於一切法能如實覺名假法假無所取
著復次善現於意云何言菩薩者即色乃
至識是菩薩耶異色乃至識是菩薩耶色乃
至識中有菩薩耶菩薩中有色乃至識耶離
色乃至識有菩薩耶善現荅言不也世尊
復次善現於意云何言菩薩者即眼處乃至意
處是菩薩耶異眼處乃至意處是菩薩耶眼
處乃至意處中有菩薩耶菩薩中有眼處乃
離眼處乃至意處有菩薩耶善現
荅言不也世尊復次善現於意云何言菩薩者即
色處乃至法處是菩薩耶異色處乃至法處
是菩薩耶色處乃至法處中有菩薩耶
菩薩中有色處乃至法處耶離色處乃至法
處有菩薩耶善現荅言不也世尊復次善現於
意云何言菩薩者即眼界乃至意界是菩薩耶
異眼界乃至意界是菩薩耶眼界乃至意
界中有菩薩耶菩薩中有眼界乃至意
界乃至意界有菩薩耶善現荅言
不也世尊復次善現於意云何言菩薩者即色界
乃至法界是菩薩耶異色界乃至法界是善
薩耶色界乃至法界中有菩薩耶菩薩中有色
界乃至法界耶離色界乃至法界有菩薩耶
善現荅言不也世尊復次善現

BD05078 號　大般若波羅蜜多經卷四八三　（24–3）

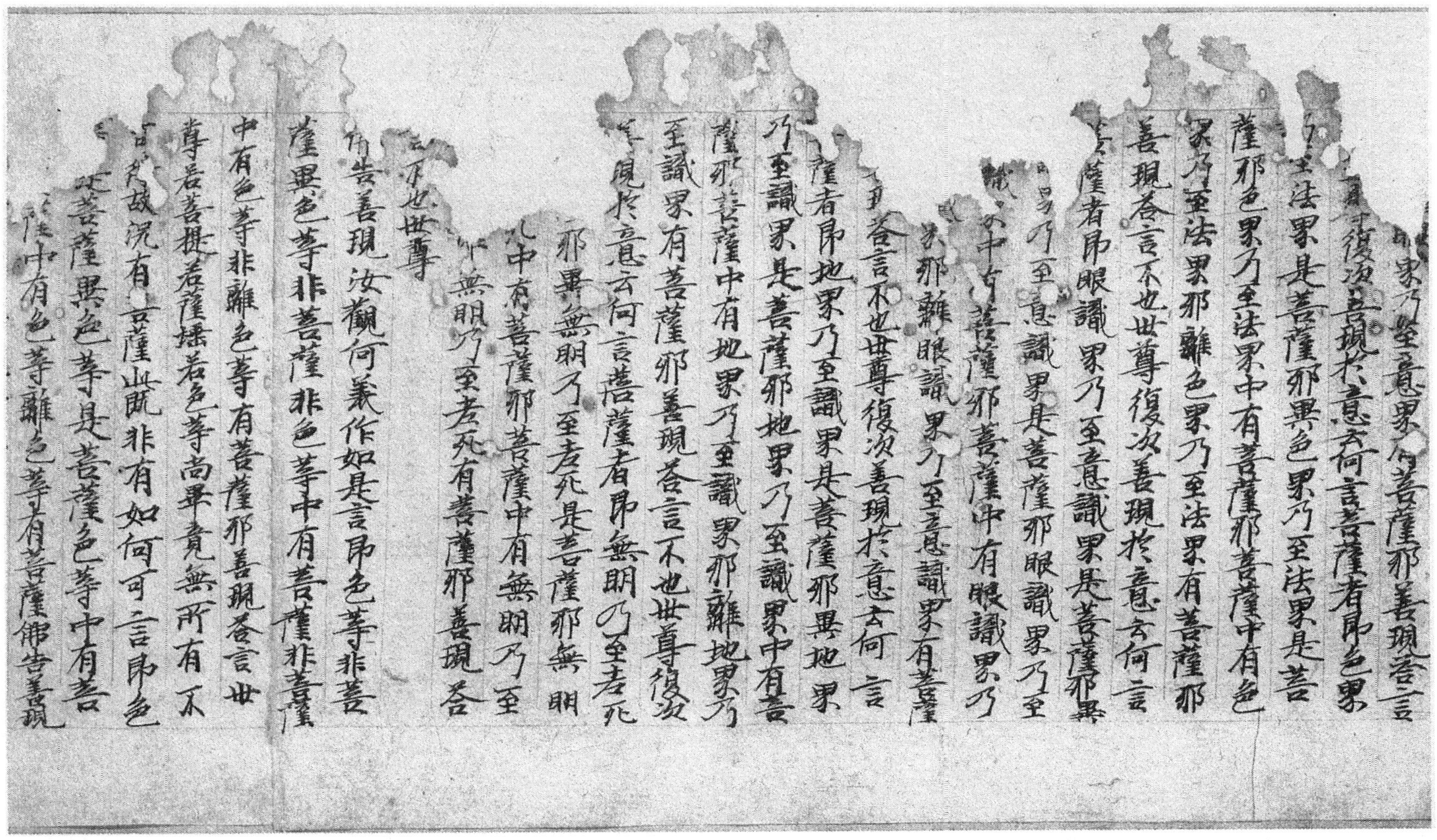

界乃至意界乃菩薩耶善現荅言
不也世尊復次善現於意云何言菩薩者即色界
乃至法界是菩薩耶異色界乃至法界是菩
薩耶色界乃至法界中有菩薩耶菩薩中有色
界乃至法界耶離色界乃至法界有菩薩耶
善現荅言不也世尊復次善現於意云何言
菩薩者即眼識界乃至意識界是菩薩耶異
眼識界乃至意識界是菩薩耶眼識界乃至
意識界中有菩薩耶菩薩中有眼識界乃
至意識界耶離眼識界乃至意識界有菩薩
耶善現荅言不也世尊復次善現於意云何言
菩薩者即地界乃至識界是菩薩耶異地界
乃至識界是菩薩耶地界乃至識界中有菩
薩耶菩薩中有地界乃至識界耶離地界乃
至識界有菩薩耶善現荅言不也世尊復次
善現於意云何言菩薩者即無明乃至老死
是菩薩耶異無明乃至老死是菩薩耶無明
乃至老死中有菩薩耶菩薩中有無明乃至
老死耶離無明乃至老死有菩薩耶善現荅
言不也世尊
佛告善現汝觀何義作如是言即色等非菩
薩異色等非菩薩色等中有菩薩非菩薩
中有色等非離色等有菩薩耶善現荅言世
尊若菩薩若菩薩摽若色等尚畢竟無所有不
可得故況有菩薩此既非有如何可言即色
等是菩薩異色等是菩薩色等中有菩
薩菩薩中有色等離色等有菩薩佛告善現

BD05078 號　大般若波羅蜜多經卷四八三　（24–4）

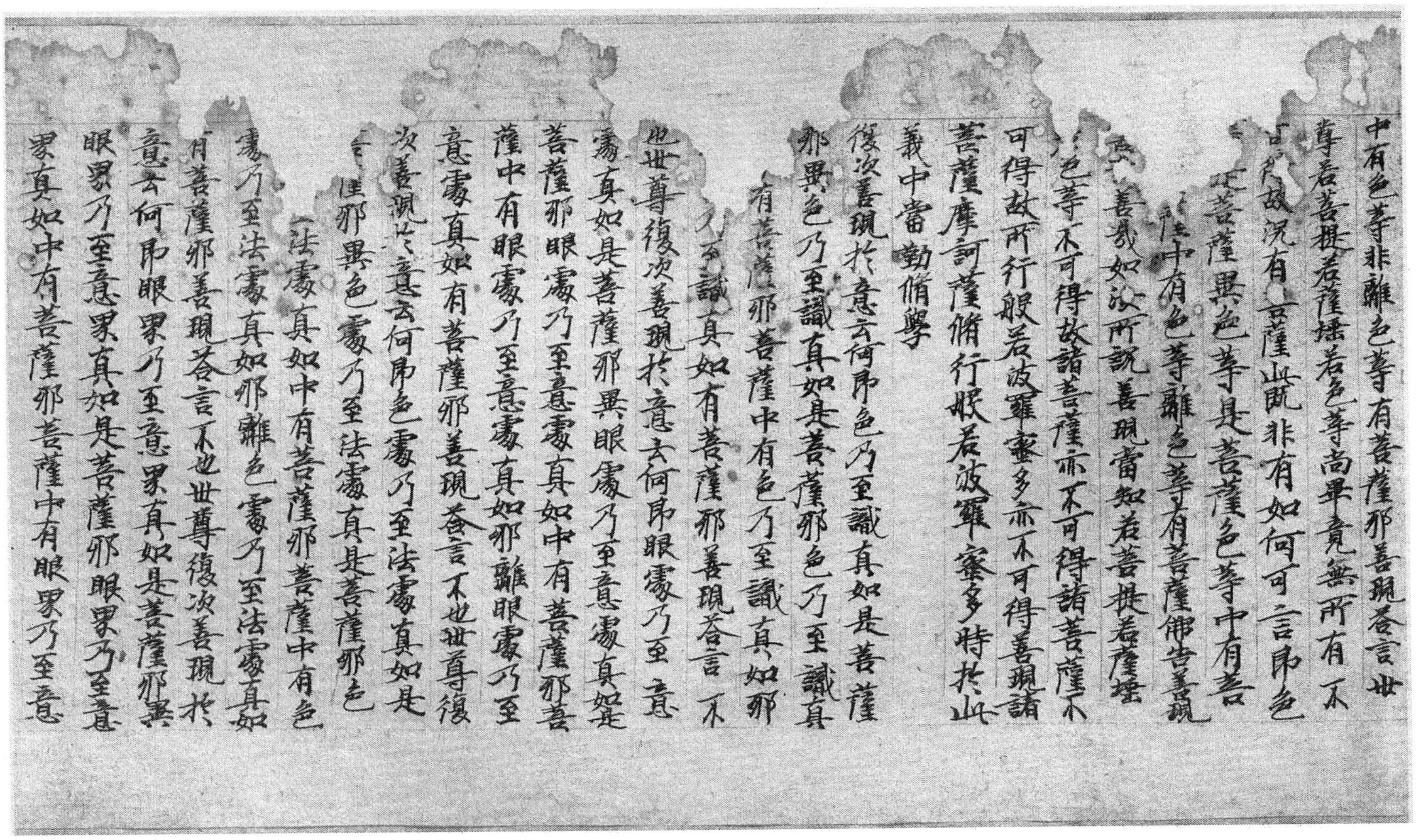

中有色等非離色等有菩薩耶善現荅言世
尊若菩薩若菩薩摽若色等尚畢竟無所有不
可得故況有菩薩此既非有如何可言即色
等是菩薩異色等是菩薩色等中有菩
薩菩薩中有色等離色等有菩薩佛告善現
善哉如汝所說善現當知若菩提若菩薩摽
若色等不可得故諸菩薩亦不可得諸菩薩不
可得故所行般若波羅蜜多亦不可得善現諸
菩薩摩訶薩脩行般若波羅蜜多特於此
義中當勤脩學
復次善現於意云何即色乃至識真如是菩薩
耶異色乃至識真如是菩薩耶色乃至識真
如中有菩薩耶菩薩中有色乃至識真如耶
離色乃至識真如有菩薩耶善現荅言不
也世尊復次善現於意云何即眼處乃至意
處真如是菩薩耶異眼處乃至意處真如是
菩薩耶眼處乃至意處真如中有菩薩耶菩
薩中有眼處乃至意處真如耶離眼處乃至
意處真如有菩薩耶善現荅言不也世尊復
次善現於意云何即色處乃至法處真如是
菩薩耶異色處乃至法處真如是菩薩耶色
處乃至法處真如中有菩薩耶菩薩中有色
處乃至法處真如耶離色處乃至法處真如
有菩薩耶善現荅言不也世尊復次善現於
意云何即眼界乃至意界真如是菩薩耶異
眼界乃至意界真如是菩薩耶眼界乃至意
界真如中有菩薩耶菩薩中有眼界乃至意

BD05078 號　大般若波羅蜜多經卷四八三　（24–5）

處乃至法處真如耶離色處乃至法處真如
有菩薩耶善現荅言不也世尊復次善現於
意云何即眼界乃至意界真如是菩薩耶異
眼界乃至意界真如是菩薩耶眼界乃至意
界真如中有菩薩耶菩薩中有眼界乃至意
界真如耶離眼界乃至意界真如有菩薩耶
荅言不也世尊復次善現於意云何即色
至法界真如是菩薩耶異色界乃至
真如是菩薩耶色界乃至法界真如中
薩耶菩薩中有色界乃至法界真如耶
乃至法界真如有菩薩耶善現荅言
復次善現於意云何即眼識界乃至
真如是菩薩耶異眼識界乃至意
是菩薩耶眼識界乃至意識界真
薩耶菩薩中有眼識界乃至意識
如耶離眼識界乃至意識界真如有菩
薩耶善現荅言不也世尊復次善現於意云
何即地界乃至識界真如是菩薩耶異地界乃
至識界真如是菩薩耶地界乃至識界真如
中有菩薩耶菩薩中有地界乃至識界真如
耶離地界乃至識界真如有菩薩耶善現
荅言不也世尊復次善現於意云何即無明乃至
老死真如是菩薩耶異無明乃至老死真
如是菩薩耶無明乃至老死真如中有菩薩
耶菩薩中有無明乃至老死真如耶離無明
乃至老死真如有菩薩耶善現荅言不也世
尊

BD05078 號　大般若波羅蜜多經卷四八三　（24–6）

老死真如是菩薩耶異無明乃至老死真
如是菩薩耶無明乃至老死真如中有菩薩
耶菩薩中有無明乃至老死真如耶離無明
乃至老死真如有菩薩耶善現荅言不也世
尊
佛告善現汝觀何義作如是言即色等真如
非菩薩異色等真如非菩薩非色等真如中
有菩薩非菩薩中有色等真如非離色等真
如有菩薩耶善現荅言世尊色等法尚畢竟
無所有不可得故況有色等真如此真如既
非有如何可言即色等真如是菩薩異色等
真如是菩薩色等真如中有菩薩菩薩中有
色等真如離色等真如有菩薩佛告善現
善哉善哉如汝所說善現當知色等法不可得故
色等真如亦不可得色等法及真如不可得
故諸菩薩亦不可得諸菩薩不可得故所
行般若波羅蜜多亦不可得善現諸菩薩摩
行般若波羅蜜多時於此義中當勤
脩學
復次善現於意云何言菩薩者色乃至識增
語是菩薩耶色乃至識若常若無常增語是
菩薩耶色乃至識若樂若苦增語是菩薩耶
色乃至識若我若無我增語是菩薩耶色乃
至識若淨若不淨增語是菩薩耶色乃至識
若空若不空增語是菩薩耶色乃至識若有
無語是菩薩耶色乃至識若有願
若無願增語是菩薩耶色乃至識若寂靜若

BD05078 號　大般若波羅蜜多經卷四八三　（24–7）

菩薩耶色乃至識若樂若苦增語是菩薩耶
色乃至識若我若無我增語是菩薩耶色乃
至識若淨若不淨增語是菩薩耶色乃至識
若空若不空增語是菩薩耶色乃至識若有
相若無相增語是菩薩耶色乃至識若有願
若無願增語是菩薩耶色乃至識若寂靜若
不寂靜增語是菩薩耶色乃至識若遠離若
不遠離增語是菩薩耶色乃至識若有為若
無為增語是菩薩耶色乃至識若有漏若無
漏增語是菩薩耶色乃至識若生若滅增語
是菩薩耶色乃至識若善若非善增語是菩
薩耶色乃至識若有罪若無罪增語是菩薩
耶色乃至識若有煩惱若無煩惱增語是菩
薩耶色乃至識若世間若出世間增語是菩
薩耶色乃至識若雜染若清淨增語是菩薩
耶色乃至識若屬生死若屬涅槃增語是菩
薩耶善現答言不也世尊
佛言善現於意云何言菩薩者眼處乃至意
處增語是菩薩耶眼處乃至意處若常若
無常增語是菩薩耶眼處乃至意處若樂若
苦增語是菩薩耶眼處乃至意處若我若
無我增語是菩薩耶眼處乃至意處若淨若
不淨增語是菩薩耶眼處乃至意處若空
若不空增語是菩薩耶眼處乃至意處若有
相若無相增語是菩薩耶眼處乃至意處若
有願若無願增語是菩薩耶眼處乃至意處
若寂靜若不寂靜增語是菩薩耶眼處乃至意

BD05078號　大般若波羅蜜多經卷四八三　　（24–8）

不淨增語是菩薩耶眼處乃至意處若空
若不空增語是菩薩耶眼處乃至意處若有
相若無相增語是菩薩耶眼處乃至意處若
有願若無願增語是菩薩耶眼處乃至意處
若寂靜若不寂靜增語是菩薩耶眼處乃至意
處若遠離若不遠離增語是菩薩耶眼處乃
至意處若有為若無為增語是菩薩耶眼處
乃至意處若有漏若無漏增語是菩薩耶眼
處乃至意處若生若滅增語是菩薩耶眼處
乃至意處若善若非善增語是菩薩耶眼
處乃至意處若有罪若無罪增語是菩薩
耶眼處乃至意處若有煩惱若無煩惱增語
是菩薩耶眼處乃至意處若世間若出世間增語
是菩薩耶眼處乃至意處若雜染若清淨增語
是菩薩耶眼處乃至意處若屬生死若屬涅
槃增語是菩薩耶善現答言不也世尊
復次善現於意云何言菩薩者色處乃至法
處增語是菩薩耶色處乃至法處若常若無
常增語是菩薩耶色處乃至法處若樂若苦
增語是菩薩耶色處乃至法處若我若無我
增語是菩薩耶色處乃至法處若淨若不淨
增語是菩薩耶色處乃至法處若空若不空增
語是菩薩耶色處乃至法處若有相若無相
增語是菩薩耶色處乃至法處若有願若
無願增語是菩薩耶色處乃至法處若寂靜
若不寂靜增語是菩薩耶色處乃至法處若
遠離若不遠離增語是菩薩耶色處乃至法

BD05078號　大般若波羅蜜多經卷四八三　　（24–9）

是菩薩耶色處乃至法處若有相若無相
增語是菩薩耶色處乃至處若有願若
無願增語是菩薩耶色處乃至法處若寂靜
若不寂靜增語是菩薩耶色處乃至法處若
遠離若不遠離增語是菩薩耶色處乃至法
處若有為若無為增語是菩薩耶色處乃至
漏若無漏增語是菩薩耶色處乃
若生若滅增語是菩薩耶色處乃至
法處若善若非善增語是菩薩耶色處乃至
法處若有罪若無罪增語是菩薩耶色處乃
至法處若有煩惱若無煩惱增語是菩薩耶
處乃至法處若世間若出世間增語是菩薩耶
色處乃至法處若雜染若清淨增語是菩
薩耶色處乃至法處若屬生死若屬涅槃
增語是菩薩耶善現荅言不也世尊
復次善現於意云何言菩薩者眼界乃至意
界增語是菩薩耶眼界乃至意界若常若無
常增語是菩薩耶眼界乃至意界若樂若
苦增語是菩薩耶眼界乃至意界若我若無
我增語是菩薩耶眼界乃至意界若淨若不
淨增語是菩薩耶眼界乃至意界若空若不
空增語是菩薩耶眼界乃至意界若有相若無
相增語是菩薩耶眼界乃至意界若有願
若無願增語是菩薩耶眼界乃至意界若寂
靜若不寂靜增語是菩薩耶眼界乃至意
界若遠離若不遠離增語是菩薩耶眼界乃
至意界若有為若無為增語是菩薩耶眼界

BD05078號　大般若波羅蜜多經卷四八三　（24–10）

相增語是菩薩耶眼界乃至意界若有願
若無願增語是菩薩耶眼界乃至意界若寂
靜若不寂靜增語是菩薩耶眼界乃至意
界若遠離若不遠離增語是菩薩耶眼界乃
至意界若有為若無為增語是菩薩耶眼界
乃至意界若有漏若無漏增語是菩薩耶眼界
意界若生若滅增語是菩薩耶眼界乃至
意界若善若非善增語是菩薩耶眼界乃至
意界若有罪若無罪增語是菩薩耶眼界乃
至意界若有煩惱若無煩惱增語是菩薩耶
眼界乃至意界若世間若出世間增語是菩
薩耶眼界乃至意界若雜染若清淨增語
是菩薩耶眼界乃至意界若屬生死若屬
涅槃增語是菩薩耶善現荅言不也世尊
復次善現於意云何言菩薩者色界乃至
法界增語是菩薩耶色界乃至法界若常
若無常增語是菩薩耶色界乃至法界若樂
若苦增語是菩薩耶色界乃至法界若我若
無我增語是菩薩耶色界乃至法界若淨若
不淨增語是菩薩耶色界乃至法界若空若
不空增語是菩薩耶色界乃至法界若有相若
無相增語是菩薩耶色界乃至法界若有願若
無願增語是菩薩耶色界乃至法界若寂靜
若不寂靜增語是菩薩耶色界乃至法界若
遠離若不遠離增語是菩薩耶色界乃至
法界若有為若無為增語是菩薩耶色界乃

BD05078號　大般若波羅蜜多經卷四八三　（24–11）

無願增語是菩薩耶色界乃至法界若寂靜
若不寂靜增語是菩薩耶色界乃至法界若
遠離若不遠離增語是菩薩耶色界乃至
法界若有為若無為增語是菩薩耶色界乃
至法界若有漏若無漏增語是菩薩耶色界乃
法界若生若滅增語是菩薩耶色界乃至
法界若善若非善增語是菩薩耶色界乃至
法界若有罪若無罪增語是菩薩耶色界乃
至法界若有煩惱若無煩惱增語是菩薩
耶色界乃至法界若世間若出世間增語是
菩薩耶色界乃至法界若雜染若清淨
增語是菩薩耶色界乃至法界若屬生死屬涅
槃增語是菩薩耶善現答言不也世尊
復次善現於意云何言菩薩者眼識界乃至
意識界增語是菩薩耶眼識界乃至意識界
若常若無常增語是菩薩耶眼識界乃至
意識界若樂若苦增語是菩薩耶眼識界
乃至意識界若我若無我增語是菩薩耶眼
識界乃至意識界若淨若不淨增語是菩薩
耶眼識界乃至意識界若空若不空增語是菩
薩耶眼識界乃至意識界若有相若無相增
語是菩薩耶眼識界乃至意識界若有願若
無願增語是菩薩耶眼識界乃至意識界若寂
靜若不寂靜增語是菩薩耶眼識界乃至意
識界若遠離若不遠離增語是菩薩耶眼識
界乃至意識界若有為若無為增語是菩
薩耶眼識界乃至意識界若有漏若無漏

BD05078號　大般若波羅蜜多經卷四八三　（24–12）

無願增語是菩薩耶眼識界乃至意識界若寂
靜若不寂靜增語是菩薩耶眼識界乃至意
識界若遠離若不遠離增語是菩薩耶眼識
界乃至意識界若有為若無為增語是菩
薩耶眼識界乃至意識界若有漏若無漏
增語是菩薩耶眼識界乃至意識界若生若
滅增語是菩薩耶眼識界乃至意識界若善
若非善增語是菩薩耶眼識界乃至意識界若
有罪若無罪增語是菩薩耶眼識界乃至意
識界若有煩惱若無煩惱增語是菩薩耶眼
識界乃至意識界若世間若出世間增語是菩
薩耶眼識界乃至意識界若雜染若清淨
增語是菩薩耶識界乃至意識界若屬生死
若屬涅槃增語是菩薩耶善現答言不也
世尊
復次善現於意云何言菩薩者眼觸乃至意
觸增語是菩薩耶眼觸乃至意觸若常若無
常增語是菩薩耶眼觸乃至意觸若樂若苦
增語是菩薩耶眼觸乃至意觸若我若無我
增語是菩薩耶眼觸乃至意觸若淨若不淨
增語是菩薩耶眼觸乃至意觸若空若不空增
語是菩薩耶眼觸乃至意觸若有相若無
相增語是菩薩耶眼觸乃至意觸若有願若
無願增語是菩薩耶眼觸乃至意觸若寂靜
若不寂靜增語是菩薩耶眼觸乃至意觸若
遠離若不遠離增語是菩薩耶眼觸乃至
意觸若有為若無為增語是菩薩耶眼觸

BD05078號　大般若波羅蜜多經卷四八三　（24–13）

相增語是菩薩耶眼觸乃至意觸若有願若
無願增語是菩薩耶眼觸乃至意觸若寂靜
若不寂靜增語是菩薩耶眼觸乃至意觸若
遠離若不遠離增語是菩薩耶眼觸乃至
意觸若有為若無為增語是菩薩耶眼觸
乃至意觸若有漏若無漏增語是菩薩耶
眼觸乃至意觸若生若滅增語是菩薩耶眼觸
乃至意觸若善若非善增語是菩薩耶眼觸乃
至意觸若有罪若無罪增語是菩薩耶眼觸乃
至意觸若有煩惱若無煩惱增語是菩薩耶眼
觸乃至意觸若世間若出世間增語是善 薩
耶眼觸乃至意觸若雜染若清淨增語是菩
薩耶眼觸乃至意觸若屬生死若屬涅 槃
增語是菩薩耶善現荅言不也世尊
復次善現於意云何言菩薩者眼觸為緣所生
諸受乃至意觸為緣所生諸受增語是菩薩
耶眼觸為緣所生諸受乃至意觸為緣所
生諸受若常若無常增語是菩薩耶眼觸為
緣所生諸受乃至意觸為緣所生諸受若樂
若苦增語是菩薩耶眼觸為緣所生諸受乃
至意觸為緣所生諸受若我若無我增語
是菩薩耶眼觸為緣所生諸受乃至意觸
為緣所生諸受若淨若不淨增語是菩薩耶
眼觸為緣所生諸受乃至意觸為緣所生諸受若
空若不空增語是菩薩耶眼觸為緣所生諸受
乃至意觸為緣所生諸受若有相若無相
增語是菩薩耶眼觸為緣所生諸受乃至意觸

BD05078 號　大般若波羅蜜多經卷四八三　（24–14）

是菩薩耶眼觸為緣所生諸受乃至意觸
為緣所生諸受若淨若不淨增語是菩薩耶
眼觸為緣所生諸受乃至意觸為緣所生諸受若
空若不空增語是菩薩耶眼觸為緣所生諸受
乃至意觸為緣所生諸受若有相若無相
增語是菩薩耶眼觸為緣所生諸受乃至意觸
為緣所生諸受若有願若無願增語是 菩
薩耶眼觸為緣所生諸受乃至意觸為緣所
生諸受若寂靜若不寂靜增語是菩薩耶眼
所生諸受乃至意觸為緣所生諸受
若不遠離增語是菩薩耶眼觸為緣
受乃至意觸為緣所生諸受若有為若
是菩薩耶眼觸為緣所生諸受乃
為緣所生諸受若有漏若無漏增語
耶眼觸為緣所生諸受乃至意觸為
諸受若生若滅增語是菩薩耶眼觸為
受乃至意觸為緣所生諸受若 善
語是菩薩耶眼觸為緣所生 諸
觸為緣所生諸受若有罪若 無
善薩耶眼觸為緣所生諸受乃至
緣所生諸受若有煩惱若無煩惱增語
菩薩耶眼觸為緣所生諸受乃至意觸 為
所生諸受若世間若出世間增語是菩薩耶
觸為緣所生諸受乃至意觸為緣所生 諸
受若雜染若清淨增語是菩薩耶眼觸 為
緣所生諸受乃至意觸為緣所生諸受若 屬
生死若屬涅槃增語是菩薩耶善現荅言不

BD05078 號　大般若波羅蜜多經卷四八三　（24–15）

菩薩耶眼觸為緣所生諸受乃至意觸為
緣所生諸受若世間若出世間增語是菩薩耶
眼觸為緣所生諸受乃至意觸為緣所生諸
受若雜染若清淨增語是菩薩耶眼觸為
緣所生諸受乃至意觸為緣所生諸受若屬
生死若屬涅槃增語是菩薩耶善現答言不
也世尊
善現於意云何菩薩者地界乃至識界
語是菩薩耶地界乃至識界若常若無
常增語是菩薩耶地界乃至識界若樂若苦
增語是菩薩耶地界乃至識界若我若無我
增語是菩薩耶地界乃至識界若淨若不
淨增語是菩薩耶地界乃至識界若空若不空
增語是菩薩耶地界乃至識界若有相若無
相增語是菩薩耶地界乃至識界若有願若
無願增語是菩薩耶地界乃至識界若寂靜
若不寂靜增語是菩薩耶地界乃至識界若
遠離若不遠離增語是菩薩耶地界乃至識界
若有為若無為增語是菩薩耶地界乃至
識界若有漏若無漏增語是菩薩耶地界乃
至識界若生若滅增語是菩薩耶地界乃至
識界若善若非善增語是菩薩耶地界乃至
識界若有罪若無罪增語是菩薩耶地界乃
至識界若有煩惱若無煩惱增語是菩薩耶
地界乃至識界若世間若出世間增語是菩薩
耶地界乃至識界若雜染若清淨增語是菩
薩耶地界乃至識界若屬生死若屬涅槃
增語是菩薩耶善現答言不也世尊

BD05078號　大般若波羅蜜多經卷四八三　（24–16）

識界若有罪若無罪增語是菩薩耶地界乃
至識界若有煩惱若無煩惱增語是菩薩耶
地界乃至識界若世間若出世間增語是菩薩
耶地界乃至識界若雜染若清淨增語是菩
薩耶地界乃至識界若屬生死若屬涅槃
增語是菩薩耶善現答言不也世尊
復次善現於意云何言菩薩者無明乃至老
死增語是菩薩耶無明乃至老死若常若無
常增語是菩薩耶無明乃至老死若樂若苦
增語是菩薩耶無明乃至老死若我若無我
增語是菩薩耶無明乃至老死若淨若不淨
增語是菩薩耶無明乃至老死若空若不空
增語是菩薩耶無明乃至老死若有相若無
相增語是菩薩耶無明乃至老死若有願若
無願增語是菩薩耶無明乃至老死若寂靜
若不寂靜增語是菩薩耶無明乃至老死若
遠離若不遠離增語是菩薩耶無明乃至老
死若有為若無為增語是菩薩耶無明乃至
老死若有漏若無漏增語是菩薩耶無明乃
至老死若生若滅增語是菩薩耶無明乃至老
死若善若非善增語是菩薩耶無明乃至老
死若有罪若無罪增語是菩薩耶無明乃至
老死若有煩惱若無煩惱增語是菩薩耶無
明乃至老死若世間若出世間增語是菩薩耶
無明乃至老死若雜染若清淨增語是菩
薩耶無明乃至老死若屬生死若屬涅槃
增語是菩薩耶善現答言不也世尊

BD05078號　大般若波羅蜜多經卷四八三　（24–17）

老死若有煩惱若無煩惱增語是菩薩耶無
明乃至老死若世間若出世間增語是菩薩耶
死若雜染若清淨增語是菩
乃至老死若屬生死若屬涅槃
薩耶善現荅言不也世尊
善現汝觀何義作如是言色等增語非菩
薩復觀何義作如是言色等法若常若無
常增語若樂若苦增語若我若無我增語若
淨若不淨增語若空若不空增語若有相若
無相增語若有願若無願增語若寂靜若不
寂靜增語若遠離若不遠離增語若有為若
無為增語若有漏若無漏增語若生若滅增
語若善若非善增語若有罪若無罪增語若
有煩惱若無煩惱增語若世間若出世間增語
若雜染若清淨增語若屬生死若屬涅槃
增語非菩薩耶善現荅言世尊色等法畢
竟無所有不可得故況有色等增語此增語既
非有如何可言色等增語是菩薩世尊色等
法畢竟無所有不可得故況有色等若常
若無常若樂若苦若我若無我若淨若不淨
若空若不空若有相若無相若有願若無願
若寂靜若不寂靜若遠離若不遠離若有
為若無為若有漏若無漏若生若滅若善若非善
若有罪若無罪若有煩惱若無煩惱若世
間若出世間若雜染若清淨若屬生死若
屬涅槃此既非有況有色等法常無常增語
乃至屬生死屬涅槃增語此增語既非有如何

BD05078號　大般若波羅蜜多經卷四八三　（24–18）

為若無為若有漏若無漏若生若滅若善若非善
若有罪若無罪若有煩惱若無煩惱若世
間若出世間若雜染若清淨若屬生死若
屬涅槃此既非有況有色等法常無常增語
乃至屬生死屬涅槃增語此增語既非有如何
可言色等法常無常增語是菩薩乃至屬生
死屬涅槃增語是菩薩佛告善現善哉善哉
如汝所說善現當知色等法及常無常等不
可得故色等法增語及常無常等增語亦不
可得法及增語不可得故諸菩薩亦不可得
諸菩薩不可得故所行般若波羅蜜多亦
不可得善現諸菩薩摩訶薩脩行般若波
羅蜜多時於此義中當勤脩學
復次善現汝先所言不見有法可名菩薩摩
訶薩者如是如是如汝所說善現當知諸法
不見法界法界不見諸法諸法不見諸法法
界不見法界善現當知色界不見法界法
界不見色界受想行識界不見法界法界
不見受想行識界善現當知眼界不見法
界不見眼界耳鼻舌身意界不見法界法
界不見耳鼻舌身意界色界不見法界法
界不見色界聲香味觸法界不見法界法界不
見聲香味觸法界眼識界不見法界法界不見
眼識界耳鼻舌身意識界不見法界法界不
見耳鼻舌身意識界善現當知地界不見
法界法界不見地界水火風空識界不見法界

BD05078號　大般若波羅蜜多經卷四八三　（24–19）

界不見色界聲香味觸法界不見法界法界不
見聲香味觸法界眼識界不見法界法界不見
眼識界耳鼻舌身意識界不見法界法界不
見耳鼻舌身意識界善現當知地界不見
法界法界不見地界水火風空識界不見法界
法界不見水火風空識界善現當知有為界
不見無為界無為界不見有為界善現當
知非離有為界可施設無為界非離無為界
可施設有為界如是善現諸菩薩摩訶薩脩行
般若波羅蜜多時於一切法都無所見無所見
故其心不驚不恐不怖於一切法心不沉沒亦
不憂悔所以者何善現是菩薩摩訶薩如
是脩行甚深般若波羅蜜多時不見色不見
受想行識不見眼處不見耳鼻舌身意
處不見色處不見聲香味觸法處不見眼
界不見耳鼻舌身意界不見色界不見聲香
味觸法界不見眼識界不見耳鼻舌身意識
界不見地界不見水火風空識界不見無明不
見行識名色六處觸受愛取有生老死不見貪
欲不見瞋恚愚癡不見我不見有情命者
生者養者士夫補特伽羅意生儒童作者受者
者見者不見欲界不見色無色界不見聲聞
及聲聞法不見獨覺及獨覺法不見菩薩及
菩薩法不見如來及如來法不見菩提不見
涅槃如是善現諸菩薩摩訶薩脩行般若波
羅蜜多時於一切法都無所見無所見時其心
不驚不恐不怖於一切法心不沉沒亦不憂

BD05078號　大般若波羅蜜多經卷四八三　（24–20）

者見者不見欲界不見色無色界不見聲聞
及聲聞法不見獨覺及獨覺法不見菩薩及
菩薩法不見如來及如來法不見菩提不見
涅槃如是善現諸菩薩摩訶薩脩行般若波
羅蜜多時於一切法都無所見無所見時其心
不驚不恐不怖於一切法心不沉沒亦不憂
悔
尒時具壽善現白佛言世尊諸菩薩摩訶薩
脩行般若波羅蜜多時何因緣故於一切法
心不沉沒亦不憂悔佛言善現諸菩薩摩訶
薩脩行般若波羅蜜多時普於一切心及心
所無見無得由是因緣於一切法心不沉沒亦
不憂悔具壽善現復白佛言何因緣故諸
菩薩摩訶薩脩行般若波羅蜜多時於一切
法其心不驚不恐不怖佛言善現諸菩薩摩
訶薩脩行般若波羅蜜多時普於一切意界
識界無見無得如是善現諸菩薩摩訶薩
脩行般若波羅蜜多時於一切法其心不驚
不恐不怖復次善現諸菩薩摩訶薩於一
切法無見無得應行般若波羅蜜多謂於色
無見無得於受想行識無見無得於眼處無見
無得於耳鼻舌身意處無見無得於色處
無見無得於聲香味觸法處無見無得於眼
界無見無得於耳鼻舌身意界無見無得於
色界無見無得於聲香味觸法界無見無得於
眼識界無見無得於耳鼻舌身意識界無
見無得於眼觸無見無得於耳鼻舌身意

BD05078號　大般若波羅蜜多經卷四八三　（24–21）

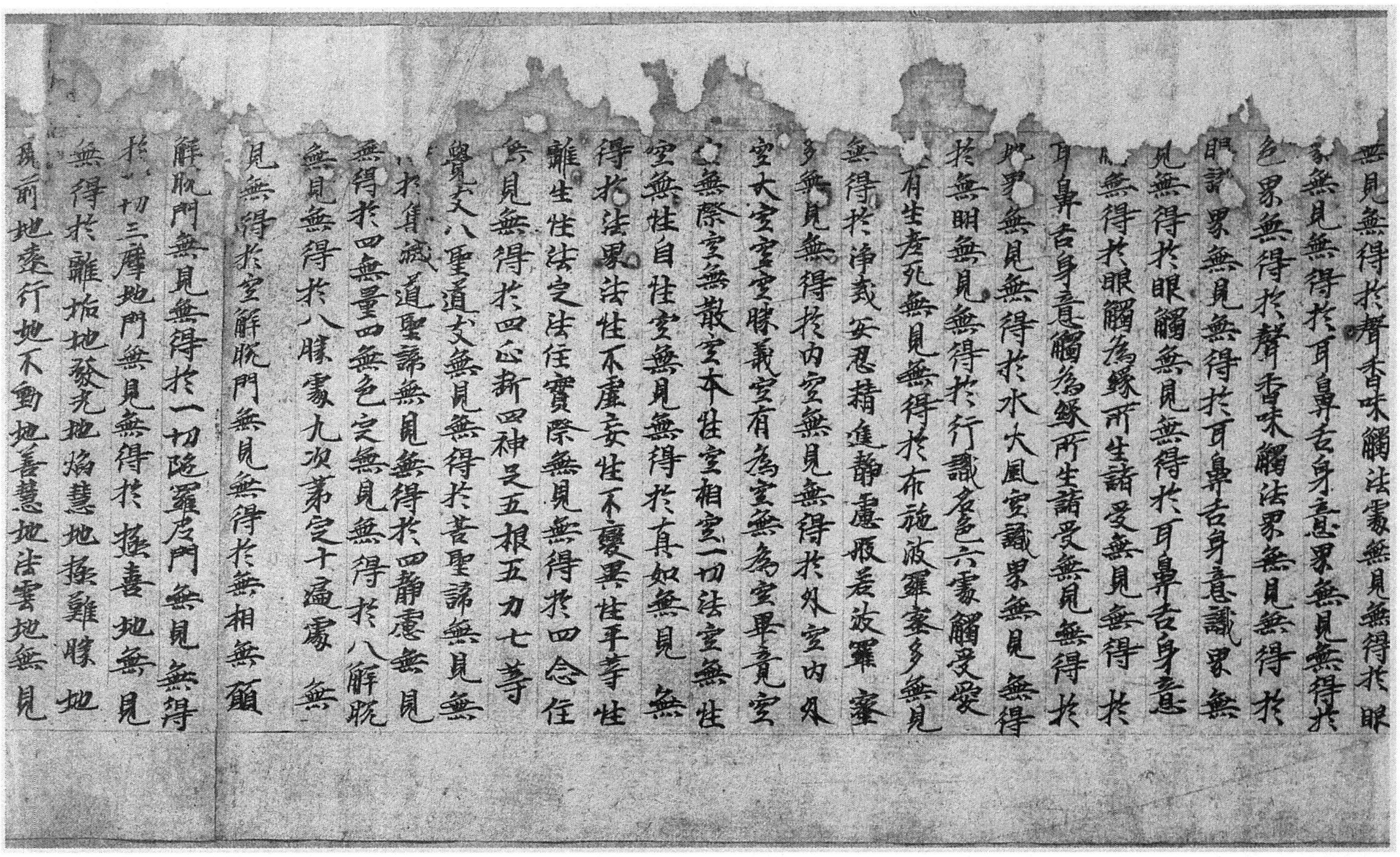
無見無得於聲香味觸法處無見無得於眼
處無見無得於耳鼻舌身意處無見無得於
色界無得於聲香味觸法界無見無得於
眼識界無見無得於耳鼻舌身意識界無
見無得於眼觸無見無得於耳鼻舌身意
觸無得於眼觸為緣所生諸受無見無得於
耳鼻舌身意觸為緣所生諸受無見無得於
地界無見無得於水火風空識界無見無得
於無明無見無得於行識名色六處觸受愛
取有生老死無見無得於布施波羅蜜多無見
無得於淨戒安忍精進靜慮般若波羅蜜
多無見無得於內空無見無得於外空內外
空大空空勝義空有為空無為空畢竟空
無際空無散空本性空相空一切法空無性
空無性自性空無見無得於真如無見無
得於法界法性不虛妄性不變異性平等性
離生性法定法住實際無見無得於四念住
無見無得於四正斷四神足五根五力七等
覺支八聖道支無見無得於苦聖諦無見無
得於集滅道聖諦無見無得於四靜慮無見
無得於四無量四無色定無見無得於八解脫
無見無得於八勝處九次第定十遍處 無
見無得於空解脫門無見無得於無相無願
解脫門無見無得於一切陀羅尼門無見無得
於一切三摩地門無見無得於 極喜 地無見
無得於離垢地發光地焰慧地極難勝 地
現前地遠行地不動地善慧地法雲地無見

BD05078號　大般若波羅蜜多經卷四八三　（24–22）

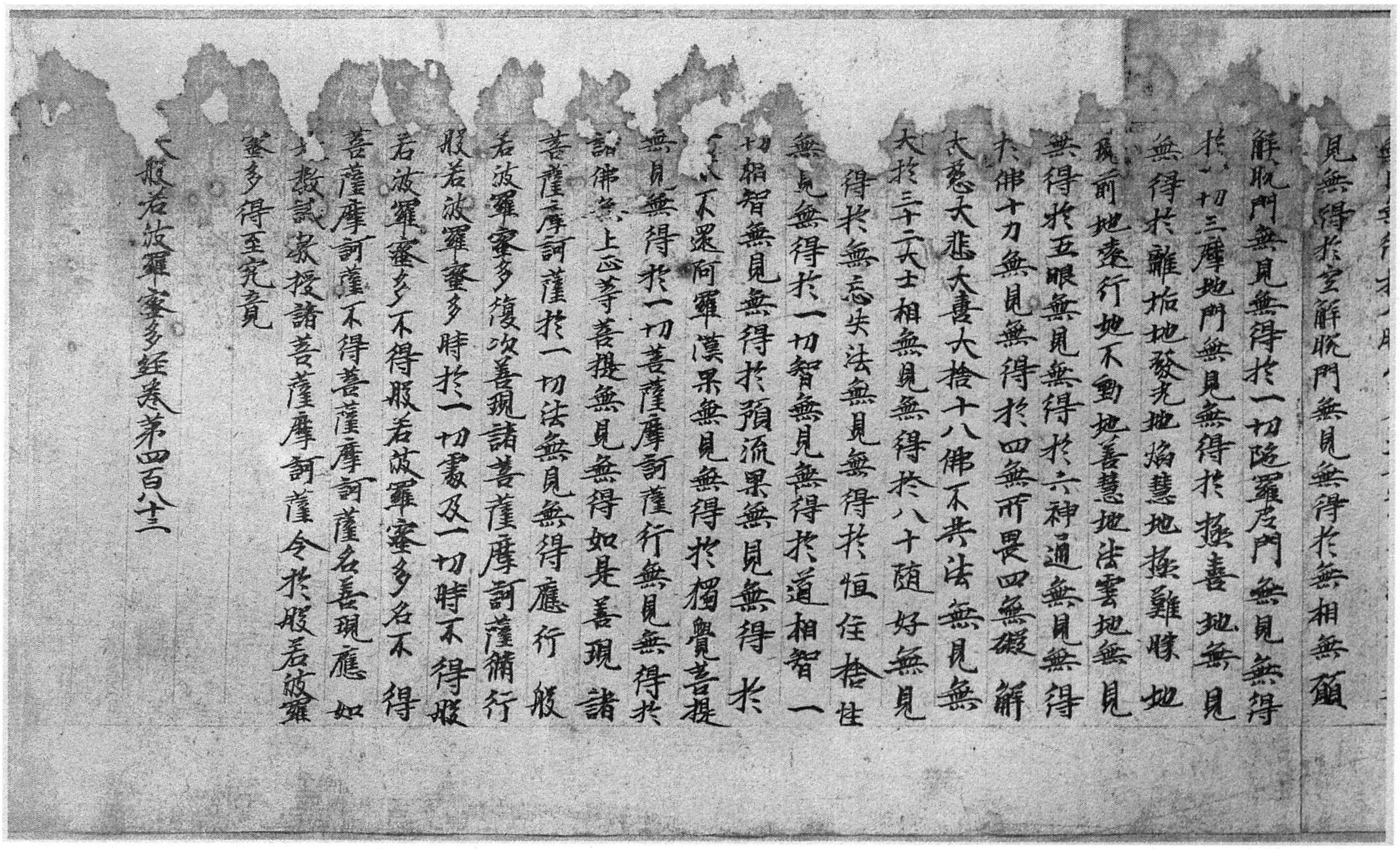
見無得於空解脫門無見無得於無相無願
解脫門無見無得於一切陀羅尼門無見無得
於一切三摩地門無見無得於 極喜 地無見
無得於離垢地發光地焰慧地極難勝 地
現前地遠行地不動地善慧地法雲地無見
無得於五眼無見無得於六神通無見無得
於佛十力無見無得於四無所畏四無礙 解
大慈大悲大喜大捨十八佛不共法無見無
大於三十二大士相無見無得於八十隨好無見
得於無忘失法無見無得於恒住捨 性
無見無得於一切智無見無得於道相智一
切相智無見無得於預流果無見無得 於
一來不還阿羅漢果無見無得於獨覺菩提
無見無得於一切菩薩摩訶薩行無見無得於
諸佛無上正等菩提無見無得如是善現 諸
菩薩摩訶薩於一切法無見無得應行 般
若波羅蜜多復次善現諸菩薩摩訶薩脩行
般若波羅蜜多時於一切處及一切時不得般
若波羅蜜多不得般若波羅蜜多名不 得
菩薩摩訶薩不得菩薩摩訶薩名善現應 如
是教誡教授諸菩薩摩訶薩令於般若波羅
蜜多得至究竟

大般若波羅蜜多經卷第四百八十三

BD05078號　大般若波羅蜜多經卷四八三　（24–23）

切相智無見無得於預流果無見無得 於
一來不還阿羅漢果無見無得於獨覺菩提
無見無得於一切菩薩摩訶薩行無見無得於
諸佛無上正等菩提無見無得如是善現諸
菩薩摩訶薩於一切法無見無得應行 般
若波羅蜜多復次善現諸菩薩摩訶薩脩行
般若波羅蜜多時於一切處及一切時不得般
若波羅蜜多不得般若波羅蜜多名不 得
菩薩摩訶薩不得菩薩摩訶薩名善現應如
是教誡教授諸菩薩摩訶薩 令於般若波羅
蜜多得至究竟

大般若波羅蜜多經卷第四百八十三

BD05078 號　大般若波羅蜜多經卷四八三　（24–24）

舍利弗言天止此室其已久如荅曰我止此
室如耆年解脫舍利弗言止此久耶天曰耆
年解脫亦何如久舍利弗黙然不荅天曰如
何耆舊大智而黙荅曰解脫者无所言說故
吾於是不知所云天曰言說文字皆解脫相
所以者何解脫者不內不外不在兩間文字
亦不內不外不在兩間是故舍利弗无離文
字說解脫也所以者何一切諸法是解脫相
舍利弗言不復以離婬怒癡為解脫乎天曰
佛為增上慢人說離婬怒癡為解脫耳若无
增上慢者佛說婬怒癡性即是解脫舍利弗
言善哉善哉天女汝何所得以何為證辯乃
如是天曰我无得无證故辯如是所以者何
若有得有證者則於佛法為增上慢
舍利弗問天汝於三乘為何志求天曰以聲
聞法化眾生故我為聲聞以因緣法化眾生
故我為辟支佛以大悲法化眾生故我為大
乘舍利弗如人入瞻蔔林唯嗅瞻蔔不嗅餘香
如是若入此室但聞佛功德之香不樂聲聞
辟支佛功德香也舍利弗其有釋梵四天
王諸天龍鬼神等入此室者聞斯上人講說

BD05079 號　維摩詰所說經卷中　（3–1）

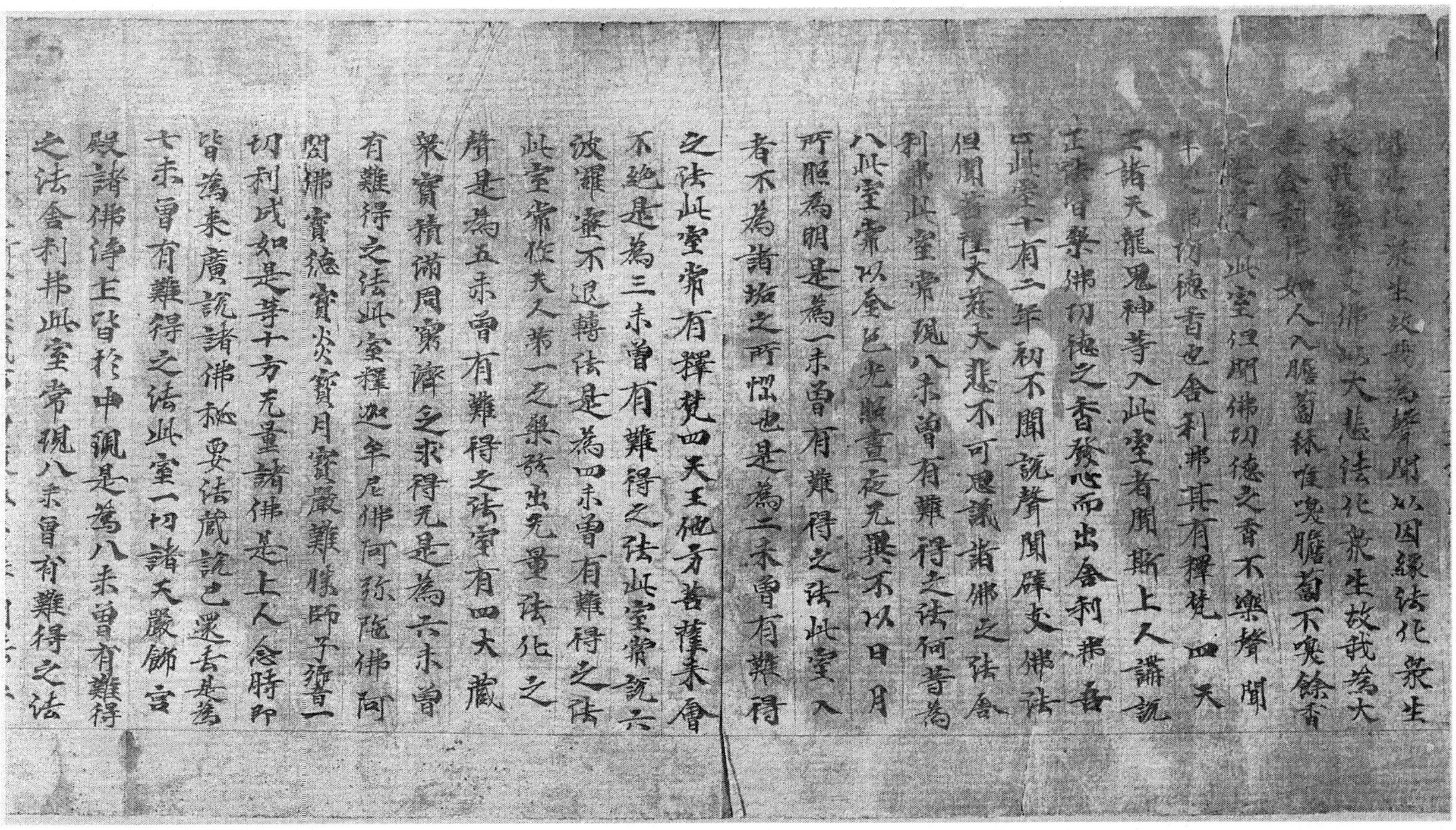

聞法化眾生故我為聲聞以因緣法化眾生
故我為辟支佛以大悲法化眾生故我為大
乘舍利弗如人入瞻蔔林唯嗅瞻蔔不嗅餘香
如是若入此室但聞佛功德之香不樂聞聲聞
辟支佛功德香也舍利弗其有釋梵四天
王諸天龍鬼神等入此室者聞斯上人講說
正法皆樂佛功德之香發心而出舍利弗吾
止此室十有二年初不聞說聲聞辟支佛法
但聞菩薩大慈大悲不可思議諸佛之法舍
利弗此室常現八未曾有難得之法何等為
八此室常以金色光照晝夜无異不以日月
所照為明是為一未曾有難得之法此室入
者不為諸垢之所惱也是為二未曾有難得
之法此室常有釋梵四天王他方菩薩來會
不絕是為三未曾有難得之法此室常說六
波羅蜜不退轉法是為四未曾有難得之法
此室常作天人第一之樂絃出无量法化之
聲是為五未曾有難得之法室有四大藏
眾寶積滿周窮濟之求得无是為六未曾
有難得之法此室釋迦牟尼佛阿彌陀佛阿
閦佛寶德寶炎寶月寶嚴難勝師子響一
切利成如是等十方无量諸佛是上人念時即
皆為來廣說諸佛祕要法藏說已還去是為
七未曾有難得之法此室一切諸天嚴飾宮
殿諸佛淨土皆於中現是為八未曾有難得
之法舍利弗此室常現八未曾有難得之法

BD05079 號　維摩詰所說經卷中　（3–2）

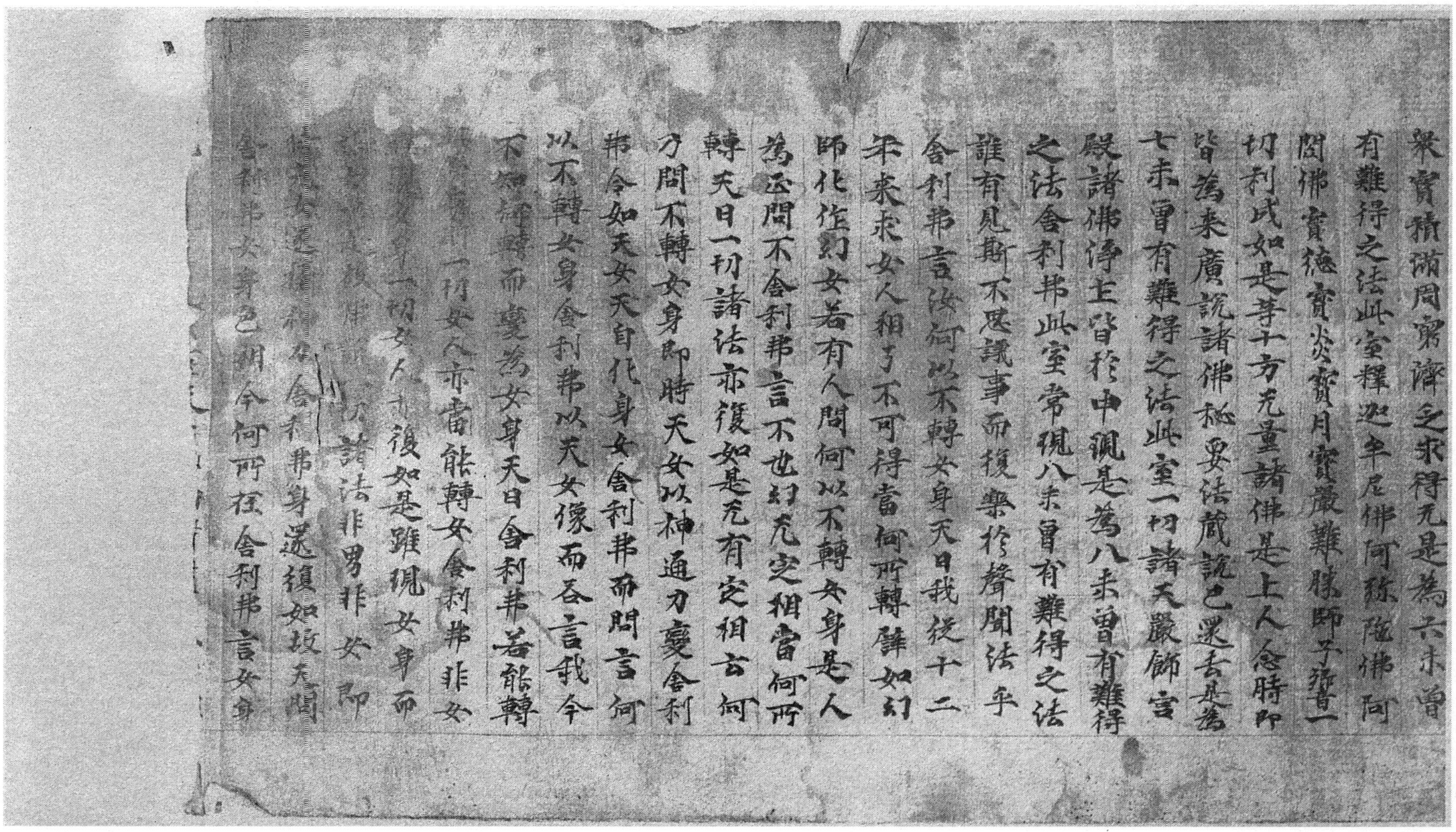

眾寶積滿周窮濟之求得无是為六未曾
有難得之法此室釋迦牟尼佛阿彌陀佛阿
閦佛寶德寶炎寶月寶嚴難勝師子響一
切利成如是等十方无量諸佛是上人念時即
皆為來廣說諸佛祕要法藏說已還去是為
七未曾有難得之法此室一切諸天嚴飾宮
殿諸佛淨土皆於中現是為八未曾有難得
之法舍利弗此室常現八未曾有難得之法
誰有見斯不思議事而復樂於聲聞法乎
舍利弗言汝何以不轉女身天曰我從十二
年來求女人相了不可得當何所轉譬如幻
師化作幻女若有人問何以不轉女身是人
為正問不舍利弗言不也幻无定相當何所
轉天曰一切諸法亦復如是无有定相云何
乃問不轉女身即時天女以神通力變舍利
弗令如天女天自化身如舍利弗而問言何
以不轉女身舍利弗以天女像而答言我今
不知所轉而變為女身天曰舍利弗若能轉
此女身則一切女人亦當能轉如舍利弗非女
而現女身一切女人亦復如是雖現女身而
非女也是故佛說一切諸法非男非女即
時天女還攝神力舍利弗身還復如故天問
舍利弗女身色相今何所在舍利弗言女身

BD05079 號　維摩詰所說經卷中　（3–3）

中清淨不如是之說
諸大姊是中清淨
諸大姊是八波羅夷法半月半月
中說
若比丘尼共比丘尼同戒不捨戒戒羸
不懺悔欲犯不淨行行婬欲法乃至共
畜生是比丘尼波羅夷不共住
若比丘尼若聚落若空處懷盜心取
隨所盜物若王若大臣所捉若煞若縛
若驅出國如賊如小兒如癡若比丘尼
作如是不與取是比丘尼波羅夷不共住
若比丘尼知是人故自手斷命若持刀授與
人若嘆死譽死勸死咄人用惡活為寧死
不生有如此心念无數方便嘆死譽死
是比丘尼波羅夷不共住
若比丘尼實无所知自嘆譽稱言我得過
人法入聖知見我知是我見是後於異時若
問若不問欲得求清淨作如是言諸大姊
我實不知不見而言我知我見虛誑忘
語除增上慢是比丘尼波羅夷不共住
若比丘尼染汙心共染汙心男子從掖以下

BD05080號　四分比丘尼戒本　（25–1）

是比丘尼波羅夷不共住
若比丘尼實无所知自嘆譽稱言我得過
人法入聖知見我知是我見是後於異時若
問若不問欲得求清淨作如是言諸大姊
我實不知不見而言我知我見虛誑忘
語除增上慢是比丘尼波羅夷不共住
若比丘尼染汙心共染汙心男子從掖以下
膝以上身相觸若摩若牽若推若
上至下若下摩至上若舉若扶若捉若
捺是比丘尼波羅夷不共住
若比丘尼染汙心男子捉手捉衣入屏
處住共立共語共行身相近或共作期是
比丘尼波羅夷不共住
若比丘尼知比丘尼犯波羅夷不自舉不白
僧不語人後於異時彼比丘尼或休道若滅
儐若眾僧遮若至外道後作是言我先
知有如是如是罪是比丘尼波羅夷不共住
若比丘尼知比丘尼僧為作舉如法如律如
佛所教非威儀未懺悔未作共住便隨順
彼比丘尼語是比丘尼言大姊此為比丘
僧所舉如法如律如佛所教非威儀未懺
悔未作共住莫隨順如是彼比丘尼諫此
比丘尼是事堅持不捨彼比丘尼應乃
至第二第三諫令捨此事若乃至三諫
捨者善若不捨者比丘尼波羅夷不共住
諸大姊我已說八波羅夷法若比丘尼犯

BD05080號　四分比丘尼戒本　（25–2）

悔未作共住莫隨順如是彼比丘尼諫此
比丘尼是事堅持不捨彼比丘尼應乃
至第二第三諫令捨此事若乃至三諫
捨者善若不捨者比丘尼波羅夷不共住
諸大姊我已說八波羅夷法若比丘尼犯
一一波羅夷法不得共住若比丘尼犯一一
波羅夷不得與比丘尼共住如前後亦
如是我已說波羅夷不共住今問諸大
姊是中清淨不 如是三說
諸大姊是中清淨默然故是事如是持
諸大姊是十七僧伽婆尸沙法半月半月戒
經中說
若比丘尼媒嫁持男意語女持女意語
男若為成婦事若私通乃至須臾是比
丘尼犯初法應捨僧伽婆尸沙
若比丘尼瞋恚不喜以无根波羅夷法謗
欲破彼清淨行後於異時若問若不問是
事无根說我瞋恚故如是語是比丘尼犯
初法應捨僧伽婆尸沙
若比丘尼瞋恚不喜於異分事中取片非波
羅夷比丘尼以无根波羅夷法謗欲破彼人
梵行後於異時若問若不問知是異分事中
取片彼比丘尼住瞋恚法故作如是說是比
丘尼犯初法應捨僧伽婆尸沙
若比丘尼言人若居士兒若奴若客作人
若晝若夜若一念須若彈指須若須臾

BD05080號　四分比丘尼戒本　（25–3）

梵行後於異時若問若不問知是異分事中
取片彼比丘尼住瞋恚法故作如是說是比
丘尼犯初法應捨僧伽婆尸沙
若比丘尼言人若居士兒若奴若客作人
若晝若夜若一念須若彈指須若須臾
須是比丘尼犯初法應捨僧伽婆尸沙
若比丘尼度他賊女應死者多人所知令
出家受具足戒是比丘尼犯初法應
捨僧伽婆尸沙 五
若比丘尼知比丘尼為僧所舉如法如律
如佛所教不順從未懺悔僧未與作共
住僧與作羯磨為愛敬不問僧不約敕
出界外作羯磨與解罪是比丘尼犯初
法應捨僧伽婆尸沙
若比丘尼獨渡水獨入村獨宿獨在後行
是比丘尼犯初法應捨僧伽婆尸沙
若比丘尼有染污心從染污心男女受可
食者及食并餘物是比丘尼犯初法應
捨僧伽婆尸沙
若比丘尼教比丘尼作如是語大姊彼有染
心无染心能那汝何汝自有染污心於彼
若得食以時清淨受取此比丘尼犯初法
應捨僧伽婆尸沙
若比丘尼欲壞和合僧方便受破僧法堅
持不捨是比丘尼應諫彼比丘尼言大姊

BD05080號　四分比丘尼戒本　（25–4）

若得食以時清淨受取此比丘尼犯初法
應捨僧伽婆尸沙
若比丘尼欲壞和合僧方便受破僧法堅
持不捨是比丘尼應諫彼比丘尼言大姊
汝莫壞和合僧莫方便壞和合僧莫受
壞僧法堅持不捨大姊應與僧和合與
僧和合歡喜不諍同一師學如水乳合於
佛法中有增益安樂住是比丘尼諫彼比
丘尼時故持堅不捨是比丘尼應三諫捨
此事故乃至三諫捨者善若不捨者是
比丘尼犯三法應捨僧伽婆尸沙　十
若比丘尼有餘比丘尼群黨若一若二若
三乃至衆多彼比丘尼語是比丘尼言大
姊汝莫諫此比丘尼此比丘尼法語比丘尼
律語比丘尼此比丘尼所說我等心喜樂
此比丘尼所說我等忍可是比丘尼語彼
比丘尼言大姊莫作是說言此比丘尼
法語比丘尼律語比丘尼此比丘尼所說
我等心喜樂此比丘尼我等忍可何以故
此比丘尼所說非法語非律語大姊莫欲
破壞和合僧當樂欲和合僧大姊與僧
和合歡喜不諍同一師學如水乳合於佛
法中有增益安樂住是比丘尼諫是
比丘尼時故堅持不捨是比丘尼應三諫
捨此事故乃至三諫捨者善若不捨者是
比丘尼犯三法應捨僧伽婆尸沙

BD05080號　四分比丘尼戒本　（25–5）

此比丘尼所說非法語非律語大姊莫欲
破壞和合僧當樂欲和合僧大姊與僧
和合歡喜不諍同一師學如水乳合於佛
法中有增益安樂住是比丘尼諫是
比丘尼時故堅持不捨是比丘尼應三諫
捨此事故乃至三諫捨者善若不捨者是
比丘尼犯三法應捨僧伽婆尸沙
若比丘尼依城邑若村落住汙他家行惡
行行惡行亦見聞汙他家亦見亦聞是
惡行行惡行亦見亦聞汙他家亦見亦聞
比丘尼諫彼比丘尼言大姊汝汙他家行
惡行汙他家行惡行今可離此村落去
不須此住彼比丘尼語此比丘尼作如是
言大姊諸比丘尼有愛有恚有怖有癡
有如是同罪比丘尼有驅者不驅者是諸比
丘尼言大姊汝莫作是語有愛語有恚
語有怖語有癡語亦莫言有如是同
罪比丘尼有驅者有不驅者何以故而諸比丘尼
不愛語不恚語不怖語不癡語有如是
同罪比丘尼有驅者有不驅者大姊汙他
家行惡行行惡行亦見亦聞汙他家亦見
亦聞是比丘尼諫彼比丘尼時堅持不捨是
比丘尼應三諫捨此事故乃至三諫捨者
善若不捨者是比丘尼犯三法應捨僧伽
婆尸沙
若比丘尼惡性不受人語於戒法中諸比

BD05080號　四分比丘尼戒本　（25–6）

亦聞是比丘尼諫彼比丘尼時堅持不捨是
比丘尼應三諫捨此事故乃至三諫捨者
善若不捨者是比丘尼犯三法應捨僧伽
婆尸沙
若比丘尼惡性不受人語於戒法中諸比
丘如法諫已自身不受諫語言大姉汝莫
向我說若好若惡我亦不向汝說若好
若惡諸大姉止莫諫我是比丘尼當諫
彼比丘尼言大姉莫自身不受諫語大
姉自身當受諫語大姉如法諫諸比丘尼
諸比丘尼亦當如法諫大姉如是佛弟子
衆得增益展轉相諫展轉相教展轉懺
悔是比丘尼如是諫時堅持不捨是比
丘尼應三諫捨此事故乃至三諫捨
者善不捨者是比丘尼犯三法應捨僧
伽婆尸沙
若比丘尼相親住共作惡行惡聲流布
展轉共相覆罪是比丘尼當諫彼比丘
尼言大姉汝等莫相親近共作惡行惡
聲流布共相覆罪汝等若不相親近於
佛法中得增益安樂住是比丘尼諫彼比
丘尼時堅持不捨是比丘尼應三諫捨此
事故乃至三諫捨者善不捨者是比丘
尼犯三法應捨僧伽婆尸沙
若比丘尼比丘尼僧為作呵諫時餘比丘尼
教作如是言汝等莫別住當共住我亦見

丘尼時堅持不捨是比丘尼應三諫捨此
事故乃至三諫捨者善不捨者是比丘
尼犯三法應捨僧伽婆尸沙
若比丘尼比丘尼僧為作呵諫時餘比丘尼
教作如是言汝等莫別住當共住我亦見
餘比丘尼不別住共作惡行惡聲流布共
相覆罪僧以恚故教汝別住是比丘尼應
諫彼比丘尼言大姉汝莫教餘比丘尼言
汝等莫別住我亦見餘比丘尼共住作惡
行惡聲流布共相覆罪僧以恚故教汝
別住今正有此二比丘尼共住作惡行惡
聲流布共相覆罪更无餘若此比丘尼別
住於佛法中有增益安樂住是比丘尼諫
彼比丘尼時故堅持不捨是比丘尼應三諫
令捨此事故乃至三諫捨者善不捨者是
比丘尼犯三法應捨僧伽婆尸沙
若比丘尼趣以一小事瞋恚不喜便作是語
我捨佛法捨僧不獨有沙門釋子亦更有
餘沙門婆羅門脩梵行者我等亦可於彼
脩梵行是比丘尼當諫彼比丘尼言大姉汝
莫趣以一小事瞋恚不喜便作是語我捨佛
捨法捨僧不獨有沙門釋子亦更餘沙門
婆羅門脩梵行者我等亦可於彼脩梵行
是比丘尼諫彼比丘尼堅持不捨彼比丘尼
應三諫捨此事故乃至三諫捨者善不捨者
是比丘尼犯三法應捨僧伽婆尸沙

捨法捨僧不獨有沙門釋子亦更餘沙門
婆羅門脩梵行者我等亦可於彼脩梵行
是比丘尼諫彼比丘尼堅持不捨彼比丘尼
應三諫捨此事故乃至三諫捨者善不捨者
是比丘尼犯三法應捨僧伽婆尸沙
若比丘尼喜鬪諍不善憶持諍事後瞋恚
作是語僧有愛有恚有怖有癡是比丘尼
應諫彼比丘尼言大姊汝莫喜鬪諍不善
憶持諍事後瞋恚作是語僧有愛有恚有
怖有癡而僧不愛不恚不怖不癡汝自
有愛有恚有怖有癡是比丘尼諫彼比丘
尼時堅持不捨彼比丘尼應三諫捨此事故
乃至三諫捨者善不捨者是比丘尼犯三法
應捨僧伽婆尸沙　十七竟
諸大姊我已說十七僧伽婆尸沙法若比丘尼
犯一一僧伽婆尸沙應罪二部僧滿卅人
於中出罪若一人不滿卅人是比丘尼罪
不出二部僧罪可呵是為時今問諸大姊
是中清淨不　如是三說
諸大姊是中清淨默然故是事如是持
諸大姊是卅尼薩耆波逸提法半月半月
戒經中說
若比丘尼衣已竟迦絺那衣已出畜長衣
逕十日不淨捨得持若過者尼薩耆波
逸提
若比丘尼衣已竟迦絺那衣已出五衣中

BD05080號　四分比丘尼戒本　（25–9）

諸大姊是卅尼薩耆波逸提法半月半月
戒經中說
若比丘尼衣已竟迦絺那衣已出畜長衣
逕十日不淨捨得持若過者尼薩耆波
逸提
若比丘尼衣已竟迦絺那衣已出五衣中
若離一一衣異處宿經一夜除僧羯磨
尼薩耆波逸提
若比丘尼三衣已竟迦絺那衣已出若
比丘尼非時欲須便受受已疾疾成衣
若足者善若不足者得畜經一月為滿
足故若過畜者尼薩耆波逸提
若比丘尼從非親里居士居士婦乞衣除
餘時尼薩耆波逸提是中時者若比丘
尼奪衣失衣燒衣漂衣此是時
若比丘尼奪衣失衣燒衣漂衣是非親里
居士若居士婦自恣請衣與多是比丘尼
當知足受衣若過者尼薩耆波逸提
若比丘尼居士居士婦為比丘尼辦衣價具
如是衣價與某甲比丘尼是比丘尼先不自
恣請到居士家如是說善哉居士為我辦
如是如是衣價與我為好故若得衣者
尼薩耆波逸提
若比丘尼二居士居士婦與比丘尼辦衣價
我曹辦如是衣與某甲比丘尼是比丘尼
先不受自恣請到二居士家作如是言

BD05080號　四分比丘尼戒本　（25–10）

尼薩耆波逸提
若比丘尼二居士居士婦與比丘尼辦衣價
我曾辦如是衣與某甲比丘尼是比丘尼
先不受自恣請到二居士家作如是言
善哉辦如是如是衣價與我共作一衣為
好故若得衣者尼薩耆波逸提
若比丘尼若王若大臣若婆羅門若居士
居士婦遣使為比丘尼送衣價持如是衣
價與某甲比丘尼彼使人到比丘尼所語比
丘尼言大姊為汝送衣價受取是比丘尼
語彼使如是言我不應受衣價我若須
衣合時清淨當受彼使語比丘尼言大姊
有執事不須衣比丘尼言有若僧伽藍民
若優婆塞此是比丘尼執事人常為諸比丘
尼執事彼使詣執事人所與衣價已還到
比丘尼所如是言大姊所示某甲執事人
我已與衣價大姊知時往彼當得衣須
衣比丘尼當往執事人所二返三返語言
我須衣若二返三返若得衣者善若不得
衣四返五返六返在前嘿然住令彼憶念
若四返五返六返在前嘿然住若得衣者
善若不得衣過是求得衣者尼薩耆波
逸提若不得衣隨使所來處若自往若遣
使往言汝先遣使持衣價與某甲比丘尼
是比丘尼竟不得汝還取莫使失此是時

若四返五返六返在前嘿然住若得衣者
善若不得衣過是求得衣者尼薩耆波
逸提若不得衣隨使所來處若自往若遣
使往言汝先遣使持衣價與某甲比丘尼
是比丘尼竟不得汝還取莫使失此是時
若比丘尼自取金銀若錢若教人取若口可
受尼薩耆波逸提
若比丘尼種種買賣寶物者尼薩耆波逸提　十
若比丘尼種種販賣寶物者尼薩耆波逸提
若比丘尼鉢減五綴不受更求新鉢為好
故尼薩耆波逸提
若比丘尼自乞縷使非親里織師織作衣
者尼薩耆波逸提
若比丘尼若居士居士婦使織師為比丘尼
織作衣彼比丘尼先不受自恣請便到彼
所語織師言此衣為我織極好織令廣
長堅緻齊整好我當少多與汝價若比
丘尼價乃至食得衣者尼薩耆波逸提
若比丘尼先與比丘尼衣後瞋恚自棄若
教人棄取還我衣來不與汝是比丘尼應
還衣取衣者尼薩耆波逸提　二
若諸病比丘尼畜藥蘇油生蘇蜜石蜜
得食殘宿乃至七日得服若過七日服
者尼薩耆波逸提
若比丘尼十日未滿夏三月若有急施衣比

還衣取衣者尼薩耆波逸提
若諸病比丘尼畜藥蘇油生蘇蜜石蜜
得食殘宿乃至七日得服若過七日服
者尼薩耆波逸提
若比丘尼十日未滿夏三月若有急施衣比
丘尼知急應受受已乃至衣時應畜若
過者尼薩耆波逸提
若比丘尼知物向僧自求入己尼薩耆波
逸提
若比丘尼欲索是更索彼者尼薩耆波逸提
若比丘尼擅越施物作僧布薩堂迴作餘
用者尼薩耆波逸提 十
若比丘尼為僧乞物作食迴作餘用者
尼薩耆波逸提
若比丘尼擅越布施物作別房迴作衣尼
薩耆波逸提
若比丘尼為僧乞物作房迴用作衣尼
薩耆波逸提
若比丘尼畜多鉢不作淨過者尼薩耆
波逸提
若比丘尼畜多器尼薩耆波逸提 五
若比丘尼許餘比丘尼病衣不與尼薩耆
波逸提
若比丘尼以非時衣作時衣持者尼薩耆
波逸提
若比丘尼共比丘尼貿易衣後瞋恚自奪

BD05080 號　四分比丘尼戒本　（25–13）

若比丘尼許餘比丘尼病衣不與尼薩耆
波逸提
若比丘尼以非時衣作時衣持者尼薩耆
波逸提
若比丘尼共比丘尼貿易衣後瞋恚自奪
取若使人奪姉還我衣我不與汝汝衣屬
汝我衣還我尼薩耆波逸提
若比丘尼乞作重衣應四重過者尼薩
耆波逸提
若比丘尼乞作輕衣應兩重過者尼
薩耆波逸提 十
諸大姉我已說卅尼薩耆波逸提法今
問諸大姉是中清淨不 如是三說
諸大姉是中清淨默然故是事如是持
諸大姉是百七十八波逸提法半月半月戒
經中說
若比丘尼故妄語者波逸提
若比丘尼毀呰語者波逸提
若比丘尼兩舌語者波逸提
若比丘尼與男子同室宿者波逸提
若比丘尼與未受戒女人共宿過二宿知
者波逸提
若比丘尼共未受大戒人前竝誦法者波逸提
若比丘尼知他有麁惡罪向未受大戒人說
除僧羯磨波逸提
若比丘尼向未受大戒人說過人法言

BD05080 號　四分比丘尼戒本　（25–14）

若比丘尼與未受大戒人共宿過二宿者
者波逸提
若比丘尼共未受大戒人前並誦法者波逸提
若比丘尼知他有麁惡罪向未受大戒人說
除僧羯磨波逸提
若比丘尼向未受大戒人說過人法言
我見是我知是實者波逸提
若比丘尼與男女說法過五六語除有
知女人者波逸提
若比丘尼自手掘地若使人掘者波逸提十
若比丘尼壞鬼神村者波逸提
若比丘尼妄作異語惱他者波逸提
若比丘尼嫌罵者波逸提
若比丘尼取僧繩牀若木牀若卧具坐
蓐露地自敷若教人敷捨去不自舉不
教人舉者波逸提
若比丘僧房舍中取僧卧具若自敷
若教人敷在中若坐若卧從彼處捨
去不自舉不教人舉者波逸提
若比丘尼知比丘尼先住處後來於中間
敷卧具心宿念言彼若嫌嘖者自當避
我去作如是因緣非餘威儀者波逸提
若比丘尼瞋他比丘尼不喜衆僧房舍中
若自牽出若教人牽出者波逸提
若比丘尼若在房重閣上脫脚繩牀若
木牀若坐若卧上波逸提

BD05080 號　四分比丘尼戒本　（25–15）

我去作如是因緣非餘威儀者波逸提
若比丘尼瞋他比丘尼不喜衆僧房舍中
若自牽出若教人牽出者波逸提
若比丘尼若在房重閣上脫脚繩牀若
木牀若坐若卧上波逸提
若比丘尼知水有虫自用澆泥若澆草
若教人澆者波逸提
若比丘尼作大房房排窓牖及餘莊飾具
指授覆苫齊二三節若過者波逸提二十
若比丘尼施一食處无病比丘尼應一食若
過受者波逸提
若比丘尼別衆食除餘時波逸提餘時者
病時若施食時行道船上時大會時沙門
會此是時
若比丘尼至檀越家慇懃請與麨食比
丘欲須者三鉢應受持至寺內分與餘比
丘尼食若比丘尼无病過第三鉢受持至
寺中不與餘比丘尼食波逸提
若比丘尼非時噉食者波逸提
若比丘尼殘宿食噉者波逸提
若比丘尼不受食及藥着口中除水
楊枝波逸提
若比丘尼先受請若食前若食後已行詣
餘家不囑餘比丘尼除餘時波逸提餘
時者病時作衣時若施衣時此是時
若比丘尼食家中有寶強安坐者波逸提

BD05080 號　四分比丘尼戒本　（25–16）

楊枝波逸提
若比丘尼先受請若食前若食後已行詣
餘家不囑餘比丘尼除餘時波逸提餘
時者病時作衣時若施衣時此是時
若比丘尼食家中有寶強安坐者波逸提
若比丘尼食家中有寶在屏處坐者波逸提
若比丘尼獨與男子露地一處共坐者波逸提
若比丘尼諸比丘尼如是語大姊共至聚落
當與汝食彼比丘尼竟不教與是比丘尼食
如是言大姊我先與汝一處共坐共語不
樂我獨坐語樂以是因緣非餘方便遣
去者波逸提
請比丘尼四月與藥无病比丘尼應受若
過受除請者更請者分請者盡形
請波逸提
若比丘尼往觀軍陣除時因緣波
逸提
若比丘尼有因緣至軍中若二宿若
三宿過者波逸提
若比丘尼軍中若二宿若三宿時或
觀軍陣鬪戰若觀遊軍象馬勢力
者波逸提
若比丘尼飲酒者波逸提
若比丘尼水中戲者波逸提
若比丘尼以指相擊歷者波逸提

BD05080 號　四分比丘尼戒本　(25–17)

觀軍陣鬪戰若觀遊軍象馬勢力
者波逸提
若比丘尼飲酒者波逸提
若比丘尼水中戲者波逸提
若比丘尼以指相擊歷者波逸提
若比丘尼不受諫者波逸提
若比丘尼恐他比丘尼者波逸提
若比丘尼半月洗浴无病比丘尼應受若
過受除餘時波逸提餘時者熱時病時
大風時雨時遠行來時此是時
若比丘尼无病為炙身故露地然火若教
人然除餘時波逸提
若比丘尼藏比丘尼若鉢若衣若卧具
若針筒若自藏若教人藏下至戲笑者
波逸提
若比丘尼淨施比丘尼式叉摩那沙弥沙
弥尼衣後不問主輒著者波逸提
若比丘尼得新衣當作三種染壞色青
黑木蘭若比丘尼得新衣不作三種染壞
色青黑木蘭新衣持者波逸提
若比丘尼故斷畜生命者波逸提
若比丘尼知水有虫飲者波逸提
若比丘尼故惱他比丘尼乃至少時不
樂波逸提
若比丘尼知他比丘尼有麁罪覆藏者
波逸提

BD05080 號　四分比丘尼戒本　(25–18)

若比丘尼知水有虫飲者波逸提
若比丘尼故惱他比丘尼乃至少時不
樂波逸提
若比丘尼知他比丘尼有麁罪覆藏者
波逸提
若比丘尼知諍事如法懺悔已後更發
舉者波逸提　五十
若比丘尼知是賊伴共一道行乃至聚
落者波逸提
若比丘尼作如是語我知佛所說法行婬欲
非是鄣道法彼比丘尼諫此比丘尼言大
姊莫作是語莫謗世尊謗世尊者不善
世尊不作是語世尊无數方便說婬欲是
鄣道法犯婬者是鄣法彼比丘尼諫此
比丘尼時堅持不捨彼比丘尼乃至第三
諫令捨是事乃至三諫時捨者善不捨
者波逸提
若比丘尼知是如語人未作法如是耶見不
捨若畜同生一羯磨同一心宿者波逸提
若沙弥尼如是言我知佛所說法行婬欲非
鄣法彼比丘尼諫此沙弥尼言汝莫作是語
莫誹謗世尊謗世尊不善世尊不作是語沙
弥尼世尊无數方便說婬欲是鄣道犯婬
者是鄣法彼比丘尼諫是沙弥尼時堅持不
捨彼比丘尼乃至應三呵諫捨此事故乃

BD05080 號　四分比丘尼戒本　（25–19）

鄣法彼比丘尼諫此沙弥尼言汝莫作是語
莫誹謗世尊謗世尊不善世尊不作是語沙
弥尼世尊无數方便說婬欲是鄣道犯婬
者是鄣法彼比丘尼諫是沙弥尼時堅持不
捨彼比丘尼乃至應三呵諫捨此事故乃
至三諫時若捨者善不捨者彼比丘尼應
語是沙弥尼言汝自今已去非佛弟子不
得隨餘比丘尼如諸沙弥尼得與大比丘
尼二宿汝今无是事汝去滅去汝不須此中
住若比丘尼知如是儐沙弥尼而誘將畜養
共同心宿波逸提
若比丘尼如法諫時如是語我不學是戒乃
至問有智慧持戒律當難問波逸提
若比丘尼說戒時如是語大姊用是雜碎戒
為說是戒令人惱愧懷疑輕戒故波逸提
若比丘尼說戒時作如是語大姊我今始知
是法是戒經半月半月戒經中說餘比丘尼知
是比丘尼若二若三說戒中坐何况多彼比丘
尼无知无解若犯罪應如法治更重增无知法
大姊汝无利得不善如說戒時不用心念不
一心兩耳聽法彼无知故波逸提
若比丘尼共同羯磨已後如是語諸比丘尼
隨親厚以衆僧物與者波逸提
若比丘尼僧斷事時不與欲而起去者波逸提
若比丘尼與欲竟後更呵者波逸提
若比丘比丘尼共鬪諍後聽此語已欲

BD05080 號　四分比丘尼戒本　（25–20）

一心兩耳聽法彼无知故波逸提
若比丘尼共同羯磨已後如是語諸比丘尼
隨親厚以衆僧物與者波逸提
若比丘尼僧斷事時不與欲而起去者波逸提
若比丘尼與欲竟後更呵者波逸提
若比丘尼比丘尼共鬪諍後聽此語已欲
向彼說者波逸提
若比丘尼瞋故不喜打比丘者波逸提
若比丘尼瞋恚故不喜以手摶比丘尼
者波逸提
若比丘尼瞋恚故不喜以无根僧伽婆尸
沙說者波逸提
若比丘尼剎利水澆頭王王未出未藏
寶若入過宮門閫者波逸提
若比丘尼寶及寶莊飾自捉若教
人捉除僧伽藍中乃至宿處者波逸提
若僧伽藍中若寄宿處若寶莊飾
若自捉教人捉若識者當取如是因
緣非餘
若比丘尼非時入聚落又不囑比丘尼
者波逸提
若比丘尼作僧繩牀若木牀足應高
八指入陛孔上若截竟過者波逸提
若比丘尼持兜羅綿貯作繩牀木牀若
坐具若卧具波逸提 從初至此與大戒因緣
若比丘尼噉蒜者波逸提十

BD05080號　四分比丘尼戒本　（25–21）

者波逸提
若比丘尼作僧繩牀若木牀足應高
八指入陛孔上若截竟過者波逸提
若比丘尼持兜羅綿貯作繩牀木牀若
坐具若卧具波逸提 從初至此與大戒因緣
若比丘尼噉蒜者波逸提十
若比丘尼剃三處毛者波逸提
若比丘尼以水洗應齊二指各一節若
過者波逸提
若比丘尼以胡膠作男根戲者波逸提
若比丘尼以手拍女根者波逸提
若比丘尼无病比丘食時供給水以扇
扇者波逸提
若比丘尼乞生穀者波逸提
若比丘尼在寺內生草上大小便者波逸
提
若比丘尼夜便大小便器中晝不看牆
外棄者波逸提
若比丘尼往觀衆伎戲者波逸提
若比丘尼入村內與男子在屏處住及
語者波逸提
若比丘尼與男子共入屏鄣處者波逸提
若比丘尼入村內在巷陌中與男子獨
語若耳語或遣伴自遠獨與男子
私耳語者波逸提
若比丘尼入白衣家內坐坐不語主人

BD05080號　四分比丘尼戒本　（25–22）

語者波逸提
若比丘尼與男子共入屏鄣處者波逸提
若比丘尼入村內在巷陌中與男子獨
語若私耳語或遣伴自遠獨與男子
私耳語者波逸提
若比丘尼入白衣家內坐坐不語主人
捨去者波逸提
若比丘尼入白衣家內不語主人輒坐者波逸提
若比丘尼入白衣家內不語家主便宿者波逸提
若比丘尼與男子共入闇室中者波逸提
若比丘尼闇語不審諦便語餘人者波逸提
若比丘尼自有因緣事瞋恚便自呪咀他墮
三惡道若壞淨行我若有如是事亦墮三
惡道不生正法中若他有如是事者亦墮
三惡道不生正法中者波逸提
若比丘尼與他共諍不憶諍事後瞋恚推
匈啼哭者波逸提
若比丘尼共比丘尼同牀臥除病者波
逸提 十
若比丘尼共敷(同)被臥除病者波逸提
若比丘尼知有先住後至知有後至先住
欲觸惱故在前誦經　義教授者波逸提
若比丘尼同活比丘尼病不瞻視者波逸提
若比丘尼夏安居初聽餘比丘尼在房中
安牀安居半瞋恚挽牀驅出者波逸提
若比丘尼一切時春夏冬人間遊行者波逸提

欲觸惱故在前誦經　義教授者波逸提
若比丘尼同活比丘尼病不瞻視者波逸提
若比丘尼夏安居初聽餘比丘尼在房中
安牀安居半瞋恚挽牀驅出者波逸提
若比丘尼一切時春夏冬人間遊行者波逸提
若比丘尼安居竟不出行乃至一宿者波逸提
若比丘尼國外有疑恐怖處在人間遊行
者波逸提
若比丘尼國內有疑恐怖處人間遊
行者波逸提
若比丘尼與居士居士兒相近住不隨順
佛法餘比丘尼諫此比丘尼言大姊汝莫
與居士居士兒相近住不隨順佛法大姊
可別住若別住僧得增益安樂住彼
比丘尼諫此比丘尼時堅持不捨彼
比丘尼應乃至三諫捨此事故乃至三諫
捨此事者善若不捨者波逸提
若比丘尼往觀王宮文飾堂舍園
觀浴池者波逸提 十二
若比丘尼露形在溝水渠水池水
中浴者波逸提
若比丘尼作雨衣齊量齊量作者
長佛六搩手廣二搩手半過者波逸提
若比丘尼為比丘尼與他縫僧伽梨
過五日者波逸提

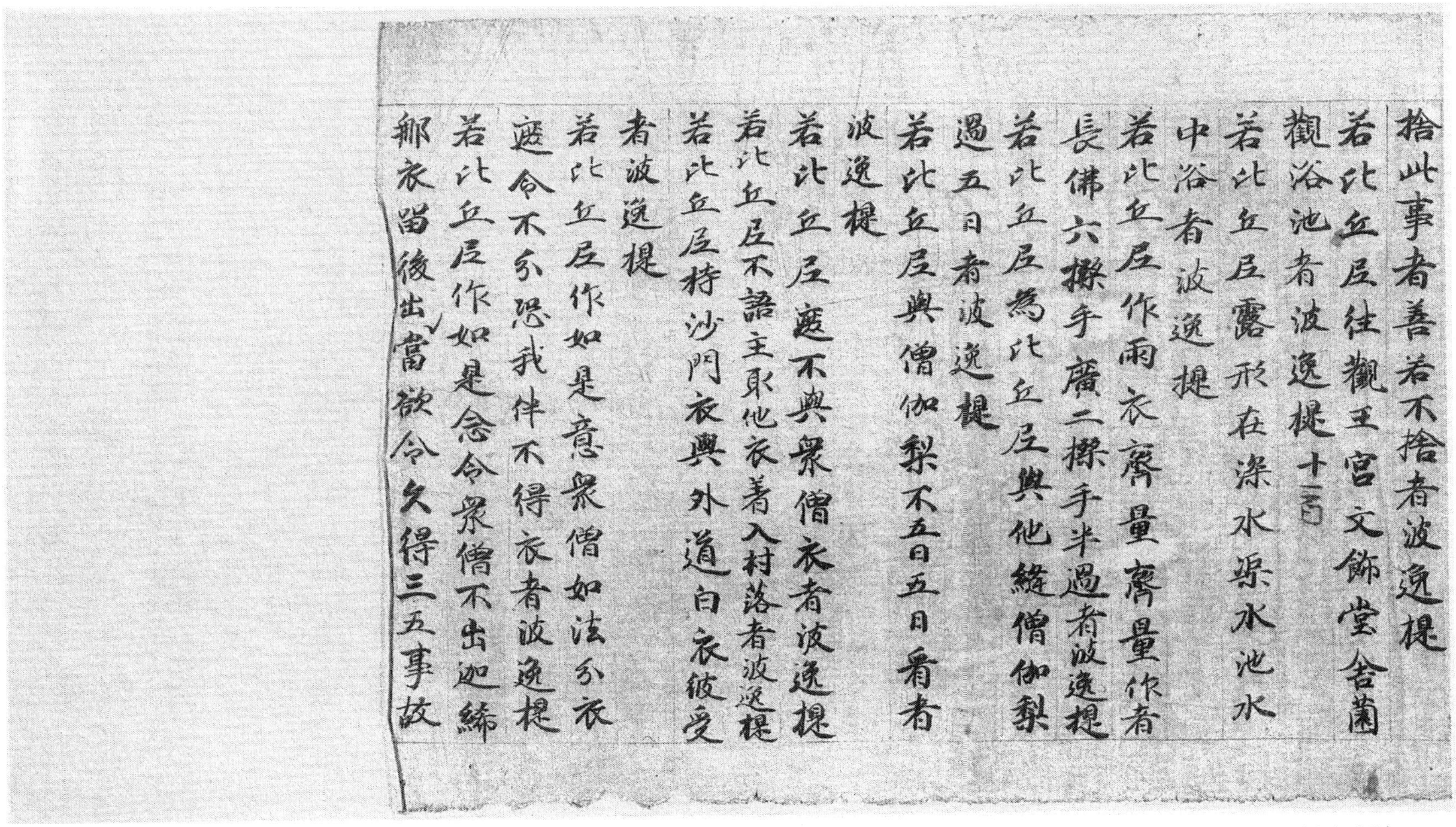
捨此事者善若不捨者波逸提
若比丘尼往觀王宮文飾堂舍園
觀浴池者波逸提十言
若比丘尼露形在涤水渠水池水
中浴者波逸提
若比丘尼作雨衣廣量廣量作者
長佛六搩手廣二搩手半過者波逸提
若比丘尼為比丘尼與他縫僧伽梨
過五日者波逸提
若比丘尼與僧伽梨不五日五日看者
波逸提
若比丘尼遮不與衆僧衣者波逸提
若比丘尼不語主取他衣著入村落者波逸提
若比丘尼持沙門衣與外道白衣彼受
者波逸提
若比丘尼作如是意衆僧如法分衣
遮令不分恐我伴不得衣者波逸提
若比丘尼作如是念令衆僧不出迦絺
那衣留後出當欲令久得三五事故

BD05080號　四分比丘尼戒本　（25–25）

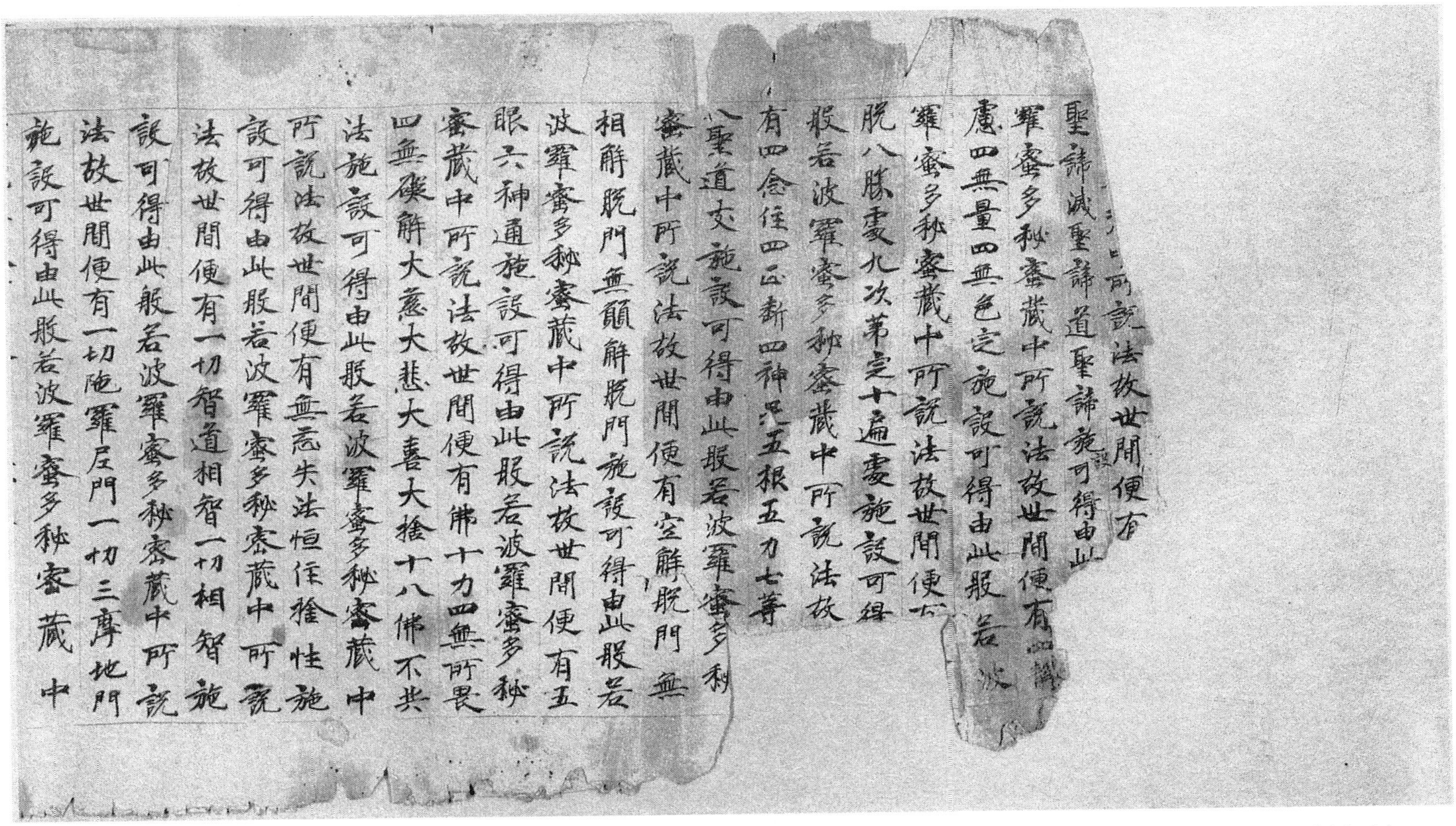
所說法故世間便有
聖諦滅聖諦道聖諦施設可得由此
羅蜜多秘密藏中所說法故世間便有四靜
慮四無量四無色定施設可得由此般若波
羅蜜多秘密藏中所說法故世間便有八解
脫八勝處九次第定十遍處施設可得
般若波羅蜜多秘密藏中所說法故
有四念住四正斷四神足五根五力七等
八聖道支施設可得由此般若波羅蜜多秘
密藏中所說法故世間便有空解脫門無
相解脫門無願解脫門施設可得由此般若
波羅蜜多秘密藏中所說法故世間便有五
眼六神通施設可得由此般若波羅蜜多秘
密藏中所說法故世間便有佛十力四無所畏
四無礙解大慈大悲大喜大捨十八佛不共
法施設可得由此般若波羅蜜多秘密藏中
所說法故世間便有無忘失法恒住捨性施
設可得由此般若波羅蜜多秘密藏中所說
法故世間便有一切智道相智一切相智施
設可得由此般若波羅蜜多秘密藏中所說
法故世間便有一切陀羅尼門一切三摩地門
施設可得由此般若波羅蜜多秘密藏中

BD05081號　大般若波羅蜜多經卷一三〇　（14–1）

說可得由此般若波羅蜜多秘密藏中所說
法故世間便有一切智道相智一切相智施
設可得由此般若波羅蜜多秘密藏中所說
法故世間便有一切陁羅尼門一切三摩地門
施設可得由此般若波羅蜜多秘密藏中
所說法故世間便有預流一來不還阿羅漢
及預流向預流果一來向一來果不還向不還
果阿羅漢向阿羅漢果施設可得由此般
若波羅蜜多秘密藏中所說法故世間便有
獨覺及獨覺菩提施設可得由此般若波羅
蜜多秘密藏中所說法故世間便有一切菩
薩摩訶薩及諸菩薩摩訶薩行施設可得
由此般若波羅蜜多秘密藏中所說法故世間
便有一切如來應正等覺及諸無上正等菩提
施設可得
復次憍尸迦置贍部洲諸有情類若善男子
善女人等教贍部洲東勝身洲諸有情類皆
令脩學十善業道於意云何是善男子善女
人等由此因緣得福多不天帝釋言甚多世
尊甚多善逝佛言憍尸迦若善男子善女人
等書寫如是甚深般若波羅蜜多施他讀誦
若轉書寫廣令流布是善男子善女人等所
獲福聚甚多於前何以故憍尸迦如是般若
波羅蜜多秘密藏中廣說一切無漏之法聲
聞種姓補特伽羅脩學此法速入聲聞正性
離生得預流果得一來果得不還果得阿羅
漢果獨覺種姓補特伽羅脩學此法速入獨

BD05081 號　大般若波羅蜜多經卷一三〇　（14–2）

若轉書寫廣令流布是善男子善女人等所
獲福聚甚多於前何以故憍尸迦如是般若
波羅蜜多秘密藏中廣說一切無漏之法聲
聞種姓補特伽羅脩學此法速入聲聞正性
離生得預流果得一來果得不還果得阿羅
漢果獨覺種姓補特伽羅脩學此法速入獨
覺正性離生漸次證得獨覺菩提菩薩種姓
補特伽羅脩學此法速入菩薩正性離生漸
次修行諸菩薩行證得無上正等菩提憍尸
迦如是般若波羅蜜多秘密藏中廣說一切
無漏法者所謂布施波羅蜜多淨戒波羅蜜
多安忍波羅蜜多精進波羅蜜多靜慮波羅
蜜多般若波羅蜜多內空外空內外空空空
大空勝義空有為空無為空畢竟空無際空
散空無變異空本性空自相空共相空一切
法空不可得空無性空自性空無性自性空
真如法界法性不虛妄性不變異性平等性
離生性法定法住實際虛空界不思議界無
漏四靜慮四無量四無色定八解脫八勝處
九次第定十遍處四念住四正斷四神足五根
五力七等覺支八聖道支空解脫門無相
解脫門無願解脫門五眼六神通佛十力四
無所畏四無礙解大慈大悲大喜大捨十
八佛不共法無忘失法恒住捨性一切智道相
智一切相智一切陁羅尼門一切三摩地門
及餘無量無邊佛法皆是此中所說一切無
漏之法憍尸迦若善男子善女人等教一有
情住預流果所獲福聚猶勝教化南贍部

BD05081 號　大般若波羅蜜多經卷一三〇　（14–3）

無所畏四無礙解大慈大悲大喜大捨十
八佛不共法無忘失法恒住捨性一切智道相
智一切相智一切陁羅尼門一切三摩地門
及餘無量無邊佛法皆是此中所說一切無
漏之法憍尸迦若善男子善女人等教一有
情住預流果所獲福聚猶勝教化南贍部
洲東勝身洲諸有情類皆令脩學十善業
道何以故憍尸迦諸有修行十善業道不免地
獄傍生鬼趣若諸有情住預流果便得永脫
三惡趣故况教令住一來不還阿羅漢果所獲
福聚而不勝彼憍尸迦若善男子善女人等
教贍部洲東勝身洲諸有情類皆住預流一
來不還阿羅漢果所獲福聚不如有人教一
有情令其安住獨覺菩提何以故憍尸迦獨
覺菩提所有功德勝預流等百千倍故憍尸
迦若善男子善女人等教贍部洲東勝身洲
諸有情類皆令安住獨覺菩提所獲福聚不
如有人教一有情令趣無上正等菩提何以
故憍尸迦若教有情令趣無上正等菩提則
令世間佛眼不斷所以者何由有菩薩摩訶
薩故便有預流一來不還阿羅漢果獨覺菩
提由有菩薩摩訶薩故便有如來應正等
覺證得無上正等菩提由有菩薩摩訶薩故
便有佛寶法僧寶一切世間歸依供養以
是故憍尸迦一切世間若天若魔若梵若沙門
若婆羅門及阿素洛人非人等應以無量上
妙花鬘塗散等香衣服瓔珞寶幢幡蓋衆妙
珍奇伎樂燈明盡諸所有供養恭敬尊重讚

便有佛寶法僧寶一切世間歸依供養以
是故憍尸迦一切世間若天若魔若梵若沙門
若婆羅門及阿素洛人非人等應以無量上
妙花鬘塗散等香衣服瓔珞寶幢幡蓋衆妙
珍奇伎樂燈明盡諸所有供養恭敬尊重讚
歎菩薩摩訶薩憍尸迦由此當知若善男子善
女人等書寫如是甚深般若波羅蜜多施他
讀誦若轉書寫廣令流布所獲福聚勝前
福聚無量無邊何以故如是般若波羅蜜多
秘密藏中廣說一切世出世間勝善法故由
此般若波羅蜜多秘密藏中所說法故世間
便有剎帝利大族婆羅門大族長者大族居
士大族施設可得由此般若波羅蜜多秘密
藏中所說法故世間便有四大王衆天三十
三天夜摩天覩史多天樂變化天他化自在
天施設可得由此般若波羅蜜多秘密藏中
所說法故世間便有梵衆天梵輔天梵會天
大梵天施設可得由此般若波羅蜜多秘密
藏中所說法故世間便有光天少光天無量
光天極光淨天施設可得由此般若波羅蜜多
秘密藏中所說法故世間便有淨天少淨天
無量淨天遍淨天施設可得由此般若波羅
蜜多秘密藏中所說法故世間便有廣天
少廣天無量廣天廣果天施設可得由此般
若波羅蜜多秘密藏中所說法故世間便有
無繁天無熱天善現天善見天色究竟天施
設可得由此般若波羅蜜多秘密藏中所說

蜜多秘密藏中所說法故世間便有廣天
少廣天無量廣天廣果天施設可得由此般
若波羅蜜多秘密藏中所說法故世間便有
無繁天無熱天善現天善見天色究竟天施
設可得由此般若波羅蜜多秘密藏中所說
法故世間便有空無邊處天識無邊處天無
所有處天非想非非想處天施設可得由此
般若波羅蜜多秘密藏中所說法故世間便
有布施波羅蜜多淨戒波羅蜜多安忍波羅蜜
多精進波羅蜜多靜慮波羅蜜多般若波羅
蜜多施設可得由此般若波羅蜜多秘密藏
中所說法故世間便有內空外空內外空
空空大空勝義空有為空無為空畢竟空
無際空散空無變異空本性空自相空共相空
一切法空不可得空無性空自性空無性自
性空施設可得由此般若波羅蜜多秘密藏
中所說法故世間便有真如法界法性不虛
妄性不變異性平等性離生性法定法住實
際虛空界不思議界施設可得由此般若波
羅蜜多秘密藏中所說法故世間便有苦聖
諦集聖諦滅聖諦道聖諦施設可得由此般
若波羅蜜多秘密藏中所說法故世間便有
四靜慮四無量四無色定施設可得由此般若
波羅蜜多秘密藏中所說法故世間便有八
解脫八勝處九次第定十遍處施設可得由
此般若波羅蜜多秘密藏中所說法故世
間便有四念住四正斷四神足五根五力七等
覺支八聖道支施設可得由此般若波羅蜜

BD05081號　大般若波羅蜜多經卷一三〇　（14–6）

波羅蜜多秘密藏中所說法故世間便有八
解脫八勝處九次第定十遍處施設可得由
此般若波羅蜜多秘密藏中所說法故世
間便有四念住四正斷四神足五根五力七等
覺支八聖道支施設可得由此般若波羅蜜
多秘密藏中所說法故世間便有空解脫
門無相解脫門無願解脫門施設可得由此
般若波羅蜜多秘密藏中所說法故世間便
有五眼六神通施設可得由此般若波羅蜜
多秘密藏中所說法故世間便有佛十力四
無所畏四無礙解大慈大悲大喜大捨十八
佛不共法施設可得由此般若波羅蜜多秘
密藏中所說法故世間便有無忘失法恒住
捨性施設可得由此般若波羅蜜多秘密藏
中所說法故世間便有一切智道相智一切
相智施設可得由此般若波羅蜜多秘密藏
中所說法故世間便有一切陀羅尼門一切
三摩地門施設可得由此般若波羅蜜多秘密
藏中所說法故世間便有預流一來不還阿
羅漢及預流向預流果一來向一來果不還
向不還果阿羅漢向阿羅漢果施設可得由
此般若波羅蜜多秘密藏中所說法故世間
便有獨覺及獨覺菩提施設可得由此般若
波羅蜜多秘密藏中所說法故世間便有一
切菩薩摩訶薩及諸菩薩摩訶薩行施設可
得由此般若波羅蜜多秘密藏中所說法故
世間便有一切如來應正等覺及諸無上正

BD05081號　大般若波羅蜜多經卷一三〇　（14–7）

此般若波羅蜜多祕密藏中所說法故世間
便有獨覺及獨覺菩提施設可得由般若
波羅蜜多祕密藏中所說法故世間便有一
切菩薩摩訶薩及諸菩薩摩訶薩行施設可
得由此般若波羅蜜多祕密藏中所說法故
世間便有一切如來應正等覺及諸無上正
等菩提施設可得
復次憍尸迦置贍部洲東勝身洲諸有情
類若善男子善女人等教贍部洲東勝身洲
西牛貨洲諸有情類皆令修學十善業道
於意云何是善男子善女人等由此因緣得福
多不天帝釋言甚多世尊甚多善逝佛言憍
尸迦若善男子善女人等書寫如是甚深般若
波羅蜜多施他讀誦若轉書寫廣令流布是
善男子善女人等所獲福聚甚多於前何以故
憍尸迦如是般若波羅蜜多祕密藏中廣說
一切無漏之法聲聞種姓補特伽羅修學此
法速入聲聞正性離生得預流果得一來果
得不還果得阿羅漢果獨覺種姓補特伽羅
修學此法速入獨覺正性離生漸次證得獨
覺菩提菩薩種姓補特伽羅修學此法速入
菩薩正性離生漸次修行諸菩薩行證得無
上正等菩提憍尸迦如是般若波羅蜜多祕
密藏中廣說一切無漏法者所謂布施波羅
蜜多淨戒波羅蜜多安忍波羅蜜多精進波
羅蜜多靜慮波羅蜜多般若波羅蜜多內
空外空內外空空空大空勝義空有為空無為
空畢竟空無際空散空無變異空本性空自

BD05081 號　大般若波羅蜜多經卷一三〇　（14–8）

密藏中廣說一切無漏法者所謂布施波羅
蜜多淨戒波羅蜜多安忍波羅蜜多精進波
羅蜜多靜慮波羅蜜多般若波羅蜜多內
空外空內外空空空大空勝義空有為空無為
空畢竟空無際空散空無變異空本性空自
相空共相空一切法空不可得空無性空自
性空無性自性空真如法界法性不虛妄性
不變異性平等性離生性法定法住實際虛
空界不思議界無漏四靜慮四無量四無色
定八解脫八勝處九次第定十遍處四念住
四正斷四神足五根五力七等覺支八聖道
支空解脫門無相解脫門無願解脫門五眼
六神通佛十力四無所畏四無礙解大慈大
悲大喜大捨十八佛不共法無忘失法恒住
捨性一切智道相智一切相智一切陀羅尼
門一切三摩地門及餘無量無邊佛法皆是
此中所說一切無漏之法憍尸迦若善男子善
女人等教一有情住預流果所獲福聚猶
勝教化南贍部洲東勝身洲西牛貨洲諸有
情類皆令修學十善業道何以故憍尸迦諸
有修行十善業道不免地獄傍生鬼趣若諸
有情住預流果便得永脫三惡趣故況教令
住一來不還阿羅漢果所獲福聚而不勝彼憍
尸迦若善男子善女人等教贍部洲東勝身
洲西牛貨洲諸有情類皆住預流一來不還
阿羅漢果所獲福聚不如有人教一有情令
其安住獨覺菩提何以故憍尸迦獨覺菩提

BD05081 號　大般若波羅蜜多經卷一三〇　（14–9）

住一來不還阿羅漢果所獲福聚而不脫彼憍
尸迦若善男子善女人等教贍部洲東勝身
洲西牛貨洲諸有情類皆住預流一來不還
阿羅漢果所獲福聚不如有人教一有情令
其安住獨覺菩提何以故憍尸迦獨覺菩提
所有功德勝預流等百千倍故憍尸迦若善
男子善女人等教贍部洲東勝身洲西牛貨
洲諸有情類皆令安住獨覺菩提所獲福
聚不如有人教一有情令趣無上正等菩提
何以故憍尸迦若教有情令趣無上正等菩提
則令世間佛眼不斷所以者何由有菩薩摩
訶薩故便有預流一來不還阿羅漢果獨覺
菩提由有菩薩摩訶薩故便有如來應正
等覺證得無上正等菩提由有菩薩摩訶
薩故便有佛寶法寶僧寶一切世間歸依供
養以是故憍尸迦一切世間若天若魔若梵若
沙門若婆羅門及阿素洛人非人等應以無
量上妙花鬘塗散等香衣服瓔珞寶幢幡蓋
衆妙珎奇伎樂燈明盡諸所有供養恭敬尊
重讚歎菩薩摩訶薩憍尸迦由此當知若
善男子善女人等書寫如是甚深般若波羅
蜜多施他讀誦若轉書寫廣令流布所獲福聚
勝前福聚無量無邊何以故如是般若波羅
蜜多秘密藏中廣說一切世出世間勝善法
故由此般若波羅蜜多秘密藏中所說法故
世間便有剎帝利大族婆羅門大族長者
大族居士大族施可得由此般若波羅蜜

BD05081號　大般若波羅蜜多經卷一三〇　（14–10）

勝前福聚無量無邊何以故如是般若波羅
蜜多秘密藏中廣說一切世出世間勝善法
故由此般若波羅蜜多秘密藏中所說法故
世間便有剎帝利大族婆羅門大施長者
大族居士大族施可得由此般若波羅蜜
多秘密藏中所說法故世間便有四大王衆天
三十三天夜摩天覩史多天樂變化天他化自在
天施設可得由此般若波羅蜜多秘密藏
中所說法故世間便有梵衆天梵輔天梵
會天大梵天施設可得由此般若波羅蜜多
秘密藏中所說法故世間便有光天少光天
無量光天極光淨天施設可得由此般若波
羅蜜多秘密藏中所說故世間便有淨天
少淨天無量淨天遍淨天施設可得由此般
若波羅蜜多秘密藏中所說法故世間便有
廣天少廣天無量廣天廣果天施設可得由
此般若波羅蜜多秘密藏中所說法故世間便
有無繁天無熱天善現天善見天色究竟天
施設可得由此般若波羅蜜多秘密蜜中所
說法故世間便有空無邊處天識無邊處天
無所有處天非想非非想處天施設可得
由此般若波羅蜜多秘密藏中所說法故世
間便有布施波羅蜜多淨戒波羅蜜多安忍
波羅蜜多精進波羅蜜多靜慮波羅蜜多
般若波羅蜜多施設可得由此般若波羅蜜多
秘密藏中所說法故世間便有內空外空內
外空空空大空勝義空有為空無為空畢

BD05081號　大般若波羅蜜多經卷一三〇　（14–11）

由此般若波羅蜜多秘密藏中所說法故世
間便有布施波羅蜜多淨戒波羅蜜多安忍
波羅蜜多精進波羅蜜多靜慮波羅蜜多
般若波羅蜜多施設可得由此般若波羅蜜
多秘密藏中所說法故世間便有內空外空內
外空空空大空勝義空有為空無為空畢
竟空無際空散空無變異空本性空自相空
共相空一切法空不可得空無性空自性空無
性自性空施設可得由此般若波羅蜜多秘
密藏中所說法故世間便有真如法界法性
不虛妄性不變異性平等性離生性法定法
住實際虛空界不思議界施設可得由此般
若波羅蜜多秘密藏中所說法故世間便有
苦聖諦集聖諦滅聖諦道聖諦施設可得由
此般若波羅蜜多秘密藏中所說法故世間
便有四靜慮四無量四無色定施設可得由
此般若波羅蜜多秘密藏中所說法故世間
便有八解脫八勝處九次第定十遍處施設可
得由此般若波羅蜜多秘密藏中所說法故
世間便有四念住四正斷四神足五根五力七
等覺支八聖道支施設可得由此般若波
羅蜜多秘密藏中所說法故世間便有空解
脫門無相解脫門無願解脫門施設可得由
此般若波羅蜜多秘密藏中所說法故世間
便有五眼六神通施設可得由此般若波羅
蜜多秘密藏中所說法故世間便有佛十力
四無所畏四無礙解大慈大悲大喜大捨十
八佛不共法施設可得由此般若波羅蜜多秘

BD05081號　大般若波羅蜜多經卷一三〇　（14–12）

羅蜜多秘密藏中所說法故世間便有空解
脫門無相解脫門無願解脫門施設可得由
此般若波羅蜜多秘密藏中所說法故世間
便有五眼六神通施設可得由此般若波羅
蜜多秘密藏中所說法故世間便有佛十力
四無所畏四無礙解大慈大悲大喜大捨十
八佛不共法施設可得由此般若波羅蜜多秘
密藏中所說法故世間便有無忘失法恒住
捨性施設可得由此般若波羅蜜多秘密
藏中所說法故世間便有一切智道相智一
切相智施設可得由此般若波羅蜜多秘密
藏中所說法故世間便有一切陀羅尼門一
切三摩地門施設可得由此般若波羅蜜多
秘密藏中所說法故世便有預流一來不
還阿羅漢及預流向預流果一來向一來果不
還向不還果阿羅漢向阿羅漢果施設可
得由此般若波羅蜜多秘密藏中所說法故
世間便有獨覺及獨覺菩提施設可得由此
般若波羅蜜多秘密藏中所說法世間便
有一切菩薩摩訶薩及諸菩薩摩訶薩行施
設可得由此般若波羅蜜多秘密藏中所說
法故世間便有一切如來應正等覺及諸無
上正等菩提施施可得

大般若波羅蜜多經卷第一百卅

BD05081號　大般若波羅蜜多經卷一三〇　（14–13）

BD05081 號　大般若波羅蜜多經卷一三〇　　（14–14）

BD05081 號背　題名　　（2–1）

BD05081 號背　雜寫

（2–2）

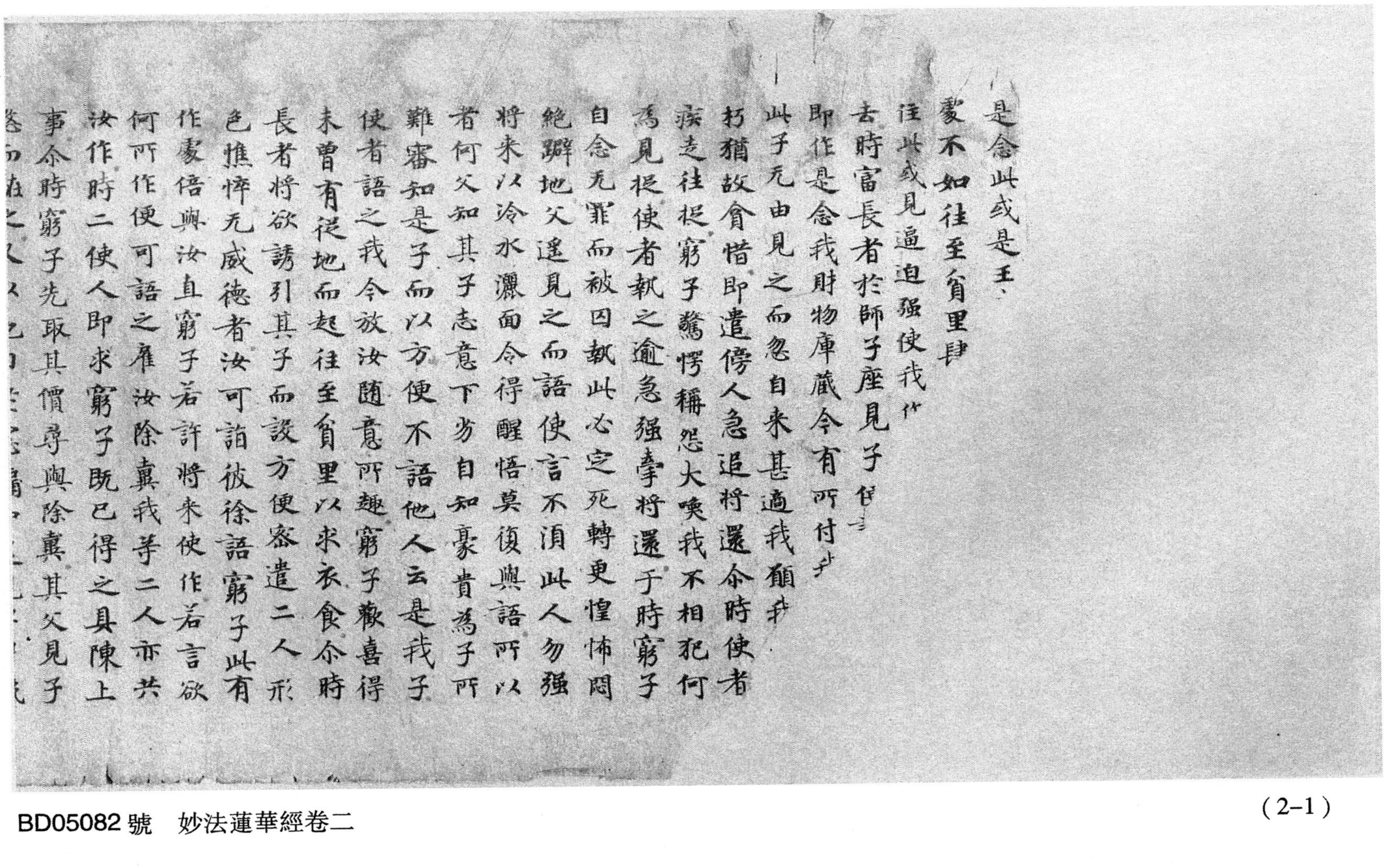

是念此或是王、
處不如往至貧里肆
往此或見逼迫強使我作
去時富長者於師子座見子
即作是念我財物庫藏今有所付
此子无由見之而忽自來甚適我願我
朽猶故貪惜即遣傍人急追將還尒時使者
疾走往捉窮子驚愕稱怨大喚我不相犯何
為見捉使者執之逾急強牽將還于時窮子
自念无罪而被囚執此必定死轉更惶怖悶
絕躃地父遙見之而語使言不須此人勿強
將來以冷水灑面令得醒悟莫復與語所以
者何父知其子志意下劣自知豪貴為子所
難審知是子而以方便不語他人云是我子
使者語之我今放汝隨意所趣窮子歡喜得
未曾有從地而起往至貧里以求衣食尒時
長者將欲誘引其子而設方便密遣二人形
色憔悴无威德者汝可詣彼徐語窮子此有
作處倍與汝直窮子若許將來使作若言欲
何所作便可語之雇汝除糞我等二人亦共
汝作時二使人即求窮子既已得之具陳上
事尒時窮子先取其價尋與除糞其父見子
愍而

BD05082 號　妙法蓮華經卷二

（2–1）

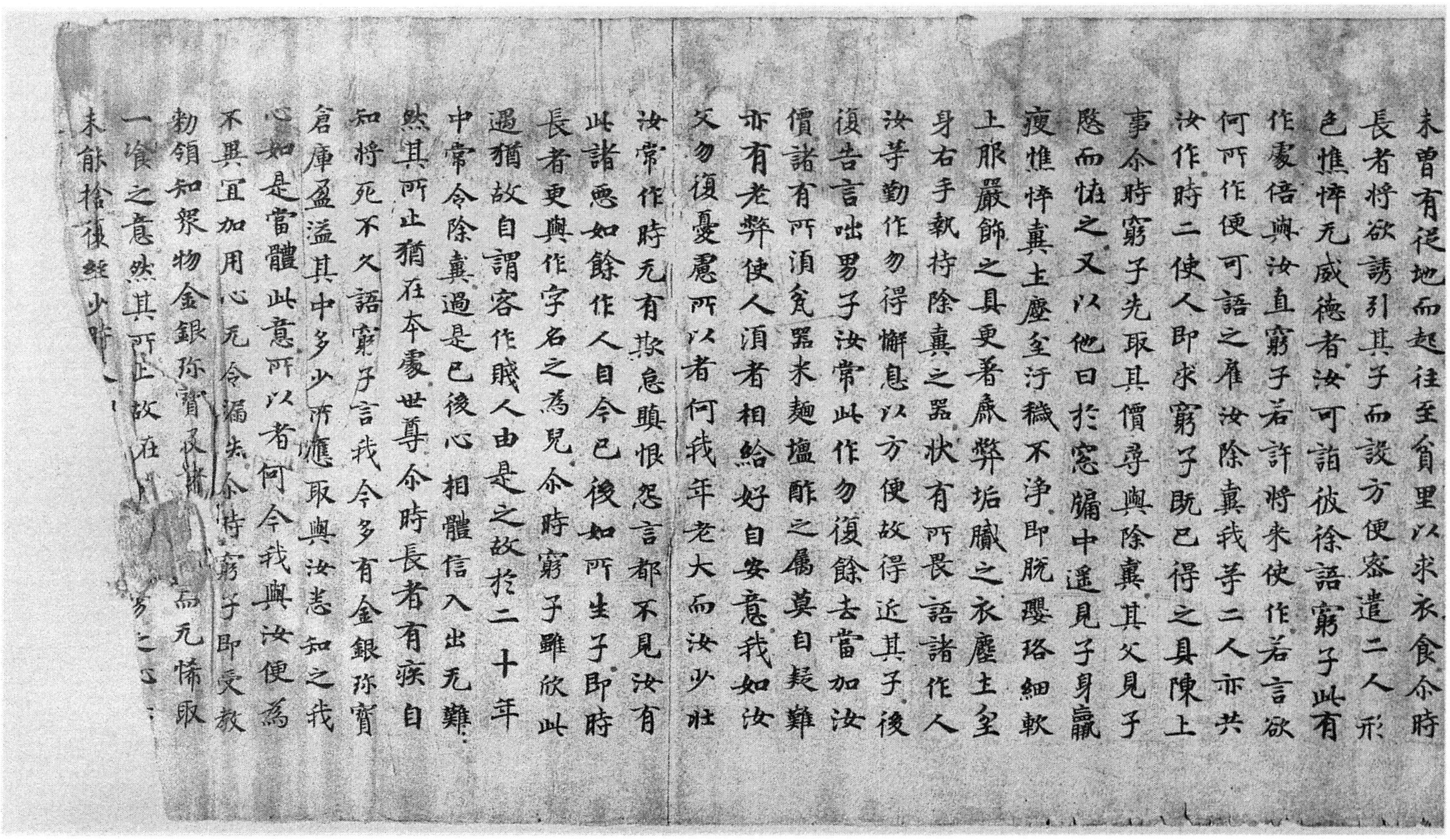
未曾有從地而起往至貧里以求衣食尒時
長者將欲誘引其子而設方便密遣二人形
色憔悴无威德者汝可詣彼徐語窮子此有
作處倍與汝直窮子若許將來使作若言欲
何所作便可語之雇汝除糞我等二人亦共
汝作時二使人即求窮子既已得之具陳上
事尒時窮子先取其價尋與除糞其父見子
愍而怪之又以他日於窓牖中遙見子身羸
瘦憔悴糞土塵坌汙穢不淨即脫瓔珞細軟
上服嚴飾之具更著麤弊垢膩之衣塵土坌
身右手執持除糞之器狀有所畏語諸作人
汝等勤作勿得懈息以方便故得近其子後
復告言咄男子汝常此作勿復餘去當加汝
價諸有所須瓫器米麵塩酢之屬莫自疑難
亦有老弊使人須者相給好自安意我如汝
父勿復憂慮所以者何我年老大而汝少壯
汝常作時无有欺怠瞋恨怨言都不見汝有
此諸惡如餘作人自今已後如所生子即時
長者更與作字名之為兒尒時窮子雖欣此
遇猶故自謂客作賤人由是之故於二十年
中常令除糞過是已後心相體信入出无難
然其所止猶在本處世尊尒時長者有疾自
知將死不久語窮子言我今多有金銀珎寶
倉庫盈溢其中多少所應取與汝悉知之我
心如是當體此意所以者何今我與汝便為
不異宜加用心无令漏失尒時窮子即受教
勑領知衆物金銀珎寶及諸[illegible]而无悕取
一飡之意然其所止故在[illegible]之心
未能捨復經少時[illegible]

BD05082 號　妙法蓮華經卷二　（2–2）

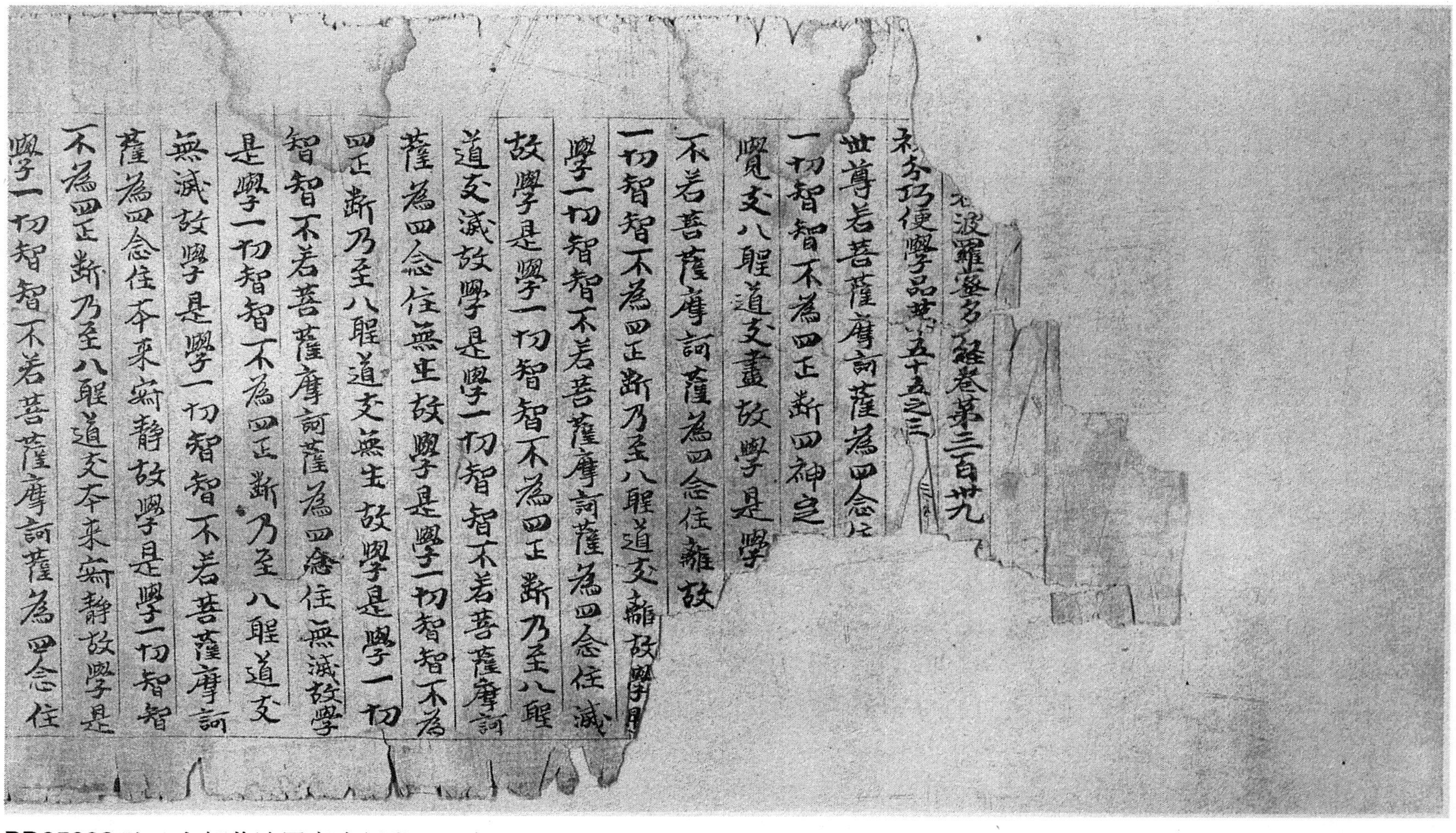
[illegible]波羅蜜多經卷第三百卅九
初分巧便學品第五十五之三
世尊若菩薩摩訶薩為四念住[illegible]
一切智智不為四正斷四神足[illegible]
覺支八聖道支盡故學是學
不若菩薩摩訶薩為四念住離故
一切智智不為四正斷乃至八聖道支離故學是
學一切智智不若菩薩摩訶薩為四念住滅
故學是學一切智智不為四正斷乃至八聖
道支滅故學是學一切智智不若菩薩摩訶
薩為四念住無生故學是學一切智智不為
四正斷乃至八聖道支無生故學是學一切
智智不若菩薩摩訶薩為四念住無滅故學
是學一切智智不為四正斷乃至八聖道支
無滅故學是學一切智智不若菩薩摩訶
薩為四念住本來寂靜故學是學一切智智
不為四正斷乃至八聖道支本來寂靜故學是
學一切智智不若菩薩摩訶薩為四念住

BD05083 號　大般若波羅蜜多經卷三三九　（6–1）

智智不若菩薩摩訶薩為四念住無滅故學
是學一切智智不為四正斷乃至八聖道支
無滅故學是學一切智智不若菩薩摩訶
薩為四念住本來寂靜故學是學一切智智
不為四正斷乃至八聖道支本來寂靜故學是
學一切智智不若菩薩摩訶薩為四念住
自性涅槃故學是學一切智智不為四正
斷乃至八聖道支自性涅槃故學是學
一切智智不
世尊若菩薩摩訶薩為空解脫門盡故學
是學一切智智不為無相無願解脫門盡故學
是學一切智智不若菩薩摩訶薩為空解脫
門離故學是學一切智智不為無相無願解
脫門離故學是學一切智智不若菩薩摩訶
薩為空解脫門滅故學是學一切智智不為
無相無願解脫門滅故學是學一切智智不
若菩薩摩訶薩為空解脫門無生故學是
學一切智智不為無相無願解脫門無生故學
是學一切智智不若菩薩摩訶薩為空解脫
門無滅故學是學一切智智不為無相無願
解脫門無滅故學是學一切智智不若菩薩
摩訶薩為空解脫門本來寂靜故學是
學一切智智不為無相無願解脫門本來
寂靜故學是學一切智智不若菩薩摩訶薩
為空解脫門自性涅槃故學是學一切智智

BD05083號　大般若波羅蜜多經卷三三九　（6–2）

是學一切智智不若菩薩摩訶薩為空解脫
門無滅故學是學一切智智不為無相無願
解脫門無滅故學是學一切智智不若菩薩
摩訶薩為空解脫門本來寂靜故學是
學一切智智不為無相無願解脫門本來
寂靜故學是學一切智智不若菩薩摩訶薩
為空解脫門自性涅槃故學是學一切智智
不為無相無願解脫門自性涅槃故學是學
一切智智不世尊若菩薩摩訶薩為極喜地
盡故學是學一切智智不為離垢地發光地
焰慧地極難勝地現前地遠行地不動地善
慧地法雲地故學是學一切智智不若菩薩
摩訶薩為極喜地離故學是學一切智智不
為離垢地乃至法雲地離故學是學一切智
智不若菩薩摩訶薩為極喜地滅故學是
學一切智智不為離垢地乃至法雲地滅故學
是學一切智智不若菩薩摩訶薩為極喜地
無生故學是學一切智智不為離垢地乃至
法雲地無生故學是學一切智智不若菩薩摩
訶薩為極喜地無滅故學是學一切智智不
為離垢地乃至法雲地無滅故學是學一切
智智不若菩薩摩訶薩為極喜地本來寂靜
故學是學一切智智不為離垢地乃至法雲
地本來寂靜故學是學一切智智不若菩薩
摩訶薩為極喜地自性涅槃故學是學一切
智智不為離垢地乃至法雲地自性涅槃故

BD05083號　大般若波羅蜜多經卷三三九　（6–3）

爲離垢地乃至法雲地無滅故學是學一切
智智不若菩薩摩訶薩爲極喜地本來寂靜
故學是學一切智智不爲離垢地乃至法雲
地本来寂靜故學是學一切智智不若菩薩
摩訶薩爲極喜地自性涅槃故學是學一切
智智不爲離垢地乃至法雲地自性涅槃故
學是學一切智智不
世尊若菩薩摩訶薩爲五眼盡故學是學一
切智智不爲六神通盡故學是學一切智智
不若菩薩摩訶薩爲五眼離故學是學一切
智智不爲六神通離故學是學一切智智不
若菩薩摩訶薩爲五眼滅故學是學一切智
智不爲六神通滅故學是學一切智智不若
菩薩摩訶薩爲五眼無生故學是學一切智
智不爲六神通無生故學是學一切智智不
若菩薩摩訶薩爲五眼無滅故學是學一切
智智不爲六神通無滅故學是學一切智智
不若菩薩摩訶薩爲五眼本来寂靜故學是
學一切智智不爲六神通本来寂靜故學是
學一切智智不若菩薩摩訶薩爲五眼自性
涅槃故學是學一切智智不爲六神通自性
涅槃故學是學一切智智不
世尊若菩薩摩訶薩爲佛十力盡故學是學
一切智智不爲四無所畏四無礙解大慈大悲
大喜大捨十八佛不共法盡故學是學一切
智智不若菩薩摩訶薩爲佛十力離故學

BD05083 號　大般若波羅蜜多經卷三三九　（6–4）

涅槃故學是學一切智智不爲六神通自性
涅槃故學是學一切智智不
世尊若菩薩摩訶薩爲佛十力盡故學是學
一切智智不爲四無所畏四無礙解大慈大悲
大喜大捨十八佛不共法盡故學是學一切
智智不若菩薩摩訶薩爲佛十力離故學
是學一切智智不爲四無所畏乃至十八佛
不共法離故學是學一切智智不若菩薩摩
訶薩爲佛十力滅故學是學一切智智不爲四
無所畏乃至十八佛不共法滅故學是學一
切智智不若菩薩摩訶薩爲佛十力無生故
學是學一切智智不爲四無所畏乃至十八
佛不共法無生故學是學一切智智不若
菩薩摩訶薩爲佛十力無滅故學是學一切智
智不爲四無所畏乃至十八佛不共法無滅
故學是學一切智智不若菩薩摩訶薩爲佛
十力本来寂靜故學是學一切智智不爲四
無所畏乃至十八佛不共法本来寂靜故學
是學一切智智不若菩薩摩訶薩爲佛十力自
性涅槃故學是學一切智智爲不四無所畏乃
至十八佛不共法自性涅槃故學是學一切智
智不世尊若菩薩摩訶薩爲無忘失法盡故學
是學一切智智不爲恒住捨性盡故學是學
一切智智不若菩薩摩訶薩爲無忘失法離故
學是學一切智智不爲恒住捨性離故學是

BD05083 號　大般若波羅蜜多經卷三三九　（6–5）

是學一切智智不若菩薩摩訶薩爲佛十力自
性涅槃故學是學一切智智爲不四無所畏乃
至十八佛不共法自性涅槃故學是學一切智
智不世尊若菩薩摩訶薩爲無忘失法盡故學
是學一切智智不爲恒住捨性盡故學是學
一切智智不若菩薩摩訶薩爲無忘失法離故
學是學一切智智不爲恒住捨性離故學是
學一切智智不若菩薩摩訶薩爲無忘失
法滅故學是學一切智智不爲恒住捨性滅
故學是學一切智智不若菩薩摩訶薩爲無
忘失法無生故學是學一切智智不爲恒住捨
性無生故學是學一切智智不若菩薩摩訶
薩爲無忘失法無滅故學是學一切智智不
爲恒住捨性無滅故學是學一切智智不若
菩薩摩訶薩爲無忘失法本來寂靜故學是
學一切智智不爲恒住捨性本來寂靜故學
是學一切智智不若菩薩摩訶薩爲無忘失
法自性涅槃故學是學一切智智不爲恒
住捨性自性涅槃故學是學一切智智不
世尊若菩薩摩訶薩爲一切智盡故學是學
一切智智不爲道相智一切相智盡故學是
學一切智智不若菩薩摩訶薩爲一切智離

BD05083 號　大般若波羅蜜多經卷三三九　（6–6）

三十四袟

BD05083 號背　勘記　（1–1）

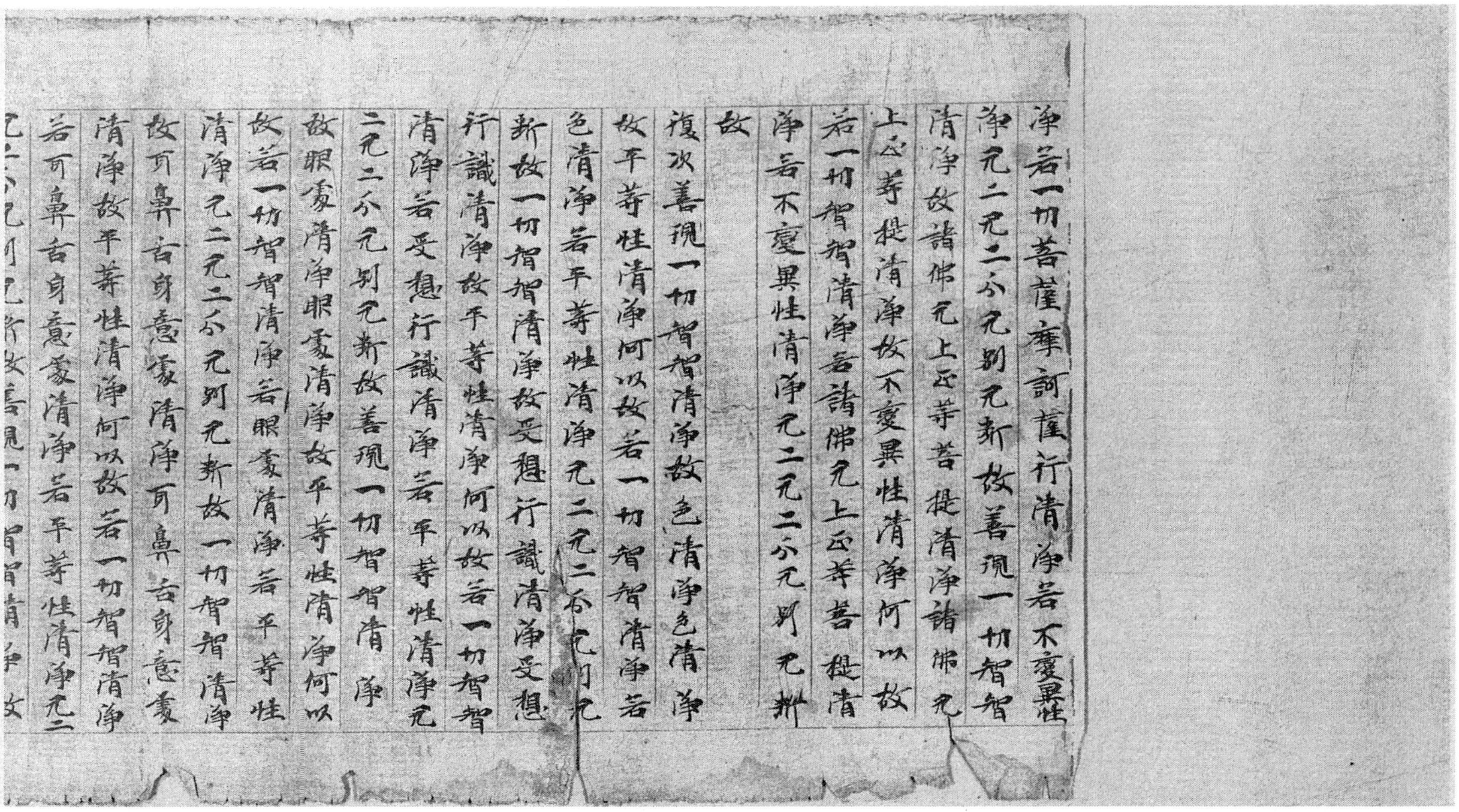

淨若一切菩薩摩訶薩行清淨若不變異性
淨无二无二分无別无斷故善現一切智智
清淨故諸佛无上正等菩提清淨諸佛无
上正等提清淨故不變異性清淨何以故
若一切智智清淨若諸佛无上正等菩提清
淨若不變異性清淨无二无二分无別无斷
故
復次善現一切智智清淨故色清淨色清淨
故平等性清淨何以故若一切智智清淨若
色清淨若平等性清淨无二无二分无別无
斷故一切智智清淨故受想行識清淨受想
行識清淨故平等性清淨何以故若一切智智
清淨若受想行識清淨若平等性清淨无
二无二分无別无斷故善現一切智智清淨
故眼處清淨眼處清淨故平等性清淨何以
故若一切智智清淨若眼處清淨若平等性
清淨无二无二分无別无斷故一切智智清淨
故耳鼻舌身意處清淨耳鼻舌身意處
清淨故平等性清淨何以故若一切智智清淨
若耳鼻舌身意處清淨若平等性清淨无二
无二分无別无斷故善現一切智智清淨故

BD05084 號　大般若波羅蜜多經卷二五九　（5–1）

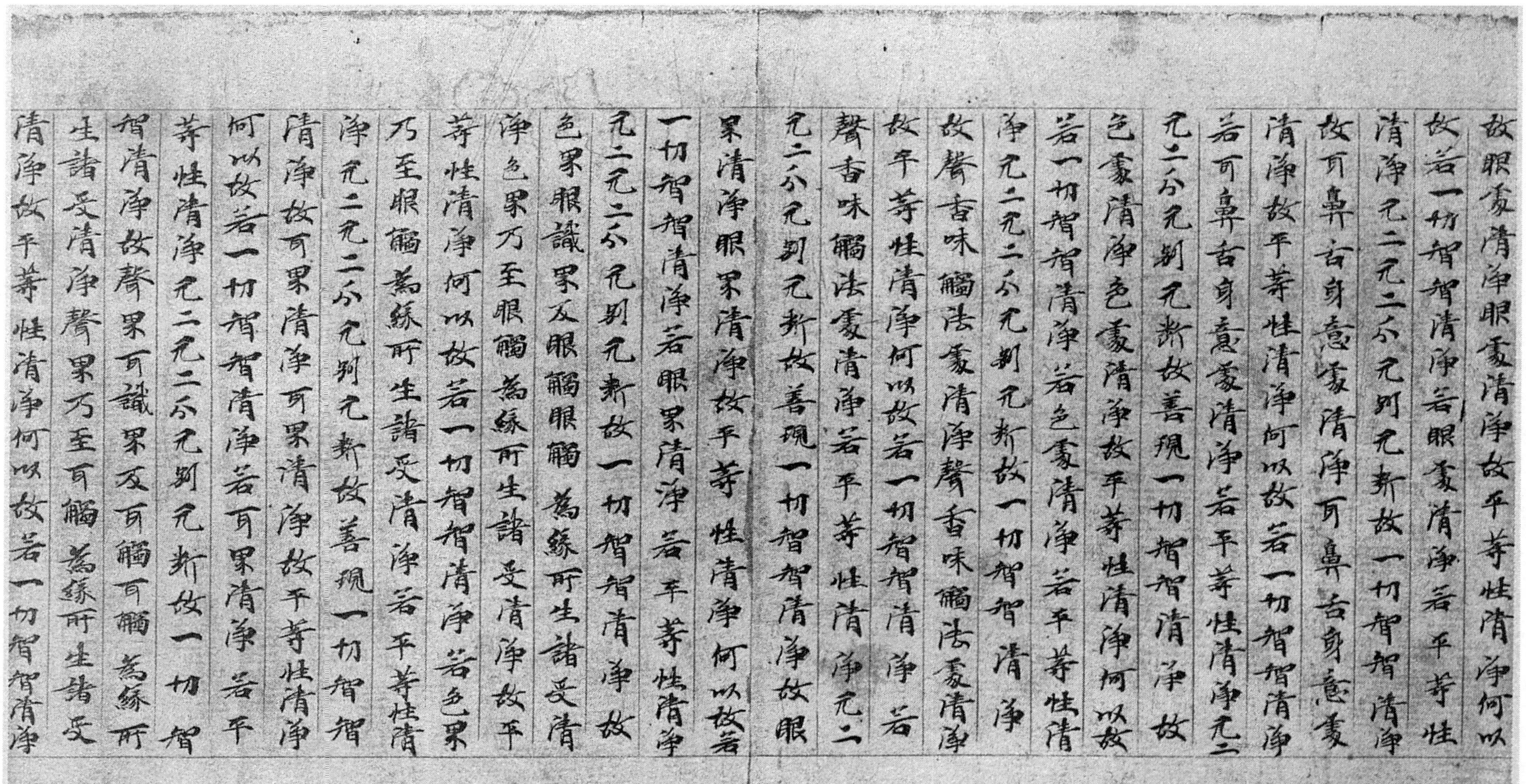

故眼處清淨眼處清淨故平等性清淨何以
故若一切智智清淨若眼處清淨若平等性
清淨无二无二分无別无斷故一切智智清淨
故耳鼻舌身意處清淨耳鼻舌身意處
清淨故平等性清淨何以故若一切智智清淨
若耳鼻舌身意處清淨若平等性清淨无二
无二分无別无斷故善現一切智智清淨故
色處清淨色處清淨故平等性清淨何以故
若一切智智清淨若色處清淨若平等性清
淨无二无二分无別无斷故一切智智清淨
故聲香味觸法處清淨聲香味觸法處清淨
故平等性清淨何以故若一切智智清淨若
聲香味觸法處清淨若平等性清淨无二
无二分无別无斷故善現一切智智清淨故眼
界清淨眼界清淨故平等性清淨何以故若
一切智智清淨若眼界清淨若平等性清淨
无二无二分无別无斷故一切智智清淨故
色界眼識界及眼觸眼觸為緣所生諸受清
淨色界乃至眼觸為緣所生諸受清淨故平
等性清淨何以故若一切智智清淨若色界
乃至眼觸為緣所生諸受清淨若平等性清
淨无二无二分无別无斷故善現一切智智
清淨故耳界清淨耳界清淨故平等性清淨
何以故若一切智智清淨若耳界清淨若平
等性清淨无二无二分无別无斷故一切智
智清淨故聲界耳識界及耳觸耳觸為緣所
生諸受清淨聲界乃至耳觸為緣所生諸受
清淨故平等性清淨何以故若一切智智清淨

BD05084 號　大般若波羅蜜多經卷二五九　（5–2）

清淨故耳界清淨耳界清淨故平等性清淨
何以故若一切智智清淨若耳界清淨若平
等性清淨无二无二分无別无斷故一切智
智清淨故聲界耳識界及耳觸耳觸為緣所
生諸受清淨聲界乃至耳觸為緣所生諸受
清淨故平等性清淨何以故若一切智智清淨
若聲界乃至耳觸為緣所生諸受清淨若平
等性清淨无二无二分无別无斷故 善現
一切智智清淨故鼻界清淨鼻界清淨故平
等性清淨何以故若一切智智清淨若鼻界
清淨若平等性清淨无二无二分无別无斷
故一切智智清淨故香界鼻識界及鼻觸鼻
觸為緣所生諸受清淨香界乃至鼻觸為緣
所生諸受清淨故平等性清淨何以故若一
切智智清淨若香界乃至鼻觸為緣所生諸
受清淨若平等性清淨无二无二分无別无
斷故善現一切智智清淨故舌界清淨舌界
清淨故平等性清淨何以故若一切智智清
淨若舌界清淨若平等性清淨无二无二分
无別无斷故一切智智清淨故味界舌識界
及舌觸舌觸為緣所生諸受清淨味界乃至
舌觸為緣所生諸受清淨故平等性清淨何
以故若一切智智清淨若味界乃至舌觸為
緣所生諸受清淨若平等性清淨无二无二
分无別无斷故善現一切智智清淨故身界
清淨身界清淨故平等性清淨何以故若一
切智智清淨若身界清淨若平等性清淨无

BD05084 號　大般若波羅蜜多經卷二五九　（5–3）

以故若一切智智清淨若味界乃至舌觸為
緣所生諸受清淨若平等性清淨无二无二
分无別无斷故善現一切智智清淨故身界
清淨身界清淨故平等性清淨何以故若一
切智智清淨若身界清淨若平等性清淨无
二无二分无別无斷故一切智智清淨故觸
界身識界及身觸身觸為緣所生諸受清淨
觸界乃至身觸為緣所生諸受清淨故平等
性清淨何以故若一切智智清淨若觸界乃
至身觸為緣所生諸受清淨若平等性清淨
无二无二分无別无斷故善現一切智智清
淨故意界清淨意界清淨故平等性清淨何以
故若一切智智清淨若意界清淨若平等
清淨故无二无二分无別无斷故一切智智
清淨故法界意識界及意觸意觸為緣所生
諸受清淨法界乃至意觸為緣所生諸受清
淨故平等性清淨何以故若一切智智清淨
若法界乃至意觸為緣所生諸受清淨若平
等性清淨无二无二分无別无斷故善現一
切智智清淨故地界清淨地界清淨故平等
性清淨何以故若一切智智清淨若地界清
淨若平等性清淨无二无二分无別无斷故
一切智智清淨故水火風空識界清淨水火風
空識界清淨故平等性清淨何以故若一
切智智清淨若水火風空識界清淨若平
等性清淨无二无二分无別无斷故善現一切
智智清淨故无明清淨无明清淨故平等性
清淨何以故若一切智智清淨若无明清淨

BD05084 號　大般若波羅蜜多經卷二五九　（5–4）

淨若平等性清淨无二无二分无別无斷故
一切智智清淨故水火風空識界清淨水火風
空識界清淨故平等性清淨何以故若一
切智智清淨若水火風空識界清淨若平
等性清淨无二无二分无別无斷故善現一切
智智清淨故无明清淨无明清淨故平等性
清淨何以故若一切智智清淨若无明清淨
若平等性清淨无二无二分无別无斷故一
切智智清淨故行識名色六處觸受愛取有
生老死愁歎苦憂惱清淨行乃至老死愁歎
苦憂惱清淨故平等性清淨何以故若一切
智智清淨若行乃至老死愁歎苦憂惱清淨
若平等性清淨无二无二分无別无斷故

大般若波羅蜜多經卷第二百五十九

BD05084號　大般若波羅蜜多經卷二五九　（5–5）

阿鼻地獄受大苦惱畢是罪已復遇常不輕
菩薩教化阿耨多羅三藐三菩提得大勢於
汝意云何尒時四衆常輕是菩薩者豈異人
乎今此會中跋陁婆羅等五百菩薩師子月
等五百比丘尼思佛等五百優婆塞皆於阿
耨多羅三藐三菩提不退轉者是得大勢當
知是法華經大饒益諸菩薩摩訶薩能令至
於阿耨多羅三藐三菩提是故諸菩薩摩訶
薩於如來滅後常應受持讀誦解說書寫是
經尒時世尊欲重宣此義而說偈言
過去有佛　号威音王　神智无量　將導一切
天人龍神　所共供養　是佛滅後　法欲盡時
有一菩薩　名常不輕　時諸四衆　計著於法
不輕菩薩　往到其所　而語之言　我不輕汝
汝等行道　皆當作佛　諸人聞已　輕毀罵詈
不輕菩薩　能忍受之　其罪畢已　臨命終時
得聞此經　六根清淨　神通力故　增益壽命
復為諸人　廣說是經　諸著法衆　皆蒙菩薩
教化成就　令住佛道　不輕命終　值无數佛
說是經故　得无量福　漸具功德　疾成佛道

BD05085號　妙法蓮華經卷六　（2–1）

天人龍神 所共供養 是佛滅後 法欲盡時
有一菩薩 名常不輕 時諸四衆 計著於法
不輕菩薩 往到其所 而語之言 我不輕汝
汝等行道 皆當作佛 諸人聞已 輕毀罵詈
不輕菩薩 能忍受之 其罪畢已 臨命終時
得聞此經 六根清淨 神通力故 增益壽命
復為諸人 廣說是經 諸著法衆 皆蒙菩薩
教化成就 令住佛道 不輕命終 值无數佛
說是經故 得无量福 漸具功德 疾成佛道
彼時不輕 則我身是 時四部衆 著法之者
聞不輕言 汝當作佛 以是因緣 值无數佛
此會菩薩 五百之衆 并及四部 清信士女
今於我前 聽法者是 我於前世 勸是諸人
聽受斯經 第一之法 開示教人 令住涅槃
世世受持 如是經典 億億万劫 至不可議
時乃得聞 是法華經 億億万劫 至不可議
諸佛世尊 時說是經 是故行者 於

BD05085號　妙法蓮華經卷六　（2–2）

可執著无増无減梵王譬如幻師及幻弟子
善解幻術於四衢道取諸沙土草木葉等聚
在一處作諸幻術使人覩見象衆馬衆車
兵等衆七寶之聚種種倉庫若有衆生愚
癡无智不能思惟不知幻本若見若聞作是
思惟我所見聞象馬等衆此是實有餘皆
虛妄於後更不審察思惟有智之人則不如
是了於幻本若見若聞作如是念如我所見象
馬等衆非是真實唯有幻事惑人眼目妄
謂為等及諸倉庫有名无實如我見聞不執為
實後時思惟知其虛妄是故智者了一切法皆无
實體但隨世俗如見如聞表宣其事思惟諦
理則不如是復由假說顯實義故梵王愚癡
異生未得出世聖慧之眼未知一切諸法真如
不可說故是諸凡愚若見若聞行非行法如
是思惟便生執著謂以為實於第一義不
能了知諸法真如是不可說是諸聖人若見

BD05086號　金光明最勝王經卷五　（8–1）

理則不如是復由假説顯實義故梵王愚癡
異生未得出世聖慧之眼未知一切諸法真如
不可説故是諸凡愚若見若聞行非行法如
是思惟便生執著謂以爲實於第一義不
能了知諸法真如是不可説是諸聖人若見
若聞行非行法隨其力能不生執着以爲實
有了知一切无實行法无實非行法但妄思量
行非行相唯有名字无有實體是諸聖人隨
世俗説爲欲令他知真實義如是梵王是諸
聖人以聖智見了法真如不可説故行非行
法亦復如是令他證知故説種種世俗名言
時大梵王問如意寶光耀菩薩言有幾衆生
能解如是甚深正法菩薩言梵王有衆幻人
心心數法能解如是甚深正法梵王曰此幻化人
體是非有此之心數從何而生菩薩曰若知法
界不有不无如是衆生能解深義
尒時梵王白佛言世尊是如意寶光耀菩薩
不可思議通達如是甚深之義佛言如是如
是梵王如汝所言此如意寶光耀已教汝等發
心修學无生忍法是時大梵天王與諸梵衆
從座而起偏袒右肩合掌恭敬頂礼如意
寶光耀菩薩足作如是言希有希有我等今
日幸遇大士得聞正法
尒時世尊告梵王言是如意寶光耀於未来
世當得作佛号寶餤吉祥藏如来應正遍
知明行圓滿善逝世間解无上士調御丈夫天

BD05086 號　金光明最勝王經卷五　（8–2）

寶光耀菩薩足作如是言希有希有我等今
日幸遇大士得聞正法
尒時世尊告梵王言是如意寶光耀於未来
世當得作佛号寶餤吉祥藏如来應正遍
知明行圓滿善逝世間解无上士調御丈夫天
人師世尊説是品時有三千億菩薩於阿耨
多羅三藐三菩提得不退轉八千億天子无
量无數國王臣民遠塵離垢得法眼淨
尒時會中有五十億苾芻行菩薩行欲退
菩提心聞如意寶光耀菩薩説是法時皆
得堅固不可思議滿足願更復發起菩提
之心各自脱衣供養菩薩重發无上勝進之心
作如是願願令我等功德善根悉皆不退迴向
阿耨多羅三藐三菩提梵王是諸苾芻依此功
德如説修行過九十大劫當得解悟出離生
死尒時世尊即爲授記汝諸苾芻過世阿僧
祇劫當得作佛劫名難勝光王國名无垢光
同時皆得阿耨多羅三藐三菩提皆同一号
名願莊嚴聞飾王十号具足梵王是金光
明微妙經典若正聞持有大威力假使有人
於百千大劫行六波羅蜜无有方便若有善
男子善女人書寫如是金光明經半月半月專
心讀誦是功德聚於前功德百分不及一乃
至筭數譬喻所不能及梵王是故我今令汝
修學憶念受持爲他廣説何以故我於往

BD05086 號　金光明最勝王經卷五　（8–3）

明微妙經典若[illegible]
於百千大劫行六波羅蜜无有方便若有善
男子善女人書寫如是金光明經半月半月專
心讀誦是功德聚於前功德百分不及一乃
至筭數譬喻所不能及梵王是故我今令汝
修學憶念受持為他廣說何以故我於往
昔行菩薩道時猶如勇士入於戰陣不惜身
命流通如是微妙經王受持讀誦為他解說
梵王譬如轉輪聖王若王在世七寶不滅王若
命終所有七寶自然滅盡梵王是金光明
微妙經王若現在世无上法寶悉皆不滅若
无是經隨處隱沒是故應當於此經王專心聽
聞受持讀誦為他解說勸令書寫行精
進波羅不惜身命不憚疲勞功德中勝我諸
弟子應當如是精勤修學
尒時大梵天王與无量梵眾帝釋四王及諸藥
叉俱從座起偏袒右肩右膝著地合掌恭
敬而白佛言世尊我等皆願守護流通是
金光明微妙經典及說法師若有諸難我當
除遣令具眾善色力充足辯才无礙身意
泰然時會聽者皆受安樂所在國土若有飢
饉怨賊非人為惱害者我等天眾皆為擁護
使其人民安隱豐樂无諸枉橫皆是我等天眾
之力若有供養是經典者我等亦當恭敬供
養如佛不異
尒時佛告大梵天王及諸梵眾乃至四王諸
藥[illegible]等善哉善哉汝等得聞甚[illegible]

BD05086號　金光明最勝王經卷五　（8–4）

泰然時[illegible]
饉怨賊非人為惱害者我等天眾皆為擁護
使其人民安隱豐樂无諸枉橫皆是我等天眾
之力若有供養是經典者我等亦當恭敬供
養如佛不異
尒時佛告大梵天王及諸梵眾乃至四王諸
藥叉等善哉善哉汝等得聞甚深妙法復能
於此微妙經王發心擁護及持經者當獲无邊
殊勝之福速成无上正等菩提時梵王等聞
佛語已歡喜頂受
金光明最勝王經四天王觀察人天品第十一
尒時多聞天王持國天王增長天王廣目天王
俱從座起偏袒右肩右膝著地合掌向佛
礼佛足已白言世尊是金光明最勝王經一切
諸佛常念觀察一切菩薩之所恭敬一切天
龍常所供養及諸天眾常生歡喜一切護
世稱讚歎聲聞獨覺皆共受持悉能明照
諸天宮殿能與一切眾生殊勝安樂止息地
獄餓鬼傍生諸趣苦惱一切怖畏悉能除殄
所有怨敵尋即退散飢饉惡時能令豐稔疾
疫病苦皆令蠲愈一切災變百千苦惱咸悉
消滅世尊是金光明最勝王經能為如是安
隱利樂饒益我等唯願世尊於大眾中廣
為宣說我等四王并諸眷屬聞此甘露无上
法味氣力充實增益威光精進勇猛神通
倍勝世尊我等四王修行正法常說正法以法
化世我等令彼天龍藥叉健闥婆阿蘇羅揭

BD05086號　金光明最勝王經卷五　（8–5）

消獄世尊是金光明最勝王經能為如是安
隱利樂饒益我等唯願世尊於大衆中廣
為宣說我等四王并諸眷屬聞此甘露无上
法味氣力充實增益威光精進勇猛神通
倍勝世尊我等四王修行正法常說正法以法
化世我等令彼天龍藥叉健闥婆阿蘇羅揭
路荼俱槃荼緊那羅莫呼羅伽及諸人王常
以正法而化於世遮去諸惡所有鬼神吸人精
氣无慈悲者悉令遠去世尊我等四王與二
十八部藥叉大將并與无量百千藥叉以淨
天眼過於世人觀察擁護此贍部洲世尊以
此因緣我等諸王名護世者又復於此洲中
若有國王被他賊常來侵擾及多飢饉疾
疫流行无量百千災厄之事世尊我等四
王於此金光明最勝王經恭敬供養若有苾芻
法師受持讀誦我等四王共往覺悟勸請
其人時彼法師由我神通覺悟力故往彼國
界廣宣流布是金光明微妙經典由經力故
令彼无量百千衰惱災厄之事悉皆除遣世
尊若諸人王於其國內有持是經苾芻法師
至彼國時當知此經亦至其國世尊時彼國王
應往法師處聽其所說聞已歡喜於彼法師
恭敬供養深心擁護令无憂惱演說此經利
益一切世尊以是緣故我等四王皆共一心
護是人王及國人民令離災患常得安隱世
尊若有苾芻苾芻尼鄔波索迦鄔波斯迦

BD05086號　金光明最勝王經卷五　（8–6）

應往法師處聽其所說聞已歡喜於彼法師
恭敬供養深心擁護令无憂惱演說此經利
益一切世尊以是緣故我等四王皆共一心
護是人王及國人民令離災患常得安隱世
尊若有苾芻苾芻尼鄔波索迦鄔波斯迦
持是經者時彼人王隨其所須供給供養令
无乏少我等四王令彼國主及以國人悉皆
安隱遠離災患世尊若受持讀誦是經典
者人王於此供養恭敬尊重讚歎我等當令
彼王於諸王中恭敬尊重最為第一諸餘國王
共所稱歎大衆聞已歡喜受持

金光明最勝王經卷第五

奚重疊艱許敢室丁結稔任甚

BD05086號　金光明最勝王經卷五　（8–7）

共所稱歎大衆聞已歡喜受持

金光明最勝王經卷第五

BD05086 號　金光明最勝王經卷五　　（8–8）

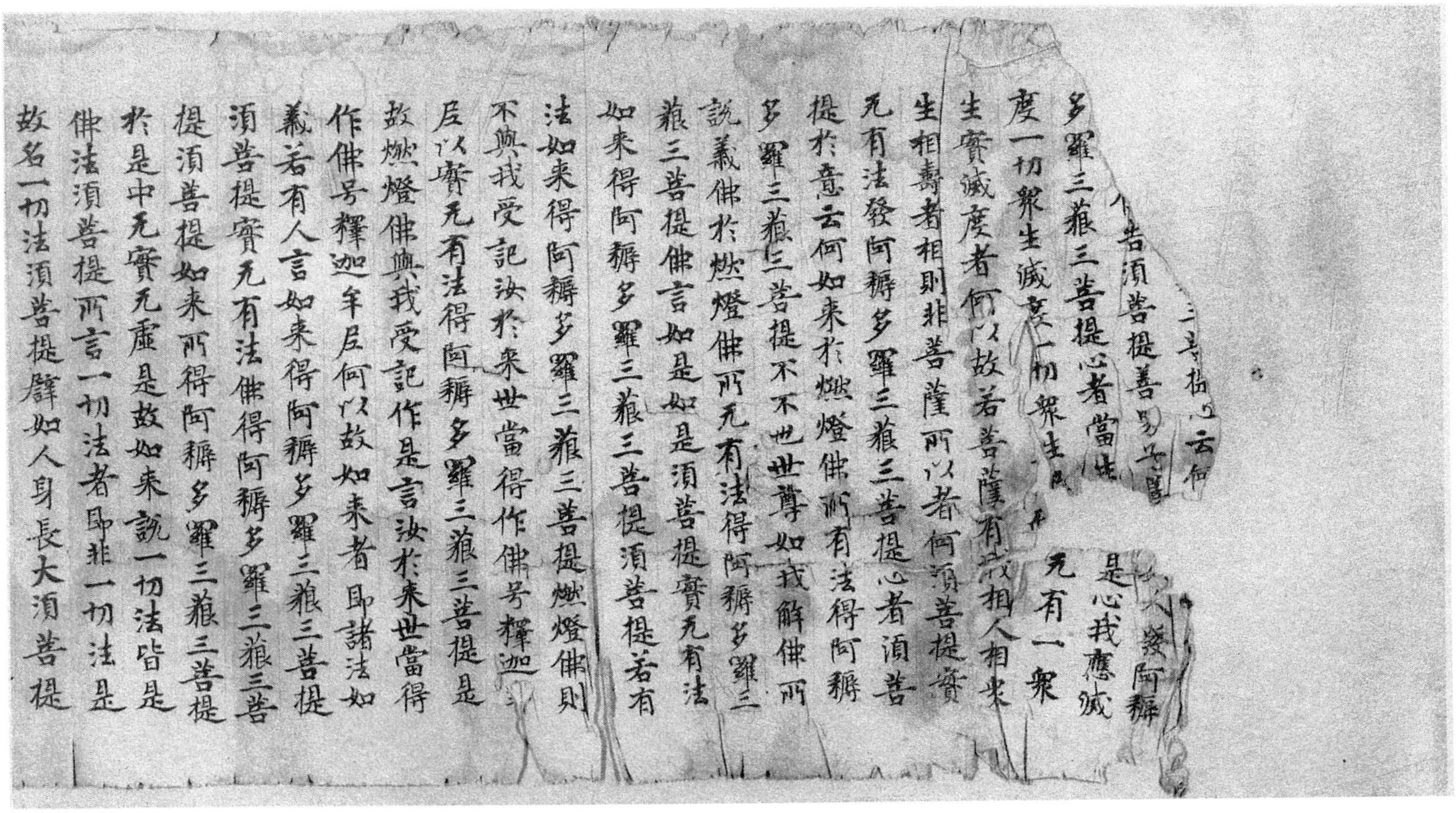

三菩提心云何

佛告須菩提善男子善女人發阿耨

多羅三藐三菩提心者當生如是心我應滅

度一切衆生滅度一切衆生已而无有一衆

生實滅度者何以故若菩薩有我相人相衆

生相壽者相則非菩薩所以者何須菩提實

无有法發阿耨多羅三藐三菩提心者須菩

提於意云何如来於然燈佛所有法得阿耨

多羅三藐三菩提不不也世尊如我解佛所

說義佛於然燈佛所无有法得阿耨多羅三

藐三菩提佛言如是如是須菩提實无有法

如来得阿耨多羅三藐三菩提須菩提若有

法如来得阿耨多羅三藐三菩提然燈佛則

不與我受記汝於来世當得作佛号釋迦

牟尼以實无有法得阿耨多羅三藐三菩提是

故然燈佛與我受記作是言汝於来世當得

作佛号釋迦牟尼何以故如来者即諸法如

義若有人言如来得阿耨多羅三藐三菩提

須菩提實无有法佛得阿耨多羅三藐三菩

提須菩提如来所得阿耨多羅三藐三菩提

於是中无實无虛是故如来說一切法皆是

佛法須菩提所言一切法者即非一切法是

故名一切法須菩提譬如人身長大須菩提

BD05087 號　金剛般若波羅蜜經　　（2–1）

故燃燈佛與我受記作是言汝於來世當得
作佛号釋迦牟尼何以故如來者即諸法如
義若有人言如來得阿耨多羅三藐三菩提
須菩提實无有法佛得阿耨多羅三藐三菩
提須菩提如來所得阿耨多羅三藐三菩提
於是中无實无虛是故如來說一切法皆是
佛法須菩提所言一切法者即非一切法是
故名一切法須菩提譬如人身長大須菩提
言世尊如來說人身長大則為非大身是名
大身須菩提菩薩亦如是若作是言我當滅
度无量衆生則不名菩薩何以故須菩提无
有法名為菩薩是故佛說一切法无我无人
无衆生无壽者須菩提若菩薩作是言我當
莊嚴佛土是不名菩薩何以故如來說莊嚴
佛土者即非莊嚴是名莊嚴須菩提若菩薩
通達无我法者如來說名真是菩薩須菩提
於意云何如來有肉眼不如是世尊如來有
肉眼須菩提於意云何如來有天眼不如是
世尊如來有天眼須菩提於意云何如來有
慧眼不如是世尊如來有慧眼須菩提於意
云何如來有法眼不如是世尊如來有法眼
須菩提於意云何如來有佛眼不如是世尊
如來有佛眼須菩提於意云何恒河中所有
沙佛說是沙不如是世尊如來說是沙須菩
提於意云何如一恒河中所有沙有如是等

BD05087 號　金剛般若波羅蜜經　（2–2）

遺何況諸子是時諸
曾有非本所望舍利弗於汝意
長者等與諸子珍寶大車寧有虛妄不舍
利弗言不也世尊是長者但令諸子得免火難
全其軀命非為虛妄何以故若全身命便為
已得玩好之具況復方便於彼火宅而拔濟
之世尊若是長者乃至不與最小一車猶
不虛妄何以故是長者先作是意我以方便
令子得出以是因緣无虛妄也何況長者自
知財富无量欲饒益諸子等與大車佛告舍
利弗善哉善哉如汝所言舍利弗如來亦復
如是則為一切世間之父於諸怖畏衰惱憂
患无明闇蔽永盡无餘而悉成就无量知見
力无所畏有大神力及智慧力具足方便智
慧波羅蜜大慈大悲常无懈惓恒求善事利
益一切而生三界朽故火宅為度衆生生老
病死憂悲苦惱愚癡闇蔽三毒之火教化令
得阿耨多羅三藐三菩提見諸衆生為生老

BD05088 號　妙法蓮華經卷二　（1–1）

妙法蓮華經提婆達多品第十二　五弟子温意受持
尒時佛告諸菩薩及天人四衆吾於過去無
量劫中求法華經無有懈惓於多劫中常作
國王發願求於無上菩提心不退轉為欲滿
足六波羅蜜勤行布施心無悋惜象馬七珎
國城妻子奴婢僕從頭目髓腦身肉手足不
惜軀命時世人民壽命無量為於法故捐捨
國位委政太子擊鼓宣令四方求法誰能為
我說大乘者吾當終身供給走使時有仙人
來白王言我有大乘名妙法華若不違我當
為宣說王聞仙言歡喜踊躍即隨仙人供給
所須採菓汲水拾薪設食乃至以身而為牀
座身心無惓于時奉事經於千歲為於法故
精勤給侍令無所乏尒時世尊欲重宣此義
而說偈言
我念過去劫　為求大法故　雖作世國王　不貪五欲樂

BD05089 號　妙法蓮華經（八卷本）卷五　（2–1）

國位委政太子擊鼓宣令四方求法誰能為
我說大乘者吾當終身供給走使時有仙人
來白王言我有大乘名妙法華若不違我當
為宣說王聞仙言歡喜踊躍即隨仙人供給
所須採菓汲水拾薪設食乃至以身而為牀
座身心無惓于時奉事經於千歲為於法故
精勤給侍令無所乏尒時世尊欲重宣此義
而說偈言
我念過去劫　為求大法故　雖作世國王　不貪五欲樂
搥鍾告四方　誰有大法者　若為我解說　身當為奴僕
時有阿私仙　來白於大王　我有微妙法　世間所希有
若能脩行者　吾當為汝說　時王聞仙言　心生大喜悅
即便隨仙人　供給於所須　採薪及菓蓏　隨時恭敬與
情存妙法故　身心無懈惓　普為諸衆生　勤求於大法
亦不為己身　及以五欲樂　故為大國王　勤求獲此法
遂致得成佛　今故為汝說
佛告諸比丘尒時王者則我身是時仙人者
今提婆達多是由提婆達多善知識故令我
具足六波羅蜜慈悲喜捨三十二相八十種

BD05089 號　妙法蓮華經（八卷本）卷五　（2–2）

得有兵戈相罰
尒時佛告四天王善哉善哉汝等四王乃能
擁護如是經典我於過去百千俱胝那庾多
劫修諸苦行得阿耨多羅三藐三菩提證一
切智今說是法若有人王受持是經恭敬供養
者為消衰患令其安隱亦復擁護城邑聚落
乃至怨賊悉令退散亦令一切贍部洲內所有
諸王永无衰惱鬪諍之事四王當知此贍部
洲八万四千城邑聚落八万四千諸人王等
各於其國受諸快樂皆得自在所有財寶
豐足受用不相侵奪隨彼宿因而受其報不
起惡念貪求他國咸生少欲利樂之心无有
鬪戰繫縛等苦其土人民自然受樂上下
和穆猶如水乳情相愛重歡喜遊戲慈悲謙
讓增長善根以是因緣此贍部洲安隱豐樂
人民熾盛大地沃壤寒暑調和時不乖序日
月星宿常度无虧風雨隨時離諸災橫資產
財寶皆悉豐盈心无慳鄙常行惠施具十善
業若人命終多生天上增益天衆大王若未
來世有諸人王聽受是經恭敬供養并受持
經四部之衆尊重稱讚復欲安樂饒益汝等
及諸眷屬无量百千諸藥叉衆是故彼王常

BD05090號　金光明最勝王經卷六　（19–1）

人民熾盛大地沃壤寒暑調和時不乖序日
月星宿常度无虧風雨隨時離諸災橫資產
財寶皆悉豐盈心无慳鄙常行惠施具十善
業若人命終多生天上增益天衆大王若未
來世有諸人王聽受是經恭敬供養并受持
經四部之衆尊重稱讚復欲安樂饒益汝等
及諸眷屬无量百千諸藥叉衆是故彼王常
當聽受是妙經王由得聞此正法之水甘露
上味增益汝等身心勢力精進勇猛福德威
光悉令充滿是諸人王若能至心聽受是經
則為尊重大希有供養供養於我釋迦牟尼應
正等覺若供養我則是供養過去未來現在
百千俱胝那庾多佛若能供養三世諸佛則
得无量不可思議功德之聚以是因緣汝等
應當擁護彼王后妃眷屬令无衰惱及宮宅
神常受安樂功德難思是諸國土所有人民
亦受種種五欲之樂一切惡事皆令消殄
尒時四天王白佛言世尊若未來世若有人
王樂聽如是金光明經為欲擁護自身后妃
王子乃至內宮諸婇女等城邑宮殿皆得第
一不可思議最上歡喜寂靜安樂於現世中
王位尊高自在昌盛常得增長復欲攝受无
量无邊難思福聚於自國土令无怨敵及諸
憂惱災厄事者世尊如是人王不應放逸令
心散亂當生恭敬至誠慇重聽受如是最勝
經王欲聽之時先當莊嚴最上宮室王所愛
重顯敞之處香水灑地散衆名花安置師子
殊勝法座以諸珎寶而為校飾張施種種寶
蓋幢幡燒无價香奏諸音樂其王尒時當淨

BD05090號　金光明最勝王經卷六　（19–2）

憂惱灾厄事故世尊如是[illegible]
心散乱當生恭敬至誠慇重聽受如是微
經王欲聽之時先當莊嚴最上宮室王所愛
重顯敞之處香水灑地散衆名花安置師子
殊勝法座以諸珎寶而爲校飾張施種種寶
蓋幢幡燒無價香奏諸音樂其王尒時當淨
澡浴以香塗身著新淨衣及諸瓔珞坐小卑
座不生高舉捨自在位離諸憍慢端心正念
聽是經王於法師所起大師想復於宮內后
妃王子婇女眷屬生慈悲心喜悅相視和顏耎
語於自身心大喜充遍作如是念我今獲
得難思殊勝廣大利益於此經王盛興供養
既敷設已見法師至當起虔敬渴仰之心
尒時佛告四天王不應如是不迎法師時彼
人王應著純淨鮮潔之衣種種瓔珞以爲嚴
飾自持白蓋及以香花備整軍儀盛陳音
樂步出城闕迎彼法師運想虔恭爲吉祥事
四王以何因緣令彼人王親作如是恭敬供養
由彼人王舉足下足步步即是恭敬供養承
事尊重百千万億那庾多諸佛世尊復得超
越如是劫數生死之苦復於來世如是數劫當
受輪王殊勝尊位隨其步步亦於現世福德
增長自在爲王感應難思衆所欽重當於
无量百千億劫人天受用七寶宮殿所在生
處常得爲王增益壽命言詞辯了人天信受
无所畏懼有大名稱咸共瞻仰天上人中受
勝妙樂獲大力勢有大威德身相奇妙端嚴
无比值天人師遇善知識成就具足无量福聚
四王當知彼諸人王見如是等種種无量功德

BD05090 號　金光明最勝王經卷六　（19–3）

无量百千億劫人天受用七寶宮殿所在生
處常得爲王增益壽命言詞辯了人天信受
无所畏懼有大名稱咸共瞻仰天上人中受
勝妙樂獲大力勢有大威德身相奇妙端嚴
无比值天人師遇善知識成就具足无量福聚
四王當知彼諸人王見如是等種種无量功德
利益故應自往奉迎法師若一踰繕那乃至
百千踰繕那於說法師應生佛想還至城
已作如是念今日釋迦牟尼如來應正等覺
入我宮中受我供養爲我說法我聞法已即
於阿耨多羅三藐三菩提不復退轉即是值
遇百千万億那庾多諸佛世尊我於今日即
是種種廣大殊勝上妙樂具供養過去未來
現在諸佛我於今日即是永拔琰摩王界地
獄餓鬼傍生之苦便爲已種无量百千万億
轉輪聖王釋梵天主善根種子當令无量百
千万億衆生出生死苦得涅槃樂積集无量
无邊不可思議福德之聚後宮眷屬及諸人
民皆蒙安隱國土清泰无諸災厄毒害惡人
他方怨敵不來侵擾遠離憂患四王當知時
彼人王應作如是尊重正法亦於受持是妙
經典苾芻苾芻尼鄔波索迦鄔波斯迦供養
恭敬尊重讚歎所獲善根先以勝福施與汝
等及諸眷屬彼之人王有大福德善業因緣
於現世中得大自在增益威光吉祥妙相皆
悉莊嚴一切怨敵能以正法而摧伏之
尒時四天王白佛言世尊若有人王能作如
是恭敬正法聽此經王并於四衆持經之人

BD05090 號　金光明最勝王經卷六　（19–4）

恭敬尊重讚歎所獲善根光以勝福施與彼
等及諸眷屬彼之人王有大福德善業因緣
於現世中得大自在增益威光吉祥妙相皆
悉莊嚴一切怨敵能以正法而摧伏之
尒時四天王白佛言世尊若有人王能作如
是恭敬正法聽此經王并於四衆持經之人
恭敬供養尊重讚歎時彼人王欲為我等生
歡喜故當在一邊近於法座香水灑地散衆
名花安置處所設四王座我与彼王共聽正
法其王所有自利善根亦以福分施及我等
世尊時彼人王請說法者昇座之時便為我
等燒衆名香供養是經世尊時彼香烟於一
念頃上昇虛空即至我等諸天宮殿於虛空
中變成香蓋我等天衆聞彼妙香有金光
照曜我等所居宮殿乃至梵宮及以帝釋大
辯才天大吉祥天堅牢地神正了知大將二十
八部諸藥叉神大自在天金剛密主寶賢大
將訶利底母五百眷屬无熱惱池龍王大海
龍王所居之處世尊如是等衆於自宮殿見
彼香烟一剎那頃變成香蓋聞香芬馥覩色
光明遍至一切諸天神宮佛告四天王是香
光明非但至此宮殿變成香蓋放大光明由
彼人王手執香鑪燒衆名香供養經時其
香烟氣於一念頃遍至三千大千世界百億
日月百億妙高山王百億四洲於此三千大
千世界一切天龍藥叉健闥婆阿蘇羅揭路
茶緊那羅莫呼洛伽宮殿之所於虛空中充
滿而住種種香烟變成雲蓋其蓋金色普照
天宮如是三千大千世界所有種種香雲香

BD05090 號　金光明最勝王經卷六　（19–5）

香烟氣於一念頃遍至三千大千世界百億
日月百億妙高山王百億四洲於此三千大
千世界一切天龍藥叉健闥婆阿蘇羅揭路
茶緊那羅莫呼洛伽宮殿之所於虛空中充
滿而住種種香烟變成雲蓋其蓋金色普照
天宮如是三千大千世界所有種種香雲香
蓋皆是金光明最勝王經威神之力是諸人
王手持香鑪供養經時種種香氣非但遍
此三千大千世界於一念頃亦遍十方无量无
邊恒河沙等百千万億諸佛國土於諸佛上
虛空之中變成香蓋金色普照亦復如是時
彼諸佛聞此妙香覩斯雲蓋及以金色於十
方界恒河沙等諸佛世尊現神變已彼諸世
尊悉共觀察異口同音讚法師曰善哉善哉
汝大丈夫能廣流布如是甚深微妙經典則
為成就无量无邊不可思議福德之聚若有
聽聞如是經者所獲功德其量甚多何況書
寫受持讀誦為他敷演如說修行何以故善
男子若有衆生聞此金光明最勝王經者即
於阿耨多羅三藐三菩提不復退轉
尒時十方有百千俱胝那庾多无量无數恒
河沙等諸佛剎土彼諸剎土一切如來異口同
音於法座上讚彼法師言善哉善哉善男子
汝於來世以精勤力當脩无量百千苦行具
足資糧超諸聖衆出過三界為最勝尊當
坐菩提樹王之下殊勝莊嚴能救三千大千
世界有緣衆生善能摧伏可畏形儀諸魔軍
衆覺了諸法最勝清淨甚深无上正等菩提
善男子汝當坐於金剛之座轉於无上諸佛

BD05090 號　金光明最勝王經卷六　（19–6）

汝於來世以精勤力當修无量百千苦行具
足資糧超諸聖衆出過三界為最勝尊當
坐菩提樹王之下殊勝莊嚴能救三千大千
世界有緣衆生善能摧伏可畏形儀諸魔軍
衆覺了諸法最勝清淨甚深无上正等菩提
善男子汝當坐於金剛之座轉於无上諸佛
所讚十二妙行甚深法輪能擊无上最大法
鼓能吹无上極妙法螺能建无上殊勝法幢
能然无上極明法炬能降无上甘露法雨能
斷无量煩惱怨結能令无量百千万億那庾
多有情度於无涯可畏大海解脫生死无際
輪迴值遇无量百千万億那庾多佛
尒時四天王復白佛言世尊是金光明最勝
王經能於未來現在成就如是无量功德是
故人王若得聞是微妙經典即是已於百千
万億无量佛所種諸善根於彼人王我當護
念復見无量福德利故我等四王及餘眷屬
无量百千万億諸神於自宮殿見是種種香
烟雲蓋神變之時我當隱蔽不現其身為聽
法故當至是王清淨嚴飾所止宮殿講法之
處如是乃至梵宮帝釋大辯才天大吉祥天
堅牢地神正了知神大將二十八部諸藥叉
神大自在天金剛密主寶賢大將訶利底母
五百眷屬无熱惱池龍王大海龍王无量百
千万億那庾多諸天藥叉如是等衆為聽法
故皆不現身至彼人王殊勝宮殿莊嚴高座
說法之所世尊我等四王及餘眷屬藥叉諸
神皆當一心共彼人王為善知識因是无上

BD05090號　金光明最勝王經卷六

(19–7)

神大自在天金剛密主寶賢大將訶利底母
五百眷屬无熱惱池龍王大海龍王无量百
千万億那庾多諸天藥叉如是等衆為聽法
故皆不現身至彼人王殊勝宮殿莊嚴高座
說法之所世尊我等四王及餘眷屬藥叉諸
神皆當一心共彼人王為善知識因是无上
大法施主以甘露味充足於我是故我等當
護是王除其衰患令得安隱及其宮殿城邑
國土諸惡災變悉令消滅尒時四天王俱共
合掌白佛言世尊若有人王於其國土雖有
此經未嘗流布心生捨離不樂聽聞亦不供
養尊重讚歎見四部衆持經之人亦復不能
尊重供養遂令我等及餘眷屬无量諸天
不得聞此甚深妙法背甘露味失正法流无
有威光及以勢增長惡趣損減人天墜生死
河乖涅槃路世尊我等四王并諸眷屬及藥叉
等見如斯事捨其國土无擁護心非但我等
捨棄是王亦有无量守護國土諸大善神悉
皆捨去既捨離已其國當有種種災禍喪失
國位一切人衆皆无善心唯有繫縛殺害瞋
諍互相讒諂枉及无辜疾疫流行彗星數出
兩日並現薄蝕无恒黑白二虹表不祥相星
流地動井內發聲暴雨惡風不依時節常遭
飢饉苗實不成多有他方怨賊侵掠國內人
民受諸苦惱土地无有可樂之處世尊我等
四王及與无量百千天神并護國土諸舊善
神遠離去時生如是等无量百千災怪惡事
世尊若有人王欲護國土常受快樂欲令衆
生咸受安隱欲得摧伏一切外敵於自國竟

BD05090號　金光明最勝王經卷六

(19–8)

飢饉苗實不成多有他方怨賊侵掠國内人
民受諸苦惱土地无有可樂之處世尊我等
四王及與无量百千天神并護國土諸舊善
神遠離去時生如是等无量百千災恠惡事
世尊若有人王欲護國土常受快樂欲令衆
生咸蒙安隱欲得摧伏一切外敵於自國境
永得昌盛欲令正教流布世間苦惱惡法皆
除滅者世尊是諸國主必當聽受是妙經王
亦應恭敬供養讀誦受持經者我等及餘无
量天衆以是聽法善根威力得服无上甘露
法味增益我等所有眷屬并餘天神皆得勝
利何以故以是人王至心聽受是經典故世尊
如大梵天於諸有情常為宣說世出世論
帝釋復說種種諸論五通神仙亦說諸論世
尊梵天帝釋五通仙人雖有百千俱胝那庾
多无量諸論然佛世尊慈悲哀愍為人天衆
說金光明微妙經典比前所說勝彼百千俱
胝那庾多倍不可為喻何以故由此能令諸
贍部洲所有王等正法化世能与衆生安樂
之事為護自身及諸眷屬令无苦惱又无他
方怨賊侵害所有諸惡悉皆遠去亦令國土
災厄屏除化以正法无有諍訟是故人王各
於國主然法炬明照无邊增益天衆并諸
眷屬世尊我等四王无量天神藥叉之衆贍
部洲内所有天神以是因緣得服无上甘露
法味獲大威德勢力光明无不具足一切衆
生皆得安隱復於来世无量百千不可思議
那庾多劫常受快樂復得值遇无量諸佛
種諸善根然後證得阿耨多羅三藐三菩提如

BD05090號　金光明最勝王經卷六　（19–9）

眷屬世尊我等四王无量天神藥叉之衆贍
部洲内所有天神以是因緣得服无上甘露
法味獲大威德勢力光明无不具足一切衆
生皆得安隱復於来世无量百千不可思議
那庾多劫常受快樂復得值遇无量諸佛
種諸善根然後證得阿耨多羅三藐三菩提如
是无量无邊勝利皆是如来應正等覺以大
慈悲過梵衆以大智慧逾帝釋修諸苦行
勝五通仙百千万億那庾多倍不可稱計為諸
衆生演說如是微妙經典令贍部洲一切國
主及諸人衆明了世間所有法式治國化人勸
導之事由此經王流通力故普得安樂此等
福利皆是釋迦大師於此經典廣為流通
慈悲力故世尊以是因緣諸人王等皆應受
持供養恭敬尊重讚歎此妙經王何以故以
如是等不可思議殊勝功德利益一切是故
名曰最勝經王
尒時世尊復告四天王汝等四王及餘眷屬
无量百千俱胝那庾多諸天大衆見彼人王
若能至心聽是經典供養恭敬尊重讚歎者
應當擁護除其衰患能令汝等亦受安樂若
四部衆能廣流布是經王者於人天中廣作
佛事普能利益无量衆生如是之人汝等四
王常當擁護如是四衆勿使他緣共相侵擾
令彼身心寂靜安樂於此經王廣宣流布令
不斷絶利益有情盡未来際
尒時多聞天王從座而起白佛言世尊我有
如意寶珠陁羅尼法若有衆生樂受持者功
德无量我常擁護令彼衆生離苦得樂能成

BD05090號　金光明最勝王經卷六　（19–10）

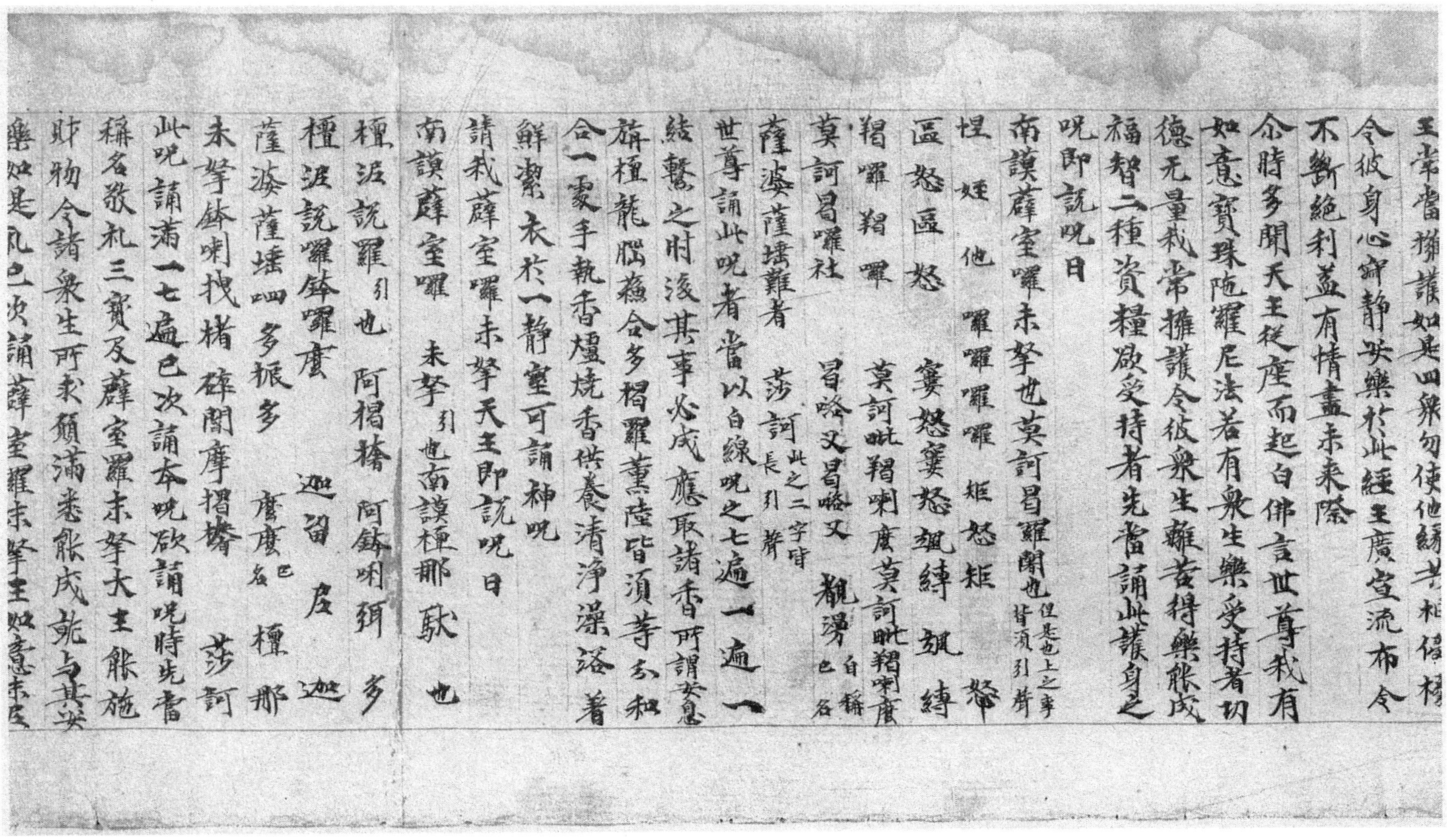
王常當擁護如是四衆勿使他緣共相侵擾
令彼身心寂靜安樂於此經王廣宣流布令
不斷絕利益有情盡未來際
尒時多聞天王從座而起白佛言世尊我有
如意寶珠陁羅尼法若有衆生樂受持者功
德无量我常擁護令彼衆生離苦得樂能成
福智二種資糧欲受持者先當誦此護身之
呪即說呪曰
南謨薜室囉末拏也莫訶曷羅闍也 但是也上之聲皆須引聲
怛姪他 囉囉囉囉 矩怒矩怒
區怒區怒 窶怒窶怒 颯縛颯縛
羯囉羯囉 莫訶毗羯喇麼 莫訶毗羯喇麼
莫訶曷囉社 曷㗚叉曷㗚叉 覩泮 自稱名
薩婆薩埵難者 莎訶 此之二字皆長引聲
世尊誦此呪者當以白線呪之七遍一遍一
結繫之肘後其事必成應取諸香所謂安息
旃檀龍腦蘇合多揭羅薰陸皆須等分和
合一處手執香爐燒香供養清淨澡浴著
鮮潔衣於一静室可誦神呪
請我薜室囉末拏天王即說呪曰
南謨薜室囉 末拏引也 南謨檀那馱也
檀泥說羅引也 阿揭撦 阿鉢喇彌多
檀泥說囉鉢囉麼 迦留尼迦
薩婆薩埵呬多振多 麼麼某甲名 檀那
末拏鉢喇拽 楮𠿒闍 摩揭撦 莎訶
此呪誦滿一七遍已次誦本呪欲誦呪時先當
稱名敬礼三寶及薜室羅末拏大王能施
財物令諸衆生所求願滿悉能成就与其安
樂如是礼已次誦薜室羅末拏王如意末尼

BD05090號　金光明最勝王經卷六　（19–11）

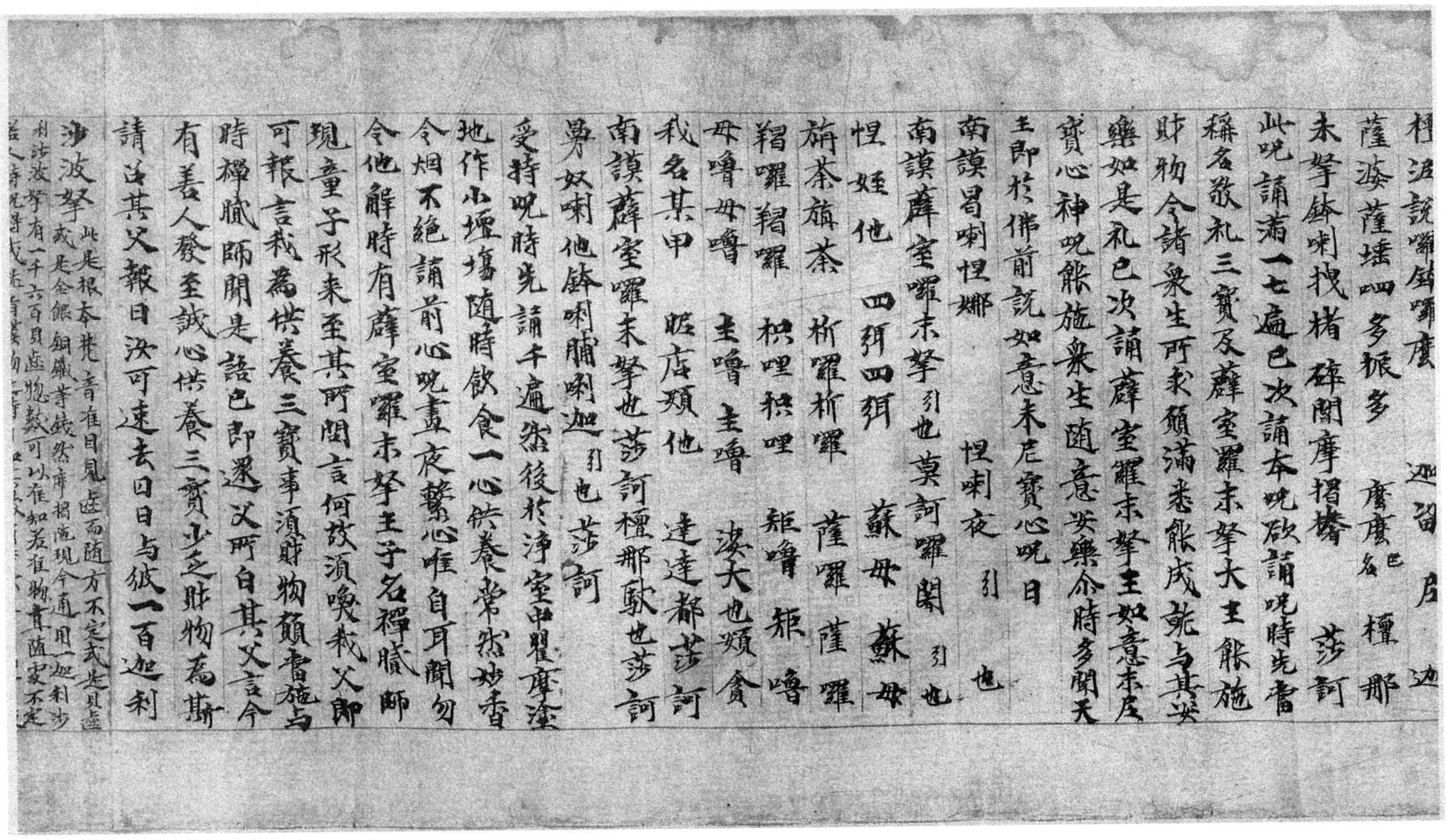
檀泥說囉鉢囉麼 迦留尼迦
薩婆薩埵呬多振多 麼麼某甲名 檀那
末拏鉢喇拽 楮𠿒闍 摩揭撦 莎訶
此呪誦滿一七遍已次誦本呪欲誦呪時先當
稱名敬礼三寶及薜室羅末拏大王能施
財物令諸衆生所求願滿悉能成就与其安
樂如是礼已次誦薜室羅末拏王如意末尼
寶心神呪能施衆生隨意安樂尒時多聞天
王即於佛前說如意末尼寶心呪曰
南謨曷喇怛娜 怛喇夜引也
南謨薜室囉末拏引也 莫訶囉闍引也
怛姪他 四弭四弭 蘇母蘇母
旃茶旃茶 折囉折囉 薩囉薩囉
羯囉羯囉 枳哩枳哩 矩嚕矩嚕
母嚕母嚕 主嚕主嚕 娑大也頞貪
我名某甲 昵店頞他 達達都 莎訶
南謨薜室囉末拏也 莎訶 檀那馱也 莎訶
曼奴喇他鉢喇脯喇迦引也 莎訶
受持呪時先誦千遍然後於淨室中瞿摩塗
地作小壇場隨時飲食一心供養常然妙香
令烟不絕誦前心呪晝夜繫心惟自耳聞勿
令他解時有薜室羅末拏王子名禪膩師
現童子形來至其所問言何故須喚我父即
可報言我為供養三寶事須財物願當施与
時禪膩師聞是語已即還父所白其父言今
有善人發至誠心供養三寶少乏財物為斯
請召其父報曰汝可速去日日与彼一百迦利
沙波拏 此是根本梵音准目見齒而隨方不定或是貝齒或是金銀銅鐵等錢然本摺迦現今通用一迦利沙
利沙波拏有一千六百貝齒物數可以准知若准物貴賤隨處不定

BD05090號　金光明最勝王經卷六　（19–12）

時禪膩師聞是語已即還天所白其天言今
有善人發至誠心供養三寶少乏財物爲斯
請召其天報曰汝可速去日日与彼一百迦利
沙波拏(此是根本梵音在日見處而隨方不定或是貝齒或是金銀銅鐵等錢然摩揭陁現今通用一迦利沙波拏有一千六百貝齒總數可以准知若在物貴隨處不定若人持呪得成就者獲物之時自知其數有本云每日与一百陳那羅即金錢也乃至盡形日日常得西方求者多有驗除不至心也)
其持呪者見是相已知事得成當須獨處淨
室燒香而卧可於牀邊置一香篋每至天曉
觀其篋中獲所求物每得物時當日即須供
養三寶香花飲食兼施貧乏皆令罄盡不
得停留於諸有情起慈悲念勿生瞋諍害
之心若起瞋者即失神驗常可護心勿令瞋
恚又持呪者於每日中憶我多聞天王及男
女眷屬稱揚讚歎恒以十善共相資助令彼
天等福力增明衆善普臻證菩提處彼諸天
衆見是事已皆大歡喜共來擁衛持呪之人
又持呪者壽命長遠經無量歲永離三塗常
無災厄亦令獲得如意寶珠及以伏藏神通
自在所願皆成若求官榮無不稱意亦解一
切禽獸之語
世尊若持呪時欲得見我自身現者可於月
八日或十五日於白疊上畫佛形像當用木
膠雜彩莊飾其畫像人爲受八戒於佛左邊
作吉祥天女像於佛右邊作我多聞天王像并
畫男女眷屬之類安置坐處咸令如法布列
花彩燒衆名香然燈續明晝夜無歇上妙飲
食種種珍奇發慇重心隨時供養受持神呪
不得輕心請召我時應誦此呪
南謨室利達那也　勃陁　引　也

作吉祥天女像於佛右邊作我多聞天王像并
畫男女眷屬之類安置坐處咸令如法布列
花彩燒衆名香然燈續明晝夜無歇上妙飲
食種種珍奇發慇重心隨時供養受持神呪
不得輕心請召我時應誦此呪
南謨室唎健那也　勃陁　引　也
南謨薜室囉末拏也　藥叉囉闍　引　也
莫訶　囉　闍　阿地囉闍也
南麼室唎耶　嚢　莫訶提鞞　引　嚢
怛姪他　怛囉怛囉咄嚕咄嚕
末囉末囉　窣窣吐窣窣吐
漢娜漢娜　末尼羯諾迦
䟦折囉薜瑠璃也目底迦楞訖㗚哆
設唎囉　嚢　蒲　引　薩婆薩埵
呬哆迦摩　薜室羅末拏
室唎夜提鼻䟦臘婆　引　也
毉呬毉呬麼毗藍婆　瞿嚗嚗拏瞿嚗嚗拏
袜(麻八反)喇婆袜喇婆　達䭾呬麼　麼
阿目迦那末寫(自稱己名)　達哩設那迦末寫
達哩設　南　麼　末　那
鉢喇曷羅大　也　莎訶
世尊我若見此誦呪之人復見如是感興供
養即生慈愛歡喜之心我即變身作小兒形
或作老人苾芻之像手持如意末尼寶珠并
持金囊入道場內身現恭敬口稱佛名語持
呪者曰隨汝所求皆令如願或隱林藪或造
寶珠或欲衆人愛寵或求金銀等物欲持諸
呪皆令有驗或欲神通壽命長遠及勝妙樂

養即生慈愛歡喜之心我即變身作小兒形
或作老人苾芻之像手持如意末尼寶珠并
持金囊入道場內身現恭敬口稱佛名語持
呪者曰隨汝所求皆令如願或隱林藪或造
寶珠或欲眾人愛寵或求金銀等物欲持諸
呪皆令有驗或欲神通壽命長遠及勝妙樂
无不稱心我今且說如是之事若更求餘皆
隨所願悉得成就寶藏无盡功德无窮假
使日月墜墮于地或可大地有時移轉我此
實語終不虛然常得安隱隨心快樂世尊若
有人能受持讀誦是經王者誦此呪時不假疲
勞法速成就世尊我今為彼貧窮困厄苦惱
眾生說此神呪令獲大利皆得富樂自在　无
患乃至盡形我當擁護隨逐是人為除　災
厄亦復令此持金光明最勝王經流通之者
及持呪人於百步內光明照燭我之所有　千
藥叉神亦常侍衛隨欲驅使无不遂心我說
實語无有虛誑唯佛證知時多聞天王說此呪
已佛言善哉大王汝能破裂一切眾生貧窮
苦網令得富樂說是神呪復令此經廣行於
世時四天王俱從座起偏袒一肩頂禮雙足
右膝著地合掌恭敬以妙伽他讚佛功德
佛面猶如淨滿月　亦如千日放光明
目淨脩廣若青蓮　齒白齊密猶珂雪
佛德无邊如大海　无限妙寶積其中
智慧德水鎮恒盈　百千勝定咸充滿
足下輪相皆嚴飾　轂輞千輻悉齊平
手足鞔網遍莊嚴　猶如鵝王相具足
佛身光曜等金山　清淨殊特无倫匹

BD05090號　金光明最勝王經卷六　（19–15）

目淨脩廣若青蓮　齒白齊密猶珂雪
佛德无邊如大海　无限妙寶積其中
智慧德水鎮恒盈　百千勝定咸充滿
足下輪相皆嚴飾　轂輞千輻悉齊平
手足鞔網遍莊嚴　猶如鵝王相具足
佛身光曜等金山　清淨殊特无倫匹
亦如妙高功德滿　故我稽首佛山王
相好如空不可測　逾於千日放光明
皆如焰幻不思議　故我稽首心无著
尒時四天王讚歎佛已世尊亦以伽他而
荅之曰
此金光明最勝經　无上十力之所說
汝等四王常擁衛　應生勇猛不退心
此妙經寶極甚深　能與一切有情樂
由彼有情安樂故　常得流通贍部洲
於此大千世界中　所有一切有情類
餓鬼傍生及地獄　如是苦趣悉皆除
住此南洲諸國王　及餘一切有情類
由經威力常歡喜　皆蒙擁護得安寧
亦使此中諸有情　除眾病苦无賊盜
賴此國土弘經故　安隱豐樂无違惱
若人聽受此經王　欲求尊貴及財利
國土豐樂无違諍　隨心所願悉皆從
能令他方賊退散　於自國界常安隱
由此最勝經王力　離諸苦惱无憂怖
如寶樹王在宅內　能生一切諸樂具
最勝經王亦復然　能與人王勝功德
譬如澄潔清冷水　能除飢渴諸熱惱
最勝經王亦復然　令樂福者心滿足

BD05090號　金光明最勝王經卷六　（19–16）

國土豐樂无違諍　隨心所願悉皆從
能令他方賊退散　於自國界常安隱
由此最勝經王力　離諸苦惱无憂怖
如寶樹王在宅內　能生一切諸樂具
最勝經王亦復然　能與人王勝功德
譬如澄潔清冷水　能除飢渴諸熱惱
最勝經王亦復然　令樂福者心滿足
如人室有妙寶篋　隨所受用悉從心
最勝經王亦復然　福德隨心无所乏
汝等天主及天衆　應當供養此經王
若能依教奉持經　智慧威神皆具足
現在十方一切佛　咸共護念此經王
見有讀誦及受持　稱歎善哉甚希有
若有人能聽此經　身心踊躍生歡喜
常有百千藥叉衆　隨所住處護斯人
於此世界諸天衆　其數无量不思議
悉共聽受此經王　歡喜護持无退轉
若人聽受此經王　威德勇猛常自在
增益一切人天衆　令離衰惱益光明
尒時四天王聞是頌已歡喜踊躍白佛言世
尊我從昔來未曾得聞如是甚深微妙之法
心生悲喜涕淚交流舉身戰動證不思議希
有之事以天曼陁羅花摩訶曼陁羅花而散
佛上作是殊勝供養佛已白佛言世尊我等
四王各有五百藥叉眷屬常當處處擁護是
經及說法師以智光明而為助衛若於此經
所有句義忘失之處我皆令彼憶念不忘并
與陁羅尼殊勝法門令得具足復欲令此最勝
經王所在之處為諸衆生廣宣流布不速隱

BD05090 號　金光明最勝王經卷六　（19–17）

四王各有五百藥叉眷屬常當處處擁護是
經及說法師以智光明而為助衛若於此經
所有句義忘失之處我皆令彼憶念不忘并
與陁羅尼殊勝法門令得具足復欲令此最勝
經王所在之處為諸衆生廣宣流布不速隱
沒尒時世尊於大衆中說是法時无量衆生
皆得大智聰叡辯才攝受无量福德之聚
離諸憂惱發喜樂心善明衆論登出離道
不復退轉速證菩提

金光明最勝王經卷第六

眡陟尸　儆呂而　敵亭文　鼙低卑　覈四見　蝕乘力　椋良灼　譊士威
窶劬矩　麼摩可　颯蘊合　薜薄朗　櫓車者　拏奴加　窣蘇骨　囉盧盡
咄虛致　韈未襪　叡以苗

BD05090 號　金光明最勝王經卷六　（19–18）

金光明最勝王經卷第六

BD05090 號　金光明最勝王經卷六　　（19–19）

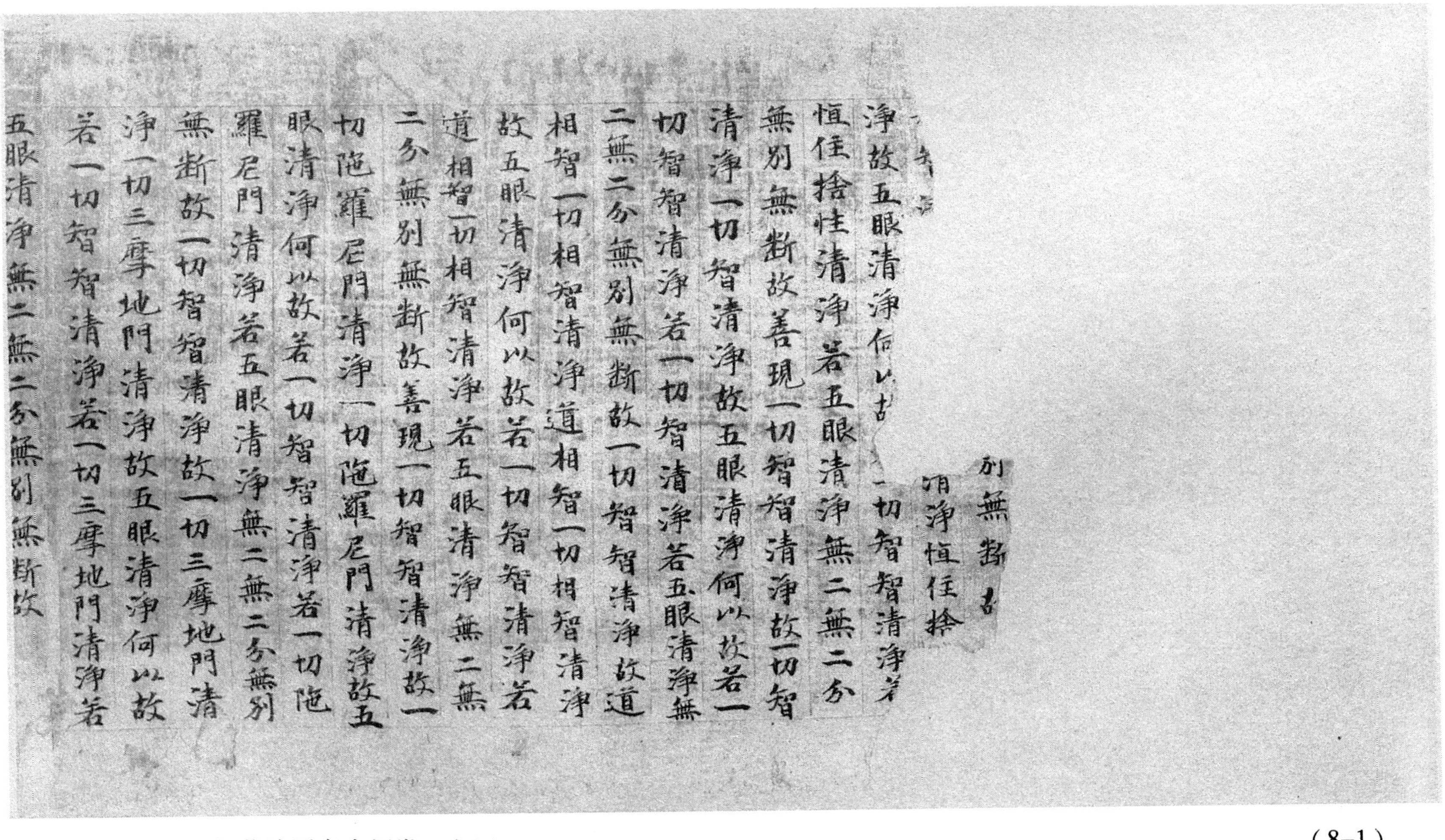
別無斷故
淨恒住捨
淨故五眼清淨何以故　一切智智清淨若
恒住捨性清淨若五眼清淨無二無二分
無別無斷故善現一切智智清淨故一切智
清淨一切智智清淨故五眼清淨何以故若一
切智智清淨若一切智智清淨若五眼清淨無
二無二分無別無斷故一切智智清淨故道
相智一切相智清淨道相智一切相智清淨
故五眼清淨何以故若一切智智清淨若
道相智一切相智清淨若五眼清淨無二無
二分無別無斷故善現一切智智清淨故一
切陁羅尼門清淨一切陁羅尼門清淨故五
眼清淨何以故若一切智智清淨若一切陁
羅尼門清淨若五眼清淨無二無二分無別
無斷故一切智智清淨故一切三摩地門清
淨一切三摩地門清淨故五眼清淨何以故
若一切智智清淨若一切三摩地門清淨若
五眼清淨無二無二分無別無斷故

BD05091 號　大般若波羅蜜多經卷二七四　　（8–1）

眼清淨何以故若一切智智清淨若一切陁
羅尼門清淨若五眼清淨無二無二分無別
無斷故一切智智清淨故一切三摩地門清
淨一切三摩地門清淨故五眼清淨何以故
若一切智智清淨若一切三摩地門清淨若
五眼清淨無二無二分無別無斷故
善現一切智智清淨故預流果清淨預流果
清淨故五眼清淨何以故若一切智智清淨
若預流果清淨若五眼清淨無二無二分無
別無斷故一切智智清淨故一來不還阿羅
漢果清淨一來不還阿羅漢果清淨故五眼
清淨何以故若一切智智清淨若一來不還
阿羅漢果清淨若五眼清淨無二無二分無
別無斷故善現一切智智清淨故獨覺菩提
清淨獨覺菩提清淨故五眼清淨何以故若
一切智智清淨若獨覺菩提清淨若五眼
清淨無二無二分無別無斷故善現一切
智智清淨故一切菩薩摩訶薩行清淨
一切菩薩摩訶薩行清淨故五眼清淨何
以故若一切智智清淨若一切菩薩摩訶薩
行清淨若五眼清淨無二無二分無別無斷
故善現一切智智清淨故諸佛無上正等菩
提清淨諸佛無上正等菩提清淨故五眼清
淨何以故若一切智智清淨若諸佛無上正
等菩提清淨若五眼清淨無二無二分無
別無斷故
復次善現一切智智清淨故色清淨色清

BD05091 號　大般若波羅蜜多經卷二七四　（8–2）

提清淨諸佛無上正等菩提清淨故五眼清
淨何以故若一切智智清淨若諸佛無上正
等菩提清淨若五眼清淨無二無二分無
別無斷故
復次善現一切智智清淨故色清淨色清
淨故六神通清淨何以故若一切智智清淨
若色清淨若六神通清淨無二無二分無別無
斷故一切智智清淨故受想行識清淨受想
行識清淨故六神通清淨何以故若一切智
智清淨若受想行識清淨若六神通清淨
無二無二分無別無斷故善現一切智智
清淨故眼處清淨眼處清淨故六神通清
淨何以故若一切智智清淨若眼處清淨若
六神通清淨無二無二分無別無斷故一切
智智清淨故耳鼻舌身意處清淨耳鼻舌身
意處清淨故六神通清淨何以故若一切
智智清淨若耳鼻舌身意處清淨若六神
通清淨無二無二分無別無斷故善現一切
智智清淨故色處清淨色處清淨故六神通
清淨何以故若一切智智清淨若色處清
淨若六神通清淨無二無二分無別無斷故
一切智智清淨故聲香味觸法處清淨聲香
味觸法處清淨故六神通清淨何以故若
一切智智清淨若聲香味觸法處清淨若六
神通清淨無二無二分無別無斷故善現一
切智智清淨故眼界清淨眼界清淨故六
神通清淨何以故若一切智智清淨若眼

BD05091 號　大般若波羅蜜多經卷二七四　（8–3）

味觸法處清淨故六神通清淨何以故若
一切智智清淨若聲香味觸法處清淨若六
神通清淨無二無二分無別無斷故善現一
切智智清淨故眼界清淨眼界清淨故六
神通清淨何以故若一切智智清淨若眼
界清淨若六神通清淨無二無二分無別無
斷故一切智智清淨故色界眼識界及眼觸
眼觸爲緣所生諸受清淨色界乃至眼觸爲
緣所生諸受清淨故六神通清淨何以故若
一切智智清淨若色界乃至眼觸爲緣所生
諸受清淨若六神通清淨無二無二分無別
無斷故善現一切智智清淨故耳界清淨耳
界清淨故六神通清淨何以故若一切智智
清淨若耳界清淨若六神通清淨無二無二
分無別無斷故一切智智清淨故聲界耳
識界及耳觸耳觸爲緣所生諸受清淨聲界
乃至耳觸爲緣所生諸受清淨故六神通清淨
何以故若一切智智清淨若聲界乃至耳觸
爲緣所生諸受清淨若六神通清淨無二無
二分無別無斷故善現一切智智清淨故鼻
界清淨鼻界清淨故六神通清淨何以故若
一切智智清淨若鼻界清淨若六神通清
淨無二無二分無別無斷故一切智智清淨故
香界鼻識界及鼻觸鼻觸爲緣所生諸受清
淨香界乃至鼻觸爲緣所生諸受清淨故六
神通清淨何以故若一切智智清淨若香界
乃至鼻觸爲緣所生諸受清淨若六神通清

一切智智清淨若鼻界清淨若六神通清
淨無二無二分無別無斷故一切智智清淨故
香界鼻識界及鼻觸鼻觸爲緣所生諸受清
淨香界乃至鼻觸爲緣所生諸受清淨故六
神通清淨何以故若一切智智清淨若香界
乃至鼻觸爲緣所生諸受清淨若六神通清
淨無二無二分無別無斷故善現一切智智
清淨故舌界清淨舌界清淨故六神通清淨
何以故若一切智智清淨若舌界清淨若六
神通清淨無二無二分無別無斷故一切智
智清淨故味界舌識界及舌觸舌觸爲緣所
生諸受清淨味界乃至舌觸爲緣所生諸受
清淨故六神通清淨何以故若一切智智清
淨若味界乃至舌觸爲緣所生諸受清淨若
六神通清淨無二無二分無別無斷故善
現一切智智清淨故身界清淨身界清淨故
六神通清淨何以故若一切智智清淨若身
界清淨若六神通清淨無二無二分無別
無斷故一切智智清淨故觸界身識界及身
觸身觸爲緣所生諸受清淨觸界乃至身觸
爲緣所生諸受清淨故六神通清淨何以故
若一切智智清淨若觸界乃至身觸爲緣所
生諸受清淨若六神通清淨無二無二分無
別無斷故善現一切智智清淨故意界清淨
意界清淨故六神通清淨何以故若一切智
智清淨若意界清淨若六神通清淨無二
無二分無別無斷故一切智智清淨故法界

生諸受清淨若六神通清淨無二無二分無
別無斷故善現一切智智清淨故意界清淨
意界清淨故六神通清淨何以故若一切智
智智清淨若意界清淨若六神通清淨無二
無二分無別無斷故一切智智清淨故法界
意識界及意觸意觸為緣所生諸受清淨
法界乃至意觸為緣所生諸受清淨故六神
通清淨何以故若一切智智清淨若法界乃
至意觸為緣所生諸受清淨若六神通清淨
無二無二分無別無斷故善現一切智智清
淨故地界清淨地界清淨故六神通清淨何
以故若一切智智清淨若地界清淨若六神
通清淨無二無二分無別無斷故一切智智
清淨故水火風空識界清淨水火風空識界
清淨故六神通清淨何以故若一切智智清
淨若水火風空識界清淨若六神通清淨無
二無二分無別無斷故善現一切智智清淨故無
明清淨無明清淨故若六神通清淨何以
故若一切智智清淨若無明清淨若六神
通清淨無二無二分無別無斷故一切智智
清淨故行識名色六處觸受愛取有生老死
愁歎苦憂惱清淨行乃至老死愁歎苦憂惱
清淨故六神通清淨何以故若一切智智清
淨若行乃至老死愁歎苦憂惱清淨若六神
通清淨無二無二分無別無斷故
善現一切智智清淨故布施波羅蜜多清淨
布施波羅

BD05091 號　大般若波羅蜜多經卷二七四　（8–6）

清淨故六神通清淨何以故若一切智智清
淨若行乃至老死愁歎苦憂惱清淨若六神
通清淨無二無二分無別無斷故
善現一切智智清淨故布施波羅蜜多清淨
布施波羅蜜多清淨故六神通清淨何以故
若一切智智清淨若布施波羅蜜多清淨若
六神通清淨無二無二分無別無斷故一
切智智清淨故淨戒安忍精進靜慮般
若波羅蜜多清淨淨戒乃至般若波羅蜜多
清淨故六神通清淨何以故若一切智智清
淨若淨戒乃至般若波羅蜜多清淨若六神
通清淨無二無二分無別無斷故善現一切
智智清淨故內空清淨內空清淨故六神通
清淨何以故若一切智智清淨若內空清淨
若六神通清淨無二無二分無別無斷故一
切智智清淨故外空內外空空空大空勝義
空有為空無為空畢竟空無際空散空無
變異空本性空自相空共相空一切法空不可
得空無性空自性空無性自性空清淨外空
乃至無性自性空清淨故六神通清淨何以
故若一切智智清淨若外空乃至無性自
性空清淨若六神通清淨無二無二分無
別無斷故善現一切智智清淨故真如清淨
真如清淨故六神通清淨何以故若一切智
智清淨若真如清淨若六神通清淨無二
無二分無別無斷故一切智智清淨故法界

BD05091 號　大般若波羅蜜多經卷二七四　（8–7）

性空清淨若六神通清淨無二無二分無
別無斷故善現一切智智清淨故真如清淨
真如清淨故六神通清淨何以故若一切智
智清淨若真如清淨若六神通清淨無二
無二分無別無斷故一切智智清淨故法界
法性不虛妄性不變異性平等性離生性
法定法住實際虛空界不思議界清淨
法界乃至不思議界清淨故六神通清淨
何以故若一切智智清淨若法界乃至不思議
界清淨若六神通清淨無二無二分無別
無斷故善現一切智智清淨故苦聖諦清
淨苦聖諦清淨故六神通清淨何以故若
一切智智清淨若苦聖諦清淨若六神通
清淨無二無二分無別無斷故一切智智清
淨故集滅道聖諦清淨集滅道聖諦清淨
故六神通清淨何以故若一切智智清淨若
集滅道聖諦清淨若六神通清淨無二無
二分無別無斷故善現一切智智清淨故四
靜慮清淨四靜慮清淨故六神通清淨
何以故若一切智智清淨若四靜慮清淨若
六神通清淨無二無二分無別無斷故一
切智智清淨故四無量四無色定清淨四無
量四無色定清淨故六神通清淨何以故
若一切智智清淨若四無量四無色定清
淨若六神通清淨無二無二分無別無斷故
善現一切智智清淨故八解脫清淨八解脫

BD05091 號　大般若波羅蜜多經卷二七四　　（8–8）

男子女人童男童女身雲出如是等一切諸
趣身雲聲聞緣覺仙人身雲地水火風神海神
河神山神林神樹神聲神味神藥草神園觀
家神城廓神道場神夜神晝神虛空神方神
道路神身形神金剛力士神出如是等一切身
雲充滿十方一切世界法界爲一切衆生現
喜目觀察衆生夜天從初發心所行功德積
集无量諸波羅蜜次第受生死此生彼爲其
善知識值遇諸佛聞持正法行菩薩
行得諸三昧次第觀見一切佛刹及諸如來次
第諸劫得淨智慧深入法界觀察衆生知衆
生滅死此生彼得淨天耳次第悉聞一切音
聲知他心智次第了知衆生心念无依神足
次第自在充滿十方得諸菩薩次第法門究
竟菩薩法諸門海菩薩自在菩薩精進菩薩
得諸正趣離生衆生想菩薩想菩薩勝妙清
淨功德如是等類一切功德彼化身雲悉爲衆
生以諸音聲分別解說開示顯現而謂風輪

BD05092 號　大方廣佛華嚴經（晉譯六十卷本）卷五二　　（17–1）

次第自在充滿十方得諸菩薩次第法門究
竟菩薩法諸門海菩薩自在菩薩精進菩薩
得調正趣離生衆生想菩薩想菩薩勝妙清
淨功德如是等類一切功德彼化身雲悉爲衆
生以諸音聲分別解說開示顯現所謂風輪
音聲水輪音聲火炎音大海音聲大地震
動音聲山王相轉音聲大城震動音聲天宮
音聲諸天音聲龍王音聲夜叉王乾闥婆王阿脩
羅王伽樓羅王緊那羅王摩睺羅伽王等音聲人
王音聲梵王音聲天女歌頌音聲天樂音
聲摩尼寶王音聲如來音聲菩薩音聲如來化
身音聲以如是等種種音聲爲諸衆生
分別演說善目觀察衆生夜天從初發心一
切功德彼一一身雲說此法時念念中於一一
方顯淨不可說不可說諸佛世界无量无邊
衆生脫惡道苦无量无邊衆生成就天樂无
量无邊衆生度生死海无量无邊衆生安立
聲聞辟支佛地无量无邊衆生得菩薩不可
思議幢喜自在法門於念念中无量无邊衆
生住如來地尒時善財童子皆得見聞如上
一切諸奇特事正念思惟觀察分別深入定
智安住平等何以故與彼夜天先同行故佛說
念成就不可思議諸善根故具足菩薩根故生
佛家故得善知識力故一切諸佛神力持故
盧舍那佛本願力故善根熟故堪受普賢菩
薩行故尒時善財得菩薩寂靜淨光明海得
十方一切諸如來力得彼夜天離垢喜幢法

BD05092號　大方廣佛華嚴經（晉譯六十卷本）卷五二　（17–2）

智安住平等何以故與彼夜天先同行故佛說
念成就不可思議諸善根故具足菩薩根故生
佛家故得善知識力故一切諸佛神力持故
盧舍那佛本願力故善根熟故堪受普賢菩
薩行故尒時善財得菩薩寂靜淨光明海得
十方一切諸如來力得彼夜天離垢喜幢法
門即恭敬合掌以偈讚嘆彼夜天曰
无量无數劫　深學寂勝法　隨應行受化　顯現妙色身
了知諸群生　愚癡顛倒惑　種種身方便　度脫衆生類
清淨妙法身　除滅煩惱熱　非二現有二　爲化衆生故
陰入及諸界　皆悉无所著　具行及色身　度脫一切衆
不著內外法　超度生死海　明淨智慧光　普照於一切
善目天无著　除滅衆塵勞　衆生樂著世　爲現佛法力
无量三昧力　一一毛孔中　出諸化身雲　供養十方佛
念念中出生　諸佛方便力　攝取諸衆生　究竟一切法
觀察諸有海　業行莊嚴身　演說无量法　令衆清淨故
相好自莊嚴　猶若普賢身　隨應受化者　顯現无量身
尒時善財童子偈讚嘆已白言大神發阿耨
多羅三藐三菩提心爲幾時耶得此法門其
已久如尒時夜天以偈答言
憶念過去世　无量刹塵劫　尒時有一劫　名曰寂靜音
有都名香水　其王名智慧　十二億百千　那由他天下
彼聖轉輪王　清淨妙色身　三十二相具　八十好莊嚴
妙身清淨藏　閻浮檀金色　光明照一切　祥步遊虛空
彼王有千子　勇猛身端政　大臣有一億　智慧悉賢明
彩女有十億　端政如天后　大慈心柔濡　瞻奉給侍王
彼聖轉輪王　常以正法治　流潤[illegible]　一切[illegible]

BD05092號　大方廣佛華嚴經（晉譯六十卷本）卷五二　（17–3）

有都名香水　其王名智慧　十二億百千　那由他天下
彼聖轉輪王　清淨妙色身　三十二相具　八十好莊嚴
妙身清淨藏　閻浮檀金色　光明照一切　祥步遊虛空
彼王有千子　勇猛身端政　大臣有一億　智慧悉賢明
采女有十億　端政如天后　大慈心柔濡　瞻奉給侍王
彼聖轉輪王　常以正法治　統領諸山地　一切四天下
我時為寶女　具足淨梵音　身出金色光　同照四万里
日光既已没　中夜閑寂靜　我當於尒時　神瑞降善夢
見佛出世間　号日功德海　顯現自在力　充滿十方界
放大光明海　一切剎塵等　无量自在身　充滿於十方
大地六種動　自然出好音　如來興出世　天人悉歡喜
一切毛孔中　出佛化身海　充滿十方界　隨應而說法
我夢見如是　如來自在力　聞說深妙法　其心大歡喜
一方夜天神　充滿虛空中　讚嘆彼如來　聞已即覺悟
彼天告我言　賢慧女速起　佛以興汝國　劫海難值遇
聞此音歡喜　即見明淨光　觀從何剎來　道場樹王所
時見如來身　猶如寶山王　一切毛孔中　放大光明海
見佛自在力　其心大歡喜　即知我誓願　令我獲此德
我時見大王　普及諸眷屬　見彼佛光明　歡喜心无量
我時与彼王　无量那由他　眷屬四種兵　往詣如來所
我於二万歲　供養彼如來　七寶四天下　一切悉奉施
時彼如來說　功德云普經　大願海莊嚴　隨應度眾生
我發如是願　未世作夜天　諸有放逸者　悉令遠離之
尒時我初發　无上菩提心　生死有為中　未曾有疲倦
從是後供養　十億那由佛　生死海受樂　饒益諸群生
初佛功德海　第二功德幢　第三寶幢佛　第四虛空智
第五蓮華藏　六无等音月　第七法月王　八圓滿智燈

BD05092號　大方廣佛華嚴經（晉譯六十卷本）卷五二　（17–4）

時彼如來說　功德云普經　大願海莊嚴　隨應度眾生
我發如是願　未世作夜天　諸有放逸者　悉令遠離之
尒時我初發　无上菩提心　生死有為中　未曾有疲倦
從是後供養　十億那由佛　生死海受樂　饒益諸群生
初佛功德海　第二功德幢　第三寶幢佛　第四虛空智
第五蓮華藏　六无等音月　第七法月王　八圓滿智燈
第九寶炎佛　无上天人尊　第十化音精　我已悉供養
如是等諸佛　十那億由他　猶未得慧眼　究竟生死海
次第復有劫　名日天妙勝　世界名寶光　五百佛興世
初佛圓滿月　第二明淨日　第三光明佛　四須弥山王
第五華炎海　第六智慧海　第七燃燈佛　第八天德藏
九光明王幢　第十普智王　未離樂五欲　非樂生樂想
次第復有劫　名莊嚴梵音　尒時有世界　名蓮華燈雲
彼有无量佛　及其大眷屬　我已悉供養　聞受持正法
初佛寶須弥　第二功德海　法界須弥幢　第四法須弥
第五法幢佛　第六法地佛　第七法力佛　第八虛空慧
第九光炎山　第十照明山
如是等諸佛　我已悉供養　猶未了真實　究竟諸法海
次第復有劫　名日歡喜德　尒時有世界　名日功德幢
彼劫有八十　那由他諸佛　无量供養具　奉彼諸最勝
初熱閻浮王　二壽命樹王　三功德須弥　第四寶眼佛
第五盧舍那　六光明莊嚴　第七法勝佛　第八明淨德
第九世間主　十一切法王
如是等諸佛　我已悉養供　猶未得妙智　深入法界海
次第復有劫　名日寂靜慧　尒時有世界　名普光明雲
有千佛興世　无量功莊嚴　除滅煩惱垢　一切眾清淨

BD05092號　大方廣佛華嚴經（晉譯六十卷本）卷五二　（17–5）

第九世間主　十一切法王
如是等諸佛　我已悉養供　猶未得妙智　深入法界海
次第復有劫　名曰寂靜慧　尒時有世界　名普光明雲
有十佛興世　无量功莊嚴　除滅煩惱垢　一切衆清淨
初佛号无諍　第二无等力　三法界光明　四一切智王
五海殊勝天　第六衆生師　七忍圓滿燈　八法界之燈
九光明莊海　第十光明王
如是等諸佛　我已悉供養　猶未解真法　超行一切刹
次第復有劫　名曰香燈雲　尒時有世界　名曰清淨起
一億佛興世　莊淨一切劫　彼佛所說法　我悉聞受持
初佛无量稱　第二法海佛　第三勇猛王　四功德法王
第五勝法雲　第六天冠雲　第七智炎佛　第八虛空音
第九寿勝起　第十妙德光　供彼諸佛已　成就八正道
五百佛興世　彼諸如來等　我已悉供養　求无等法門
次第復有劫　名曰淨堅固　尒時有世界　名曰寶幢王
初佛圓滿德　第二寂淨音　第三功德海　第四日王佛
第五功德王　第六須弥相　第七法王佛　第八功德王
第九須弥山　第十光明王　如是等諸佛　我已悉供養
我皆悉莊淨　一切勝寂道　猶未得具足　究竟深法忍
次第復有劫　名曰爲勝王　尒時有世界　名寂靜音聲
八十那由他　諸佛興出世　我已悉供養　於彼修正道
初佛号華聚　第二海藏佛　第三功德起　第四天同羅
第五摩尼藏　第六金山佛　第七寶聚佛　第八寂靜幢
第九法幢佛　第十智王佛　如是等諸佛　我已悉供養
次第復有劫　名曰千功德　尒時有世界　名善化幢燈
六億那由他　諸佛興出世　我已悉供養　彼一切如來
初佛寂靜幢　第二智慧幢　第三燈百佛　四功德雲王

第五摩尼藏　第六金山佛　第七寶聚佛　第八寂靜幢
第九法幢佛　第十智王佛　如是等諸佛　我已悉供養
次第復有劫　名曰千功德　尒時有世界　名善化幢燈
六億那由他　諸佛興出世　我已悉供養　彼一切如來
初佛寂靜幢　第二智慧幢　第三燈百佛　四功德雲王
寂靜光明王　第六明淨日　第七法燈佛　第八光炎佛
九天功德藏　第十智慧燈
如是等諸佛　我已悉供養　未得无生忍　究竟諸法海
次第復有劫　名无著莊嚴　尒時有世界　名无量勝光
時有三十六　那由他佛出　如是等諸佛　我已悉供養
初功德須弥　第二虛空心　第三莊嚴智　第四莊嚴藏
五法音聲海　六持法音聲　第七化音聲　第八功德海
九功德海燈　第十功德幢　彼諸如來等　我皆悉值遇
功德幢如來　出興於世間　我爲功德天　供養彼尊勝
時佛爲我說　莊嚴大願海　陁羅尼念力　皆悉能受持
我得明淨眼　三昧陁羅尼　於一一念中　悉見衆勝海
出生大悲藏　深入方便雲　心淨如虛空　悉得諸佛力
觀察諸衆生　常樂我淨倒　愚癡闇所覆　煩惱起虛妄
邪見貪欲等　无量諸惡業　一切諸趣中　具受不善報
一切諸趣中　種種業受身　生老病死患　无量苦逼迫
我發无上心　安樂彼衆生　令至諸佛所　成滿如來力
滿足大願雲　常見一切佛　脩習於正道　具足諸功德
一向廣尋求　无量功德雲　法門波羅蜜　充滿諸法界
佛子我尒時　即得普賢行　入刹深法界　攝取一切法
成滿一切地　三世方便海　脩習无等行　一念具佛智
善男子尒時智慧轉輪王者豈異人乎文殊
師利童子是也始此轉輪王妵諸如來種使

滿足大願雲　常見一切佛　修習於正道　具足諸功德
一向廣尊敬　无量功德雲　法門波羅蜜　充滿諸法界
佛子我尒時　即得普賢行　分別深法界　攝取一切法
成滿一切地　三世方便海　修習无量行　一念具佛智
善男子尒時智慧轉輪王者豈異人乎文殊
師利童子是也妙德轉輪王妃諸如來種使
不斷絕時王賢慧寶女者我身是也尒時夜
天覺悟我者普賢菩薩所變化也我於尒時
初發阿耨多羅三藐三菩提心發道心已於
佛刹微塵等劫不墮惡道常生天人離見諸
佛乃至功德幢佛所得此普光喜幢法門得
此法門已饒益化度无量眾生善男子我唯
知此法門諸大菩薩於念念中普詣一切諸
如來所具足成就精進大海於念念中滿足
一切諸大願海於念念中出生一切未來劫
菩薩諸行於一一菩薩行中出生一切佛刹
微塵等身彼一一身充滿一切諸法界海於
一一法界中顯現一切佛刹隨其所應現菩
薩行於一一佛刹中究竟一切佛刹微塵
諸佛海於一一佛所究竟一切法界等如來
自在神力一一如來所分別過去諸劫行菩
薩行一一如來所守護受持一切法輪究竟
三世如來諸方便海我當云何能知能說彼
功德行善男子此佛眾中有一夜天名曰妙
德救護眾生海詣彼問云何菩薩學菩薩行
具菩薩行時善財童子頭面敬禮喜目觀察
眾生夜天足辭退而行尒時善財童子正念思

BD05092號　大方廣佛華嚴經（晉譯六十卷本）卷五二　（17–8）

薩行一一如來所守護受持一切法輪究竟
三世如來諸方便海我當云何能知能說彼
功德行善男子此佛眾中有一夜天名曰妙
德救護眾生海詣彼問云何菩薩學菩薩行
具菩薩行時善財童子頭面敬禮喜目觀察
眾生夜天足辭退而行尒時善財童子正念思
惟普光喜幢法門分別深入開發顯現隨
順善知識教一向專求見善知識身心諸根
普遊方面求善知識思惟念善知識道勇猛
精進乃得值遇同善知識一切善根具足成
就深妙方便因善知識出生長養一切善根
發諸大願於一切劫不離善知識往詣妙德
救護眾生夜天所尒時夜天為善財童子顯
現菩薩教化一切世間法門境界相好莊嚴身
眉間白毫相中放大光明名曰普慧炎熾淨
幢无量光明以為眷屬普照一切世界照已
入善財頂充滿其身尒時善財即得菩薩離
垢圓滿三昧得三昧已於一切地水火風微
塵眾寶微塵香微塵金剛微塵摩尼微塵研
末微塵一切莊嚴具微塵一切境界微塵如是
等一一微塵中悉見佛刹微塵等世界成敗風
輪水輪金剛輪地輪種種莊嚴眾山圍遶无
量大海諸天宮殿諸雜寶樹種種莊嚴諸龍
宮殿夜叉乾闥婆阿脩羅迦樓羅緊那羅摩
睺羅伽人非人等城郭宮殿地獄餓鬼畜生
閻羅王處悉見五道眾生死此生彼分別了知
彼諸世界或有世界淨或有世界不淨或有

BD05092號　大方廣佛華嚴經（晉譯六十卷本）卷五二　（17–9）

量大海諸天宮殿諸雜寶樹種種莊嚴諸龍
宮殿夜叉乾闥婆阿脩羅迦樓羅緊那羅摩
睺羅伽人非人等城郭宮殿地獄餓鬼畜生
閻羅王處悉見五道衆生死此生彼分別了知
彼諸世界或有世界淨或有世界不淨或有
世界趣淨或有世界趣不淨或有世界淨不
淨或有世界其形平正或有世界其形如仰
或有世界其形四方如是等一切世界一切
趣中見彼夜天於一切時普現一切諸衆生
前隨其所應而度脫之為地獄衆生滅諸苦
痛為諸畜生滅惱害為餓鬼畜生除飢渴
苦為諸龍等滅一切畏為欲界衆生除欲界
苦為諸人類除闇冥畏不活畏惡名畏大衆
衆惡道畏死畏失善根畏失菩提心畏近惡知
識畏失善知識畏聲聞緣覺地畏生死畏不同畏
意畏非時受生畏生惡人家畏行惡業畏業鄣
畏煩惱鄣畏報鄣畏諸貪著畏諸繫縛畏滅
如是等一切怖畏又復教化四生衆生所謂
卵生胎生濕生化生無色有色有想無想非
有想非無想衆生常現其前而教化之滿足
大願力故菩薩三昧力故諸通明力故生
普賢菩薩行力故出生長養大悲海故無身
大慈覆一切衆生故安樂一切衆生故攝取
一切衆生故深入菩薩自在境界法門故普
現一切諸佛剎中嚴淨故在一切法中智慧
覺悟故在一切佛所恭敬供養故在一切佛

BD05092號　大方廣佛華嚴經（晉譯六十卷本）卷五二　（17–10）

普賢菩薩行力故出生長養大悲海故無身
大慈覆一切衆生故安樂一切衆生故攝取
一切衆生故深入菩薩自在境界法門故普
現一切諸佛剎中嚴淨故在一切法中智慧
覺悟故在一切佛所恭敬供養故在一切佛
法中守護正法故在一切衆生心海中度脫
衆生故在一切衆生諸根中調伏諸根故在
一切衆生欲海中為除鄣㝵得清淨故在一
切衆生遇癡闇中出生一切智光明故爾時
善財見彼夜天自在神力不可思議菩薩境
界一切世界教化衆生成就菩薩一切法門自
在神力歡喜無量頭面禮足恭敬合掌於一
面住一心觀察爾時夜天即捨相好莊嚴
身現夜天形而不捨離自在神力爾時善財
以偈頌曰

善財合掌住　諦觀無厭足　見無量神力　其心大歡喜
我見尊妙身　相好自莊嚴　清淨如虛空　一切莫能壞
所放殊勝光　無量剎塵等　種種勝妙色　普照於十方
一一毛孔放　衆生等光明　一一光明端　出生寶蓮花
從華出化身　除滅衆生苦
放諸香光明　普熏十方界　而無量華雲　供養諸最勝
放無量寶光　一一如須彌　普照一切衆　除滅愚癡闇
口放淨光明　猶如無量日　普照盧舍那　無量之境界
眼放淨光明　猶如無量月　普照群生類　除滅愚癡瞳
妙相等衆生　常生化身海　充滿諸法界　度脫三有海
清淨微妙身　一切無不見　遠離水火賊　王等一切難
喜目觀察天　教我詣尊所　見尊白毫相　演出明淨光

BD05092號　大方廣佛華嚴經（晉譯六十卷本）卷五二　（17–11）

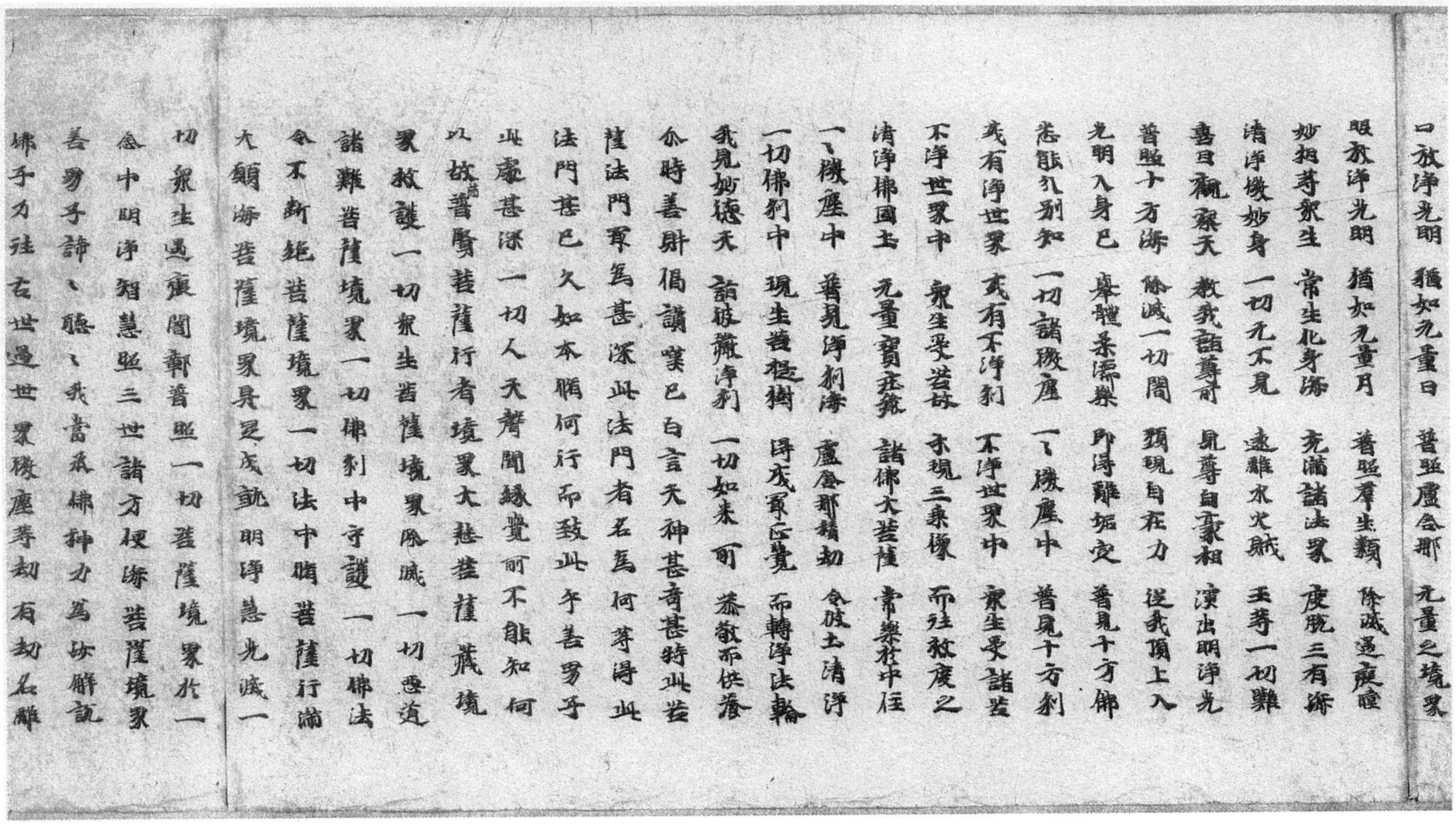

口放淨光明　猶如无量日　普照盧舍那　无量之境界
眼放淨光明　猶如无量月　普照群生類　除滅愚癡闇
妙相等衆生　常生化身海　充滿諸法界　度脫三有海
清淨微妙身　一切无不見　遠離水火賊　王等一切難
善目觀察天　教我諸尊可　見尊自豪相　演出明淨光
普照十方海　除滅一切闇　顯現自在力　從我頂上入
光明入身已　舉體柔濡樂　即得離垢定　普見十方佛
悉能分別知　一切諸微塵　一一微塵中　普見十方剎
或有淨世界　或有不淨剎　不淨世界中　衆生受諸苦
不淨世界中　衆生受苦故　示現三乘像　而往救度之
清淨佛國土　无量寶莊嚴　諸佛大菩薩　常樂於中住
一一微塵中　普見淨剎海　盧舍那精勤　令彼土清淨
一切佛剎中　現生菩提樹　得成等正覺　而轉淨法輪
我見妙德天　諸妙藏淨剎　一切如來所　恭敬而供養
介時善財偈讚嘆已白言天神甚奇甚特此菩
薩法門最為甚深此法門者名為何等得此
法門甚已久如本願何行而致此乎善男子
此處甚深一切人天聲聞緣覺所不能知何
以故普賢菩薩行者境界大悲菩薩藏境
界救護一切衆生菩薩境界除滅一切惡道
諸難菩薩境界一切佛剎中守護一切佛法
令不斷絕菩薩境界一切法中修菩薩行滿
大願海菩薩境界具足成就明淨慧光滅一
切衆生愚癡闇郭普照一切菩薩境界於一
念中明淨智慧照三世諸方便海菩薩境界
善男子諦、聽、我當承佛神力為汝解說
佛子乃往古世過世界微塵等劫有劫名離

BD05092號　大方廣佛華嚴經（晉譯六十卷本）卷五二　（17–12）

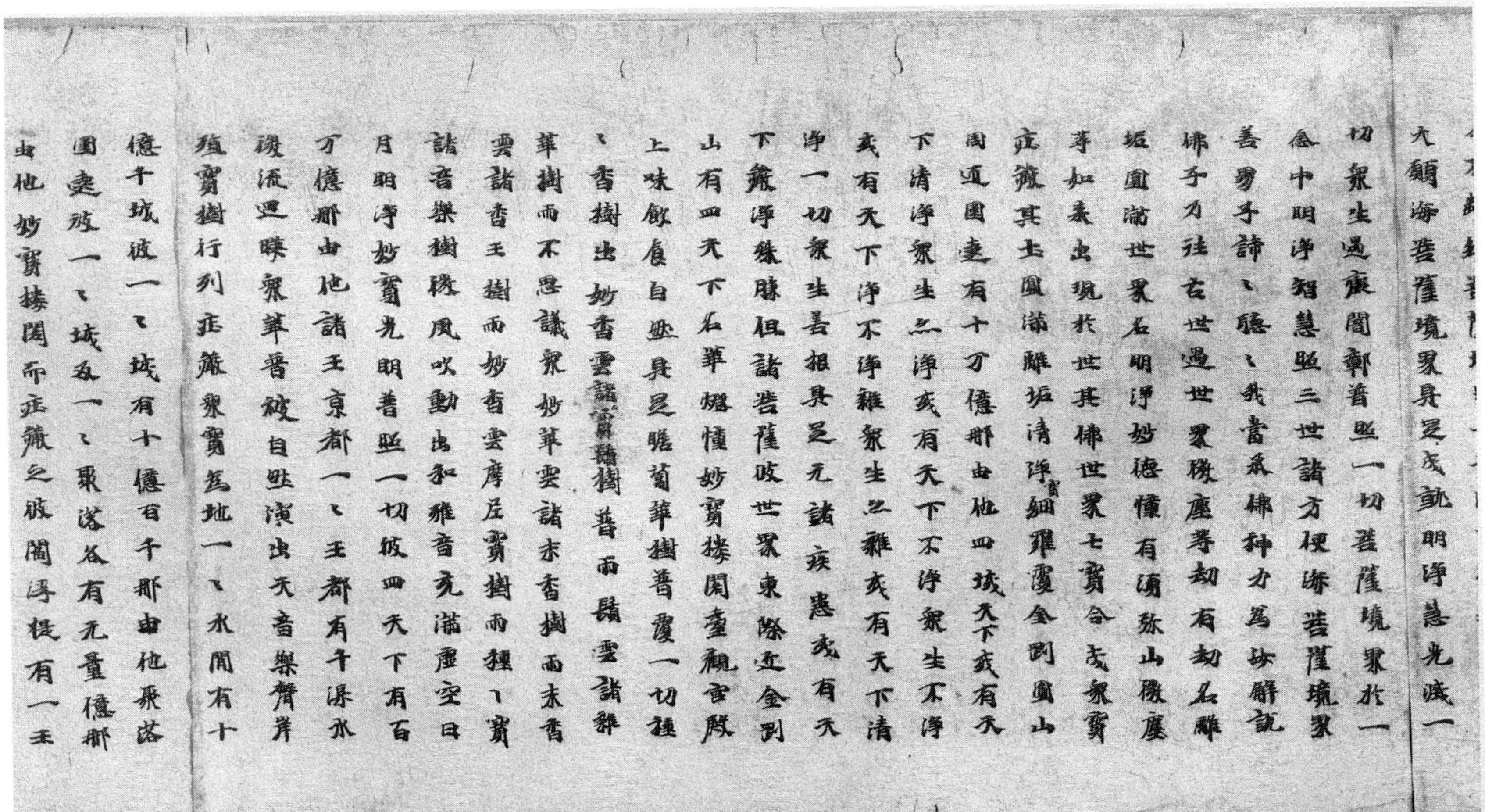

大願海菩薩境界具足成就明淨慧光滅一
切衆生愚癡闇郭普照一切菩薩境界於一
念中明淨智慧照三世諸方便海菩薩境界
善男子諦、聽、我當承佛神力為汝解說
佛子乃往古世過世界微塵等劫有劫名離
垢圓滿世界名明淨妙德幢有須弥山微塵
等如來出現於世其佛世界七寶合成衆寶
莊嚴其土圓滿離垢清淨細羅覆金剛圍山
周匝圍遶有十万億那由他四域天下或有天
下清淨衆生之淨或有天下不淨衆生不淨
或有天下淨不淨雜衆生之雜或有天下清
淨一切衆生善根具足无諸疾患或有天
下純淨殊勝但諸菩薩彼世界東際近金剛
山有四天下名華燈幢妙寶樓閣臺觀宮殿
上妙飲食自然具足瞻蔔華樹普覆一切種
、香樹出妙香雲諸寶鬘樹普雨鬘雲諸雜
華樹雨不思議衆妙華雲諸末香樹雨末香
雲諸香王樹雨妙香雲摩尼寶樹雨種、寶
諸音樂樹微風吹動出和雅音充滿虛空日
月明淨妙寶光明普照一切彼四天下有百
万億那由他諸王京都一、王都有千渠水
清流迴轉衆華普被自然演出天音樂聲岸
殖寶樹行列莊嚴衆寶為地一、水間有十
億千城彼一、城有十億百千那由他聚落
圍遶彼一、城及一、聚落各有无量億那
由他妙寶樓閣而莊嚴之彼閻浮提有一王

BD05092號　大方廣佛華嚴經（晉譯六十卷本）卷五二　（17–13）

殖寶樹行列莊嚴衆寶爲地一一水間有十
億十城彼一一城有十億百千那由他聚落
圍遶彼一一城各一一聚落各有無量億那
由他妙寶樓閣而莊嚴之彼閻浮提有一王
都名寶華燈安隱豐樂人民熾盛此諸衆生
具足脩行十善業道時彼城中有轉輪王名
日明淨寶藏妙德爲大法王治以正法從蓮
華生具三十二大人之相七寶成就王有千
子端政勇猛有十億大臣王有寶女名妙德
成滿端嚴微妙目髮紺色身如天金梵音清
淨身出光明照千由旬彼有一女名妙德眼
一切諸行皆悉具足端政殊特觀者無厭有
十億那由他諸婇女衆皆與聖王同善根行
身真金色一切毛孔皆出妙香衆寶莊嚴
超踰天女爾時衆生壽命無量或有不定或
有中夭形色不同長短名号音聲善根精進
方便亦悉不同有好有醜有讃有毀爾時有人
謂一人言我色端嚴汝形鄙陋共相陵毀作
惡業已壽命色力所受快樂皆悉損減時彼
城北有道場樹名普光明妙法音幢衆寶爲
根無能壞者莖節枝葉衆寶合成皆悉齊等
出衆寶雲普震一切放衆寶光普照十方演
妙音聲宣暢如來自在神力於其樹前有香
水池名寶華光明真法意雲衆寶爲岸有十
億百千那由他寶樹圍遶彼一一樹如菩提
樹寶瓔珞樹周匝垂下清淨妙寶以爲莊嚴

BD05092 號　大方廣佛華嚴經（晉譯六十卷本）卷五二　（17–14）

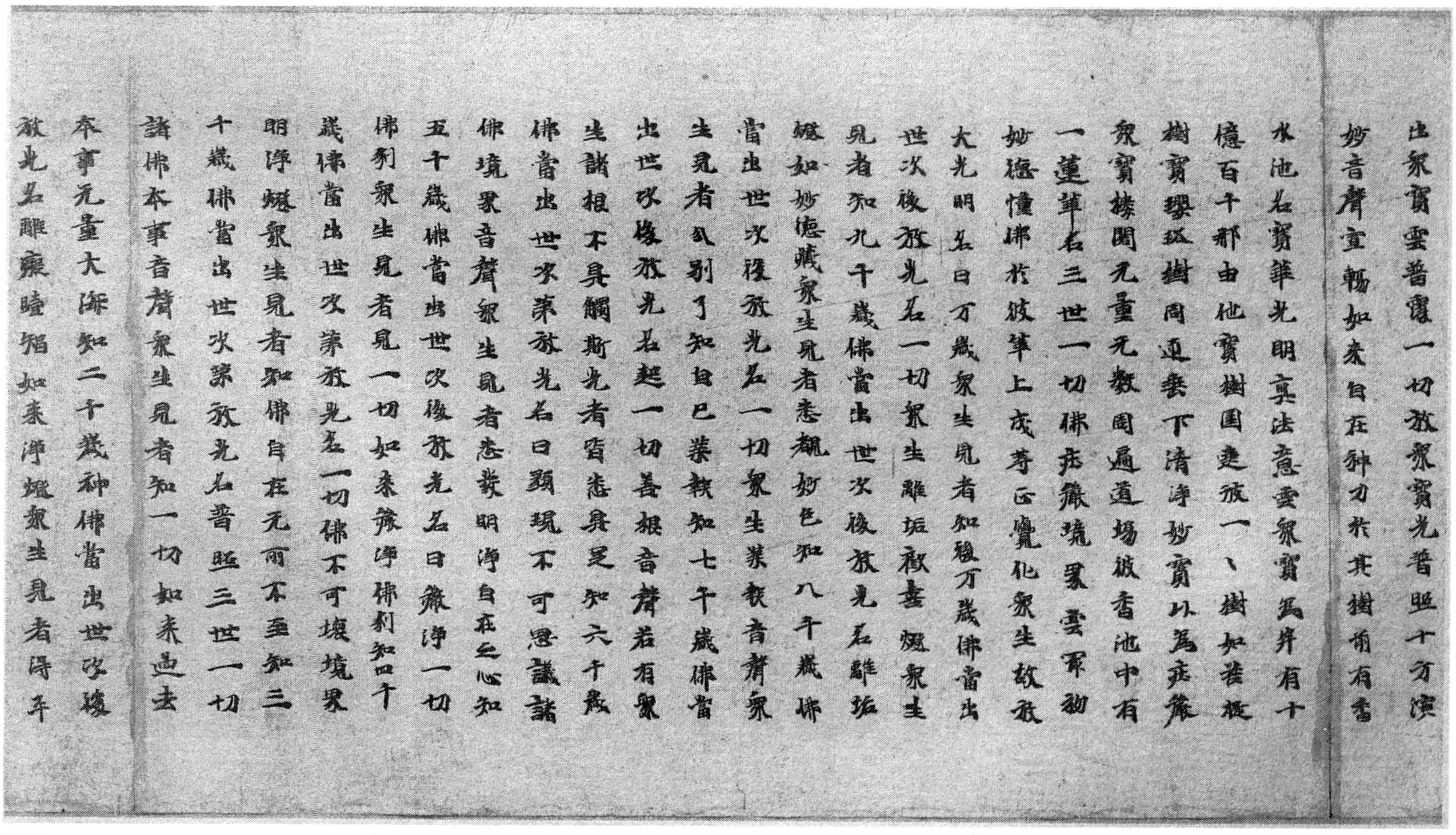
出衆寶雲普震一切放衆寶光普照十方演
妙音聲宣暢如來自在神力於其樹前有香
水池名寶華光明真法意雲衆寶爲岸有十
億百千那由他寶樹圍遶彼一一樹如菩提
樹寶瓔珞樹周匝垂下清淨妙寶以爲莊嚴
衆寶樓閣無量無數周遍道場彼香池中有
一蓮華名三世一切佛莊嚴境界雲冣初
妙德幢佛於彼華上成等正覺化衆生故放
大光明名曰万歲衆生見者知後万歲佛當出
世次後放光名一切衆生離垢歡喜燈衆生
見者知九千歲佛當出世次後放光名離垢
燈如妙德藏衆生見者悉觀妙色知八千歲佛
當出世次後放光名一切衆生業報音聲衆
生見者分別了知自己業報知七千歲佛當
出世次後放光名起一切善根音聲若有衆
生諸根不具觸斯光者皆悉具足知六千歲
佛當出世次第放光名曰顯現不可思議諸
佛境界音聲衆生見者悉獲明淨自在之心知
五千歲佛當出世次後放光名曰嚴淨一切
佛刹衆生見者見一切如來嚴淨佛刹知四千
歲佛當出世次第放光名一切佛不可壞境界
明淨燈衆生見者知佛自在無所不至知三
千歲佛當出世次第放光名普照三世一切
諸佛本事音聲衆生見者知一切如來過去
本事無量大海知二千歲神佛當出世次後
放光名離癡闇燈如來淨燈衆生見者得千

BD05092 號　大方廣佛華嚴經（晉譯六十卷本）卷五二　（17–15）

明淨嬈衆生見者知佛自在无所不至知三
千歲佛當出世次復放光名普照三世一切
諸佛本事音聲衆生見者知一切如來過去
本事无量大海知二千歲神佛當出世次復
放光名離癡瞪錔如來淨嬈衆生見者得平
等淨眼普見一切嚴淨佛剎一切如來一切
衆生知一千歲佛當出世次復放光名一切衆
生見諸如來長養善根衆生見者知後七日
佛當出世次復放光名一切衆生歡喜音聲
衆生見者一心歡喜欲見如來佛子彼佛於
一万歲中放如是等无量光明教化衆生
滿七日已佛神力故一切世界六種震動尒時
衆生於念〻中見一切佛剎皆悉清淨衆寶
莊嚴時彼世界衆生悉詣道場一切金剛圍
山須弥山王一切諸山一切變化一切音聲一
切大地一切城邑垣牆宮殿如是等一切諸
物出微妙音歌頌讚佛又出一切香雲一切寶
光明雲一切寶飛幢雲一切寶衣雲一切華雲
一切末香雲一切寶莊嚴雲一切如來圓滿
光雲一切如來大願聲雲一切如來如音聲
雲一切如來諸相好雲顯現不可思議如來
瑞應相雲出如是等一切妙雲供養如來時彼
三世一切佛莊嚴境界雲蓮華周迊出生十
佛世界微塵等衆寶蓮華彼一〻蓮花鬚上
有寶蓮花藏師子之生彼師子生上有十佛
世界微塵等菩薩摩訶薩尒時妙德幢佛於一切

BD05092 號　大方廣佛華嚴經（晉譯六十卷本）卷五二　（17–16）

三世一切佛莊嚴境界雲蓮華周迊出生十
佛世界微塵等衆寶蓮華彼一〻蓮花鬚上
有寶蓮花藏師子之生彼師子生上有十佛
世界微塵等菩薩摩訶薩尒時妙德幢佛於一切
世界隨其所應轉淨法輪令无量衆生離惡道
苦无量衆生生人天中立无量衆生於聲聞
緣覺之地立无量衆生於勇猛精進菩薩之
行立无量衆生於離垢幢精進菩薩之行立
无量衆生於法光明菩薩之行立无量衆生
於清淨根菩薩之行立无量衆生於平等諸
力菩薩之行立无量衆生於一向專求入正
法城菩薩之行立无量衆生於至一切處不
可破壞神力自在菩薩之行立无量衆生於
一切方便菩薩之行立无量衆生出生菩薩
三昧安住菩提立无量衆生緣一切淨行安
住菩提立无量衆生發菩提心立无量衆生
住菩薩道立无量衆生清淨諸波羅蜜立无
量衆生於菩薩初地乃至立无量衆生於菩
薩十地立无量衆生於菩薩大願殊勝之行立
无量衆生於普賢菩薩清淨願行何以故如來
轉不可思議 [illegible] 〻中隨其所應
以種〻身 [illegible] 无量衆
生尒時

BD05092 號　大方廣佛華嚴經（晉譯六十卷本）卷五二　（17–17）

觀書
々相光以
今所見是諸
尒時會中有二十億菩薩樂欲聽
薩見此光明普照佛土得未曾有欲知此光
所為因緣時有菩薩名曰妙光有八百弟子
是時日月燈明佛從三昧起因妙光菩薩說
大乘經名妙法蓮華教菩薩法佛所護念六
十小劫不起于座時會聽者亦坐一處六十
小劫身心不動聽佛所說謂如食頃是時眾
中无有一人若身若心而生懈惓日月燈明
佛於六十小劫說是經已即於梵魔沙門婆
羅門及天人阿脩羅眾中而宣此言如來於
今日中夜當入无餘涅槃時有菩薩名曰德
藏日月燈明佛即授其記告諸比丘是德藏
菩薩次當作佛号曰淨身多陁阿伽度阿羅
訶三藐三佛陁佛授記已便於中夜入无餘
涅槃佛滅度後妙光菩薩持妙法蓮華經滿
八十小劫為人演說日月燈明佛八子皆師

BD05093號　妙法蓮華經卷一　（16–1）

藏日月燈明佛即授其記告諸比丘是德藏
菩薩次當作佛号曰淨身多陁阿伽度阿羅
訶三藐三佛陁佛授記已便於中夜入无餘
涅槃佛滅度後妙光菩薩持妙法蓮華經滿
八十小劫為人演說日月燈明佛八子皆師
妙光妙光教化令其堅固阿耨多羅三藐三
菩提是諸王子供養无量百千万億佛已皆
成佛道其最後成佛者名曰然燈八百弟子
中有一人号曰求名貪著利養雖復讀誦眾
經而不通利多所忘失故号求名是人亦以
種諸善根因緣故得值无量百千万億諸佛
供養恭敬尊重讚歎弥勒當知尒時妙光菩
薩豈異人乎我身是也求名菩薩汝身是也
今見此瑞與本无異是故惟忖今日如來當
說大乘經名妙法蓮華教菩薩法佛所護念
尒時文殊師利於大眾中欲重宣此義而說
偈言
我念過去世　无量无數劫　有佛人中尊　号日月燈明
世尊演說法　度无量眾生　无數億菩薩　令入佛智慧
佛未出家時　所生八王子　見大聖出家　亦隨脩梵行
時佛說大乘　經名无量義　於諸大眾中　而為廣分別
佛說此經已　即於法座上　跏趺坐三昧　名无量義處
天雨曼陁華　天鼓自然鳴　諸天龍鬼神　供養人中尊
一切諸佛土　即時大震動　佛放眉間光　現諸希有事
此光照東方　万八千佛土　示一切眾生　生死業報處
有見諸佛土　以眾寶莊嚴　琉璃頗梨色　斯由佛光照

BD05093號　妙法蓮華經卷一　（16–2）

佛說此經已　即於法座上　跏趺坐三昧　名无量義處
天雨曼陁華　天鼓自然鳴　諸天龍鬼神　供養人中尊
一切諸佛土　即時大震動　佛放眉間光　現諸希有事
此光照東方　万八千佛土　示一切衆生　生死業報處
有見諸佛土　以衆寶莊嚴　瑠璃頗梨色　斯由佛光照
及見諸天人　龍神夜叉衆　乾闥緊那羅　各供養其佛
又見諸如來　自然成佛道　身色如金山　端嚴甚微妙
如淨瑠璃中　內現真金像　世尊在大衆　敷演深法義
一一諸佛土　聲聞衆无數　因佛光所照　悉見彼大衆
或有諸比丘　在於山林中　精進持淨戒　猶如護明珠
又見諸菩薩　行施忍辱等　其數如恒沙　斯由佛光照
又見諸菩薩　深入諸禪定　身心寂不動　以求无上道
又見諸菩薩　知法寂滅相　各於其國土　說法求佛道
尒時四部衆　見日月燈佛　現大神通力　其心皆歡喜
各各自相問　是事何因緣　天人所奉尊　適從三昧起
讚妙光菩薩　汝為世間眼　一切所歸信　能奉持法藏
如我所說法　唯汝能證知　世尊既讚歎　令妙光歡喜
說是法華經　滿六十小劫　不起於此座　所說上妙法
是妙光法師　悉皆能受持　佛說是法華　令衆歡喜已
尋即於是日　告於天人衆　諸法實相義　已為汝等說
我今於中夜　當入於涅槃　汝一心精進　當離於放逸
諸佛甚難值　億劫時一遇　世尊諸子等　聞佛入涅槃
各各懷悲惱　佛滅一何速　聖主法之王　安慰无量衆
我若滅度時　汝等勿憂怖　是德藏菩薩　於无漏實相
心已得通達　其次當作佛　号曰為淨身　亦度无量衆

BD05093號　妙法蓮華經卷一　（16–3）

我今於中夜　當入於涅槃　汝一心精進　當離於放逸
諸佛甚難值　億劫時一遇　世尊諸子等　聞佛入涅槃
各各懷悲惱　佛滅一何速　聖主法之王　安慰无量衆
我若滅度時　汝等勿憂怖　是德藏菩薩　於无漏實相
心已得通達　其次當作佛　号曰為淨身　亦度无量衆
佛此夜滅度　如薪盡火滅　分布諸舍利　而起无量塔
比丘比丘尼　其數如恒沙　倍復加精進　以求无上道
是妙光法師　奉持佛法藏　八十小劫中　廣宣法華經
是諸八王子　妙光所開化　堅固无上道　當見无數佛
供養諸佛已　隨順行大道　相繼得成佛　轉次而授記
最後天中天　号曰然燈佛　諸仙之導師　度脫无量衆
是妙光法師　時有一弟子　心常懷懈怠　貪著於名利
求名利无猒　多遊族姓家　棄捨所習誦　廢忘不通利
以是因緣故　号之為求名　亦行衆善業　得見无數佛
供養於諸佛　隨順行大道　具六波羅蜜　今見釋師子
其後當作佛　号名曰弥勒　廣度諸衆生　其數无有量
彼佛滅度後　懈怠者汝是　妙光法師者　今則我身是
我見燈明佛　本光瑞如此　以是知今佛　欲說法華經
今相如本瑞　是諸佛方便　今佛放光明　助發實相義
諸人今當知　合掌一心待　佛當雨法雨　充足求道者
諸求三乘人　若有疑悔者　佛當為除斷　令盡无有餘

妙法蓮華經方便品第二

尒時世尊從三昧安詳而起告舍利弗諸佛
智慧甚深无量其智慧門難解難入一切聲
聞辟支佛所不能知所以者何佛曾親近百
千万億无數諸佛盡行諸佛无量道法勇猛
[illegible]

BD05093號　妙法蓮華經卷一　（16–4）

妙法蓮華經方便品第二
尒時世尊從三昧安詳而起告舍利弗諸佛
智慧甚深无量甚智慧門難解難入一切聲
聞辟支佛所不能知所以者何佛曾親近百
千万億无數諸佛盡行諸佛无量道法勇猛
精進名稱普聞成就甚深未曾有法隨宜所
說意趣難解舍利弗吾從成佛已來種種因
緣種種譬喻廣演言教无數方便引導衆生
令離諸著所以者何如來方便知見波羅蜜
皆已具足舍利弗如來知見廣大深遠无量
无礙力无所畏禪定解脫三昧深入无際成
就一切未曾有法舍利弗如來能種種分別
巧說諸法言辭柔耎悅可衆心舍利弗取要
言之无量无邊未曾有法佛悉成就止舍利
弗不須復說所以者何佛所成就第一希有
難解之法唯佛與佛乃能究盡諸法實相所
謂諸法如是相如是性如是體如是力如是
作如是因如是緣如是果如是報如是本末
究竟等尒時世尊欲重宣此義而說偈言
世雄不可量　諸天及世人　一切衆生類　无能知佛者
佛力无所畏　解脫諸三昧　及佛諸餘法　无能測量者
本從无數佛　具足行諸道　甚深微妙法　難見難可了
於无量億劫　行此諸道已　道場得成果　我已悉知見
如是大果報　種種性相義　我及十方佛　乃能知是事
是法不可示　言辭相寂滅　諸餘衆生類　无有能得解
除諸菩薩衆　信力堅固者　諸佛弟子衆　曾供養諸佛

佛力无所畏　解脫諸三昧　及佛諸餘法　无能測量者
本從无數佛　具足行諸道　甚深微妙法　難見難可了
於无量億劫　行此諸道已　道場得成果　我已悉知見
如是大果報　種種性相義　我及十方佛　乃能知是事
是法不可示　言辭相寂滅　諸餘衆生類　无有能得解
除諸菩薩衆　信力堅固者　諸佛弟子衆　曾供養諸佛
一切漏已盡　住是最後身　如是諸人等　其力所不堪
假使滿世間　皆如舍利弗　盡思共度量　不能測佛智
正使滿十方　皆如舍利弗　及餘諸弟子　亦滿十方刹
盡思共度量　亦復不能知　辟支佛利智　无漏最後身
亦滿十方界　其數如竹林　斯等共一心　於億无量劫
欲思佛實智　莫能知少分　新發意菩薩　供養无數佛
了達諸義趣　又能善說法　如稻麻竹葦　充滿十方刹
一心以妙智　於恒河沙劫　咸皆共思量　不能知佛智
不退諸菩薩　其數如恒沙　一心共思求　亦復不能知
又告舍利弗　无漏不思議　甚深微妙法　我今已具得
唯我知是相　十方佛亦然　舍利弗當知　諸佛語无異
於佛所說法　當生大信力　世尊法久後　要當說真實
告諸聲聞衆　及求緣覺乘　我令脫苦縛　逮得涅槃者
佛以方便力　示以三乘教　衆生處處著　引之令得出
尒時大衆中有諸聲聞漏盡阿羅漢阿若憍
陳如等千二百人及發聲聞辟支佛心比丘
比丘尼優婆塞優婆夷各作是念今者世尊
何故慇懃稱歎方便而作是言佛所得法甚
深難解有所言說意趣難知一切聲聞辟支
佛所不能及佛說一解脫義我等亦得此法

陳如等千二百人及發聲聞辟支佛心比丘
比丘尼優婆塞優婆夷各作是念今者世尊
何故慇懃稱歎方便而作是言佛所得法甚
深難解有所言說意趣難知一切聲聞辟支
佛所不能及佛說一解脫義我等亦得此法
到於涅槃而今不知是義所趣尒時舍利弗
知四衆心疑自亦未了而白佛言世尊何因
何緣慇懃稱歎諸佛第一方便甚深微妙難
解之法我自昔來未曾從佛聞如是說今者
四衆咸皆有疑唯願世尊敷演斯事世尊何
故慇懃稱歎甚深微妙難解之法尒時舍利
弗欲重宣此義而說偈言
慧日大聖尊 久乃說是法 自說得如是 力无畏三昧
禪定解脫等 不可思議法 道場所得法 无能發問者
我意難可測 亦无能問者 无問而自說 稱歎所行道
智慧甚微妙 諸佛之所得 无漏諸羅漢 及求涅槃者
今皆墮疑網 佛何故說是 其求緣覺者 比丘比丘尼
諸天龍鬼神 及乾闥婆等 相視懷猶豫 瞻仰兩足尊
是事為云何 願佛為解說 於諸聲聞衆 佛說我第一
我今自於智 疑惑不能了 為是究竟法 為是所行道
佛口所生子 合掌瞻仰待 願出微妙音 時為如實說
諸天龍神等 其數如恒沙 求佛諸菩薩 大數有八万
又諸万億國 轉輪聖王至 合掌以敬心 欲聞具足道
尒時佛告舍利弗止止不須復說若說是事
一切世間諸天及人皆當驚疑舍利弗重白
佛言世尊唯願說之唯願說之所以者何是

諸天龍神等 其數如恒沙 求佛諸菩薩 大數有八万
又諸万億國 轉輪聖王至 合掌以敬心 欲聞具足道
尒時佛告舍利弗止止不須復說若說是事
一切世間諸天及人皆當驚疑舍利弗重白
佛言世尊唯願說之唯願說之所以者何是
會无數百千万億阿僧祇衆生曾見諸佛諸
根猛利智慧明了聞佛所說則能敬信尒時
舍利弗欲重宣此義而說偈言
法王无上尊 唯說願勿慮 是會无量衆 有能敬信者
佛復止舍利弗若說是事一切世間天人阿
脩羅皆當驚疑增上慢比丘將墜於大坑尒
時世尊重說偈言
止止不須說 我法妙難思 諸增上慢者 聞必不敬信
尒時舍利弗重白佛言世尊唯願說之唯願
說之今此會中如我等比百千万億世世已曾
從佛受化如此人等必能敬信長夜安隱多
所饒益尒時舍利弗欲重宣此義而說偈言
无上兩足尊 願說第一法 我為佛長子 唯垂分別說
是會无量衆 能敬信此法 佛已曾世世 教化如是等
皆一心合掌 欲聽受佛語 我等千二百 及餘求佛者
願為此衆故 唯垂分別說 是等聞此法 則生大歡喜
尒時世尊告舍利弗汝已慇懃三請豈得不
說汝今諦聽善思念之吾當為汝分別解說
說此語時會中有比丘比丘尼優婆塞優婆
夷五千人等即從座起礼佛而退所以者何
此輩罪根深重及增上慢未得謂得未證謂

尒時世尊告舍利弗汝已慇懃三請豈得不
說汝今諦聽善思念之吾當為汝分別解說
說此語時會中有比丘比丘尼優婆塞優婆
夷五千人等即從座起礼佛而退所以者何
此輩罪根深重及增上慢未得謂得未證謂
證有如此失是以不住世尊黙然而不制止
尒時佛告舍利弗我今此衆无復枝葉純有
貞實舍利弗如是增上慢人退亦佳矣汝今
善聽當為汝說舍利弗言唯然世尊願樂欲
聞佛告舍利弗如是妙法諸佛如來時乃說
之如優曇鉢華時一現耳舍利弗汝等當信
佛之所說言不虛妄舍利弗諸佛隨宜說法
意趣難解所以者何我以无數方便種種因
緣譬喻言辞演說諸法是法非思量分別之
所能解唯有諸佛乃能知之所以者何諸佛
世尊唯以一大事因緣故出現於世舍利弗
云何名諸佛世尊唯以一大事因緣故出現
於世諸佛世尊欲令衆生開佛知見使得清
淨故出現於世欲示衆生佛之知見故出現
於世欲令衆生悟佛知見故出現於世欲令
衆生入佛知見道故出現於世舍利弗是為
諸佛以一大事因緣故出現於世佛告舍利
弗諸佛如來但教化菩薩諸有所作常為一
事唯以佛之知見示悟衆生舍利弗如來但
以一佛乘故為衆生說法无有餘乘若二若
三舍利弗一切十方諸佛法亦如是舍利弗

BD05093 號　妙法蓮華經卷一　（16–9）

衆生入佛知見道故出現於世舍利弗是為
諸佛以一大事因緣故出現於世佛告舍利
弗諸佛如來但教化菩薩諸有所作常為一
事唯以佛之知見示悟衆生舍利弗如來但
以一佛乘故為衆生說法无有餘乘若二若
三舍利弗一切十方諸佛法亦如是舍利弗
過去諸佛以无量无數方便種種因緣譬喻
言辞而為衆生演說諸法是法皆為一佛乘
故是諸衆生從佛聞法究竟皆得一切種
智舍利弗未來諸佛當出於世亦以无量无
數方便種種因緣譬喻言辞而為衆生演說
諸法是法皆為一佛乘故是諸衆生從佛聞
法究竟皆得一切種智舍利弗現在十方无
量百千万億佛土中諸佛世尊多所饒益安
樂衆生是諸佛亦以无量无數方便種種因
緣譬喻言辞而為衆生演說諸法是法皆為
一佛乘故是諸衆生從佛聞法究竟皆得一
切種智舍利弗是諸佛但教化菩薩欲以佛
之知見示衆生故欲以佛之知見悟衆生故
欲令衆生入佛知見故舍利弗我今亦復如
是知諸衆生有種種欲深心所著隨其本性
以種種因緣譬喻言辞方便力而為說法舍
利弗如此皆為得一佛乘一切種智故舍利
弗十方世界中尚无二乘何况有三舍利弗
諸佛出於五濁惡世所謂劫濁煩惱濁衆生

BD05093 號　妙法蓮華經卷一　（16–10）

是知諸衆生有種種欲深心所著隨其本性
以種種因緣譬喻言辭方便力而為說法舍
利弗如此皆為得一佛乘一切種智故舍利
弗十方世界中尚無二乘何況有三舍利弗
諸佛出於五濁惡世所謂劫濁煩惱濁衆生
濁見濁命濁如是舍利弗劫濁亂時衆生垢
重慳貪嫉妬成就諸不善根故諸佛以方便
力於一佛乘分別說三舍利弗若我弟子
自謂阿羅漢辟支佛者不聞不知諸佛如來
但教化菩薩事此非佛弟子非阿羅漢非辟
支佛又舍利弗是諸比丘比丘尼自謂已得
阿羅漢是最後身究竟涅槃便不復志求阿
耨多羅三藐三菩提當知此輩皆是增上慢
人所以者何若有比丘實得阿羅漢若不信
此法無有是處除佛滅度後現前無佛所以
者何佛滅度後如是等經受持讀誦解義者
是人難得若遇餘佛於此法中便得決了舍
利弗汝等當一心信解受持佛語諸佛如來
言無虛妄無有餘乘唯一佛乘尒時世尊欲
重宣此義而說偈言
比丘比丘尼　有懷增上慢　優婆塞我慢　優婆夷不信
如是四衆等　其數有五千　不自見其過　於戒有缺漏
護惜其瑕疵　是小智已出　衆中之糟糠　佛威德故去
斯人尠福德　不堪受是法　此衆無枝葉　唯有諸貞實
舍利弗善聽　諸佛所得法　無量方便力　而為衆生說

比丘比丘尼　有懷增上慢　優婆塞我慢　優婆夷不信
如是四衆等　其數有五千　不自見其過　於戒有缺漏
護惜其瑕疵　是小智已出　衆中之糟糠　佛威德故去
斯人尠福德　不堪受是法　此衆無枝葉　唯有諸貞實
舍利弗善聽　諸佛所得法　無量方便力　而為衆生說
衆生心所念　種種所行道　若干諸欲性　先世善惡業
佛悉知是已　以諸緣譬喻　言辭方便力　令一切歡喜
或說修多羅　伽陀及本事　本生未曾有　亦說於因緣
譬喻并祇夜　優波提舍經　鈍根樂小法　貪著於生死
於諸無量佛　不行深妙道　衆苦所惱亂　為是說涅槃
我設是方便　令得入佛慧　未曾說汝等　當得成佛道
所以未曾說　說時未至故　今正是其時　決定說大乘
我此九部法　隨順衆生說　入大乘為本　以故說是經
有佛子心淨　柔軟亦利根　無量諸佛所　而行深妙道
為此諸佛子　說是大乘經　我記如是人　來世成佛道
以深心念佛　修持淨戒故　此等聞得佛　大喜充遍身
佛知彼心行　故為說大乘　聲聞若菩薩　聞我所說法
乃至於一偈　皆成佛無疑　十方佛土中　唯有一乘法
無二亦無三　除佛方便說　但以假名字　引導於衆生
說佛智慧故　諸佛出於世　唯此一事實　餘二則非真
終不以小乘　濟度於衆生　佛自住大乘　如其所得法
定慧力莊嚴　以此度衆生　自證無上道　大乘平等法
若以小乘化　乃至於一人　我則墮慳貪　此事為不可
若人信歸佛　如來不欺誑　亦無貪嫉意　斷諸法中惡
故佛於十方　而獨無所畏　我以相嚴身　光明照世間
無量衆所尊　為說實相印　舍利弗當知　我本立誓願

終不以小乘 濟度於衆生 佛自住大乘 如其所得法
定慧力莊嚴 以此度衆生 自證无上道 大乘平等法
若以小乘化 乃至於一人 我則墮慳貪 此事為不可
若人信歸佛 如來不欺誑 亦无貪嫉意 斷諸法中惡
故佛於十方 而獨无所畏 我以相嚴身 光明照世間
无量衆所尊 為說實相印 舍利弗當知 我本立誓願
欲令一切衆 如我等无異 如我昔所願 今者已滿足
化一切衆生 皆令入佛道 若我遇衆生 盡教以佛道
无智者錯亂 迷惑不受教 我知此衆生 未曾脩善本
堅著於五欲 癡愛故生惱 以諸欲因緣 墜墮三惡道
輪迴六趣中 備受諸苦毒 受胎之微形 世世常增長
薄德少福人 衆苦所逼迫 入邪見稠林 若有若无等
依止此諸見 具足六十二 深著虛妄法 堅受不可捨
我慢自矜高 諂曲心不實 於千万億劫 不聞佛名字
亦不聞正法 如是人難度 是故舍利弗 我為設方便
說諸盡苦道 示之以涅槃 我雖說涅槃 是亦非真滅
諸法從本來 常自寂滅相 佛子行道已 來世得作佛
我有方便力 開示三乘法 一切諸世尊 皆說一乘道
今此諸大衆 皆應除疑惑 諸佛語无異 唯一无二乘
過去无數劫 无量滅度佛 百千万億種 其數不可量
如是諸世尊 種種緣譬喻 无數方便力 演說諸法相
是諸世尊等 皆說一乘法 化无量衆生 令入於佛道
又諸大聖主 知一切世間 天人群生類 深心之所欲
更以異方便 助顯第一義 若有衆生類 值諸過去佛
若聞法布施 或持戒忍辱 精進禪智等 種種脩福德
如是諸人等 皆已成佛道 諸佛滅度已 若人善耎心

BD05093號　妙法蓮華經卷一 （16–13）

如是諸世尊 種種緣譬喻 无數方便力 演說諸法相
是諸世尊等 皆說一乘法 化无量衆生 令入於佛道
又諸大聖主 知一切世間 天人群生類 深心之所欲
更以異方便 助顯第一義 若有衆生類 值諸過去佛
若聞法布施 或持戒忍辱 精進禪智等 種種脩福德
如是諸人等 皆已成佛道 諸佛滅度已 若人善耎心
如是諸衆生 皆已成佛道 諸佛滅度已 供養舍利者
起万億種塔 金銀及頗梨 車𤦲與馬瑙 玫瑰瑠璃珠
清淨廣嚴飾 莊校於諸塔 或有起石廟 栴檀及沉水
木樒并餘材 甎瓦泥土等 若於曠野中 積土成佛廟
乃至童子戲 聚沙為佛塔 如是諸人等 皆已成佛道
若人為佛故 建立諸形像 刻彫成衆相 皆已成佛道
或以七寶成 鍮鉐赤白銅 白鑞及鈆錫 鐵木及與泥
或以膠漆布 嚴飾作佛像 如是諸人等 皆已成佛道
采畫作佛像 百福莊嚴相 自作若使人 皆已成佛道
乃至童子戲 若草木及筆 或以指爪甲 而畫作佛像
如是諸人等 漸漸積功德 具足大悲心 皆已成佛道
但化諸菩薩 度脫无量衆 若人於塔廟 寶像及畫像
以華香幡蓋 敬心而供養 若使人作樂 擊鼓吹角貝
簫笛琴箜篌 琵琶鐃銅鈸 如是衆妙音 盡持以供養
或以歡喜心 歌唄頌佛德 乃至一小音 皆已成佛道
若人散亂心 乃至以一華 供養於畫像 漸見无數佛
或有人禮拜 或復但合掌 乃至舉一手 或復小低頭
以此供養像 漸見无量佛 自成无上道 廣度无數衆
入无餘涅槃 如薪盡火滅 若人散亂心 入於塔廟中
一稱南无佛 皆已成佛道 於諸過去佛 在世或滅後

BD05093號　妙法蓮華經卷一 （16–14）

或以歡喜心　歌唄頌佛德　乃至一小音　皆已成佛道
若人散亂心　乃至以一華　供養於畫像　漸見无數佛
或有人礼拜　或復但合掌　乃至舉一手　或復小低頭
以此供養像　漸見无量佛　自成无上道　廣度无數衆
入无餘涅槃　如薪盡火滅　若人散亂心　入於塔廟中
一稱南无佛　皆已成佛道　於諸過去佛　在世或滅後
若有聞是法　皆已成佛道　未來諸世尊　其數无有量
是諸如來等　亦方便說法　一切諸如來　以无量方便
度脫諸衆生　入佛无漏智　若有聞法者　无一不成佛
諸佛本誓願　我所行佛道　普欲令衆生　亦同得此道
未來世諸佛　雖說百千億　无數諸法門　其實爲一乘
諸佛兩足尊　知法常无性　佛種從緣起　是故說一乘
是法住法位　世間相常住　於道場知已　導師方便說
天人所供養　現在十方佛　其數如恒沙　出現於世間
安隱衆生故　亦說如是法　知第一寂滅　以方便力故
雖示種種道　其實爲佛乘　知衆生諸行　深心之所念
過去所習業　欲性精進力　及諸根利鈍　以種種因緣
譬喻亦言辭　隨應方便說　今我亦如是　安隱衆生故
以種種法門　宣示於佛道　我以智慧力　知衆生性欲
方便說諸法　皆令得歡喜　舍利弗當知　我以佛眼觀
見六道衆生　貧窮无福慧　入生死險道　相續苦不斷
深著於五欲　如犛牛愛尾　以貪愛自蔽　盲瞑无所見
不求大勢佛　及與斷苦法　深入諸邪見　以苦欲捨苦
爲是衆生故　而起大悲心　我始坐道場　觀樹亦經行
於三七日中　思惟如是事　我所得智慧　微妙最第一
衆生諸根鈍　著樂癡所盲　如斯之等類　云何而可度

BD05093號　妙法蓮華經卷一　（16–15）

是諸如來等　亦方便說法　一切諸如來　以无量方便
度脫諸衆生　入佛无漏智　若有聞法者　无一不成佛
諸佛本誓願　我所行佛道　普欲令衆生　亦同得此道
未來世諸佛　雖說百千億　无數諸法門　其實爲一乘
諸佛兩足尊　知法常无性　佛種從緣起　是故說一乘
是法住法位　世間相常住　於道場知已　導師方便說
天人所供養　現在十方佛　其數如恒沙　出現於世間
安隱衆生故　亦說如是法　知第一寂滅　以方便力故
雖示種種道　其實爲佛乘　知衆生諸行　深心之所念
過去所習業　欲性精進力　及諸根利鈍　以種種因緣
譬喻亦言辭　隨應方便說　今我亦如是　安隱衆生故
以種種法門　宣示於佛道　我以智慧力　知衆生性欲
方便說諸法　皆令得歡喜　舍利弗當知　我以佛眼觀
見六道衆生　貧窮无福慧　入生死險道　相續苦不斷
深著於五欲　如犛牛愛尾　以貪愛自蔽　盲瞑无所見
不求大勢佛　及與斷苦法　深入諸邪見　以苦欲捨苦
爲是衆生故　而起大悲心　我始坐道場　觀樹亦經行
於三七日中　思惟如是事　我所得智慧　微妙最第一
衆生諸根鈍　著樂癡所盲　如斯之等類　云何而可度
爾時諸梵王　及諸天帝釋　護世四天王　及大自在天

BD05093號　妙法蓮華經卷一　（16–16）

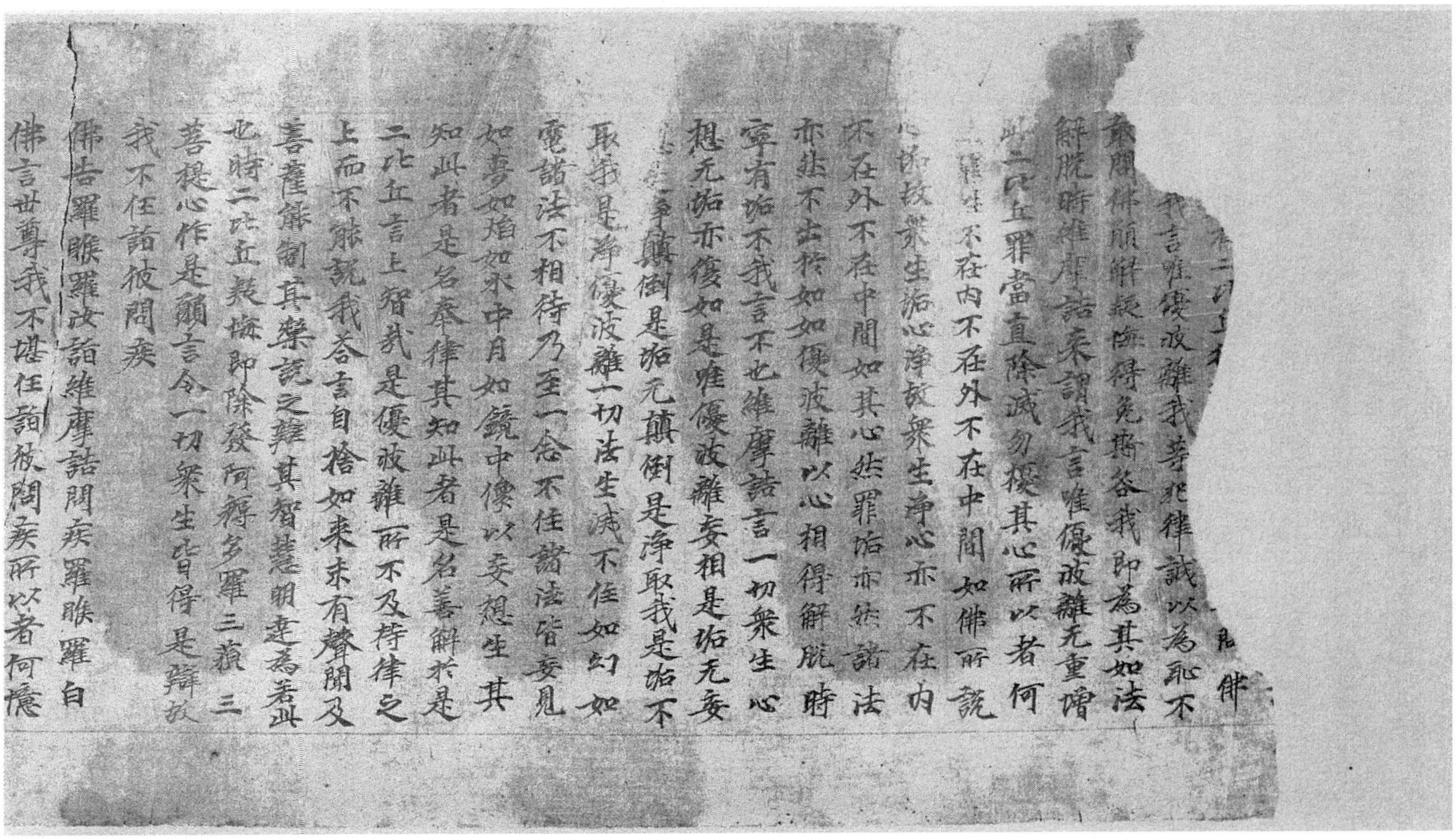

……二……問佛
我言唯優波離我等犯律誠以為恥不
敢問佛願解疑悔得免斯咎我即為其如法
解說時維摩詰來謂我言唯優波離无重增
此二比丘罪當直除滅勿擾其心所以者何
彼罪性不在內不在外不在中間如佛所說
心垢故眾生垢心淨故眾生淨心亦不在內
亦不在外不在中間如其心然罪垢亦然諸法
亦然不出於如如優波離以心相得解脫時
寧有垢不我言不也維摩詰言一切眾生心
相无垢亦復如是唯優波離妄相是垢无妄
相是淨顛倒是垢无顛倒是淨取我是垢不
取我是淨優波離一切法生滅不住如幻如
電諸法不相待乃至一念不住諸法皆妄見
如夢如焰如水中月如鏡中像以妄想生其
知此者是名奉律其知此者是名善解於是
二比丘言上智哉是優波離所不及持律之
上而不能說我答言自捨如來未有聲聞及
菩薩能制其樂說之辯其智慧明達為若此
也時二比丘疑悔即除發阿耨多羅三藐三
菩提心作是願言令一切眾生皆得是辯故
我不任詣彼問疾
佛告羅睺羅汝詣維摩詰問疾羅睺羅白
佛言世尊我不堪任詣彼問疾所以者何憶

BD05094 號　維摩詰所說經卷上　（8–1）

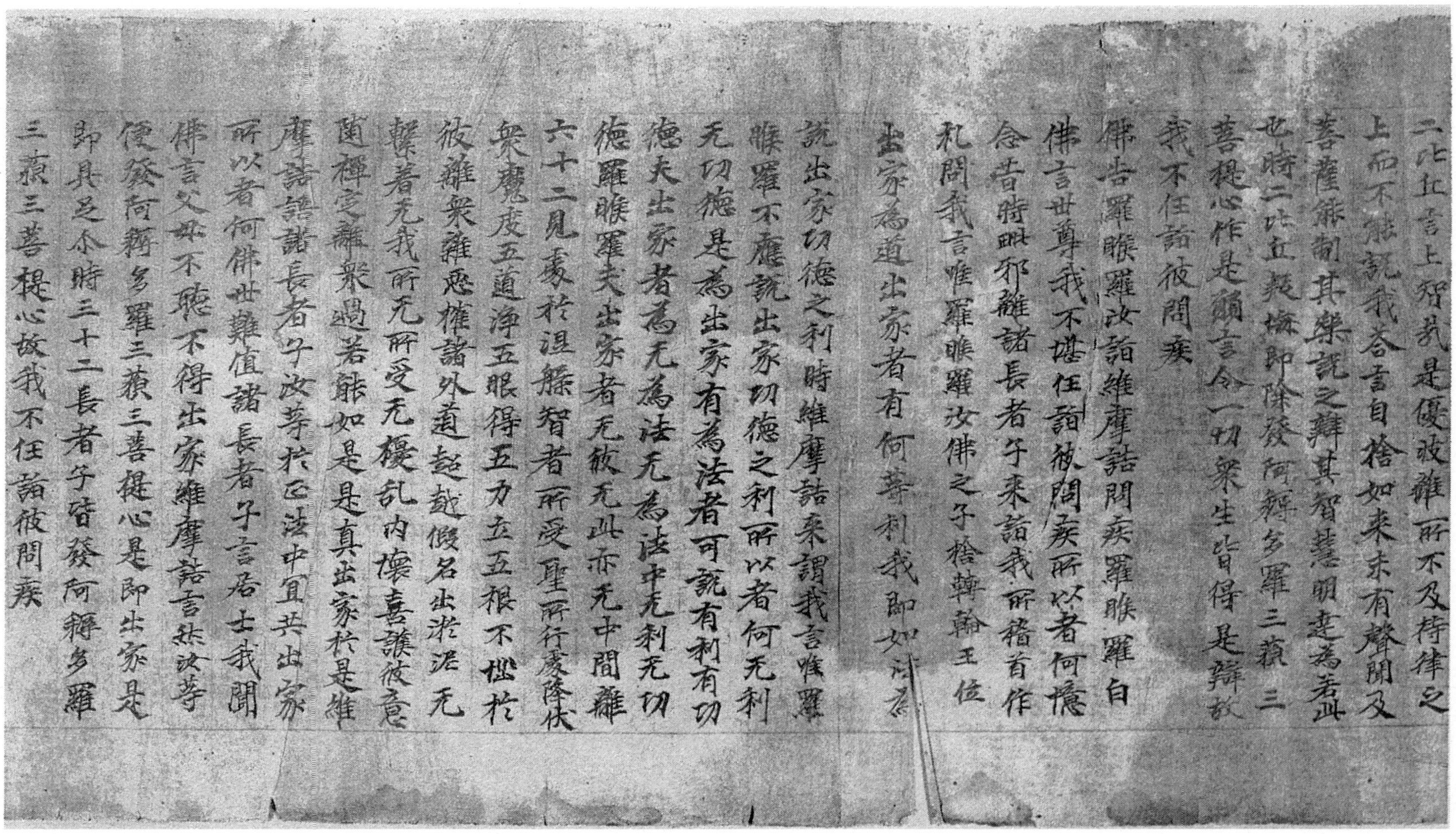

二比丘言上智哉是優波離所不及持律之
上而不能說我答言自捨如來未有聲聞及
菩薩能制其樂說之辯其智慧明達為若此
也時二比丘疑悔即除發阿耨多羅三藐三
菩提心作是願言令一切眾生皆得是辯故
我不任詣彼問疾
佛告羅睺羅汝詣維摩詰問疾羅睺羅白
佛言世尊我不堪任詣彼問疾所以者何憶
念昔時毗耶離諸長者子來詣我所稽首作
禮問我言唯羅睺羅汝佛之子捨轉輪王位
出家為道出家者有何等利我即如法為
說出家功德之利時維摩詰來謂我言唯羅
睺羅不應說出家功德之利所以者何无利
无功德是為出家有為法者可說有利有功
德夫出家者為无為法无為法中无利无功
德羅睺羅夫出家者无彼无此亦无中間離
六十二見處於涅槃智者所受聖所行處降伏
眾魔度五道淨五眼得五力立五根不惱於
彼離眾雜惡摧諸外道超越假名出淤泥无
繫著无我所无所受无擾亂內懷喜護彼意
隨禪定離眾過若能如是是真出家於是維
摩詰語諸長者子汝等於正法中宜共出家
所以者何佛世難值諸長者子言居士我聞
佛言父母不聽不得出家維摩詰言然汝等
便發阿耨多羅三藐三菩提心是即出家是
即具足尒時三十二長者子皆發阿耨多羅
三藐三菩提心故我不任詣彼問疾

BD05094 號　維摩詰所說經卷上　（8–2）

所以者何佛世難值諸長者子言居士我聞
佛言父母不聽不得出家維摩詰言然汝等
便發阿耨多羅三藐三菩提心是即出家是
即具足尒時三十二長者子皆發阿耨多羅
三藐三菩提心故我不任詣彼問疾
佛告阿難汝行詣維摩詰問疾阿難白佛言
世尊我不堪任詣彼問疾所以者何憶念昔
時世尊身小有疾當用牛乳我即持鉢詣大
婆羅門家門下立時維摩詰來謂我言唯阿
難何為晨朝持鉢住此我言居士世尊身小
有疾當用牛乳故來至此維摩詰言止止阿
難莫作是語如來身者金剛之體諸惡已斷
衆善普會當有何疾當有何惱嘿往阿難勿謗
如來莫使異人聞此麁言令大威德諸天
及他方淨土諸來菩薩得斯語阿難轉
輪聖王以少福故尚得无病豈況如來无量福
會普勝者哉行矣阿難勿使我等受斯恥也
外道梵志若聞此語當作是念何名為師自
疾不能救而能救諸疾人可密速去勿使人
聞當知阿難諸如來身即是法身非思欲身
佛為世尊過於三界佛身无漏諸漏已盡佛
身无為不墮諸數如此之身當有何病時
我世尊實懷慙愧得无近佛而謬聽耶即聞
空中聲曰阿難如居士言但為佛出五濁惡
世現行斯法度脫衆生行矣阿難取乳勿慙
世尊維摩詰智慧辯才為若此也是故不任
詣彼問疾如來百大弟子各各向佛說其本

BD05094 號　維摩詰所說經卷上　（8–3）

我世尊實懷慙愧得无近佛而謬聽耶即聞
空中聲曰阿難如居士言但為佛出五濁惡
世現行斯法度脫衆生行矣阿難取乳勿慙
世尊維摩詰智慧辯才為若此也是故不任
詣彼問疾如來百大弟子各各向佛說其本
緣稱述維摩詰所言皆曰不任詣彼問疾

菩薩品第四

於是佛告弥勒菩薩汝行詣維摩詰問疾弥
勒白佛言世尊我不堪任詣彼問疾所以者
何憶念我昔為兜率天王其眷屬說不退
轉地之行時維摩詰來謂我言弥勒世尊授
仁者記一生當得阿耨多羅三藐三菩提為
用何生得受記乎過去耶未來耶現在耶若
過去生過去生已滅若未來生未來生未至若
現在生現在生无住如佛所說比丘汝今即
時亦生亦老亦滅若以无生得受記者无生
即是正位於正位中亦无受記亦无得阿耨
多羅三藐三菩提云何弥勒受一生記乎為
從如生得受記耶為從如滅得受記耶若
以如生得受記者如无有生若以如滅得受
記者如无有滅一切衆生皆如也一切法亦
如也衆聖賢亦如也至弥勒亦如也若弥
勒得受記者一切衆生亦應受記所以者何
夫如者不二不異若弥勒得阿耨多羅三藐
三菩提者一切衆生皆亦應得所以者何一
切衆生即菩提相若弥勒滅度者一切衆生
亦當滅度所以者何諸佛知一切衆生畢竟

BD05094 號　維摩詰所說經卷上　（8–4）

勒得受記者一切衆生亦應受記所以者何
夫如者不二不異若弥勒得阿耨多羅三藐
三菩提者一切衆生皆亦應得所以者何一
切衆生即菩提相若弥勒滅度者一切衆生
亦當滅度所以者何諸佛知一切衆生畢竟
寂滅即涅槃相不復更滅是故弥勒无以此
法誘諸天子實无發阿耨多羅三藐三菩提
心者亦无退者弥勒當令此諸天子捨於分
别菩提之見所以者何菩提者不可以身得不
可以心得寂滅是菩提滅諸相故不觀是
菩提離諸緣故不行是菩提无憶念故斷是
菩提捨諸見故離是菩提離諸妄想故鄣是
菩提鄣諸願故不入是菩提无貪著故順是
菩提順於如故住是菩提住法性故至是菩
提至實際故不二是菩提離意法故等是菩
提等虚空故无為是菩提无生住滅故知是
菩提了衆生心行故不會是菩提諸入不會
故不合是菩提離煩惱習故无處是菩提无
形色故假名是菩提名字空故如化是菩提
无取捨故无乱是菩提常自静故善寂是菩
提性清淨故无取是菩提離攀緣故无異是
菩提諸法等故无比是菩提无可喻故微妙
是菩提諸法難知故世尊維摩詰説是法時
二百天子得无生法忍故我不任詣彼問疾
佛告光嚴童子汝行詣維摩詰問疾光嚴白
佛言世尊我不堪任詣彼問疾所以者何憶
念我昔出毗耶離大城時維摩詰方入城我

BD05094號　維摩詰所説經卷上　（8–5）

是菩提諸法難知故世尊維摩詰説是法時
二百天子得无生法忍故我不任詣彼問疾
佛告光嚴童子汝行詣維摩詰問疾光嚴白
佛言世尊我不堪任詣彼問疾所以者何憶
念我昔出毗耶離大城時維摩詰方入城我
即為作礼而問言居士從何所來荅我言吾
從道場來我問道場者何所是荅曰直心是
道場无虚假故發行是道場能辦事故深心
是道場增益功德故菩提心是道場无錯謬
故布施是道場不望報故持戒是道場得願
具故忍辱是道場於諸衆生心无礙故精進
是道場不懈退故禪定是道場心調柔故智
慧是道場現見諸法故慈是道場等衆生故
悲是道場忍疲苦故喜是道場悦樂法故捨
是道場憎愛斷故神通是道場成就六通故
解脫是道場能背捨故方便是道場教化衆
生故四攝是道場攝衆生故多聞是道場如
聞行故伏心是道場正觀諸法故卅七品是
道場捨有為法故諦是道場不誑世間故緣
起是道場无明乃至老死皆无盡故諸煩惱
是道場知如實故衆生是道場知无我故一
切法是道場知諸法空故降魔是道場不傾
動故三界是道場无所趣故師子吼是道場
无所畏故力无畏不共法是道場无諸過故
三明是道場无餘礙故一念知一切法是道
場成就一切智故如是善男子菩薩若應諸
波羅蜜教化衆生諸

BD05094號　維摩詰所説經卷上　（8–6）

切法是道場知諸法空故降魔是道場不傾
動故三界是道場无所趣故師子吼是道場
无所畏故力无畏不共法是道場无諸過故
三明是道場无餘礙故一念知一切法是道
場成就一切智故如是善男子菩薩若應諸
波羅蜜教化衆生諸有所作舉足下足當知
皆從道場來住於佛法矣說是法時五百天
人皆發阿耨多羅三藐三菩提心故我不任
詣彼問疾
佛告持世菩薩汝行詣維摩詰問疾持世白
佛言世尊我不堪任詣彼問疾所以者何憶
念我昔住於靜室時魔波旬從萬二千天女
狀如帝釋鼓樂絃歌來詣我所與其眷屬稽
首我足合掌恭敬於一面立我意謂是帝釋
而語之言善來憍尸迦雖福應有不當自恣
當觀五欲无常以求善本於身命財而修堅
法即語我言正士受是萬二千天女可備掃
灑我言憍尸迦无以此非法之物要我沙門
釋子此非我宜所言未訖時維摩詰來謂我
言非帝釋也是為魔來嬈固汝耳即語魔言
是諸女等可以與我如我應受魔即驚懼念
維摩詰將无惱我欲隱形去而不能隱盡其
神力亦不得去即聞空中聲曰波旬以女與
之乃可得去魔以畏故俛仰而與尒時維摩
詰語諸女言魔以汝等與我今汝皆當發阿
耨多羅三藐三菩提心即隨所應而為說法
令發道意復語汝等已發道意有法樂可以

BD05094號　維摩詰所說經卷上

（8–7）

佛告持世菩薩汝行詣維摩詰問疾持世白
佛言世尊我不堪任詣彼問疾所以者何憶
念我昔住於靜室時魔波旬從萬二千天女
狀如帝釋鼓樂絃歌來詣我所與其眷屬稽
首我足合掌恭敬於一面立我意謂是帝釋
而語之言善來憍尸迦雖福應有不當自恣
當觀五欲无常以求善本於身命財而修堅
法即語我言正士受是萬二千天女可備掃
灑我言憍尸迦无以此非法之物要我沙門
釋子此非我宜所言未訖時維摩詰來謂我
言非帝釋也是為魔來嬈固汝耳即語魔言
是諸女等可以與我如我應受魔即驚懼念
維摩詰將无惱我欲隱形去而不能隱盡其
神力亦不得去即聞空中聲曰波旬以女與
之乃可得去魔以畏故俛仰而與尒時維摩
詰語諸女言魔以汝等與我今汝皆當發阿
耨多羅三藐三菩提心即隨所應而為說法
令發道意復語汝等已發道意有法樂可以
自娛不應復樂五欲樂也天女即問何謂法
樂答言樂常信佛樂欲聽法樂供養衆樂離
五欲樂觀五陰如怨賊樂觀四大如毒虵樂觀
内入如空聚樂隨護道意樂饒益衆生樂
敬養師樂廣行施樂堅持戒樂忍辱柔和

BD05094號　維摩詰所說經卷上

（8–8）

變異性平等性法定法住實際虛空界不思
議界清淨法界乃至不思議界清淨故一切
智智清淨何以故若離生性清淨若法界乃
至不思議界清淨若一切智智清淨無二無
二分無別無斷故善現離生性清淨故苦聖
諦清淨苦聖諦清淨故一切智智清淨何以
故若離生性清淨若苦聖諦清淨若一切智
智清淨無二無二分無別無斷故離生性清
淨故集滅道聖諦清淨集滅道聖諦清淨故
一切智智清淨何以故若離生性清淨若集
滅道聖諦清淨若一切智智清淨無二無二分
無別無斷故善現離生性清淨故四靜慮
清淨四靜慮清淨故一切智智清淨何以故若離
生性清淨若四靜慮清淨若一切智智清淨
無二無二分無別無斷故離生性清淨故
四無量四無色定清淨四無量四無色定
清淨故一切智智清淨何以故若離生性清
淨若四無量四無色定清淨若一切智智清
淨無二無二分無別無斷故善現離生性清

BD05095 號　大般若波羅蜜多經卷二二〇　（14–1）

生性清淨若四靜慮清淨若一切智智清淨
無二無二分無別無斷故離生性清淨故
四無量四無色定清淨四無量四無色定
清淨故一切智智清淨何以故若離生性清
淨若四無量四無色定清淨若一切智智清
淨無二無二分無別無斷故善現離生性清
淨故八解脫清淨八解脫清淨故一切智智
清淨何以故若離生性清淨若八解脫清淨
若一切智智清淨無二無二分無別無斷故
離生性清淨故八勝處九次第定十遍處清
淨八勝處九次第定十遍處清淨故一切智
智清淨何以故若離生性清淨若八勝處九
次第定十遍處清淨若一切智智清淨無二
無二分無別無斷故善現離生性清淨故四念
住清淨四念住清淨故一切智智清淨何以
故若離生性清淨若四念住清淨若一切
智智清淨無二無二分無別無斷故離生性
清淨故四正斷四神足五根五力七等覺支
八聖道支清淨四正斷乃至八聖道支清淨
故一切智智清淨何以故若離生性清淨若
四正斷乃至八聖道支清淨若一切智智清淨
無二無二分無別無斷故善現離生性清
淨故空解脫門清淨空解脫門清淨故一切
智智清淨何以故若離生性清淨若空解脫
門清淨若一切智智清淨無二無二分無別
無斷故離生性清淨故無相無願解脫門清
淨無相無願解脫門清淨故一切智智清淨
何以故若離生性清淨若無相無願解脫門

BD05095 號　大般若波羅蜜多經卷二二〇　（14–2）

無二無二分無別無斷故善現離生性清
淨故空解脫門清淨空解脫門清淨故一切
智智清淨何以故若離生性清淨若空解脫
門清淨若一切智智清淨無二無二分無別
無斷故離生性清淨故無相無願解脫門清
淨無相無願解脫門清淨故一切智智清淨
何以故若離生性清淨若無相無解脫門
清淨若一切智智清淨無二無二分無別無
斷故善現離生性清淨故菩薩十地清淨菩
薩十地清淨故一切智智清淨何以故若離
生性清淨若菩薩十地清淨若一切智智清
淨無二無二分無別無斷故
善現離生性清淨故五眼清淨五眼清淨故
一切智智清淨何以故若離生性清淨若五
眼清淨若一切智智清淨無二無二分無別
無斷故離生性清淨故六神通清淨六神通
清淨故一切智智清淨何以故若離生性清
淨若六神通清淨若一切智智清淨無二無
二分無別無斷故善現離生性清淨故佛十
力清淨佛十力清淨故一切智智清淨何以
故若離生性清淨若佛十力清淨若一切智
智清淨無二無二分無別無斷故離生性清
淨故四無所畏四無礙解大慈大悲大喜大
捨十八佛不共法清淨四無所畏乃至十八佛
不共法清淨故一切智智清淨何以故若離生
性清淨若四無所畏乃至十八佛不共法清
淨若一切智智清淨無二無二分無別無斷

BD05095號　大般若波羅蜜多經卷二二〇　（14–3）

淨故四無所畏四無礙解大慈大悲大喜大
捨十八佛不共法清淨四無所畏乃至十八佛
不共法清淨故一切智智清淨何以故若離生
性清淨若四無所畏乃至十八佛不共法清
淨若一切智智清淨無二無二分無別無斷
故善現離生性清淨故無忘失法清淨
無忘失法清淨故一切智智清淨何以故若
離生性清淨若無忘失法清淨若一切智智
清淨無二無二分無別無斷故離生性清淨
故恒住捨性清淨恒住捨性清淨故一切智
智清淨何以故若離生性清淨若恒住捨性
清淨若一切智智清淨無二無二分無別無
斷故善現離生性清淨故一切智清淨一切
智清淨故一切智智清淨何以故若離生性
清淨若一切智智清淨無二
無二分無別無斷故離生性清淨故道相智
一切相智清淨道相智一切相智清淨故一切
智智清淨何以故若離生性清淨若道相智
一切相智清淨若一切智智清淨無二無二
分無別無斷故善現離生性清淨故一切
陁羅尼門清淨一切陁羅尼門清淨一切
智智清淨何以故若離生性清淨若一切陁
羅尼門清淨若一切智智清淨無二無二分
無別無斷故離生性清淨故一切三摩地門
清淨一切三摩地門清淨故一切智智清淨何
以故若離生性清淨若一切三摩地門清淨
若一切智智清淨無二無二分無別無斷故

BD05095號　大般若波羅蜜多經卷二二〇　（14–4）

羅尼門清淨若一切智智清淨無二無二分
無別無斷故離生性清淨故一切三摩地門
清淨一切三摩地門清淨故一切智智清淨何
以故若離生性清淨若一切三摩地門清淨
若一切智智清淨無二無二分無別無斷故
善現離生性清淨故預流果清淨預流果清
淨故一切智智清淨何以故若離生性清淨
若預流果清淨若一切智智清淨無二無二
分無別無斷故離生性清淨故一來不還阿
羅漢果清淨一來不還阿羅漢果清淨故一
切智智清淨何以故若離生性清淨若一來
不還阿羅漢果清淨若一切智智清淨無二
無二分無別無斷故善現離生性清淨故獨
覺菩提清淨獨覺菩提清淨故一切智智清
淨何以故若離生性清淨若獨覺菩提清淨
若一切智智清淨無二無二分無別無斷故
善現離生性清淨故一切菩薩摩訶薩行清
淨一切菩薩摩訶薩行清淨故一切智智清
淨何以故若離生性清淨若一切菩薩摩訶
薩行清淨若一切智智清淨無二無二分無
別無斷故善現離生性清淨故諸佛無上正
等菩提清淨諸佛無上正等菩提清淨故一
切智智清淨何以故若離生性清淨若諸佛
無上正等菩提清淨若一切智智清淨無二
無二分無別無斷故
復次善現法定清淨故色清淨色清淨故一
切智智清淨何以故若法定清淨若色清淨

BD05095號　大般若波羅蜜多經卷二二〇　（14–5）

等菩提清淨諸佛無上正等菩提清淨故一
切智智清淨何以故若離生性清淨若諸佛
無上正等菩提清淨若一切智智清淨無二
無二分無別無斷故
復次善現法定清淨故色清淨色清淨故一
切智智清淨何以故若法定清淨若色清淨
若一切智智清淨無二無二分無別無斷故
法定清淨故受想行識清淨受想行識清淨
故一切智智清淨何以故若法定清淨若受
想行識清淨若一切智智清淨無二無二分
無別無斷故善現法定清淨故眼處清淨
眼處清淨故一切智智清淨何以故若法定清
淨若眼處清淨若一切智智清淨無二無二
分無別無斷故法定清淨故耳鼻舌身意
處清淨耳鼻舌身意處清淨故一切智智清
淨何以故若法定清淨若耳鼻舌身意處
清淨若一切智智清淨無二無二分無別無斷故
善現法定清淨故色處清淨色處清淨故一
切智智清淨何以故若法定清淨若色處清
淨若一切智智清淨無二無二分無別無斷
故法定清淨故聲香味觸法處清淨聲香味
觸法處清淨故一切智智清淨何以故若法
定清淨若聲香味觸法處清淨若一切智智
清淨無二無二分無別無斷故善現法定清
淨故眼界清淨眼界清淨故一切智智清淨
何以故若法定清淨若眼界清淨若一切智
智清淨無二無二分無別無斷故定清淨故

BD05095號　大般若波羅蜜多經卷二二〇　（14–6）

觸法處清淨故一切智智清淨何以故若法
定清淨若聲香味觸法處清淨若一切智智
清淨無二無二分無別無斷故善現法定清
淨故眼界清淨眼界清淨故一切智智清淨
何以故若法定清淨若眼界清淨若一切智
智清淨無二無二分無別無斷故定清淨故
色界眼識界及眼觸眼觸為緣所生諸受
清淨色界乃至眼觸為緣所生諸受清淨故
一切智智清淨何以故若法定清淨若色界
乃至眼觸為緣所生諸受清淨若一切智智
清淨無二無二分無別無斷故善現法定清
淨故耳界清淨耳界清淨故一切智智清淨
何以故若法定清淨若耳界清淨若一切智
智清淨無二無二分無別無斷故法定清淨
故聲界耳識界及耳觸耳觸為緣所生諸受
清淨聲界乃至耳觸為緣所生諸受清淨故
一切智智清淨何以故若法定清淨若聲界
乃至耳觸為緣所生諸受清淨若一切智智
清淨無二無二分無別無斷故善現法定清
淨故鼻界清淨鼻界清淨故一切智智清淨
何以故若法定清淨若鼻界清淨若一切智智
清淨無二無二分無別無斷故法定清淨故
香界鼻識界及鼻觸鼻觸為緣所生諸受清
淨香界乃至鼻觸為緣所生諸受清淨故
一切智智清淨何以故若法定清淨若香界
乃至鼻觸為緣所生諸受清淨若一切智智
清淨無二無二分無別無斷故善現法定清

BD05095號　大般若波羅蜜多經卷二二〇　（14–7）

香界鼻識界及鼻觸鼻觸為緣所生諸受清
淨香界乃至鼻觸為緣所生諸受清淨故
一切智智清淨何以故若法定清淨若香界
乃至鼻觸為緣所生諸受清淨若一切智智
清淨無二無二分無別無斷故善現法定清
淨故舌界清淨舌界清淨故一切智智清淨
何以故若法定清淨若舌界清淨若一切智
智清淨無二無二分無別無斷故法定清淨
故味界舌識界及舌觸舌觸為緣所生諸受
清淨味界乃至舌觸為緣所生諸受清淨
故一切智智清淨何以故若法定清淨若味界
乃至舌觸為緣所生諸受清淨若一切智智
清淨無二無二分無別無斷故善現法定清
淨故身界清淨身界清淨故一切智智清淨
何以故若法定清淨若身界清淨若一切智
智清淨無二無二分無別無斷故法定清淨
故觸界身識界及身觸身觸為緣所生諸受
清淨觸界乃至身觸為緣所生諸受清淨故
一切智智清淨何以故若法定清淨若觸界
乃至身觸為緣所生諸受清淨若一切智智
清淨無二無二分無別無斷故善現法定清
淨故意界清淨意界清淨故一切智智清淨
何以故若法定清淨若意界清淨若一切智
智清淨無二無二分無別無斷故法定清淨故
法界意識界及意觸意觸為緣所生諸受
清淨法界乃至意觸為緣所生諸受清淨
一切智智清淨何以故若法定清淨若法

BD05095號　大般若波羅蜜多經卷二二〇　（14–8）

智清淨無二無二分無別無斷故法定清淨故
法界意識界及意觸意觸為緣所生諸受
清淨法界乃至意觸為緣所生諸受清淨
一切智智清淨何以故若法定清淨若法界
乃至意觸為緣所生諸受清淨若一切智智
清淨無二無二分無別無斷故善現法定清
淨故地界清淨地界清淨故一切智智清淨
何以故若法定清淨若地界清淨若一切智
智清淨無二無二分無別無斷故法定清淨
故水火風空識界清淨水火風空識界清淨
故一切智智清淨何以故若法定清淨若水
火風空識界清淨若一切智智清淨無二無
二分無別無斷故善現法定清淨故無明清
淨無明清淨故一切智智清淨何以故若法
定清淨若無明清淨若一切智智清淨無二
無二分無別無斷故法定清淨故行識名色
六處觸受愛取有生老死愁歎苦憂惱清淨
行乃至老死愁歎苦憂惱清淨故一切智智
清淨何以故若法定清淨若行乃至老死愁
歎苦憂惱清淨若一切智智清淨無二無二
分無別無斷故
善現法定清淨故布施波羅蜜多清淨布施
波羅蜜多清淨故一切智智清淨何以故若
法定清淨若布施波羅蜜多清淨若一切智
智清淨無二無二分無別無斷故法定清淨
故淨戒安忍精進靜慮般若波羅蜜多清淨

BD05095 號　大般若波羅蜜多經卷二二〇　（14–9）

分無別無斷故
善現法定清淨故布施波羅蜜多清淨布施
波羅蜜多清淨故一切智智清淨何以故若
法定清淨若布施波羅蜜多清淨若一切智
智清淨無二無二分無別無斷故法定清淨
故淨戒安忍精進靜慮般若波羅蜜多清淨
淨戒乃至般若波羅蜜多清淨故一切智智
清淨何以故若法定清淨若淨戒乃至般若
波羅蜜多清淨若一切智智清淨無二無二
分無別無斷故善現法定清淨故內空清淨
內空清淨一切智智清淨何以故若法定清
淨若內空清淨若一切智智清淨無二無
二分無別無斷故法定清淨故外空內外空
空空大空勝義空有為空無為空畢竟空無
際空散空無變異空本性空自相空共相空一
切法空不可得空無性空自性空無性自性空
清淨外空乃至無性自性空清淨故一切智
智清淨何以故若法定清淨若外空乃至
無性自性空清淨若一切智智清淨無二無
二分無別無斷故善現法定清淨故真如清
淨真如清淨故一切智智清淨何以故若法
定清淨若真如清淨若一切智智清淨無二
無二分無別無斷故法定清淨故法界法性
不虛妄性不變異性平等性離生性法住實
際虛空界不思議界清淨法界乃至不思議界
清淨故一切智智清淨何以故若法定清淨
若法界乃至不思議界清淨若一切智智清

BD05095 號　大般若波羅蜜多經卷二二〇　（14–10）

無二分無別無斷故法定清淨故法界法性
不虛妄性不變異性平等性離生性法住實
際虛空界不思議界清淨法界乃至不思議界
清淨故一切智智清淨何以故若法定清淨
若法界乃至不思議界清淨若一切智智清
淨無二無二分無別無斷故善現法定清淨
故苦聖諦清淨苦聖諦清淨故一切智智清
淨何以故若法定清淨若苦聖諦清淨若
一切智智清淨無二無二分無別無斷故法
定清淨故集滅道聖諦清淨集滅道聖諦清
淨故一切智智清淨何以故若法定清淨若
集滅道聖諦清淨若一切智智清淨無二無
二分無別無斷故善現法定清淨故四靜慮
清淨四靜慮清淨故一切智智清淨何以故
若法定清淨若四靜慮清淨若一切智智清
淨無二無二分無別無斷故法定清淨故四
無量四無色定清淨四無量四無色定清淨故
一切智智清淨何以故若法定清淨若四無量
四無色定清淨若一切智智清淨無二
無二分無別無斷故善現法定清淨故八解
脫清淨八解脫清淨故一切智智清淨何以
故若法定清淨若八解脫清淨若一切智智
清淨無二無二分無別無斷故法定清淨故
八勝處九次第定十遍處清淨八勝處九次
第定十遍處清淨故一切智智清淨何以故
若法定清淨若八勝處九次第定十遍處清
淨若一切智智清淨無二無二分無別無斷

清淨無二無二分無別無斷故法定清淨故
八勝處九次第定十遍處清淨八勝處九次
第定十遍處清淨故一切智智清淨何以故
若法定清淨若八勝處九次第定十遍處清
淨若一切智智清淨無二無二分無別無斷
故善現法定清淨故四念住清淨四念住清
淨故一切智智清淨何以故若法定清淨若
四念住清淨若一切智智清淨無二無二分
無別無斷故法定清淨故四正斷四神足五
根五力七等覺支八聖道支清淨四正斷乃
至八聖道支清淨故一切智智清淨何以故
若法定清淨若四正斷乃至八聖道支清淨
若一切智智清淨無二無二分無別無斷故
善現法定清淨故空解脫門清淨空解脫門
清淨故一切智智清淨何以故若法定清淨
若空解脫門清淨若一切智智清淨無二無
二分無別無斷故法定清淨故無相無願解
脫門清淨無相無願解脫門清淨故一切智
智清淨何以故若法定清淨若無相無願解
脫門清淨若一切智智清淨無二無二分無
別無斷故善現法定清淨故菩薩十地清淨
菩薩十地清淨故一切智智清淨何以故若
法定清淨若菩薩十地清淨若一切智智清
淨無二無二分無別無斷故
善現法定清淨故五眼清淨五眼清淨故一
切智智清淨何以故若法定清淨若五眼清
淨若一切智智清淨無二無二分無別無斷

淨無二無二分無別無斷故
善現法定清淨故五眼清淨五眼清淨故一
切智智清淨何以故若法定清淨若五眼清
淨若一切智智清淨無二無二分無別無斷
故法定清淨故六神通清淨六神通清淨故
一切智智清淨何以故若法定清淨若六神
通清淨若一切智智清淨無二無二分無別
無斷故善現法定清淨故佛十力清淨佛
十力清淨故一切智智清淨何以故若法定清
淨若佛十力清淨若一切智智清淨無二無
二分無別無斷故法定清淨故四無所畏四
無礙解大慈大悲大喜大捨十八佛不共法
清淨四無所畏乃至十八佛不共法清淨故一
切智智清淨何以故若法定清淨若四無
所畏乃至十八佛不共法清淨若一切智智
清淨無二無二分無別無斷故善現法定清
淨故無忘失法清淨無忘失法清淨故一切
智智清淨何以故若法定清淨若無忘失法
清淨若一切智智清淨無二無二分無別無
斷故法定清淨故恒住捨性清淨恒住捨性
清淨故一切智智清淨何以故若法定清淨
若性捨性清淨若一切智智清淨無二無
二分無別無斷故善現法定清故一切智
清淨一切智清淨故一切智智清淨何以故
若法定清淨若一切智清淨若一切智智清
淨無二無二分無別無斷故法定清淨故道
相智一切相智清淨道相智一切相智清淨

BD05095 號　大般若波羅蜜多經卷二二〇　（14–13）

清淨四無所畏乃至十八佛不共法清淨故一
切智智清淨何以故若法定清淨若四無
所畏乃至十八佛不共法清淨若一切智智
清淨無二無二分無別無斷故善現法定清
淨故無忘失法清淨無忘失法清淨故一切
智智清淨何以故若法定清淨若無忘失法
清淨若一切智智清淨無二無二分無別無
斷故法定清淨故恒住捨性清淨恒住捨性
清淨故一切智智清淨何以故若法定清淨
若性捨性清淨若一切智智清淨無二無
二分無別無斷故善現法定清故一切智
清淨一切智清淨故一切智智清淨何以故
若法定清淨若一切智清淨若一切智智清
淨無二無二分無別無斷故法定清淨故道
相智一切相智清淨道相智一切相智清淨
故一切智智清淨何以故若法定清淨若道

BD05095 號　大般若波羅蜜多經卷二二〇　（14–14）

大般若波羅蜜多經卷第一百九十七

BD05096 號背　護首　（1–1）

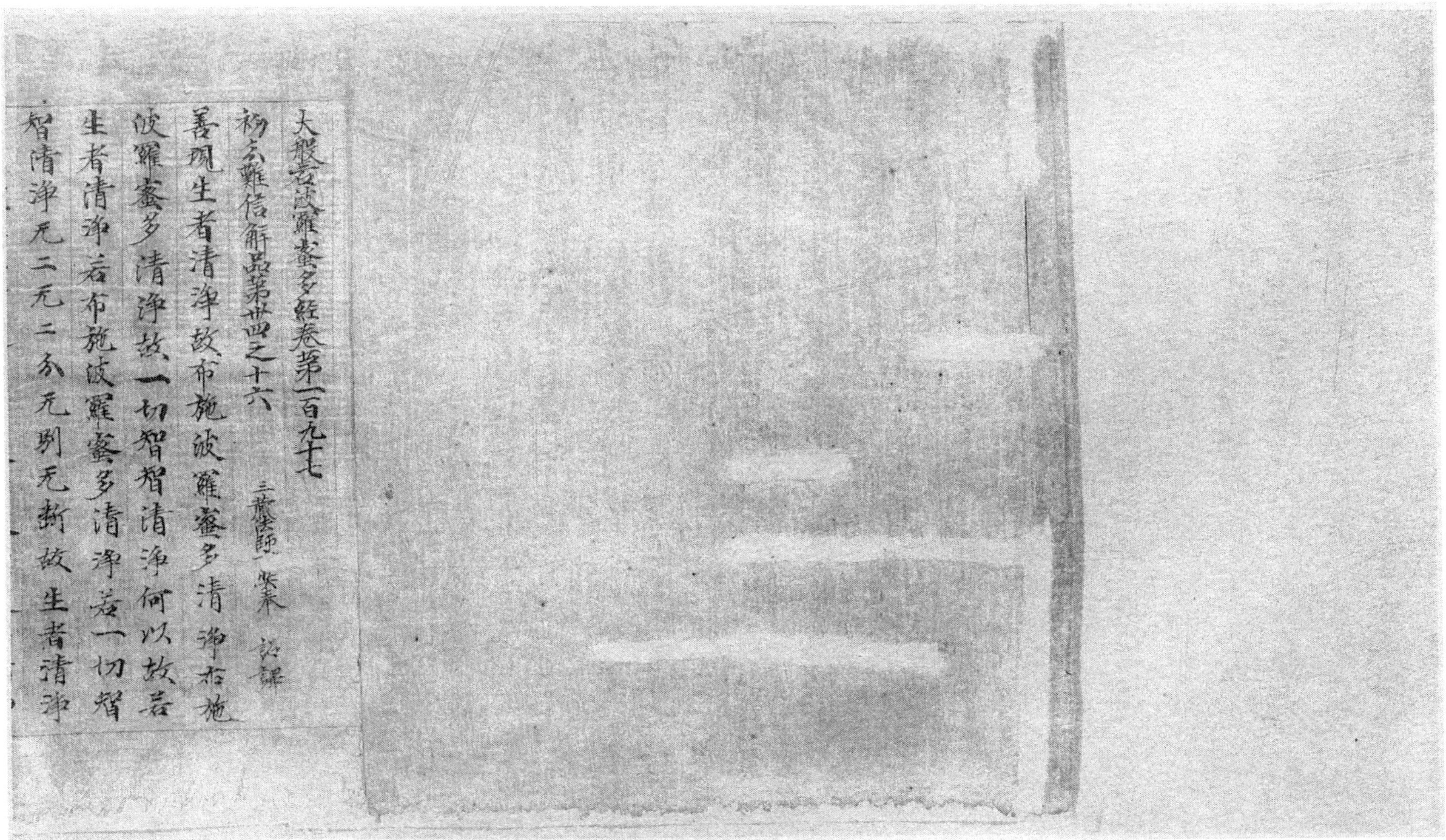
大般若波羅蜜多經卷第一百九十七　三藏法師玄奘奉　詔譯
初分難信解品第卅四之十六
善現生者清淨故布施波羅蜜多清淨布施
波羅蜜多清淨故一切智智清淨何以故若
生者清淨若布施波羅蜜多清淨若一切智
智清淨无二无二分无別无斷故生者清淨

BD05096 號　大般若波羅蜜多經卷一九七　（6–1）

初分難信解品第卅四之十六　三藏法師玄奘奉　詔譯
善現生者清淨故布施波羅蜜多清淨布施
波羅蜜多清淨故一切智智清淨何以故若
生者清淨若布施波羅蜜多清淨若一切智
智清淨无二无二分无別无斷故生者清淨
故淨戒安忍精進靜慮般若波羅蜜多清淨
淨戒乃至般若波羅蜜多清淨故一切智智
清淨何以故若生者清淨若淨戒乃至般
若波羅蜜多清淨若一切智智清淨无二无二
分无別无斷故善現生者清淨故內空清淨
內空清淨故一切智智清淨何以故若生者
清淨若內空清淨若一切智智清淨无二无
二分无別无斷故生者清淨故外空內外空
空空大空勝義空有為空无為空畢竟空
无際空散空无變異空本性空自相空共相
空一切法空不可得空无性空自性空无性
自性空清淨外空乃至无性自性空清淨故一
切智智清淨何以故若生者清淨若外空乃
至无性自性空清淨若一切智智清淨无二
无二分无別无斷故善現生者清淨故真
如清淨真如清淨故一切智智清淨何以故若
生者清淨若真如清淨若一切智智清淨无
二无二分无別无斷故生者清淨故法界法
性不虛妄性不變異性平等性離生性法定
法住實際虛空界不思議界清淨法界乃至
不思議界清淨故一切智智清淨何以故若
生者清淨若法界乃至不思議界清淨若一切

BD05096 號　大般若波羅蜜多經卷一九七　（6–2）

生者清淨若真如清淨若一切智智清淨无
二无二分无別无斷故生者清淨故法界法
性不虛妄性不變異性平等性離生性法定
法住實際虛空界不思議界清淨法界乃至
不思議界清淨故一切智智清淨何以故若
生者清淨若法界乃至不思議界清淨若一切
智智清淨无二无二分无別无斷故善現生
者清淨故苦聖諦清淨苦聖諦清淨故一
切智智清淨何以故若生者清淨若苦聖諦
清淨若一切智智清淨无二无二分无別无
斷故生者清淨故集滅道聖諦清淨集滅道
聖諦清淨故一切智智清淨何以故若生者
清淨若集滅道聖諦清淨若一切智智清
淨无二无二分无別无斷故
善現生者清淨故四靜慮清淨四靜慮清
淨一切智智清淨何以故若生者清淨若四
靜慮清淨若一切智智清淨无二无二分无
別无斷故生者清淨故四无量四无色定清
淨四无量四无色定清淨故一切智智清淨
何以故若生者清淨若四无量四无色定清
淨若一切智智清淨无二无二分无別无斷故
善現生者清淨故八解脫清淨八解脫清
淨故一切智智清淨何以故若生者清淨若
八解脫清淨若一切智智清淨无二无二分
无別无斷故生者清淨故八勝處九次第定
十遍處清淨八勝處九次第定十遍處清淨
故一切智智清淨何以故若生者清淨若八

BD05096 號　大般若波羅蜜多經卷一九七　（6–3）

淨故一切智智清淨何以故若生者清淨若
八解脫清淨若一切智智清淨无二无二分
无別无斷故生者清淨故八勝處九次第定
十遍處清淨八勝處九次第定十遍處清淨
故一切智智清淨何以故若生者清淨若八
勝處九次第定十遍處清淨若一切智智清
淨无二无二分无別无斷故善現生者清淨
故四念住清淨四念住清淨故一切智智清淨
何以故若生者清淨若四念住清淨若一切智
智清淨无二无二分无別无斷故生者清淨
故四正斷四神足五根五力七等覺支八聖
道支清淨四正斷乃至八聖道支清淨故一
切智智清淨何以故若生者清淨若四正斷乃
至八聖道支清淨若一切智智清淨无二无
二分无別无斷故善現生者清淨故空解脫
門清淨空解脫門清淨故一切智智清淨何
以故若生者清淨若空解脫門清淨若一切
智智清淨无二无二分无別无斷故生者清
淨故无相无願解脫門清淨无相无願解脫
門清淨故一切智智清淨何以故若生者清
淨若无相无願解脫門清淨若一切智智清
淨无二无二分无別无斷故善現生者清淨
故菩薩十地清淨菩薩十地清淨故一切智
智清淨何以故若生者清淨若菩薩十地
清淨若一切智智清淨无二无二分无別无
斷故

BD05096 號　大般若波羅蜜多經卷一九七　（6–4）

淨若无相无願解脫門清淨若一切智智清
淨无二无二分无別无斷故善現生者清淨
故菩薩十地清淨菩薩十地清淨故一切智
智清淨何以故若生者清淨若菩薩十地
清淨若一切智智清淨无二无二分无別无
斷故
善現生者清淨故五眼清淨五眼清淨故一
切智智清淨何以故若生者清淨若五眼清
淨若一切智智清淨无二无二分无別无斷
故生者清淨故六神通清淨六神通清淨故
一切智智清淨何以故若生者清淨若六神通
清淨若一切智智清淨无二无二分无別无斷
故善現生者清淨故佛十力清淨佛十力清
淨故一切智智清淨何以故若生者清淨若
佛十力清淨若一切智智清淨无二无二分无
別无斷故生者清淨故四无所畏四无礙解
大慈大悲大喜大捨十八佛不共法清淨四
无所畏乃至十八佛不共法清淨故一切智智
清淨何以故若生者清淨若四无所畏乃至十
八佛不共法清淨若一切智智清淨无二
无二分无別无斷故善現生者清淨故无忘
失法清淨无忘失法清淨故一切智智清淨
何以故若生者清淨若无忘失法清淨若一
切智智清淨无二无二分无別无斷故生者
清淨故恒住捨性清淨恒住捨性清淨故一
切智智清淨何以故若生者清淨若恒住捨
性清淨若一切智智清淨无二无二分无別

BD05096 號　大般若波羅蜜多經卷一九七　（6–5）

失法清淨无忘失法清淨故一切智智清淨
何以故若生者清淨若无忘失法清淨若一
切智智清淨无二无二分无別无斷故生者
清淨故恒住捨性清淨恒住捨性清淨故一
切智智清淨何以故若生者清淨若恒住捨
性清淨若一切智智清淨无二无二分无別
无斷故善現生者清淨故一切智清淨一切智
清淨故一切智智清淨何以故若生者清淨若
一切智清淨若一切智智清淨无二无二分无
別无斷故生者清淨故道相智一切相智清
淨道相智一切相智清淨故一切智智清淨
何以故若生者清淨若道相智一切相智清
淨若一切智智清淨无二无二分无別无斷
故善現生者清淨故一切陁羅尼門清淨一
切陁羅尼門清淨故一切智智清淨何以故若
生者清淨若一切陁羅尼門清淨若一切智
智清淨无二无二分无別无斷故生者清淨
故一切三摩地門清淨一切三摩地門清淨
故一切智智清淨何以故若生者清淨若一切三
摩地門清淨若一切智智清淨无二无二分无
別无斷故善現生者清淨故預流果清淨預流
果清淨故一切智智清淨何以故若生者清淨
若預流果清淨若一切智智清淨无二无二分无
別无斷故生者清淨故一來不還阿羅漢果清
淨一來不還阿羅漢果清淨故一切智智清淨

BD05096 號　大般若波羅蜜多經卷一九七　（6–6）

大般涅槃經壽命品第一
如是我聞一時佛在拘尸那國力士生地阿
利羅跋提河邊娑羅雙樹間尒時世尊與大
比丘八十億百千俱前後圍遶二月十五
日臨涅槃時以佛神力出大音聲其聲遍滿
乃至有頂隨其類音普告衆生今日如來應
正遍知憐愍衆生覆護衆生等視衆生如羅
睺羅爲作歸依屋舍室宅大覺世尊將欲涅
槃一切衆生若有所疑今悉可問爲最後問
尒時世尊於晨朝時從其面門放種種光其
明雜色青黃赤白頗梨馬瑙光遍照此三千
大千佛之世界乃至十方亦復如是其中所
有六趣衆生遇斯光者罪垢煩惱一切消除
是諸衆生見聞是已心大憂愁同時舉聲悲
啼號哭嗚呼慈父痛哉苦哉舉手拍頭搥胷
叫喚其中或有身體戰慄涕泣哽咽尒時大
地諸山大海皆悉震動時諸衆生共相謂言
且各裁抑莫大愁苦當疾往詣拘尸那城力
士生處至如來所頭面礼敬勸請如來莫般
涅槃住世一劫若減一劫互相執手復作是

BD05097 號　大般涅槃經（北本）卷一　（17–1）

啼歸哭嗚呼慈父痛哉苦哉舉手拍頭椎胸
叫喚其中或有身體戰慄涕泣哽噎尒時大
地諸山大海皆悉震動時諸衆生共相謂言
且各裁抑莫大愁苦當疾往詣拘尸那城力
士生處至如來所頭面礼敬勸請如來莫般
涅槃住世一劫若減一劫互相執手復作是
言世間空虛衆生福盡不善諸業增長出世
仁等今當速往速往如來不久必入涅槃復
作是言世間空虛世間空虛我等從今无有
救護无所宗仰貧窮孤露一旦遠離无上世
尊設有疑惑當復問誰時有无量諸大弟子
尊者摩訶迦旃延尊者薄拘羅尊者優波難
陀如是等諸大比丘遇佛光者其身戰掉乃
至大動不能自持心濁迷悶發聲大喚生如
是等種種苦惱
尒時復有八十百千諸比丘等皆阿羅漢心
得自在所作已辦離諸煩惱調伏諸根如大
龍王有大威德成就空慧逮得己利如栴檀
林栴檀圍遶如師子王師子圍遶成就如是
无量功德一切皆是佛之真子於其晨朝日
始初出離常住處嚼楊枝時遇佛光明互相
謂言仁等速疾嗽口藻手作是言已舉身毛
竪遍體血現如波羅奢華涕泣盈目生大苦
惱為欲利益安樂衆生成就大乘第一空行
顯發如來方便密教為不斷絕種種說法為
諸衆生調伏因緣故疾至佛所稽首佛足遶

謂言仁等速疾嗽口藻手作是言已舉身毛
竪遍體血現如波羅奢華涕泣盈目生大苦
惱為欲利益安樂衆生成就大乘第一空行
顯發如來方便密教為不斷絕種種說法為
諸衆生調伏因緣故疾至佛所稽首佛足遶
百千迊合掌恭敬却坐一面
尒時復有拘陀羅女善賢比丘尼優波難陀
比丘尼海意比丘尼與六十億比丘尼等一
切亦是大阿羅漢諸漏已盡心得自在所作
辦離諸煩惱調伏諸根猶如大龍有大威德
成就空慧亦於晨朝日初出時舉身毛竪
遍體血現如波羅奢華涕泣盈目生大苦惱
亦欲利益安樂衆生成就大乘第一空行顯
發如來方便密教為不斷絕種種說法為諸
衆生調伏因緣故疾至佛所稽首佛足遶百
千迊合掌恭敬却坐一面於比丘尼衆中復
有諸比丘尼皆是菩薩人中之龍位階十地
安住不動為化衆生現受女身而常修集四
无量心得自在力能化作佛
尒時復有一恒河沙菩薩摩訶薩人中之龍
位階十地安住不動方便現身其名曰海德
菩薩无盡意菩薩如是等菩薩摩訶薩而為
上首其心皆悉敬重大乘安住大乘深解大
乘愛樂大乘守護大乘善能隨順一切世間
作是誓言諸未度者當令得度已於過世无
數劫中修持淨戒善持所行解未解者紹三

上首其心皆悲敬重大乘安住大乘深解大
乘愛樂大乘守護大乘善能隨順一切世間
作是誓言諸未度者當令得度已於過世无
數劫中修持淨戒善持所行解未解者紹三
寶種使不斷絕於未來世當轉法輪以大莊
嚴而自莊嚴成就如是无量功德等觀衆生
如視一子亦於晨朝日初出時遇佛光明舉
身毛竪遍體血現如波羅奢華涕泣盈目生
大苦惱亦為利益安樂衆生成就大乘第一
空行顯發如來方便密教為不斷絕種種說
法為諸衆生調伏因緣故疾至佛所稽首佛
足遶百千匝合掌恭敬却坐一面
尒時復有二恒河沙等諸優婆塞受五戒
威儀具足其名曰威德无垢稱王優婆塞善
德優婆塞等而為上首深樂觀察諸對治門
所謂苦樂常无常淨不淨我无我實不實歸
依非歸依衆生非衆生恒非恒安非安為无
為斷非斷涅槃非涅槃增上非增上常樂觀
察如是等法對治之門亦欲樂聞无上大乘
如所聞已能為他說善持淨戒渴仰大乘既
自充足復能充足餘渴仰者善能攝取无上
智慧愛大乘守護大乘善能隨順一切世
間度未度者解未解者紹三寶種使不斷絕
於未來世當轉法輪以大莊嚴而自莊嚴心
常深味清淨戒行悉能成就如是功德於諸
衆生生大悲心平等无二如視一子亦於晨

BD05097號　大般涅槃經（北本）卷一　（17–4）

智慧愛大乘守護大乘善能隨順一切世
間度未度者解未解者紹三寶種使不斷絕
於未來世當轉法輪以大莊嚴而自莊嚴心
常深味清淨戒行悉能成就如是功德於諸
衆生生大悲心平等无二如視一子亦於晨
朝日初出時為欲闍毗如來身故人人各取
香木万束栴檀沉香牛頭栴檀天木香等是
一一木文理及附皆有七寶微妙光明譬如
種種雜綵畫飾以佛力故有是妙色青黃赤
白為諸衆生之所樂見諸木皆以種種香塗
欝金沉水及膠香等散以諸華而為莊嚴優
鉢羅華拘物頭華波頭摩華分陀利華諸香
木上懸五色幡柔濡微妙猶如天衣憍奢耶
衣芻摩繒綵是諸香木載以寶車是諸寶
車出種種光青黃赤白轅輅皆以七寶廁填
是一一車駕以四馬是一一馬駿疾如風一一
車前竪立五十七寶妙幢真金羅網彌覆其
上一一寶車復有五十微妙寶蓋一一車上
垂諸華鬘優鉢羅華拘物頭華波頭摩華分
陀利華其華純以真金為葉金剛為臺是華
臺中多有黑蜂遊集其中歡娛受樂又出妙
音所謂无常苦空无我是音聲中復說菩薩
本所行道復有種種歌儛伎樂箏笛箜篌簫
瑟鼓吹是樂音中復出是言苦哉苦哉世間
空虛一一車前有優婆塞擎四寶案是諸案上有
種種優鉢羅華拘物頭華波頭摩華分陀利華欝
金諸香及餘薰香微妙第一諸優婆塞為佛及僧辦

BD05097號　大般涅槃經（北本）卷一　（17–5）

臺中多有異蜂遊集其中歡娛受樂又出妙
音所謂无常苦空无我是音聲中復說菩薩
本所行道復有種種歌儛伎樂箏笛箜篌簫
瑟鼓吹是樂音中復出是言苦哉苦哉世間
空虛一一車前有優婆塞擎四寶案是諸案上有
種種優鉢羅華拘物頭華波頭摩華分陀利華香
金諸香及餘薰香微妙第一諸優婆塞為佛及僧辦
諸食供種種備足皆是栴檀沉水香薪八功德水之
所成熟其食甘美有六種味一苦二醋三甘四辛五醎六
淡復有三德一者輕濡二者淨潔三者如法作如
是等種種莊嚴至力士生處娑羅雙樹間復
以金沙遍布其地以迦陵伽衣欽婆羅衣及
繒綵衣而覆沙上周匝遍滿十二由旬為佛
及僧敷置七寶師子之座其座高大如須弥
山是諸座上皆有寶帳垂諸瓔珞諸娑羅樹
悉懸種種微妙幡蓋種種好香以塗樹身種
種名花以散樹間諸優婆塞各作是念一切
衆生若有所之須食與食須飲與飲須頭與
頭須目與目隨諸衆生所須之物皆悉給與作
是施時離欲瞋恚穢濁毒心无餘思惟求世
福樂唯期无上清淨菩提是優婆塞等皆
已安住於菩提道復作是念如來今者受
我食已當入涅槃作是念已身毛皆竪遍體
血現如波羅奢華涕泣盈目生大苦惱各各
賫持供養之具載以車乘香木幢幡寶蓋飲
食疾至佛所稽首佛足以其所持供養之具
供養如來遶百千匝舉聲號泣哀動天地椎

福樂唯期无上清淨菩提是優婆塞等皆
已安住於菩提道復作是念如來今者受
我食已當入涅槃作是念已身毛皆竪遍體
血現如波羅奢華涕泣盈目生大苦惱各各
賫持供養之具載以車乘香木幢幡寶蓋飲
食疾至佛所稽首佛足以其所持供養之具
供養如來遶百千匝舉聲號泣哀動天地椎
胷大叫淚下如雨復相謂言苦哉仁者世間
空虛世間空虛便自舉身投如來前而白佛
言唯願如來哀受我等最後供養世尊知時
默然不受如是三請悉皆不許諸優婆塞不
果所願心懷悲惱默然而住猶如慈父唯有
一子卒病喪亡送其屍骸置於冢間歸還悵
恨愁憂苦惱諸優婆塞憂愁苦惱亦復如是
以諸供具安置一處却在一面默然而坐
尒時復有三恒河沙諸優婆夷受持五戒威
儀具足其名曰壽德優婆夷德鬘優婆夷毗
舍佉優婆夷等八万四千而為上首悉能堪
任護持正法為度无量百千衆生故現女身
呵嘖家法自觀己身如四毒蛇是身常為无
量諸虫之所唼食是身臭穢貪欲獄縛是身
可惡猶如死狗是身不淨九孔常流是身如
城血肉筋骨皮裹其上手足以為却敵樓櫓
目為竅孔頭為殿堂心王處中如是身城諸
佛世尊之所棄捨凡夫愚人常所味著貪欲
瞋恚愚癡羅剎止住其中是身不堅猶如蘆
葦伊蘭水沫芭蕉之樹是身无常念念不住

可惡猶如死狗是身不淨九孔常流是身如
城血肉筋骨皮裹其上手足以為却敵樓櫓
目為竅孔頭為殿堂心王處中如是身城諸
佛世尊之所棄捨凡夫愚人常所味著貪欲
瞋恚愚癡羅剎止住其中是身不堅猶如蘆
葦伊蘭水沫芭蕉之樹是身无常念念不住
猶如電光暴水幻炎亦如畫水隨畫隨合是
身易壞猶如河岸臨峻大樹是身不久當為
狐狼鵄梟鵰鷲烏鵲餓狗之所食噉誰有智
者當樂此身寧以牛跡盛大海水不能具說
是身无常不淨臭穢寧丸大地使如棗等漸
漸轉小猶葶藶子乃至微塵不能具說是身
過患是故當捨如棄涕唾以是因緣諸優婆
塞以空无相无願之法常修其心深樂諮受
大乘經典聞已亦能為他演說護持本願毀
呰女身甚可患厭性不堅牢心常修集如是
正觀破壞生死无際輪轉渴仰大乘既自充
足復能充足餘渴仰者深樂大乘守護大乘
雖現女身實是菩薩善能隨順一切世間度
未度者解未解者紹三寶種使不斷絕於未
來世當轉法輪以大莊嚴而自莊嚴堅持禁
戒皆悉成就如是功德於諸衆生生大悲心
平等无二如視一子亦於晨朝日初出時各
相謂言今日宜應至雙樹間諸優婆塞所設
供具倍勝於前持至佛所稽首佛足遶百千
匝而白佛言世尊我等今者為佛及僧辦諸

戒皆悉成就如是功德於諸衆生生大悲心
平等无二如視一子亦於晨朝日初出時各
相謂言今日宜應至雙樹間諸優婆塞所設
供具倍勝於前持至佛所稽首佛足遶百千
匝而白佛言世尊我等今者為佛及僧辦諸
供具唯願如來哀受我供如來默然而不許
可諸優婆塞不果所願心懷悵怏却住一面
尒時復有四恒河沙毗耶離城諸離車等男
女大小妻子眷屬及閻浮提諸王眷屬為求
法故善修戒行威儀具足摧伏異學壞正法
者常相謂言我等當以金銀倉庫為令甘露
无盡正法深奧之藏久住於世願令我等常
得修學若有誹謗佛正法者當斷其舌復作
是願若有出家毀禁戒者我當罷令還俗策
使有能深樂護持正法我當敬重如事父母
若有衆僧能修正法我當隨喜令得勢力常
欲樂聞大乘經典聞已亦能為人廣說皆悉
成就如是功德其名曰淨无垢藏離車子淨
不放逸離車子恒水无垢淨德離車子如是
等各相謂言仁等今可速往佛所所辦供養
種種具足一一離車各嚴八万四千大象八
万四千四馬寶車八万四千明月寶珠天木
栴檀沉水薪束種種各有八万四千一一象
前有寶幢幡蓋其蓋小者周匝縱廣滿一由
旬幡最短者長三十由旬寶幢卑者高百由
旬持如是等供養之具往至佛所稽首佛足

種種具足一一轜車各嚴八万四千大象八
万四千四馬寶車八万四千明月寶珠天木
栴檀沉水薪束種種各有八万四千一一象
前有寶幢幡蓋其蓋小者周迊縱廣滿一由
旬幡最短者長三十由旬寶幢卑者高百由
旬持如是等供養之具往至佛所稽首佛足
遶百千迊而白佛言世尊我等今者爲佛及
僧辨諸供具唯願如來哀受我供如來默然
而不許可諸離車等不果所願心懷愁惱心
佛神力去地七多羅樹於虛空中默然而住
尒時復有五恒河沙大臣長者敬重大乘若
有異學謗正法者是諸人等力能摧伏猶如
雹雨摧折草木其名曰日光長者護世長者
護法長者如是之等而爲上首所設供具五倍
於前俱共往詣娑羅樹間稽首佛足遶百
千迊而白佛言世尊我等今者爲佛及僧設
諸供具唯願哀愍受我等供如來默然而不
受之諸長者等不果所願心懷愁惱以佛神
力去地七多羅樹於虛空中默然而住
尒時復有毗耶離王及其後宮夫人眷屬閻
浮提內所有諸王除阿闍世并及城邑聚落
人民其名日月无垢王等各嚴四兵欲往佛
所是一一王各有一百八十万億人民眷屬
是諸車兵駕以象馬有六牙馬疾如風莊
嚴供具六倍於前寶蓋之中有極小者周迊
縱廣滿八由旬幡極短者十六由旬寶幢卑
者三十六由旬是諸王等皆悉安住於正法中

人民其名日月无垢王等各嚴四兵欲往佛
所是一一王各有一百八十万億人民眷屬
是諸車兵駕以象馬有六牙馬疾如風莊
嚴供具六倍於前寶蓋之中有極小者周迊
縱廣滿八由旬幡極短者十六由旬寶幢卑
者三十六由旬是諸王等皆悉安住於正法中
惡賤耶法敬重大乘深樂大乘憐愍衆生等
如一子所持飲食香氣流布滿四由旬亦於
晨朝日初出時持是種種上妙甘饍詣雙樹
間至如來所而白佛言世尊我等爲佛及比
丘僧設是供具唯願如來哀愍受我最後供
養如來知時亦不許可是諸王等不果所願
心懷愁惱却住一面
尒時復有七恒河沙諸王夫人唯除阿闍世
王夫人爲度衆生現受女身常觀身行以空
无相无願之法薰修其心其名曰三界妙夫
人愛德夫人如是等諸王夫人皆悉安住於
正法中修行禁戒威儀具足憐愍衆生等如
一子各相謂言今宜速往詣世尊所諸王夫
人所設供養七倍於前香華寶幢繒綵幡蓋
上妙飲食寶蓋小者周迊縱廣十六由旬幡
最短者三十六由旬寶幢卑者六十八由旬
飲食香氣周遍流布滿八由旬持如是等供
養之具往如來所稽首佛足遶百千迊而白
佛言世尊我等爲佛及比丘僧設是供具唯
願如來哀愍受我最後供養如來知時默然
不受時諸夫人不果所願心懷愁惱自拔頭

飲食香氣周遍流布滿八由旬持如是等供
養之具往如來所稽首佛足遶百千匝而白
佛言世尊我等為佛及比丘僧設是供具唯
願如來哀愍受我最後供養如來知時默然
不受時諸夫人不果所願心懷愁惱自扠頭
髮搥胸大哭猶如新喪所愛之子卻在一面
默然而住
尒時復有八恒河沙諸天女等其名曰廣目
天女而為上首作如是言汝等諸姉諦觀諦觀
是諸天衆所設種種上妙供具欲供如來及
比丘僧我等亦當如是嚴設微妙供具供養
如來如來受已當入涅槃諸姉諸佛如來出
世甚難最後供養亦復倍難若佛涅槃世間
空虛是諸天女愛樂大乘欲聞大乘聞已亦
能為人廣說渴仰大乘既自充足復能充足
餘渴仰者守護大乘若有異學憎嫉大乘勢
能摧滅如雹摧草護持戒行威儀具足善能
隨順一切世間度未度者脫未脫者於未來
世當轉法輪紹三寶種使不斷絕修學大乘
以大莊嚴而自莊嚴成就如是無量功德等
慈衆生如視一子亦於晨朝日初出時各
取種種天木香等倍於人間所有香木其木
香氣能滅人中種種臭穢白車白蓋駕四白
馬一一車上皆張白帳其帳四邊懸諸金鈴
種種香華寶幢幡蓋上妙甘饍種種伎樂敷
師子座其座四足純紺琉璃於其座後各各

BD05097 號　大般涅槃經（北本）卷一　　（17–12）

慈衆生如視一子亦於晨朝日初出時各
取種種天木香等倍於人間所有香木其木
香氣能滅人中種種臭穢白車白蓋駕四白
馬一一車上皆張白帳其帳四邊懸諸金鈴
種種香華寶幢幡蓋上妙甘饍種種伎樂敷
師子座其座四足純紺琉璃於其座後各各
皆有七寶倚牀一一座前復有金机復以七
寶而為燈樹種種寶珠以為燈明散妙天華
遍布其地是諸天女設是供已心懷哀感涕
淚交流生大苦惱亦為利益安樂衆生成就
大乘第一空行顯發如來方便密教亦為不
斷種種說法往詣佛所稽首佛足遶百千匝
而白佛言世尊唯願如來哀受我等最後供
養如來知時默然不受諸天女等不果所願
心懷愁惱卻在一面默然而住
尒時復有九恒河沙諸龍王等住於四方其
名曰和脩吉龍王難陀龍王婆難陀龍王而
為上首是諸龍王亦於晨朝日初出時設諸
供具倍於人天持至佛所稽首佛足遶百千
匝而白佛言唯願如來哀受我等最後供養
如來知時默然不受是諸龍王不果所願心
懷愁惱卻住一面
尒時復有十恒河沙等諸鬼神王毗沙門王
而為上首各相謂言仁等今者可速詣佛所
設供具倍於諸龍持詣佛所稽首佛足遶百
千匝而白佛言唯願如來哀受我等最後供
養如來知時默然不許是諸鬼神王不果所

BD05097 號　大般涅槃經（北本）卷一　　（17–13）

如來知時默然不受是諸龍王不果所願心
懷愁惱却住一面
尒時復有十恒河沙等諸鬼神王毗沙門王
而為上首各相謂言仁等今者可速詣佛所
設供具倍於諸龍持詣佛所稽首佛足遶百
千帀而白佛言唯願如來哀受我等最後供
養如來知時默然不許是諸鬼神王不果所
願心懷愁惱却住一面
尒時復有二十恒河沙金翅鳥王降怨鳥王
而為上首復有三十恒河沙乾闥婆王那羅
延王而為上首復有四十恒河沙緊那羅王
善見王而為上首復有五十恒河沙摩睺羅
伽王大善見王而為上首復有六十恒河沙
阿脩羅王睒婆利王而為上首復有七十恒
河沙陁那婆王无垢河水王跋提達多王等
而為上首復有八十恒河沙等羅剎王可畏
王而為上首捨離惡心更不食人於怨憎中
生慈悲心其形醜陋以佛神力皆悉端正復
有九十恒河沙樹林神王樂香王而為上首
復有千恒河沙持呪王大幻持呪王而為上
首復有一億恒河沙貪色鬼魅善見王而為
上首復有百億恒河沙天諸婇女藍婆女欝
婆尸女帝路沾女毗舍佉女而為上首復 有
千億恒河沙地諸鬼王白濕王而為上首復
有十万億恒河沙等諸天子及諸天王四天
王等復有十万億恒河沙等四方風神吹諸
樹上時非時華散雙樹間復有十万億恒河

BD05097號　大般涅槃經（北本）卷一　（17–14）

[illegible]沙天諸婇女藍婆女欝
婆尸女帝路沾女毗舍佉女而為上首復 有
千億恒河沙地諸鬼王白濕王而為上首復
有十万億恒河沙等諸天子及諸天王四天
王等復有十万億恒河沙等四方風神吹諸
樹上時非時華散雙樹間復有十万億恒河
沙澍雨神皆作是念如來涅槃焚身之時
我當注雨令火時滅衆中熱悶為作清涼復
有二十恒河沙大香象王羅睺象王金色象
王甘味象王紺眼象王欲香象王等而為上
首敬重大乘愛樂大乘知佛不久當般涅槃
各各拔取无量无邊諸妙蓮華來至佛所頭
面礼佛却住一面復有二十恒河沙等師子
獸王師子吼王而為上首施與一切衆生无
畏持諸華果來至佛所稽首佛足却住一面
復有二十恒河沙等諸飛鳥王鳧鴈鴛鴦孔
雀諸鳥揵闥婆鳥迦蘭陁鳥鸜鵒鸚鵡俱翅
羅鳥婆嘻伽鳥迦陵頻伽鳥耆婆耆婆鳥如
是等諸鳥王持諸華菓來至佛所稽首佛足
却住一面復有二十恒河沙等水牛牛羊往
至佛所出妙香乳其乳流滿拘尸那城所有
溝坑色香美味悉皆具足成是事已却住一
面復有二十恒河沙等四天下中諸神仙人
忍辱仙等而為上首持諸香華及諸甘菓來
詣佛所稽首佛足遶佛三帀而白佛言唯願
世尊哀受我等最後供養如來知時默然不
許時諸仙人不果所願心懷愁惱却住一面

BD05097號　大般涅槃經（北本）卷一　（17–15）

滿飲色香美味悉皆具足成是事已卻住一
面復有二十恒河沙等四天下中諸神仙人
忍辱仙等而為上首持諸香華及諸甘菓來
詣佛所稽首佛足遶佛三匝而白佛言唯願
世尊哀受我等最後供養如來知時默然不
許時諸仙人不果所願心懷愁惱卻住一面
閻浮提中一切蜂王妙音蜂王而為上首持種
種華來詣佛所稽首佛足遶佛一匝卻住一面
尒時閻浮提中比丘比丘尼一切皆集唯除尊
者摩訶迦葉阿難二眾復有无量阿僧祇恒
河沙等世界中間及閻浮提所有諸山須弥
山王而為上首其山莊嚴叢林蓊欝諸樹茂
盛枝條扶踈蔭蔽日光種種妙華周遍而有
龍泉流水清淨香潔諸天龍神乾闥婆阿脩
羅迦樓羅緊那羅摩睺羅伽神仙呪術作倡
伎樂如是等眾弥滿其中是等諸仙神亦來
詣佛稽首佛足卻住一面復有阿僧祇恒河
沙等四大海神及諸河神有大威德具大神
足所設供養倍勝於前諸神身光伎樂燈明
悉蔽日月令不復現以占婆華散熙連河來
至佛所稽首佛足卻住一面尒時拘尸那城
娑羅樹林其林變白猶如白鵠於虛空中自
然而有七寶堂閣彫文刻鏤綺飾分明周匝
欄楯眾寶雜廁堂下多有流泉浴池上妙蓮
華弥滿其中猶如北方欝單越國亦如忉利
歡喜之園尒時娑羅樹林中間種種莊嚴甚
可愛樂亦復如是是諸天人阿脩羅等咸覩

BD05097 號　大般涅槃經（北本）卷一　（17–16）

至佛所稽首佛足卻住一面尒時拘尸那城
娑羅樹林其林變白猶如白鵠於虛空中自
然而有七寶堂閣彫文刻鏤綺飾分明周匝
欄楯眾寶雜廁堂下多有流泉浴池上妙蓮
華弥滿其中猶如北方欝單越國亦如忉利
歡喜之園尒時娑羅樹林中間種種莊嚴甚
可愛樂亦復如是是諸天人阿脩羅等咸覩
如來涅槃之相皆悉悲感愁憂不樂尒時四
天王釋提桓因各相謂之汝等觀察諸天世
人及阿脩羅大設供養欲於最後供養如來
我等亦當如是供養若我最後得供養者
檀波羅蜜則為成就滿足不難尒時四天王
所設供養倍勝於前持曼陁羅華摩訶曼陁
羅華迦枳樓伽華摩訶迦枳樓伽華曼殊沙
華摩訶曼殊沙華散多尼迦華摩訶散多尼
迦華愛樂華大愛樂華普賢華大普賢華時
華大時華香城華大香城華歡喜華大歡喜
華發欲華大發欲華香醉華大香醉華普香
華大普香華天金葉華龍華波利質多樹華
拘毗陁羅樹華復持種種上妙甘饍來至佛所
稽首佛足是諸天人所有光明能蔽日月令
不復現以是供具欲供養佛如來知時默然

BD05097 號　大般涅槃經（北本）卷一　（17–17）

場能令
未无不周市……道場既
已常持莫忘

金光明最勝王經顯空性品第九
爾時世尊說此呪已，為欲利益菩薩摩訶薩
人天大衆，令得悟解甚深真實第一義故，重
明空性，而說頌曰：
我已於餘甚深經　廣說真空微妙法
今復於此經王內　略說空法不思議
於諸廣大甚深法　有情无智不能解
故我於斯重敷演　令於空法得開悟
大悲哀愍有情故　以善方便勝因緣
我今於此大衆中　演說令彼明空義
當知此身如空聚　六賊依止不相知
六塵諸賊別依根　各不相知亦如是
眼根常觀於色處　耳根聽聲不斷絕
鼻根恒齅於香境　舌根鎮嘗於美味
身根受於輕耎觸　意根了法不知猒
此等六根隨事起　各於自境生分別
識如幻化非真實　依止根處妄貪求
如人奔走空聚中　六識依根亦如是
心遍馳求隨處轉　託根緣境了諸事

BD05098 號　金光明最勝王經卷五　（6–1）

眼根常觀於色處　耳根聽聲不斷絕
鼻根恒齅於香境　舌根鎮嘗於美味
身根受於輕耎觸　意根了法不知猒
此等六根隨事起　各於自境生分別
識如幻化非真實　依止根處妄貪求
如人奔走空聚中　六識依根亦如是
心遍馳求隨處轉　託根緣境了諸事
常愛色聲香味觸　於法尋思无暫停
隨緣遍行於六根　如鳥飛空无障礙
藉此諸根作依處　方能了別於外境
此身无知无作者　體不堅固託緣成
皆從虛妄分別生　譬如機關由業轉
地水火風共成身　隨彼因緣招異果
同在一處相違害　如四毒虵居一篋
此四大虵性各異　雖居一處有昇沉
或上或下遍於身　斯等終歸於滅法
於此四種毒虵中　地水二虵多流下
風火二虵性輕舉　由此乖違衆病生
心識依止於此身　造作種種善惡業
當往人天三惡趣　隨其業力受身形
遭諸疾病身死後　大小便利悉盈流
膿爛蟲蛆不可樂　棄在屍林如朽木
汝等當觀法如是　云何執有我衆生
一切諸法盡无常　悉從无明緣力起
彼諸大種咸虛妄　本非實有體无生
故說大種性皆空　知此浮虛非實有

BD05098 號　金光明最勝王經卷五　（6–2）

遣諸疾病身死後　大小便利悉盈流
膖爛蟲蛆不可樂　棄在屍林如朽木
汝等當觀法如是　云何執有我衆生
一切諸法盡无常　悉從无明緣力起
彼諸大種咸虛妄　本非實有體无生
故說大種性皆空　知此浮虛非實有
无明自性本是无　藉衆緣力和合有
於一切時失正慧　故我說彼為无明
行識為緣有名色　六處及觸受隨生
愛取有緣生老死　憂悲苦惱恒隨逐
衆苦惡業常纏迫　生死輪迴无息時
本來非有體是空　由不如理生分別
我斷一切諸煩惱　常以正智現前行
了五蘊宅悉皆空　求證菩提真實處
我開甘露大城門　示現甘露微妙器
既得甘露真實味　常以甘露施群生
我擊最勝大法鼓　我吹最勝大法蠡
我然最勝大明燈　我降最勝大法雨
降伏煩惱諸怨結　建立无上大法幢
於生死海濟群迷　我當關閉三惡趣
煩惱熾火燒衆生　无有救護无依止
清涼甘露充足彼　身心熱惱並皆除
由是我於无量劫　恭敬供養諸如來
堅持禁戒趣菩提　求證法身安樂處
施他眼耳及手足　妻子僮僕心无恡

BD05098號　金光明最勝王經卷五　（6–3）

於生死海濟群迷　我當關閉三惡趣
煩惱熾火燒衆生　无有救護无依止
清涼甘露充足彼　身心熱惱並皆除
由是我於无量劫　恭敬供養諸如來
堅持禁戒趣菩提　求證法身安樂處
施他眼耳及手足　妻子僮僕心无恡
財寶七珎莊嚴具　隨來求者咸供給
忍等諸度皆遍修　十地圓滿成正覺
故我得稱一切智　无有衆生度量者
假使三千大千界　盡此土地生長物
所有藂林諸樹木　稻麻竹葦及枝條
此等諸物皆伐取　並悉細末作微塵
隨處積集量難知　乃至充滿虛空界
一切十方諸剎土　所有三千大千界
地土皆悉末為塵　此微塵量不可數
假使一切衆生智　以此智慧與一人
如是智者量无邊　容可知彼微塵數
牟尼世尊一念智　令彼智人共度量
於多俱胝劫數中　不能算知其少分
時諸大衆聞佛說此甚深空性有无量衆
生悉能了達四大五蘊體性俱空六根六境
妄生繫縛願捨輪迴正修出離深心慶喜如說
奉持
金光明最勝王經依空滿願品第十
尒時如意寶光耀天女於大衆中聞說深法

BD05098號　金光明最勝王經卷五　（6–4）

生惠能了達四大五蘊體性俱空六根六境
妄生繫縛願捨迴心修出離深心慶喜如說
奉持
金光明最勝王經依空滿願品第十
尒時如意寶光耀天女於大衆中聞說深法
歡喜踊躍從座而起偏袒右肩右膝著地合
掌恭敬白佛言世尊唯願為說於甚深理修
行之法而說頌言
我問照世界　兩足最勝尊　菩薩正行法　唯願慈聽許
佛言善女天　若有疑惑者　隨汝意所問　吾當分別說
是時天女請世尊曰
云何諸菩薩行菩提正行離生死涅槃饒益自他故
佛告善女天依於法界行菩提法修平等行
云何依於法界行菩提法修平等行謂於五
蘊能現法界法界即是五蘊五蘊不可說非
五蘊亦不可說何以故若法界是五蘊即是
斷見若離五蘊即是常見離於二相不著二
邊不可見過所見无名无相是則名為說於
法界善女天云何五蘊能現法界如是五蘊
不從因緣生何以故若從因緣生者為已生
故生為未生故生若已生生者何用因緣若
未生生者不可得生何以故未生諸法即是
非有无名无相非校量譬喻之所能及非是
因緣之所生故善女天譬如鼓聲依木依皮
及將手等故得出聲如是鼓聲過去亦空未
來亦空現在亦空何以故是鼓音聲不從木

BD05098號　金光明最勝王經卷五　（6–5）

故生為未生故生若已生生者何用因緣若
未生生者不可得生何以故未生諸法即是
非有无名无相非校量譬喻之所能及非是
因緣之所生故善女天譬如鼓聲依木依皮
及將手等故得出聲如是鼓聲過去亦空未
來亦空現在亦空何以故是鼓音聲不從木
生不從皮生及將手生不於三世生是則不
生若不可生則不可滅若不可滅无所從來
若无所從來亦无所去若无所去則非常非
斷若非常非斷則不一不異何以故此若是
一則不異法界若如是者凡夫之人應見真
諦得於无上安樂涅槃既不如是故知不一
若言異者一切諸佛菩薩行相即是執著未
得解脫煩惱繫縛即不證阿耨多羅三藐三
菩提何以故一切聖人於行非行同真實性
是故不異故知五蘊非有非无不從因緣生
非无因緣生是聖所知非餘境故亦非言說
之所能及无名无相无因无緣亦无譬喻始
終寂靜本來自空是故五蘊能現法界善女
天若善男子善女人欲求阿耨多羅三藐三
菩提異真異俗難可思量於凡聖境體非一
異不捨於俗不離於真依於法界行菩提行
尒時世尊作是語已時善女天踊躍歡喜即
從座起偏袒右肩右膝著地合掌恭敬一心

BD05098號　金光明最勝王經卷五　（6–6）

善因緣愛出家之人有四[illegible]
服飲食卧具湯藥復有五
所須一切愛著分別校計无量
愛有二種一者善愛二不善愛不善
愚求之善法愛者諸菩薩求善法愛者復有
二種不善與善求二乘者名為不善求大乘
者是名為善善男子凡夫愛者名之為集不
名為諦菩薩愛者名之實諦不名為集何以
故為度衆生所以受生不以愛故而受生也
迦葉菩薩白佛言世尊如佛世尊於餘經中
為諸衆生說業為因緣或說憍慢或說六觸
或說无明為五盛陰而作因緣今以何義說
四聖諦獨以愛性為五陰因佛讚迦葉善哉
善哉善男子如汝所說諸因緣者非為非因
但是五陰要因於愛善男子譬如大王若出
遊巡大臣眷屬悉皆隨從愛亦如是隨愛行
處是諸結等亦復隨行譬如膩衣隨有塵著
著則隨住愛亦如是隨所愛處業結亦住復
次善男子譬如濕地則能生牙愛亦如是能
生一切業煩惱牙善男子菩薩摩訶薩住是
大乘大般涅槃深觀此愛凡有九種一如債

BD05099 號　大般涅槃經（北本）卷一三　　（24–1）

遊巡大臣眷屬悉皆隨從愛亦如是隨愛行
處是諸結等亦復隨行譬如膩衣隨有塵著
著則隨住愛亦如是隨所愛處業結亦住復
次善男子譬如濕地則能生牙愛亦如是能
生一切業煩惱牙善男子菩薩摩訶薩住是
大乘大般涅槃深觀此愛凡有九種一如債
有餘二如羅刹女婦三如妙華莖有毒蛇四
如惡食性所不便而強食之五如婬女六如
摩樓迦子七如瘡中息肉八如暴風九如彗
星云何名為如債有餘善男子譬如窮人負
他錢財雖償欲畢餘未畢故猶繫在獄而不
得脫聲聞緣覺亦復如是以有愛習之餘氣
故不能得成阿耨多羅三藐三菩提善男子
是名如債有餘善男子云何如羅刹女婦善
男子譬如有人以羅刹女而為婦妾是羅刹
女隨所生子生已便食子既盡已復食其夫
善男子愛羅刹女亦復如是隨諸衆生生善
根子隨生隨食善子既盡復食衆生令墮地
獄畜生餓鬼唯除菩薩是名如羅刹女婦善
男子云何如妙華莖毒蛇纏之譬如有人性
愛好華不見華莖毒蛇過患即便前捉捉已
蛇螫螫已命終一切凡夫亦復如是貪五欲
華不見是愛毒蛇過患而便受取即為愛毒
之所歐螫命終即墮三惡道中唯除菩薩是
名如妙華莖毒蛇纏之善男子云何所不便食

BD05099 號　大般涅槃經（北本）卷一三　　（24–2）

男子云何如妙華莖毒虵纏之譬如有人性
愛好華不見華莖毒虵過患即便前捉捉已
虵螫螫已命終一切凡夫亦復如是貪五欲
華不見是愛毒虵過患而便受取即爲愛毒
之所蚖螫命終即墮三惡道中唯除菩薩是
名如妙華莖毒虵纏之善男子云何所不便食
而強食之譬如有人所不便食而強食之食
已腹痛患下而死愛食如是五道衆生強
食貪著以是因緣墮三惡道唯除菩薩是名
所不便食而強食之善男子云何婬女譬如
愚人與婬女通而彼婬女巧作種種諂媚現
親悉奪是人所有錢財錢財既盡便復驅逐
愛之婬女亦復如是愚人无智與之交通而
是愛女奪其所有一切善法善法既盡驅逐
令墮三惡道中唯除菩薩是名婬女善男子
云何摩樓迦子譬如摩樓迦子若鳥食已隨
糞墮地或因風吹來在樹下即便生長纏繞
縛束尼拘陁樹令不增長遂至枯死愛摩樓
迦子亦復如是纏縛凡夫所有善法不令增
長遂至枯滅既枯滅已命終之後墮三惡道
唯除菩薩是名摩樓迦子善男子云何瘡中
息肉如人久瘡瘡中生息肉其人要當勤心療
治莫生捨心若生捨心瘡息增長虫疽復生
以是因緣即便命終凡夫愚人五陰瘡痍亦
復如是愛於其中而爲息肉應當勤心療治

長遂至枯滅既枯滅已命終之後墮三惡道
唯除菩薩是名摩樓迦子善男子云何瘡中
息肉如人久瘡瘡中生息肉其人要當勤心療
治莫生捨心若生捨心瘡息增長虫疽復生
以是因緣即便命終凡夫愚人五陰瘡痍亦
復如是愛於其中而爲息肉應當勤心療治
愛息若不治者命終即墮三惡道中唯除菩
薩是名瘡中息肉善男子云何暴風譬如暴
風能偃山移岳拔深根栽愛暴大風亦復如
是於父母所而生惡心能拔大智舍利弗等
无上深固菩提根栽唯除菩薩是名暴風善
男子云何彗星譬如彗星出現天下一切人
民飢饉病瘦嬰諸苦惱愛之彗星亦復如是
能斷一切善根種子令凡夫人孤窮飢饉生
煩惱病流轉生死受種種苦唯除菩薩是名
彗星善男子菩薩摩訶薩住於大乘大般涅
槃觀察愛結如是九種善男子以是義故諸
凡夫人有苦无諦聲聞緣覺有苦有苦諦而
无真實諸菩薩等解苦无苦是故无苦而有
真諦諸凡夫人有集无諦聲聞緣覺有集有
集諦諸菩薩等解集无集是故无集而有真
諦聲聞緣覺有滅非真菩薩摩訶薩有滅有
真諦聲聞緣覺有道非真菩薩摩訶薩有
道有真諦
善男子云何菩薩摩訶薩住於大乘大般涅
[illegible]

諦聲聞緣覺有滅非真菩薩摩訶薩有滅有
真諦聲聞緣覺有道非真菩薩摩訶薩有
道有真諦
善男子云何菩薩摩訶薩住於大乘大般涅
槃見滅見滅諦所謂斷除一切煩惱若煩惱
斷則名為常滅煩惱火則名寂滅煩惱滅故
則得受樂諸佛菩薩求因緣故故名為淨更
不復受廿五有故名出世以出世故名為我
常於彼色聲香味觸等若男若女若生住滅
若苦若樂不苦不樂不取相貌故名畢竟寂
滅真諦善男子菩薩如是住於大乘大般涅
槃觀滅聖諦
善男子云何菩薩摩訶薩住於大乘大般涅
槃觀道聖諦善男子譬如闇中因燈得見麁
細之物菩薩摩訶薩亦復如是住於大乘大
般涅槃因八聖道見一切法所謂常无常有
為无為有衆生非衆生物非物苦樂我无我
淨不淨煩惱非煩惱業非業實非實乘非乘
知无知陀羅驃非陀羅驃求那非求那見非
見色非色道非道解非解善男子菩薩如是
住於大乘大般涅槃觀道聖諦
迦葉菩薩白佛言世尊若八聖道是道聖諦
義不相應何以故如來或說信心為道能度
諸漏或時說道不放逸是諸佛世尊不放逸
故得阿耨多羅三藐三菩提亦是菩薩助道

住於大乘大般涅槃觀道聖諦
迦葉菩薩白佛言世尊若八聖道是道聖諦
義不相應何以故如來或說信心為道能度
諸漏或時說道不放逸是諸佛世尊不放逸
故得阿耨多羅三藐三菩提亦是菩薩助道
之法或時說言精進是道如告阿難若有人
能勤修精進則得成就阿耨多羅三藐三菩
提或時說言觀身念處若有繫心精勤修習
是身念處則得成就阿耨多羅三藐三菩提
或時說言正定為道如告大德摩訶迦葉夫
正定者真實是道非不正定而是道也若入
禪定乃能思惟五陰生滅非不入定能思惟
也或說一法若有修集能淨衆生滅除一切
憂愁苦惱逮得正法所謂念佛三昧或復說
言修无常想是名為道如告比丘有能多修
无常想者能得阿耨多羅三藐三菩提或說
空寂阿蘭若處獨坐思惟能得速成阿耨多
羅三藐三菩提或時說言為人演法是名為
道若聞法已疑網即斷疑網斷已則得阿耨
多羅三藐三菩提或時說言持戒是道如告
阿難若有精勤修持禁戒是人則度生死大
苦或時說言親近善友是名為道如告阿難
若有親近善知識者則具淨戒若有衆生能
親近我則得發於阿耨多羅三藐三菩提心
或時說言修慈是道修學慈者斷諸煩惱得

多羅三藐三菩提或時說言持戒是道如昔
阿難若有精勤脩持禁戒是人則度生死大
苦或時說言親近善友是名為道如昔阿難
若有親近善知識者則具淨戒若有衆生能
親近我則得發於阿耨多羅三藐三菩提心
或時說言脩慈是道脩學慈者斷諸煩惱得
不動處或時說言智慧是道如佛昔為波闍
波提比丘尼說姊妹如諸聲聞以智慧刀能
斷諸流諸漏煩惱或時如來說施是道如佛
往昔告波斯匿王大王當知我於往昔多行
惠施以是因緣今日得成阿耨多羅三藐三
菩提世尊若八聖道是道諦者如是等經豈
非虛妄若彼諸經非虛妄者彼中何緣不說
八道為道聖諦若彼不說如來往昔何故錯
謬然我定知諸佛如來久離錯謬
尒時世尊讚迦葉菩薩善哉善哉善男子汝
今欲知菩薩大乘微妙經典所有祕密故作
是問善男子如是諸經悉入道諦善男子如
我先說若有信道如是信道是信根本是能
佐助菩提之道是故我說無有錯謬善男子
如來善知無量方便欲化衆生故作如是種
種說法善男子譬如良醫識諸衆生種種病
原隨其所患而為合藥并藥所禁唯水一種
不在禁例或服薑水或甘草水或細辛水或
黑石蜜水或阿摩勒水或尼婆羅水或鉢晝

BD05099 號　大般涅槃經（北本）卷一三　（24–7）

佐助菩提之道是故我說無有錯謬善男子
如來善知無量方便欲化衆生故作如是種
種說法善男子譬如良醫識諸衆生種種病
原隨其所患而為合藥并藥所禁唯水一種
不在禁例或服薑水或甘草水或細辛水或
黑石蜜水或阿摩勒水或尼婆羅水或鉢晝
羅水或服冷水或服熱水或蒲桃水或安石
留水善男子如是良醫善知衆生所患種種
藥雖多禁水不在例如來亦尒善知方便於
一法相隨諸衆生分別廣說種種名相彼諸
衆生隨所說受受已脩集除斷煩惱如彼病
人隨良醫教所患得除復次善男子如有一
人善解雜語在大衆中是諸大衆熱渴所逼
咸發聲言我欲飲水我欲飲水是人即時以
清冷水隨其種類說言是水或言波尼或言
鬱持或言莎利藍或言婆利或言波耶或言
甘露或言牛乳以如是等無量水名為大衆
說善男子如來亦尒以一聖道為諸聲聞種
種演說從信根等至八聖道復次善男子譬
如金師以一種金隨意造作種種瓔珞所謂
鉗鏁環釧釵鐺天冠臂印雖有如是差別不
同然不離金善男子如來亦尒以一佛道隨
諸衆生種種分別而為說之或說一種所謂
諸佛一道無二復說二種所謂定慧復說三
種謂見智慧復說四種所謂見道脩道無學
道佛道復說五種所謂信行道法行道信解

BD05099 號　大般涅槃經（北本）卷一三　（24–8）

同然不離金善男子如来亦尒以一佛道随
諸衆生種種分別而為説之或説一種所謂
諸佛一道无二復説二種所謂定慧復説三
種謂見智慧復説四種所謂見道脩道无學
道佛道復説五種所謂信行道法行道信解
脫道見到道身證道復説六種所謂須陁洹
道斯陁含道阿那含道阿羅漢道辟支佛道
佛道復説七種所謂念覺分擇法覺分精進
覺分喜覺分除覺分定覺分捨覺分復説八
種所謂正見正思惟正語正業正命正精進
正念正定復説九種所謂八道及信復説十
種所謂十力復説十一種所謂十力大慈復
説十二種所謂十力大慈大悲復説十三種
所謂十力大慈大悲念佛三昧復説十六種
所謂十力大慈大悲念佛三昧及佛所得三
正念處復説廿道所謂十力四无所畏大慈
大悲念佛三昧三正念處善男子是道一體
如来昔日為衆生故種種分別復次善男子
辟如一火因可然故得種種名所謂木火草
火糠火麩火牛馬糞火善男子佛道亦尒一
而无二為衆生故種種分別復次善男子辟
如一識分別説六若至於眼則名眼識乃至
意識亦復如是善男子道亦如是一而无二
如来為化諸衆生故種種分別復次善男子
辟如一色眼所見者則名為色耳所聞者則

火麩火牛馬糞火善男子佛道亦尒一
而无二為衆生故種種分別復次善男子辟
如一識分別説六若至於眼則名眼識乃至
意識亦復如是善男子道亦如是一而无二
如来為化諸衆生故種種分別復次善男子
辟如一色眼所見者則名為色耳所聞者則
名為聲鼻所嗅者則名為香舌所嘗者則名
為味身所覺者則名為觸善男子道亦如是
一而无二如来為欲化衆生故種種分別善
男子以是義故八聖道分名道聖諦善男子
是四聖諦諸佛世尊次第説之以是因緣无
量衆生得度生死
迦葉菩薩白佛言世尊昔佛一時在恒河岸
尸首林中尒時如来取少樹葉告諸比丘我
今手中所捉葉多一切国地草木葉多諸比
丘言世尊一切国地草木葉多不可稱計如
来所捉少不足言諸比丘我所覺了一切諸
法如因大地生草木等為諸衆生所宣説者
如手中葉世尊尒時説如是言如来所了无
量諸法若入四諦則為已説若不入者應有
五諦佛讃迦葉善哉善哉善男子汝今所問
則能利益安隱快樂无量衆生善男子如是
諸法悉已攝在四聖諦中迦葉菩薩復作是
言如是等法若在四諦如来何故唱言不説
佛言善男子雖復入中猶不名説何以故善

量諸法若入四諦則爲已說若不入者應有
五諦佛讚迦葉善哉善哉善男子汝今所問
則能利益安隱快樂无量衆生善男子如是
諸法悉已攝在四聖諦中迦葉菩薩復作是
言如是等法若在四諦如來何故唱言不說
佛言善男子雖復入中猶不名說何以故善
男子知聖諦有二種智一者中二者上中者聲
聞緣覺智上者諸佛菩薩智善男子知諸
陰苦名爲中智分別諸陰有无量相悉是諸
苦非是聲聞緣覺所知是名上智善男子如
是等義我於彼經竟不說之善男子知諸入
者名之爲門亦名爲苦是名中智分別種種
有无量相悉是諸苦非諸聲聞緣覺所智是
名上智如是等義我於彼經亦不說之善男
子知諸界者名之爲分亦名爲性亦名爲苦
是名中智分別諸界有无量相悉是諸苦非
諸聲聞緣覺所知是名上智善男子如是等
義我於彼經亦不說之善男子知色壞相是
名中智分別諸色有无量相悉是諸苦非諸
聲聞緣覺所知是名上智如是等義我於彼
經亦不說之善男子知受覺相是名中智分
別諸受有无量覺相非諸聲聞緣覺所知是
名上智善男子如是等義我於彼經亦不說
之善男子知相取相是名中智分別諸相有
无量取相非諸聲聞緣覺所知是名上智如

BD05099號　大般涅槃經（北本）卷一三　（24–11）

經亦不說之善男子知受覺相是名中智分
別諸受有无量覺相非諸聲聞緣覺所知是
名上智善男子如是等義我於彼經亦不說
之善男子知相取相是名中智分別諸相有
无量取相非諸聲聞緣覺所知是名上智如
是等義我於彼經亦不說之善男子知行作
相是名中智分別是行无量作相非諸聲聞
緣覺所知是名上智善男子如是等義我於
彼經亦不說之善男子知識分別相是名中
智分別是識无量智相非諸聲聞緣覺所知
是名上智善男子如是等義我於彼經亦不
說之善男子知愛因緣能生五陰是名中智
一人起愛无量无邊聲聞緣覺所不能知能
知一切衆生所起如是等愛是名上智如是
等義我於彼經亦不說之善男子知滅煩惱
是名中智分別煩惱不可稱計滅亦如是不
可稱計非諸聲聞緣覺所知是名上智如是
等義我於彼經亦不說之善男子知是道相
能離煩惱是名中智分別道相无量无邊所
離煩惱亦无量无邊非諸聲聞緣覺所知是
名上智如是等義我於彼經亦不說之善男
子知世諦者是名中智分別世諦无量无邊
不可稱計非諸聲聞緣覺所知是名上智如
是等義我於彼經亦不說之善男子一切行

BD05099號　大般涅槃經（北本）卷一三　（24–12）

有斷煩惱[illegible]
離煩惱亦无量无邊非諸聲聞緣覺所知是
名上智如是等義我於彼經亦不說之善男
子知世諦者是名中智分別世諦无量无邊
不可稱計非諸聲聞緣覺所知是名上智如
是等義我於彼經亦不說之善男子一切行
无常諸法无我涅槃寂滅是第一義是名中
智知第一義无量无邊不可稱計非諸聲聞
緣覺所知是名上智如是等義我於彼經亦
不說之
尒時文殊師利菩薩白佛言世尊所說世諦
第一義諦其義云何世尊第一義中有世諦
不世諦之中有第一義不如其有者即是一
諦如其无者將非如來虛妄說耶善男子世
諦者即第一義諦世尊若尒者則无二諦佛
言善男子有善方便隨順衆生說有二諦善
男子若隨言說則有二種一者世法二者出
世法善男子如出世人之所知者名第一義
諦世人知者名為世諦善男子五陰和合稱
言某甲凡夫衆生隨其所稱是名世諦解陰
无有某甲名字離陰亦无某甲名字出世之
人如其性相而能知之名第一義諦復次善
男子或復有法有名有實或復有法有名无
實善男子有名无實者即是世諦有名有實
者是第一義諦善男子如我衆生壽命知見

BD05099號　大般涅槃經（北本）卷一三　（24–13）

无有某甲名字離陰亦无某甲名字出世之
人如其性相而能知之名第一義諦復次善
男子或復有法有名有實或復有法有名无
實善男子有名无實者即是世諦有名有實
者是第一義諦善男子如我衆生壽命知見
養育士夫作者受者熱時之炎乾闥婆城龜
毛兎角旋火之輪諸陰界入是名世諦苦集滅
道名第一義諦善男子世法有五種一者名
世二者句世三者縛世四者法世五者執
著世善男子云何名世男女缾衣車乘屋舍
如是等物是為名世云何句世四句一偈如
是等偈名為句世云何縛世捲合繫結束縛
合掌是名縛世云何法世如鳴搥集僧嚴鼓
戒兵吹貝知時是名法世云何執著世如望
遠人有染衣者生想執著言是沙門非婆羅
門見有結繩横佩身上便生念言是婆羅門
非沙門也是名執著世善男子如是名為五
種世法善男子若有衆生於如是等五種世
法心无顛倒如實而知是名第一義諦復次
善男子若燒若割若死若壞是名世諦无燒
无割无死无壞是名第一義諦復次善男子
有八苦相名為世諦无生无老无病无死无
愛別離无怨憎會无求不得无五盛陰是名
第一義諦復次善男子譬如一人多有所能
[illegible]

BD05099號　大般涅槃經（北本）卷一三　（24–14）

善男子若燒若割若死若壞是名世諦无燒
无割无死无壞是名第一義諦復次善男子
有八苦相名為世諦无生无老无病无死无
愛別離无怨憎會无求不得无五盛陰是名
第一義諦復次善男子譬如一人多有所能
若其走時則名走者若收刈時復名刈者若
作飲食名作食者若治材木則名工匠鍛金
銀時言金銀師如是一人有多名字法亦如
是其實是一而有多名依因父母和合而生
名為世諦十二因緣和合生者名第一義諦
文殊師利菩薩摩訶薩白佛言世尊所言實
諦其義云何佛言善男子言實諦者名曰真
法善男子若法非真不名實諦善男子實諦
者无顛倒无顛倒者乃名實諦善男子實諦
者无有虛妄若有虛妄不名實諦善男子實
諦者名曰大乘非大乘者不名實諦善男子
實諦者是佛所說非魔所說若是魔說非佛
說者不名實諦善男子實諦者一道清淨无
有二也善男子有常有樂有我有淨是則名
為實諦之義文殊師利白佛言世尊若以真
實為實諦者真實之法即是如來虛空佛性
若如是者如來虛空及與佛性无有差別佛
告文殊師利有苦有諦有實有集有諦有實
有滅有諦有實有道有諦有實善男子如來
非苦非諦是實虛空非苦非諦是實佛性非

BD05099號　大般涅槃經（北本）卷一三　（24–15）

實為實諦者真實之法即是如來虛空佛性
若如是者如來虛空及與佛性无有差別佛
告文殊師利有苦有諦有實有集有諦有實
有滅有諦有實有道有諦有實善男子如來
非苦非諦是實虛空非苦非諦是實佛性非
苦非諦是實文殊師利所言苦者為无常相
是可斷相是為實諦如來之性非苦非无常
非可斷相是故為實虛空佛性亦復如是復
次善男子所言集者能令五陰和合而生亦
名為苦亦名无常是可斷相是為實諦善男
子如來非是集性非是陰因非可斷相是故
為實虛空佛性亦復如是善男子所言滅者
名煩惱滅亦常无常二乘所得名曰无常諸
佛所得是則名常亦名證法是為實諦善男
子如來之性不名為滅能滅煩惱非常无常
不名證知常住无變是故為實虛空佛性亦
復如是善男子道者能斷煩惱亦常无常是
可脩法是名實諦如來非道能斷煩惱非常
无常非可脩法常住不變是故為實虛空佛
性亦復如是復次善男子言真實者即是如
來如來者即是真實真實者即是虛空虛空
者即是真實真實者即是佛性佛性者即是
真實文殊師利有苦有苦因有苦盡有苦對
如來非苦乃至非對是故為實不名為諦虛
空佛性亦復如是苦者有為有漏无樂如來

BD05099號　大般涅槃經（北本）卷一三　（24–16）

性亦復如是復次善男子言真實者即是如
來如來者即是真實真實者即是虛空虛空
者即是真實真實者即是佛性佛性者即是
真實文殊師利有苦有苦因有苦盡有苦對
如來非苦乃至非對是故為實不名為諦虛
空佛性亦復如是苦者有為有漏无樂如來
非有為非有漏湛然安樂是實非諦文殊師
利白佛言世尊如佛所說不顛倒者名為實
諦若尒者四諦之中有四倒不如其有者云
何說言无有顛倒名為實諦一切顛倒不名
為實佛告文殊師利一切顛倒皆入苦諦如
諸衆生有顛倒心名為顛倒善男子辟如有
人不受父母尊長教勅雖受不能隨順脩行
如是人等名為顛倒如是顛倒非不是苦即
是苦也文殊師利言如佛所說不虛妄者即
是實諦若尒者當知虛妄則非實諦佛言善
男子一切虛妄皆入苦諦如有衆生欺誑於
他以是因緣墮於地獄畜生餓鬼如是等法
名為虛妄如是虛妄非不是苦即是苦也聲
聞緣覺諸佛世尊遠離不行故名虛妄如是
虛妄諸佛二乘所斷除故名實諦文殊師
利言如佛所說大乘是實諦者當知聲聞辟
支佛乘則為不實佛言文殊師利彼二乘者
亦實不實聲聞緣覺斷諸煩惱則名為實无
常不住是變易法名為不實文殊師利言如

BD05099 號　大般涅槃經（北本）卷一三　（24–17）

聞緣覺諸佛世尊遠離不行故名虛妄如是
虛妄諸佛二乘所斷除故名實諦文殊師
利言如佛所說大乘是實諦者當知聲聞辟
支佛乘則為不實佛言文殊師利彼二乘者
亦實不實聲聞緣覺斷諸煩惱則名為實无
常不住是變易法名為不實文殊師利言如
佛所說若佛所說名為實者當知魔說則為
不實世尊如魔所說聖諦攝不佛言文殊師
利魔所說者二諦所攝所謂苦集凡是一切
非法非律不能令人而得利益終日宣說亦
无有人見苦斷集證滅脩道是名虛妄如是
虛妄名為魔說
文殊師利言如佛所說一道清淨无有二者
諸外道等亦復說言我有一道清淨无二若
言一道是實諦者與彼外道有何差別若无
差別不應說言一道清淨佛言善男子諸外
道等有苦集諦无滅道諦於非滅中而生滅
相於非道中而生道相於非果中而生果相
於非因中而生因想以是義故彼无一道清
淨无二文殊師利言如佛所說有常有我有
樂有淨是實義者諸外道等應有實諦佛法
中无何以故諸外道輩亦復說言諸行是常
云何是常可意不可意諸業報等受不失故
可意者名十善報不可意者十不善報若言
諸行皆悉无常而作業者於此已滅誰復於

BD05099 號　大般涅槃經（北本）卷一三　（24–18）

槃有淨是實義者諸外道等應有實諦佛法
中无何以故諸外道輩亦復說言諸行是常
云何是常可意不可意諸業報等受不失故
可意者名十善報不可意者十不善報若言
諸行皆悉无常而作業者於此已滅誰復於
彼受果報乎以是義故諸行是常殺生因緣
故名為常世尊若言諸行悉无常者能教可
殺二俱无常若无常者誰於地獄而受罪報
若言定有地獄受報當知諸行實非无常世
尊繫心專念亦名為常所謂十年所念乃至
百年亦不忘失是故為常若无常者本所見
事誰憶誰念以是因緣一切諸行非无常也
世尊一切憶想亦名為常有人先見他人手
足頭項等相後時若見便還識之若无常者
本相應滅世尊諸所作業以久脩習若從初
學或逕三年或逕五年然後善知故名為常
世尊筭數之法從一至二從二至三乃至百
千若无常者初一應滅初一若滅誰復至二
如是常一終无有二以一不滅故得至二乃
至百千是故為常世尊如讀誦法誦一阿含
至二阿含乃至三四阿含如其无常所可讀
誦終不至四以是讀誦增長因緣故名為常
世尊瓶衣車乘如人負債大地形相山河樹
林藥木草葉眾生治病皆悉是常亦復如是
世尊一切外道皆作是說諸行是常若是常

BD05099 號　大般涅槃經（北本）卷一三　　（24–19）

至二阿含乃至三四阿含如其无常所可讀
誦終不至四以是讀誦增長因緣故名為常
世尊瓶衣車乘如人負債大地形相山河樹
林藥木草葉眾生治病皆悉是常亦復如是
世尊一切外道皆作是說諸行是常若是常
者即是實諦
世尊有諸外道復言有樂云何知耶受者定
得可意報故世尊凡受樂者必定得之所謂
大梵天王大自在天釋提桓因毗紐天及諸
人天以是義故名定有樂世尊有諸外道復
言有樂能令眾生生求望故飢者求食渴者
求飲寒者求溫熱者求涼極者求息病者求
差欲者求色若无樂者彼何緣求以有求者
故知有樂世尊有諸外道復作是言施能得
樂世間之人好施沙門諸婆羅門貧窮困苦
衣服飲食卧具醫藥象馬車乘末香塗香眾
華屋宅依止燈明作如是等種種惠施為我
後世受可意報是故當知決定有樂世尊有
諸外道復作是言以因緣故當知有樂所謂
受樂者有因緣故名為樂觸若无樂者何得
因緣如无菟角則无因緣有樂因緣則知有
樂世尊有諸外道復作是言上中下故當知
有樂下受樂者釋提桓因中受樂者大梵天
王上受樂者大自在天以有如是上中下故
當知有樂

BD05099 號　大般涅槃經（北本）卷一三　　（24–20）

因緣如兎角則无因緣有樂因緣則知有
樂世尊有諸外道復作是言上中下故當知
有樂下受樂者釋提桓因中受樂者大梵天
王上受樂者大自在天以有如是上中下故
當知有樂
世尊有諸外道復言有淨何以故若无淨者
不應起欲若起欲者當知有淨又復說言金
銀琉寶瑠璃頗梨車𤦲馬瑙珊瑚真珠璧玉
珂貝流泉浴池飲食衣服華香末香塗香
燈燭之明如是等物悉是淨法復次有淨謂五
陰者即是淨器盛諸淨物所謂人天諸仙阿
羅漢辟支佛菩薩諸佛以是義故名之為淨
世尊有諸外道復言有我有所覩見能造作
故譬如有人入陶師家雖復不見陶師之身
以見輪繩定知其家必是陶師我亦如是眼
見色已必知有我若无我者誰能見色聞聲
乃至觸法亦復如是復次有我云何得知因
相故知何等為相喘息視眴壽命役心受諸
苦樂貪求瞋恚如是等法悉是我相是故當
知必定有我復次有我能別味故有人食菓
見已知味是故當知必定有我復次有我云
何知耶執作業故執鎌能刈執斧能斫執瓶
盛水執車能御如是等事我執能作是故當
知必定有我復次有我云何知耶即於生時
欲得乳餔乘宿習故以是當知必定有我復

見已知味是故當知必定有我復次有我云
何知耶執作業故執鎌能刈執斧能斫執瓶
盛水執車能御如是等事我執能作是故當
知必定有我復次有我云何知耶即於生時
欲得乳餔乘宿習故以是當知必定有我復
次有我云何知耶和合利益他衆生故譬如
瓶衣車乘田宅山林樹木象馬牛羊如是等
物若和合者則有利益此內五陰亦復如是
眼等諸根有和合故則利益我是故當知必
定有我復次有我云何知耶有遮法故如有
物故則有遮閡物若无者則无有遮若有遮
者則知有我是故當知必定有我復次有我
云何知耶伴非伴故親與非親非是伴侶正
法耶法亦非伴侶智與非智亦非伴侶沙門
非沙門婆羅門非婆羅門子非子晝非晝夜
非夜我非我如是等法為伴非伴是故當知
必定有我世尊諸外道等種種說有常樂我
淨當知定有常樂我淨世尊以是義故諸外
道等亦得說言我有真諦
佛言善男子若有沙門婆羅門有常有樂
有淨有我者是非沙門非婆羅門何以故迷於
生死離一切智大導師故如是沙門婆羅門
等沈沒諸欲善法羸損故是諸外道繫在
貪欲瞋恚癡獄堪忍愛樂故是諸外道雖知業
果自作自受而猶不能遠離惡法是諸外道

佛言善男子若有沙門婆羅門有常有樂
有淨有我者是非沙門非婆羅門何以故迷於
生死離一切智大導師故如是沙門婆羅門
等沉没諸欲善法羸損故是諸外道繫在
貪欲瞋恚癡獄堪忍愛樂故是諸外道雖知業
果自作自受而猶不能遠離惡法是諸外道
非是正法正命自活何以故无智慧火不能
消故是諸外道雖欲貪著上妙五欲貧於善
法不勤脩故是諸外道雖欲往至正解脫中
而持戒之不成就故是諸外道雖欲求樂而
不能求樂因緣故是諸外道雖復憎嫉一切
諸苦然其所行未能遠離諸苦因緣是諸外
道雖為四大毒虵所纏猶行放逸不能謹慎
是諸外道无明所覆遠離善友樂在三界无
常熾然大火之中而不能出是諸外道遇諸
煩惱難愈之病而復不求大智良醫是諸外
道方於未來當涉无邊嶮遠之路而不知集
善法資粮而自莊嚴是諸外道常為婬欲灾
毒所害而反抱持五欲霜毒是諸外道瞋恚
熾盛而復反更親近惡友是諸外道常為无
明之所覆蔽而反推求耶惡之法是諸外道常
為耶見之所誑惑而反於中生親善想是諸
外道悕食甘菓而種苦子是諸外道已處
煩惱闇室之中而反遠離大智炬明是諸外
道患煩惱渴而復更飲諸欲鹹水是諸外道

BD05099 號　大般涅槃經（北本）卷一三　（24–23）

毒所害而反抱持五欲霜毒是諸外道瞋恚
熾盛而復反更親近惡友是諸外道常為无
明之所覆蔽而反推求耶惡之法是諸外道常
為耶見之所誑惑而反於中生親善想是諸
外道悕食甘菓而種苦子是諸外道已處
煩惱闇室之中而反遠離大智炬明是諸外
道患煩惱渴而復更飲諸欲鹹水是諸外道
漂没生死无邊大河而復遠離无上船師是
諸外道迷惑諸倒言諸行常諸行若常无
有是處

大般涅槃經卷第十三

BD05099 號　大般涅槃經（北本）卷一三　（24–24）

壽命俱等亦身長廿里衣食自
切衆生有能受持三歸五戒孝養
長奉持三尊无違失者得生其中
有无量七寶宮殿去地百万里中有天
樓博叉亦身長廿里壽命八万四千歲
然其中亦有男女身長廿里閻浮提内一
生有能受持三歸五戒孝養父母奉事
者得生其中須弥山北皆有无量七寶宮
地亦尒中有天王名毗沙門身長廿里壽
万七千歲亦衣食自然其中亦有女身長
里閻浮提内一切衆生有能受持三歸五戒孝
養父母恭師長奉事三尊者得生其中須
弥山東各有无量七寶三宮寶殿亦去地百
万里中有天王名提頭賴吒及諸男女壽命
多少人身長短及諸衣食皆悉同等閻浮提衆
生有能脩行三歸五戒恭敬父母者得生其
中轉輪聖王所住之處亦有无量七寶宮殿去
地百万里中有天王名毗留博叉亦身長廿
里壽命八万七千歲衣食自然其中亦有男女
身長廿里閻浮提内一切衆生有能受持五戒
孝養父母奉事三尊者得生其中轉輪聖
王所住之處亦有无量七寶宮殿去地二百万

BD05100號　妙法蓮華經度量天地品　（12–1）

中轉輪聖王所住之處亦有无量七寶宮殿去
地百万里中有天王名毗留博叉亦身長廿
里壽命八万七千歲衣食自然其中亦有男女
身長廿里閻浮提內一切衆生有能受持五戒
孝養父母奉事三尊者得生其中轉輪聖
王所住之處亦有无量七寶宮殿去地二百万
里持轉輪王及諸男女并及一切群臣眷屬
皆身長廿里壽命廿五万歲衣食自然轉輪
聖王及諸王子一切皆乘七寶大象遊行四天
下教化衆生一切衆生有能受持三歸五戒脩
十善行不犯諸惡受持讀誦妙法華經隨意
所願得生其中亦身長廿里壽命廿五万歲衣
食自然无所之少須弥頂上名忉利天此天壽
一壽命一劫其中天人亦身長廿里一切皆受
自然閻浮提內一切衆生若有受持五戒十善
勤行精進供養諸佛受持讀誦妙法華經晝
夜一心護持經戒清淨具足无違失者盡其壽
命隨意所願得生其中亦受无量自在快樂其第
二天壽命二劫衣食自然其中亦有男女身長
廿里受持五戒十善得生其中第三天壽命四劫
衣食自然其中亦有男女身長廿里受持五戒
十善者得生其中第四天壽命八劫衣食自
然其中亦有男女身長廿里受持五戒十善得
生其中第五天壽命十六劫衣食自然其中亦
有男女身長廿里受持五戒十善得生其中其第
六天壽命卅二劫衣食自然其中亦有男女身
長廿里受持五戒十善得生其中其第七天壽

十善者得生其中苐四天壽命八劫衣食自
然其中亦有男女身長廿里受持五戒十善得
生其中苐五天壽命十六劫衣食自然其中亦
有男女身長廿里受持五戒十善得生其中其苐
六天壽命卅二劫衣食自然其中亦有男女身
長廿里受持五戒十善得生其中其苐七天壽
命六十四劫其中天人見食即飽亦有男女身
長廿里受持五戒十善得生其中苐八天壽命一
百廿八劫見食即飽即其中亦有男女身長廿里
受持五戒十善得生其中其苐九天壽命二百
五十六劫見食即飽其中亦有男女身長廿里受
持五戒十善得生其中苐十天壽命五百卅二劫
見食即飽其中亦有男女身長廿里受持五戒
十善得生其中苐十一天壽命一千六十四劫見
食即飽其中亦有男女身長廿里受持五戒
十善得生其中其苐十二天壽命二千一百廿八
劫聞食即飽其中亦有男女身長廿里受持
五戒十善得生其中其苐十三天壽命四千
四百五十六劫聞食即飽其中亦有男女身
長廿里受持五戒十善得生其中其苐十四
天壽命一万劫聞食即飽其中亦有男女身長
廿里受持五戒十善得生其中其苐十五天壽
命二万劫聞食即飽其中亦有男女身長廿里
受持五戒十善得生其中苐十六天壽命四万
劫憶食即飽其中亦有男女身長廿里受持五戒
十善得生其中亦有男女身長廿里受持五

天壽命一万劫聞食即飽其中亦有男女身長
廿里受持五戒十善得生其中其第十五天壽
命二万劫聞食即飽其中亦有男女身長廿里
受持五戒十善得生其中第十六天壽命四万
劫憶食即飽其中亦有男女身長廿里受持五戒
十善得生其中亦有男女身長廿里受持五
戒十善得生其中其第十七天壽命八万劫憶
食即飽其中亦有男女身長廿里受持五戒十
善得生其中第十八天壽命十六万劫憶食
即飽其中亦有男女身長廿里受持五戒十
善得生其中其第十九天壽命卅二万劫其中
天人无有煩惱身心清淨无所味著神通自在
无有鄣㝵如諸佛菩薩同等无異其第廿天
壽命六十四万劫其中天人无有鄣㝵快樂其
第廿一天壽命一百廿八万劫其廿二天壽命二百
五十六万劫其第廿三天壽五百一十二万劫其第
廿四天壽命一千二十四万劫其廿五天壽二千卌八
万劫其廿六天壽四千九十六万劫其廿七天壽八
千二百万劫其第廿八天壽一万六千四百万劫其
第廿九天壽命三万二千万劫其第卅天壽
六万四千万劫其第卅一天壽十二万八千万劫
其第三十二天壽廿五万六千万劫其有頂天
卅三天壽命五十一万二千万万億劫於是中
間无有天人唯有諸佛菩薩以爲正住壽劫
數不思議又天地相去百万億由旬日月去地八
十億万里星宿去地七十億万里須弥山縱廣
三百卅六万里高下亦尒閻浮提地亦縱廣三百

BD05100號　妙法蓮華經度量天地品

（12–4）

卅三天壽命五十一万二千万万億劫於是中
間无有天人唯有諸佛菩薩以為心住壽劫
數不思議又天地相去百万億由旬日月去地八
十億万里星宿去地七十億万里須弥山縱廣
三百卅六万里高下亦尒閻浮提地亦縱廣三百
卅六万里西居耶尼縱廣四百卅八万里北欝單
越縱廣六百六十四万里東弗于逮縱廣五百五
十三万里金剛圍山高二百万里大鐵圍山高二
百万里小鐵圍山高二十万里其海廣五千里深
三千里其小海廣一千五百里深千里其大江廣
八十里深卅里小江廣卅里深廿里盟瀆廣三里
深一里半如是三千大千世界百億日月百億大
海小海江河百億四天下百億四天王百億轉
輪王百億忉利天乃至百億卅三天身長短壽
命劫數次苐多少若有食不食見色聞憶皆
悉同等无有異也
諸須弥山高下大小四方大地闊狭多少諸鐵
圍山及興大海小海江河高下深淺皆悉同
等无有別異
日月去地亦復如是又諸日月悉皆周圍一千七
百里大星周圍百廿里中星周圍八十里小星周
圍卅五里水車火車亦周圍一千七百里天下四
時冬天極寒夏天極熱春秋調和何以故日
行三道冬行南道夏行北道春秋行中道黃
金水精為日白銀瑠璃為月及餘星宿悉皆
白銀諸星宿上各有諸天皆白銀身随星大小

百里大星周圍百廿里中星周圍八十里小星周
圍卌五里水車火車亦周圍一千七百里天下四
時冬天極寒夏天極熱春秋調和何以故日
行三道冬行南道夏行北道春秋行中道黄
金水精爲日白銀瑠璃爲月及餘星宿悉皆
白銀諸星宿上各有諸天皆白銀身隨星大小
以爲居止皆受快樂自在无导黄金水精爲日
夏天之時水精盡退黄金正現火車助之其須
弥山有百億金剛皆共助熱夏行北道當人之
上是故天下悉皆大熱冬天之時攝去火車
黄金盡退水精正現水車助之冬行南道水
山之上是故天下悉皆大寒月在天中照曜
天下一月之中而有生滅明時極明暗時極暗
所以者何白銀瑠璃爲月阿須輪王而典之
自以身手翻覆轉側初生之時現於琉璃出白
銀如是日月漸漸而轉至十五日琉璃隱沒白銀
正現是故天下一切皆明過十五日已漸復而
轉至卌日白銀盡沒琉璃正現是故天下悉皆
大暗
佛告觀世音天下一切四方衆生各有差別汝
今諦聽當爲汝說何以故閻浮提内一切衆生
身長八尺壽命百歲西居耶尼諸衆生等身
長十里壽命一千二百歲北欝單越所有衆生
身長廿里壽命一千歲東弗于逮衆生之類
身長九里壽命五百歲閻浮提内衆 生 多
受苦惱多有憂悲煩惱患難受百歲夜消其
半長命者得壽百歲短命者胞胎傷墮兼

BD05100號　妙法蓮華經度量天地品　（12–6）

長十里壽命一千二百歲北欝單越所有衆生
身長廿里壽命一千歲東弗于逮衆生之類
身長九里壽命五百歲閻浮提內衆生多
受苦惱多有憂悲熗惱患難受百歲夜消其
半長命者得壽百歲短命者胞胎傷墮夭
復中夭人生之時父母養育年既長大自將徍
健擔輕負重不自裁量勤身苦務以自給
濟如是日夜不能自足衣不蓋形食不充口
兼復王調於時課領方復橫為水火之所焚
漂劫奪如是憂惱苦无量此中衆生雖受苦
惱有能脩行五戒十善受持讀誦妙法華
懃脩精進供養諸佛晝夜一心奉持經戒清
淨具足无缺漏者因是果報得成佛身西居
耶尼諸衆生等一切皆受无量快樂无有
一人受苦惱者皆不由父母胞胎各各皆當
蓮華化生珂玻珈衣自然著體若欲食時
有七寶鉢器所謂金銀琉璃車𤥭馬瑙珊瑚
虎珀諸妙珎寶如是之鉢隨其時節自然而
現百味天厨充滿其中馨香芬馥食之甘美
身心柔軟氣力調和身體平正端嚴微妙聦
明智慧高才明達神通功德不可思議初生
之時各各皆有珂玻珈衣在其身體又其衣
者隨身長大至於年老不著餘衣如是清淨
寶快樂北欝單越一切衆生雖有男女无有
婬欲男從父膝而生女從母膝而生須衣架上
而取須食有粳米飯皆長七寸隨其時節自
生盂中如是諸食不施功力食之甘美氣力充

BD05100號　妙法蓮華經度量天地品　（12–7）

者隨身長大至於年老不著餘衣如是清淨
寶快樂北欝單越一切衆生雖有男女无有
婬欲男從父膝而生女從母膝而生須衣架上
而取須食有粳米飯皆長七寸隨其時節自
生盂中如是諸食不施功力食之甘美氣力充
寶身體安寧无有病苦如是清淨亦大快樂
東弗于逮无量衆生雖爲田殖耕犁種作无
有王調於時課領亦无惡家未大賊盜自作
自得无有棄者如是安隱亦无憂惱西居耶
厓閻浮提内一切衆生不問貧富貴賤好醜有能
端心捨家弃俗行作沙門行脩口過護持禁
戒清淨具足无缺漏者隨意所願得生其
中北欝單越閻浮提衆生亦復不問貧富貴
賤善惡好醜有能脩行受持五戒一月六齋一
年三長齋供養諸佛常无闕時脩口攝意
不犯五事者盡其壽命終得往生東弗于
逮閻浮衆生亦復不問貧富貴賤善惡好醜
有能信心受持三歸護持三事无違犯者得
生其中如是三千大千世界百億閻浮提百億
西居耶厓百億北欝單越百億東弗于逮如
是百億四方衆生貧富貴賤善惡好醜衣食
不衣食性分大小壽命長短皆悉同等无有別
異隨本業力生於四方尒時世尊欲重宣此
義而說偈言

佛告觀世音　及諸菩薩衆　并及於一切　諸民天人菩
汝等今諦聽　當爲汝分別　今汝諸大衆　一切皆得聞
吾今說寶事　勿得有疑惑　此大地深遠　二十億万里

果隨本業力生於四方尒時世尊欲重宣此
義而說偈言
佛告觀世音　及諸菩薩衆　并及於一切　諸民天人等
汝等今諦聽　當為汝分別　今汝諸大衆　一切皆得聞
吾今說寶事　勿得有疑惑　此大地深遠　二十億万里
次有香潤澤　亦二十億万里　其次有雜寶　金銀及頗梨
金粟及銀剛　皆八十万億　銀粟百万億　金剛二百億
車𤦲與馬瑙　玫瑰琉璃珠　是諸珍寶等　四億万里
无極大風持　不使得傾動　如是諸大地　是天之梁柱
天下一切物　皆因依於地　一切諸小流　大海與小海
江河及井谷　藥草諸樹木　如是之等類　皆因地而生
土山及黑山　及諸弥樓山　鐵圍大鐵圍　金剛及須弥
并及於一切　衆妙七寶山　皆因此大地　踊出弥寶城
又諸須弥山　於諸山中王　四寶踊出城　高出於世間
何等以為四　南名為琉璃　西名為頗梨　北名為馬瑙
東名為黃金　故名為四寶　瑠璃光夾色　照曜於南方
衆生得見者　謂名為清天　頗梨光夾色　天下悉皆白
馬瑙與黃金　隨色而照曜　其四寶光明　照曜於四方
一切衆生見　皆言謂為天　護世四天王　皆依山而住
无量寶宮殿　去地百万里　王及諸男女　身長二十里
一切悉皆受　八万七千歲　衣服諸飲食　各各皆自然
閻浮諸衆生　孝養父母者　盡其壽命已　必得生此間
諸聖轉輪王　亦依此山　七寶諸宮殿　去地二百万
王及諸男女　群臣眷屬等　一切皆當壽　二十五万歲
身長二十里　衣食皆自然　尒時轉輪王　乘大千寶爲
遊行四天下　教化於一切　天下諸衆生　脩行於十善
讀誦法華經　必得生彼　衣服諸飲食　悉皆充有果

BD05100號　妙法蓮華經度量天地品　（12–9）

諸聖轉輪王　亦依此山　七寶諸宮殿　去地二百万
王及諸男女　群臣眷屬等　一切皆當壽　二十五万歲
身長二十里　衣食皆然自　爾時轉輪王　乘大千寶為
遊行四天下　教化於一切　天下諸衆生　脩行於十善
有切利諸天　居在須彌頂　其中諸天人　自在受快樂
讀誦法華經　必得生於彼　衣服諸飲食　悉皆无有異
壽命於一劫　衣食皆自然　閻浮諸衆生　若有能受持
五戒十善行　讀誦法華經　勤行於精進　供養於諸佛
晝夜常一心　奉持於經戒　清淨无缺漏　必得生此天
衣服諸飲食　一切皆自然　此天名第一　第二及第三
第四與第五　乃至第六天　壽命轉輪倍　衣食亦如是
第七及第八　乃至第二十　其壽命劫數　轉轉而增倍
其中諸天人　不復須衣食　但見聲聞者　自然而飽滿
其身意清淨　心无所味著　功德智慧力　不可得稱量
神通力自在　无有諸鄣礙　若有能受持　其法華經者
得解其義趣　如說而脩行　勤行供養佛　及供養經卷
晝夜誦持戒　清淨具足者　隨其心中願　必得生彼間
功德神通力　悉等无有異　其第廿一　乃至有頂天
而於是中間　无有諸天人　諸佛菩薩等　於中而止住
其壽命劫數　不可得思議　其天地相去　百万億由旬
日月去地於　八十億万里　諸星宿去地　皆七十億万
其次須弥山　縱廣有三百　三十六万里　高下亦如是
閻浮提縱廣　其數皆如是　西方瞿耶尼　其縱廣四百
四十八万里　清淨无瑕穢　北方欝單越　縱廣於五百
六十四万里　无有諸煩惱　弗于逮縱廣　五百五万里
金剛大鐵圍　高二百万里　其小鐵圍山　高百二十万

BD05100號　妙法蓮華經度量天地品

日月去地於　八十億万里　諸星宿去地　皆七十億万
其次須弥山　縱廣有三百　三十六万里　高下亦如是
閻浮提縱廣　其數皆如是　西方瞿耶尼　其縱廣四百
四十八万里　清淨无瑕穢　北方欝單越　縱廣於六百
六十四万里　无有諸煩惱　弗于逮縱廣　五百五万里
金剛大鐵圍　高二百万里　其小鐵圍山　高百二十万
大海廣五千　深於三千里　小海千五百　其水深一千
大江八十里　水深於四十　小江廣四十　深於二十里
盟津廣三里　深於一里半　其日月周圍　一千七百里
大星百廿　中星廣八十　其諸小星等　皆四十五里
觀世音當知　天下有四時　寒熱及調和　是事何因緣
日行於三道　冬行於南道　夏行於北道　春秋行中道
是故令天下　調和无寒熱　黃金水精日　白銀琉璃月
及諸星宿等　悉皆為白銀　於上有諸天　皆為白銀身
隨諸小大里　於上而正懸　夏行於北道　盡退於水精
黃金而正現　金剛及火車　皆悉而佐助　是故天下熱
冬行於南道　攝去於火車　盡退於黃金　水精而正現
以冰車助之　是故天下寒　月在於天中　照曜於天下
而有生滅相　是故何因緣　阿須輪王等　而典知於月
自以於身手　轉側而翻覆　自於初生時　而現於琉璃
少出於白銀　故名為初生　過初生日已　日日漸漸轉
隱蔽於琉璃　而漸見白銀　至於十五日　琉璃盡隱没
正見於白銀　是故天下明　過於十五日　漸漸而復轉
隱蔽於白銀　漸現於琉璃　至於三十日　白銀悉皆没
琉璃皆正見　是故天下暗　是大千千界　一切百億天
壽命及劫數　多少興次苐　觜食若不食　悉皆同平等

是故令天下　調和无寒熱　黃金水精日　白銀琉璃月
及諸星宿等　悉皆為白銀　於上有諸天　皆為白銀身
隨諸小大里　於上而止息　夏行於北道　盡退於水精
黃金而正現　金剛及火車　皆悉而佐助　是故天下熱
冬行於南道　掃去於火車　盡退於黃金　水精而正現
以氷車助之　是故天下寒　月在於天中　照曜於天下
而有生滅相　是故何因緣　阿須輪王等　而典知於月
自以於身手　轉側而翻覆　自於初生時　而現於琉璃
少出於白銀　故名為初生　過初生日已　日日漸漸轉
隱蔽於琉璃　而漸見白銀　至於十五日　琉璃盡隱沒
正見於白銀　是故天下明　過於十五日　漸漸而復轉
隱蔽於白銀　漸現於琉璃　至於三十日　白銀悉皆沒
琉璃皆正見　是故天下暗　是大千千界　一切百億天
壽命及劫數　多少與次第　[illegible]食若不食　悉皆同平等
百億須彌山　高下及大小　四方諸大地　闊狹與多少
鐵圍大鐵圍　諸大海水等　小海江河水　高下及深淺
[illegible]事　悉等无有異　百億諸日月　高下及周圍
[illegible]切皆同等　天下諸眾生　[illegible]不及大小
貴賤[illegible]　[illegible]受苦　長短與如是
[illegible]　三千世界中　一切皆如是
[illegible]　心懷大歡喜　以偈而讚言

BD05100號　妙法蓮華經度量天地品　（12–12）

布施其福

提於意云何東方虛空

須菩提南西北方四維上下

不也世尊須菩提菩薩无住相布施福德亦
復如是不可思量須菩提菩薩但應如所教
住須菩提於意云何可以身相見如來不不
也世尊不可以身相得見如來何以故如來所
說身相即非身相佛告須菩提凡所有相
皆是虛妄若見諸相非相則見如來
須菩提白佛言世尊頗有衆生得聞如是
言說章句生實信不佛告須菩提莫作是
說如來滅後後五百歲有持戒脩福者於此章
句能生信心以此為實當知是人不於一佛二
佛三四五佛而種善根已於无量千万佛所
種諸善根聞是章句乃至一念生淨信者須
菩提如來悉知悉見是諸衆生得如是无量
福德何以故是諸衆生无復我相人相衆生
相壽者相无法相亦无非法相何以故是諸
衆生若心取相則為著我人衆生壽者若取
法相即著我人衆生壽者何以故若取非法

BD05101 號　金剛般若波羅蜜經　（15–1）

佛三四五佛而種善根已於无量千万佛所
種諸善根聞是章句乃至一念生淨信者須
菩提如來悉知悉見是諸衆生得如是无量
福德何以故是諸衆生无復我相人相衆生
相壽者相无法相亦无非法相何以故是諸
衆生若心取相則為著我人衆生壽者若取
法相即著我人衆生壽者何以故若取非法
相即著我人衆生壽者是故不應取法不應
取非法以是義故如來常說汝等比丘知我
說法如筏喻者法尚應捨何況非法
須菩提於意云何如來得阿耨多羅三藐三
菩提耶如來有所說法耶須菩提言如我解
佛所說義无有定法名阿耨多羅三藐三菩
提亦无有定法如來可說何以故如來所說
法皆不可取不可說非法非非法所以者何
一切賢聖皆以无為法而有差別
須菩提於意云何若人滿三千大千世界七
寶以用布施是人所得福德寧為多不須菩
提言甚多世尊何以故是福德即非福德性
是故如來說福德多若復有人於此經中受
持乃至四句偈等為他人說其福勝彼何以
故須菩提一切諸佛及諸佛阿耨多羅三藐
三菩提法皆從此經出須菩提所謂佛法者
即非佛法
須菩提於意云何須陁洹能作是念我得須陁洹果不

BD05101 號　金剛般若波羅蜜經　（15–2）

是故如来說福德多若復有人於此經中受
持乃至四句偈等為他人說其福勝彼何以
故須菩提一切諸佛及諸佛阿耨多羅三藐
三菩提法皆從此經出須菩提所謂佛法者
即非佛法
須菩提於意云何須陁洹能作是念我得須
陁洹果不須菩提言不也世尊何以故須陁
洹名為入流而无所入不入色聲香味觸法
是名須陁洹須菩提於意云何斯陁含能作
是念我得斯陁含果不須菩提言不也世尊
何以故斯陁含名一往来而實无往来是名
斯陁含須菩提於意云何阿那含能作是念
我得阿那含果不須菩提言不也世尊何以
故阿那含名為不来而實无来是故名阿那
含須菩提於意云何阿羅漢能作是念我得
阿羅漢道不須菩提言不也世尊何以故實
无有法名阿羅漢世尊若阿羅漢作是念
我得阿羅漢道即為著我人衆生壽者世
尊佛說得无諍三昧人中最為第一是第一
離欲阿羅漢我不作是念我是離欲阿羅漢世
尊我若作是念我得阿羅漢道世尊則不說
須菩提是樂阿蘭那行者以須菩提實无所
行而名須菩提是樂阿蘭那行
佛告須菩提於意云何如来昔在燈燈佛所
於法有所得不世尊如来在然燈佛所於法
實无所得須菩提於意云何菩薩莊嚴佛土

BD05101 號　金剛般若波羅蜜經 （15–3）

離欲阿羅漢我不作是念我是離欲阿羅漢世
尊我若作是念我得阿羅漢道世尊則不說
須菩提是樂阿蘭那行者以須菩提實无所
行而名須菩提是樂阿蘭那行
佛告須菩提於意云何如来昔在燈燈佛所
於法有所得不世尊如来在然燈佛所於法
實无所得須菩提於意云何菩薩莊嚴佛土
不不也世尊何以故莊嚴佛土者則非莊嚴
是名莊嚴是故須菩提諸菩薩摩訶薩應
如是生清淨心不應住色生心不應住聲香
味觸法生心應无所住而生其心
須菩提譬如有人身如須弥山王於意云何
是身為大不須菩提言甚大世尊何以故佛
說非身是名大身
須菩提如恒河中所有沙數如是沙等恒河
於意云何是諸恒河沙寧為多不須菩提言
甚多世尊但諸恒河尚多无數何况其沙須
菩提我今實言告汝若有善男子善女人以
七寶滿尒所恒河沙數三千大千世界以用
布施得福多不須菩提言甚多世尊佛告須
菩提若善男子善女人於此經中乃至受持
四句偈等為他人說而此福德勝前福德
復次須菩提隨說是經乃至四句偈等當知
此處一切世間天人阿脩羅皆應供養如佛
塔廟何况有人盡能受持讀誦須菩提當
知是人成就最上第一希有之法若是經典所

BD05101 號　金剛般若波羅蜜經 （15–4）

四句偈等為他人說而此福德勝前福德
復次須菩提隨說是經乃至四句偈等當知
此處一切世間天人阿脩羅皆應供養如佛
塔廟何況有人盡能受持讀誦須菩提當
知是人成就最上第一希有之法若是經典所
在之處則為有佛若尊重弟子
尒時須菩提白佛言世尊當何名此經我等
云何奉持佛告須菩提是經名為金剛般若
波羅蜜以是名字汝當奉持所以者何須菩
提佛說般若波羅蜜則非般若波羅蜜須菩
提於意云何如來有所說法不須菩提白佛
言世尊如來无所說須菩提於意云何三千
大千世界所有微塵是為多不須菩提言甚
多世尊須菩提諸微塵如來說非微塵是名
微塵如來說世界非世界是名世界須菩提
於意云何可以三十二相見如來不不也世
尊何以故如來說三十二相即是非相是名
三十二相須菩提若有善男子善女人以恒
河沙等身命布施若復有人於此經中乃至
受持四句偈等為他人說其福甚多
尒時須菩提聞說是經深解義趣涕淚悲泣
而白佛言希有世尊佛說如是甚深經典我
從昔來所得慧眼未曾得聞如是之經世尊
若復有人得聞是經信心清淨則生實相當
知是人成就第一希有功德世尊是實相者

BD05101 號　金剛般若波羅蜜經　（15–5）

受持四句偈等為他人說其福甚多
尒時須菩提聞說是經深解義趣涕淚悲泣
而白佛言希有世尊佛說如是甚深經典我
從昔來所得慧眼未曾得聞如是之經世尊
若復有人得聞是經信心清淨則生實相當
知是人成就第一希有功德世尊是實相者
則是非相是故如來說名實相世尊我今得
聞如是經典信解受持不足為難若當來世
後五百歲其有眾生得聞是經信解受持
是人則為第一希有何以故此人无我相人相
眾生相壽者相所以者何我相即是非相人
相眾生相壽者相即是非相何以故離一切
諸相則名諸佛佛告須菩提如是如是若復
有人得聞是經不驚不怖不畏當知是人
甚為希有何以故須菩提如來說第一波羅
蜜非第一波羅蜜是名第一波羅蜜
須菩提忍辱波羅蜜如來說非忍辱波羅蜜
何以故須菩提如我昔為歌利王割截身體
我於尒時无我相无人相无眾生相无壽者
相何以故我於往昔節節支解時若有我相
人相眾生相壽者相應生瞋恨須菩提又念
過去於五百世作忍辱仙人於尒所世无我
相无人相无眾生相无壽者相是故須菩提
菩薩應離一切相發阿耨多羅三藐三菩提
心不應住色生心不應住聲香味觸法生心
應生无所住心若心有住則為非住是故佛

BD05101 號　金剛般若波羅蜜經　（15–6）

人相衆生相壽者相應生瞋恨須菩提又念
過去於五百世作忍辱仙人於尒所世无我
相无人相无衆生相无壽者相是故須菩提
菩薩應離一切相發阿耨多羅三藐三菩提
心不應住色生心不應住聲香味觸法生心
應生无所住心若心有住則為非住是故佛
說菩薩心不應住色布施須菩提菩薩為
利益一切衆生應如是布施如來說一切諸相
即是非相又說一切衆生則非衆生須菩提
如來是真語者實語者如語者不誑語者不
異語者須菩提如來所得法此法无實无虛
須菩提若菩薩心住於法而行布施如人入
闇則无所見若菩薩心不住於法而行布施
如人有目日光明照見種種色須菩提當來
之世若有善男子善女人能於此經受持讀
誦則為如來以佛智慧悉知是人悉見是人
皆得成就无量无邊功德
須菩提若有善男子善女人初日分以恒河
沙等身布施中日分復以恒河沙等身布施
後日分亦以恒河沙等身布施如是无量百
千万億劫以身布施若復有人聞此經典信
心不逆其福勝彼何況書寫受持讀誦為人
解說須菩提以要言之是經有不可思議不
可稱量无邊功德如來為發大乘者說為發
最上乘者說若有人能受持讀誦廣為人說

BD05101 號　金剛般若波羅蜜經　（15–7）

千万億劫以身布施若復有人聞此經典信
心不逆其福勝彼何況書寫受持讀誦為人
解說須菩提以要言之是經有不可思議不
可稱量无邊功德如來為發大乘者說為發
最上乘者說若有人能受持讀誦廣為人說
如來悉知是人悉見是人皆成就不可量不
可稱无有邊不可思議功德如是人等則為
荷擔如來阿耨多羅三藐三菩提何以故須
菩提若樂小法者著我見人見衆生見壽
者見則於此經不能聽受讀誦為人解說須
菩提在在處處若有此經一切世間天人阿脩
羅所應供養當知此處則為是塔皆應恭
敬作禮圍遶以諸華香而散其處
復次須菩提善男子善女人受持讀誦此經
若為人輕賤是人先世罪業應墮惡道以今
世人輕賤故先世罪業則為消滅當得阿耨
多羅三藐三菩提須菩提我念過去无量阿
僧祇劫於然燈佛前得值八百四千万億那
由他諸佛悉皆供養承事无空過者若復有
人於後末世能受持讀誦此經所得功德於
我所供養諸佛功德百分不及一千万億分
乃至筭數譬喻所不能及須菩提若善男
子善女人於後末世有受持讀誦此經所得
功德我若具說者或有人聞心則狂亂狐疑不
信須菩提當知是經義不可思議果報亦不可

BD05101 號　金剛般若波羅蜜經　（15–8）

我所供養諸佛功德百分不及一千万億分
乃至筭數譬喻所不能及須菩提若善男
子善女人於後末世有受持讀誦此經所得
功德我若具說者或有人聞心則狂亂狐疑不
信須菩提當知是經義不可思議果報亦不可
思議
尒時須菩提白佛言世尊善男子善女人發
阿耨多羅三藐三菩提心云何應住云何降
伏其心佛告須菩提善男子善女人發阿耨
多羅三藐三菩提者當生如是心我應滅度
一切衆生滅度一切衆生已而无有一衆生
實滅度者何以故若菩薩有我相人相衆生
相壽者相即非菩薩所以者何須菩提實无
有法發阿耨多羅三藐三菩提者
須菩提於意云何如來於然燈佛所有法得
阿耨多羅三藐三菩提不不也世尊如我解
佛所說義佛於然燈佛所无有法得阿耨
多羅三藐三菩提佛言如是如是須菩提實
无有法如來得阿耨多羅三藐三菩提須菩
提若有法如來得阿耨多羅三藐三菩提然
燈佛則不與我受記汝於來世當得作佛号
釋迦牟尼以實无有法得阿耨多羅三藐三菩
提是故然燈佛與我受記作是言汝於來世
當得作佛号釋迦牟尼何以故如來者即
諸法如義若有人言如來得阿耨多羅三藐三

BD05101號　金剛般若波羅蜜經　（15–9）

燈佛則不與我受記汝於來世當得作佛号
釋迦牟尼以實无有法得阿耨多羅三藐三菩
提是故然燈佛與我受記作是言汝於來世
當得作佛号釋迦牟尼何以故如來者即
諸法如義若有人言如來得阿耨多羅三藐三
菩提須菩提實无有法佛得阿耨多羅三藐
三菩提須菩提如來所得阿耨多羅三藐三
菩提於是中无實无虛是故如來說一切法
皆是佛法須菩提所言一切法者即非一切
法是故名一切法須菩提譬如人身長大須
菩提言世尊如來說人身長大則為非大身
是名大身須菩提菩薩亦如是若作是言我
當滅度无量衆生則不名菩薩何以故須菩
提實无有法名為菩薩是故佛說一切法
无我无人无衆生无壽者須菩提若菩薩作
是言我當莊嚴佛土是不名菩薩何以故如來
說莊嚴佛土者即非莊嚴是名莊嚴須菩
提若菩薩通達无我法者如來說名真是
菩薩須菩提於意云何如來有肉眼不如是
世尊如來有肉眼須菩提於意云何如來有
天眼不如是世尊如來有天眼須菩提於意云
何如來有慧眼不如是世尊如來有慧眼須菩
提於意云何如來有法眼不如是世尊如來
有法眼須菩提於意云何如來有佛眼不如
是世尊如來有佛眼須菩提於意云何恒河

BD05101號　金剛般若波羅蜜經　（15–10）

世尊如来有肉眼須菩提於意云何如来有
天眼不如是世尊如来有天眼須菩提於意云
何如来有慧眼不如是世尊如来有慧眼須菩
提於意云何如来有法眼不如是世尊如来
有法眼須菩提於意云何如来有佛眼不如
是世尊如来有佛眼須菩提於意云何恒河
中所有沙佛說是沙不如是世尊如来說是
沙須菩提於意云何如一恒河中所有沙有
如是等恒河是諸恒河所有沙數佛世界如
是寧為多不甚多世尊佛告須菩提尒所國
土中所有衆生若干種心如来悉知何以故如
来說諸心皆為非心是名為心所以者何須
菩提過去心不可得現在心不可得未来
心不可得須菩提於意云何若有人滿三
千大千世界七寶以用布施是人以是因緣得
福多不如是世尊此人以是因緣得福甚多
須菩提若福德有實如来不說得福德多以
福德无故如来說得福德多
須菩提於意云何佛可以具足色身見不不
也世尊如来不應以具足色身見何以故如
来說具足色身即非具足色身是名具足
色身須菩提於意云何如来可以具足諸相
見不不也世尊如来不應以具足諸相見何
以故如来說諸相具足即非具足是名諸
相具足須菩提汝勿謂如来作是念我當有

来說具足色身即非具足色身是名具足
色身須菩提於意云何如来可以具足諸相
見不不也世尊如来不應以具足諸相見何
以故如来說諸相具足即非具足是名諸
相具足須菩提汝勿謂如来作是念我當有
所說法即為謗佛不能我所說故須菩提
說法者无法可說是名說法
須菩提白佛言世尊佛得阿耨多羅三藐
三菩提為无所得耶如是如是須菩提我
於阿耨多羅三藐三菩提乃至无有少法可
得是名阿耨多羅三藐三菩提復次須菩提
是法平等无有高下是名阿耨多羅三藐三
菩提以无我无人无衆生无壽者脩一切善法
則得阿耨多羅三藐三菩提須菩提所言善
法者如来說非善法是名善法
須菩提若三千大千世界中所有諸須弥山
王如是等七寶聚有人持用布施若人以此
般若波羅蜜經乃至四句偈等受持為他人
說於前福德百分不及一千万億分乃至
筭數譬喻所不能及
須菩提於意云何汝等勿謂如来作是念
我當度衆生須菩提莫作是念何以故實无
有衆生如来度者若有衆生如来度者如来則
有我人衆生壽者須菩提如来說有我者

筭數譬喻所不能及
湏菩提於意云何汝等勿謂如来作是念
我當度衆生湏菩提莫作是念何以故實无
有衆生如来度者若有衆生如来度者如来則
有我人衆生壽者湏菩提如来説有我者
則非有我而凡夫之人以為有我湏菩提凡夫
者如来説則非凡夫湏菩提於意云何可以
三十二相觀如来不湏菩提言如是如是以
三十二相觀如来佛言湏菩提若以三十二
相觀如来者轉輪聖王則是如来湏菩提白
佛言世尊如我解佛所説義不應以三十二
相觀如来尒時世尊而説偈言
若以色見我　以音聲求我　是人行邪道　不能見如来
湏菩提汝若作是念如来不以具足相故得
阿耨多羅三藐三菩提湏菩提莫作是念如
来不以具足相故得阿耨多羅三藐三菩提
湏菩提汝若作是念發阿耨多羅三藐三菩
提者説諸法斷滅相莫作是念何以故發阿
耨多羅三藐三菩提者於法不説斷滅相湏
菩提若菩薩以滿恒河沙等世界七寶布施
若湏有人知一切法无我得成於忍此菩薩
勝前菩薩所得功德湏菩提以諸菩薩不受
福德故湏菩提白佛言世尊云何菩薩不受
福德湏菩提菩薩所作福德不應念著是故
説不受福德湏菩提若有人言如来若来若
去若坐若卧是人不解如来所説義何以故

BD05101 號　金剛般若波羅蜜經　（15–13）

一切法无我得成於忍此菩薩
勝前菩薩所得功德湏菩提以諸菩薩不受
福德故湏菩提白佛言世尊云何菩薩不受
福德湏菩提菩薩所作福德不應念著是故
説不受福德湏菩提若有人言如来若来若
去若坐若卧是人不解如来所説義何以故
如来者无所從来亦无所去故名如来湏菩
提若善男子善女人以三千大千世界碎為
微塵於意云何是微塵衆寧為多不甚多
世尊何以故若是微塵衆實有者佛則不説
是微塵衆所以者何佛説微塵衆則非微塵
衆是名微塵衆世尊如来所説三千大千世
界則非世界是名世界何以故若世界實有
者則是一合相如来説一合相則非一合相是
名一合相湏菩提一合相者則是不可説但
凡夫之人貪著其事湏菩提若人言佛説
我見人見衆生見壽者見湏菩提於意云何
是人解我所説義不世尊是人不解如来所
説義何以故世尊説我見人見衆生見壽者
見即非我見人見衆生見壽者見是名我見人
見衆生見壽者見湏菩提發阿耨多羅三藐
三菩提心者於一切法應如是知如是見如
是信解不生法相湏菩提所言法相者如来
説即非法相是名法相湏菩提若有人以滿
无量阿僧祇世界七寶持用布施若有善男
子善女人發菩薩心者持於此經乃至四句

BD05101 號　金剛般若波羅蜜經　（15–14）

見衆生見壽者見須菩提發阿耨多羅三藐
三菩提心者於一切法應如是知如是見如
是信解不生法相須菩提所言法相者如來
說即非法相是名法相須菩提若有人以滿
无量阿僧祇世界七寶持用布施若有善男
子善女人發菩薩心者持於此經乃至四句
偈等受持讀誦為人演說其福勝彼云何
為人演說不取於相如如不動何以故
一切有為法　如夢幻泡影　如露亦如電　應作如是觀
佛說是經已長老須菩提及諸比丘比丘尼
優婆塞優婆夷一切世間天人阿脩羅聞佛
所說皆大歡喜信受奉行

金剛般若波羅蜜經

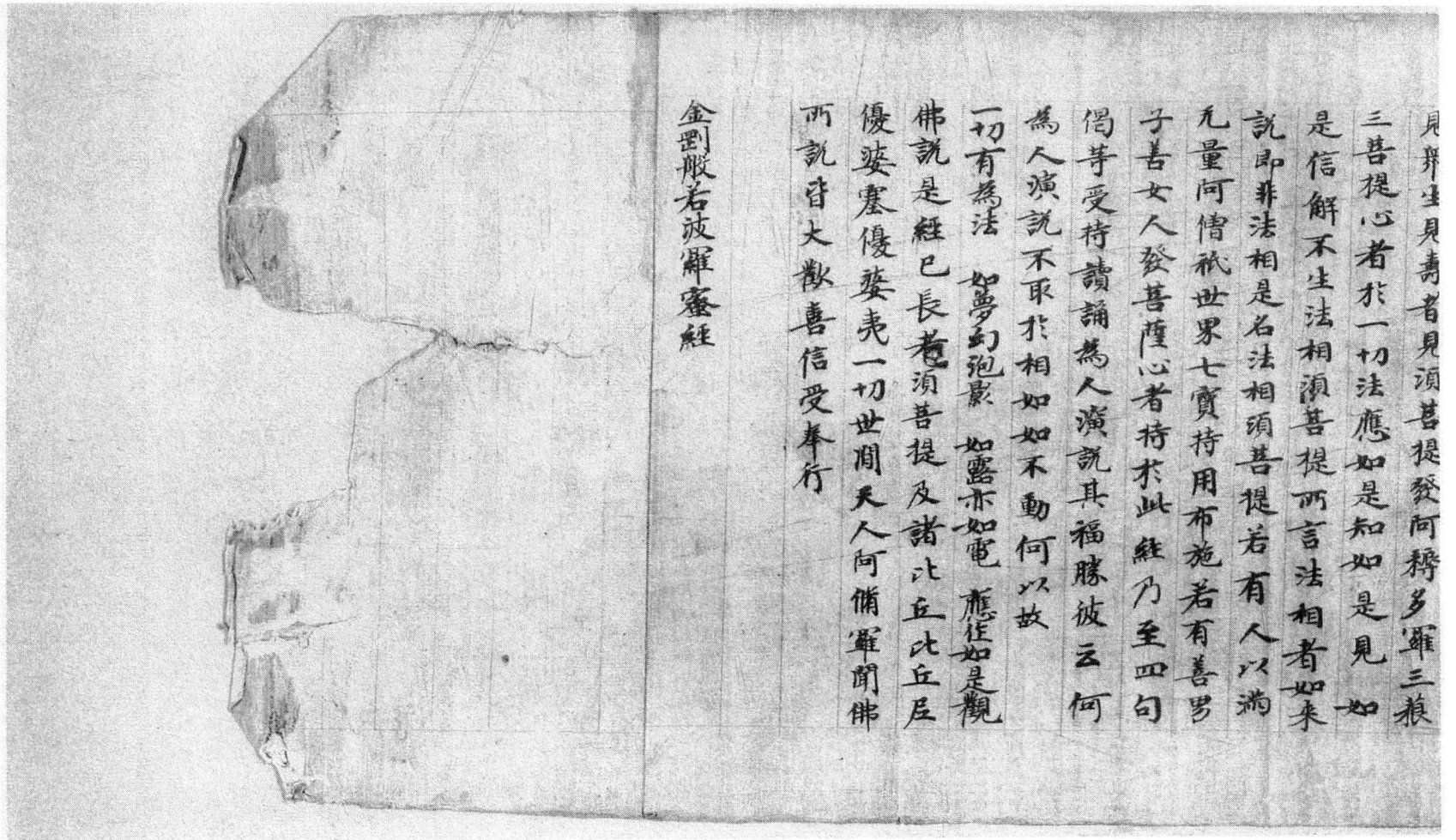

BD05101 號　金剛般若波羅蜜經　（15–15）

BD05101 號背　勘記　（5–1）

BD05101 號背　勘記　　（5–2）

BD05101 號背　勘記　　（5–3）

BD05101 號背　勘記　（5–4）

BD05101 號背　勘記　（5–5）

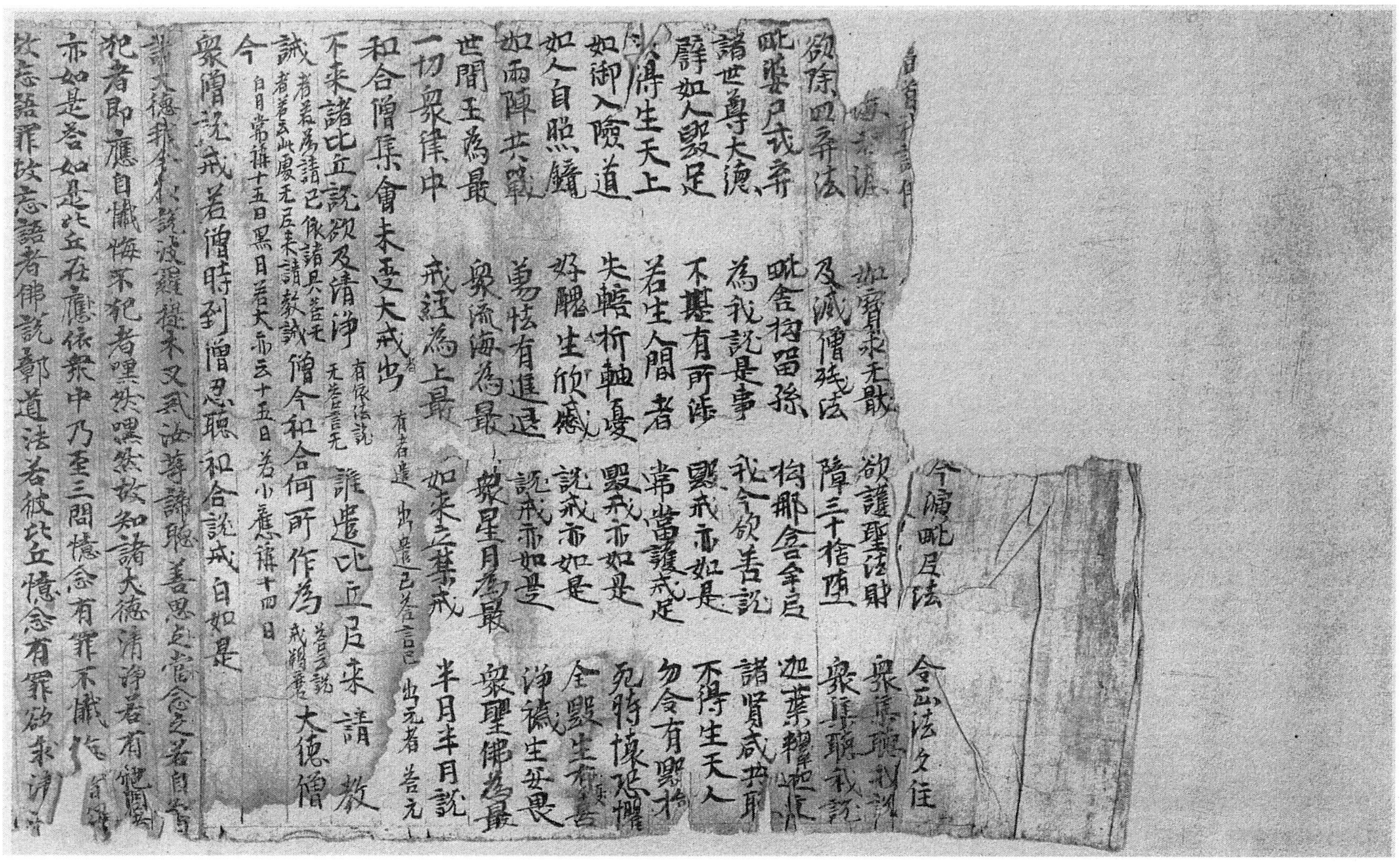

今演毗尼法　令正法久住
戒如海無涯　如寶求無厭　欲護聖法財　衆集聽我說
欲除四棄法　及滅僧殘法　障三十捨墮　衆集聽我說
毗婆尸式棄　毗舍拘留孫　拘那含牟尼　迦葉釋迦文
諸世尊大德　為我說是事　我今欲善說　諸賢咸共聽
譬如人毀足　不堪有所涉　毀戒亦如是　不得生天人
欲得生天上　若生人間者　常當護戒足　勿令有毀損
如御入險道　失轄折軸憂　毀戒亦如是　死時懷恐懼
如人自照鏡　好醜生欣慼　說戒亦如是　全毀生憂喜
如兩陣共戰　勇怯有進退　說戒亦如是　淨穢生安畏
世間王為最　衆流海為最　衆星月為最　衆聖佛為最
一切衆律中　戒經為上最　如來立禁戒　半月半月說
和合僧集會未受大戒者出（有者遣出　出竟已答言已　出無者答無）
不來諸比丘說欲及清淨（有依法說　無者答言無）　誰遣比丘尼來請教
誡（者若為請已依請具答　無者云此處無尼來請教誡）僧今和合何所作為（答云說戒羯磨）　大德僧
今（白月常稱十五日黑月若大亦云十五日若小應稱十四日）
衆僧說戒若僧時到僧忍聽和合說戒白如是
諸大德我今欲說波羅提木叉戒汝等諦聽善思念之若自知有
犯者即應自懺悔不犯者嘿然嘿然故知諸大德清淨若有他問者
亦如是答如是比丘在衆中乃至三問憶念有罪不懺悔者得
故妄語罪故妄語者佛說鄣道法若彼比丘憶念有罪欲求清

BD05102 號　四分律比丘戒本

（8–1）

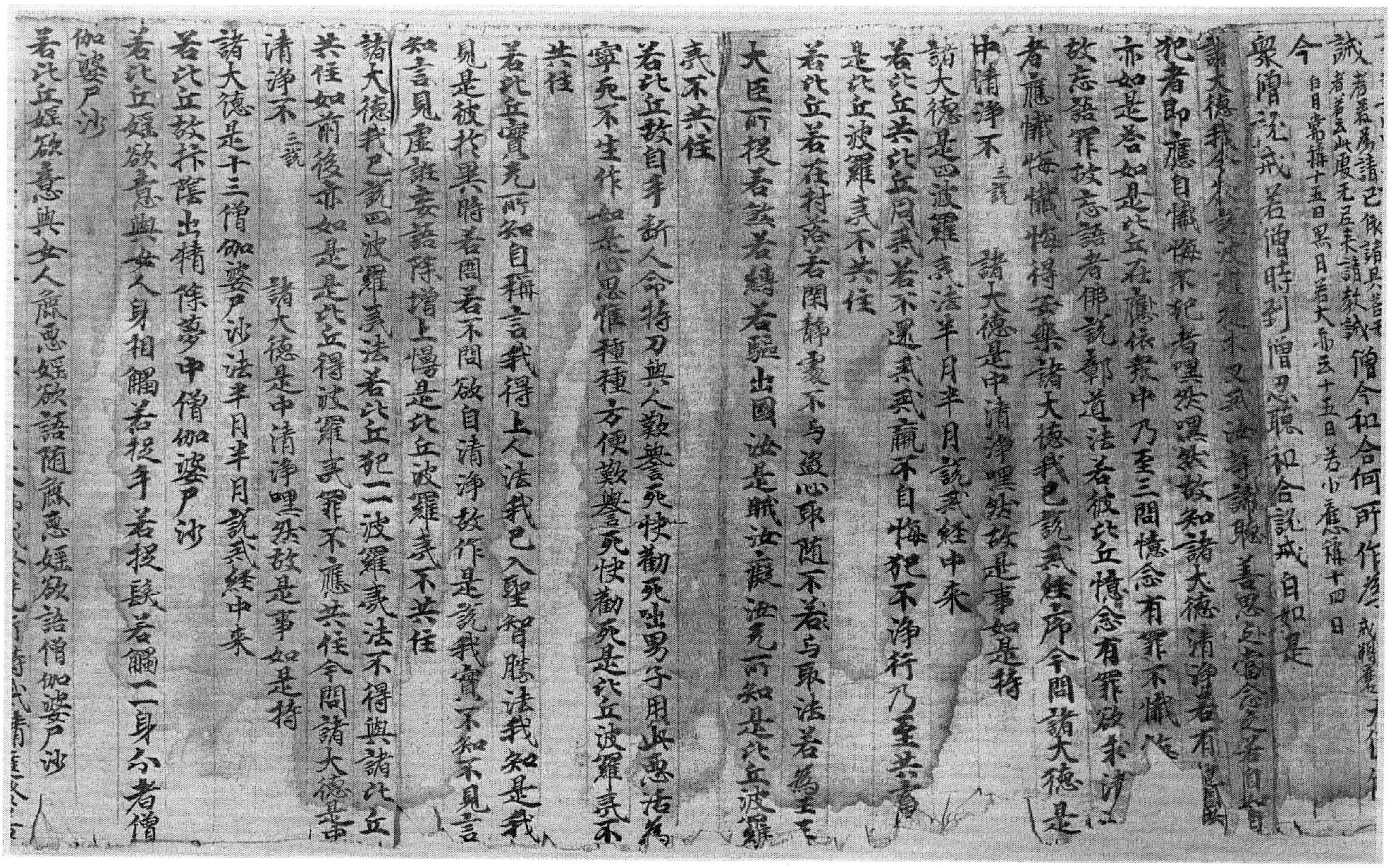

誡（者若為請已依請具答　無者云此處無尼來請教誡）僧今和合何所作為（答云說戒羯磨）　大德僧
今（白月常稱十五日黑月若大亦云十五日若小應稱十四日）
衆僧說戒若僧時到僧忍聽和合說戒白如是
諸大德我今欲說波羅提木叉戒汝等諦聽善思念之若自知有
犯者即應自懺悔不犯者嘿然嘿然故知諸大德清淨若有他問者
亦如是答如是比丘在衆中乃至三問憶念有罪不懺悔者得
故妄語罪故妄語者佛說鄣道法若彼比丘憶念有罪欲求清淨
者應懺悔懺悔得安樂諸大德我已說戒經序今問諸大德是
中清淨不（三說）　諸大德是中清淨嘿然故是事如是持
諸大德是四波羅夷法半月半月說戒經中來
若比丘共比丘同戒若不還戒戒羸不自悔犯不淨行乃至共畜
是比丘波羅夷不共住
若比丘若在村落若閑靜處不與盜心取隨不與取法若為王王
大臣所捉若殺若縛若驅出國汝是賊汝癡汝無所知是比丘波羅
夷不共住
若比丘故自手斷人命持刀與人歎譽死快勸死咄男子用此惡活為
寧死不生作如是心思惟種種方便歎譽死快勸死是比丘波羅夷不
共住
若比丘實無所知自稱言我得上人法我已入聖智勝法我知是我
見是彼於異時若問若不問欲自清淨故作是說我實不知不見言
知言見虛誑妄語除增上慢是比丘波羅夷不共住
諸大德我已說四波羅夷法若比丘犯一一波羅夷法不得與諸比丘
共住如前後亦如是是比丘得波羅夷罪不應共住今問諸大德是中
清淨不（三說）　諸大德是中清淨嘿然故是事如是持
諸大德是十三僧伽婆尸沙法半月半月說戒經中來
若比丘故弄陰出精除夢中僧伽婆尸沙
若比丘婬欲意與女人身相觸若捉手若捉髮若觸一一身分者僧
伽婆尸沙
若比丘婬欲意與女人麤惡婬欲語隨所說麤惡婬欲語僧伽婆尸沙

BD05102 號　四分律比丘戒本

（8–2）

清淨不[illegible]
諸大德是十三僧伽婆尸沙法半月半月說戒經中來
若比丘故弄陰出精除夢中僧伽婆尸沙
若比丘婬欲意與女人身相觸若捉手若捉髮若觸一一身分者僧
伽婆尸沙
若比丘婬欲意與女人麤惡婬欲語隨麤惡婬欲語僧伽婆尸沙
若比丘婬欲意於女人前自歎身言大姊我修梵行持戒精進修善
法可持是婬欲法供養我如是供養第一最僧伽婆尸沙
若比丘往來彼此媒嫁持男意語女持女意語男若為成婦事若
為私通事乃至須臾頃僧伽婆尸沙
若比丘自求作屋无主自為已當應量作是中量者長佛十二搩手
內廣七搩手當將餘比丘指授處所彼比丘當指示處所无難處
无妨處若比丘有難處妨處自求作屋无主自為已不將餘比丘
指示處所若過量作者僧伽婆尸沙
若比丘欲作大房有主為已作當將餘比丘指往授處所彼比丘
應指授處所无難處妨處若比丘有難處妨處作大房有主為
已作不將餘比丘指示處所若過量作者僧伽婆尸沙
若比丘瞋恚所覆故非波羅夷比丘以无根波羅夷法謗欲壞彼清
淨行彼於異時若問若不問知此事无根說我瞋恚故作是語若
比丘作是語者僧伽婆尸沙
若比丘以瞋恚故於異分事中取片非波羅夷比丘以无根波羅夷法謗
欲懷彼清淨行彼於異時若問若不問知是異分事中取片是比
丘自言我瞋恚故作是語作是語者僧伽婆尸沙
若比丘欲壞和合僧方便受壞和合僧法堅持不捨彼比丘應諫是比
丘大德莫壞和合僧莫方便壞和合僧莫受壞僧法堅持不捨大
德與僧和合與僧和合歡喜不諍同一師學如水乳合於佛法中有增益
安樂住是比丘如是諫時堅持不捨彼比丘應三諫者捨此事故乃至三諫
捨者善不捨者僧伽婆尸沙
若比丘有餘伴黨若一若二若三乃无至數彼比丘語是比丘言大德莫
諫此比丘此比丘是法語比丘律語比丘此比丘所說我等喜樂此比丘所

BD05102號　四分律比丘戒本　（8–3）

丘大德莫壞和合僧[illegible]
德與僧和合與僧和合歡喜不諍同一師學如水乳合於佛法中有增益
安樂住是比丘如是諫時堅持不捨彼比丘應三諫者捨此事故乃至三諫
捨者善不捨者僧伽婆尸沙
若比丘有餘伴黨若一若二若三乃无至數彼比丘語是比丘言大德莫
諫此比丘此比丘是法語比丘律語比丘此比丘所說我等喜樂此比丘所
說我等忍可彼比丘言大德莫作是說言此比丘是法語比丘律語比丘
此比丘所說我等喜樂此比丘所說我等忍可然此比丘非法語比丘非
律語比丘大德莫欲破壞和合僧汝等當樂欲壞和合僧大德與僧和
合歡喜不諍同一師學如水乳合於佛法中有增益安樂住是比丘如
是諫時堅持不捨彼比丘應三諫捨是事故乃至三諫捨者善不捨者
僧伽婆尸沙
若比丘依聚落若城邑住汙他家行惡行汙他家亦見亦聞行惡行亦
見亦聞諸比丘當語是比丘言大德汙他家行惡行汙他家亦見亦聞
行惡行亦見亦聞大德汝汙他家行惡行今可遠此聚落去不須住
此是比丘語彼比丘作是語大德諸比丘有愛有恚有怖有癡有如是
同罪比丘有驅者有不驅者諸比丘報言大德莫作是語有愛有恚
有怖有癡有如是同罪比丘有驅者有不驅者而諸比丘不愛不恚不
怖不癡大德汙他家行惡行汙家亦見亦聞行惡行亦見亦聞是
比丘如是諫時堅持不捨彼比丘應再三諫捨此事故乃至三諫捨者
善不捨者僧伽婆尸沙
若比丘惡性不受人語於戒法中諸比丘如法諫已自身不受諫語言諸
大德莫向我說若好若惡我亦不向諸大德說若好若惡諸大德且
止莫諫我彼比丘是諫比丘言大德莫自身不受諫大德自身當受諫
語大德汝如法諫諸比丘諸比丘亦如法諫大德如是佛弟子眾得增益展
轉相諫展轉相教展轉懺悔是比丘如是諫時堅持不捨彼比丘應三
諫捨是事故乃至三諫捨者善不捨者僧伽婆尸沙
諸大德我已說十三僧伽婆尸沙法九初犯四乃至三諫若比丘犯一一法知而覆
藏應強與波利婆沙行波利婆沙竟增上與六夜摩那埵行應摩
那埵[illegible]

BD05102號　四分律比丘戒本　（8–4）

語大德汝如法諫諸比丘諸比丘亦如法諫大德如是佛弟子衆得增益展
轉相諫展轉相教展轉懺悔是比丘如是諫時堅持不捨彼比丘應三
諫捨是事故乃至三諫捨者善不捨者僧伽婆尸沙
諸大德我已說十三僧伽婆尸沙法九初犯四乃至三諫若比丘犯一一法知而覆
藏應強與波利婆沙行波利婆沙竟增上與六夜摩那埵行應摩
那埵已餘有出罪法應廿僧中出是比丘罪若少一人不滿廿衆出是比
丘罪不彳是比丘罪不得除諸比丘亦可呵此是時今問諸大德是中
清淨不 三說　諸大德是中清淨默然故是事如是持
諸大德是二不定法半月半月說戒經中來
若比丘共女人獨在屏處覆處鄣處可作婬處坐說非法語有住信
優婆私於三法中一一法說若波羅夷若僧伽婆尸沙若波逸提是坐比丘
自言我犯是罪於三法中應一一治若波羅夷若僧伽婆尸沙若波逸
提如住信優婆私所說應如法治是比丘是名不定法
若比丘共女人在露現處不可作婬處坐作麁惡語有住信優婆夷於二
法中一一法說若僧伽婆尸沙若波逸提是坐比丘自言我犯是事於二法
中應一一法治若僧伽婆尸沙若波逸提如住信優婆夷所說應如法治
是比丘是名不定法
諸大德我已說二不定法今問諸大德是中清淨不 三說
諸大德是中清淨默然故是事如是持
諸大德是卅尼薩耆波逸提法半月半月說戒經中來
若比丘衣已竟迦絺那衣已出畜長衣經十日不淨施得畜若過十日
尼薩耆波逸提
若比丘衣已竟迦絺那衣已出三衣中離一一衣異處宿除僧羯磨尼
薩耆波逸提
若比丘衣已竟迦絺那衣已出若比丘得非時衣欲須便受受已疾疾成
衣若足善若不足者得畜一月為滿足故若過畜者尼薩耆波逸
提
若比丘從非親里比丘尼取衣除貿易尼薩耆波逸提
若比丘令非親里比丘尼浣故衣若染若打尼薩耆波逸提

薩耆波逸提
若比丘衣已竟迦絺那衣已出若比丘得非時衣欲須便受受已疾疾成
衣若足善若不足者得畜一月為滿足故若過畜者尼薩耆波逸
提
若比丘從非親里比丘尼取衣除貿易尼薩耆波逸提
若比丘令非親里比丘尼浣故衣若染若打尼薩耆波逸提
若比丘從非親里居士若居士婦乞衣除餘時尼薩耆波逸提餘時者若
比丘奪衣失衣燒衣漂衣是謂餘時
若比丘失衣奪衣燒衣漂衣若非親里居士居士婦自恣請多與衣
是比丘當知足受衣若過者尼薩耆波逸提
若比丘居士居士婦為比丘辦衣價買如是衣與某甲比丘是比丘先不
受自恣請到居士家如是說善哉居士為我買如是如是衣與我為好
故若得衣者尼薩耆波逸提
若比丘二居士居士婦與比丘辦衣價持如是衣價買如是衣與某甲比丘
是比丘先不受居士自恣請到二居士家作如是言善哉居士辦如是如
是衣價與我共作一衣為好故若得衣者尼薩耆波逸提
若比丘若王若大臣若婆羅門若居士居士婦遣使為比丘送衣價持
如是衣價與某甲比丘彼使人至比丘所語比丘言大德今為汝故送是衣
價受取是比丘應語彼使如是言我不應受此衣價我若須衣合時清淨
受彼使語比丘言大德有執事人不須衣比丘應語言有若僧伽藍民
若優婆塞此是比丘執人常為諸比丘執事時彼使往至執事人所與衣
價已還至比丘所如是言大德所是某甲執事人我已與衣價大德知時
往彼當得衣須衣比丘當往執事人所若二反三反為作憶念應語言我
須衣若二反三反為作憶念若得衣者善若不得衣四反五反六反在前嘿
然五若四反五反六反在前嘿然住得衣者善若不得衣過是求得衣者
尼薩耆波逸提若不得衣從所得衣價處若自往若遣使往語言汝
先遣使持衣價與某甲比丘是比丘竟不得汝還取莫使失此是時
若比丘雜野蠶綿作新臥具者尼薩耆波逸提
若比丘以新純黑糯羊毛作新臥具者尼薩耆波逸提
若比丘作新臥具應用二分純黑羊毛三分白四分尨若比丘不用二分黑三分

然立若四反五反六反在前嘿然住得衣者善若不得衣過是求得衣者
尼薩耆波逸提若不得衣從所得衣價處若自往若遣使往語言汝
先遣使持衣價與某甲比丘是比丘竟不得汝還取莫使失此是時
若比丘雜野蠶綿作新卧具者尼薩耆波逸提
若比丘以新純黑羺羊毛作新卧具者尼薩耆波逸提
若比丘作新卧具應用二分純黑羊毛三分白四分尨若比丘不用二分黑三分
白四分尨作新卧具者尼薩耆波逸提
若比丘作新卧具持至六年若減六年不捨故更作新者除僧羯磨尼薩
耆波逸提
若比丘作新坐具當取故者縱廣一搩手帖著新者上用壞色故若作
新坐具不取故者縱廣一搩手帖著新者上用壞色故尼薩耆波
逸提
若比丘道路行得羊毛若無人持得自持乃至三由旬若無人持自
持過三由旬者尼薩耆波逸提
若比丘使非親里比丘尼浣染擘羊毛者尼薩耆波逸提
若比丘自手捉錢若金銀若教人捉若置地受者尼薩耆波逸提
若比丘種種賣買者尼薩耆波逸提
若比丘種種販賣者尼薩耆波逸提
若比丘畜長鉢不淨施得畜十日過者尼薩耆波逸提
若比丘畜鉢減五綴不漏更求新鉢為好故尼薩耆波逸提彼比丘
應往僧中捨展轉取最下鉢與之令持乃至破應持此是時
若比丘自乞縷線使非親里織師織作衣者尼薩耆波逸提
若比丘居士居士婦使織師為比丘織作衣彼比丘先不受自恣請便
往織師所語言此衣為我作與我極好織令廣大堅緻我當少多
與汝價是比丘與價乃至一食直若得衣者尼薩耆波逸提
若比丘先與比丘衣後瞋恚若自月奪教人奪取還我衣來不與汝
若比丘還衣彼取衣者尼薩耆波逸提
若比丘有病殘藥蘇油生蘇蜜石蜜齊七日得服若過七日服者
尼薩耆波逸提

往織師所語言此衣……
與汝價是比丘與價乃至一食直若得衣者尼薩耆波逸提
若比丘先與比丘衣後瞋恚若自月奪教人奪取還我衣來不與汝
若比丘還衣彼取衣者尼薩耆波逸提
若比丘有病殘藥蘇油生蘇蜜石蜜齊七日得服若過七日服者
尼薩耆波逸提
若比丘春殘一月在當求雨浴衣半月應用浴若比丘過一月前求
雨浴衣過半月前用浴尼薩耆波逸提
若比丘十日未竟夏三月諸比丘得急施衣比丘知是急施衣當
受受已乃至衣時應畜若過畜者尼薩耆波逸提
若比丘夏三月竟後迦提一月滿若在阿蘭若有疑恐懼處住
比丘在如是處住三衣中欲留一一衣置舍內諸比丘有因緣離衣
宿乃至六夜若過者尼薩耆波逸提
若比丘知是僧物自求入己者尼薩耆波逸提
諸大德我已說卅尼薩耆波逸提法今問諸大德是中清淨不三說
諸大德是中清淨嘿然故是事如是持
諸大德是九十波逸提法半月半月說戒經中來

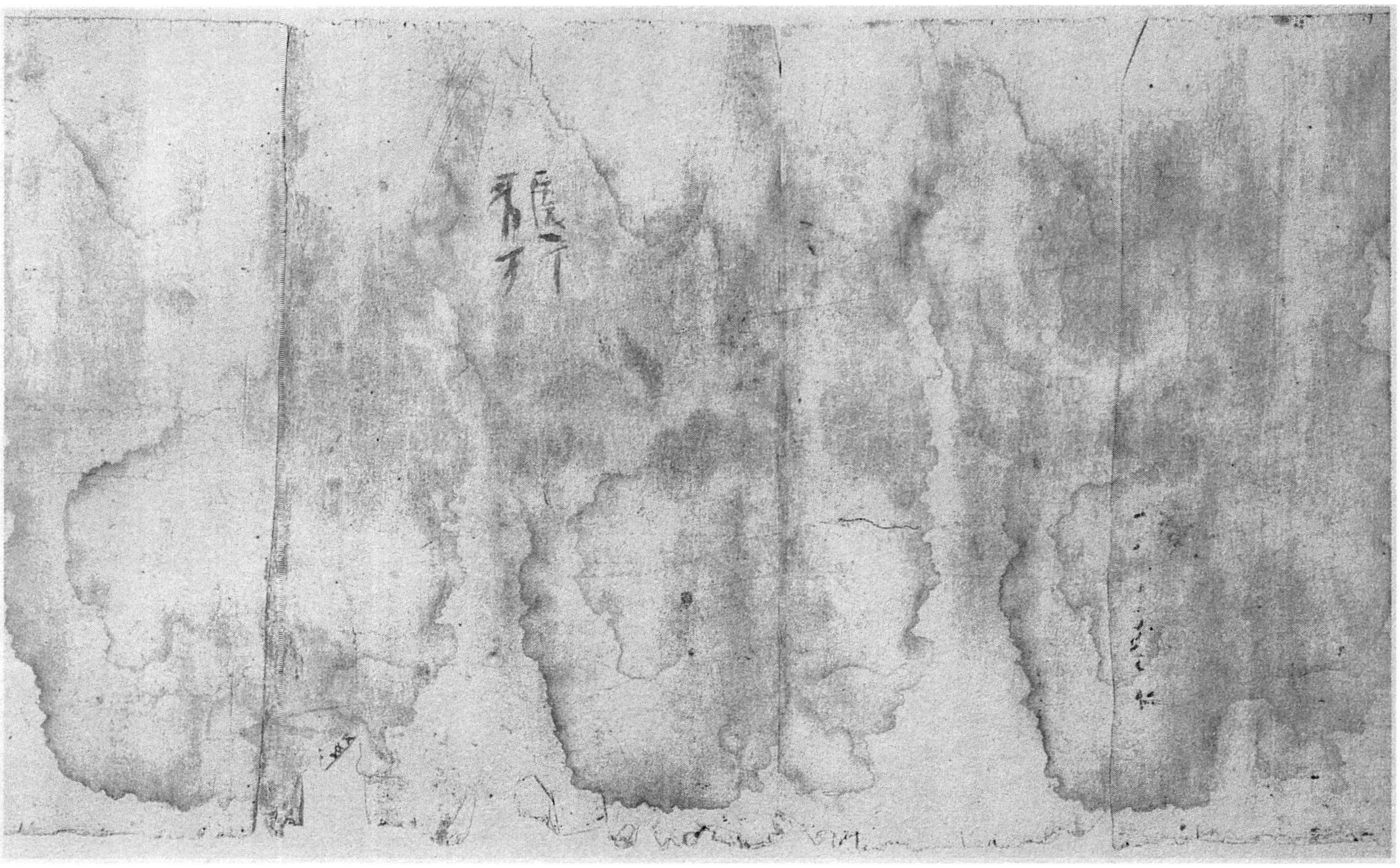

BD05102 號背　雜寫　　（1–1）

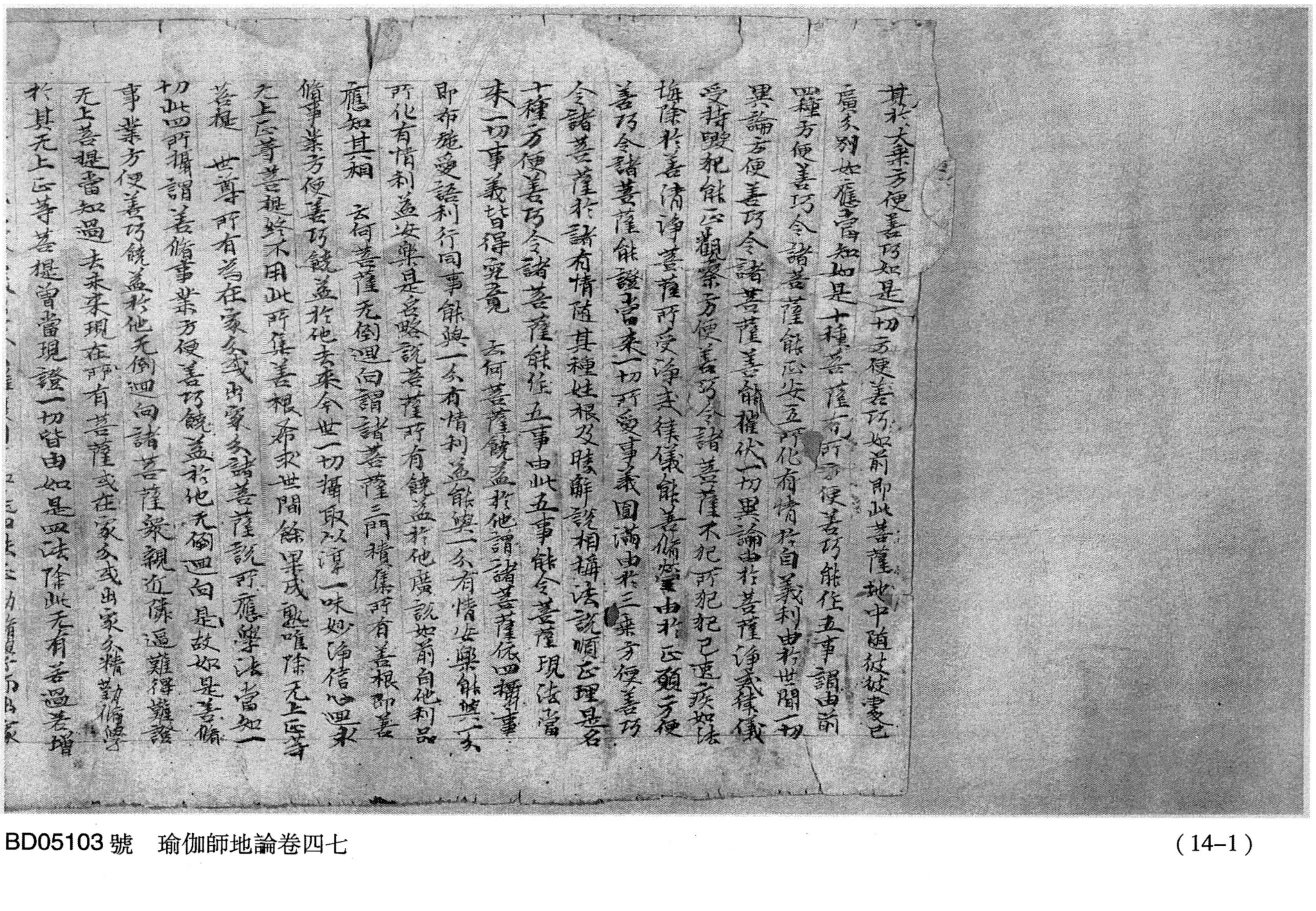

其於大乘方便善巧如是一切方便善巧如前即此菩薩地中隨彼彼處已
廣分別如應當知如是十種菩薩所有方便善巧能往五事謂由前
四種方便善巧令諸菩薩能正安立所化有情於自義利由於世間一切
異論方便善巧令諸菩薩善能摧伏一切異論由於菩薩淨戒律儀
受持毀犯能正觀察方便善巧令諸菩薩不犯所犯犯已速疾如法
悔除於善清淨菩薩所受淨戒律儀能善修習由於正願方便
善巧令諸菩薩能證當來一切所愛事義圓滿由於三乘方便善巧
令諸菩薩於諸有情隨其種姓根及勝解說相稱法說順正理是名
十種方便善巧令諸菩薩能往五事由此五事能令菩薩現法當
來一切事義皆得究竟　云何菩薩饒益於他謂諸菩薩依四攝事
即布施愛語利行同事能與一分有情利益能與一分有情安樂能與一分
所化有情利益安樂是名略說菩薩所有饒益於他廣說如前自他利品
應知其相　云何菩薩无倒迴向謂諸菩薩三門積集所有善根即善
修事業方便善巧饒益於他去來今世一切攝取以淳一味妙淨信心迴求
无上正等菩提終不用此所集善根希求世間餘果異熟唯除无上正等
菩提　世尊所有為在家分或出家分諸菩薩說所應學法當知一
切此四所攝謂善修事業方便善巧饒益於他无倒迴向是故如是善修
事業方便善巧饒益於他无倒迴向諸菩薩眾親近修遍難得難證
无上菩提當知過去未來現在所有菩薩或在家分或出家分精勤修學
於其无上正等菩提曾當現證一切皆由如是四法除此无有若過若增

BD05103 號　瑜伽師地論卷四七　　（14–1）

无上正等菩提終不用此所集善根希求世間餘果成熟唯除无上正等
菩提　世尊所有為在家分或出家分諸菩薩說所應學法當知一
切此四所攝謂善脩事業方便善巧饒益於他无倒迴向是故如是善脩
事業方便善巧饒益於他无倒迴向諸菩薩衆親近隨遍難得難證
无上菩提當知過去未來現在所有菩薩或在家分或出家分精勤脩學
於其无上正等菩提曾當現證一切皆由如是四法除此无有若過若增
又諸菩薩或在家分或出家分雖復同於如是四法正勤脩學而出家
者於在家者甚大殊異甚大高勝所以者何當知一切出家菩薩於其
父母妻子親屬攝受過患皆得解脫在家菩薩則不如是又復一切出
家菩薩於為攝受父母親屬營農商估事王業等種種艱辛遽
務憂苦皆得解脫在家菩薩則不如是又復一切出家菩薩一向能行
剃鬚髮行在家菩薩則不如是又復一切出家菩薩普於一切菩提
分法速證通慧隨所造脩彼彼善法皆得疾疾到於究竟在家菩薩
則不如是又復一切出家菩薩安住決定清淨律儀凡所發言衆咸信
奉在家菩薩則不如是如是等類无量善法當知一切出家菩薩
於在家者甚大殊異甚大高勝
本地分中菩薩地第十五第二持隨法瑜伽處增上意樂品第三
云何菩薩增上意樂嗢拕南曰　智者於有情　有七相憐愍　十五勝意樂
住十事應知　謂諸菩薩於諸有情深心發起七相憐愍以諸菩薩具憐
愍故名善意樂極善意樂何等名為七相憐愍一者无畏憐愍二者如理
憐愍三者无倦憐愍四者无求憐愍五者无染憐愍六者廣大憐愍七者平
等憐愍謂諸菩薩於諸有情非怖畏故而起憐愍現行隨順身語意業
適可其心利益安樂是名菩薩无畏憐愍又諸菩薩於諸有情非不如理
憐愍而轉謂終不以非法非律非賢善行及以非處勸授有情是名
菩薩如理憐愍又諸菩薩於諸有情如是憐愍隨其所宜發起一切
饒益事業曾无厭倦是名菩薩无倦憐愍又諸菩薩於諸有情不
待求請自起憐愍為作饒益是名菩薩无求憐愍又諸菩薩於諸
有情无愛染心而起憐愍謂饒益他不祈報恩亦不悕望當來可愛
諸果異熟是名菩薩无染憐愍亦名菩薩无緣憐愍又諸菩薩於諸

BD05103號　瑜伽師地論卷四七　（14–2）

菩薩如理憐愍又諸菩薩於諸有情如是憐愍隨其所宜發起一切
饒益事業曾无厭倦是名菩薩无倦憐愍又諸菩薩於諸有情不
待求請自起憐愍為作饒益是名菩薩无求憐愍又諸菩薩於諸
有情无愛染心而起憐愍謂饒益他不祈報恩亦不悕望當來可愛
諸果異熟是名菩薩无染憐愍亦名菩薩无緣憐愍又諸菩薩於諸
有情所起憐愍唯是廣大而非狹小言廣大者謂於一切諸有情所離
遠一切不饒益事而不棄捨菩薩自身遭受非愛終不以惡欲加於彼
是名菩薩廣大憐愍又諸菩薩如是相狀如是功德相應憐愍普於
一切諸有情類平等平等於有情界无有分限是名菩薩平等憐愍
菩薩與此七種行相憐愍相應名善意樂極善意樂　當知此中第
信為先擇法為先於諸佛法所有勝解印解決定是名菩薩增上意樂
如是菩薩增上意樂當知略說有十五種何等十五一最上意樂二遮止
意樂三波羅蜜多意樂四真實義意樂五威力意樂六利益意
樂七安樂意樂八解脫意樂九堅固意樂十无虛妄意樂十一不清
淨意樂十二清淨意樂十三善清淨意樂十四應調伏意樂十五俱
生意樂謂諸菩薩於佛法僧最上真實起勝意樂是名菩薩最上
意樂又諸菩薩於所受持淨尸律儀起勝意樂是名菩薩遮止意樂
又諸菩薩於所脩證施忍精進靜慮般若起勝意樂是名菩薩波羅蜜
多意樂又諸菩薩於法无我補特伽羅甚深勝義諸法真如起勝意樂
是名菩薩真實義意樂又諸菩薩於佛菩薩不可思議神通威力或
俱生威力起勝意樂是名菩薩威力意樂又諸菩薩於諸有情欲以
善法而授與之是名菩薩利益意樂又諸菩薩於諸有情欲以饒益
而授與之是名菩薩安樂意樂又諸菩薩即於如是諸有情所无愛
染心又於當來可愛果熟其心无繫是名菩薩解脫意樂又諸菩
薩於其无上正等菩提其心專注曾无退易是名菩薩堅固意樂
又諸菩薩於諸有情饒益方便於大菩提趣證方便无顛倒智俱行
勝解是名菩薩无虛妄意樂又諸菩薩勝解行地所有一切增上意樂
是名菩薩不清淨意樂又諸菩薩從淨勝意樂地乃至決定行地
所有一切增上意樂是名菩薩清淨意樂又諸菩薩到究竟地所

BD05103號　瑜伽師地論卷四七　（14–3）

而授與之是名菩薩安樂意樂又諸菩薩即於如是諸有情所无愛
染心又於當來可愛果熟其心无繫是名菩薩解脫意樂又諸菩
薩於其无上正等菩提其心專注曾无變易是名菩薩堅固意樂
又諸菩薩於諸有情饒益方便於大菩提趣證方便无顛倒智俱行
勝解是名菩薩无虛妄意樂又諸菩薩勝解行地所有一切增上意樂
是名菩薩不清淨意樂又諸菩薩從淨勝意樂地乃至決定行地
所有一切增上意樂是名菩薩清淨意樂又諸菩薩到究竟地所
有一切增上意樂是名善薩清淨意樂又諸菩薩不清淨意樂是
則名為應調伏意樂由此意樂應思擇故又諸菩薩清淨意樂善
清淨意樂是則名為俱生意樂由此意樂性成就故於所依中善安
立故 如是菩薩十五妙慧增上意樂隨一切地以要言之能住十事何
等為十謂諸菩薩最上意樂能於三寶脩一切種最勝供養菩於一切
菩提資糧為最第一又諸菩薩遮止意樂能於所受淨戒律儀命
難因緣亦不故思犯於所犯設有所犯疾疾悔除又諸菩薩波羅蜜多
意樂能於善法常勤脩習无放逸住常住最勝无放逸住又諸
菩薩真實義意樂能為有情以无染心流轉生死[illegible]
增上意樂又諸菩薩威力意樂能於聖教覺受淨上妙法味復
能於脩起堅固想欣樂多住不唯聞思便生喜足又諸菩薩利益
意樂安樂意樂解脫意樂能於一切饒益有情所作事業精
勤脩習雖常脩習而无厭倦又諸菩薩堅固意樂能於種種熾
然精進廣大精進發起安住无緩加行无斷加行又諸菩薩又諸菩
薩无虛妄意樂能於所引彼彼善法速證通慧不於少分下劣
薄弱差別證中而生喜足又諸菩薩應調伏意樂能引俱生意
樂又諸菩薩俱生意樂能於无上正等菩提速疾趣證能與天
人作諸義利利益安樂應調伏意樂即不清淨意樂俱生意樂
即清淨意樂善清淨意樂故不別說 世尊所有為諸菩薩於
彼彼處種種宣說設施開示增上意樂當知一切即此十五意樂所
攝是故過去未來現在所善意樂諸菩薩眾於其无上正等菩
提曾當現證一切皆由如是所說十五意樂除此无有若過若增
[illegible]

BD05103號　瑜伽師地論卷四七　(14–4)

樂又諸菩薩俱生意樂能於无上正等菩提速疾趣證能與天
人作諸義利利益安樂應調伏意樂即不清淨意樂俱生意樂
即清淨意樂善清淨意樂故不別說 世尊所有為諸菩薩於
彼彼處種種宣說設施開示增上意樂當知一切即此十五意樂所
攝是故過去未來現在所善意樂諸菩薩眾於其无上正等菩
提曾當現證一切皆由如是所說十五意樂除此无有若過若增
如是菩薩十五意樂能得最大菩提果利是故菩薩依此意樂
速證无上正等菩提 本地分中菩薩地第十五第二隨法瑜伽處住品第四之一
如是已從種姓具足廣大乃至於如所說菩薩所學正勤脩學於如所
說菩薩諸相正等顯現於諸菩薩分加行中正勤脩學於如所說菩
薩意樂能淨脩治諸菩薩眾略有菩薩十二種住由此菩薩十二種住
普攝一切諸菩薩住普攝一切諸菩薩行復有如來第十三住由此
住故現前等覺廣大菩提名无上住云何菩薩十二住等嗢柁南曰
種姓勝解行 極喜增上戒 增上心三慧 无相有功用 无相无功用 及以
无礙解 最上菩薩住 最極如來住 謂諸菩薩種姓住勝解行住極
歡喜住增上戒住增上心住增上慧住復有三種一覺分相應增上慧住
二諸諦相應增上慧住三緣起流轉止息相應增上慧住謂諸菩薩
如實了知能觀真實所觀真實又於真實諸有情類由无智故
眾苦流轉由有智故眾苦止息菩薩由於三門以慧觀察故有三
種增上慧住及有加行有功用无間缺道運轉无相住无加行无功
用无間缺道運轉无相住无礙解住最上成滿菩薩住是名菩薩
十二種住如是菩薩十二種住普攝一切諸菩薩住普攝一切諸菩薩
行如來住者謂過一切諸菩薩住現前等覺大菩提住此中最後如
來住者於後究竟瑜伽處最後建立品當具廣說菩薩所有十二
種住如所安立我今當說 云何菩薩種姓住云何菩薩住種姓住謂
諸菩薩住種姓住性自仁賢性自成就菩薩功德菩薩所應眾多
善法於彼現行亦有顯現由性仁賢過遣方便令於善轉非由
思擇有所制約有所防護若諸菩薩住種姓住任持一切佛法
種子於自體中於所依中已具足有一切佛法一切種子又諸菩薩住種

BD05103號　瑜伽師地論卷四七　(14–5)

來住者於後究竟瑜伽處最後建立品當具廣說菩薩所有十二
種住如所安立我今當說　云何菩薩種姓住云何菩薩住種姓住謂
諸菩薩住種姓住性自仁賢性自成就菩薩功德菩薩所應衆多
善法於彼現行亦有顯現由性仁賢遍遣方便令於善轉非由
思擇有所制約有所防護若諸菩薩住種姓住任持一切佛法
種子於自體中於所依中已具足有一切佛法一切種子又諸菩薩住種
姓住性離麤垢不能現起上煩惱纏由此纏故造無間業或斷善根
如種姓品所說種種住種姓相於此菩薩種姓住中亦應廣說應如實
知是名菩薩住　云何菩薩勝解行住謂諸菩薩從初發心乃至
未得清淨意樂所有一切諸菩薩行當知皆名勝解行住又諸菩
薩種姓住中於餘十一諸菩薩住及如來住唯有因轉轉受彼因於餘
所有諸菩薩住尚未發趣未得未淨況如來住若諸菩薩勝解行
住普於一切餘菩薩住及如來住皆名發趣未得未淨而於如是勝
解行住亦名發趣亦名為得為令清淨而脩正行勝解行住既
清淨已極歡喜住先已發趣今復名得為令清淨而脩正行極
歡喜住既清淨已增上戒住先已發趣今復名得為令清淨而脩正行
如是廣說展轉乃至最上成滿菩薩住即此最上成滿菩薩住
既清淨已從此无間其如來住先已發趣當知於今頓得頓淨是
如來住於菩薩住當知此中如是差別　云何菩薩極歡喜住謂諸
菩薩淨勝意樂住　云何菩薩增上戒住謂諸菩薩淨勝意樂為
緣所得性戒相應住　云何菩薩增上心住謂諸菩薩增上戒住清淨為
緣所得世間靜慮等持等至　云何菩薩覺分相應增上慧住謂
諸菩薩以世間淨智所依等為所依止為覺諸諦於正念住等三
十七菩提分法如所簡擇住云何菩薩諦相應增上慧住謂諸菩
薩覺分簡擇為所依止於諸諦中如實覺住云何菩薩於諦能覺增
上力故簡擇顯示由无智故苦及因起簡擇顯示由有智故苦及因滅
住云何菩薩有加行有功用无相住謂諸菩薩即由三種增上慧住增
上力故有加行有功用无缺无間於一切法真如无分別慧脩俱行住云何

BD05103號　瑜伽師地論卷四七　（14–6）

諸菩薩以世間淨智所依等為所依止為覺諸諦於正念住等三
十七菩提分法如所簡擇住云何菩薩諦相應增上慧住謂諸菩
薩覺分簡擇為所依止於諸諦中如實覺住云何菩薩於諦能覺增
上力故簡擇顯示由无智故苦及因起簡擇顯示由有智故苦及因滅
住云何菩薩有加行有功用无相住謂諸菩薩即由三種增上慧住增
上力故有加行有功用无缺无間於一切法真如无分別慧脩俱行住云何
菩薩无加行无功用无相住謂諸菩薩即於无相住多脩習已任運
自然无缺无間運轉道隨行住云何菩薩无礙解住謂諸菩薩即
以善清淨无動慧等持為所依止得廣大慧為他說法无上為緣
能於諸法異門義趣釋詞差別妙簡擇住云何菩薩最上成滿
菩薩住謂諸菩薩安住於此於菩薩道已到究竟於阿耨多羅
三藐三菩提已得大法灌頂或一生所繫或居最後有從此住无
間即於今時證覺上正等菩提能住一切佛所住事　又諸菩薩勝
解行住於菩薩脩所住狹小所住有缺所住不定所得有退極歡喜
住於菩薩脩所住廣大所住无缺所住決定隨所獲得无復退轉如
極歡喜住乃至增上慧住應知亦尒從初无相住乃至最上成滿菩薩住
於菩薩脩所住无量所住无缺所住決定隨所獲得終无退轉
又諸菩薩勝解行住於菩薩无相脩當知發趣極歡喜住增上戒
住增上心住增上慧住於菩薩无相脩當知圓證第二无相住於菩薩
无相脩當知清淨无礙解住最上成滿菩薩住於菩薩无相脩
果當知領受　問勝解行住菩薩轉時應知何行何狀何相若勝解行
住菩薩轉時思擇力勝於諸菩薩所住加行以分別慧數數思擇方能
脩作未能任性成辦所住未得堅固相續无退菩薩勝脩如於勝脩於勝
脩果種種无解神通解脫等持等至亦未能得未能超越五種怖畏謂
不活畏惡名畏死畏惡趣畏處衆怯畏於所應住利有情事頻厭思
惟方能脩作未能任性哀愍愛念或於一時於諸有情由身語意發
起邪行或於一時於諸境界起發貪著或於一時於有生具現有慳
悋信他諸佛菩薩而行未能自内了知真實謂於如來或法或僧或真
實義或有情事或果或業中[illegible]

BD05103號　瑜伽師地論卷四七　（14–7）

任菩薩轉時思擇力勝於諸菩薩所作加行以多分慧數數思擇方能
脩作未能任性成辦所作未得堅固相續无退菩薩勝脩如於勝脩於勝
脩果種種无解神通解脫等持等至亦未能得未能超越五種怖畏謂
不活畏惡名畏死畏惡趣畏處衆怯畏於所應作利有情事第顧恩
惟方能脩作未能任性哀愍愛念或於一時於諸有情由身語意發
起邪行或於一時於諸境界起發貪愛或於一時於資生具現有慳
吝信他諸佛菩薩而行未能自內了知真實謂於如來或法或僧或真
實義或有情事或佛菩薩神通威力或因或果或應得義或得方便
或於所行皆隨他信成就狹小聞所成智思所成智而非无量又即於此
或時忘失有忘失法成就菩薩菩提遲通行於大菩提无猛利樂欲无熾然
精進无有甚深寧固淨信於其三處有忘失念一於境界可意不可意
色聲香味觸法中或於一時其心顛倒忘失正念二於受生彼彼身中說
受生已忘失前生三於所受所持諸法久住久誦或於一時有所忘失於是
三處有忘失念或於一時具足聽慧於其諸法能受能持於其義理堪
能悟入或於一時則不如是或於一時具足憶念或於一時成忘念類於諸
有情未能了知如實調伏善巧方便於自佛法亦未了知如實引發善
巧方便為他說法教授教誡勉勵而轉勉勵轉故不如實知或時虛
棄如闇中射或中不中隨欲成故或於一時於大菩提雖已發心而復退捨
或於一時棄捨菩薩先所受學淨戒律儀不能受學或於一時雖勤脩
習利有情事而於中間生厭倦故復還棄捨利有情事由意樂故欲
令自樂由思擇故欲令他樂於諸菩薩所有違犯多分遍知非數違
知无餘永斷由於毀犯數現行故或於一時於菩薩藏法毗柰耶他所制
奪或於一時聞說甚深廣大法教而生驚怖其心搖動猶預疑惑於
諸有情遠離一切現行大悲於諸有情少分現前利益安樂未能廣大
未能无量於如上說一切圓滿菩薩學中未能普學於如上說一切
圓滿菩薩諸相未皆成就於如上說一切圓滿二分菩薩正加行中未
等顯現於如上說菩薩意樂猶未清淨於其无上正等菩提自謂為
遠未於涅槃增上意樂安立深固如於生死長時流轉於其熾然无動
妙善菩提分法未能成熟如是等類當知是名勝解行住菩薩轉時

BD05103號　瑜伽師地論卷四七　（14–8）

奪或於一時聞說甚深廣大法教而生驚怖其心搖動猶預疑惑於
諸有情遠離一切現行大悲於諸有情少分現前利益安樂未能廣大
未能无量於如上說一切圓滿菩薩學中未能普學於如上說一切
圓滿菩薩諸相未皆成就於如上說一切圓滿二分菩薩正加行中未
等顯現於如上說菩薩意樂猶未清淨於其无上正等菩提自謂為
遠未於涅槃增上意樂安立深固如於生死長時流轉於其熾然无動
妙善菩提分法未能成熟如是等類當知是名勝解行住菩薩轉時
諸行狀相是諸菩薩勝解行住下忍轉時如上所說諸行狀相當知上
品中忍轉時如上所說諸行狀相當如中品上忍轉時如上所說當知下品
其性微薄即於如上是忍轉時[illegible]上所說諸行狀相漸次斷除令无餘永
斷從此无間當知菩薩入極喜住由得方便極喜住中勝解行住所說
諸法皆无所有與彼相違所有一切白品諸法皆悉顯現由諸菩薩成
就此故轉得名為淨勝意樂勝解行住菩薩轉時雖有少分更
中上品方便轉展清淨勝解而未得名淨勝意樂何以故由此勝
解為彼多種諸隨煩惱染汙而轉極歡喜住菩薩住時一切勝解
諸隨煩惱皆悉永斷離隨煩惱淨勝解轉　問極歡喜住菩薩
轉時應知何行何狀何相答諸菩薩從勝解行入極歡喜住先於无
上正等菩提菩薩弘願未善通達菩提自性未善通達菩提方便
多分隨順他緣而轉不善決定除捨彼故發起六相新善決定內證脩
性菩薩大願超過一切餘白淨願无等不共雖是世間超過一切世間境界
隨救一切有情苦故不共一切聲聞獨覺雖一刹那生起此願法性自
爾能得菩薩无量白法可愛之果又此大願无變无盡自性得已无異
因緣令其退轉變異可得又是勝分隨後邊際極大菩提如此菩薩
善決定願亦名發心　又即如是菩薩發心略由四相應當了知何等為四
一者何相菩薩發心二者發心何所緣慮三者發心何狀何相自性起習
發心有何勝利由此四相應當了知菩薩發心謂諸菩薩勝解行住已善積
集一切善根於菩薩行已正超出略說是相菩薩發心又諸菩薩緣當
來世无倒速疾一切菩提資糧圓滿一切菩薩利有情事圓滿无上正
等菩提一切種一切佛法圓滿諸佛所作事業圓滿略說緣慮如是發

BD05103號　瑜伽師地論卷四七　（14–9）

善決定願亦名發心　又即如是菩薩發心由四相應當[illegible]
一者何相菩薩發心二者發心何所緣慮三者發心何狀何相何自性起四者
發心有何勝利由此四相應當了知菩薩發心謂諸菩薩勝解行住已善積
集一切善根於菩薩行已正趣出略說是相菩薩發心又諸菩薩緣當
來世无倒速疾一切菩提資糧圓滿一切菩薩利有情事圓滿无上正
等菩提一切種一切佛法圓滿諸佛所作事業圓滿略說緣慮如是發
心又諸菩薩无倒速疾發起一切菩提資糧隨順於諸有情一切菩薩
所作隨順獲得无上正等菩提无師自然妙智隨順遍一切種諸佛所作
事業隨順廣大願心又諸菩薩發是心已超過菩薩凡異生地證入菩
薩正性離生生如來家成佛眞子決定趣向正等菩提決定紹繼如來
聖種又正獲得如實證淨極多歡喜於他有情遠離多分忿害惱
諍於一切種菩薩所作利衆生事於一切種菩提資糧圓滿於一切種
无上菩提一切佛法於一切種佛所住事以淨增上意樂攀緣淨勝解趣入
於是諸法速疾圓證自觀己身能正隨順如是解了極多歡喜又自觀
見妙善廣大能引出離无染无等攝受饒益身心歡喜於此无量殊勝
善法皆悉成就又自了知我於无上正等菩提今已隣近於大菩提
我勝意樂已得清淨我今已離一切怖畏由是因緣極多歡喜由
諸菩薩已能發起善決定心於五怖畏皆悉除斷由善修習无我
妙智分別我相尚不復轉況當得有分別我愛或資生愛由是因
緣无不活畏由於他所无所希望常自發起如是欲樂我當饒益一切
有情非於有情有所求覓由是因緣无惡名畏由離我見於我无有
失壞想轉故无死畏自知死後於當來世決定值遇諸佛菩薩由此
決定无惡趣畏由意樂見一切世間尚无有一與我齊等何況殊勝
是故无有處衆怯畏菩薩如是遠離一切五種怖畏遠離一切閙
說甚深正法驚怖遠離一切高慢憍傲遠離一切他不饒益種種邪
行所起瞋恚遠離一切世財貪著无染汙故无所憎背有熾然
故无俗意樂能圓滿證一切善法　又現法中能起菩薩一切精進
信增上力爲前導故於當來世如前所說菩提分品十種大願令即於

BD05103號　瑜伽師地論卷四七　（14–10）

決定无惡趣畏由意樂見一切世間尚无有一與我齊等何況殊勝
是故无有處衆怯畏菩薩如是遠離一切五種怖畏遠離一切閙
說甚深正法驚怖遠離一切高慢憍傲遠離一切他不饒益種種邪
行所起瞋恚遠離一切世財貪著无染汙故无所憎背有熾然
故无俗意樂能圓滿證一切善法　又現法中能起菩薩一切精進
信增上力爲前導故於當來世如前所說菩提分品十種大願令即於
此極歡喜住能具引發由得清淨勝意樂故爲欲供養冣有情
眞實福田大師法主是故引發第一大願爲欲受持彼所宣說无上正法
是故引發第二大願爲欲勸請轉未曾有妙正法輪是故引發第三
大願爲欲順彼行菩薩行是故引發第四大願爲欲成熟彼器有情
是故引發第五大願爲欲往趣諸佛國土奉見如來承事供養聽
受正法是故引發第六大願爲淨脩治自佛國土是故引發第七大願
爲於一切在所生處常不遠離諸佛菩薩與諸菩薩常同一味意
樂如行是故引發第八大願常爲利益一切有情曾无空過是故引
發第九大願爲證无上正等菩提作諸佛事是故引發第十大願住
是願言如有情界展轉相續終无斷盡亦如世道展轉相續終
无斷盡我此大願生生相續乃至究竟菩提邊際不常遠離不常
忘失常不乖離如是自誓心發正願當知此中前說所應願事起願
後即說願以起於願如是菩薩十種大願以爲上首能生无數百千
正願如是菩薩於當來世具諸大願於現法中發大精進
復有十種淨脩住法由是能令極歡喜住速得清淨一者於諸佛法
深生淨信二者觀諸有情緣起道理證得唯有此大苦蘊發起大悲
三者觀見彼已自誓願言我當令彼諸有情類解脫如是純大苦
蘊得第一樂發起大慈四者爲欲救拔一切憂苦自无顧戀无顧
戀故能捨内外一切身財於諸有情而行惠施五者爲欲利益諸有
情故從他勤求世出世法曾无疲倦六者无厭倦故證得一切論智
清淨善知諸論七者善知論故於衆中勝諸有情所如應如宜而
脩正行善解世間八者即於如是正加行中依應時分量等正行而
脩慚愧九者即於如是正加行中得无退轉堅力持性十者以諸上

BD05103號　瑜伽師地論卷四七　（14–11）

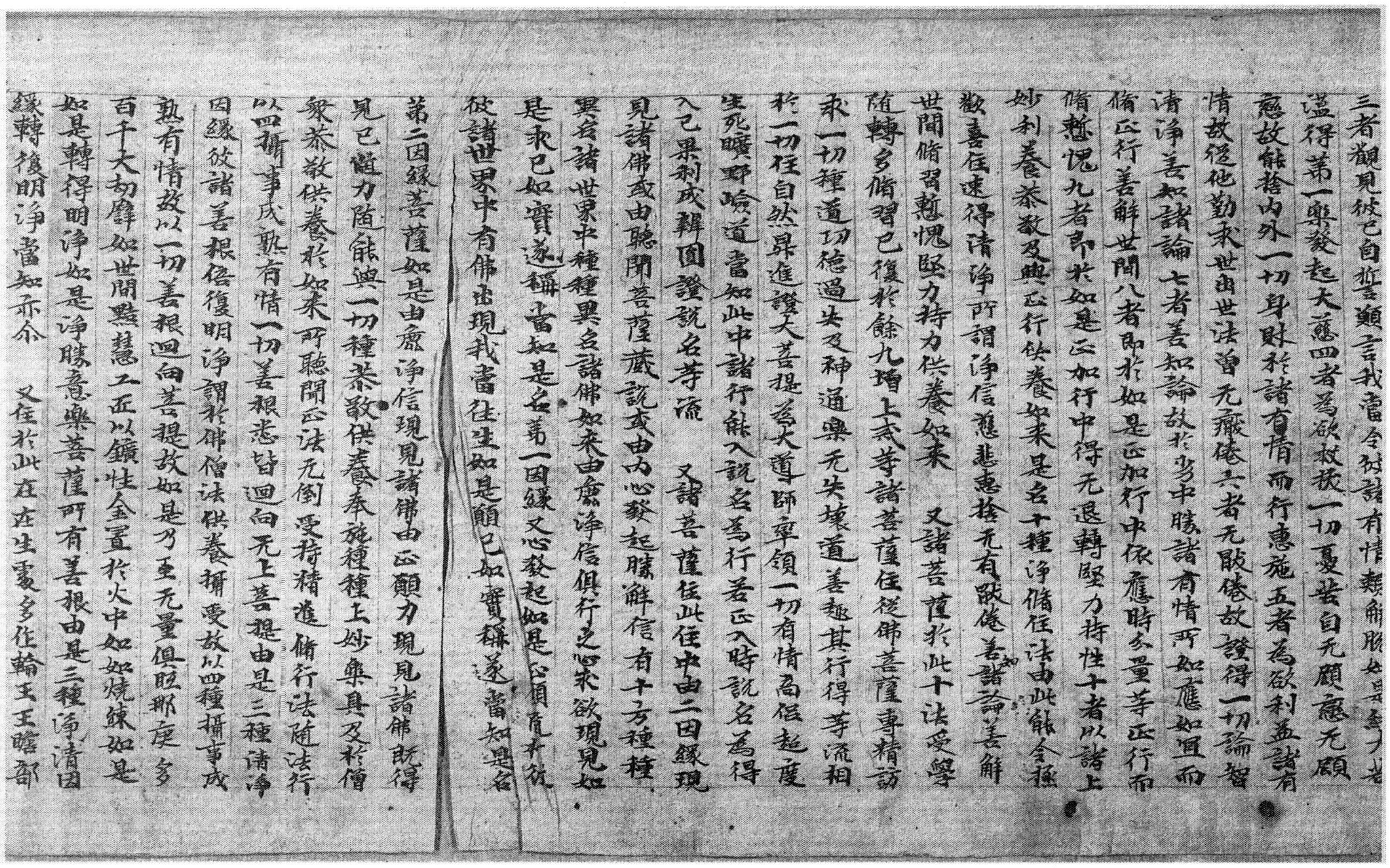
三者觀見彼已自誓顯言我當令彼諸有情類解脫如是大苦
逼得第一樂發起大悲四者為欲拔救一切憂苦自无顧戀无顧
戀故能捨內外一切身財於諸有情而行惠施五者為欲利益諸有
情故從他勤求世出世法曾无厭倦六者无厭倦故證得一切論智
清淨善知諸論七者善知論故於多中勝諸有情所知應知如宜而
脩正行善解世間八者即於如是正加行中依應時分量等正行而
脩慚愧九者即於如是正加行中得无退轉堅力持性十者以諸上
妙利養恭敬及與正行供養如來是名十種淨脩住法由此能令極
歡喜住速得清淨所謂淨信悲愍慈捨无有厭倦善知諸論善解
世間脩習慚愧堅力持力供養如來 又諸菩薩於此十法受學
隨轉多脩習已復於餘九增上戒等諸菩薩住從佛菩薩專精訪
求一切種道功德過失及神通樂无失壞道善趣其行得等流相
於一切住自然昇進證大菩提為大導師率領一切有情爲徑起度
生死曠野嶮道當知此中諸行能入說名為行善正入時說名為得
入已果利成辦圓證說名等流 又諸菩薩住此住中由二因緣現
見諸佛或由聽聞菩薩藏說或由內心發起勝解信有十方種種
異名諸世界中種種異名諸佛如來由願淨信俱行之心求欲現見如
是求已如實遂稱當知是名第一因緣又心發起如是正願隨有於
彼諸世界中有佛出現我當往生如是願已如實稱遂當知是名
第二因緣菩薩如是由願淨信現見諸佛由正願力現見諸佛既得
見已隨力隨能與一切種恭敬供養奉施種種上妙樂具及於僧
眾恭敬供養於如來所聽聞正法无倒受持精進脩行法隨法行
以四攝事成熟有情一切善根悉皆迴向无上菩提由是三種請淨
因緣彼諸善根倍復明淨謂於佛僧法供養攝受故以四種攝事成
熟有情故以一切善根迴向菩提故如是乃至无量俱胝那庾多
百千大劫譬如世間點慧工匠以鑛性金置於火中如如燒鍊如是
如是轉得明淨如是淨勝意樂菩薩所有善根由是三種淨清因
緣轉復明淨當知亦尒 又住於此在在生處多作輪王王瞻部

BD05103號　瑜伽師地論卷四七　（14–12）

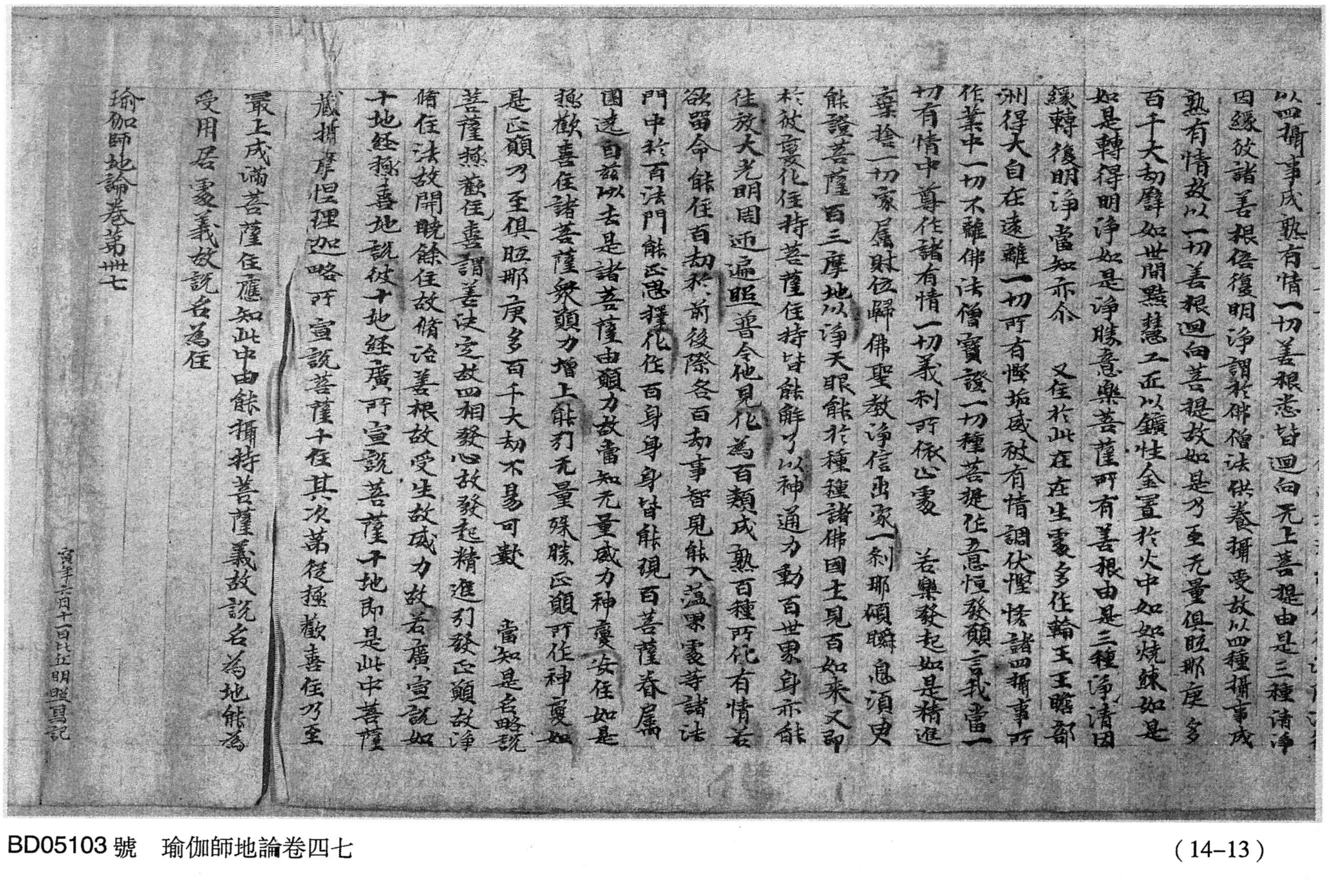
以四攝事成熟有情一切善根悉皆迴向无上菩提由是三種請淨
因緣彼諸善根倍復明淨謂於佛僧法供養攝受故以四種攝事成
熟有情故以一切善根迴向菩提故如是乃至无量俱胝那庾多
百千大劫譬如世間點慧工匠以鑛性金置於火中如如燒鍊如是
如是轉得明淨如是淨勝意樂菩薩所有善根由是三種淨清因
緣轉復明淨當知亦尒 又住於此在在生處多作輪王王瞻部
洲得大自在遠離一切所有慳垢感彼有情調伏慳悋諸四攝事所
作業中一切不離佛法僧寶護一切種菩提住意恒發願言我當一
切有情中尊作諸有情一切義利所依止處 若樂發起如是精進
棄捨一切家屬財位歸佛聖教淨信出家一剎那頃瞬息須臾
能證菩薩百三摩地以淨天眼能於種種諸佛國土見百如來又即
於彼變化住持菩薩住持皆能解了以神通力動百世界身亦能
往放大光明周迊遍照普令他見化為百類成熟百種所化有情若
欲留命能住百劫於前後際各百劫事智見能入證界處等諸法
門中於百法門能正思擇化作百身身身皆能現百菩薩眷屬
圍遶自茲以去是諸菩薩由願力故當知无量威力神變安住如是
極歡喜住諸菩薩眾願力增上能引无量殊勝正願所住神變如
是正願乃至俱胝那庾多百千大劫不易可數 當知是名略說
菩薩極歡喜住謂善決定故四相發心故發起精進引發正願故淨
脩住法故開曉餘住故脩治善根故受生故威力故若廣宣說如
十地經極喜地說彼十地經廣所宣說菩薩十地即是此中菩薩
藏攝摩怛理迦略所宣說菩薩十住其次第從極歡喜住乃至
最上成滿菩薩住應知此中由能攝持菩薩義故說名為地能為
受用居處義故說名為住

瑜伽師地論卷第卌七

寅年六月十四日比丘明照寫記

BD05103號　瑜伽師地論卷四七　（14–13）

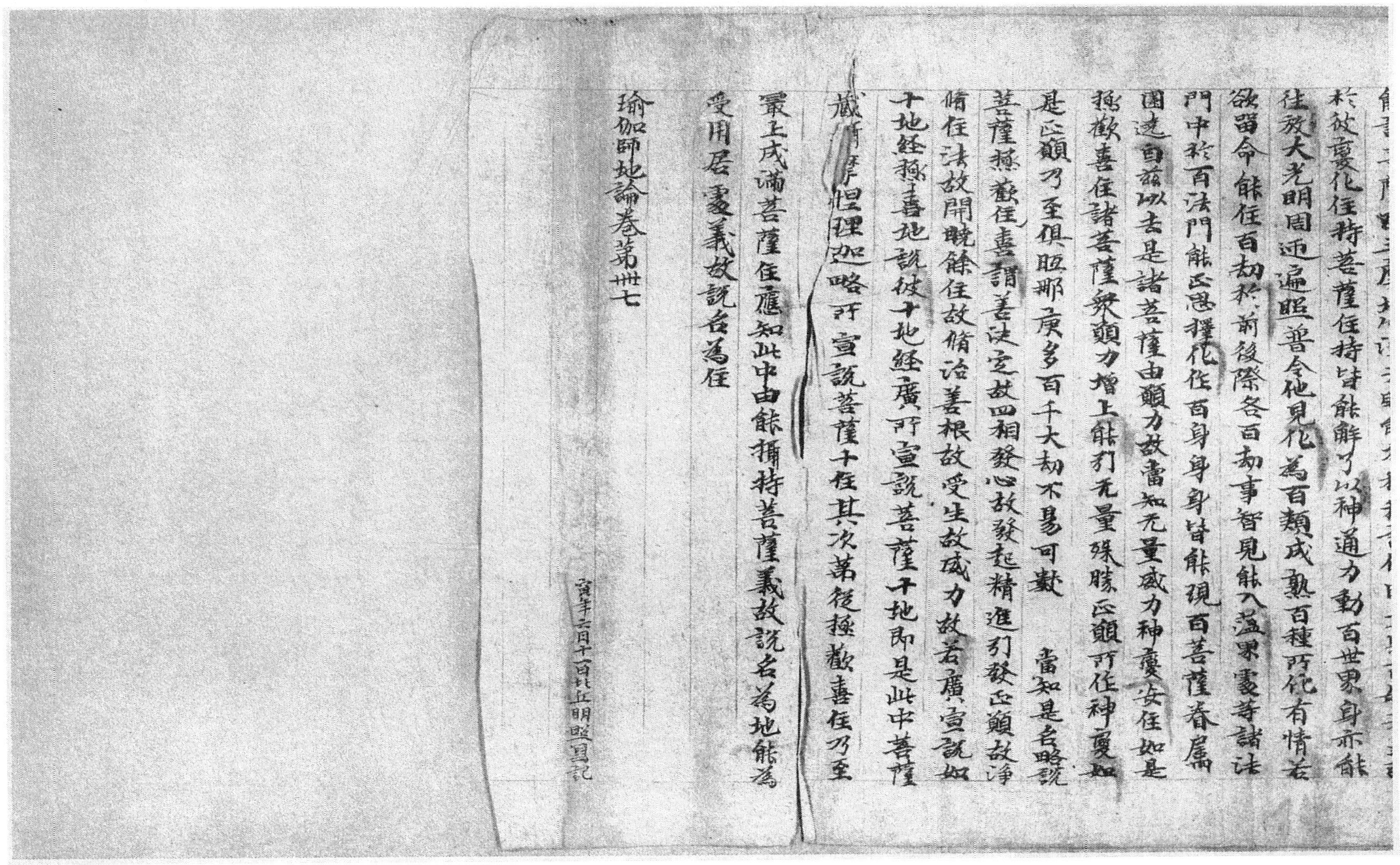

於彼變化住持菩薩住持皆能解了以神通力動百世界身亦能
住放大光明周迊遍照普令他見化為百類成熟百種所化有情若
欲留命能住百劫於前後際各百劫事智見能入證界處等諸法
門中於百法門能正思擇化作百身身身皆能現百菩薩眷屬
圍遶自茲以去是諸菩薩由願力故當知无量威力神變安住如是
極歡喜住諸菩薩衆願力增上能引无量殊勝正願所住神變如
是正願乃至俱胝那庾多百千大劫不易可數　當知是名略說
菩薩極歡喜住謂善決定故四相發心故發起精進引發正願故淨
脩住法故開曉餘住故脩治善根故受生故威力故若廣宣說如
十地經極喜地說彼十地經廣所宣說菩薩十地即是此中菩薩
藏摩怛理迦略所宣說菩薩十住其次第從極歡喜住乃至
最上成滿菩薩住應知此中由能攝持菩薩義故說名為地能為
受用居處義故說名為住

瑜伽師地論卷第卌七

寅年二月十一日比丘明照寫記

BD05103 號　瑜伽師地論卷四七　　　　（14–14）

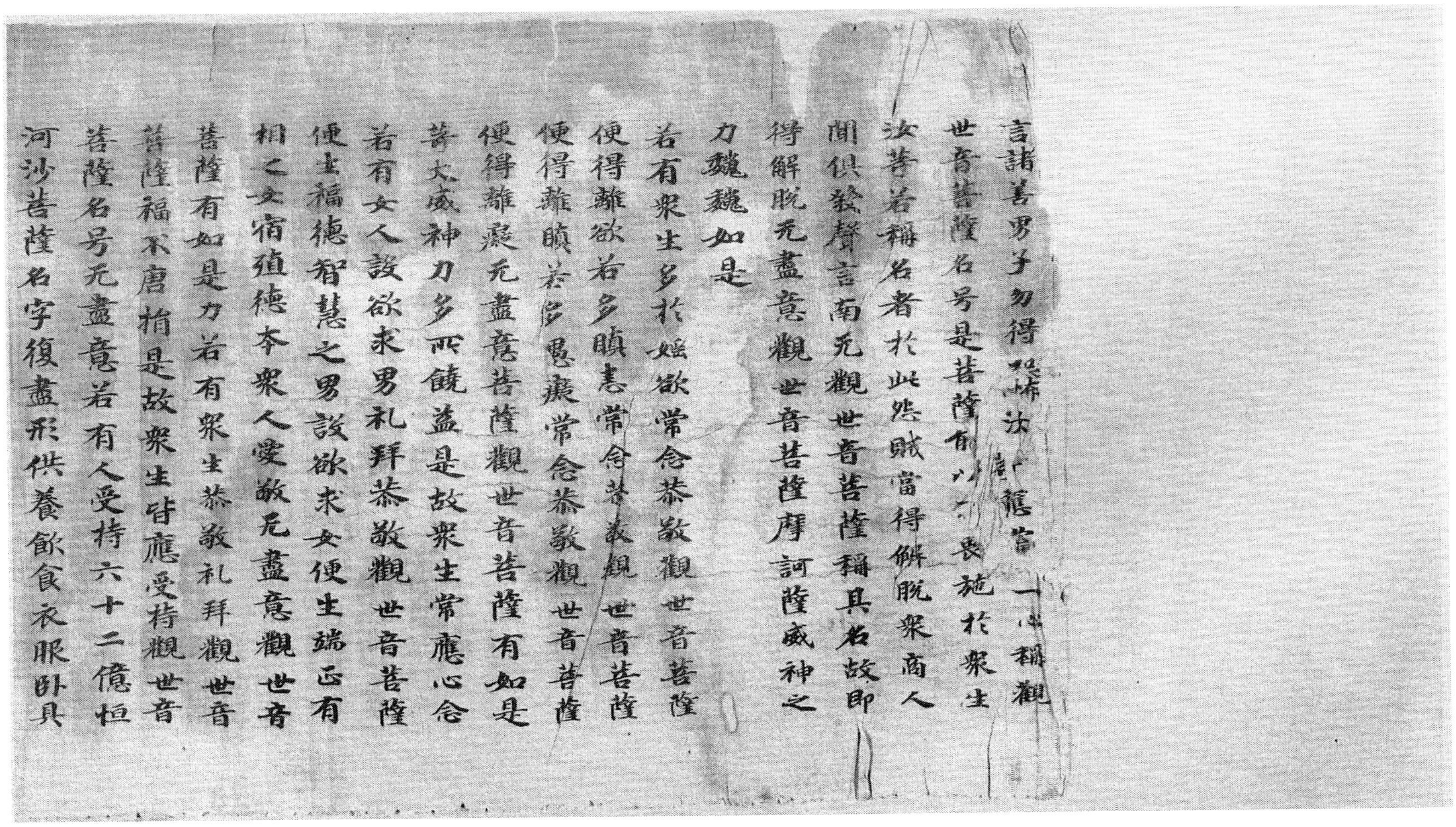

言諸善男子勿得恐怖汝等應當一心稱觀
世音菩薩名号是菩薩能以无畏施於衆生
汝等若稱名者於此怨賊當得解脫衆商人
聞俱發聲言南无觀世音菩薩稱其名故即
得解脫无盡意觀世音菩薩摩訶薩威神之
力巍巍如是
若有衆生多於婬欲常念恭敬觀世音菩薩
便得離欲若多瞋恚常念恭敬觀世音菩薩
便得離瞋若多愚癡常念恭敬觀世音菩薩
便得離癡无盡意觀世音菩薩有如是
等大威神力多所饒益是故衆生常應心念
若有女人設欲求男礼拜恭敬觀世音菩薩
便生福德智慧之男設欲求女便生端正有
相之女宿殖德本衆人愛敬无盡意觀世音
菩薩有如是力若有衆生恭敬礼拜觀世音
菩薩福不唐捐是故衆生皆應受持觀世音
菩薩名号无盡意若有人受持六十二億恒
河沙菩薩名字復盡形供養飲食衣服卧具

BD05104 號　妙法蓮華經卷七　　　　（3–1）

便生福德智慧之男設欲求女便生端正有
相之女宿殖德本衆人愛敬无盡意觀世音
菩薩有如是力若有衆生恭敬礼拜觀世音
菩薩福不唐捐是故衆生皆應受持觀世音
菩薩名号无盡意若有人受持六十二億恒
河沙菩薩名字復盡形供養飲食衣服卧具
醫藥於汝意云何是善男子善女人功德多
不无盡意言甚多世尊佛言若復有人受持
觀世音菩薩名号乃至一時礼拜供養是二
人福正等无異於百千万億劫不可窮盡无
盡意受持觀世音菩薩名号得如是无量无
邊福德之利无盡意菩薩白佛言世尊觀世
音菩薩云何遊此娑婆世界云何而為衆生
說法方便之力其事云何佛告无盡意菩薩
善男子若有國土衆生應以佛身得度者觀
世音菩薩即現佛身而為說法應以辟支佛
身得度者即現辟支佛身而為說法應以聲
聞身得度者即現聲聞身而為說法應以梵
王身得度者即現梵王身而為說法應以帝
釋身得度者即現帝釋身而為說法應以自
在天身得度者即現自在天身而為說法應
以大自在天身得度者即現大自在天身而
為說法應以天大将軍身得度者即現天大
将軍身而為說法應以毗沙門身得度者即
[illegible]

BD05104號　妙法蓮華經卷七　（3–2）

釋身得度者即現帝釋身而為說法應以自
在天身得度者即現自在天身而為說法應
以大自在天身得度者即現大自在天身而
為說法應以天大将軍身得度者即現天大
将軍身而為說法應以毗沙門身得度者即
現毗沙門身而為說法應以小王身得度者
即現小王身而為說法應以長者身得度者
即現長者身而為說法應以居士身得度者
即現居士身而為說法應以宰官身得度者
即現宰官身而為說法應以婆羅門身得度
者即現婆羅門身而為說法應以比丘比丘尼
優婆塞優婆夷身得度者即現比丘比丘尼
優婆塞優婆夷身而為說法應以長者居士
宰官婆羅門婦女身得度者即現婦女身而
為說法應以童男童女身得度者即現童男
童女身而為說法應以天龍夜叉乹闥婆阿
脩羅迦樓羅緊那羅摩睺羅伽人非人等身
得度者即皆現之而為說法應以執金剛神
得度者即現執金剛神而為說法无盡意觀
世音菩薩成就如是功德以種種形遊諸國
土度脫衆生是故汝等當一心供養觀世音

BD05104號　妙法蓮華經卷七　（3–3）

舍利弗衆生聞者應當發[illegible]願生彼國所
以者何得與如是諸上善人[illegible]會一處舍利弗
不可以少善根福德因緣[illegible]生彼國
舍利弗若有善男子善[illegible]聞說阿弥陁佛
執持名号若一日若二日若[illegible]四日若五日若
六日若七日一心不亂其人臨[illegible]終時阿弥陁佛
與諸聖衆現在其前是人終時心不顛倒即得
往生阿弥陁佛極樂國土舍利弗我見是利故
說此言若有衆生聞是[illegible]者應當發願生
彼國土
舍利弗如我今者讚歎[illegible]佛不可思議
功德東方亦有阿閦鞞佛須弥相佛大須
弥佛須弥光佛妙音佛如是等恒河沙數諸
佛各於其國出廣長舌相遍覆三千大千
世界說誠實言汝等衆生當信是稱讚
不可思議功德一切諸佛所護念經
舍利弗南方世界有日月燈佛名聞光佛大
焔肩佛須弥燈佛无量精進佛如是等恒

BD05105 號 1　阿彌陀經　（4–1）

弥佛須弥光佛妙音佛如是等恒河沙數諸
佛各於其國出廣長舌相遍覆三千大千
世界說誠實言汝等衆生當信是稱讚
不可思議功德一切諸佛所護念經
舍利弗南方世界有日月燈佛名聞光佛大
焔肩佛須弥燈佛无量精進佛如是等恒
河沙數諸佛各於其國出廣長舌相遍
覆三千大千世界說誠實言汝等衆生當信
是稱讚不可思議功德一切諸佛所護念經
舍利弗西方世界有无量壽佛无量相佛
佛无量幢佛大光佛大明佛寶相佛淨光
佛如是等恒河沙數諸佛各於其國出廣
長舌相遍覆三千大千世界說誠實言汝
等衆生當信是稱讚不可思議功德一切
諸佛所護念經
舍利弗北方世界有焔肩佛最勝音佛難
沮佛日生佛網明佛如是等恒河沙數諸
佛各於其國出廣長舌相遍覆三千大千
世界說誠實言汝等衆生當信是稱讚不
可思議功德一切諸佛所護念經
舍利弗下方世界有師子佛名聞佛名光佛
達摩佛法幢佛持法佛如是等恒河沙數
諸佛各於其國出廣長舌相遍覆三千大
千世界說誠實言汝等衆生當信是稱
讚不可思議功德一切諸佛所護念經
舍利弗上方世界有梵音佛宿王佛香上
佛香光佛大焔肩佛雜色寶華嚴身佛娑

BD05105 號 1　阿彌陀經　（4–2）

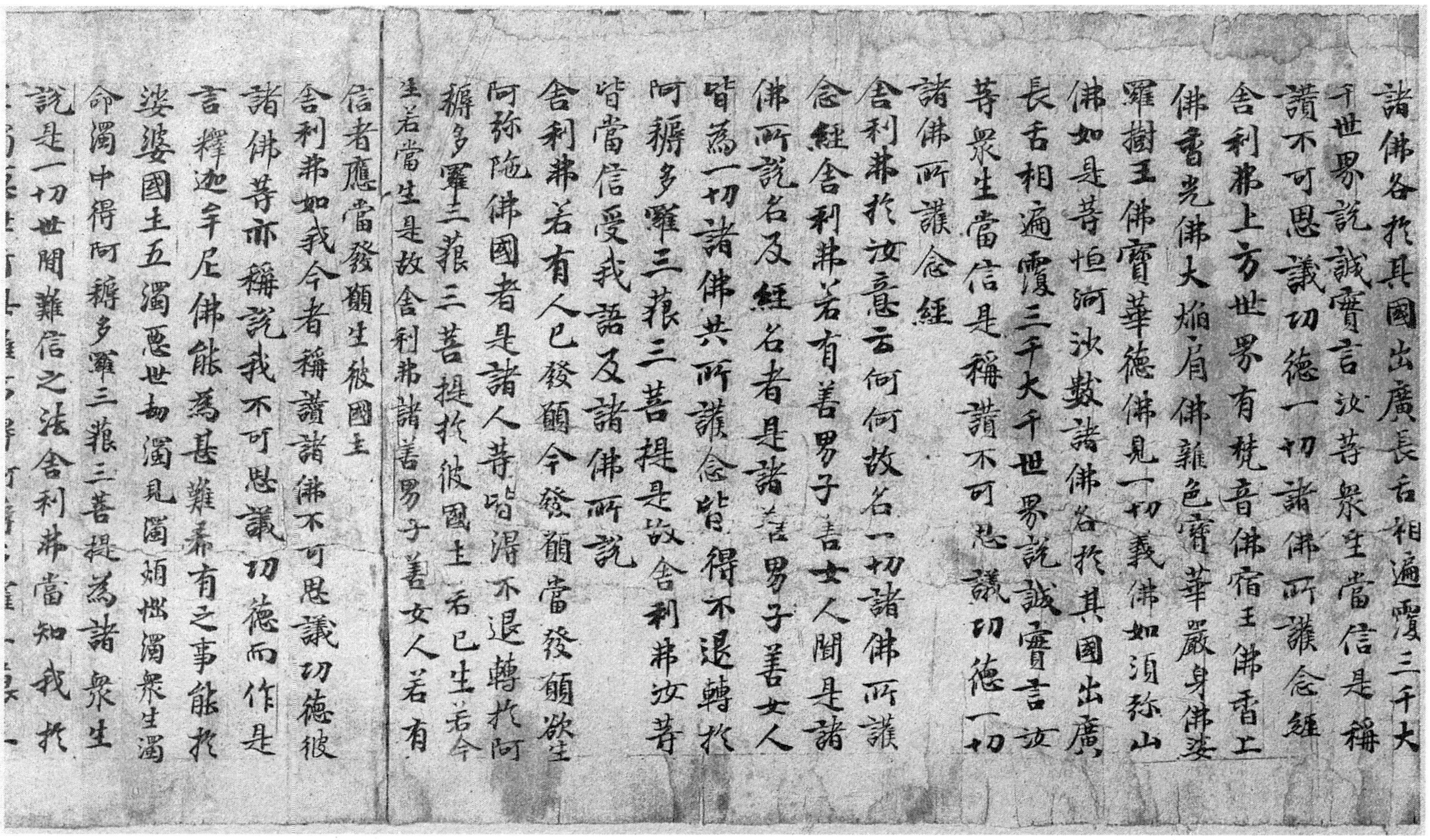
諸佛各於其國出廣長舌相遍覆三千大
千世界說誠實言汝等衆生當信是稱
讚不可思議功德一切諸佛所護念經
舍利弗上方世界有梵音佛宿王佛香上
佛香光佛大焰肩佛雜色寶華嚴身佛娑
羅樹王佛寶華德佛見一切義佛如須弥山
佛如是等恒河沙數諸佛各於其國出廣
長舌相遍覆三千大千世界說誠實言汝
等衆生當信是稱讚不可思議功德一切
諸佛所護念經
舍利弗於汝意云何何故名一切諸佛所護
念經舍利弗若有善男子善女人聞是諸
佛所說名及經名者是諸善男子善女人
皆爲一切諸佛共所護念皆得不退轉於
阿耨多羅三藐三菩提是故舍利弗汝等
皆當信受我語及諸佛所說
舍利弗若有人已發願今發願當發願欲生
阿弥陀佛國者是諸人等皆得不退轉於阿
耨多羅三藐三菩提於彼國土若已生若今
生若當生是故舍利弗諸善男子善女人若有
信者應當發願生彼國土
舍利弗如我今者稱讚諸佛不可思議功德彼
諸佛等亦稱說我不可思議功德而作是
言釋迦牟尼佛能爲甚難希有之事能於
娑婆國土五濁惡世劫濁見濁煩惱濁衆生濁
命濁中得阿耨多羅三藐三菩提爲諸衆生
說是一切世間難信之法舍利弗當知我於

BD05105 號 1　阿彌陀經　（4–3）

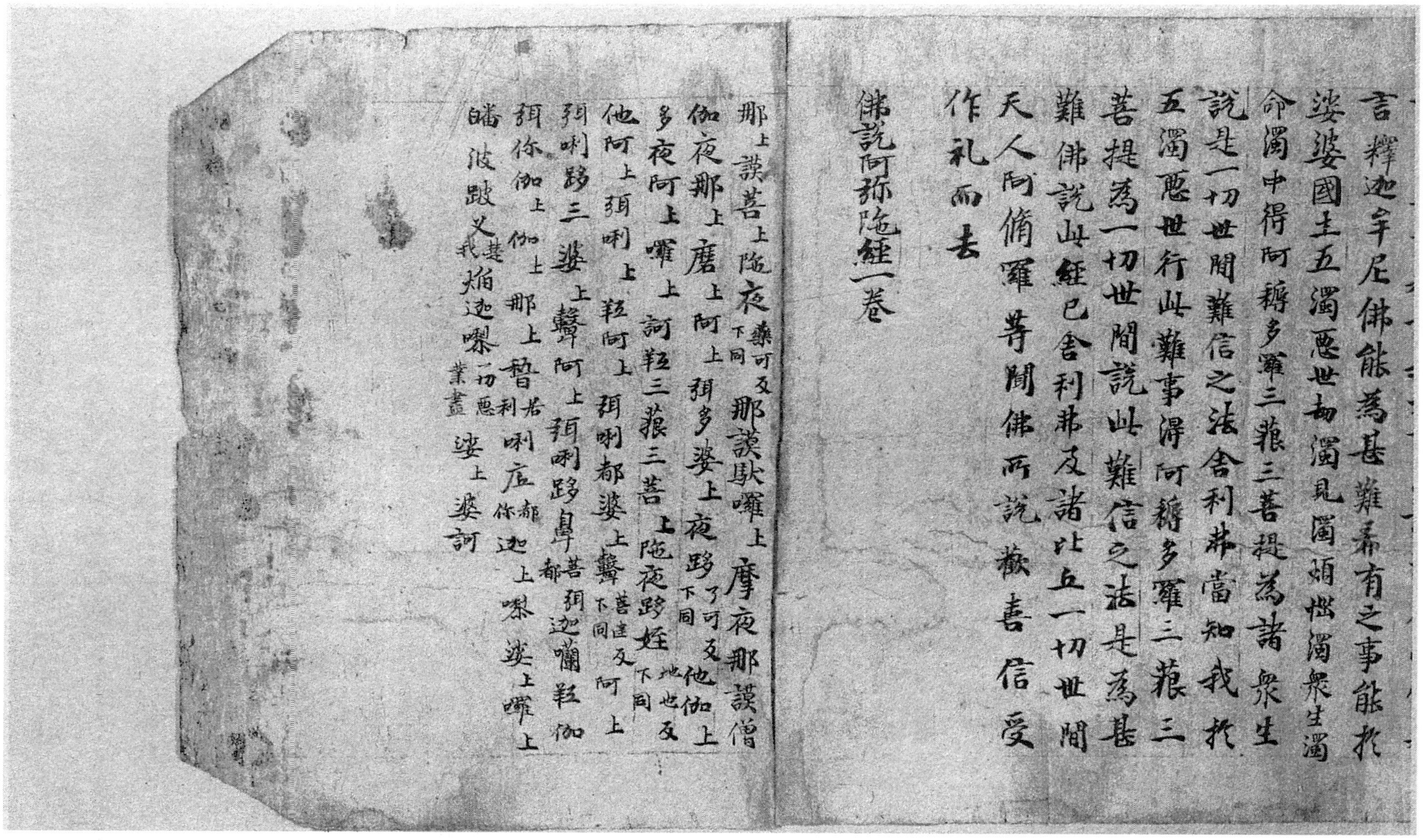
言釋迦牟尼佛能爲甚難希有之事能於
娑婆國土五濁惡世劫濁見濁煩惱濁衆生濁
命濁中得阿耨多羅三藐三菩提爲諸衆生
說是一切世間難信之法舍利弗當知我於
五濁惡世行此難事得阿耨多羅三藐三
菩提爲一切世間說此難信之法是爲甚
難佛說此經已舍利弗及諸比丘一切世間
天人阿脩羅等聞佛所說歡喜信受
作礼而去
佛說阿弥陀經一卷
那(上)謨菩(上)陁夜(藥可反下同)那謨馱囉(上)摩夜那謨僧
伽夜那(上)磨(上)阿(上)弭多婆(上)夜跢(了可反下同)他伽(上)
多夜阿(上)囉(上)訶羝三藐三菩(上)陁夜跢姪(地也反下同)
他阿(上)弭唎(上)羝阿(上)弭唎都婆(上)鞞(菩達反下同)阿(上)
弭唎跢三婆(上)鞞阿(上)弭唎跢鼻(菩都)弭迦𠼪羝伽
弭你伽(上)伽(上)那(上)晉(若利)唎底(都你)迦(上)𠻬婆(上)囉(上)
𠼪波跛叉(楚我)焰迦𠻬(一切惡業盡)婆(上)婆訶

BD05105 號 1　阿彌陀經　（4–4）
BD05105 號 2　阿彌陀佛說咒

妙法蓮華經藥草喻品第五　三
尒時世尊告摩訶迦葉及諸大弟子善哉善
哉迦葉善說如來真實功德誠如所言如來
復有无量无邊阿僧祇功德汝等若於无量
億劫說不能盡迦葉當知如來是諸法之王
若有所說皆不虛也於一切法以智方便而
演說之其所說法皆悉到於一切智地如來
觀知一切諸法之所歸趣亦知一切衆生深
心所行通達无礙又於諸法究盡明了示諸
衆生一切智慧迦葉譬如三千大千世界山
川谿谷土地所生卉木藂林及諸藥草種類

BD05106號　妙法蓮華經卷三　（29-1）

若有所說皆不虛也於一切法以智方便而
演說之其所說法皆悉到於一切智地如來
觀知一切諸法之所歸趣亦知一切衆生深
心所行通達无礙又於諸法究盡明了示諸
衆生一切智慧迦葉譬如三千大千世界山
川谿谷土地所生卉木藂林及諸藥草種類
若干名色各異密雲彌布遍覆三千大千世
界一時等澍其澤普洽卉木藂林及諸藥
草小根小莖小枝小葉中根中莖中枝中葉
大根大莖大枝大葉諸樹大小隨上中下各
有所受一雲所雨稱其種性而得生長華菓
敷實雖一地所生一雨所潤而諸草木各有
差別迦葉當知如來亦復如是出現於世如
大雲起以大音聲普遍世界天人阿脩羅如
彼大雲遍覆三千大千國土於大衆中而
唱是言我是如來應供正遍知明行足善逝世
間解无上士調御丈夫天人師佛世尊未度者
令度未解者令解未安者令安未涅槃者令
得涅槃今世後世如實知之我是一切知者
一切見者知道者開道者說道者汝等天人
阿脩羅衆皆應到此為聽法故尒時无數千
万億種衆生來至佛所而聽法如來于時觀
是衆生諸根利鈍精進懈怠隨其所堪而
為說法種種无量皆令歡喜快得善利是諸
衆生聞是法已現世安隱後生善處以道受樂
亦得聞法既聞法已離諸障礙於諸法中任

BD05106號　妙法蓮華經卷三　（29-2）

是衆生諸根利鈍精進懈怠隨其所堪而
為說法種種无量皆令歡喜快得善利是諸
衆生聞是法已現世安隱後生善處以道受樂
亦得聞法既聞法已離諸障礙於諸法中任
力所能漸得入道如彼大雲雨於一切卉木叢
林及諸藥草如其種性具足蒙潤各得生長
如來說法一相一味所謂解脫相離相滅
相究竟至於一切種智其有衆生聞如來法
若持讀誦如說脩行所得功德不自覺知所
以者何唯有如來知此衆生種相體性念何
事思何事脩何事云何念云何思云何脩
以何法念以何法思以何法脩以何法得何
法衆生住於種種之地唯有如來如實見之
明了无礙如彼卉木叢林諸藥草等而不
自知上中下性如來知是一相一味之法所謂解
脫相離相滅相究竟涅槃常寂滅相終歸於
空佛知是已觀衆生心欲而將護之是故不
即為說一切種智汝等迦葉甚為希有能知
如來隨宜說法能信能受所以者何諸佛
世尊隨宜說法難解難知尒時世尊欲重
宣此義而說偈言

破有法王　出現世間　隨衆生欲　種種說法
如來尊重　智慧深遠　久默斯要　不務速說
有智若聞　則能信解　无智疑悔　則為永失
是故迦葉　隨力為說　以種種緣　令得正見

BD05106號　妙法蓮華經卷三　（29–3）

宣此義而說偈言

破有法王　出現世間　隨衆生欲　種種說法
如來尊重　智慧深遠　久默斯要　不務速說
有智若聞　則能信解　无智疑悔　則為永失
是故迦葉　隨力為說　以種種緣　令得正見
迦葉當知　譬如大雲　起於世間　遍覆一切
慧雲含潤　電光晃曜　雷聲遠震　令衆悅豫
日光掩蔽　地上清涼　靉靆垂布　如可承攬
其雨普等　四方俱下　流澍无量　率土充洽
山川險谷　幽邃所生　卉木藥草　大小諸樹
百穀苗稼　甘蔗蒲萄　雨之所潤　无不豐足
乾地普洽　藥木並茂　其雲所出　一味之水
草木叢林　隨分受潤　一切諸樹　上中下等
稱其大小　各得生長　根莖枝葉　華菓光色
一雨所及　皆得鮮澤　如其體相　性分大小
所潤是一　而各滋茂　佛亦如是　出現於世
譬如大雲　普覆一切　既出于世　為諸衆生
分別演說　諸法之實　大聖世尊　於諸天人
一切衆中　而宣是言　我為如來　兩足之尊
出于世間　猶如大雲　充潤一切　枯槁衆生
皆令離苦　得安隱樂　世間之樂　及涅槃樂
諸天人衆　一心善聽　皆應到此　覲无上尊
我為世尊　无能及者　安隱衆生　故現於世
為大衆說　甘露淨法　其法一味　解脫涅槃
以一妙音　演暢斯義　常為大乘　而作因緣

BD05106號　妙法蓮華經卷三　（29–4）

皆令離苦 得安隱樂 世間之樂 及涅槃樂
諸天人衆 一心善聽 皆應到此 覲无上尊
我為世尊 无能及者 安隱衆生 故現於世
為大衆說 甘露淨法 其法一味 解脫涅槃
以一妙音 演暢斯義 常為大乘 而作因緣
我觀一切 普皆平等 无有彼此 愛憎之心
我无貪著 亦无限礙 恒為一切 平等說法
如為一人 衆多亦然 常演說法 曾无他事
去來坐立 終不疲猒 充足世間 如雨普潤
貴賤上下 持戒毀戒 威儀具足 及不具足
正見耶見 利根鈍根 等雨法雨 而无懈惓
一切衆生 聞我法者 隨力所受 住於諸地
或處人天 轉輪聖王 釋梵諸王 是小藥草
知无漏法 能得涅槃 起六神通 及得三明
獨處山林 常行禪定 得緣覺證 是中藥草
求世尊處 我當作佛 行精進定 是上藥草
又諸佛子 專心佛道 常行慈悲 自知作佛
決定无疑 是名小樹 安住神通 轉不退輪
度无量億 百千衆生 如是菩薩 名為大樹
佛平等說 如一味雨 隨衆生性 所受不同
如彼草木 所稟各異 佛以此喻 方便開示
種種言辭 演說一法 於佛智慧 如海一渧
我雨法雨 充滿世間 一味之法 隨力脩行
如彼藪林 藥草諸樹 隨其大小 漸增茂好
諸佛之法 常以一味 令諸世間 普得具足

BD05106 號　妙法蓮華經卷三　（29–5）

如彼草木 所稟各異 佛以此喻 方便開示
種種言辭 演說一法 於佛智慧 如海一渧
我雨法雨 充滿世間 一味之法 隨力脩行
如彼藪林 藥草諸樹 隨其大小 漸增茂好
諸佛之法 常以一味 令諸世間 普得具足
漸次脩行 皆得道果 聲聞緣覺 處於山林
住最後身 聞法得果 是名藥草 各得增長
若諸菩薩 智慧堅固 了達三界 求最上乘
是名小樹 而得增長 復有住禪 得神通力
聞諸法空 心大歡喜 放无數光 度諸衆生
是名大樹 而得增長 如是迦葉 佛所說法
譬如大雲 以一味雨 潤於人華 各得成實
迦葉當知 以諸因緣 種種譬喻 開示佛道
是我方便 諸佛亦然 今為汝等 說最實事
諸聲聞衆 皆非滅度 汝等所行 是菩薩道
漸漸脩學 悉當成佛

妙法蓮華經授記品第六

尒時世尊說是偈已告諸大衆唱如是言我此
弟子摩訶迦葉於未來世當得奉覲三百万
億諸佛世尊供養恭敬尊重讚歎廣宣諸
佛无量大法於最後身得成為佛名曰光明如
來應供正遍知明行足善逝世間解无上士
調御丈夫天人師佛世尊國名光德劫名大
莊嚴佛壽十二小劫正法住世二十小劫像
法亦住二十小劫國界嚴飾无諸穢惡瓦
礫荊棘便利不淨其土平正无有高下坑坎

BD05106 號　妙法蓮華經卷三　（29–6）

佛无量大法於最後身得成為佛名曰光明如
來應供正遍知明行足善逝世間解无上士
調御丈夫天人師佛世尊國名光德劫名大
莊嚴佛壽十二小劫正法住世二十小劫像
法亦住二十小劫國界嚴飾无諸穢惡瓦
礫荊棘便利不淨其土平正无有高下坑坎
堆阜琉璃為地寶樹行列黃金為繩以界道
側散諸寶華周遍清淨其國菩薩无量千億
諸聲聞衆亦復无數无有魔事雖有魔及
魔民皆護佛法尒時世尊欲重宣此義而說
偈言
告諸比丘　我以佛眼　見是迦葉　於未來世
過无數劫　當得作佛　而於來世　供養奉覲
三百万億　諸佛世尊　為佛智慧　淨脩梵行
供養最上　二足尊已　脩習一切　无上之慧
於最後身　得成為佛　其土清淨　琉璃為地
多諸寶樹　行列道側　金繩界道　見者歡喜
常出好香　散衆名華　種種奇妙　以為莊嚴
其地平正　无有丘坑　諸菩薩衆　不可稱計
其心調柔　逮大神通　奉持諸佛　大乘經典
諸聲聞衆　无漏後身　法王之子　亦不可計
乃以天眼　不能數知　其佛當壽　十二小劫
正法住世　二十小劫　像法亦住　二十小劫
光明世尊　其事如是
尒時大目揵連須菩提摩訶迦旃延等皆悉

諸聲聞衆　无漏後身　法王之子　亦不可計
乃以天眼　不能數知　其佛當壽　十二小劫
正法住世　二十小劫　像法亦住　二十小劫
光明世尊　其事如是
尒時大目揵連須菩提摩訶迦旃延等皆悉
悚慄一心合掌瞻仰世尊目不暫捨即共同
聲而說偈言
大雄猛世尊　諸釋之法王　哀愍我等故　而賜佛音聲
若知我深心　見為授記者　如以甘露灑　除熱得清涼
如從飢國來　忽遇大王饍　心猶懷疑懼　未敢即便食
若復得王教　然後乃敢食　我等亦如是　每惟小乘過
不知當云何　得佛无上慧　雖聞佛音聲　言我等作佛
心尚懷憂懼　如未敢便食　若蒙佛授記　尒乃快安樂
大雄猛世尊　常欲安世間　願賜我等記　如飢須教食
尒時世尊知諸大弟子心之所念告諸比丘
是須菩提於當來世奉覲三百万億那由
他佛供養恭敬尊重讚歎常脩梵行具菩薩
道於最後身得成為佛號曰名相如來應供
正遍知明行足善逝世間解无上士調御丈
夫天人師佛世尊劫名有寶國名寶生其
土平正頗梨為地寶樹莊嚴无諸丘坑沙礫
荊棘便利之穢寶華覆地周遍清淨其土人民
皆處寶臺珍妙樓閣聲聞弟子无量无邊筭
數譬喻所不能知諸菩薩衆无數千万億那
由他佛壽十二小劫正法住世二十小劫像法

土平正頗梨為地寶樹莊嚴无諸丘坑沙礫
荊蕀便利之穢寶華覆地周遍清淨其土人民
皆處寶臺珎妙樓閣聲聞弟子无量无邊筭
數譬喻所不能知諸菩薩衆无數千万億那
由他佛壽十二小劫正法住世二十小劫像法
亦住二十小劫其佛常處虗空為衆說法度
脫无量菩薩及聲聞衆尒時世尊欲重宣
此義而說偈言
諸比丘衆　今告汝等　皆當一心　聽我所說
我大弟子　須菩提者　當得作佛　号曰名相
當供无數　万億諸佛　隨佛所行　漸具大道
冣後身得　三十二相　端正姝妙　猶如寶山
其佛國土　嚴淨第一　衆生見者　无不愛樂
佛於其中　度无量衆　其佛法中　多諸菩薩
皆悉利根　轉不退輪　彼國常以　菩薩莊嚴
諸聲聞衆　不可稱數　皆得三明　具六神通
住八解脫　有大威德　其佛說法　現於无量
神通變化　不可思議　諸天人民　數如恒沙
皆共合掌　聽受佛語　其佛當壽　十二小劫
正法住世　二十小劫　像法亦住　二十小劫
尒時世尊復告諸比丘衆我今語汝是大迦
旃延於當來世以諸供具供養奉事八千億
佛恭敬尊重諸佛滅後各起塔廟高千由旬
縱廣正等五百由旬以金銀瑠璃車𤦲馬瑙
真珠玫瑰七寶合成衆華瓔珞塗香末香燒
香繒蓋幢幡供養塔廟過是已後當復供養

BD05106號　妙法蓮華經卷三　（29–9）

尒時世尊復告諸比丘衆我今語汝是大迦
旃延於當來世以諸供具供養奉事八千億
佛恭敬尊重諸佛滅後各起塔廟高千由旬
縱廣正等五百由旬以金銀瑠璃車𤦲馬瑙
真珠玫瑰七寶合成衆華瓔珞塗香末香燒
香繒蓋幢幡供養塔廟過是已後當復供養
二万億佛亦復如是供養是諸佛已具菩薩
道當得作佛号曰閻浮那提金光如來應供
正遍知明行足善逝世間解无上士調御丈
夫天人師佛世尊其土平正頗梨為地寶樹
莊嚴黃金為繩以界道側妙華覆地周遍清
淨見者歡喜无四惡道地獄餓鬼畜生阿脩
羅道多有天人諸聲聞衆及諸菩薩无量
万億莊嚴其國佛壽十二小劫正法住世二十小
劫像法亦住二十小劫尒時世尊欲重宣此
義而說偈言
諸比丘衆　皆一心聽　如我所說　真實无異
是迦旃延　當以種種　妙好供具　供養諸佛
諸佛滅後　起七寶塔　亦以華香　供養舍利
其冣後身　得佛智慧　成等正覺　國土清淨
度脫无量　万億衆生　皆為十方　之所供養
佛之光明　无能勝者　其佛号曰　閻浮金光
菩薩聲聞　斷一切有　无量无數　莊嚴其國
尒時世尊復告大衆我今語汝是大目揵
連當以種種供具供養八千諸佛恭敬尊
重諸佛滅後各起塔廟高千由旬縱廣正等

BD05106號　妙法蓮華經卷三　（29–10）

佛之光明 无能勝者 其佛号曰 閻浮金光
菩薩聲聞 斷一切有 无量无數 莊嚴其國
尒時世尊復告大衆我今語汝是大目揵
連當以種種供具供養八千諸佛恭敬尊
重諸佛滅後各起塔廟高千由旬縱廣正等
五百由旬以金銀瑠璃車𤦲馬瑙真珠玫瑰
七寶合成衆華瓔珞塗香末香燒香繒蓋幢
幡以用供養過是已後當復供養二百万億諸
佛亦復如是當得成佛号曰多摩羅跋栴檀
香如來應供正遍知明行足善逝世間解无上
士調御丈夫天人師佛世尊劫名喜滿國名
意樂其土平正頗梨為地寶樹莊嚴散真珠
華周遍清淨見者歡喜多諸天人菩薩聲聞
其數无量佛壽二十四小劫正法住世四十
小劫像法亦住四十小劫尒時世尊欲重
宣此義而說偈言
我此弟子 大目揵連 捨是身已 得見八千
二百万億 諸佛世尊 為佛道故 供養恭敬
於諸佛所 常脩梵行 於无量劫 奉持佛法
諸佛滅後 起七寶塔 長表金剎 華香伎樂
而以供養 諸佛塔廟 漸漸具足 菩薩道已
於意樂國 而得作佛 号多摩羅 栴檀之香
其佛壽命 二十四劫 常為天人 演說佛道
聲聞无量 如恒河沙 三明六通 有大威德
菩薩无數 志固精進 於佛智慧 皆不退轉

而以供養 諸佛塔廟 漸漸具足 菩薩道已
於意樂國 而得作佛 号多摩羅 栴檀之香
其佛壽命 二十四劫 常為天人 演說佛道
聲聞无量 如恒河沙 三明六通 有大威德
菩薩无數 志固精進 於佛智慧 皆不退轉
佛滅度後 正法當住 四十小劫 像法亦尒
我諸弟子 威德具足 其數五百 皆當授記
於未來世 咸得成佛 我及汝等 宿世因緣
吾今當說 汝等善聽
妙法蓮華經化城喻品第七
佛告諸比丘乃往過去无量无邊不可思議
阿僧祇劫尒時有佛名大通智勝如來應
供正遍知明行足善逝世間解无上士調御
丈夫天人師佛世尊其國名好成劫名大相
諸比丘彼佛滅度已來甚大久遠譬如三千
大千世界所有地種假使有人磨以為墨過於
東方千國土乃下一點大如微塵又過千國
土復下一點如是展轉盡地種墨於汝等意
云何是諸國土若筭師若筭師弟子能得
邊際知其數不不也世尊諸比丘是人所經
國土若點不點盡末為塵一塵一劫彼佛滅
度已來復過是數无量无邊百千万億阿僧
祇劫我以如來知見力故觀彼久遠猶若今日
尒時世尊欲重宣此義而說偈言
我念過去世 无量无邊劫 有佛兩足尊 名大通智勝

國土若點不點盡末為塵一塵一劫彼佛滅
度已來復過是數无量无邊百千万億阿僧
祇劫我以如來知見力故觀彼久遠猶若今日
尒時世尊欲重宣此義而說偈言
我念過去世 无量无邊劫 有佛兩足尊 名大通智勝
如人以力磨 三千大千土 盡此諸地種 皆悉以為墨
過於千國土 乃下一塵點 如是展轉點 盡此諸塵墨
如是諸國土 點與不點等 復盡末為塵 一塵為一劫
此諸微塵數 其劫復過是 彼佛滅度來 如是无量劫
如來无礙智 知彼佛滅度 及聲聞菩薩 如見今滅度
諸比丘當知 佛智淨微妙 无漏无所礙 通達无量劫
佛告諸比丘大通智勝佛壽五百四十万億那
由他劫其佛本坐道場破魔軍已垂得阿
耨多羅三藐三菩提而諸佛法不現在前如
是一小劫乃至十小劫結加趺坐身心不動而
諸佛法猶不在前尒時忉利諸天先為彼佛
於菩提樹下敷師子座高一由旬佛於此座
當得阿耨多羅三藐三菩提適坐此座時諸
梵天王雨衆天華面百由旬香風時來吹
去萎華更雨新者如是不絕滿十小劫供養
於佛乃至滅度常雨此華四王諸天為供養
佛常擊天鼓其餘諸天作天伎樂滿十小劫
至于滅度亦復如是諸比丘大通智勝佛過
十小劫諸佛之法乃現在前成阿耨多羅
三藐三菩提其佛未出家時有十六子其第

BD05106號 妙法蓮華經卷三

（29–13）

於佛乃至滅度常雨此華四王諸天為供養
佛常擊天鼓其餘諸天作天伎樂滿十小劫
至于滅度亦復如是諸比丘大通智勝佛過
十小劫諸佛之法乃現在前成阿耨多羅
三藐三菩提其佛未出家時有十六子其第
一者名曰智積諸子各有種種珍異玩好之具聞
父得成阿耨多羅三藐三菩提皆捨所珍往
詣佛所諸母涕泣而隨送之其祖轉輪聖王
與一百大臣及餘百千万億人民皆共圍繞
隨至道場咸欲親近大通智勝如來供養恭
敬尊重讚歎到已頭面礼足繞佛畢已一心合
掌瞻仰世尊以偈頌曰
大威德世尊 為度衆生故 於无量億歲 尒乃得成佛
諸願已具足 善哉吉无上 世尊甚希有 一坐十小劫
身體及手足 靜然安不動 其心常憺怕 未曾有散亂
究竟永寂滅 安住无漏法 今者見世尊 安隱成佛道
我等得善利 稱慶大歡喜 衆生常苦惱 盲瞑无導師
不識苦盡道 不知求解脫 長夜增惡趣 減損諸天衆
從冥入於冥 永不聞佛名 今佛得最上 安隱无漏法
我等及天人 為得最大利 是故咸稽首 歸命无上尊
尒時十六王子偈讚佛已勸請世尊轉於法輪
咸作是言世尊說法多所安隱憐愍饒益
諸天人民重說偈言
世雄无等倫 百福自莊嚴 得无上智慧 願為世間說
度脫於我等 及諸衆生類 為分別顯示 令得是智慧
若我等得佛 衆生亦復然 世尊知衆生 深心之所念

BD05106號 妙法蓮華經卷三

（29–14）

咸作是言世尊說法多所安隱憐愍饒益
諸天人民重說偈言
世雄无等倫　百福自莊嚴　得无上智慧　願為世間說
度脫於我等　及諸衆生類　為分別顯示　令得是智慧
若我等得佛　衆生亦復然　世尊知衆生　深心之所念
亦知所行道　又知智慧力　欲樂及脩福　宿命所行業
世尊悉知已　當轉无上輪
佛告諸比丘大通智勝佛得阿耨多羅三藐
三菩提時十方各五百万億諸佛世界六種
震動其國中間幽瞑之處日月威光所不能
照而皆大明其中衆生各得相見咸作是言
此中云何忽生衆生又其國界諸天宮殿乃
至梵宮六種震動大光普照遍滿世界勝諸
天光尒時東方五百万億諸國土中梵天宮
殿光明照曜倍於常明諸梵天王各作是念
今者宮殿光明昔所未有以何因緣而現此相
是時諸梵天王即各相詣共議此事而彼衆
中有一大梵天王名救一切為諸梵衆而說
偈言
我等諸宮殿　光明昔未有　此是何因緣　宜各共求之
為大德天生　為佛出世間　而此大光明　遍照於十方
尒時五百万億國土諸梵天王與宮殿俱各以
衣裓盛諸天華共詣西方推尋是相見大通
智勝如來處于道場菩提樹下坐師子座
諸天龍王乾闥婆緊那羅摩睺羅伽人非人
等恭敬圍繞及見十六王子請佛轉法輪即
時諸梵天王頭面礼佛繞百千帀即以天華

BD05106號　妙法蓮華經卷三　（29–15）

衣裓盛諸天華共詣西方推尋是相見大通
智勝如來處于道場菩提樹下坐師子座
諸天龍王乾闥婆緊那羅摩睺羅伽人非人
等恭敬圍繞及見十六王子請佛轉法輪即
時諸梵天王頭面礼佛繞百千帀即以天華而
散佛上其所散華如須弥山并以供養佛菩
提樹其菩提樹高十由旬華供養已各以宮
殿奉上彼佛而作是言唯見哀愍饒益我
等所獻宮殿願垂納處時諸梵天王即於
佛前一心同聲以偈頌曰
世尊甚希有　難可得值遇　具无量功德　能救護一切
天人之大師　哀愍於世間　十方諸衆生　普皆蒙饒益
我等所從來　五百万億國　捨深禪定樂　為供養佛故
我等先世福　宮殿甚嚴飾　今以奉世尊　唯願哀納受
尒時諸梵天王偈讚佛已各作是言唯願世
尊轉於法輪度脫衆生開涅槃道時諸梵天
王一心同聲而說偈言
世雄兩足尊　唯願演說法　以大慈悲力　度苦惱衆生
尒時大通智勝如來默然許之又諸比丘東
南方五百万億國土諸大梵王各自見宮殿
光明照曜昔所未有歡喜踊躍生希有心即
各相詣共議此事而彼衆中有一大梵天王
名曰大悲為諸梵衆而說偈言
是事何因緣　而現如此相　我等諸宮殿　光明昔未有
為大德天生　為佛出世間　未曾見此相　當共一心求

BD05106號　妙法蓮華經卷三　（29–16）

光明照曜昔所未有歡喜踊躍生希有心即
各相詣共議此事而彼衆中有一大梵天王
名曰大悲為諸梵衆而說偈言
是事何因緣　而現如此相　我等諸宮殿　光明昔未有
為大德天生　為佛出世間　未曾見此相　當共一心求
過千万億土　尋光共推之　多是佛出世　度脫苦衆生
尒時五百万億諸梵天王與宮殿俱各以衣裓
盛諸天華共詣西北方推尋是相見大通智
勝如來處于道場菩提樹下坐師子座諸
天龍王乾闥婆緊那羅摩睺羅伽人非人等
恭敬圍繞及見十六王子請佛轉法輪時諸梵
天王頭面礼佛繞百千帀即以天華而散佛上
所散之華如須弥山并以供養佛菩提樹華
供養已各以宮殿奉上彼佛而作是言唯見
哀愍饒益我等所獻宮殿願垂納處尒時
諸梵天王即於佛前一心同聲以偈頌曰
聖主天中王　迦陵頻伽聲　哀愍衆生者　我等今敬礼
世尊甚希有　久遠乃一現　一百八十劫　空過无有佛
三惡道充滿　諸天衆減少　今佛出於世　為衆生作眼
世間所歸趣　救護於一切　為衆生之父　哀愍饒益者
我等宿福慶　今得值世尊
尒時諸梵天王偈讚佛已各作是言唯願世
尊哀愍一切轉於法輪度脫衆生時諸梵天
王一心同聲而說偈言
大聖轉法輪　顯示諸法相　度苦惱衆生　令得大歡喜
衆生聞此法　得道若生天　諸惡道減少　忍善者增益

BD05106號　妙法蓮華經卷三　（29–17）

我等宿福慶　今得值世尊
尒時諸梵天王偈讚佛已各作是言唯願世
尊哀愍一切轉於法輪度脫衆生時諸梵天
王一心同聲而說偈言
大聖轉法輪　顯示諸法相　度苦惱衆生　令得大歡喜
衆生聞此法　得道若生天　諸惡道減少　忍善者增益
尒時大通智勝如來嘿然許之又諸比丘南方
五百万億國土諸大梵王各自見宮殿光明照
曜昔所未有歡喜踊躍生希有心即各相
詣共議此事以何因緣我等宮殿有此光曜
而彼衆中有一大梵天王名曰妙法為諸梵
衆而說偈言
我等諸宮殿　光明甚威曜　此非无因緣　是相宜求之
過於百千劫　未曾見是相　為大德天生　為佛出世間
尒時五百万億諸梵天王與宮殿俱各以衣
裓盛諸天華共詣北方推尋是相見大通智
勝如來處于道場菩提樹下坐師子座諸天
龍王乾闥婆緊那羅摩睺羅伽人非人等恭敬
圍繞及見十六王子請佛轉法輪時諸梵天
王頭面礼佛繞百千迊即以天華而散佛
上所散之華如須弥山并以供養佛菩提
樹華供養已各以宮殿奉上彼佛而作是言
唯見哀愍饒益我等所獻宮殿願垂納處
尒時諸梵天王即於佛前一心同聲以偈頌曰
世尊甚難見　破諸煩惱者　過百三十劫　今乃得一見
諸飢渴衆生　以法雨充滿　昔所未曾覩　无量智慧者

BD05106號　妙法蓮華經卷三　（29–18）

樹華供養已各以宮殿奉上彼佛而作是言
唯見哀愍饒益我等所獻宮殿願垂納處
尒時諸梵天王即於佛前一心同聲以偈頌曰
世尊甚難見　破諸煩惱者　過百三十劫　今乃得一見
諸飢渴衆生　以法雨充滿　昔所未曾覩　无量智慧者
如優曇波羅　今日乃值遇　我等諸宮殿　蒙光故嚴飾
世尊大慈愍　唯願垂納受
尒時諸梵天王偈讚佛已各作是言唯願世
尊轉於法輪令一切世間諸天魔梵沙門婆羅
門皆獲安隱而得度脫時諸梵天王一心同
聲以偈頌曰
唯願天人尊　轉无上法輪　擊于大法鼓　而吹大法螺
普雨大法雨　度无量衆生　我等咸歸請　當演深遠音
尒時大通智勝如來默然許之西南方乃至
下方亦復如是尒時上方五百万億國土諸
大梵王皆悉自覩所止宮殿光明威曜昔所
未有歡喜踊躍生希有心即各相詣共議此
事以何因緣我等宮殿有斯光明而彼衆中
有一大梵天王名曰尸棄為諸梵衆而說偈言
今以何因緣　我等諸宮殿　威德光明曜　嚴飾未曾有
如是之妙相　昔所未聞見　為大德天生　為佛出世間
尒時五百万億諸梵天王與宮殿俱各以衣裓
盛諸天華共詣下方推尋是相見大通智勝
如來處于道場菩提樹下坐師子座諸天龍
王乾闥婆緊那羅摩睺羅伽人非人等恭

BD05106號　妙法蓮華經卷三　（29–19）

今以何因緣　我等諸宮殿　威德光明曜
如是之妙相　昔所未聞見　為大德天生　為佛出世間
尒時五百万億諸梵天王與宮殿俱各以衣裓
盛諸天華共詣下方推尋是相見大通智勝
如來處于道場菩提樹下坐師子座諸天龍
王乾闥婆緊那羅摩睺羅伽人非人等恭
敬圍繞及見十六王子請佛轉法輪時諸梵
天王頭面礼佛繞百千帀即以天華而散
佛上所散之華如須弥山并以供養佛菩提
樹華供養已各以宮殿奉上彼佛而作是言
唯見哀愍饒益我等所獻宮殿願垂納處時
諸梵天王即於佛前一心同聲以偈頌曰
善哉見諸佛　救世之聖尊　能於三界獄　勉出諸衆生
普智天人尊　哀愍群萌類　能開甘露門　廣度於一切
於昔无量劫　空過无有佛　世尊未出時　十方常闇暝
三惡道增長　阿修羅亦盛　諸天衆轉減　死多墮惡道
不從佛聞法　常行不善事　色力及智慧　斯等皆減少
罪業因緣故　失樂及樂想　住於邪見法　不識善儀則
不蒙佛所化　常墮於惡道　佛為世間眼　久遠時乃出
哀愍諸衆生　故現於世間　超出成正覺　我等甚欣慶
及餘一切衆　喜歎未曾有　我等諸宮殿　蒙光故嚴飾
今以奉世尊　唯垂哀納受　願以此功德　普及於一切
我等與衆生　皆共成佛道
尒時五百万億諸梵天王偈讚佛已各白佛
言唯願世尊轉於法輪多所安隱多所度脫
時諸梵天王而說偈言

BD05106號　妙法蓮華經卷三　（29–20）

令以奉世尊　唯垂哀納受　願以此功德　普及於一切
我等與衆生　皆共成佛道
尒時五百万億諸梵天王偈讚佛已各白佛
言唯願世尊轉於法輪多所安隱多所度脫
時諸梵天王而說偈言
世尊轉法輪　擊甘露法鼓　度苦惱衆生　開示涅槃道
唯願受我請　以大微妙音　哀愍而敷演　无量劫習法
尒時大通智勝如來受十方諸梵天王及十
六王子請即時三轉十二行法輪若沙門婆
羅門若天魔梵及餘世間所不能轉謂是苦
是苦集是苦滅是苦滅道及廣說十二因緣
法无明緣行行緣識識緣名色名色緣六入
六入緣觸觸緣受受緣愛愛緣取取緣有有
緣生生緣老死憂悲苦惱无明滅則行滅行滅
則識滅識滅則名色滅名色滅則六入滅六
入滅則觸滅觸滅則受滅受滅則愛滅愛滅
則取滅取滅則有滅有滅則生滅生滅則
老死憂悲苦惱滅佛於天人大衆之中說是
法時六百万億那由他人以不受一切法故而
於諸漏心得解脫皆得深妙禪定三明六通
具八解脫第二第三第四說法時千万億恒
河沙那由他等衆生亦以不受一切法故而於
諸漏心得解脫從是已後諸聲聞衆无量
无邊不可稱數尒時十六王子皆以童子出
家而為沙弥諸根通利智慧明了已曾供

BD05106號　妙法蓮華經卷三　（29–21）

於諸漏心得解脫皆得深妙禪定三明六通
具八解脫第二第三第四說法時千万億恒
河沙那由他等衆生亦以不受一切法故而於
諸漏心得解脫從是已後諸聲聞衆无量
无邊不可稱數尒時十六王子皆以童子出
家而為沙弥諸根通利智慧明了已曾供
養百千万億諸佛淨脩梵行求阿耨多羅三
藐三菩提俱白佛言世尊是諸无量千万億
大德聲聞皆已成就世尊亦當為我等說阿
耨多羅三藐三菩提法我等聞已皆共脩學
世尊我等志願如來知見深心所念佛自證
知尒時轉輪聖王所將衆中八万億人見十六
王子出家亦求出家王即聽許尒時彼佛受
沙弥請過二万劫已乃於四衆之中說是大
乘經名妙法蓮華教菩薩法佛所護念說
是經已十六沙弥為阿耨多羅三藐三菩提故
皆共受持諷誦通利說是經時十六菩薩沙
弥皆悉信受聲聞衆中亦有信解其餘衆
生千万億種皆生疑惑佛說是經於八千劫未
曾休廢說此經已即入靜室住於禪定八万
四千劫是時十六菩薩沙弥知佛入室寂然
禪定各昇法座亦於八万四千劫為四部衆
廣說分別妙法華經一一皆度六百万億那
由他恒河沙等衆生示教利喜令發阿耨多
羅三藐三菩提心大通智勝佛過八万四千

BD05106號　妙法蓮華經卷三　（29–22）

禪定各外法座亦於八万四千劫為四部衆
廣說分別妙法華經一一皆度六百万億那
由他恒河沙等衆生示教利喜令發阿耨多
羅三藐三菩提心大通智勝佛過八万四千
劫已從三昧起往詣法座安詳而坐普告
大衆是十六菩薩沙弥甚為希有諸根通利
智慧明了已曾供養无量千万億數諸佛於
諸佛所常脩梵行受持佛智開示衆生令入
其中汝等皆當數數親近而供養之所以者
何若聲聞辟支佛及諸菩薩能信是十六菩
薩所說經法受持不毀者是人皆當得阿耨
多羅三藐三菩提如來之慧佛告諸比丘是
十六菩薩常樂說是妙法蓮華經一一菩薩
所化六百万億那由他恒河沙等衆生世世所
生與菩薩俱從其聞法悉皆信解以此因緣
得值四万億諸佛世尊于今不盡諸比丘我
今語汝彼佛弟子十六沙弥今皆得阿耨多羅
三藐三菩提於十方國現在說法有无量百
千万億菩薩聲聞以為眷屬其二沙弥東
方作佛一名阿閦在歡喜國二名須弥頂東
南方二佛一名師子音二名師子相南方二
佛一名虛空住二名常滅西南方二佛一
名帝相二名梵相西方二佛一名阿弥陁
二名度一切世間苦惱西北方二佛一名多
摩羅跋栴檀香神通二名須弥相北方二
佛一名雲自在二名雲自在王東北方佛名壞

BD05106號　妙法蓮華經卷三　（29–23）

佛一名虛空住二名常滅西南方二佛一
名帝相二名梵相西方二佛一名阿弥陁
二名度一切世間苦惱西北方二佛一名多
摩羅跋栴檀香神通二名須弥相北方二
佛一名雲自在二名雲自在王東北方佛名壞
一切世間怖畏第十六我釋迦牟尼佛於娑
婆國土成阿耨多羅三藐三菩提諸比丘我
等為沙弥時各各教化无量百千万億恒河
沙等衆生從我聞法為阿耨多羅三藐三菩
提此諸衆生于今有住聲聞地者我常教化
阿耨多羅三藐三菩提是諸人等應以是法
漸入佛道所以者何如來智慧難信難解尒
時所化无量恒河沙等衆生者汝等諸比丘
及我滅度後未來世中聲聞弟子是也我滅
度後復有弟子不聞是經不知不覺菩薩所
行自於所得功德生滅度想當入涅槃我於餘
國作佛更有異名是人雖生滅度之想入於
涅槃而於彼土求佛智慧得聞是經唯以佛
乘而得滅度更无餘乘除諸如來方便說法
諸比丘若如來自知涅槃時到衆又清淨信解
堅固了達空法深入禪定便集諸菩薩及
聲聞衆為說是經世間无有二乘而得滅度
唯一佛乘得滅度耳比丘當知如來方便深入
衆生之性知其志樂小法深著五欲為是等故
說於涅槃是人若聞則便信受譬如五百由
旬險難惡道曠絕无人怖畏之處若有多衆
欲過此道至珍寶處有一導師聰慧明達

BD05106號　妙法蓮華經卷三　（29–24）

聲聞衆為說是經世間无有二乘而得滅度
唯一佛乘得滅度耳比丘當知如來方便深入
衆生之性知其志樂小法深著五欲為是等故
說於涅槃是人若聞則便信受譬如五百由
旬險難惡道曠絕无人怖畏之處若有多衆
欲過此道至珎寶處有一導師聰慧明達
善知險道通塞之相將導衆人欲過此難所
將人衆中路懈退白導師言我等疲極而復
怖畏不能復進前路猶遠今欲退還導師多
諸方便而作是念此等可愍云何捨大珎寶而
欲退還作是念已以方便力於險道中過三百
由旬化作一城告衆人言汝等勿怖莫得退
還今此大城可於中止隨意所作若入是
城快得安隱若能前至寶所亦可得去是
時疲極之衆心大歡喜歎未曾有我等今
者免斯惡道快得安隱於是衆人前入化
城生已度想生安隱想尒時導師知此人
衆既得止息无復疲惓即滅化城語衆人言
汝等去來寶處在近向者大城我所化作為止
息耳諸比丘如來亦復如是今為汝等作大
導師知諸生死煩惱惡道險難長遠應去
應度若衆生但聞一佛乘者則不欲見佛不
欲親近便作是念佛道長遠久受勤苦乃可
得成佛知是心怯弱下劣以方便力而於中道
為止息故說二涅槃若衆生住於二地如來
尒時即便為說汝等所作未辦汝所住地近

BD05106 號　妙法蓮華經卷三　（29–25）

應度若衆生但聞一佛乘者則不欲見佛不
欲親近便作是念佛道長遠久受勤苦乃可
得成佛知是心怯弱下劣以方便力而於中道
為止息故說二涅槃若衆生住於二地如來
尒時即便為說汝等所作未辦汝所住地近
於佛慧當觀察籌量所得涅槃非真實也但
是如來方便之力於一佛乘分別說三如彼導
師為止息故化作大城既知息已而告之言寶
處在近此城非實我化作耳尒時世尊欲重宣
此義而說偈言

大通智勝佛　十劫坐道場　佛法不現前　不得成佛道
諸天神龍王　阿脩羅衆等　常雨於天華　以供養彼佛
諸天擊天鼓　并作衆伎樂　香風吹萎華　更雨新好者
過十小劫已　乃得成佛道　諸天及世人　心皆懷踊躍
彼佛十六子　皆與其眷屬　千万億圍繞　俱行至佛所
頭面礼佛足　而請轉法輪　聖師子法雨　充我及一切
世尊甚難值　久遠時一現　為覺悟群生　震動於一切
東方諸世界　五百万億國　梵宮殿光曜　昔所未曾有
諸梵見此相　尋來至佛所　散華以供養　并奉上宮殿
請佛轉法輪　以偈而讚歎　佛知時未至　受請默然坐
三方及四維　上下亦復尒　散華奉宮殿　請佛轉法輪
世尊甚難值　願以大慈悲　廣開甘露門　轉无上法輪
无量慧世尊　受彼衆人請　為宣種種法　四諦十二緣
无明至老死　皆從生緣有　如是衆過患　汝等應當知
宣暢是法時　六百万億姟　得盡諸苦際　皆成阿羅漢
第二說法時　千万恒沙衆　於諸法不受　亦得阿羅漢

BD05106 號　妙法蓮華經卷三　（29–26）

三方及四維　上下亦復爾　散華奉宮殿　請佛轉法輪
世尊甚難值　願以大慈悲　廣開甘露門　轉无上法輪
无量慧世尊　受彼衆人請　為宣種種法　四諦十二緣
无明至老死　皆從生緣有　如是衆過患　汝等應當知
宣暢是法時　六百万億姟　得盡諸苦際　皆成阿羅漢
第二說法時　千万恒沙衆　於諸法不受　亦得阿羅漢
從是後得道　其數无有量　万億劫筭數　不能得其邊
時十六王子　出家作沙弥　皆共請彼佛　演說大乘法
我等及營從　皆當成佛道　願得如世尊　慧眼第一淨
佛知童子心　宿世之所行　以无量因緣　種種諸譬喻
說六波羅蜜　及諸神通事　分別真實法　菩薩所行道
說是法華經　如恒河沙偈　彼佛說經已　靜室入禪定
一心一處坐　八万四千劫　是諸沙弥等　知佛禪未出
為无量億衆　說佛无上慧　各各坐法座　說是大乘經
於佛宴寂後　宣揚助法化　一一沙弥等　所度諸衆生
有六百万億　恒河沙等衆　彼佛滅度後　是諸聞法者
在在諸佛土　常與師俱生　是十六沙弥　具足行佛道
今現在十方　各得成正覺　尒時聞法者　各在諸佛所
其有住聲聞　漸教以佛道　我在十六數　曾亦為汝說
是故以方便　引汝趣佛慧　以是本因緣　今說法華經
令汝入佛道　慎勿懷驚懼　譬如險惡道　迥絕多毒獸
又復无水草　人所怖畏處　无數千万衆　欲過此險道
其路甚曠遠　經五百由旬　時有一導師　強識有智慧
明了心決定　在險濟衆難　衆人皆疲惓　而白導師言
我等今頓乏　於此欲退還　導師作是念　此輩甚可愍
如何欲退還　而失大珍寶　尋時思方便　當設神通力
化作大城郭　莊嚴諸舍宅　周帀有園林　渠流及浴池

BD05106號　妙法蓮華經卷三　（29–27）

又復无水草　人所怖畏處　无數千万衆　欲過此險道
其路甚曠遠　經五百由旬　時有一導師　強識有智慧
明了心決定　在險濟衆難　衆人皆疲惓　而白導師言
我等今頓乏　於此欲退還　導師作是念　此輩甚可愍
如何欲退還　而失大珍寶　尋時思方便　當設神通力
化作大城郭　莊嚴諸舍宅　周帀有園林　渠流及浴池
重門高樓閣　男女皆充滿　即作是化已　慰衆言勿懼
汝等入此城　各可隨所樂　諸人既入城　心皆大歡喜
皆生安隱想　自謂已得度　導師知息已　集衆而告言
汝等當前進　此是化城耳　我見汝疲極　中路欲退還
故以方便力　權化作此城　汝今勤精進　當共至寶所
我亦復如是　為一切導師　見諸求道者　中路而懈廢
不能度生死　煩惱諸險道　故以方便力　為息說涅槃
言汝等苦滅　所作皆已辦　既知到涅槃　皆得阿羅漢
尒乃集大衆　為說真實法　諸佛方便力　分別說三乘
唯有一佛乘　息處故說二　今為汝說實　汝所得非滅
為佛一切智　當發大精進　汝證一切智　十力等佛法
具三十二相　乃是真實滅　諸佛之導師　為息說涅槃
既知是息已　引入於佛慧

妙法蓮華經卷第三

BD05106號　妙法蓮華經卷三　（29–28）

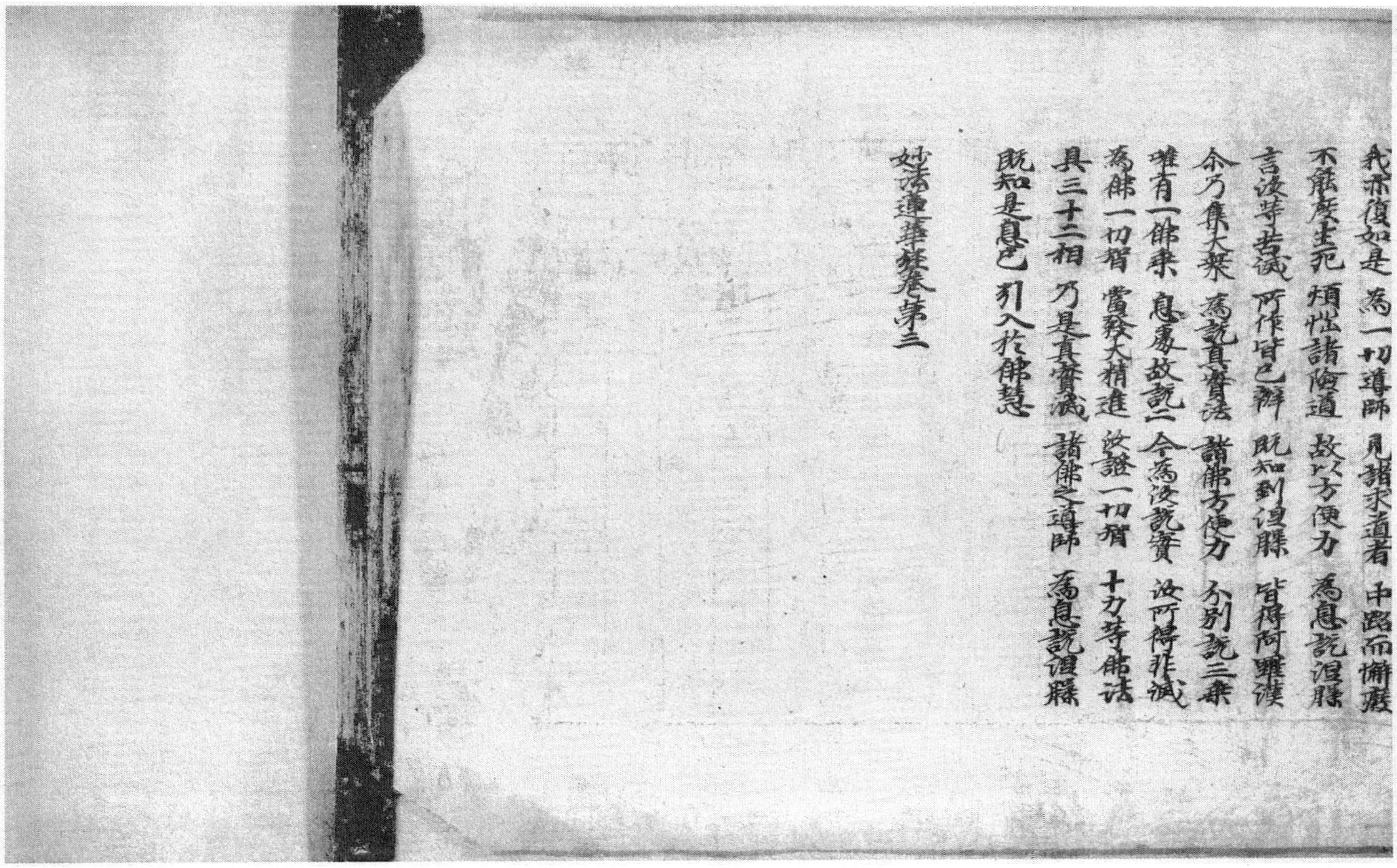
我亦復如是　為一切導師　見諸求道者　中路而懈廢
不能度生死　煩惱諸險道　故以方便力　為息說涅槃
言汝等苦滅　所作皆已辦　既知到涅槃　皆得阿羅漢
尒乃集大眾　為說真實法　諸佛方便力　分別說三乘
唯有一佛乘　息處故說二　今為汝說實　汝所得非滅
為佛一切智　當發大精進　汝證一切智　十力等佛法
具三十二相　乃是真實滅　諸佛之導師　為息說涅槃
既知是息已　引入於佛慧

妙法蓮華經卷第三

BD05106號　妙法蓮華經卷三　（29–29）

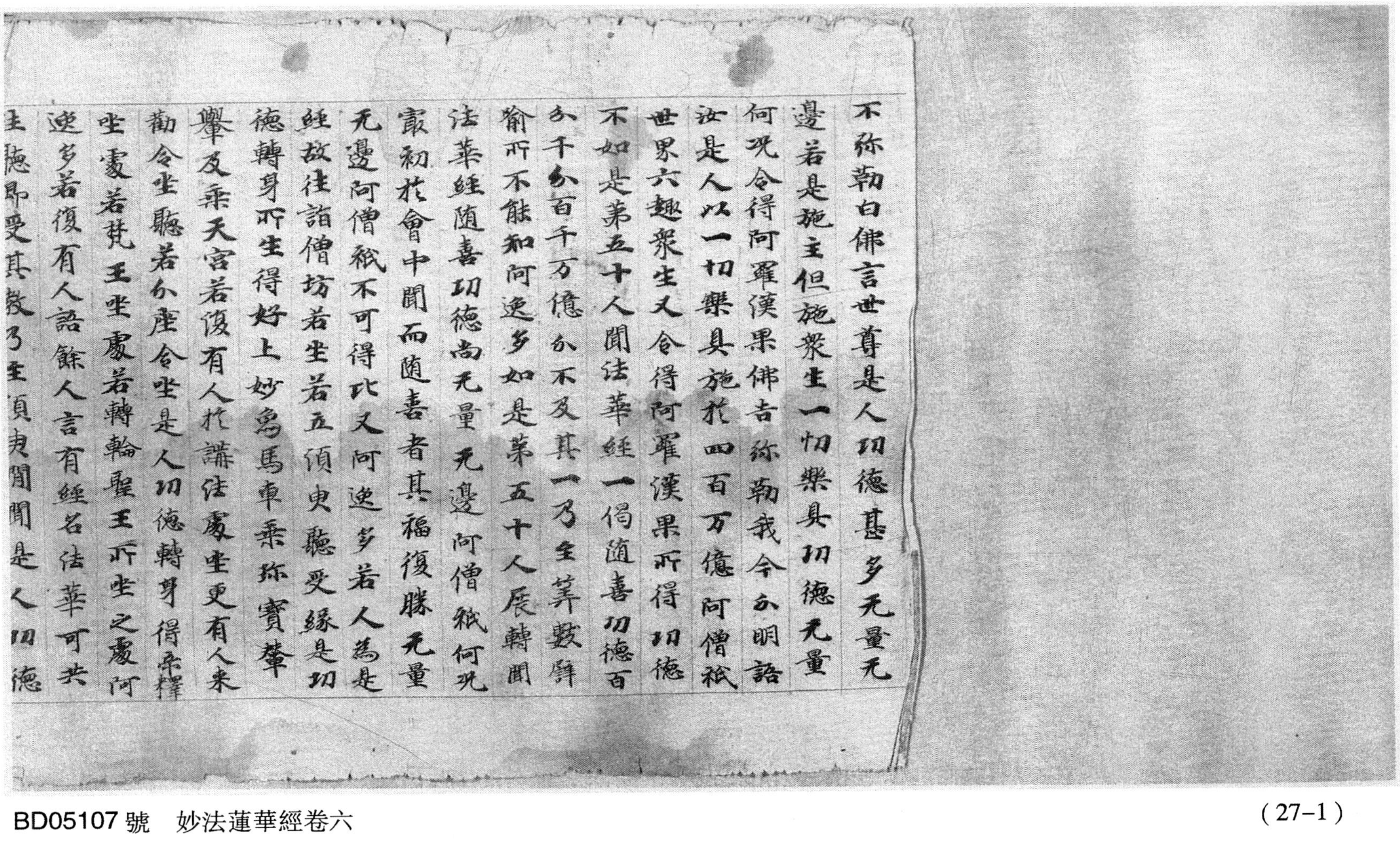
不弥勒白佛言世尊是人功德甚多无量无
邊若是施主但施眾生一切樂具功德无量
何況令得阿羅漢果佛告弥勒我今分明語
汝是人以一切樂具施於四百万億阿僧祇
世界六趣眾生又令得阿羅漢果所得功德
不如是第五十人聞法華經一偈隨喜功德百
分千分百千万億分不及其一乃至筭數譬
喻所不能知阿逸多如是第五十人展轉聞
法華經隨喜功德尚无量无邊阿僧祇何況
最初於會中聞而隨喜者其福復勝无量
无邊阿僧祇不可得比又阿逸多若人為是
經故往詣僧坊若坐若立須臾聽受緣是功
德轉身所生得好上妙象馬車乘珎寶輦
轝及乘天宮若復有人於講法處坐更有人來
勸令坐聽若分座令坐是人功德轉身得帝釋
坐處若梵王坐處若轉輪聖王所坐之處阿
逸多若復有人語餘人言有經名法華可共
往聽即受其教乃至須臾間聞是人功德

BD05107號　妙法蓮華經卷六　（27–1）

德轉身所生得好上妙象馬車乘珎寳輦
轝及乘天宮若復有人於講法處坐更有人来
勸令坐聽若分座令坐是人功德轉身得帝釋
坐處若梵王坐處若轉輪聖王所坐之處阿
逸多若復有人語餘人言有經名法華可共
往聽即受其教乃至須臾間聞是人功德
轉身得與陁羅尼菩薩共生一處利根智慧
百千万世終不瘖瘂口氣不臭舌常无病口
亦无病齒不垢黑不黄不踈亦不缺落不差不
曲脣不下垂亦不褰縮不麁澁不瘡緊亦不
缺壞亦不喎斜不厚不大亦不黧黑无諸可
惡鼻不匾㔸亦不曲戾面色不黑亦不狹
長亦不窪曲无有一切不可喜相脣舌牙齒
悉皆嚴好鼻脩高直面皃圓滿眉高而長額
廣平正人相具足世世所生見佛聞法信受
教誨阿逸多汝且觀是勸於一人令往聽法
功德如此何況一心聽說讀誦而於大衆為人
分別如說脩行尒時世尊欲重宣此義而說
偈言
若人於法會　得聞是經典　乃至於一偈　隨喜為他說
如是展轉教　至于第五十　冣後人獲福　今當分別之
如有大施主　供給无量衆　具滿八十歲　隨意之所欲
見彼衰老相　髮白而面皺　齒踈形枯竭　念其死不久
我今應當教　令得於道果　即為方便說　涅槃真實法
世皆不牢固　如水沫泡焰　汝等咸應當　疾生猒離心
諸人聞是法　皆得阿羅漢　具足六神通　三明八解脫
冣後第五十　聞一偈隨喜　是人福勝彼　不可為譬喻

BD05107 號　妙法蓮華經卷六　（27–2）

見彼衰老相　髮白而面皺　齒踈形枯竭　念其死不久
我今應當教　令得於道果　即為方便說　涅槃真實法
世皆不牢固　如水沫泡焰　汝等咸應當　疾生猒離心
諸人聞是法　皆得阿羅漢　具足六神通　三明八解脫
冣後第五十　聞一偈隨喜　是人福勝彼　不可為譬喻
如是展轉聞　其福尚无量　何況於法會　初聞隨喜者
若有勸一人　將引聽法華　言此經深妙　千万劫難遇
即受教往聽　乃至須臾聞　斯人之福報　今當分別說
世世无口患　齒不踈黄黑　脣不厚褰缺　无有可惡相
舌不乾黑短　鼻高脩且直　額廣而平正　面目悉端嚴
為人所喜見　口氣无臭穢　優鉢華之香　常從其口出
若故詣僧坊　欲聽法華經　須臾聞歡喜　今當說其福
後生天人中　得妙象馬車　珎寳之輦轝　及乘天宮殿
若於講法處　勸人坐聽經　是福因緣得　釋梵轉輪座
何況一心聽　解說其義趣　如說而脩行　其福不可限
妙法蓮華經法師功德品第十九
尒時佛告常精進菩薩摩訶薩若善男子善
女人受持是法華經若讀若誦若解說若書寫
是人當得八百眼功德千二百耳功德八百鼻
功德千二百舌功德八百身功德千二百意
功德以是功德莊嚴六根皆令清淨是善
男子善女人父母所生清淨肉眼見於三千
大千世界內外所有山林河海下至阿鼻
地獄上至有頂亦見其中一切衆生及業因
緣果報生處悉見悉知尒時世尊欲重宣此
義而說偈言
若於大衆中　以无所畏心　說是法華經　汝聽其功德

BD05107 號　妙法蓮華經卷六　（27–3）

大千世界內外所有山林河海下至阿鼻
地獄上至有頂亦見其中一切衆生及業因
緣果報生處悉見悉知今時世尊欲重宣此
義而說偈言
若於大衆中　以无所畏心　說是法華經　汝聽其功德
是人得八百　功德殊勝眼　以是莊嚴故　其目甚清淨
父母所生眼　悉見三千界　內外弥樓山　須弥及鐵圍
并諸餘山林　大海江河水　下至阿鼻獄　上至有頂處
其中諸衆生　一切皆悉見　雖未得天眼　肉眼力如是
復次常精進若善男子善女人受持此經若
讀若誦若解說若書寫得千二百耳功德以
是清淨耳聞三千大千世界下至阿鼻地獄
上至有頂其中內外種種語言音聲象聲馬
聲牛聲車聲啼哭聲愁歎聲螺聲鼓聲鍾
聲鈴聲笑聲語聲男聲女聲童子聲童女聲法
聲非法聲苦聲樂聲凡夫聲聖人聲喜聲不
喜聲天聲龍聲夜叉聲乾闥婆聲阿脩羅聲
迦樓羅聲緊那羅聲摩睺羅伽聲火聲水聲
風聲地獄聲畜生聲餓鬼聲比丘聲比丘尼聲
聲聞聲辟支佛聲菩薩聲佛聲以要言之三千
大千世界中一切內外所有諸聲雖未得天
耳以父母所生清淨常耳皆悉聞知如是分別
種種音聲而不壞耳根今時世尊欲重宣
此義而說偈言
父母所生耳　清淨无濁穢　以此常耳聞　三千世界聲
象馬車牛聲　鍾鈴螺鼓聲　琴瑟箜篌聲　簫笛之音聲
清淨好歌聲　聽之而不著　无數種人聲　聞悉能解了

BD05107 號　妙法蓮華經卷六　（27–4）

種種音聲而不壞耳根今時世尊欲重宣
此義而說偈言
父母所生耳　清淨无濁穢　以此常耳聞　三千世界聲
象馬車牛聲　鍾鈴螺鼓聲　琴瑟箜篌聲　簫笛之音聲
清淨好歌聲　聽之而不著　无數種人聲　聞悉能解了
又聞諸天聲　微妙之歌音　及聞男女聲　童男童女聲
山川險谷中　迦陵頻伽聲　命命等諸鳥　悉聞其音聲
地獄衆苦痛　種種楚毒聲　餓鬼飢渴逼　求索飲食聲
諸阿脩羅等　居在大海邊　自共語言時　出于大音聲
如是說法者　安住於此間　遙聞是衆聲　而不壞耳根
十方世界中　禽獸鳴相呼　其說法之人　於此悉聞之
其諸梵天上　光音及遍淨　乃至有頂天　言語之音聲
法師住於此　悉皆得聞之　一切比丘衆　及諸比丘尼
若讀誦經典　若爲他人說　法師住於此　悉皆得聞之
復有諸菩薩　讀誦於經法　若爲他人說　撰集解其義
如是諸音聲　悉皆得聞之　諸佛大聖尊　教化衆生者
於諸大衆中　演說微妙法　持此法華者　悉皆得聞之
三千大千界　內外諸音聲　下至阿鼻獄　上至有頂天
皆聞其音聲　而不壞耳根　其耳聰利故　悉能分別知
持是法華者　雖未得天耳　但用所生耳　功德已如是
復次常精進若善男子善女人受持是經若
讀若誦若解說若書寫成就八百鼻功德以是
清淨鼻根聞於三千大千世界上下內外種種
諸香須曼那華香闍提華香末利華香瞻蔔
華香波羅羅華香赤蓮華香青蓮華香
白蓮華香華樹香菓樹香栴檀香沈水香多
摩羅跋香多伽羅香及千万種和香若末若

BD05107 號　妙法蓮華經卷六　（27–5）

諸香須曼那華香闍提華香末利華香瞻蔔
華香波羅羅華香赤蓮華香青蓮華香
白蓮華香華樹香菓樹香栴檀香沉水香多
摩羅跋香多伽羅香及千万種和香若末若
丸若塗香持是經者於此閒住悉能分別又
復別知衆生之香象香馬香牛羊等香男香女
香童子香童女香及草木叢林香若近若
遠所有諸香悉皆得聞分別不錯持是經者
雖住於此亦聞天上諸天之香波利質多羅拘
鞞陀羅樹香及曼陀羅華香摩訶曼陀羅
華香曼殊沙華香摩訶曼殊沙華香栴檀沉
水種種末香諸雜華香如是等天香和合所出
之香无不聞知又聞諸天身香釋提桓因在
勝殿上五欲娛樂嬉戲時香若在妙法堂上為
忉利諸天說法時香若於諸園遊戲時香及
餘天等男女身香皆悉遙聞如是展轉乃至
梵世上至有頂諸天身香亦皆聞之并聞諸天
所燒之香及聲聞香辟支佛香菩薩香諸佛
身香亦皆遙聞知其所在雖聞此香然於鼻
根不壞不錯若欲分別為他人說憶念不謬
尒時世尊欲重宣此義而說偈言
是人鼻清淨　於此世界中　若香若臭物　種種悉聞知
須曼那闍提　多摩羅栴檀　沉水及桂香　種種華菓香
乃知衆生香　男子女人香　說法者遠住　聞香知所在
大勢轉輪王　小轉輪及子　群臣諸宮人　聞香知所在
身所著珎寶　及地中寶藏　轉輪王寶女　聞香知所在

是人鼻清淨　於此世界中　若香若臭物　種種悉聞知
須曼那闍提　多摩羅栴檀　沉水及桂香　種種華菓香
乃知衆生香　男子女人香　說法者遠住　聞香知所在
大勢轉輪王　小轉輪及子　群臣諸宮人　聞香知所在
身所著珎寶　及地中寶藏　轉輪王寶女　聞香知所在
諸人嚴身具　衣服及瓔珞　種種所塗香　聞香知其身
諸天若行坐　遊戲及神變　持是法華者　聞香悉能知
諸樹華菓實　及穌油香氣　持經者住此　悉知其所在
諸山深險處　栴檀樹華敷　衆生在中者　聞香皆能知
鐵圍山大海　地中諸衆生　持經者聞香　悉知其所在
阿脩羅男女　及其諸眷屬　鬪諍遊戲時　聞香皆能知
曠野險隘處　師子象虎狼　野牛水牛等　聞香知所在
若有懷妊者　未辯其男女　无根及非人　聞香悉能知
以聞香力故　知其初懷妊　成就不成就　安樂產福子
以聞香力故　知男女所念　染欲癡恚心　亦知脩善者
地中衆伏藏　金銀諸珎寶　銅器之所盛　聞香悉能知
種種諸瓔珞　无能識其價　聞香知貴賤　出處及所在
天上諸華等　曼陀曼殊沙　波利質多樹　聞香悉能知
天上諸宮殿　上中下差別　衆寶華莊嚴　聞香悉能知
天園林勝殿　諸觀妙法堂　在中而娛樂　聞香悉能知
諸天若聽法　或受五欲時　來往行坐卧　聞香悉能知
天女所著衣　好華香莊嚴　周旋遊戲時　聞香悉能知
如是展轉上　乃至於梵世　入禪出禪者　聞香悉能知
光音遍淨天　乃至于有頂　初生及退沒　聞香悉能知
諸比丘衆等　於法常精進　若坐若經行　及讀誦經法
或在林樹下　專精而坐禪　持經者聞香　悉知其所在
菩薩志堅固　坐禪若讀誦　或為人說法　聞香悉能知

如是展轉上　乃至於梵世　入禪出禪者　聞香悉能知
光音遍淨天　乃至于有頂　初生及退沒　聞香悉能知
諸比丘衆等　於法常精進　若坐若經行　及讀誦經法
或在林樹下　專精而坐禪　持經者聞香　悉知其所在
菩薩志堅固　坐禪若讀誦　或為人說法　聞香悉能知
在在方世尊　一切所恭敬　愍衆而說法　聞香悉能知
衆生在佛前　聞經皆歡喜　如法而脩行　聞香悉能知
雖未得菩薩　无漏法生鼻　而是持經者　先得此鼻相
復次常精進。若善男子善女人受持是經。若
讀若誦若解說若書寫。得千二百舌功德。若
好若醜若美不美及諸苦澁物。在其舌根皆
變成上味。如天甘露无不美者。若以舌根於大
衆中有所演說。出深妙聲能入其心。皆令歡
喜快樂。又諸天子天女釋梵諸天。聞是深妙
音聲。有所演說言論次第。皆悉來聽。及諸龍
龍女夜叉夜叉女乾闥婆乾闥婆女阿脩羅
阿脩羅女迦樓羅迦樓羅女緊那羅緊那
羅女摩睺羅伽摩睺羅伽女。為聽法故皆來
親近恭敬供養。及比丘比丘尼優婆塞優婆
夷國王王子群臣眷屬。小轉輪王大轉輪王
七寶千子內外眷屬。乘其宮殿俱來聽法。以
是菩薩善說法故。婆羅門居士國內人民。盡
其形壽隨侍供養。又諸聲聞辟支佛菩薩
諸佛。常樂見之。是人所在方面。諸佛皆向其處
說法。悉能受持一切佛法。又能出於深妙法
音。尒時世尊欲重宣此義而說偈言
是人舌根淨　終不受惡味　其有所食噉　悉皆成甘露

其形壽隨侍供養。又諸聲聞辟支佛菩薩
諸佛。常樂見之。是人所在方面。諸佛皆向其處
說法。悉能受持一切佛法。又能出於深妙法
音。尒時世尊欲重宣此義而說偈言
是人舌根淨　終不受惡味　其有所食噉　悉皆成甘露
以深淨妙音　於大衆說法　以諸因緣喻　引導衆生心
聞者皆歡喜　設諸上供養　諸天龍夜叉　及阿脩羅等
皆以恭敬心　而共來聽法　是說法之人　若欲以妙音
遍滿三千界　隨意即能至　大小轉輪王　及千子眷屬
合掌恭敬心　常來聽受法　諸天龍夜叉　羅剎毗舍闍
亦以歡喜心　常樂來供養　梵天王魔王　自在大自在
如是諸天衆　常來至其所　諸佛及弟子　聞其說法音
常念而守護　或時為現身
復次常精進。若善男子善女人受持是經。若讀
若誦若解說若書寫。得八百身功德。得清淨
身如淨琉璃。衆生憙見。其身淨故。三千大千
世界衆生。生時死時上下好醜生善處惡處。
悉於中現。及鐵圍山大鐵圍山彌樓山摩訶
彌樓山等諸山。及其中衆生。悉於中現。下至
阿鼻地獄上至有頂。所有衆生悉於中現。若
聲聞辟支佛菩薩諸佛說法。皆於身中現其
色像。尒時世尊欲重宣此義而說偈言
若持法華者　其身甚清淨　如彼淨琉璃　衆生皆憙見
又如淨明鏡　悉見諸色像　菩薩於淨身　皆見世所有
唯獨自明了　餘人所不見　三千世界中　一切諸群萌
天人阿脩羅　地獄鬼畜生　如是諸色像　皆於身中現
諸天等宮殿　乃至於有頂　鐵圍及彌樓　摩訶彌樓山

若持法華者　其身甚清淨　如彼淨琉璃　衆生皆喜見
又如淨明鏡　悉見諸色像　菩薩於淨身　皆見世所有
唯獨自明了　餘人所不見　三千世界中　一切諸群萌
天人阿脩羅　地獄鬼畜生　如是諸色像　皆於身中現
諸天等宮殿　乃至於有頂　鐵圍及彌樓　摩訶彌樓山
諸大海水等　皆於身中現　諸佛及聲聞　佛子菩薩等
若獨若在衆　說法悉皆現　雖未得无漏　法性之妙身
以清淨常體　一切於中現

復次常精進若善男子善女人如來滅後受
持是經若讀若誦若解說若書寫得千二百
意功德以是清淨意根乃至聞一偈一句通
達无量无邊之義解是義已能演說一句一
偈至於一月四月乃至一歲諸所說法隨其
義趣皆與實相不相違背若說俗間經書治世
語言資生業等皆順正法三千大千世界六
趣衆生心之所行心所動作心所戲論皆悉知
之雖未得无漏智慧而其意根清淨如此是
人有所思惟籌量言說皆是佛法无不真實
亦是先佛經中所說尒時世尊欲重宣此義
而說偈言
是人意清淨　明利无穢濁　以此妙音根　知上中下法
乃至聞一偈　通達无量義　次第如法說　月四月至歲
是世界內外　一切諸衆生　若天龍及人　夜叉鬼神等
其在六趣中　所念若干種　持法華之報　一時皆悉知
十方无數佛　百福莊嚴相　為衆生說法　悉聞能受持
思惟无量義　說法亦无量　終始不忘錯　以持法華故
悉知諸法相　隨義識次第　達名字語言　如所知演說

是世界內外　一切諸衆生　若天龍及人　夜叉鬼神等
其在六趣中　所念若干種　持法華之報　一時皆悉知
十方无數佛　百福莊嚴相　為衆生說法　悉聞能受持
思惟无量義　說法亦无量　終始不忘錯　以持法華故
悉知諸法相　隨義識次第　達名字語言　如所知演說
此人有所說　皆是先佛法　以演此法故　於衆无所畏
持法華經者　意根淨若斯　雖未得无漏　先有如是相
是人持此經　安住希有地　為一切衆生　歡喜而愛敬
能以千万種　善巧之語言　分別而說法　持法華經故

妙法蓮華經常不輕菩薩品第二十

尒時佛告得大勢菩薩摩訶薩汝今當知若
比丘比丘尼優婆塞優婆夷持法華經者若
有惡口罵詈誹謗獲大罪報如前所說其所
得功德如向所說眼耳鼻舌身意清淨得大
勢乃往古昔過无量无邊不可思議阿僧祇劫
有佛名威音王如來應供正遍知明行足善
逝世間解无上士調御丈夫天人師佛世
尊劫名離衰國名大成其威音王佛於彼世
中為天人阿脩羅說法為求聲聞者說應四
諦法度生老病死究竟涅槃為求辟支佛者
說應十二因緣法為諸菩薩因阿耨多羅三
藐三菩提說應六波羅蜜法究竟佛慧得大
勢是威音王佛壽四十万億那由他恒河沙
劫正法住世劫數如一閻浮提微塵像法住
世劫數如四天下微塵其佛饒益衆生已然
後滅度正法像法滅盡之後於此國土復有
佛亦號威音王如來應供正遍知明行足

藐三菩提說應六波羅蜜法究竟佛慧得大
勢是威音王佛壽四十万億那由他恒河沙
劫正法住世劫數如一閻浮提微塵像法住
世劫數如四天下微塵其佛饒益衆生已然
後滅度正法像法滅盡之後於此國土復有
佛出亦号威音王如來應供正遍知明行足
善逝世間解无上士調御丈夫天人師佛世
尊如是次第有二万億佛皆同一号最初威
音王如來既已滅度正法滅後於像法中增
上慢比丘有大勢力尒時有一菩薩比丘名
常不輕得大勢以何因緣名常不輕是比丘
凡有所見若比丘比丘尼優婆塞優婆夷皆
悉礼拜讚歎而作是言我深敬汝等不敢輕
慢所以者何汝等皆行菩薩道當得作佛而
是比丘不專讀誦經典但行礼拜乃至遠見
四衆亦復故往礼拜讚歎而作是言我不敢輕
於汝等汝等皆當作佛故四衆之中有生瞋
恚心不淨者惡口罵詈言是无智比丘從何
所來自言我不輕汝而與我等受記當得作
佛我等不用如是虛妄受記如此經歷多年
常被罵詈不生瞋恚常作是言汝當作佛說
是語時衆人或以杖木瓦石而打擲之避走
遠住猶高聲唱言我不敢於汝等汝等皆當
作佛以其常作是語故增上慢比丘比丘尼
優婆塞優婆夷号之為常不輕是比丘臨
欲終時於虛空中具聞威音王佛先所說法
華經二十千万億偈悉能受持即得如上眼

BD05107號　妙法蓮華經卷六　（27-12）

是語時衆人或以杖木瓦石而打擲之避走
遠住猶高聲唱言我不敢於汝等汝等皆當
作佛以其常作是語故增上慢比丘比丘尼
優婆塞優婆夷号之為常不輕是比丘臨
欲終時於虛空中具聞威音王佛先所說法
華經二十千万億偈悉能受持即得如上眼
根清淨耳鼻舌身意根清淨得是六根清淨
已更增壽命二百万億那由他歲廣為人說
是法華經於時增上慢四衆比丘比丘尼
優婆塞優婆夷輕賤是人為作不輕名者見
其得大神通力樂說辯力大善寂力聞其所
說皆信伏隨從是菩薩復化千万億衆令住
阿耨多羅三藐三菩提命終之後得值二千
億佛皆号日月燈明於其法中說是法華經
以是因緣復值二千億佛同号雲自在燈王
於此諸佛法中受持讀誦為諸四衆說此經
典故得是常眼清淨耳鼻舌身意諸根清淨
於四衆中說法心无所畏得大勢是常不輕
菩薩摩訶薩供養如是若干諸佛恭敬尊重
讚歎種諸善根於後復值千万億佛亦於諸
佛法中說是經典功德成就當得作佛得大勢
於意云何尒時常不輕菩薩豈異人乎則我
身是若我於宿世不受持讀誦此經為他人
說者不能疾得阿耨多羅三藐三菩提我於
先佛所受持讀誦此經為人說故疾得阿耨
多羅三藐三菩提得大勢彼時四衆比丘比
丘尼優婆塞優婆夷以瞋恚意輕賤我故二

BD05107號　妙法蓮華經卷六　（27-13）

身是若我於宿世不受持讀誦此經為他人
說者不能疾得阿耨多羅三藐三菩提我於
先佛所受持讀誦此經為人說故疾得阿耨
多羅三藐三菩提得大勢彼時四衆比丘比
丘尼優婆塞優婆夷以瞋恚意輕賤我故二
百億劫常不值佛不聞法不見僧千劫於阿鼻
地獄受大苦惱畢是罪已復遇常不輕菩薩
教化阿耨多羅三藐三菩提得大勢於汝意
云何尒時四衆常輕是菩薩者豈異人乎今
此會中跋陀婆羅等五百菩薩師子月等
五百比丘尼思佛等五百優婆塞皆於阿
耨多羅三藐三菩提不退轉者是得大勢當
知是法華經大饒益諸菩薩摩訶薩能令
至於阿耨多羅三藐三菩提是故諸菩薩摩
訶薩於如來滅後常應受持讀誦解說書寫
是經尒時世尊欲重宣此義而說偈言
過去有佛　号威音王　神智无量　將導一切
天人龍神　所共供養　是佛滅後　法欲盡時
有一菩薩　名常不輕　時諸四衆　計着於法
不輕菩薩　往到其所　而語之言　我不輕汝
汝等行道　皆當作佛　諸人聞已　輕毀罵詈
不輕菩薩　能忍受之　其罪畢已　臨命終時
得聞此經　六根清淨　神通力故　增益壽命
復為諸人　廣說是經　諸着法衆　皆蒙菩薩
教化成就　令住佛道　不輕命終　值无數佛
說是經故　得无量福　漸具功德　疾成佛道
彼時不輕　則我身是　時四部衆　着法之者

不輕菩薩　能忍受之　其罪畢已　臨命終時
得聞此經　六根清淨　神通力故　增益壽命
復為諸人　廣說是經　諸着法衆　皆蒙菩薩
教化成就　令住佛道　不輕命終　值无數佛
說是經故　得无量福　漸具功德　疾成佛道
彼時不輕　則我身是　時四部衆　着法之者
聞不輕言　汝當作佛　以是因緣　值无數佛
此會菩薩　五百之衆　并及四部　清信士女
今於我前　聽法者是　我於前世　勸是諸人
聽受斯經　第一之法　開示教人　令住涅槃
世世受持　如是經典　億億万劫　至不可議
時乃得聞　是法華經　億億万劫　至不可議
諸佛世尊　時說是經　是故行者　於佛滅後
聞如是經　勿生疑惑　應當一心　廣說此經
世世值佛　疾成佛道

妙法蓮華經如來神力品第二十一

尒時千世界微塵等菩薩摩訶薩從地踊出
者皆於佛前一心合掌瞻仰尊顏而白佛言
世尊我等於佛滅後世尊分身所在國土滅度
之處當廣說此經所以者何我等亦自欲得
是真淨大法受持讀誦解說書寫而供養之
尒時世尊於文殊師利等无量百千万億舊住
娑婆世界菩薩摩訶薩及諸比丘比丘尼
優婆塞優婆夷天龍夜叉乾闥婆阿脩羅迦
樓羅緊那羅摩睺羅伽人非人等一切衆
前現大神力出廣長舌上至梵世一切毛孔
放於无量无數色光皆悉遍照十方世界衆

娑婆世界菩薩摩訶薩及諸比丘比丘尼
優婆塞優婆夷天龍夜叉乾闥婆阿脩羅迦
迦樓羅緊那羅摩睺羅伽人非人等一切衆
前現大神力出廣長舌上至梵世一切毛孔
放於无量无數色光皆悉遍照十方世界衆
寶樹下師子座上諸佛亦復如是出廣長舌
放无量光釋迦牟尼佛及寶樹下諸佛現神
力時滿百千歲然後還攝舌相一時謦欬俱共
彈指是二音聲遍至十方諸佛世界地皆六
種震動其中衆生天龍夜叉乾闥婆阿脩羅
迦樓羅緊那羅摩睺羅伽人非人等以佛神
力故皆見此娑婆世界无量无邊百千万億
衆寶樹下師子座上諸佛及見釋迦牟尼佛
共多寶如来在寶塔中坐師子座又見无量
无邊百千万億菩薩摩訶薩及諸四衆恭敬
圍繞釋迦牟尼佛既見是已皆大歡喜得未曾
有即時諸天於虛空中高聲唱言過此无量
无邊百千万億阿僧祇世界有國名娑婆是
中有佛名釋迦牟尼今為諸菩薩摩訶薩說
大乘經名妙法蓮華教菩薩法佛所護念汝
等當深心隨喜亦當礼拜供養釋迦牟尼佛
彼諸衆生聞虛空中聲已合掌向娑婆世界
作如是言南无釋迦牟尼佛南无釋迦牟尼
佛以種種華香瓔珞幡蓋及諸嚴身之具珎
寶妙物皆共遥散娑婆世界所散諸物從十
方来譬如雲集變成寶帳遍覆此間諸佛
之上于時十方世界通達无㝵如一佛土尒

彼諸衆生聞虛空中聲已合掌向娑婆世界
作如是言南无釋迦牟尼佛南无釋迦牟尼
佛以種種華香瓔珞幡蓋及諸嚴身之具珎
寶妙物皆共遥散娑婆世界所散諸物從十
方来譬如雲集變成寶帳遍覆此間諸佛
之上于時十方世界通達无㝵如一佛土尒
時佛告上行等菩薩大衆諸佛神力如是无
量无邊不可思議若我以是神力於无量无邊
百千万億阿僧祇劫為屬累故說此經功德
猶不能盡以要言之如来一切所有之法如
来一切自在神力如来一切秘要之藏如来
一切甚深之事皆於此經宣示顯說是故汝
等於如来滅後應一心受持讀誦解說書寫
如說脩行所在國土若有受持讀誦解說書
寫如說脩行若經卷所住之處若於園中若
於林中若於樹下若於僧坊若白衣舍若
在殿堂若山谷曠野是中皆應起塔供養所
以者何當知是處即是道場諸佛於此得阿
耨多羅三藐三菩提諸佛於此轉于法輪諸
佛於此而般涅槃尒時世尊欲重宣此義而說
偈言
諸佛救世者　住於大神通　為悅衆生故　現无量神力
舌相至梵天　身放无數光　為求佛道者　現此希有事
諸佛謦欬聲　及彈指之聲　周聞十方國　地皆六種動
以佛滅度後　能持是經故　諸佛皆歡喜　現无量神力
屬累是經故　讚美受持者　於无量劫中　猶故不能盡
是人之功德　无邊无有窮　如十方虛空　不可得邊際
[illegible]持是經者　則為已見我　亦見[illegible]佛　[illegible]

諸佛謦欬聲　及彈指之聲　周聞十方國　地皆六種動
以佛滅度後　能持是經故　諸佛皆歡喜　現无量神力
屬累是經故　讚美受持者　於无量劫中　猶故不能盡
是人之功德　无邊无有窮　如十方虛空　不可得邊際
能持是經者　則為已見我　亦見多寶佛　及諸分身者
又見我今日　教化諸菩薩　能持是經者　令我及分身
滅度多寶佛　一切皆歡喜　十方現在佛　并過去未來
亦見亦供養　亦令得歡喜　諸佛坐道場　所得秘要法
能持是經者　不久亦當得　能持是經者　於諸法之義
名字及言辭　樂說无窮盡　如風於空中　一切无障礙
於如來滅後　知佛所說經　因緣及次第　隨義如實說
如日月光明　能除諸幽冥　斯人行世間　能滅眾生闇
教无量菩薩　畢竟住一乘　是故有智者　聞此功德利
於我滅度後　應受持斯經　是人於佛道　決定无有疑

妙法蓮華經屬累品第二十二

尒時釋迦牟尼佛從法座起現大神力以右
手摩无量菩薩摩訶薩頂而作是言我於
无量百千万億阿僧祇劫脩習是難得阿耨多
羅三藐三菩提法今以付屬汝等汝等應當
一心流布此法廣令增益如是三摩諸菩薩
摩訶薩頂而作是言我於无量百千万億阿
僧祇劫脩習是難得阿耨多羅三藐三菩提法
今以付屬汝等汝等當受持讀誦廣宣此法
令一切眾生普得聞知所以者何如來有大
慈悲无諸慳悋亦无所畏能與眾生佛之智
慧如來智慧自然智慧如來是一切眾生之
大施主汝等亦應隨學如來之法勿生慳悋

僧祇劫脩習是難得阿耨多羅三藐三菩提法
今以付屬汝等汝等當受持讀誦廣宣此法
令一切眾生普得聞知所以者何如來有大
慈悲无諸慳悋亦无所畏能與眾生佛之智
慧如來智慧自然智慧如來是一切眾生之
大施主汝等亦應隨學如來之法勿生慳悋
於未來世若有善男子善女人信如來智
慧者當為演說此法華經使得聞知為令其
人得佛慧故若有眾生不信受者當於如來
餘深法中示教利喜汝等若能如是則為已
報諸佛之恩時諸菩薩摩訶薩聞佛作是說
已皆大歡喜遍滿其身益加恭敬曲躬低頭
合掌向佛俱發聲言如世尊勅當具奉行唯
然世尊願不有慮諸菩薩摩訶薩眾如是
三反俱發聲言如世尊勅當具奉行唯然世
尊願不有慮尒時釋迦牟尼佛令十方來諸
分身佛各還本土而作是言諸佛各隨所安多
寶佛塔還可如故說是語時十方无量分身
諸佛坐寶樹下師子座上者及多寶佛并上
行等无邊阿僧祇菩薩大眾舍利弗等聲聞
四眾及一切世間天人阿脩羅等聞佛所說皆
大歡喜

妙法蓮華經藥王菩薩本事品第二十三

尒時宿王華菩薩白佛言世尊藥王菩薩云
何遊於娑婆世界世尊是藥王菩薩有若干
百千万億那由他難行苦行善哉世尊願少
解說諸天龍神夜叉乾闥婆阿脩羅迦樓羅

大歡喜

妙法蓮華經藥王菩薩本事品第二十三

尒時宿王華菩薩白佛言世尊藥王菩薩云
何遊於娑婆世界世尊是藥王菩薩有若干
百千万億那由他難行苦行善哉世尊願少
解說諸天龍神夜叉乾闥婆阿脩羅迦樓羅
緊那羅摩睺羅伽人非人等又他國土諸來菩
薩及此聲聞衆聞皆歡喜尒時佛告宿王
華菩薩乃往過去无量恒河沙劫有佛号日
月淨明德如來應供正遍知明行足善逝世間
解无上士調御丈夫天人師佛世尊其佛有
八十億大菩薩摩訶薩七十二恒沙大聲
聞衆佛壽四万二千劫菩薩壽命亦等彼國
无有女人地獄餓鬼畜生阿脩羅等及以諸難
地平如掌琉璃所成寶樹莊嚴寶帳覆上垂
寶華幡寶瓶香爐周遍國界七寶為臺一
樹一臺其樹去臺盡一箭道此諸寶樹皆
有菩薩聲聞而坐其下諸寶臺上各有百
億諸天作天伎樂歌歎於佛以為供養尒時
彼佛為一切衆生喜見菩薩及衆菩薩諸聲
聞衆說法華經是一切衆生喜見菩薩樂習
苦行於日月淨明德佛法中精進經行一心求佛
滿万二千歲已得現一切色身三昧得此三昧
已心大歡喜即作念我得現一切色身三昧
皆是得聞法華經力我今當供養日月
淨明德佛及法華經即時入是三昧於虛空
中雨曼陁羅華摩訶曼陁羅華細末堅黑

苦行於日月淨明德佛法中精進經行一心求佛
滿万二千歲已得現一切色身三昧得此三昧
已心大歡喜即作念我得現一切色身三昧
皆是得聞法華經力我今當供養日月
淨明德佛及法華經即時入是三昧於虛空
中雨曼陁羅華摩訶曼陁羅華細末堅黑
栴檀滿虛空中如雲而下又雨海此岸栴檀
之香此香六銖價直娑婆世界以供養佛作
是供養已從三昧起而自念言我雖以神力
供養於佛不如以身供養即服諸香栴檀薰
陸兜樓婆畢力迦沉水膠香又飲瞻蔔諸華
香油滿千二百歲已香油塗身於日月淨明德
佛前以天寶衣而自纏身灌諸香油以神通
力願而自然身光明遍照八十億恒河沙世界
其中諸佛同時讚言善哉善哉善男子是
真精進是名真法供養如來若以華香瓔珞
燒香末香塗香天繒幡蓋及海此岸栴檀之
香如是等種種諸物供養所不能及假使國
城妻子布施亦所不及善男子是名第一之施
於諸施中最尊最上以法供養諸如來故作
是語已而各默然其身火然千二百歲過是
已後其身乃盡一切衆生喜見菩薩作如是法
供養已命終之後復生日月淨明德佛國中
於淨德王家結加趺坐忽然化生即為其
父而說偈言

大王今當知　我經行彼處　即時得一切　現諸身三昧
勤行大精進　捨所愛之身

說是偈已而白父言日月淨明德佛今故現在

供養已命終之後復生日月淨明德佛國中
於淨德王家結加趺坐忽然化生即為其
父而說偈言
大王今當知　我經行彼處　即時得一切　現諸身三昧
勤行大精進　捨所愛之身
說是偈已而白父言日月淨明德佛今故現
在我先供養佛已得解一切眾生語言陁羅
尼復聞是法華經八百千万億那由他甄迦羅
頻婆羅阿閦婆等偈大王我今當還供養此
佛白已即坐七寶之臺上昇虛空高七多羅
樹往到佛所頭面禮足合十指爪以偈讚佛
容顏甚奇妙　光明照十方　我適曾供養　今復還親近
尒時一切眾生憙見菩薩說是偈已而白佛言
世尊世尊猶故在世尒時日月淨明德佛告一
切眾生憙見菩薩善男子我涅槃時到滅盡
時至汝可安施床座我於今夜當般涅槃又勑
一切眾生憙見菩薩善男子我以佛法屬累
於汝及諸菩薩大弟子并阿耨多羅三藐三
菩提法亦以三千大千七寶世界諸寶樹寶
臺及給侍諸天悉付於汝我滅度後所有舍
利亦付屬汝當令流布廣設供養應起若
干千塔如是日月淨明德佛勑一切眾生
憙見菩薩已於夜後分入於涅槃尒時一切
眾生憙見菩薩見佛滅度悲感懊惱戀慕於
佛即以海此岸栴檀為積供養佛身而以燒
之火滅已後收取舍利作八万四千寶瓶以
起八万四千塔高三世界表刹莊嚴垂諸幡

BD05107號　妙法蓮華經卷六　（27–22）

干千塔如是日月淨明德佛勑一切眾生
憙見菩薩已於夜後分入於涅槃尒時一切
眾生憙見菩薩見佛滅度悲感懊惱戀慕於
佛即以海此岸栴檀為積供養佛身而以燒
之火滅已後收取舍利作八万四千寶瓶以
起八万四千塔高三世界表刹莊嚴垂諸幡
蓋懸眾寶鈴尒時一切眾生憙見菩薩復自念
言我雖作是供養心猶未足我今當更供養
舍利便語諸菩薩大弟子及天龍夜叉等一
切大眾汝等當一心念我今供養日月淨明
德佛舍利作是語已即於八万四千塔前然
百福莊嚴臂七万二千歲而以供養令無數
求聲聞眾无量阿僧祇人發阿耨多羅三藐
三菩提心皆使得住現一切色身三昧尒時
諸菩薩天人阿脩羅等見其无臂憂惱悲
哀而作是言此一切眾生憙見菩薩是我等
師教化我者而今燒臂身不具足于時一切
眾生憙見菩薩於大眾中立此誓言我捨
兩臂必當得佛金色之身若實不虛令我兩
臂還復如故作是誓已自然還復由斯菩薩
福德智慧淳厚所致當尒之時三千大千世
界六種震動天雨寶華一切人天得未曾有
佛告宿王華菩薩於汝意云何一切眾生憙
見菩薩豈異人乎今藥王菩薩是也其所捨
身布施如是无量百千万億那由他數宿王
華若有發心欲得阿耨多羅三藐三菩提者
能然手指乃至足一指供養佛塔勝以國城妻
子及三千大千國土山林河池諸珍寶物而

BD05107號　妙法蓮華經卷六　（27–23）

界六種震動天雨寶華一切人天得未曾有
佛告宿王華菩薩於汝意云何一切衆生喜
見菩薩豈異人乎今藥王菩薩是也其所捨
身布施如是无量百千万億那由他數宿王
華若有發心欲得阿耨多羅三藐三菩提者
能然手指乃至足一指供養佛塔勝以國城妻
子及三千大千國土山林河池諸珎寶物而
供養者若復有人以七寶滿三千大千世界
供養於佛及大菩薩辟支佛阿羅漢是人所
得功德不如受持此法華經乃至一四句偈
其福最多宿王華譬如一切川流江河諸
水之中海為第一此法華經亦復如是於諸
如來所說經中最為深大又如土山黑山小
鐵圍山大鐵圍山及十寶山衆山之中須弥
山為第一此法華經亦復如是於諸經中最為
其上又如衆星之中月天子最為第一此法華
經亦復如是於千万億種諸經法中最為照明
又如日天子能除諸暗此經亦復如是能破
一切不善之暗又如諸小王中轉輪聖王最
為第一此經亦復如是於衆經中最為其
尊又如帝釋於三十三天中王此經亦復
如是諸經中王又如大梵天王一切衆生之
父此經亦復如是一切賢聖學无學及發
菩薩心者之父又如一切凡夫人中須陁洹斯
陁含阿那含阿羅漢辟支佛為第一此經亦
復如是一切如來所說若菩薩所說若聲聞
所說諸經法中最為第一有能受持是經典

BD05107號　妙法蓮華經卷六　（27–24）

如是諸經中王又如大梵天王一切衆生之
父此經亦復如是一切賢聖學无學及發
菩薩心者之父又如一切凡夫人中須陁洹斯
陁含阿那含阿羅漢辟支佛為第一此經亦
復如是一切如來所說若菩薩所說若聲聞
所說諸經法中最為第一有能受持是經典
者亦復如是於一切衆生中亦為第一一切
聲聞辟支佛中菩薩為第一此經亦復如是
於一切諸經法中最為第一如佛為諸法王此
經亦復如是諸經中王宿王華此經能救一
切衆生者此經能令一切衆生離諸苦惱此
經能大饒益一切衆生充滿其願如清涼
池能滿一切諸渴乏者如寒者得火如裸者
得衣如商人得主如子得母如渡得船如病
得醫如暗得燈如貧得寶如民得王如賈客
得海如炬除暗此法華經亦復如是能令衆
生離一切苦一切病痛能解一切生死之縛若
人得聞此法華經若自書若使人書所得功
德以佛智慧籌量多少不得其邊若書是
經卷華香瓔珞燒香末香塗香幡蓋衣服
種種之燈蘇燈油燈諸香油燈瞻蔔油燈須
曼油燈波羅羅油燈婆利師迦油燈那婆摩
利油燈供養所得功德亦復无量宿王華若有
人聞是藥王菩薩本事品者亦得无量无邊功
德若有女人聞是藥王菩薩本事品能受持
者盡是女身後不復受若如來滅後後五
百歲中若有女人聞是經典如說脩行於此

BD05107號　妙法蓮華經卷六　（27–25）

[illegible]油燈波羅羅油燈婆利師迦油燈那婆摩
利油燈供養所得功德亦復无量宿王華若有
人聞是藥王菩薩本事品者亦得无量无邊功
德若有女人聞是藥王菩薩本事品能受持
者盡是女身後不復受若如來滅後後五
百歲中若有女人聞是經典如說脩行於此
命終即往安樂世界阿弥陁佛大菩薩衆圍
繞住處生蓮華中寶座之上不復為貪欲所
惱亦復不為瞋恚愚癡所惱亦復不為憍慢
嫉妬諸垢所惱得菩薩神通无生法忍得是
忍已眼根清淨以是清淨眼根見七百万二千
億那由他恒河沙等諸佛如來是時諸佛遙
共讚言善哉善哉善男子汝能於釋迦牟尼
佛法中受持讀誦思惟是經為他人說所得
福德无量无邊火不能燒水不能漂汝之功
德千佛共說不能令盡汝今已能破諸魔賊
壞生死軍諸餘怨敵皆悉摧滅善男子百千
諸佛以神通力共守護汝於一切世間天人
之中无如汝者唯除如來其諸聲聞辟支佛
乃至菩薩智慧禪定无有與汝等者宿王
華此菩薩成就如是功德智慧之力若有
人聞是藥王菩薩本事品能隨喜讚善者是
人現世口中常出青蓮華香身毛孔中常出
牛頭栴檀香所得功德如上所說是故宿王
華以此藥王菩薩本事品屬累於汝我滅度
後後五百歲中廣宣流布於閻浮提无令斷
絕惡魔魔民諸天龍夜叉鳩槃荼等得其便
也宿王華汝當以神通之力守護是經所以者

BD05107號　妙法蓮華經卷六　（27–26）

人現世口中常出青蓮華香身毛孔中常出
牛頭栴檀香所得功德如上所說是故宿王
華以此藥王菩薩本事品屬累於汝我滅度
後後五百歲中廣宣流布於閻浮提无令斷
絕惡魔魔民諸天龍夜叉鳩槃荼等得其便
也宿王華汝當以神通之力守護是經所以者
何此經則為閻浮提人病之良藥若人有病
得聞是經病即消滅不老不死宿王華汝若
見有受持是經者應以青蓮華盛滿末香供
散其上散已作是念言此人不久必當取草
坐於道場破諸魔軍當吹法螺擊大法鼓
度脫一切衆生老病死海是故求佛道者見
有受持是經典人應當如是生恭敬心說是
藥王菩薩本事品時八万四千菩薩得解一
切衆生語言陁羅尼多寶如來於寶塔中
讚宿王華菩薩言善哉善哉宿王華汝成
就不可思議功德乃能問釋迦牟尼佛如此
之事利益无量一切衆生

妙法蓮華經卷第六

BD05107號　妙法蓮華經卷六　（27–27）

不暫捨而作是念上
希有隨順世間若干種性以
說法拔出衆生處處貪著我
不宣唯佛世尊能知我等深心本
告諸比丘汝等見是富樓那彌多
我常稱其於說法人中最為第一亦常歎其
種種功德精勤護持助宣我法能於四衆示
教利喜具足解釋佛之正法而大饒益同梵
行者自捨如來无能盡其言論之辯汝等勿
謂富樓那但能護持助宣我法亦於過去
九十億諸佛所護持助宣佛之正法於彼說
法人中亦最第一又於諸佛所說空法明了
通達得四无礙智常能審諦清淨說法无有
疑惑具足菩薩神通之力隨其壽命常修梵
行彼佛世人咸皆謂之實是聲聞而富樓那
以斯方便饒益无量百千衆生又化无量阿僧
祇人令立阿耨多羅三藐三菩提為淨佛土故
常作佛事教化衆生諸比丘富樓那亦於
七佛說法人中而得第一今於我所說法人
中亦為第一於賢劫中當來諸佛說法人中
亦復第一而皆護持助宣佛法亦於未來護
持助宣无量无邊諸佛之法教化饒益无量
衆生令立阿耨多羅三藐三菩提為淨佛土

BD05108號　妙法蓮華經卷四　（30–1）

常作佛事教化衆生諸比丘富樓那亦於
七佛說法人中而得第一今於我所說法人
中亦為第一於賢劫中當來諸佛說法人中
亦復第一而皆護持助宣佛法亦於未來護
持助宣无量无邊諸佛之法教化饒益无量
衆生令立阿耨多羅三藐三菩提為淨佛土
故常勤精進教化衆生漸漸具足菩薩之
道過无量阿僧祇劫當於此土得阿耨多羅
三藐三菩提号曰法明如來應供正遍知明行
足善逝世間解无上士調御丈夫天人師佛
世尊其佛以恒河沙等三千大千世界為
一佛土七寶為地地平如掌无有山陵谿澗
溝壑七寶臺觀充滿其中諸天宮殿近處虛
空人天交接兩得相見无諸惡道亦无女人
一切衆生皆以化生无有婬欲得大神通身
出光明飛行自在志念堅固精進智慧普皆
金色三十二相而自莊嚴其國衆生常以二
食一者法喜食二者禪悅食有无量阿僧祇
千万億那由他諸菩薩衆得大神通四无礙
智善能教化衆生之類其聲聞衆筭數校計
所不能知皆得具足六通三明及八解脫其
佛國土有如是等无量功德莊嚴成就劫名
寶明國名善淨其佛壽命无量阿僧祇劫法
住甚久佛滅度後起七寶塔遍滿其國尒時
世尊欲重宣此義而說偈言
諸比丘諦聽　佛子所行道　善學方便故　不可得思議
知衆樂小法　而畏於大智　是故諸菩薩　作聲聞緣覺
以无數方便　化諸衆生類　自說是聲聞　去佛道甚遠

BD05108號　妙法蓮華經卷四　（30–2）

住甚久佛滅度後起七寶塔遍滿其國尒時
世尊欲重宣此義而説偈言
諸比丘諦聽　佛子所行道　善學方便故　不可得思議
知衆樂小法　而畏於大智　是故諸菩薩　作聲聞縁覺
以无數方便　化諸衆生類　自説是聲聞　去佛道甚遠
度脫无量衆　皆悉得成就　雖小欲懈怠　漸當令作佛
内祕菩薩行　外現是聲聞　少欲猒生死　實自淨佛土
示衆有三毒　又現邪見相　我弟子如是　方便度衆生
若我具足説　種種現化事　衆生聞是者　心則懷疑惑
今此富樓那　於昔千億佛　勤脩所行道　宣護諸佛法
為求无上慧　而於諸佛所　現居弟子上　多聞有智慧
所説无所畏　能令衆歡喜　未曾有疲惓　而以助佛事
已度大神通　具四无礙智　知衆根利鈍　常説清淨法
演暢如是義　教諸千億衆　令住大乘法　而自淨佛土
未來亦供養　无量无數佛　護助宣正法　亦自淨佛土
常以諸方便　説法无所畏　度不可計衆　成就一切知
供養諸如來　護持法寶藏　其後當作佛　号名曰法明
其國名善淨　七寶所合成　劫名為寶明　菩薩衆甚多
其數无量億　皆度大神通　威德力具足　充滿其國土
聲聞亦无數　三明八解脫　得四无礙智　以是等為僧
其國諸衆生　婬欲皆已斷　純一變化生　具相莊嚴身
法喜禪悅食　更无餘食想　无有諸女人　亦无諸惡道
富樓那比丘　功德悉成滿　當得斯淨土　賢聖衆甚多
如是无量事　我今但略説
尒時千二百阿羅漢心自在者作是念我等
歡喜得未曾有若世尊各見授記如餘大弟
子者不亦快乎佛知此等心之所念告摩訶
迦葉是千二百阿羅漢我今當現前弟與

如是无量事　我今但略説
尒時千二百阿羅漢心自在者作是念我等
歡喜得未曾有若世尊各見授記如餘大弟
子者不亦快乎佛知此等心之所念告摩訶
迦葉是千二百阿羅漢我今當現前弟與
受阿耨多羅三藐三菩提記於此衆中我大
弟子憍陳如比丘當供養六万二千億佛然
後得成為佛号曰普明如來應供正遍知明
行足善逝世間解无上士調御丈夫天人師
佛世尊其五百阿羅漢樓頻螺迦葉伽耶迦
葉那提迦葉迦留陀夷優陀夷阿㝹樓馱
離婆多劫賓那薄拘羅周陀莎伽陀等皆當
得阿耨多羅三藐三菩提盡同一号名曰普
明尒時世尊欲重宣此義而説偈言
憍陳如比丘　當見无量佛　過阿僧祇劫　乃成等正覺
常放大光明　具足諸神通　名聞遍十方　一切之所敬
常説无上道　故号為普明　其國土清淨　菩薩皆勇猛
咸昇妙樓閣　遊諸十方國　以无上供具　奉獻於諸佛
作是供養已　心懷大歡喜　須臾還本國　有如是神力
佛壽六万劫　正法住倍壽　像法復倍是　法滅天人憂
其五百比丘　次第當作佛　同号曰普明　轉次而授記
我滅度之後　某甲當作佛　其所化世間　亦如我今日
國土之嚴淨　及諸神通力　菩薩聲聞衆　正法及像法
壽命劫多少　皆如上所説　迦葉汝已知　五百自在者
餘諸聲聞衆　亦當復如是　其不在此會　汝當為宣説
尒時五百阿羅漢於佛前得受記已歡喜踊
躍即從座起到於佛前頭面禮足悔過自責
世尊我等常作是念自謂已得究竟滅度今
乃知之如无智者所以者何我等應得如來

國土之嚴淨　及諸神通力　菩薩聲聞衆　正法及像法
壽命劫多少　皆如上所說　迦葉汝已知　五百自在者
餘諸聲聞衆　亦當復如是　其不在此會　汝當為宣說
尒時五百阿羅漢於佛前得受記已歡喜踊
躍即從座起到於佛前頭面礼足悔過自責
世尊我等常作是念自謂已得究竟滅度今
乃知之如无智者所以者何我等應得如來
智慧而便自以小智為足世尊譬如有人至
親友家醉酒而臥是時親友官事當行以无
價寶珠繫其衣裏與之而去其人醉臥都不
覺知起已遊行到於他國為衣食故勤力求
索甚大艱難若少有所得便以為足於後親
友會遇見之而作是言咄哉丈夫何為衣食
乃至如是我昔欲令汝得安樂五欲自恣於
某年日月以无價寶珠繫汝衣裏今故現在
而汝不知勤苦憂惱以求自活甚為癡也汝
今可以此寶貿易所須常可如意无所乏短
佛亦如是為菩薩時教化我等令發一切智
心而尋廢忘不知不覺既得阿羅漢道自謂
滅度資生艱難得少為足一切智願猶在不
失今者世尊覺悟我等作如是言諸比丘汝
等所得非究竟滅我久令汝等種佛善根以
方便故示涅槃相而汝謂為實得滅度世尊
我今乃知實是菩薩得受阿耨多羅三藐三
菩提記以是因緣甚大歡喜得未曾有尒時
阿若憍陳如等欲重宣此而說偈言
我等聞无上　安隱授記聲　歡喜未曾有　礼无量智佛
今於世尊前　自悔諸過咎　於无量佛寶　得少涅槃分
如无智愚人　便自以為足　譬如貧窮人　往至親友家

BD05108號　妙法蓮華經卷四　（30–5）

方便故示涅槃相而汝謂為實得滅度世尊
我今乃知實是菩薩得受阿耨多羅三藐三
菩提記以是因緣甚大歡喜得未曾有尒時
阿若憍陳如等欲重宣此而說偈言
我等聞无上　安隱授記聲　歡喜未曾有　礼无量智佛
今於世尊前　自悔諸過咎　於无量佛寶　得少涅槃分
如无智愚人　便自以為足　譬如貧窮人　往至親友家
其家甚大富　具設諸餚饍　以无價寶珠　繫著內衣裏
默與而捨去　時臥不覺知　是人既已起　遊行詣他國
求衣食自濟　資生甚艱難　得少便為足　更不願好者
不覺內衣裏　有无價寶珠　與珠之親友　後見此貧人
苦切責之已　示以所繫珠　貧人見此珠　其心大歡喜
富有諸財物　五欲而自恣　我等亦如是　世尊於長夜
常愍見教化　令種无上願　我等无智故　不覺亦不知
得少涅槃分　自足不求餘　今佛覺悟我　言非實滅度
得佛无上慧　尒乃為真滅　我今從佛聞　受記莊嚴事
及轉次受決　身心遍歡喜

妙法蓮華經授學无學人記品第九

尒時阿難羅睺羅而作是念我等每自思惟
設得受記不亦快乎即從座起到於佛前頭
面礼足俱白佛言世尊我等於此亦應有分
唯有如來我等所歸又我等為一切世間天人
阿脩羅所見知識阿難常為侍者護持法藏
羅睺羅是佛之子若佛見授阿耨多羅三藐
三菩提記者我願既滿衆望亦足尒時學无
學聲聞弟子二千人皆從座起偏袒右肩到
於佛前一心合掌瞻仰世尊如阿難羅睺羅
所願住立一面尒時佛告阿難汝於來世當

BD05108號　妙法蓮華經卷四　（30–6）

羅睺羅是佛之若佛見授阿耨多羅三藐
三菩提記者我願既滿衆望亦足爾時學无
學聲聞弟子二千人皆從座起偏袒右肩到
於佛前一心合掌瞻仰世尊如阿難羅睺羅
所願住立一面爾時佛告阿難汝於來世當
當得作佛號山海慧自在通王如來應供正
遍知明行足善逝世間解无上士調御丈夫
天人師佛世尊當供養六十二億諸佛護持
法藏然後得阿耨多羅三藐三菩提教化二
十千万億恒河沙諸菩薩等令成阿耨多羅
三藐三菩提國名常立勝幡其土清淨瑠璃
為地劫名妙音遍滿其佛壽命无量千万億
阿僧祇劫若人於千万億无量阿僧祇劫中
筭數校計不能得知正法住世倍於壽命像
法住世復倍正法阿難是山海慧自在通王
佛為十方无量千万億恒河沙等諸佛如來
所共讚歎稱其功德爾時世尊欲重宣此義
而說偈言
我今僧中說　阿難持法者　當供養諸佛　然後成正覺
號曰山海慧　自在通王佛　其國土清淨　名常立勝幡
教化諸菩薩　其數如恒沙　佛有大威德　名聞滿十方
壽命无有量　以愍衆生故　正法倍壽命　像法復倍是
如恒河沙等　无數諸衆生　於此佛法中　種佛道因緣
爾時會中新發意菩薩八千人咸作是念我
等尚不聞諸大菩薩得如是記有何因緣而
諸聲聞得如是決爾時世尊知諸菩薩心之
所念而告之曰諸善男子我與阿難等於空
王佛所同時發阿耨多羅三藐三菩提心阿

BD05108號　妙法蓮華經卷四　（30–7）

如恒河沙等　无數諸衆生　於此佛法中　種佛道因緣
爾時會中新發意菩薩八千人咸作是念我
等尚不聞諸大菩薩得如是記有何因緣而
諸聲聞得如是決爾時世尊知諸菩薩心之
所念而告之曰諸善男子我與阿難等於空
王佛所同時發阿耨多羅三藐三菩提心阿
難常樂多聞我常精進是故我已得成阿
耨多羅三藐三菩提而阿難護持我法亦護
將來諸佛法藏教化成就諸菩薩衆其本願
如是故獲斯記阿難面於佛前自聞受記及
國土莊嚴所願具足心大歡喜得未曾有即
時憶念過去无量千万億諸佛法藏通達无
礙如今所聞亦識本願爾時阿難而說偈言
世尊甚希有　令我念過去　无量諸佛法　如今日所聞
我今无復疑　安住於佛道　方便為侍者　護持諸佛法
爾時佛告羅睺羅汝於來世當得作佛號蹈
七寶華如來應供正遍知明行足善逝世間
解无上士調御丈夫天人師佛世尊當供養
十世界微塵等數諸佛如來常為諸佛而作
長子猶如今也是蹈七寶華佛國土莊嚴壽命
劫數所化弟子正法像法亦如山海慧自在通
王如來无異亦為此佛而作長子過是已後
當得阿耨多羅三藐三菩提爾時世尊欲重
宣此義而說偈言
我為太子時　羅睺為長子　我今成佛道　受法為法子
於未來世中　見无量億佛　皆為其長子　一心求佛道
羅睺羅密行　唯我能知之　現為我長子　以示諸衆生
无量億千万　功德不可數　安住於佛法　以求无上道

BD05108號　妙法蓮華經卷四　（30–8）

宣此義而說偈言
我為太子時 羅睺為長子 我今成佛道 受法為法子
於未來世中 見无量億佛 皆為其長子 一心求佛道
羅睺羅密行 唯我能知之 現為我長子 以示諸衆生
无量億千万 功德不可數 安住於佛法 以求无上道
尒時世尊見學无學二千人其意柔軟寂然
清淨一心觀佛佛告阿難汝見是學无學二
千人不唯然已見阿難是諸人等當供養五
十世界微塵數諸佛如來恭敬尊重護持法
藏末後同時於十方國各得成佛皆同一号
名曰寶相如來應供正遍知明行足善逝世
間解无上士調御丈夫天人師佛世尊壽命一
劫國土莊嚴聲聞菩薩正法像法皆悉同
等尒時世尊欲重宣此義而說偈言
是二千聲聞 今於我前住 悉皆與授記 未來當成佛
所供養諸佛 如上說塵數 護持其法藏 後當成正覺
各於十方國 悉同一名号 俱時坐道場 以證无上慧
皆名為寶相 國土及弟子 正法與像法 悉等无有異
咸以諸神通 度十方衆生 名聞普周遍 漸入於涅槃
尒時學无學二千人聞佛授記歡喜踊躍而
說偈言
世尊慧燈明 我聞授記音 心歡喜充滿 如甘露見灌
妙法蓮華經師品第十
尒時世尊因藥王菩薩告八万大士藥王汝
見是衆中无量諸天龍王夜叉乹闥婆阿脩
羅迦樓羅緊那羅摩睺羅伽人與非人及比
丘比丘尼優婆塞優婆夷求聲聞者求辟
支佛者求佛道者如是等類咸於佛前聞妙

BD05108號 妙法蓮華經卷四 （30–9）

妙法蓮華經師品第十
尒時世尊因藥王菩薩告八万大士藥王汝
見是衆中无量諸天龍王夜叉乹闥婆阿脩
羅迦樓羅緊那羅摩睺羅伽人與非人及比
丘比丘尼優婆塞優婆夷求聲聞者求辟
支佛者求佛道者如是等類咸於佛前聞妙
法華經一偈一句乃至一念隨喜者我皆與
受記當得阿耨多羅三藐三菩提佛告藥王
又如來滅度之後若有人聞妙法華經乃至
一偈一句一念隨喜者我亦與授阿耨多羅
三藐三菩提記若復有人受持讀誦解說書
寫妙法華經乃至一偈於此經卷敬視如佛
種種供養華香瓔珞末香塗香燒香繒蓋
幢幡衣服伎樂乃至合掌恭敬藥王當知是諸
人等已曾供養十万億佛於諸佛所成就大
願愍衆生故生此人閒藥王若有人問何等
衆生於未來世當得作佛應示是諸人等於
未來世必得作佛何以故若善男子善女人
於法華經乃至一句受持讀誦解說書寫種
種供養經卷華香瓔珞末香塗香燒香繒蓋
幢幡衣服伎樂合掌恭敬是人一切世間所
應瞻奉應以如來供養而供養之當知此人
是大菩薩成就阿耨多羅三藐三菩提哀愍
衆生願生此間廣演分別妙法華經何況盡
能受持種種供養者藥王當知是人自捨清
淨業報於我滅度後愍衆生故生於惡世廣
演此經若是善男子善女人我滅度後能竊
為一人說法華經乃至一句當知是人則如

BD05108號 妙法蓮華經卷四 （30–10）

衆生願生此間廣演分別妙法華經何况盡
能受持種種供養者藥王當知是人自捨清
淨業報於我滅度後愍衆生故生於惡世廣
演此經若是善男子善女人我滅度後能竊
為一人說法華經乃至一句當知是人則如
來使如來所遣行如來事何况於大衆中廣
為人說藥王若有惡人以不善心於一劫中現
於佛前常毀罵佛其罪尚輕若人以一惡言
毀呰在家出家讀誦法華經者其罪甚重
藥王其讀誦法華經者當知是人以佛莊
嚴而自莊嚴則為如來肩所荷擔其所至方
應隨向礼一心合掌恭敬供養尊重讚歎華
香瓔珞末香塗香燒香繒蓋幢幡衣服餚饌
作諸伎樂人中上供而供養之應持天寶而
以散之天上寶聚應以奉獻所以者何是人
歡喜說法須臾聞之即得究竟阿耨多羅三
藐三菩提故尒時世尊欲重宣此義而說偈
言
若欲住佛道　成就自然智　常當勤供養　受持法華者
其有欲疾得　一切種智慧　當受持是經　并供養持者
若有能受持　妙法華經者　當知佛所使　愍念諸衆生
諸有能受持　妙法華經者　捨於清淨土　愍衆故生此
當知如是人　自在所欲生　能於此惡世　廣說无上法
應以天華香　及天寶衣服　天上妙寶聚　供養說法者
吾滅後惡世　能持是經者　當合掌礼敬　如供養世尊
上饌衆甘美　及種種衣服　供養是佛子　兾得須臾聞
若能於後世　受持是經者　我遣在人上　行於如來事

BD05108號　妙法蓮華經卷四　(30–11)

當知如是人　自在所欲生　能於此惡世　廣說无上法
應以天華香　及天寶衣服　天上妙寶聚　供養說法者
吾滅後惡世　能持是經者　當合掌礼敬　如供養世尊
上饌衆甘美　及種種衣服　供養是佛子　兾得須臾聞
若能於後世　受持是經者　我遣在人上　行於如來事
若於一劫中　常懷不善心　作色而罵佛　獲无量重罪
其有讀誦持　是法華經者　須臾加惡言　其罪復過彼
有人求佛道　而於一劫中　合掌在我前　以无數偈讚
由是讚佛故　得无量功德　歎美持經者　其福復過彼
於八十億劫　以最妙色聲　及與香味觸　供養持經者
如是供養已　若得須臾聞　則應自欣慶　我今獲大利
藥王今告汝　我所說諸經　而於此經中　法華最第一
尒時佛復告藥王菩薩摩訶薩我所說經典
无量千萬億已說今說當說而於其中此法華
經最為難信難解藥王此經是諸佛秘要之
藏不可分布妄授與人諸佛世尊之所守護
從昔已來未曾顯說而此經者如來現在猶
多怨嫉况滅度後藥王當知如來滅後其能
書持讀誦供養為他人說者如來則為以衣
覆之又為他方現在諸佛之所護念是人有
大信力及志願力諸善根力當知是人與如
來共宿則為如來手摩其頭藥王在在處處
若說若讀若誦若書若經卷所住處皆應起
七寶塔極令高廣嚴飾不須復安舍利所以
者何此中已有如來全身此塔應以一切華
香瓔珞繒蓋幢幡伎樂歌頌供養恭敬尊重
讚歎若有人得見此塔礼拜供養當知是等
皆近阿耨多羅三藐三菩提藥王多有人在

BD05108號　妙法蓮華經卷四　(30–12)

七寶塔極令高廣嚴飾不須復安舍利所以
者何此中已有如來全身此塔應以一切華
香瓔珞繒蓋幢幡伎樂歌頌供養恭敬尊重
讚歎若有人得見此塔禮拜供養當知是等
皆近阿耨多羅三藐三菩提藥王多有人在
家出家行菩薩道若不能得見聞讀誦書持
供養是法華經者當知是人未善行菩薩道
若有得聞是經典者乃能善行菩薩之道其
有衆生求佛道者若見若聞是法華經聞已
信解受持者當知是人得近阿耨多羅三藐
三菩提藥王譬如有人渴乏須水於彼高原
穿鑿求之猶見乾土知水尚遠施功不已轉
見濕土遂漸至泥其心決定知水必近菩薩
亦復如是若未聞未解未能修習是法華經
當知是人去阿耨多羅三藐三菩提尚遠若
得聞解思惟修習必知得近阿耨多羅三藐
三菩提所以者何一切菩薩阿耨多羅三藐
三菩提皆屬此經此經開方便門示真實相
是法華經藏深固幽遠無人能到今佛教化
成就菩薩而為開示藥王若菩薩聞是法
華經驚疑怖畏當知是為新發意菩薩若聲
聞人聞是經驚疑怖畏當知是為增上慢者
藥王若有善男子善女人如來滅後欲為四
衆說是法華經者云何應說是善男子善女
人入如來室著如來衣坐如來座爾乃應為
四衆廣說斯經如來室者一切衆生中大慈
悲心是如來衣者柔和忍辱心是如來座者

聞人聞是經驚疑怖畏當知是為增上慢者
藥王若有善男子善女人如來滅後欲為四
衆說是法華經者云何應說是善男子善女
人入如來室著如來衣坐如來座爾乃應為
四衆廣說斯經如來室者一切衆生中大慈
悲心是如來衣者柔和忍辱心是如來座者
一切法空是安住是中然後以不懈怠心為諸
菩薩及四衆廣說是法華經藥王我於餘國
遣化人為其集聽法衆亦遣化比丘比丘尼
優婆塞優婆夷聽其說法是諸化人聞法
信受隨順不逆若說法者在空閑處我時廣
遣天龍鬼神乾闥婆阿修羅等聽其說法我
雖在異國時時令說法者得見我身若於此
經忘失句逗我還為說令得具足爾時世尊
欲重宣此義而說偈言
欲捨諸懈怠　應當聽此經　是經難得聞　信受者亦難
如人渴須水　穿鑿於高原　猶見乾燥土　知去水尚遠
漸見濕土泥　決定知近水　藥王汝當知　如是諸人等
不聞法華經　去佛智甚遠　若聞是深經　決了聲聞法
是諸經之王　聞已諦思惟　當知此人等　近於佛智慧
若人說此經　應入如來室　著於如來衣　而坐如來座
處衆無所畏　廣為分別說　大慈悲為室　柔和忍辱衣
諸法空為座　處此為說法　若說此經時　有人惡口罵
加刀杖瓦石　念佛故應忍　我千萬億土　現淨堅固身
於無量億劫　為衆生說法　若我滅度後　能說此經者
我遣化四衆　比丘比丘尼　及清信士女　供養於法師
引導諸衆生　集之令聽法　若人欲加惡　刀杖及瓦石
則遣變化人　為之作衛護　若說法之人　獨在空閑處
寂寞無人聲　讀誦此經典　我爾時為現　清淨光明身

[illegible]
加刀杖瓦石　念佛故應忍　我千万億土　現淨堅固身
於无量億劫　為衆生說法　若我滅度後　能說此經者
我遣化四衆　比丘比丘尼　及清信士女　供養於法師
引導諸衆生　集之令聽法　若人欲加惡　刀杖及瓦石
則遣變化人　為之作衛護　若說法之人　獨在空閑處
寂寞无人聲　讀誦此經典　我尒時為現　清淨光明身
若忘失章句　為說令通利　若人具是德　或為四衆說
空處讀誦經　皆得見我身　若人在空閑　我遣天龍王
夜叉鬼神等　為作聽法衆　是人樂說法　分別无罣礙
諸佛護念故　能令大衆喜　若親近法師　速得菩薩道
隨順是師學　得見恒沙佛

妙法蓮華經見寶塔品第十一

尒時佛前有七寶塔高五百由旬縱廣二百五
十由旬從地踊出住在空中種種寶物而莊
挍之五千欄楯龕室千万无數幢幡以為
嚴飾垂寶瓔珞寶鈴万億而懸其上四面
皆出多摩羅跋栴檀之香充遍世界其諸幡蓋
以金銀琉璃車𤦲馬瑙真珠玫瑰七寶合成
高至四天王宮三十三天雨天曼陁羅華供
養寶塔餘諸天龍夜叉乾闥婆阿脩羅迦樓
羅緊那羅摩睺羅伽人非人等千万億衆以
一切華香瓔珞幡蓋伎樂供養寶塔恭敬尊
重讚歎尒時寶塔中出大音聲歎言善哉善
哉釋迦牟尼世尊能以平等大慧教菩薩法
佛所護念妙法華經為大衆說如是如是釋
迦牟尼世尊如所說者皆是真實尒時四衆
見大寶塔住在空中又聞塔中所出音聲皆
得法喜怪未曾有從座而起恭敬合掌却住

BD05108號　妙法蓮華經卷四　（30–15）

重讚歎尒時寶塔中出大音聲歎言善哉善
哉釋迦牟尼世尊能以平等大慧教菩薩法
佛所護念妙法華經為大衆說如是如是釋
迦牟尼世尊如所說者皆是真實尒時四衆
見大寶塔住在空中又聞塔中所出音聲皆
得法喜怪未曾有從座而起恭敬合掌却住
一面尒時有菩薩摩訶薩名大樂說知一切
世間天人阿脩羅等心之所疑而白佛言世
尊以何因緣有此寶塔從地踊出又於其中
發是音聲尒時佛告大樂說菩薩此寶塔中
有如來全身乃往過去東方无量千万億阿
僧祇世界國名寶淨彼中有佛号曰多寶其
佛行菩薩道時作大誓願若我成佛滅度之
後於十方國土有說法華經處我之塔廟為
聽是經故踊現其前為作證明讚言善哉彼
佛成道已臨滅度時於天人大衆中告諸比丘
我滅度後欲供養我全身者應起一大塔
其佛神通願力十方世界在在處處若有說
法華經者彼之寶塔皆踊出其前全身在於
塔中讚言善哉善哉大樂說今多寶如來塔
聞說法華經故從地踊出讚言善哉善哉是
時大樂說菩薩以如來神力故白佛言世尊
我等願欲見此佛身佛告大樂說菩薩摩訶
薩是多寶佛有深重願若我寶塔為聽法華
經故出於諸佛前時其有欲以我身示四衆者
彼佛分身諸佛在於十方世界說法盡還
集一處然後我身乃出現耳大樂說我分身
諸佛在於十方世界說法者今應當集大樂
說白佛言世尊我等亦願欲見世尊分身諸

BD05108號　妙法蓮華經卷四　（30–16）

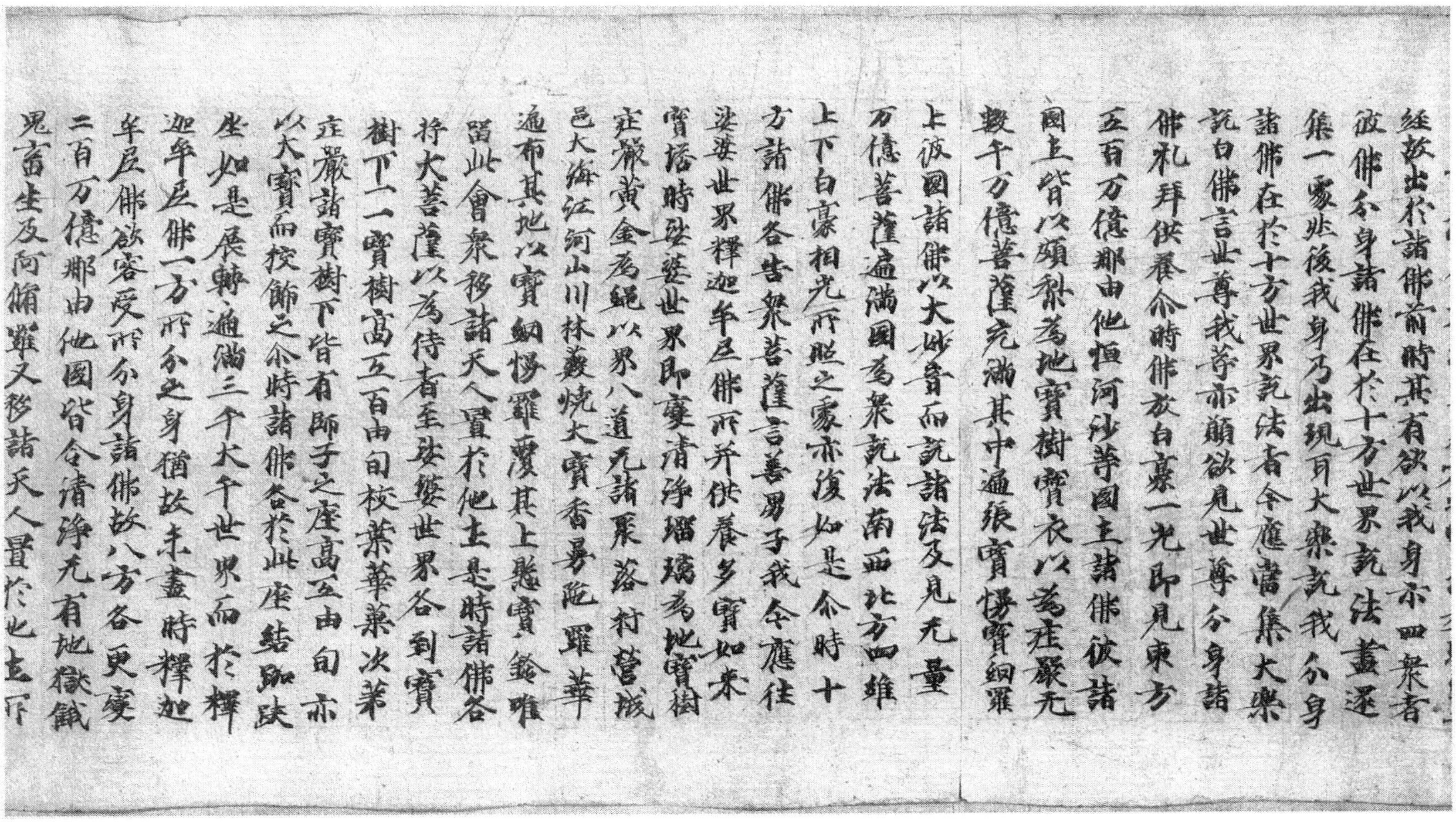

經故出於諸佛前時其有欲以我身示四衆者
彼佛分身諸佛在於十方世界說法盡還
集一處然後我身乃出現耳大樂說我分身
諸佛在於十方世界說法者今應當集大樂
說白佛言世尊我等亦願欲見世尊分身諸
佛禮拜供養介時佛放白毫一光即見東方
五百万億那由他恒河沙等國土諸佛彼諸
國土皆以頗梨為地寶樹寶衣以為莊嚴无
數千万億菩薩充滿其中遍張寶幔寶網羅
上彼國諸佛以大妙音而說諸法及見无量
万億菩薩遍滿國為衆說法南西北方四維
上下白毫相光所照之處亦復如是介時十
方諸佛各告衆菩薩言善男子我今應往
娑婆世界釋迦牟尼佛所并供養多寶如來
寶塔時娑婆世界即變清淨瑠璃為地寶樹
莊嚴黃金為繩以界八道无諸聚落村營城
邑大海江河山川林藪燒大寶香曼陁羅華
遍布其地以寶網幔羅覆其上懸諸寶鈴唯
留此會衆移諸天人置於他土是時諸佛各
將大菩薩以為侍者至娑婆世界各到寶
樹下一一寶樹高五百由旬枝葉華菓次第
莊嚴諸寶樹下皆有師子之座高五由旬亦
以大寶而挍飾之介時諸佛各於此座結加趺
坐如是展轉遍滿三千大千世界而於釋
迦牟尼佛一方所分之身猶故未盡時釋迦
牟尼佛欲容受所分身諸佛故八方各更變
二百万億那由他國皆令清淨无有地獄餓
鬼畜生及阿脩羅又移諸天人置於他土所

BD05108號　妙法蓮華經卷四　（30–17）

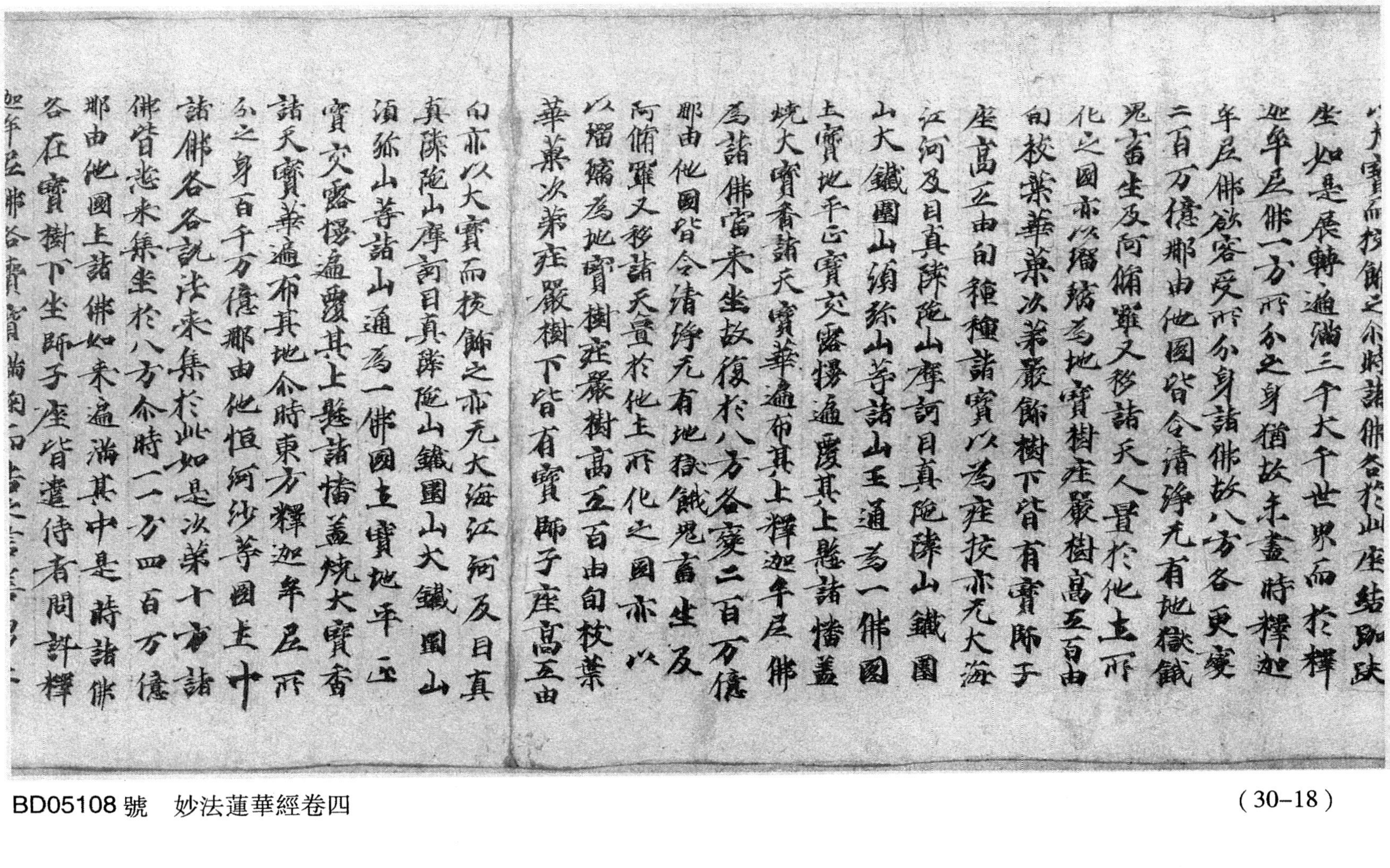

坐如是展轉遍滿三千大千世界而於釋迦
牟尼佛一方所分之身猶故未盡時釋迦
牟尼佛欲容受所分身諸佛故八方各更變
二百万億那由他國皆令清淨无有地獄餓
鬼畜生及阿脩羅又移諸天人置於他土所
化之國亦以瑠璃為地寶樹莊嚴樹高五百由
旬枝葉華菓次第嚴飾樹下皆有寶師子
座高五由旬種種諸寶以為莊挍亦无大海
江河及目真隣陁山摩訶目真隣陁山鐵圍
山大鐵圍山須彌山等諸山王通為一佛國
土寶地平正寶交露幔遍覆其上懸諸幡蓋
燒大寶香諸天寶華遍布其上釋迦牟尼佛
為諸佛當來坐故復於八方各變二百万億
那由他國皆令清淨无有地獄餓鬼畜生及
阿脩羅又移諸天人置於他土所化之國亦以
以瑠璃為地寶樹莊嚴樹高五百由旬枝葉
華菓次第莊嚴樹下皆有寶師子座高五由
旬亦以大寶而挍飾之亦无大海江河及目真
真隣陁山摩訶目真隣陁山鐵圍山大鐵圍山
須彌山等諸山通為一佛國土寶地平正
寶交露幔遍覆其上懸諸幡蓋燒大寶香
諸天寶華遍布其地介時東方釋迦牟尼佛所
分之身百千万億那由他恒河沙等國土中
諸佛各各說法來集於此如是次第十方諸
佛皆悉來集坐於八方介時一一方四百万億
那由他國土諸佛如來遍滿其中是時諸佛
各在寶樹下坐師子座皆遣侍者問訊釋

BD05108號　妙法蓮華經卷四　（30–18）

寶交露幔遍覆其上懸諸幡蓋燒大寶香
諸天寶華遍布其地尒時東方釋迦牟尼所
分之身百千万億那由他恒河沙等國土中
諸佛各各說法來集於此如是次第十方諸
佛皆悉來集坐於八方尒時一一方四百万億
那由他國土諸佛如來遍滿其中是時諸佛
各在寶樹下坐師子座皆遣侍者問訊釋
迦牟尼佛各齎寶華滿掬而告之言善男子
汝往詣耆闍崛山釋迦牟尼佛所如我辭曰
少病少惱氣力安樂及菩薩聲聞眾悉安隱
不以此寶華散佛供養而作是言彼某甲佛
與欲開此寶塔諸佛遣使亦復如是尒時釋
迦牟尼佛見所分身諸佛悉已來集各各坐於
師子之座皆聞諸佛與欲同開寶塔即從座起
住虛空中一切四眾起立合掌一心觀佛於是
釋迦牟尼佛以右指開七寶塔戶出大音聲
如却關鑰開大城門即時一切眾會皆見
多寶如來於寶塔中坐師子座全身不散
如入禪定又聞其言善哉善哉釋迦牟尼佛
快說是法華經我為聽是經故而來至此尒時
四眾等見過去无量千万億劫滅度佛說
如是言歎未曾有以天寶華聚散多寶佛及
釋迦牟尼佛上尒時多寶佛於寶塔中分半
座與釋迦牟尼佛而作是言釋迦牟尼佛可
就此座即時釋迦牟尼佛入其塔中坐其半
座結加趺坐尒時大眾見二如來在七寶塔
中師子座上結加趺坐各作是念佛座高遠唯
願如來以神通力令我等輩俱處虛空即時
釋迦牟尼佛以神通力接諸大眾皆在虛空

BD05108 號　妙法蓮華經卷四　（30–19）

座與釋迦牟尼佛而作是言釋迦牟尼佛可
就此座即時釋迦牟尼佛入其塔中坐其半
座結加趺坐尒時大眾見二如來在七寶塔
中師子座上結加趺坐各作是念佛座高遠唯
願如來以神通力令我等輩俱處虛空即時
釋迦牟尼佛以神通力接諸大眾皆在虛空
以大音聲普告四眾誰能於此娑婆國土廣
說妙法華經今正是時如來不久當入涅
槃佛欲以此妙法華經付囑有在尒時世尊
欲重宣此義而說偈言
聖主世尊　雖久滅度　在寶塔中　尚為法來
諸人云何　不勤為法　此佛滅度　无央數劫
處處聽法　以難遇故　彼佛本願　我滅度後
在在所往　常為聽法　又我分身　无量諸佛
如恒沙等　來欲聽法　及見滅度　多寶如來
各捨妙土　及弟子眾　天人龍神　諸供養事
令法久住　故來至此　為坐諸佛　以神通力
移无量眾　令國清淨　諸佛各各　詣寶樹下
如清淨池　蓮華莊嚴　其寶樹下　諸師子座
佛坐其上　光明嚴飾　如夜闇中　然大炬火
身出妙香　遍十方國　眾生蒙熏　喜不自勝
譬如大風　吹小樹枝　以是方便　令法久住
告諸大眾　我滅度後　誰能護持　讀誦斯經
今於佛前　自說誓言　其多寶佛　雖久滅度
以大誓願　而師子吼　多寶如來　及與我身
所集化佛　當知此意　諸佛子等　誰能護法
當發大願　令得久住　其有能護　此經法者
則為供養　我及多寶　此多寶佛　處於寶塔
常遊十方　為是經故　亦復供養　諸來化佛

BD05108 號　妙法蓮華經卷四　（30–20）

以大誓言　而師子吼　多寶如來　及與我身
所集化佛　當知此意　諸佛子等　誰能護法
當發大願　令得久住　其有能護　此經法者
則為供養　我及多寶　此多寶佛　處於寶塔
常遊十方　為是經故　亦復供養　諸來化佛
莊嚴光飾　諸世界者　若說此經　則為見我
多寶如來　及諸化佛　諸善男子　各諦思惟
此為難事　宜發大願　諸餘經典　數如恒沙
雖說此等　未足為難　若接須彌　擲置他方
无數佛土　亦未為難　若以足指　動大千界
遠擲他國　亦未為難　若立有頂　為眾演說
无量餘經　亦未為難　若佛滅度　於惡世中
能說此經　是則為難　假使有人　手把虛空
而以遊行　亦未為難　於我滅後　若自書持
若使人書　是則為難　若以大地　置足甲上
昇於梵天　亦未為難　佛滅度後　於惡世中
暫讀此經　是則為難　假使劫燒　擔負乾草
入中不燒　亦未為難　我滅度後　若持此經
為一人說　是則為難　若持八万　四千法藏
十二部經　為人演說　令諸聽者　得六神通
雖能如是　亦未為難　於我滅後　聽受此經
問其義趣　是則為難　若人說法　令千万億
无量无數　恒沙眾生　得阿羅漢　具六神通
雖有是益　亦未為難　於我滅後　若能奉持
如斯經典　是則為難　我為佛道　於无量土
從始至今　廣說諸經　而於其中　此經第一
若有能持　則持佛身　諸善男子　於我滅後
誰能護持　讀誦此身　諸善男子　自說誓言
此經難持

雖有是益　亦未為難　於我滅後　若能奉持
如斯經典　是則為難　我為佛道　於无量土
從始至今　廣說諸經　而於其中　此經第一
若有能持　則持佛身　諸善男子　於我滅後
誰能護持　讀誦此身　諸善男子　自說誓言
此經難持　若暫持者　我則歡喜　諸佛亦然
如是之人　諸佛所歎　是則勇猛　是則精進
是名持戒　行頭陀者　則為疾得　无上佛道
能於來世　讀持此經　是真佛子　住淳善地
佛滅度後　能解其義　是諸天人　世間之眼
於恐畏世　能須臾說　一切天人　皆應供養

妙法蓮華經提婆達多品第十二

尒時佛告諸菩薩及天人四眾吾於過去无
量劫中求法華經无有懈惓於多劫中常作
國王發願求於无上菩提心不退轉為欲滿
足六波羅蜜勤行布施心无悋惜象馬七珎
國城妻子奴婢僕從頭目髓腦身肉手足不
惜軀命時世人民壽命无量為於法故捐捨
國位委政太子擊鼓宣令四方求法誰能為
我說大乘者吾當終身供給走使時有仙人
來白王言我有大乘名妙法華若不違我當
為宣說王聞仙言歡喜踊躍即隨仙人供給
所須採菓汲水拾薪設食乃至以身而為牀
座身心无惓于時奉事經於千歲為於法故
精勤給侍令无所乏尒時世尊欲重宣此義而
說偈言
我念過去劫　為求大法故　雖作世國王　不貪五欲樂
椎鍾告四方　誰有大法者　若為我解說　身當為奴僕

所須採菓汲水拾薪設食乃至以身而為床
座身心无惓于時奉事經於千歲為於法故
精勤給侍令无所乏尒時世尊欲重宣此義而
說偈言
我念過去劫　為求大法故　雖作世國王　不貪五欲樂
椎鍾告四方　誰有大法者　若為我解說　身當為奴僕
時有阿私仙　來白於大王　我有微妙法　世間所希有
若能脩行者　吾當為汝說　時王聞仙言　心生大喜悅
即便隨仙人　供給於所須　採薪及菓蓏　隨時恭敬與
情存妙法故　身心无懈惓　普為諸衆生　勤求於大法
亦不為己身　及以五欲樂　故為大國王　勤求獲此法
遂致得成佛　今故為汝說
佛告諸比丘尒時王者則我身是時仙人者今
提婆達多是由提婆達多善知識故令我
具足六波羅蜜慈悲喜捨三十二相八十種好
紫磨金色十力四无所畏四攝法十八不共神
通道力成等正覺廣度衆生皆因提婆達
多善知識故告諸四衆提婆達多却後過
无量劫當得成佛号曰天王如來應供正遍
知明行足善逝世間解无上士調御丈夫天
人師佛世尊世界名天道時天王佛住世二
十中劫廣為衆生說於妙法恒河沙衆生得
阿羅漢果无量衆生發緣覺心恒沙河衆生
發无上道心得无生忍至不退轉時天王佛
般涅槃後正法住世二十中劫全身舍利起
七寶塔高六十由旬縱廣四十由旬諸天人
民悉以雜華末香燒香塗香衣服瓔珞幢幡
寶蓋伎樂歌頌礼拜供養七寶妙塔无量衆

BD05108號　妙法蓮華經卷四　（30–23）

阿羅漢果无量衆生發緣覺心恒沙河衆生
發无上道心得无生忍至不退轉時天王佛
般涅槃後正法住世二十中劫全身舍利起
七寶塔高六十由旬縱廣四十由旬諸天人
民悉以雜華末香燒香塗香衣服瓔珞幢幡
寶蓋伎樂歌頌礼拜供養七寶妙塔无量衆
生得阿羅漢无量衆生悟辟支佛不可思議
衆生發菩提心至不退轉佛告諸比丘未來世
中若有善男子善女人聞妙法華經提婆達
多品淨心信敬不生疑惑者不墮地獄餓鬼
畜生生十方佛前所生之處常聞此經若
生人天中受勝妙樂若在佛前蓮華化生於
時下方多寶世尊所從菩薩名曰智積白多
寶佛當還本土釋迦牟尼佛告智積曰善男
子且待須臾此有菩薩名文殊師利可與相
見論說妙法可還本土尒時文殊師利坐千
葉蓮華大如車輪俱來菩薩亦坐寶蓮華從於
大海娑竭羅龍宮自然踊出住虛空中詣靈鷲
山從蓮華下至於佛所頭面敬礼二世尊足
脩敬已畢往智積所共相慰問却坐一面智
積菩薩問文殊師利仁往龍宮所化衆生其
數幾何文殊師利言其數无量不可稱計非
口所宣非心所測且待須臾自當有證所言未
竟无數菩薩坐寶蓮華從海踊出詣靈鷲
山住在虛空此諸菩薩皆是文殊師利之所化
度具菩薩行皆共論說六波羅蜜本聲聞人
在虛空中說聲聞行今皆脩行大乘空義文殊
師利謂智積曰於海教化其事如是尒時智

BD05108號　妙法蓮華經卷四　（30–24）

非口所宣非心所測且待須臾自當證知所言未
竟无數菩薩坐寶蓮華從海踊出詣靈鷲
山住在虛空此諸菩薩皆是文殊師利之所化
度具菩薩行皆共論說六波羅蜜本聲聞人
在虛空中說聲聞行今皆修行大乘空義文殊
師利謂智積曰於海教化其事如是尒時智
積菩薩以偈讚曰
大智德勇健　化度无量眾　今此諸大會　及我皆已見
演暢實相義　開闡一乘法　廣度諸群生　令速成菩提
文殊師利言我於海中唯常宣說妙法華經
智積問文殊師利言此經甚深微妙諸經中
寶世所希有頗有眾生勤加精進修行此經
速得佛不文殊師利言有娑竭羅龍王女年
始八歲智慧利根善知眾生諸根行業得陁
羅尼諸佛所說甚深秘藏悉能受持深入禪
定了達諸法於剎那頃發菩提心得不退轉
辯才无礙慈念眾生猶如赤子功德具足心
念口演微妙廣大慈悲仁讓志意和雅能至
菩提智積菩薩言我見釋迦如來於无量劫
難行苦行積功累德求菩提道未曾止息觀
三千大千世界乃至无有如芥子許非是菩
薩捨身命處為眾生故然後乃得成菩提道
不信此女於須臾頃便成正覺言論未訖時
龍王女忽現於前頭面禮敬却住一面以偈讚
曰
深達罪福相　遍照於十方　微妙淨法身　具相三十二
八以十種好　用莊嚴法身　天人所戴仰　龍神咸恭敬
一切眾生類　无不宗奉者　又聞成菩提　唯佛當證知
我闡大乘教　度脫苦眾生

BD05108 號　妙法蓮華經卷四　　（30–25）

薩捨身命處為眾生故然後乃得成菩提道
不信此女於須臾頃便成正覺言論未訖時
龍王女忽現於前頭面禮敬却住一面以偈讚
曰
深達罪福相　遍照於十方　微妙淨法身　具相三十二
八以十種好　用莊嚴法身　天人所戴仰　龍神咸恭敬
一切眾生類　无不宗奉者　又聞成菩提　唯佛當證知
我闡大乘教　度脫苦眾生
時舍利弗語龍女言汝謂不久得无上道是
事難信所以者何女身垢穢非是法器云何
能得无上菩提佛道懸曠經无量劫勤苦積
行具修諸度然後乃成又人女身猶有五障
一者不得作梵天王二者帝釋三者魔王四
者轉輪聖王五者佛身云何女身速得成佛
尒時龍女有一寶珠價直三千大千世界持
以上佛佛即受之龍女謂智積菩薩尊者舍
利弗言我獻寶珠世尊納受是事疾不答言
甚疾女言以汝神力觀我成佛復速於此當
時眾會皆見龍女忽然之間變成男子具菩
薩行即往南方无垢世界坐寶蓮華成等正
覺三十二相八十種好普為十方一切眾生
演說妙法尒時娑婆世界菩薩聲聞天龍八部
人與非人皆遙見彼龍女成佛普為時會人
天說法心大歡喜悉遙敬禮无量眾生聞法解
悟得不退轉无量眾生得受道記无垢世界
六反震動娑婆世界三千眾生住不退地
三千眾生發菩提心而得受記智積菩薩及
舍利弗一切眾會默然信受

BD05108 號　妙法蓮華經卷四　　（30–26）

天說法心大歡喜悉遥敬礼无量衆生聞法解
悟得不退轉无量衆生得受道記无垢世界
六反震動娑婆世界三千衆生住不退地
三千衆生發菩提心而得受記智積菩薩及
舍利弗一切衆會嘿然信受
妙法蓮華經持品第十三
尒時藥王菩薩摩訶薩及大樂說菩薩摩訶
薩與二万菩薩眷屬俱皆於佛前作是誓言
唯願世尊不以為慮我等於佛滅後當奉持
讀誦說此經典後惡世衆生善根轉少多增
上慢貪利供養增不善根遠離解脫雖難可
教化我等當起大忍力讀誦此經持說書寫
種種供養不惜身命尒時衆中五百阿羅漢
得受記者白佛言世尊我等亦自誓願於異
國土廣說此經復有學无學八千人得受記
者從座而起合掌向佛作是誓言世尊我等
亦當於他國土廣說此經所以者何是娑婆
國中人多弊惡懷增上慢功德淺薄瞋濁諂
曲心不實故尒時佛姨母摩訶波闍波提比
丘尼學无學比丘尼六千人俱從座而起一
心合掌瞻仰尊顏目不暫捨於時世尊告
憍曇弥何故憂色而視如來汝心將无謂我
不說汝名授阿耨多羅三藐三菩提記耶憍
曇弥我先說一切聲聞皆已授記今汝欲知
記者將來之世當於六万八千億諸佛法中
為大法師及六千學无學比丘尼俱為法師
汝如是漸漸具菩薩道當得作佛号一切衆
生憙見如來應供正遍知明行足善逝世

BD05108號　妙法蓮華經卷四　（30–27）

曇弥我先說一切聲聞皆已授記今汝欲知
記者將來之世當於六万八千億諸佛法中
為大法師及六千學无學比丘尼俱為法師
汝如是漸漸具菩薩道當得作佛号一切衆
生憙見如來應供正遍知明行足善逝世
間解无上士調御丈夫天人師佛世尊憍曇
弥是一切衆生憙見佛及六千菩薩轉次授
記得阿耨多羅三藐三菩提尒時羅睺羅母
耶輸陀羅比丘尼作是念世尊於授記中獨
不說我名佛告耶輸陀羅汝於來世百万億
諸佛法中脩菩薩行為大法師漸具佛道於
善國中當知明行足善逝世間解无上士調御
丈夫天人師佛世尊佛壽无量阿僧祇劫尒
時摩訶波闍波提比丘尼及耶輸陀羅比丘
尼并其眷屬皆大歡喜得未曾有即於佛前
而說偈言
世尊導師　安隱天人　我等聞記　心安具足
諸比丘尼說是偈已白佛言世尊我等亦能
於他方國土廣宣此經尒時世尊視八十万
億那由他諸菩薩摩訶薩是諸菩薩皆是
阿惟越致轉不退法輪得諸陀羅尼即從座起
至於佛前一心合掌而作是念若世尊告勑
我等持說此經者當如佛教廣宣斯法復作
是念佛今嘿然不見告勑我當云何時諸菩
薩敬順佛意并欲自滿本願便於佛前作師
子吼而發誓言世尊我等於如來滅後周旋
往反十方世界能令衆生書寫此經受持讀

BD05108號　妙法蓮華經卷四　（30–28）

億那由他諸菩薩摩訶薩是諸菩薩皆是
阿惟越致轉不退法輪得諸陀羅尼即從座起
至於佛前一心合掌而作是念若世尊告勅
我等持說此經者當如佛教廣宣斯法復作
是念佛今默然不見告勅我當云何時諸菩
薩敬順佛意并欲自滿本願便於佛前作師
子吼而發誓言世尊我等於如來滅後周旋
往反十方世界能令眾生書寫此經受持讀
誦解說其義如法修行正憶念皆是佛之威
力唯願世尊在於他方遙見守護即時諸菩
薩俱同發聲而說偈言
唯願不為慮 於佛滅度後 恐怖惡世中 我等當廣說
有諸无智人 惡口罵詈等 及加刀杖者 我等皆當忍
惡世中比丘 邪智心諂曲 未得謂為得 我慢心充滿
或有阿練若 納衣在空閑 自謂行真道 輕賤人間者
貪著利養故 與白衣說法 為世所恭敬 如六通羅漢
是人懷惡心 常念世俗事 假名阿練若 好出我等過
而作如是言 此諸比丘等 為貪利養故 說外道論議
自作此經典 誑惑世間人 為求名聞故 分別於是經
常在大眾中 欲毀我等故 向國王大臣 婆羅門居士
及餘比丘眾 誹謗說我惡 謂是邪見人 說外道論議
我等敬佛故 悉忍是諸惡 為斯所輕言 汝等皆是佛
如此輕慢言 皆當忍受之 濁劫惡世中 多有諸恐怖
惡鬼入其身 罵詈毀辱我 我等敬信佛 當著忍辱鎧
為說是經故 忍此諸難事 我不愛身命 但惜无上道
我等於來世 護持佛所囑 世尊自當知 濁世惡比丘
不知佛方便 隨宜所說法 惡口而顰蹙 數數見擯出
遠離於塔寺 如是等眾惡 念佛告勅故 皆當忍是事

BD05108 號　妙法蓮華經卷四　（30–29）

或有阿練若 納衣在空閑 自謂行真道 輕賤人間者
貪著利養故 與白衣說法 為世所恭敬 如六通羅漢
是人懷惡心 常念世俗事 假名阿練若 好出我等過
而作如是言 此諸比丘等 為貪利養故 說外道論議
自作此經典 誑惑世間人 為求名聞故 分別於是經
常在大眾中 欲毀我等故 向國王大臣 婆羅門居士
及餘比丘眾 誹謗說我惡 謂是邪見人 說外道論議
我等敬佛故 悉忍是諸惡 為斯所輕言 汝等皆是佛
如此輕慢言 皆當忍受之 濁劫惡世中 多有諸恐怖
惡鬼入其身 罵詈毀辱我 我等敬信佛 當著忍辱鎧
為說是經故 忍此諸難事 我不愛身命 但惜无上道
我等於來世 護持佛所囑 世尊自當知 濁世惡比丘
不知佛方便 隨宜所說法 惡口而顰蹙 數數見擯出
遠離於塔寺 如是等眾惡 念佛告勅故 皆當忍是事
諸聚落城邑 其有求法者 我皆到其所 說佛所囑法
我是世尊使 處眾无所畏 我當善說法 願佛安隱住
我於世尊前 諸來十方佛 發如是誓言 佛自知我心

妙法蓮華經卷第四

BD05108 號　妙法蓮華經卷四　（30–30）

切陀羅尼門一切三摩地門無二無二分故世
尊云何以香界鼻識界及鼻觸鼻觸為緣所
生諸受無二為方便無生為方便無所得為
方便迴向一切智智脩習一切陀羅尼門一
切三摩地門慶喜香界鼻識界及鼻觸鼻觸
為緣所生諸受香界鼻識界及鼻觸鼻觸為
緣所生諸受性空何以故以香界鼻識界及
鼻觸鼻觸為緣所生諸受性空與一切陀羅
尼門一切三摩地門無二無二分故慶喜由
此故說以鼻界等無二為方便無生為方便
無所得為方便迴向一切智智脩習一切陀
羅尼門一切三摩地門世尊云何以舌界無
二為方便無生為方便無所得為方便迴向
一切智智脩習一切陀羅尼門一切三摩地
門慶喜舌界舌界性空何以故以舌界性空
與一切陀羅尼門一切三摩地門無二無二
分故世尊云何以味界舌識界及舌觸舌觸
為緣所生諸受無二為方便無生為方便無
所得為方便迴向一切智智脩習一切陀羅

BD05109號　大般若波羅蜜多經卷一一六　（7–1）

一切智智脩習一切陀羅尼門一切三摩地
門慶喜舌界舌界性空何以故以舌界性空
與一切陀羅尼門一切三摩地門無二無二
分故世尊云何以味界舌識界及舌觸舌觸
為緣所生諸受無二為方便無生為方便無
所得為方便迴向一切智智脩習一切陀羅
尼門一切三摩地門慶喜味界舌識界及舌
觸舌觸為緣所生諸受味界舌識界及舌
觸舌觸為緣所生諸受性空何以故以味
界舌識界及舌觸舌觸為緣所生諸受性空
與一切陀羅尼門一切三摩地門無二無二
分故慶喜由此故說以舌界等無二為方便
無生為方便無所得為方便迴向一切智智
脩習一切陀羅尼門一切三摩地門世尊云
何以身界無二為方便無生為方便無所得
為方便迴向一切智智脩習一切陀羅尼門
一切三摩地門慶喜身界身界性空何以故
以身界性空與一切陀羅尼門一切三摩地
門無二無二分故世尊云何以觸界身識界
及身觸身觸為緣所生諸受無二為方便無
生為方便無所得為方便迴向一切智智脩
習一切陀羅尼門一切三摩地門慶喜觸界身
識界及身觸身觸為緣所生諸受觸界身識
界及身觸身觸為緣所生諸受性空何以故
以觸界身識界及身觸身觸為緣所生諸受
性空與一切陀羅尼門一切三摩地門無二
無二分故慶喜由此故說以身界等無二為

BD05109號　大般若波羅蜜多經卷一一六　（7–2）

識界及身觸身觸為緣所生諸受觸界身識
界及身觸身觸為緣所生諸受性空何以故
以觸界身識界及身觸身觸為緣所生諸受
性空與一切陀羅尼門一切三摩地門無二
無二分故慶喜由此故說以身界等無二為
方便無生為方便無所得為方便迴向一切
智智脩習一切陀羅尼門一切三摩地門世
尊云何以意界無二為方便無生為方便無
所得為方便迴向一切智智脩習一切陀羅尼
門一切三摩地門慶喜意界意界性空何以
故以意界性空與一切陀羅尼門一切三摩
地門無二無二分故世尊云何以法界意識
界及意觸意觸為緣所生諸受無二為方便
無生為方便無所得為方便迴向一切智智
脩習一切陀羅尼門一切三摩地門慶喜法
界意識界及意觸意觸為緣所生諸受法界
意識界及意觸意觸為緣所生諸受性空何
以故以法界意識界及意觸意觸為緣所生
諸受性空與一切陀羅尼門一切三摩地門
無二無二分故慶喜由此故說以意界等無
二為方便無生為方便無所得為方便迴
向一切智智脩習一切陀羅尼門一切三摩
地門
世尊云何以眼界無二為方便無生為方便
無所得為方便迴向一切智智脩習菩薩摩
訶薩行慶喜眼界眼界性空何以故以眼界

BD05109號　大般若波羅蜜多經卷一一六　（7–3）

地門
世尊云何以眼界無二為方便無生為方便
無所得為方便迴向一切智智脩習菩薩摩
訶薩行慶喜眼界眼界性空何以故以眼界
性空與彼菩薩摩訶薩行無二無二分故世
尊云何以色界眼識界及眼觸眼觸為緣所
生諸受無二為方便無生為方便無所得為
方便迴向一切智智脩習菩薩摩訶薩行慶
喜色界眼識界及眼觸眼觸為緣所生諸受
色界眼識界及眼觸眼觸為緣所生諸受性
空何以故以色界眼識界及眼觸眼觸為緣
所生諸受性空與彼菩薩摩訶薩行無二無
二分故慶喜由此故說以眼界等無二為方
便無生為方便無所得為方便迴向一切智智
脩習菩薩摩訶薩行世尊云何以耳界無
二為方便無生為方便無所得為方便迴向
一切智智脩習菩薩摩訶薩行慶喜耳界
耳界性空何以故以耳界性空與彼菩薩摩
訶薩行無二無二分故世尊云何以聲界耳
識界及耳觸耳觸為緣所生諸受無二為方
便無生為方便無所得為方便迴向一切智
智脩習菩薩摩訶薩行慶喜聲界耳識界
及耳觸耳觸為緣所生諸受聲界耳識界及耳
觸耳觸為緣所生諸受性空何以故以聲界
耳識界及耳觸耳觸為緣所生諸受性　空
與彼菩薩摩訶薩行無二無二分故慶喜由

BD05109號　大般若波羅蜜多經卷一一六　（7–4）

智脩智菩薩摩訶薩行歡喜聲界耳識界
及耳觸耳觸為緣所生諸受聲界耳識界及耳
觸耳觸為緣所生諸受性空何以故以聲界
耳識界及耳觸耳觸為緣所生諸受性　空
與彼菩薩摩訶薩行無二無二分故歡喜由
此故說以耳界等無二為方便無生為方便無
所得為方便迴向一切智智脩智菩薩摩訶
薩行世尊云何以鼻界無二為方便無生為
方便無所得為方便迴向一切智智脩智菩
薩摩訶薩行歡喜鼻界鼻界性空何以故以
鼻界性空與彼菩薩摩訶薩行無二無二
分故世尊云何以香界鼻識界及鼻觸鼻
觸為緣所生諸受無二為方便無生為方便
無所得為方便迴向一切智智脩智菩　薩
摩訶薩行歡喜香界鼻識界及鼻觸鼻觸為
緣所生諸受香界鼻識界及鼻觸鼻觸為緣
所生諸受性空何以故以香界鼻識界及鼻觸
鼻觸為緣所生諸受性空與彼菩薩摩訶薩行
無二無二分故歡喜由此故說以鼻界等無二
為方便無生為方便無所得為方便迴向一切
智智脩智菩薩摩訶薩行世尊云何以舌界
無二為方便無生為方便無所得為方便迴
向一切智智脩智菩薩摩訶薩行歡喜舌界
舌界性空何以故以舌界性空與彼菩薩摩
訶薩行無二無二分故世尊云何以味界舌
識界及舌觸舌觸為緣所生諸受無二為方
便無所得為方便迴向一切智

BD05109號　大般若波羅蜜多經卷一一六　（7–5）

智智脩智菩薩摩訶薩行世尊云何以舌界
無二為方便無生為方便無所得為方便迴
向一切智智脩智菩薩摩訶薩行歡喜舌界
舌界性空何以故以舌界性空與彼菩薩摩
訶薩行無二無二分故世尊云何以味界舌
識界及舌觸舌觸為緣所生諸受無二為方
便無生為方便無所得為方便迴向一切智
智脩智菩薩摩訶薩行歡喜味界舌識界及
舌觸舌觸為緣所生諸受味界舌識界及舌
觸舌觸為緣所生諸受性空何以故以味界
舌識界及舌觸舌觸為緣所生諸受性空與
彼菩薩摩訶薩行無二無二分故歡喜由此
故說以舌界等無二為方便無生為方便無
所得為方便迴向一切智智脩智菩薩摩
訶薩行世尊云何以身界無二為方便無生
為方便無所得為方便迴向一切智智脩智
菩薩摩訶薩行歡喜身界身界性空何以
故以身界性空與彼菩薩摩訶薩行無二無
二分故世尊云何以觸界身識界及身觸身觸
為緣所生諸受無二為方便無生為方便
無所得為方便迴向一切智智脩智菩薩摩
訶薩行歡喜觸界身識界及身觸身觸為緣
所生諸受觸界身識界及身觸身觸為緣所
生諸受性空何以故以觸界身識界及身觸
身觸為緣所生諸受性空與彼菩薩摩訶薩
行無二無二分故歡喜由此故說以身界等
無二為方便無生為方便無所得為方便

BD05109號　大般若波羅蜜多經卷一一六　（7–6）

訶薩行慶喜觸界身識界及身觸身觸為緣
所生諸受觸界身識界及身觸身觸為緣所
生諸受性空何以故以觸界身識界及身觸
身觸為緣所生諸受性空與彼菩薩摩訶薩
行無二無二分故慶喜由此故說以身界等
無二為方便無生為方便無所得為方便
迴向一切智智脩習菩薩摩訶薩行世尊云
何以意界無二為方便無生為方便無所得
為方便迴向一切智智脩習菩薩摩訶薩行
慶喜意界意界性空何以故以意界性空與
彼菩薩摩訶薩行無二無二分故世尊云何以
法界意識界及意觸意觸為緣所生諸受無
二為方便無生為方便無所得為方便迴向
一切智智脩習菩薩摩訶薩行慶喜法界
意識界及意觸意觸為緣所生諸受法界
意識界及意觸意觸為緣所生諸受性空何
以故以法界意識界及意觸意觸為緣所生
諸受性空與彼菩薩摩訶薩行無二無二分
故慶喜由此故說以意界等無二為方便無
生為方便無所得為方便迴向一切智智脩
智菩薩摩訶薩行

BD05109號　大般若波羅蜜多經卷一一六　（7–7）

令度未解者令解未安者令安未涅槃者令
得涅槃今世後世如實知之我是一切知者一
切見者知道者開道者說道者汝等天人
阿脩羅衆皆應到此為聽法故尒時無數千
万億種衆生來至佛所而聽法如來于時觀
是衆生諸根利鈍精進懈怠隨其所堪而為
說法種種无量皆令歡喜快得善利是諸衆
生聞是法已現世安隱後生善處以道受樂
亦得聞法既聞法已離諸障礙於諸法中任
力所能漸得入道如彼大雲雨於一切卉木䕺
林及諸藥草如其種性具足蒙潤各得生長
如來說法一相一味所謂解脫相離相滅
相究竟至於一切種智其有衆生聞如來法
若持讀誦如說脩行所得功德不自覺知所
以者何唯有如來知此衆生種相體性念何
事思何事脩何事云何念云何思云何脩以
何法念以何法思以何法脩以何法得何法
衆生住於種種之地唯有如來如實見之明
了無礙如彼卉木䕺林諸藥草等而不自知
上中下性如來知是一相一味之法所謂解脫
相離相滅相究竟涅槃常寂滅相終歸於

BD05110號　妙法蓮華經卷三　（27–1）

事思何事脩何事云何念云何思云何脩以
何法念以何法思以何法脩以何法得何法
衆生住於種種之地唯有如來如實見之明
了無礙如彼卉木叢林諸藥草等而不自知
上中下性如來知是一相一味之法所謂解脫
相離相滅相究竟涅槃常寂滅相終歸於
空佛知是已觀衆生心欲而將護之是故不
即為說一切種智汝等迦葉甚為希有能知
如來隨宜說法能信能受所以者何諸佛世
尊隨宜說法難解難知尒時世尊欲重宣此
義而說偈言
破有法王　出現世間　隨衆生欲　種種說法
如來尊重　智慧深遠　久嘿斯要　不務速說
有智若聞　則能信解　无智疑悔　則為永失
是故迦葉　隨力為說　以種種緣　令得正見
迦葉當知　譬如大雲　起於世間　遍覆一切
惠雲含潤　電光晃曜　雷聲遠震　令衆悅豫
日光掩蔽　地上清涼　靉靆垂布　如可承攬
其雨普等　四方俱下　流澍无量　率土充洽
山川險谷　幽邃所生　卉木藥草　大小諸樹
百穀苗稼　甘蔗蒲桃　雨之所潤　無不豐足
乾地普洽　藥木並茂　其雲所出　一味之水
草木叢林　隨分受潤　一切諸樹　上中下等
稱其大小　各得生長　根莖枝葉　花菓光色
一雨所及　皆得鮮澤　如其體相　性分大小

BD05110號　妙法蓮華經卷三　（27–2）

百穀苗稼　甘蔗蒲桃　雨之所潤　無不豐足
乾地普洽　藥木並茂　其雲所出　一味之水
草木叢林　隨分受潤　一切諸樹　上中下等
稱其大小　各得生長　根莖枝葉　花菓光色
一雨所及　皆得鮮澤　如其體相　性分大小
所潤是一　而各滋茂　佛亦如是　出現於世
譬如大雲　普覆一切　既出于世　為諸衆生
分別演說　諸法之實　大聖世尊　於諸天人
一切衆中　而宣是言　我為如來　兩足之尊
出于世間　猶如大雲　充潤一切　枯槁衆生
皆令離苦　得安隱樂　世間之樂　及涅槃樂
諸天人衆　一心善聽　皆應到此　覲無上尊
我為世尊　無能及者　安隱衆生　故現於世
為大衆說　甘露淨法　其法一味　解脫涅槃
以一妙音　演暢斯義　常為大乘　而作因緣
我觀一切　普皆平等　無有彼此　愛憎之心
我無貪著　亦无限礙　恒為一切　平等說法
如為一人　衆多亦然　常演說法　曾無他事
去來坐立　終不疲猒　充足世間　如雨普潤
貴賤上下　持戒毀戒　威儀具足　及不具足
正見邪見　利根鈍根　等雨法雨　而无懈惓
一切衆生　聞我法者　隨力所受　住於諸地
或處人天　轉輪聖王　釋梵諸王　是小藥草
知無漏法　能得涅槃　起六神通　及得三明
獨處山林　常行禪定　得緣覺證　是中藥草
求世尊處　我當作佛　行精進定　是上藥草

BD05110號　妙法蓮華經卷三　（27–3）

正見邪見　利根鈍根　等雨法雨　而無懈倦
一切衆生　聞我法者　隨力所受　住於諸地
或處人天　轉輪聖王　釋梵諸王　是小藥草
知無漏法　能得涅槃　起六神通　及得三明
獨處山林　常行禪定　得緣覺證　是中藥草
求世尊處　我當作佛　行精進定　是上藥草
又諸佛子　專心佛道　常行慈悲　自知作佛
決定無疑　是名小樹　安住神通　轉不退輪
度无量億　百千衆生　如是菩薩　名爲大樹
佛平等說　如一味雨　隨衆生性　所受不同
如彼草木　所稟各異　佛以此喻　方便開示
種種言辭　演說一法　於佛智慧　如海一渧
我雨法雨　充滿世間　一味之法　隨力脩行
如彼叢林　藥草諸樹　隨其大小　漸增茂好
諸佛之法　常以一味　令諸世間　普得具足
漸次脩行　皆得道果　聲聞緣覺　處於山林
住最後身　聞法得果　是名藥草　各得增長
若諸菩薩　智慧堅固　了達三界　求最上乘
是名小樹　而得增長　復有住禪　得神通力
聞諸法空　心大歡喜　放無數光　度諸衆生
是名大樹　而得增長　如是迦葉　佛所說法
譬如大雲　以一味雨　潤於人華　各得成實
迦葉當知　以諸因緣　種種譬喻　開示佛道
是我方便　諸佛亦然　今爲汝等　說最實事
諸聲聞衆　皆非滅度　汝等所行　是菩薩道
漸漸脩學　悉當成佛

BD05110號　妙法蓮華經卷三　（27–4）

是名大樹　而得增長　如是迦葉　佛所說法
譬如大雲　以一味雨　潤於人華　各得成實
迦葉當知　以諸因緣　種種譬喻　開示佛道
是我方便　諸佛亦然　今爲汝等　說最實事
諸聲聞衆　皆非滅度　汝等所行　是菩薩道
漸漸脩學　悉當成佛

妙法蓮華經授記品第六

尒時世尊說是偈已告諸大衆唱如是言我
此弟子摩訶迦葉於未來世當得奉覲三百
万億諸佛世尊供養恭敬尊重讚歎廣宣
諸佛無量大法於最後身得成爲佛名曰光
明如來應供正遍知明行足善逝世間解无上
士調御丈夫天人師佛世尊國名光德劫名
大莊嚴佛壽十二小劫正法住世二十小劫像
法亦住二十小劫國界嚴飾無諸穢惡瓦礫
荊棘便利不淨其土平正無有高下坑坎
堆阜琉璃爲地寶樹行列黃金爲繩以界
道側散諸寶華周遍清淨其國菩薩无量
千億諸聲聞衆亦復无數无有魔事雖有魔
及魔民皆護佛法尒時世尊欲重宣此義而
說偈言
告諸比丘　我以佛眼　見是迦葉　於未來世
過無數劫　當得作佛　而於來世　供養奉覲
三百万億　諸佛世尊　爲佛智慧　淨脩梵行
供養最上　二足尊已　脩習一切　無上之慧
於最後身　得成爲佛　其土清淨　琉璃爲地

BD05110號　妙法蓮華經卷三　（27–5）

說偈言
告諸比丘 我以佛眼 見是迦葉 於未來世
過無數劫 當得作佛 而於來世 供養奉覲
三百万億 諸佛世尊 為佛智慧 淨脩梵行
供養最上 二足尊已 脩習一切 無上之慧
於最後身 得成為佛 其土清淨 瑠璃為地
多諸寶樹 行列道側 金繩界道 見者歡喜
常出好香 散衆名華 種種奇妙 以為莊嚴
其地平正 無有丘坑 諸菩薩衆 不可稱計
其心調柔 逮大神通 奉持諸佛 大乘經典
諸聲聞衆 無漏後身 法王之子 亦不可計
乃以天眼 不能數知 其佛當壽 十二小劫
正法住世 二十小劫 像法亦住 二十小劫
光明世尊 其事如是
尒時大目揵連須菩提摩訶迦栴延等皆
悉悚慄一心合掌瞻仰世尊目不暫捨即共
同聲而說偈言
大雄猛世尊 諸釋之法王 哀愍我等故 而賜佛音聲
若知我深心 見為授記者 如以甘露灑 除熱得清涼
如從飢國來 忽遇大王饍 心猶懷疑懼 未敢即便食
若復得王教 然後乃敢食 我等亦如是 每惟小乘過
不知當云何 得佛無上慧 雖聞佛音聲 言我等作佛
心尚懷憂懼 如未敢便食 若蒙佛授記 尒乃快安樂
大雄猛世尊 常欲安世間 願賜我等記 如飢須教食
尒時世尊知諸大弟子心之所念告諸比丘
是須菩提於當來世奉覲三百万億那由他

BD05110號　妙法蓮華經卷三　（27–6）

若復得王教 然後乃敢食 我等亦如是 每惟小乘過
不知當云何 得佛無上慧 雖聞佛音聲 言我等作佛
心尚懷憂懼 如未敢便食 若蒙佛授記 尒乃快安樂
大雄猛世尊 常欲安世間 願賜我等記 如飢須教食
尒時世尊知諸大弟子心之所念告諸比丘
是須菩提於當來世奉覲三百万億那由他
佛供養恭敬尊重讚歎常脩梵行具菩薩道
於最後身得成為佛号曰名相如來應供正
遍知明行足善逝世間解無上士調御丈夫
天人師佛世尊劫名有寶國名寶生其土平
正頗梨為地寶樹莊嚴無諸丘坑沙礫荊棘
便利之穢寶華覆地周遍清淨其土人民皆
處寶臺珎妙樓閣聲聞弟子無量无邊筭數
譬喻所不能知諸菩薩衆無數千万億那由
他佛壽十二小劫正法住世二十小劫像法
亦住二十小劫其佛常處虛空為衆說法
度脫无量菩薩及聲聞衆尒時世尊欲重宣
此義而說偈言
諸比丘衆 今告汝等 皆當一心 聽我所說
我大弟子 須菩提者 當得作佛 号曰名相
當供無數 万億諸佛 隨佛所行 漸具大道
最後身得 三十二相 端正殊妙 猶如寶山
其佛國土 嚴淨第一 衆生見者 無不愛樂
佛於其中 度無量衆 其佛法中 多諸菩薩
皆悉利根 轉不退輪 彼國常以 菩薩莊嚴

BD05110號　妙法蓮華經卷三　（27–7）

當供無數　万億諸佛　隨佛所行　漸具大道
㝡後身得　三十二相　端正姝妙　猶如寶山
其佛國土　嚴淨第一　衆生見者　無不愛樂
佛於其中　度無量衆　其佛法中　多諸菩薩
皆悉利根　轉不退輪　彼國常以　菩薩莊嚴
諸聲聞衆　不可稱數　皆得三明　具六神通
住八解脫　有大威德　其佛說法　現於無量
神通變化　不可思議　諸天人民　數如恒沙
皆共合掌　聽受佛語　其佛當壽　十二小劫
正法住世　二十小劫　像法亦住　二十小劫
尒時世尊復告諸比丘衆我今語汝是大迦
栴延於當來世以諸供具供養奉事八千億
佛恭敬尊重諸佛滅後各起塔廟高千由旬
縱廣正等五百由旬以金銀瑠璃車𤦲馬瑙真
珠玫瑰七寶合成衆華瓔珞塗香末香燒香
繒蓋幢幡供養塔廟過是已後當復供養
二万億佛亦復如是供養是諸佛已具菩薩
道當得作佛號曰閻浮那提金光如來應供
正遍知明行足善逝世間解无上士調御大
夫天人師佛世尊其土平正頗梨為地寶樹
莊嚴黃金為繩以界道側妙華覆地周遍清
淨見者歡喜無四惡道地獄餓鬼畜生阿脩
羅道多有天人諸聲聞衆及諸菩薩无量万
億莊嚴其國佛壽十二小劫正法住世二十小
劫像法亦住二十小劫尒時世尊欲重宣此
義而說偈言

BD05110號　妙法蓮華經卷三　（27–8）

莊嚴黃金為繩以界道側妙華覆地周遍清
淨見者歡喜無四惡道地獄餓鬼畜生阿脩
羅道多有天人諸聲聞衆及諸菩薩无量万
億莊嚴其國佛壽十二小劫正法住世二十小
劫像法亦住二十小劫尒時世尊欲重宣此
義而說偈言
諸比丘衆　皆一心聽　如我所說　真實无異
是迦栴延　當以種種　妙好供具　供養諸佛
諸佛滅後　起七寶塔　亦以華香　供養舍利
其㝡後身　得佛智慧　成等正覺　國土清淨
度脫无量　万億衆生　皆為十方　之所供養
佛之光明　无能勝者　其佛號曰　閻浮金光
菩薩聲聞　斷一切有　无量无數　莊嚴其國
尒時世尊復告大衆我今語汝是大目揵連
當以種種供具供養八千諸佛恭敬尊重諸
佛滅後各起塔廟高千由旬縱廣正等五百由
旬以金銀瑠璃車𤦲馬瑙真珠玫瑰七寶合
成衆華瓔珞塗香末香燒香繒蓋幢幡以用
供養過是已後當復供養二百万億諸佛
亦復如是當得成佛號曰多摩羅跋栴檀
香如來應供正遍知明行足善逝世間解无上
士調御丈夫天人師佛世尊劫名喜滿國名
意樂其土平正頗梨為地寶樹莊嚴散真珠
華周遍清淨見者歡喜多諸天人菩薩聲聞
其數无量佛壽二十四小劫正法住世四十小
劫像法亦住四十小劫尒時世尊欲重宣此

BD05110號　妙法蓮華經卷三　（27–9）

香如來應供正遍知明行足善逝世間解无上
士調御丈夫天人師佛世尊劫名喜滿國名
意樂其土平正頗梨為地寶樹莊嚴散真珠
華周遍清淨見者歡喜多諸天人菩薩聲聞
其數无量佛壽二十四小劫正法住世四十小
劫像法亦住四十小劫尒時世尊欲重宣此
義而說偈言
我此弟子　大目揵連　捨是身已　得見八千
二百万億　諸佛世尊　為佛道故　供養恭敬
於諸佛所　常脩梵行　於无量劫　奉持佛法
諸佛滅後　起七寶塔　長表金剎　華香伎樂
而以供養　諸佛塔廟　漸漸具足　菩薩道已
於意樂國　而得作佛　号多摩羅　栴檀之香
其佛壽命　二十四劫　常為天人　演說佛道
聲聞无量　如恒河沙　三明六通　有大威德
菩薩无數　志固精進　於佛智慧　皆不退轉
佛滅度後　正法當住　四十小劫　像法亦尒
我諸弟子　威德具足　其數五百　皆當授記
於未來世　咸得成佛　我及汝等　宿世因緣
吾今當說　汝等善聽
妙法蓮華經化城喻品第七
佛告諸比丘乃往過去无量无邊不可思議阿
僧祇劫尒時有佛名大通智勝如來應供正
遍知明行足善逝世間解無上士調御丈夫
天人師佛世尊其國名好成劫名大相諸比

BD05110號　妙法蓮華經卷三　（27–10）

妙法蓮華經化城喻品第七
佛告諸比丘乃往過去无量无邊不可思議阿
僧祇劫尒時有佛名大通智勝如來應供正
遍知明行足善逝世間解無上士調御丈夫
天人師佛世尊其國名好成劫名大相諸比
丘彼佛滅度已來甚大久遠譬如三千大千
世界所有地種假使有人磨以為墨過於
東方千國土乃下一點大如微塵又過千國
土復下一點如是展轉盡地種墨於汝等意
云何是諸國土若筭師若筭師弟子能得邊
際知其數不不也世尊諸比丘是人所經國
土若點不點盡末為塵一塵一劫彼佛滅度
已來復過是數无量无邊百千万億阿僧祇
劫我以如來知見力故觀彼久遠猶若今日
尒時世尊欲重宣此義而說偈言
我念過去世　无量无邊劫　有佛兩足尊　名大通智勝
如人以力磨　三千大千土　盡此諸地種　皆悉以為墨
過於千國土　乃下一塵點　如是展轉點　盡此諸塵墨
如是諸國土　點與不點等　復盡末為塵　一塵為一劫
此諸微塵數　其劫復過是　彼佛滅度來　如是无量劫
如來无礙智　知彼佛滅度　及聲聞菩薩　如見今滅度
諸比丘當知　佛智淨微妙　无漏无所礙　通達无量劫
佛告諸比丘大通智勝佛壽五百四十万億那
由他劫其佛本坐道場破魔軍已垂得阿耨
多羅三藐三菩提而諸佛法不現在前如

BD05110號　妙法蓮華經卷三　（27–11）

如來无礙智　知彼佛滅度　及聲聞菩薩　如見今滅度
諸比丘當知　佛智淨微妙　无漏无所礙　通達无量劫
佛告諸比丘大通智勝佛壽五百四十万億那
由他劫其佛本坐道場破魔軍已垂得阿耨
多羅三藐三菩提而諸佛法不現在前如
是一小劫乃至十小劫結跏趺坐身心不動而
諸佛法猶不在前尒時忉利諸天先為彼佛
於菩提樹下敷師子座高一由旬佛於此座
當得阿耨多羅三藐三菩提適坐此座時諸
梵天王雨衆天華面百由旬香風時來吹去
萎華更雨新者如是不絕滿十小劫供養於
佛乃至滅度常雨此華四王諸天為供養
佛常擊天鼓其餘諸天作天伎樂滿十小
劫至于滅度亦復如是諸比丘大通智勝佛過十
小劫諸佛之法乃現在前成阿耨多羅三藐
三菩提其佛未出家時有十六子其第一
者名曰智積諸子各有種種珎異玩好之具
聞父得成阿耨多羅三藐三菩提皆捨所珎
往詣佛所諸母涕泣而隨送之其祖轉輪聖
王與一百大臣及餘百千万億人民皆共圍
繞隨至道場咸欲親近大通智勝如來供養
恭敬尊重讚歎到已頭面礼足遶佛畢已一
心合掌瞻仰世尊以偈頌曰
大威德世尊　為度衆生故　於無量億歲　尒乃得成佛
諸願已具足　善哉吉无上　世尊甚希有　一坐十小劫

BD05110號　妙法蓮華經卷三　（27–12）

恭敬尊重讚歎到已頭面礼足遶佛畢已一
心合掌瞻仰世尊以偈頌曰
大威德世尊　為度衆生故　於無量億歲　尒乃得成佛
諸願已具足　善哉吉无上　世尊甚希有　一坐十小劫
身體及手足　靜然安不動　其心常憺怕　未曾有散乱
究竟永寂滅　安住無漏法　今者見世尊　安隱成佛道
我等得善利　稱慶大歡喜　衆生常苦惱　盲冥无導師
不識苦盡道　不知求解脫　長夜增惡趣　減損諸天衆
從冥入於冥　永不聞佛名　今佛得最上　安隱無漏法
我等及天人　為得最大利　是故咸稽首　歸命无上尊
尒時十六王子偈讚佛已勸請世尊轉於法
輪咸作是言世尊說法多所安隱憐愍饒益
諸天人民重說偈言
世雄无等倫　百福自莊嚴　得无上智慧　願為世間說
度脫於我等　及諸衆生類　為分別顯示　令得是智慧
若我等得佛　衆生亦復然　世尊知衆生　深心之所念
亦知所行道　又知智慧力　欲樂及脩福　宿命所行業
世尊悉知已　當轉无上輪
佛告諸比丘大通智勝佛得阿耨多羅三藐
三菩提時十方各五百万億諸佛世界六種
震動其國中間幽冥之處日月威光所不能
照而皆大明其中衆生各得相見咸作是言
此中云何忽生衆生又其國界諸天宮殿乃
至梵宮六種震動大光普照遍滿世界勝諸
天光尒時東方五百万億諸國土中梵天宮

BD05110號　妙法蓮華經卷三　（27–13）

震動其國中間幽冥之處日月威光所不能
照而皆大明其中衆生各得相見咸作是言
此中云何忽生衆生又其國界諸天宮殿乃
至梵宮六種震動大光普照遍滿世界勝諸
天光尒時東方五百万億諸國土中梵天宮
殿光明照曜倍於常明諸梵天王各作是
念今者宮殿光明昔所未有以何因緣而現此
相是時諸梵天王即各相詣共議此事而
彼衆中有一大梵天王名救一切為諸梵衆
而說偈言
我等諸宮殿　光明昔未有　此是何因緣　宜各共求之
為大德天生　為佛出世間　而此大光明　遍照於十方
尒時五百万億國土諸梵天王與宮殿俱各
以衣裓盛諸天華共詣西方推尋是相見
大通智勝如来處于道場菩提樹下坐師子座
諸天龍王乾闥婆緊那羅摩睺羅伽人非人
等恭敬圍遶及見十六王子請佛轉法輪即
時諸梵天王頭面礼佛遶百千帀即以天華
而散佛上其所散華如須弥山并以供養佛
菩提樹其菩提樹高十由旬華供養已各以
宮殿奉上彼佛而作是言唯見哀愍饒益
我等所獻宮殿願垂納處時諸梵天王即於
佛前一心同聲以偈頌曰
世尊甚希有　難可得值遇　具无量刄德　能救護一切
天人之大師　哀愍於世間　十方諸衆生　普皆蒙饒益
我等所從來　五百万億國　捨深禪定樂　為供養佛故

BD05110號　妙法蓮華經卷三　（27–14）

宮殿奉上彼佛而作是言唯見哀愍饒益
我等所獻宮殿願垂納處時諸梵天王即於
佛前一心同聲以偈頌曰
世尊甚希有　難可得值遇　具无量刄德　能救護一切
天人之大師　哀愍於世間　十方諸衆生　普皆蒙饒益
我等所從來　五百万億國　捨深禪定樂　為供養佛故
我等先世福　宮殿甚嚴飾　今以奉世尊　唯願哀納受
尒時諸梵天王偈讚佛已各作是言唯願世
尊轉於法輪度脫衆生開涅槃道時諸
梵天王一心同聲而說偈言
世雄兩足尊　唯願演說法　以大慈悲力　度苦惱衆生
尒時大通智勝如来嘿然許之又諸比丘東
南方五百万億國土諸大梵王各自見宮殿
光明照曜昔所未有歡喜踊躍生希有心即
各相詣共議此事而彼衆中有一大梵天王
名曰大悲為諸梵衆而說偈言
是事何因緣　而現如此相　我等諸宮殿　光明昔未有
為大德天生　為佛出世間　未曾見此相　當共一心求
過千万億土　尋光共推之　多是佛出世　度脫苦衆生
尒時五百万億諸梵天王與宮殿俱各以衣
裓盛諸天華共詣西北方推尋是相見大通
智勝如来處于道場菩提樹下坐師子座諸
天龍王乾闥婆緊那羅摩睺羅伽人非人等
恭敬圍繞及見十六王子請佛轉法輪時諸
梵天王頭面礼佛繞百千帀即以天華而散

BD05110號　妙法蓮華經卷三　（27–15）

衹盛諸天華共詣西北方推尋是相見大通
智勝如來處于道場菩提樹下坐師子座諸
天龍王乾闥婆緊那羅摩睺羅伽人非人等
恭敬圍繞及見十六王子請佛轉法輪時諸
梵天王頭面礼佛繞百千帀即以天華而散
佛上所散之華如須弥山并以供養佛菩
提樹華供養已各以宮殿奉上彼佛而作是言
唯見哀愍饒益我等所獻宮殿願垂納處尒
時諸梵天王即於佛前一心同聲以偈頌曰
聖主天中王　迦陵頻伽聲　哀愍衆生者　我等今敬礼
世尊甚希有　久遠乃一現　一百八十劫　空過无有佛
三惡道充滿　諸天衆减少　今佛出於世　為衆生作眼
世間所歸趣　救護於一切　為衆生之父　哀愍饒益者
我等宿福慶　今得值世尊
尒時諸梵天王偈讚佛已各作是言唯願世
尊哀愍一切轉於法輪度脫衆生時諸梵
天王一心同聲而說偈言
大聖轉法輪　顯示諸法相　度苦惱衆生　令得大歡喜
衆生聞此法　得道若生天　諸惡道减少　忍善者增益
尒時大通智勝如來嘿然許之又諸比丘南
方五百万億國土諸大梵王各自見宮殿光
明照曜昔所未有歡喜踊躍生希有心即各
相詣共議此事以何因緣我等宮殿有此光
曜而彼衆中有一大梵天王名曰妙法為諸
梵衆而說偈言
我等諸宮殿　光明甚威曜　此非无因緣　是相宜求之

BD05110號　妙法蓮華經卷三　（27–16）

方五百万億國土諸大梵王各自見宮殿光
明照曜昔所未有歡喜踊躍生希有心即各
相詣共議此事以何因緣我等宮殿有此光
曜而彼衆中有一大梵天王名曰妙法為諸
梵衆而說偈言
我等諸宮殿　光明甚威曜　此非无因緣　是相宜求之
過於百千劫　未曾見是相　為大德天王　為佛出世間
尒時五百万億諸梵天王與宮殿俱各以衣
衹盛諸天華共詣北方推尋是相見大通智
勝如來處于道場菩提樹下坐師子座諸天
龍王乾闥婆緊那羅摩睺羅伽人非人等恭
敬圍繞及見十六王子請佛轉法輪時諸梵
天王頭面礼佛繞百千帀即以天華而散佛
上所散之華如須弥山并以供養佛菩提
樹華供養已各以宮殿奉上彼佛而作是言
唯見哀愍饒益我等所獻宮殿願垂納處尒
時諸梵天王即於佛前一心同聲以偈頌曰
世尊甚難見　破諸煩惱者　過百三十劫　今乃得一見
諸飢渴衆生　以法雨充滿　昔所未曾覩　无量智慧者
如優曇鉢華　今日乃值遇　我等諸宮殿　蒙光故嚴飾
世尊大慈愍　唯願垂納受
尒時諸梵天王偈讚佛已各作是言唯願世
尊轉於法輪令一切世間諸天魔梵沙門婆
羅門皆獲安隱而得度脫時諸梵天王一心
同聲以偈頌曰
唯願天人尊　轉無上法輪　擊于大法鼓　而吹大法螺

BD05110號　妙法蓮華經卷三　（27–17）

世尊大慈愍　唯願垂納受
尒時諸梵天王偈讚佛已各作是言唯願世
尊轉於法輪令一切世間諸天魔梵沙門婆
羅門皆獲安隱而得度脫時諸梵天王一心
同聲以偈頌曰
唯願天人尊　轉無上法輪　擊于大法鼓　而吹大法螺
普雨大法雨　度无量衆生　我等咸歸請　當演深遠音
尒時大通智勝如來嘿然許之西南方乃至
下方亦復如是尒時上方五百万億國土諸
大梵王皆悉自覩所止宮殿光明威曜昔所
未有歡喜踊躍生希有心即各相詣共議
此事以何因緣我等宮殿有斯光明而彼衆中
有一大梵天王名曰尸棄為諸梵衆而說偈言
今以何因緣　我等諸宮殿　威德光明曜　嚴飾未曾有
如是之妙相　昔所未聞見　為大德天生　為佛出世間
尒時五百万億諸梵天王與宮殿俱各以衣
祴盛諸天華共詣下方推尋是相見大通智
勝如來處于道場菩提樹下坐師子座諸天
龍王乾闥婆緊那羅摩睺羅伽人非人等恭
敬圍繞及見十六王子請佛轉法輪時諸梵
天王頭面礼佛遶百千帀即以天華而散佛
上所散之華如須弥山并以供養佛菩提樹
華供養已各以宮殿奉上彼佛而作是言唯
見哀愍饒益我等所獻宮殿願垂納處時諸
梵天王即於佛前一心同聲以偈頌曰
善哉見諸佛　救世之聖尊　能於三界獄　勉出諸衆生

天王頭面礼佛遶百千帀即以天華而散佛
上所散之華如須弥山并以供養佛菩提樹
華供養已各以宮殿奉上彼佛而作是言唯
見哀愍饒益我等所獻宮殿願垂納處時諸
梵天王即於佛前一心同聲以偈頌曰
善哉見諸佛　救世之聖尊　能於三界獄　勉出諸衆生
普智天人尊　哀愍群萌類　能開甘露門　廣度於一切
於昔无量劫　空過无有佛　世尊未出時　十方常闇冥
三惡道增長　阿脩羅亦盛　諸天衆轉減　死多墮惡道
不從佛聞法　常行不善事　色力及智慧　斯等皆減少
罪業因緣故　失樂及樂想　住於耶見法　不識善儀則
不蒙佛所化　常墮於惡道　佛為世間眼　久遠時乃出
哀愍諸衆生　故現於世間　超出成正覺　我等甚欣慶
及餘一切衆　喜歎未曾有　我等諸宮殿　蒙光故嚴飾
今以奉世尊　唯垂哀納受　願以此功德　普及於一切
我等與衆生　皆共成佛道
尒時五百万億諸梵天王偈讚佛已各白佛
言唯願世尊轉於法輪多所安隱多所度脫
時諸梵天王而說偈言
世尊轉法輪　擊甘露法鼓　度苦惱衆生　開示涅槃道
唯願受我請　以大微妙音　哀愍而敷演　无量劫習法
尒時大通智勝如來受十方諸梵天王及十
六王子請即時三轉十二行法輪若沙門婆
羅門若天魔梵及餘世間所不能轉謂是
苦是苦集是苦滅是苦滅道及廣說十二因緣

唯願受我請　以大微妙音　哀愍而敷演　无量劫習法
尒時大通智勝如來受十方諸梵天王及十
六王子請即時三轉十二行法輪若沙門婆
羅門若天魔梵及餘世間所不能轉謂是
苦是苦集是苦滅是苦滅道及廣說十二因緣
法無明緣行行緣識識緣名色名色緣六入
六入緣觸觸緣受受緣愛愛緣取取緣有有
緣生生緣老死憂悲苦惱无明滅則行滅行滅
則識滅識滅則名色滅名色滅則六入滅六入
滅則觸滅觸滅則受滅受滅則愛滅愛滅
則取滅取滅則有滅有滅則生滅生滅則
老死憂悲苦惱滅佛於天人大衆之中說是
法時六百万億那由他人以不受一切法故而
於諸漏心得解脫皆得深妙禪定三明六
通具八解脫第二第三第四說法時千万億
恒河沙那由他等衆生亦以不受一切法故
而於諸漏心得解脫從是已後諸聲聞衆无
量无邊不可稱數尒時十六王子皆以童子
出家而為沙弥諸根通利智慧明了已曾
供養百千万億諸佛淨脩梵行求阿耨多羅三
藐三菩提俱白佛言世尊是諸无量千万億大
德聲聞皆已成就世尊亦當為我等說阿
耨多羅三藐三菩提法我等聞已皆共脩學
世尊我等志願如來知見深心所念佛自證
知尒時轉輪聖王所將衆中八万億人見十
六王子出家亦求出家王即聽許尒時彼佛

BD05110 號　妙法蓮華經卷三　（27–20）

藐三菩提俱白佛言世尊是諸无量千万億大
德聲聞皆已成就世尊亦當為我等說阿
耨多羅三藐三菩提法我等聞已皆共脩學
世尊我等志願如來知見深心所念佛自證
知尒時轉輪聖王所將衆中八万億人見十
六王子出家亦求出家王即聽許尒時彼佛
受沙弥請過二万劫已乃於四衆之中說是大
乘經名妙法蓮華教菩薩法佛所護念說是
經已十六沙弥為阿耨多羅三藐三菩提故
皆共受持諷誦通利說是經時十六菩薩
沙弥皆悉信受聲聞衆中亦有信解其餘衆
生千万億種皆生疑惑佛說是經於八千劫
未曾休廢說此經已即入靜室住於禪定八
万四千劫是時十六菩薩沙弥知佛入室寂然
禪定各昇法座亦於八万四千劫為四部衆
廣說分別妙法華經一一皆度六百万億那
由他恒河沙等衆生示教利喜令發阿耨多
羅三藐三菩提心大通智勝佛過八万四千
劫已從三昧起往詣法座安詳而坐普告大
衆是十六菩薩沙弥甚為希有諸根通利
智慧明了已曾供養无量千万億數諸佛
於諸佛所常脩梵行受持佛智開示衆生令入
其中汝等皆當數數親近而供養之所以者
何若聲聞辟支佛及諸菩薩能信是十六
菩薩所說經法受持不毀者是人皆當得阿

BD05110 號　妙法蓮華經卷三　（27–21）

智慧明了已曾供養无量千万億數諸佛
於諸所常脩梵行受持佛智開示衆生令入
其中汝等皆當數數親近而供養之所以者
何若聲聞辟支佛及諸菩薩能信是十六
菩薩所說經法受持不毀者是人皆當得阿
耨多羅三藐三菩提如來之慧佛告諸比丘
是十六菩薩常樂說是妙法蓮華經一一菩
薩所化六百万億那由他恒河沙等衆生世
世所生與菩薩俱從其聞法悉皆信解以此
因緣得值四万億諸佛世尊于今不盡諸比丘
我今語汝彼佛弟子十六沙弥今皆得阿耨
多羅三藐三菩提於十方國土現在說法有
无量百千万億菩薩聲聞以為眷屬其二沙
弥東方作佛一名阿閦在歡喜國二名須弥
頂東南方二佛一名師子音二名師子相南
方二佛一名虛空住二名常滅西南方二佛
一名帝相二名梵相西方二佛一名阿弥陁
二名度一切世間苦惱西北方二佛一名多
摩羅跋栴檀香神通二名須弥相北方二佛
一名雲自在二名雲自在王東北方佛名壞
一切世間怖畏第十六我釋迦牟尼佛於娑
婆國土成阿耨多羅三藐三菩提諸比丘我
等為沙弥時各各教化无量百千万億恒河
沙等衆生從我聞法為阿耨多羅三藐三菩
提此諸衆生于今有住聲聞地者我常教化

BD05110號　妙法蓮華經卷三　（27–22）

一名雲自在二名雲自在王東北方佛名壞
一切世間怖畏第十六我釋迦牟尼佛於娑
婆國土成阿耨多羅三藐三菩提諸比丘我
等為沙弥時各各教化无量百千万億恒河
沙等衆生從我聞法為阿耨多羅三藐三菩
提此諸衆生于今有住聲聞地者我常教化
阿耨多羅三藐三菩提是諸人等應以是法漸
入佛道所以者何如來智慧難信難解尒時
所化無量恒河沙等衆生者汝等諸比丘及我
滅度後未來世中聲聞弟子是也我滅度
後復有弟子不聞是經不知不覺菩薩所
行自於所得功德生滅度想當入涅槃我於
餘國作佛更有異名是人雖生滅度之想入
於涅槃而於彼土求佛智慧得聞是經唯以
佛乘而得滅度更无餘乘除諸如來方便說
法諸比丘若如來自知涅槃時到衆又清淨
信解堅固了達空法深入禪定便集諸菩薩
及聲聞衆為說是經世間无有二乘而得滅
度唯一佛乘得滅度耳比丘當知如來方便
深入衆生之性知其志樂小法深著五欲為
是等故說於涅槃是人若聞則便信受譬如
五百由旬險難惡道曠絕无人怖畏之處若
有多衆欲過此道至珎寶處有一導師聰
慧明達善知險道通塞之相將導衆人欲過
此難所將人衆中路懈退白導師言我等疲
極而復怖畏不能復進前路猶遠今欲退還

BD05110號　妙法蓮華經卷三　（27–23）

是菩故說於涅槃是人若聞則便信受譬如
五百由旬險難惡道曠絕无人怖畏之處若
有多衆欲過此道至珎寶處有一導師聰
慧明達善知險道通塞之相將導衆人欲過
此難所將人衆中路懈退白導師言我等疲
極而復怖畏不能復進前路猶遠今欲退還
導師多諸方便而作是念此等可愍云何捨大
珎寶而欲退還作是念已以方便力於險道中
過三百由旬化作一城告衆人言汝等勿怖
莫得退還今此大城可於中止隨意所作若
入是城快得安隱若能前至寶所亦可得
去是時疲極之衆心大歡喜歎未曾有我等
今者免斯惡道快得安隱於是衆人前入化
城生已度想生安隱想尒時導師知此人衆
既得心息无復疲惓即滅化城語衆人言汝
等去來寶處在近向者大城我所化作為心
息耳諸比丘如來亦復如是今為汝等作大
導師知諸生死煩惱惡道險難長遠應去
應度若衆生但聞一佛乘者則不欲見佛不
欲親近便作是念佛道長遠久受勤苦乃可
得成佛知是心怯弱以方便力而於中
道為心息故說二涅槃若衆生住於二地如
來尒時即便為說汝等所作未辦汝所住地
近於佛慧當觀察籌量所得涅槃非真實
也但是如來方便之力於一佛乘分別說三如
彼導師為心息故化作大城既知息已而告

BD05110號　妙法蓮華經卷三　（27–24）

得成佛知是心怯弱以方便力而於中
道為心息故說二涅槃若衆生住於二地如
來尒時即便為說汝等所作未辦汝所住地
近於佛慧當觀察籌量所得涅槃非真實
也但是如來方便之力於一佛乘分別說三如
彼導師為心息故化作大城既知息已而告
之言寶處在近此城非實我化作耳尒時世
尊欲重宣此義而說偈言

大通智勝佛　十劫坐道場　佛法不現前　不得成佛道
諸天神龍王　阿脩羅衆等　常雨於天華　以供養彼佛
諸天擊天鼓　并作衆伎樂　香風吹萎華　更雨新好者
過十小劫已　乃得成佛道　諸天及世人　心皆懷踊躍
彼佛十六子　皆與其眷屬　千万億圍遶　俱行至佛所
頭面禮佛足　而請轉法輪　聖師子法雨　充我及一切
世尊甚難值　久遠時一現　為覺悟群生　震動於一切
東方諸世界　五百万億國　梵宮殿光曜　昔所未曾有
諸梵見此相　尋來至佛所　散華以供養　并奉上宮殿
請佛轉法輪　以偈而讚歎　佛知時未至　受請嘿然坐
三方及四維　上下亦復尒　散華奉宮殿　請佛轉法輪
世尊甚難值　願以大慈悲　廣開甘露門　轉无上法輪
无量慧世尊　受彼衆人請　為宣種種法　四諦十二緣
无明至老死　皆從生緣有　如是衆過患　汝等應當知
宣暢是法時　六百万億姟　得盡諸苦際　皆成阿羅漢
第二說法時　千万恒沙衆　於諸法不受　亦得阿羅漢
從是後得道　其數无有量　万億劫筭數　不能得其邊

BD05110號　妙法蓮華經卷三　（27–25）

无量慧世尊　受彼眾人請　為宣種種法　四諦十二緣
无明至老死　皆從生緣有　如是眾過患　汝等應當知
宣暢是法時　六百万億姟　得盡諸苦際　皆成阿羅漢
第二說法時　千万恒沙眾　於諸法不受　亦得阿羅漢
從是後得道　其數无有量　万億劫筭數　不能得其邊
時十六王子　出家作沙弥　皆共請彼佛　演說大乘法
我等及營從　皆當成佛道　願得如世尊　慧眼第一淨
佛知童子心　宿世之所行　以无量因緣　種種諸譬喻
說六波羅蜜　及諸神通事　分別真實法　菩薩所行道
說是法華經　如恒河沙偈　彼佛說經已　靜室入禪定
一心一處坐　八万四千劫　是諸沙弥等　知佛禪未出
為无量億眾　說佛无上慧　各各坐法座　說是大乘經
於佛宴寂後　宣揚助法化　一一沙弥等　所度諸眾生
有六百万億　恒河沙等眾　彼佛滅度後　是諸聞法者
在在諸佛土　常與師俱生　是十六沙弥　具足行佛道
今現在十方　各得成正覺　尒時聞法者　各在諸佛所
其有住聲聞　漸教以佛道　我在十六數　曾亦為汝說
是故以方便　引汝趣佛慧　以是本因緣　今說法華經
令汝入佛道　慎勿懷驚懼　譬如險惡道　迥絕多毒獸
又復无水草　人所怖畏處　无數千万眾　欲過此險道
其路甚曠遠　經五百由旬　時有一導師　強識有智慧
明了心決定　在險濟眾難　眾人皆疲惓　而白導師言
我等今頓乏　於此欲退還　導師作是念　此輩甚可愍
如何欲退還　而失大珍寶　尋時思方便　當設神通力
化作大城郭　莊嚴諸舍宅　周帀有園林　渠流及浴池

BD05110號　妙法蓮華經卷三　（27–26）

明了心決定　在險濟眾難　眾人皆疲惓　而白導師言
我等今頓乏　於此欲退還　導師作是念　此輩甚可愍
如何欲退還　而失大珍寶　尋時思方便　當設神通力
化作大城郭　莊嚴諸舍宅　周帀有園林　渠流及浴池
重門高樓閣　男女皆充滿　即作是化已　慰眾言勿懼
汝等入此城　各可隨所樂　諸人既入城　心皆大歡喜
皆生安隱想　自謂已得度　導師知息已　集眾而告言
汝等當前進　此是化城耳　我見汝疲極　中路欲退還
故以方便力　權化作此城　汝今勤精進　當共至寶所
我亦復如是　為一切導師　見諸求道者　中路而懈廢
不能度生死　煩惱諸險道　故以方便力　為息說涅槃
言汝等苦滅　所作皆已辦　既知到涅槃　皆得阿羅漢
尒乃集大眾　為說真實法　諸佛方便力　分別說三乘
唯有一佛乘　息處故說二　今為汝說實　汝所得非滅
為佛一切智　當發大精進　汝證一切智　十力等佛法
具三十二相　乃是真實滅　諸佛之導師　為息說涅槃
既知是息已　引入於佛慧

妙法蓮華經卷第三

BD05110號　妙法蓮華經卷三　（27–27）

及比丘僧　并諸菩薩　斯法華經　為深智說
淺識聞之　迷惑不解　一切聲聞　及辟支佛
於此經中　力所不及　汝舍利弗　尚於此經
以信得入　況餘聲聞　其餘聲聞　信佛語故
隨順此經　非己智分　又舍利弗　憍慢懈怠
計我見者　莫說此經　凡夫淺識　深著五欲
聞不能解　亦勿為說　若人不信　毀謗此經
則斷一切　世間佛種　或復顰蹙　而懷疑惑
汝當聽說　此人罪報　若佛在世　若滅度後
其有誹謗　如斯經典　見有讀誦　書持經者
輕賤憎嫉　而懷結恨　此人罪報　汝今復聽
其人命終　入阿鼻獄　具足一劫　劫盡更生
如是展轉　至无數劫　從地獄出　當墮畜生
若狗野干　其形頡瘦　梨黮疥癩　人所觸嬈
又復為人　之所惡賤　常困飢渴　骨肉枯竭
生受楚毒　死被瓦石　斷佛種故　受斯罪報
若作駱駝　或生驢中　身常負重　加諸杖捶
但念水草　餘无所知　謗斯經故　獲罪如是
有作野干　來入聚落　身體疥癩　又无一目
為諸童子　之所打擲　受諸苦痛　或時致死
於此死已　更受蟒身　其形長大　五百由旬

BD05111號　妙法蓮華經卷二

(9–1)

生受楚毒　死被瓦石　斷佛種故　受斯罪報
若作駱駝　或生驢中　身常負重　加諸杖捶
但念水草　餘无所知　謗斯經故　獲罪如是
有作野干　來入聚落　身體疥癩　又无一目
為諸童子　之所打擲　受諸苦痛　或時致死
於此死已　更受蟒身　其形長大　五百由旬
聾騃无足　宛轉腹行　為諸小虫　之所唼食
晝夜受苦　无有休息　謗斯經故　獲罪如是
若得為人　諸根闇鈍　矬陋攣躄　盲聾背傴
有所言說　人不信受　口氣常臭　鬼魅所著
貧窮下賤　為人所使　多病痟瘦　无所依怙
雖親附人　人不在意　若有所得　尋復忘失
若脩醫道　順方治病　更增他疾　或復致死
若自有病　无人救療　設服良藥　而復增劇
若他反逆　抄劫竊盜　如是等罪　橫羅其殃
如斯罪人　永不見佛　衆聖之王　說法教化
如斯罪人　常生難處　狂聾心亂　永不聞法
於无數劫　如恒河沙　生輒聾瘂　諸根不具
常處地獄　如遊園觀　在餘惡道　如己舍宅
駝驢猪狗　是其行處　謗斯經故　獲罪如是
若得為人　聾盲瘖瘂　貧窮諸衰　以自莊嚴
水腫乾痟　疥癩癰疽　如是等病　以為衣服
身常臭處　垢穢不淨　深著我見　增益瞋恚
婬欲熾盛　不擇禽獸　謗斯經故　獲罪如是
告舍利弗　謗斯經者　若說其罪　窮劫不盡
以是因緣　我故語汝　无智人中　莫說此經
若有利根　智慧明了　多聞強識　求佛道者

BD05111號　妙法蓮華經卷二

(9–2)

水腫乾痟疥癩癰疽如是等病以為衣服
身常臭處垢穢不淨深著我見增益瞋恚
婬欲熾盛不擇禽獸謗斯經故獲罪如是
告舍利弗謗斯經者若說其罪窮刧不盡
以是因緣我故語汝无智人中莫說此經
若有利根智慧明了多聞強識求佛道者
如是之人乃可為說若人曾見億百千佛
殖諸善本深心堅固如是之人乃可為說
若人精進常脩慈心不惜身命乃可為說
若人恭敬无有異心離諸凡愚獨處山澤
如是之人乃可為說又舍利弗若見有人
捨惡知識親近善友如是之人乃可為說
若見佛子持戒清潔如淨明珠求大乘經
如是之人乃可為說若人无瞋質直柔軟
常愍一切恭敬諸佛如是之人乃可為說
復有佛子於大眾中以清淨心種種因緣
譬喻言辭說法无礙如是之人乃可為說
若有比丘為一切智四方求法合掌頂受
但樂受持大乘經典乃至不受餘經一偈
如是之人乃可為說如人至心求佛舍利
如是求經得已頂受其人不復志求餘經
亦未曾念外道典籍如是之人乃可為說
告舍利弗我說是相求佛道者窮刧不盡
如是等人則能信解汝當為說妙法華經
妙法蓮華經信解品第四
尒時慧命須菩提摩訶迦旃延摩訶迦葉摩
訶目揵連從佛所聞未曾有法世尊授舍利

BD05111號　妙法蓮華經卷二　（9–3）

告舍利弗我說是相求佛道者窮刧不盡
如是等人則能信解汝當為說妙法華經
妙法蓮華經信解品第四
尒時慧命須菩提摩訶迦旃延摩訶迦葉摩
訶目揵連從佛所聞未曾有法世尊授舍利
弗阿耨多羅三藐三菩提記發希有心歡喜
踊躍即從座起整衣服偏袒右肩右膝著
地一心合掌曲躬恭敬瞻仰尊顏而白佛言我
等居僧之首年並朽邁自謂已得涅槃无所
堪任不復進求阿耨多羅三藐三菩提世尊
往昔說法既久我時在座身體疲懈但念
空无相无作於菩薩法遊戲神通淨佛國土
成就眾生心不喜樂所以者何世尊令我等
出於三界得涅槃證又今我等年已朽邁於
佛教化菩薩阿耨多羅三藐三菩提不生一
念好樂之心我等今於佛前聞授聲聞阿耨
多羅三藐三菩提記心甚歡喜得未曾有不
謂於今忽然得聞希有之法深自慶幸獲大
善利无量珎寶不求自得世尊我等今者樂
說譬喻以明斯義譬若有人年既幼稚捨父逃
逝久住他國或十二十五至十歲年既長大
加復窮困馳騁四方以求衣食漸漸遊行遇
向本國其父先來求子不得中止一城其家
大富財寶无量金銀琉璃珊瑚虎珀頗梨珠
等其諸倉庫悉皆盈溢多有僮僕臣佐吏民
象馬車乘牛羊无數出入息利乃遍他國商
估賈客亦甚眾多時貧窮子遊諸聚落

BD05111號　妙法蓮華經卷二　（9–4）

向本國其父先來求子不得中止一城其家
大富財寶无量金銀瑠璃珊瑚虎珀頗梨珠
等其諸倉庫悉皆盈溢多有僮僕臣佐吏民
象馬車乘牛羊无數出入息利乃遍他國商
估賈客亦甚衆多時貧窮子遊諸聚落
經歷國邑遂到其父所止之城父每念子與子
離別五十餘年而未曾向人說如此事但自思
惟心懷悔恨自念老朽多有財物金銀珍寶
倉庫盈溢无有子息一旦終沒財物散失无
所委付是以慇懃每憶其子復作是念我若
得子委付財物坦然快樂无復憂慮世尊尒
時窮子傭賃展轉遇到父舍住立門側遙見
其父踞師子床寶几承足諸婆羅門刹利居
士皆恭敬圍繞以真珠瓔珞價直千万莊嚴
其身吏民僮僕手執白拂侍立左右覆以寶
帳垂諸華幡香水灑地散衆名華羅列寶物
出內取與有如是等種種嚴飾威德特尊窮
子見父有大力勢即懷恐怖悔來至此竊作
是念此或是王或是王等非我傭力得物之
處不如往至貧里肆力有地衣食易得若久
住此或見逼迫強使我作作是念已疾走而
去時富長者於師子座見子便識心大歡喜
即作是念我財物庫藏今有所付我常思念
此子无由見之而忽自來甚適我願我雖年
朽猶故貪惜即遣傍人急追將還尒時使者
疾走往捉窮子驚愕稱怨大喚我不相犯何
為見捉使者執之愈急強牽將還于時窮子

即作是念我財物庫藏今有所付我常思念
此子无由見之而忽自來甚適我願我雖年
朽猶故貪惜即遣傍人急追將還尒時使者
疾走往捉窮子驚愕稱怨大喚我不相犯何
為見捉使者執之愈急強牽將還于時窮子
自念无罪而被囚執此必定死轉更惶怖悶絕
躄地父遙見之而語使言不須此人勿強將
來以冷水灑面令得醒悟莫復與語所以
者何父知其子志意下劣自知豪貴為子
所難審知是子而以方便不語他人云是我子
使者語之我今放汝隨意所趣窮子歡喜得
未曾有從地而起往至貧里以求衣食尒時
長者將欲誘引其子而設方便密遣二人形
色憔悴无威德者汝可詣彼徐語窮子此有
作處倍與汝直窮子若許將來使作若言欲
何所作便可語之雇汝除糞我等二人亦共
汝作時二使人即求窮子既已得之具陳上
事尒時窮子先取其價尋與除糞其父見
子愍而怪之又以他日於窓牖中遙見子身羸
瘦憔悴糞土塵坌汙穢不淨即脫瓔珞細軟
上服嚴飾之具更著麤弊垢膩之衣塵土坌
身右手執持除糞之器狀有所畏語諸作人
汝等勤作勿得懈息以方便故得近其子後
復告言咄男子汝常此作勿復餘去當加汝
價諸有所須瓮器米麪塩酢之屬莫自疑
難亦有老弊使人須者相給好自安意我如
汝父勿復憂慮所以者何我年老大而汝少壯
汝常作時无有欺怠瞋恨怨言

……者相給好自安意我如
汝父勿復憂慮所以者何我年老大而汝少壯
汝常作時无有欺怠瞋恨怨言都不見汝有
此諸惡如餘作人自今已後如所生子即時長
者更與作字名之為兒尒時窮子雖欣此遇
猶故自謂客作賤人由是之故於二十年中
常令除糞過是已後心相體信入出无難然
其所止猶在本處世尊尒時長者有疾自
知將死不久語窮子言我今多有金銀珍寶
倉庫盈溢其中多少所應取與汝悉知之我
心如是當體此意所以者何今我與汝便為
不異宜加用心无令漏失尒時窮子即受教
勅領知衆物金銀珍寶及諸庫藏而无悕取
一飡之意然其所止故在本處下劣之心亦
未能捨復經少時父知子意漸已通泰成就
大志自鄙先心臨欲終時而命其子并會親
族國王大臣剎利居士皆悉已集即自宣言
諸君當知此是我子我之所生於某城中捨
吾逃走跉跰辛苦五十餘年其本字某我名
某甲昔在本城懷憂推覓忽於此間遇會得
之此實我子我實其父今我所有一切財物
皆是子有先所出内是子所知世尊是時窮
子聞父此言即大歡喜得未曾有而作是念
我本无心有所悕求今此寶藏自然而至世
尊大富長者則是如来我等皆似佛子如来
常說我等為子世尊我等以三苦故於生死
中受諸熱惱迷惑无知樂著小法今日世尊

BD05111 號　妙法蓮華經卷二　（9–7）

皆是子有先所出内是子所知世尊是時窮
子聞父此言即大歡喜得未曾有而作是念
我本无心有所悕求今此寶藏自然而至世
尊大富長者則是如来我等皆似佛子如来
常說我等為子世尊我等以三苦故於生死
中受諸熱惱迷惑无知樂著小法今日世尊
令我等思惟蠲除諸法戲論之糞我等於中
勤加精進得至涅槃一日之價既得此已心大
歡喜自以為足而便自謂言於佛法中勤精進
故所得弘多然世尊先知我等心著弊欲樂
於小法便見縱捨不為分別汝等當有如来
知見寶藏之分世尊以方便力說如来智惠
我等從佛得涅槃一日之價以為大得於此
大乘无有志求我等又因如来智惠為諸菩
薩開示演說而自於此无有志願所以者何
佛知我等心樂小法以方便力隨我等說而
我等不知真是佛子今我等方知世尊於佛
智惠无所悋惜所以者何我等昔来真是佛
子而但樂小法若我等有樂大之心佛則為
我說大乘法今此經中唯說一乘而昔於菩薩
前毀呰聲聞樂小法者然佛實以大乘教化
是故我等說本无心有所悕求今法王大寶
自然而至如佛子所應得者皆已得之尒時
摩訶迦葉欲重宣此義而說偈言
我等今日　聞佛音教　歡喜踊躍　得未曾有
佛說聲聞　當得作佛　无上寶聚　不求自得
譬如童子　幼稚无識　捨父逃逝　遠到他土

BD05111 號　妙法蓮華經卷二　（9–8）

前呰聲聞樂小法者然佛實以大乘教化
是故我等說本无心有所悕求今法王大寶
自然而至如佛子所應得者皆已得之尒時
摩訶迦葉欲重宣此義而說偈言
我等今日　聞佛音教　歡喜踊躍　得未曾有
佛說聲聞　當得作佛　无上寶聚　不求自得
譬如童子　幼稚无識　捨父逃逝　遠到他土
周流諸國　五十餘年　其父憂念　四方推求
求之既疲　頓止一城　造立舍宅　五欲自娛
其家巨富　多諸金銀　車𤦲馬瑙　真珠瑠璃
象馬牛羊　輦輿車乘　田業僮僕　人民衆多
出入息利　乃遍他國　商估賈人　无處不有
千万億衆　圍繞恭敬　常為王者　之所愛念
群臣豪族　皆共宗重　以諸緣故　往來者衆
豪富如是　有大力勢　而年朽邁　益憂念子
夙夜惟念　死時將至　癡子捨我　五十餘年
庫藏諸物　當如之何　尒時窮子　求索衣食
從邑至邑　從國至國　或有所得　或无所得
飢餓羸瘦　體生瘡癬　漸次經歷　到父住城
傭賃展轉　遂至父舍　尒時長者　於其門內
施大寶帳　處師子座　眷屬圍繞　諸人侍衛
或有計算　金銀寶物　出內財產　注記券疏
窮子見父　豪貴尊嚴　謂是國王　若是王等
驚怖自怪　何故至此　覆自念言　我若久住

BD05111 號　妙法蓮華經卷二　（9–9）

處苦思惟色處无我思惟聲香味觸法處无
我思惟色處不淨思惟聲香味觸法處不淨
思惟色處空思惟聲香味觸法處空思惟色
處无相思惟聲香味觸法處无相思惟色處
无願思惟聲香味觸法處无願思惟色處寂
靜思惟聲香味觸法處寂靜思惟色處遠離
思惟聲香味觸法處遠離思惟色處如病思
惟聲香味觸法處如病思惟色處如癰思惟
聲香味觸法處如癰思惟色處如箭思惟聲
香味觸法處如箭思惟色處如瘡思惟聲香
味觸法處如瘡思惟色處熱惱思惟聲香味
觸法處熱惱思惟色處逼切思惟聲香味觸
法處逼切思惟色處敗壞思惟聲香味觸法
處敗壞思惟色處衰朽思惟聲香味觸法處
衰朽思惟色處變動思惟聲香味觸法處變
動思惟色處速滅思惟聲香味觸法處速滅
思惟色處可畏思惟聲香味觸法處可畏思
惟色處可厭思惟聲香味觸法處可厭思惟
色處有災思惟聲香味觸法處有災思惟色
處有橫思惟聲香味觸法處有橫思惟色處

BD05112 號　大般若波羅蜜多經卷七七　（7–1）

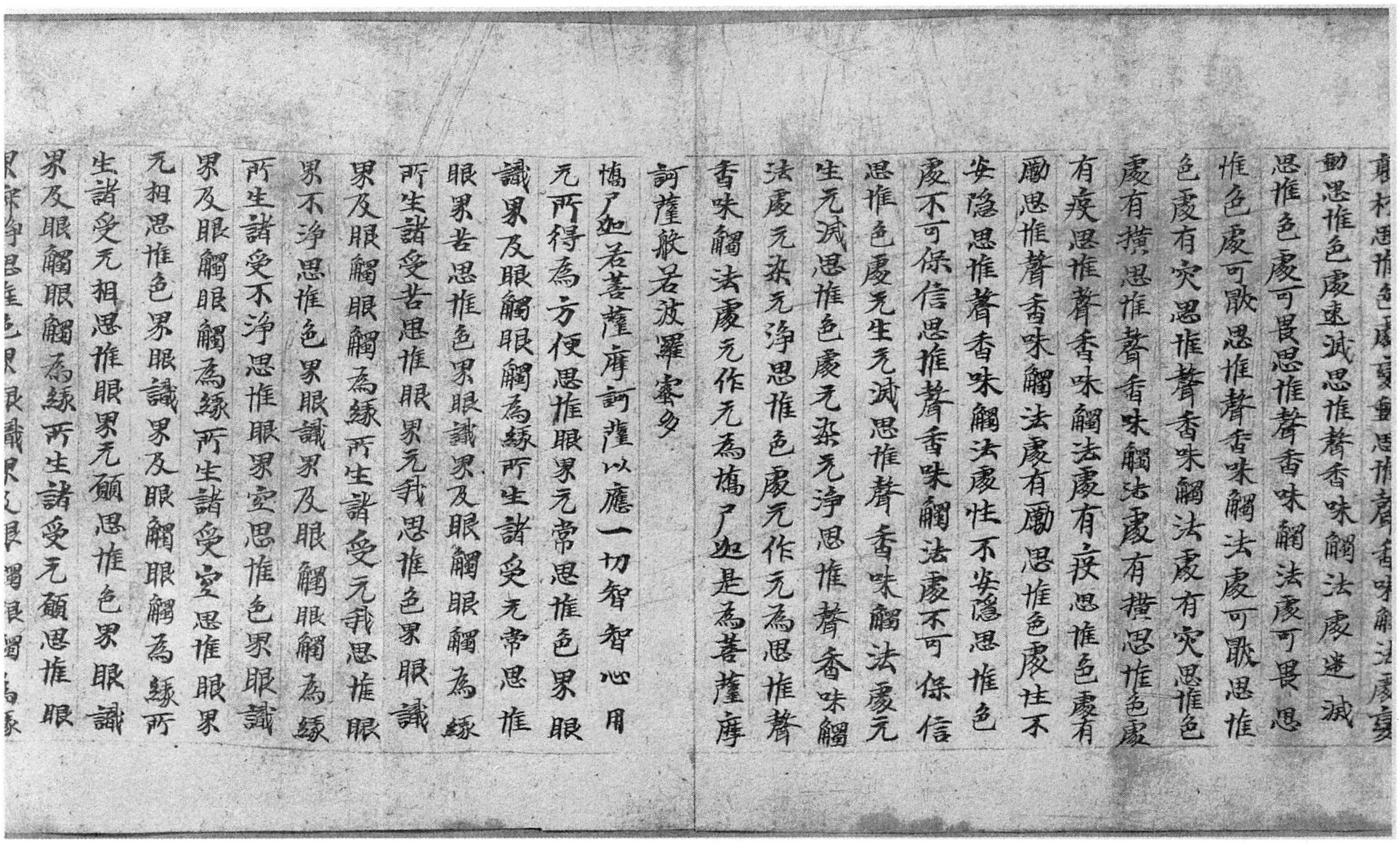

朽思惟色處變動思惟聲香味觸法處變
動思惟色處速滅思惟聲香味觸法處速滅
思惟色處可畏思惟聲香味觸法處可畏思
惟色處可厭思惟聲香味觸法處可厭思惟
色處有災思惟聲香味觸法處有災思惟色
處有橫思惟聲香味觸法處有橫思惟色處
有疫思惟聲香味觸法處有疫思惟色處有
癘思惟聲香味觸法處有癘思惟色處性不
安隱思惟聲香味觸法處性不安隱思惟色
處不可保信思惟聲香味觸法處不可保信
思惟色處无生无滅思惟聲香味觸法處无
生无滅思惟色處无染无淨思惟聲香味觸
法處无染无淨思惟色處无作无為思惟聲
香味觸法處无作无為憍尸迦是為菩薩摩
訶薩般若波羅蜜多
憍尸迦若菩薩摩訶薩以應一切智智心用
无所得為方便思惟眼界无常思惟色界眼
識界及眼觸眼觸為緣所生諸受无常思惟
眼界苦思惟色界眼識界及眼觸眼觸為緣
所生諸受苦思惟眼界无我思惟色界眼識
界及眼觸眼觸為緣所生諸受无我思惟眼
界不淨思惟色界眼識界及眼觸眼觸為緣
所生諸受不淨思惟眼界空思惟色界眼識
界及眼觸眼觸為緣所生諸受空思惟眼界
无相思惟色界眼識界及眼觸眼觸為緣所
生諸受无相思惟眼界无願思惟色界眼識
界及眼觸眼觸為緣所生諸受无願思惟眼
界寂靜思惟色界眼識界及眼觸眼觸為緣

BD05112 號　大般若波羅蜜多經卷七七　（7–2）

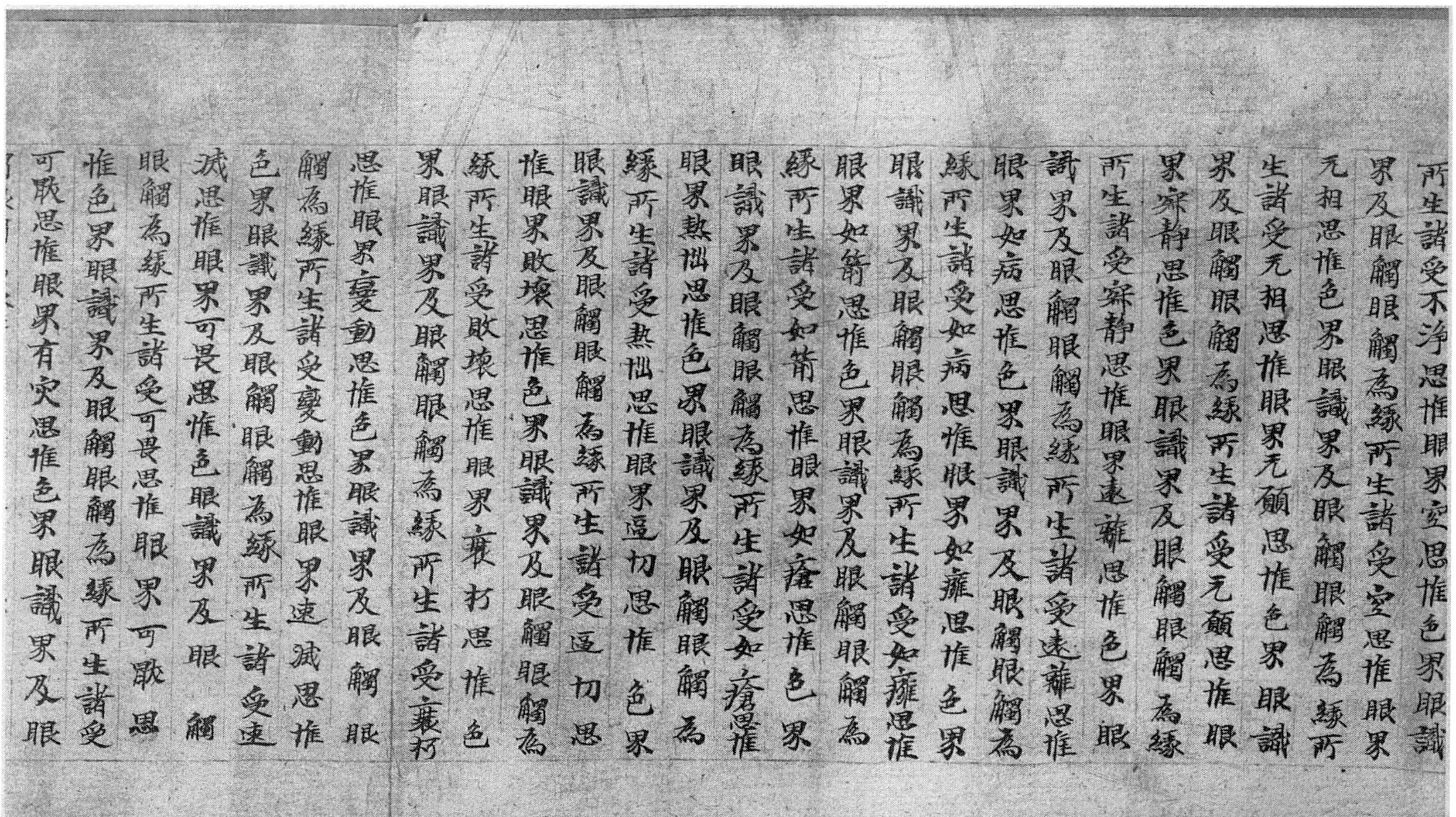

所生諸受不淨思惟眼界空思惟色界眼識
界及眼觸眼觸為緣所生諸受空思惟眼界
无相思惟色界眼識界及眼觸眼觸為緣所
生諸受无相思惟眼界无願思惟色界眼識
界及眼觸眼觸為緣所生諸受无願思惟眼
界寂靜思惟色界眼識界及眼觸眼觸為緣
所生諸受寂靜思惟眼界遠離思惟色界眼
識界及眼觸眼觸為緣所生諸受遠離思惟
眼界如病思惟色界眼識界及眼觸眼觸為
緣所生諸受如病思惟眼界如癰思惟色界
眼識界及眼觸眼觸為緣所生諸受如癰思惟
眼界如箭思惟色界眼識界及眼觸眼觸為
緣所生諸受如箭思惟眼界如瘡思惟色界
眼識界及眼觸眼觸為緣所生諸受如瘡思惟
眼界熱惱思惟色界眼識界及眼觸眼觸為
緣所生諸受熱惱思惟眼界逼切思惟色界
眼識界及眼觸眼觸為緣所生諸受逼切思
惟眼界敗壞思惟色界眼識界及眼觸眼觸為
緣所生諸受敗壞思惟眼界衰朽思惟色
界眼識界及眼觸眼觸為緣所生諸受衰朽
思惟眼界變動思惟色界眼識界及眼觸眼
觸為緣所生諸受變動思惟眼界速滅思惟
色界眼識界及眼觸眼觸為緣所生諸受速
滅思惟眼界可畏思惟色界眼識界及眼觸
眼觸為緣所生諸受可畏思惟眼界可厭思
惟色界眼識界及眼觸眼觸為緣所生諸受
可厭思惟眼界有災思惟色界眼識界及眼

BD05112 號　大般若波羅蜜多經卷七七　（7–3）

色界眼識界及眼觸眼觸為緣所生諸受遠
滅思惟眼界可畏思惟色眼識界及眼觸
眼觸為緣所生諸受可畏思惟眼界可厭思
惟色界眼識界及眼觸眼觸為緣所生諸受
可厭思惟眼界有灾思惟色界眼識界及眼
觸眼觸為緣所生諸受有灾思惟眼界有横
思惟色界眼識界及眼觸眼觸為緣所生諸
受有横思惟眼界有疫思惟色界眼識界及眼
觸眼觸為緣所生諸受有疫思惟眼界有癘思
惟色界眼識界及眼觸眼觸為緣所生諸受
有癘思惟眼界性不安隱思惟色界眼識界
及眼觸眼觸為緣所生諸受性不安隱思惟眼
界不可保信思惟色界眼識界及眼觸眼觸
為緣所生諸受不可保信思惟眼界无生无滅
思惟色界眼識界及眼觸眼觸為緣所生諸受
无生无滅思惟眼界无染无淨思惟色界眼
識界及眼觸眼觸為緣所生諸受无染无淨
思惟眼界无作无為界惟色界眼識界及眼
觸眼觸為緣所生諸受无作无為憍尸迦是
為菩薩摩訶薩般若波羅蜜多
憍尸迦若菩薩摩訶薩以應一切智智心用
无所得為方便思惟耳界无常思惟聲界耳
識界及耳觸耳觸為緣所生諸受无常思惟
耳界苦思惟聲界耳識界及耳觸耳觸為緣
所生諸受苦思惟耳界无我思惟聲界耳識
界及耳觸耳觸為緣所生諸受无我思惟耳
界不淨思惟聲界耳識界及耳觸耳觸為緣

BD05112 號　大般若波羅蜜多經卷七七　（7–4）

无所得為方便思惟耳界无常思惟聲界耳
識界及耳觸耳觸為緣所生諸受无常思惟
耳界苦思惟聲界耳識界及耳觸耳觸為緣
所生諸受苦思惟耳界无我思惟聲界耳識
界及耳觸耳觸為緣所生諸受无我思惟耳
界不淨思惟聲界耳識界及耳觸耳觸為緣
所生諸受不淨思惟耳界空思惟聲界耳識
界及耳觸耳觸為緣所生諸受空思惟耳界
无相思惟聲界耳識界及耳觸耳觸為緣所
生諸受无相思惟耳界无願思惟聲界耳識
界及耳觸耳觸為緣所生諸受无願思惟耳
界寂靜思惟聲界耳識界及耳觸耳觸為緣
所生諸受寂靜思惟耳界遠離思惟聲界耳
識界及耳觸耳觸為緣所生諸受遠離思惟
耳界如病思惟聲界耳識界及耳觸耳觸為
緣所生諸受如病思惟耳界如癰思惟聲界
耳識界及耳觸耳觸為緣所生諸受如癰思
惟耳界如箭思惟聲界耳識界及耳觸耳觸
為緣所生諸受如箭思惟耳界如瘡思惟聲
界耳識界及耳觸耳觸為緣所生諸受如瘡
思惟耳界熱惱思惟聲界耳識界及耳觸耳
觸為緣所生諸受熱惱思惟耳界逼切思惟
聲界耳識界及耳觸耳觸為緣所生諸受逼
切思惟耳界敗壞思惟聲界耳識界及耳觸
耳觸為緣所生諸受敗壞思惟耳界衰朽思
惟聲界耳識界及耳觸耳觸為緣所生諸受
衰朽思惟耳界變動思惟聲界耳識界及耳

BD05112 號　大般若波羅蜜多經卷七七　（7–5）

觸為緣所生諸受熱惱思惟耳界逼切思惟
聲界耳識界及耳觸耳觸為緣所生諸受逼
切思惟耳界敗壞思惟聲界耳識界及耳觸
耳觸為緣所生諸受敗壞思惟耳界衰朽思
惟聲界耳識界及耳觸耳觸為緣所生諸受
衰朽思惟耳界變動思惟聲界耳識界及耳
觸耳觸為緣所生諸受變動思惟耳界速滅
思惟聲界耳識界及耳觸耳觸為緣所生諸
受速滅思惟耳界可畏思惟聲界耳識界及
耳觸耳觸為緣所生諸受可畏思惟耳界可
猒思惟聲界耳識界及耳觸耳觸為緣所生
諸受可猒思惟耳界有災思惟聲界耳識界
及耳觸耳觸為緣所生諸受有災思惟耳界
有横思惟聲界耳識界及耳觸耳觸為緣所
生諸受有横思惟耳界有疫思惟聲界耳識
界及耳觸耳觸為緣所生諸受有疫思惟耳
界有癘思惟聲界耳識界及耳觸耳觸為緣
所生諸受有癘思惟耳界性不安隱思惟聲
界耳識界及耳觸耳觸為緣所生諸受性不
安隱思惟耳界不可保信思惟聲界耳識界
及耳觸耳觸為緣所生諸受不可保信思惟耳
界无生无滅思惟聲界耳識界及耳觸耳觸
為緣所生諸受无生无滅思惟耳界无染无
淨思惟聲界耳識界及耳觸耳觸為緣所生
諸受无染无淨思惟耳界无作无為思惟聲
界耳識界及耳觸耳觸為緣所生諸受无作
无為憍尸迦是為菩薩摩訶薩般若波羅蜜
多

BD05112 號　大般若波羅蜜多經卷七七　　（7–6）

及耳觸耳觸為緣所生諸受不可保信思惟耳
界无生无滅思惟聲界耳識界及耳觸耳觸
為緣所生諸受无生无滅思惟耳界无染无
淨思惟聲界耳識界及耳觸耳觸為緣所生
諸受无染无淨思惟耳界无作无為思惟聲
界耳識界及耳觸耳觸為緣所生諸受无作
无為憍尸迦是為菩薩摩訶薩般若波羅蜜
多
憍尸迦若菩薩摩訶薩以應一切智智心用
无所得為方便思惟鼻界无常思惟香界鼻
識界及鼻觸鼻觸為緣所生諸受无常思惟
鼻界苦思惟香界鼻識界及鼻觸鼻觸為緣
所生諸受苦思惟鼻界无我思惟香界鼻識
界及鼻觸鼻觸為緣所生諸受无我思惟鼻
界不淨思惟香界鼻識界及鼻觸鼻觸為緣
所生諸受不淨思惟鼻界空思惟香界鼻識
界及鼻觸鼻觸為緣所生諸受空思惟鼻界
无相思惟香界鼻識界及鼻觸鼻觸為緣所
生諸受无相思惟鼻界无願思惟香界鼻識
界及鼻觸鼻觸為緣所生諸受无願思惟鼻

BD05112 號　大般若波羅蜜多經卷七七　　（7–7）

道相智一
……一切智……故一切
……故若大慈清淨若道相智一
切相……淨若一切智智清淨无二无二分
无別无斷故善現大慈清淨故一切陁羅尼
門清淨一切陁羅尼門清淨故一切智智清
淨何以故若大慈清淨若一切陁羅尼門清
淨若一切智智清淨无二无二分无別无斷
故大慈清淨故一切三摩地門清淨一切三
摩地門清淨故一切智智清淨何以故若大
慈清淨若一切三摩地門清淨若一切智智
清淨无二无二分无別无斷故
善現大慈清淨故預流果清淨預流果清
淨故一切智智清淨何以故若大慈清淨若
預流果清淨若一切智智清淨无二无二分
无別无斷故大慈清淨故一來不還阿羅漢
果清淨一來不還阿羅漢果清淨故一切智
智清淨何以故若大慈清淨若一來不還阿
羅漢果清淨若一切智智清淨无二无二分
无別无斷故善現大慈清淨故獨覺菩提清
淨獨覺菩提清淨故一切智智清淨何以故
若大慈清淨若獨覺菩提清淨若一切智智

BD05113號　大般若波羅蜜多經卷二三六　（19–1）

无別无斷故大慈清淨故一來不還阿羅漢
果清淨一來不還阿羅漢果清淨故一切智
智清淨何以故若大慈清淨若一來不還阿
羅漢果清淨若一切智智清淨无二无二分
无別无斷故善現大慈清淨故獨覺菩提清
淨獨覺菩提清淨故一切智智清淨何以故
若大慈清淨若獨覺菩提清淨若一切智智
清淨无二无二分无別无斷故善現大慈清
淨故一切菩薩摩訶薩行清淨一切菩薩摩
訶薩行清淨故一切智智清淨何以故若大慈
清淨若一切菩薩摩訶薩行清淨若一切智
智清淨无二无二分无別无斷故善現大慈
清淨故諸佛无上正等菩提清淨諸佛无
上正等菩提清淨故一切智智清淨何以故
若大慈清淨若諸佛无上正等菩提清淨
若一切智智清淨无二无二分无別无斷故
復次善現大悲清淨故色清淨色清淨故
一切智智清淨何以故若大悲清淨若色清
淨若一切智智清淨无二无二分无別无斷故
大悲清淨故受想行識清淨受想行識清
淨故一切智智清淨何以故若大悲清淨若
受想行識清淨若一切智智清淨无二无二分
无別无斷故善現大悲清淨故眼處清淨眼
處清淨故一切智智清淨何以故若大悲清
淨若眼處清淨若一切智智清淨无二无二
分无別无斷故大悲清淨故耳鼻舌身意
處清淨耳鼻舌身意處清淨故一切智智

BD05113號　大般若波羅蜜多經卷二三六　（19–2）

受想行識清淨若一切智智清淨无二无二分
无別无斷故善現大悲清淨故眼處清淨眼
處清淨故一切智智清淨何以故若大悲清
淨若眼處清淨若一切智智清淨无二无二
分无別无斷故大悲清淨故耳鼻舌身意
處清淨耳鼻舌身意處清淨故一切智智
清淨何以故若大悲清淨若耳鼻舌身意處
清淨若一切智智清淨无二无二分无別无斷故
善現大悲清淨故色處清淨色處清淨故
一切智智清淨何以故若大悲清淨若色處
清淨若一切智智清淨无二无二分无別无
斷故大悲清淨故聲香味觸法處清淨聲
香味觸法處清淨故一切智智清淨何以故若
大悲清淨若聲香味觸法處清淨若一切智
智清淨无二无二分无別无斷故善現大悲清
淨故眼界清淨眼界清淨故一切智智清淨
何以故若大悲清淨若眼界清淨若一切智
智清淨无二无二分无別无斷故大悲清淨
故色界眼識界及眼觸眼觸為緣所生諸
受清淨色界乃至眼觸為緣所生諸受清
淨故一切智智清淨何以故若大悲清淨若色
界乃至眼觸為緣所生諸受清淨若一切智智
清淨无二无二分无別无斷故善現大悲清
淨故耳界清淨耳界清淨故一切智智清淨
何以故若大悲清淨若耳界清淨若一切智
智清淨无二无二分无斷故大悲清淨
故聲界耳識界及耳觸耳觸為緣所生諸

BD05113號　大般若波羅蜜多經卷二三六　（19–3）

清淨无二无二分无別无斷故善現大悲清
淨故耳界清淨耳界清淨故一切智智清淨
何以故若大悲清淨若耳界清淨若一切智
智清淨无二无二分无斷故大悲清淨
故聲界耳識界及耳觸耳觸為緣所生諸
受清淨聲界乃至耳觸為緣所生諸受清淨
故一切智智清淨何以故若大悲清淨若聲界
乃至耳觸為緣所生諸受清淨若一切智智
清淨无二无二分无別无斷故善現大悲清淨
故鼻界清淨鼻界清淨故一切智智清淨何
以故若大悲清淨若鼻界清淨若一切智智
清淨无二无二分无別无斷故大悲清淨故
香界鼻識界及鼻觸鼻觸為緣所生諸受
清淨香界乃至鼻觸為緣所生諸受清淨故
一切智智清淨何以故若大悲清淨若香界乃
至鼻觸為緣所生諸受清淨若一切智智清
淨无二无二分无別无斷故善現大悲清淨
故舌界清淨舌界清淨故一切智智清淨何
以故若大悲清淨若舌界清淨若一切智智
清淨无二无二分无別无斷故大悲清淨故
味界舌識界及舌觸舌觸為緣所生諸受清
淨味界乃至舌觸為緣所生諸受清淨故一
切智智清淨何以故若大悲清淨若味界乃
至舌觸為緣所生諸受清淨若一切智智清
淨无二无二分无別无斷故善現大悲清淨
故身界清淨身界清淨故一切智智清淨何

BD05113號　大般若波羅蜜多經卷二三六　（19–4）

淨味界乃至舌觸為緣所生諸受清淨故
切智智清淨何以故若大悲清淨若味界乃
至舌觸為緣所生諸受清淨若一切智智清
淨无二无二分无別无斷故善現大悲清淨
故身界清淨身界清淨故一切智智清淨何
以故若大悲清淨若身界清淨若一切智智
清淨无二无二分无別无斷故大悲清淨故
觸界身識界及身觸身觸為緣所生諸受
清淨觸界乃至身觸為緣所生諸受清淨
故一切智智清淨何以故若大悲清淨若觸
界乃至身觸為緣生諸受清淨若一切智智
清淨无二无二分无別无斷故善現大悲清淨
故意界清淨意界清淨故一切智智清淨何
以故若大悲清淨若意界清淨若一切智智
清淨无二无二分无別无斷故大悲清淨故
法界意識界及意觸意觸為緣所生諸受
清淨法界乃至意觸為緣所生諸受清淨
故一切智智清淨何以故若大悲清淨若法界
乃至意觸為緣所生諸受清淨若一切智智清
淨无二无二分无別无斷故善現大悲清淨故
地界清淨地界清淨故一切智智清淨　何
以故若大悲清淨若地界清淨若一切智智
清淨无二无二分无別无斷故大悲清淨故
水火風空識界清淨水火風空識界清淨故
一切智智清淨何以故若大悲清淨若水火
風空識界清淨若一切智智清淨无二无二
分无別无斷故善現大悲清淨故无明清淨

以故若大悲清淨若地界清淨若一切智智
清淨无二无二分无別无斷故大悲清淨故
水火風空識界清淨水火風空識界清淨故
一切智智清淨何以故若大悲清淨若水火
風空識界清淨若一切智智清淨无二无二
分无別无斷故善現大悲清淨故无明清淨
无明清淨故一切智智清淨何以故若大悲清
淨若无明清淨若一切智智清淨无二无二
分无別无斷故大悲清淨故行識名色六處
觸受愛取有生老死愁歎苦憂惱清淨行
乃至老死愁歎苦憂惱清淨故一切智智清
淨何以故若大悲清淨若行乃至老死愁歎
苦憂惱清淨若一切智智清淨无二无二分
无別无斷故
善現大悲清淨故布施波羅蜜多清淨布施
波羅蜜多清淨故一切智智清淨何以故若
大悲清淨若布施波羅蜜多清淨若一切智
智清淨无二无二分无別无斷故大悲清淨
故淨戒安忍精進靜慮般若波羅蜜多清淨
淨戒乃至般若波羅蜜多清淨故一切智智
清淨何以故若大悲清淨若淨戒乃至般若
波羅蜜多清淨若一切智智清淨无二无二
分无別无斷故善現大悲清淨故內空清淨
內空清淨故一切智智清淨何以故若大悲清
淨若內空清淨若一切智智清淨无二无二
分无別无斷故大悲清淨故外空內外空空
空大空勝義空有為空无為空畢竟空无

分无別无斷故善現大悲清淨故內空清淨
內空清淨故一切智智清淨何以故若大悲清
淨若內空清淨若一切智智清淨无二无二
分无別无斷故大悲清淨故外空內外空空
空大空勝義空有為空无為空畢竟空无
際空散空无變異空本性空自相空共相空
一切法空不可得空无性空自性空无性自
性空清淨外空乃至无性自性空清淨故一
切智智清淨何以故若大悲清淨若外空乃
至无性自性空清淨若一切智智清淨无二
无二分无別无斷故善現大悲清淨故真如
清淨真如清淨故一切智智清淨何以故若
大悲清淨若真如清淨若一切智智清淨无
二无二分无別无斷故大悲清淨故法界法
性不虛妄性不變異性平等性離生性法
定法住實際虛空界不思議界清淨法界乃
至不思議界清淨故一切智智清淨何以故若
大悲清淨若法界乃至不思議界清淨若一切
智智清淨无二无二分无別无斷故善現大
悲清淨故苦聖諦清淨苦聖諦清淨故一切
智智清淨何以故若大悲清淨若苦聖諦清
淨若一切智智清淨无二无二分无別无斷
故大悲清淨故集滅道聖諦清淨集滅道
聖諦清淨故一切智智清淨何以故若大悲
清淨若集滅道聖諦清淨若一切智智清淨
无二无二分无別无斷故善現大悲清淨故四

BD05113號　大般若波羅蜜多經卷二三六　　　　(19–7)

故大悲清淨故集滅道
聖諦清淨故一切智智清淨何以故若大悲
清淨若集滅道聖諦清淨若一切智智清淨
无二无二分无別无斷故善現大悲清淨故四
靜慮清淨四靜慮清淨故一切智智清淨
何以故若大悲清淨若四靜慮清淨若一切
智智清淨无二无二分无別无斷故大悲清
淨故四无量四无色定清淨四无量四无色
定清淨故一切智智清淨何以故若大悲清
淨若四无量四无色定清淨若一切智智清
淨无二无二分无別无斷故善現大悲清淨
故八解脫清淨八解脫清淨故一切智智清
淨何以故若大悲清淨若八解脫清淨若一
切智智清淨无二无二分无別无斷故大悲清
淨故八勝處九次第定十遍處清淨八勝
處九次第定十遍處清淨故一切智智清淨
何以故若大悲清淨若八勝處九次第定十
遍處清淨若一切智智清淨无二无二分无
別无斷故善現大悲清淨故四念住清淨四
念住清淨故一切智智清淨何以故若大悲
清淨若四念住清淨若一切智智清淨无二无
二分无別无斷故大悲清淨故四正斷四神足
五根五力七等覺支八聖道支清淨四正斷乃至
八聖道支清淨故一切智智清淨何以故若
大悲清淨若四正斷乃至八聖道支清淨若
一切智智清淨无二无二分无別无斷故善

BD05113號　大般若波羅蜜多經卷二三六　　　　(19–8)

二分无別无斷故大悲清淨故四正斷四神足
五根五力七等覺支八聖道支清淨四正斷乃至
八聖道支清淨故一切智智清淨何以故若
大悲清淨若四正斷乃至八聖道支清淨若
一切智智清淨无二无二分无別无斷故善
現大悲清淨故空解脫門清淨空解脫門
清淨故一切智智清淨何以故若大悲清淨若
空解脫門清淨若一切智智清淨无二无二
分无別无斷故大悲清淨故无相无願解脫
門清淨无相无願解脫門清淨故一切智智
清淨何以故若大悲清淨若无相无願解脫
門清淨若一切智智清淨无二无二分无別无
斷故善現大悲清淨故菩薩十地清淨菩
薩十地清淨故一切智智清淨何以故若大
悲清淨若菩薩十地清淨若一切智智清
淨无二无二分无別无斷故
善現大悲清淨故五眼清淨五眼清淨故一
切智智清淨何以故若大悲清淨若五眼清
淨若一切智智清淨无二无二分无別无斷
故大悲清淨故六神通清淨六神通清淨故
一切智智清淨何以故若大悲清淨若六神
通清淨若一切智智清淨无二无二分无別
无斷故善現大悲清淨故佛十力清淨佛十
力清淨故一切智智清淨何以故若大悲清
淨若佛十力清淨若一切智智清淨无二无
二分无別无斷故大悲清淨故四无所畏四
无礙解大慈大喜大捨十八佛不共法清淨

BD05113號　大般若波羅蜜多經卷二三六　（19–9）

无斷故善現大悲清淨故佛十力清淨佛十
力清淨故一切智智清淨何以故若大悲清
淨若佛十力清淨若一切智智清淨无二无
二分无別无斷故大悲清淨故四无所畏四
无礙解大慈大喜大捨十八佛不共法清淨
四无所畏乃至十八佛不共法清淨故一切
智智清淨何以故若大悲清淨若四无所畏
乃至十八佛不共法清淨若一切智智清淨
无二无二分无別无斷故善現大悲清淨故
无忘失法清淨无忘失法清淨故一切智智清
淨何以故若大悲清淨若无忘失法清淨
若一切智智清淨无二无二分无別无斷故
大悲清淨故恒住捨性清淨恒住捨性清淨
故一切智智清淨何以故若大悲清淨若恒
住捨性清淨若一切智智清淨无二无二分
无別无斷故善現大悲清淨故一切智清淨
一切智清淨故一切智智清淨何以故若大悲
清淨若一切智清淨若一切智智清淨无二
无二分无別无斷故大悲清淨故道相智一
切相智清淨道相智一切相智清淨故一切智
智清淨何以故若大悲清淨若道相智一切
相智清淨若一切智智清淨无二无二分无
別无斷故善現大悲清淨故一切陁羅尼門
清淨一切陁羅尼門清淨故一切智智清淨
何以故若大悲清淨若一切陁羅尼門清淨
若一切智智清淨无二无二分无別无斷故
大悲清淨故一切三摩地門清淨一切三摩

BD05113號　大般若波羅蜜多經卷二三六　（19–10）

清淨一切陁羅尼門清淨故一切智智清淨
何以故若大悲清淨若一切陁羅尼門清淨
若一切智智清淨无二无二分无別无斷故
大悲清淨故一切三摩地門清淨一切三摩
地門清淨故一切智智清淨何以故若大悲
清淨若一切三摩地門清淨若一切智智清
淨无二无二分无別无斷故
善現大悲清淨故預流果清淨預流果清淨
故一切智智清淨何以故若大悲清淨若預
流果清淨若一切智智清淨無二無二分無
別无斷故大悲清淨故一來不還阿羅漢果
清淨一來不還阿羅漢果清淨故一切智智
清淨何以故若大悲清淨若一來不還阿羅
漢果清淨若一切智智清淨无二无二分无
別无斷故善現大悲清淨故獨覺菩提清淨
獨覺菩提清淨故一切智智清淨何以故若
大悲清淨若獨覺菩提清淨若一切智智清
淨无二无二分无別无斷故善現大悲清淨
故一切菩薩摩訶薩行清淨一切菩薩摩訶
薩行清淨故一切智智清淨何以故若大悲
清淨若一切菩薩摩訶薩行清淨若一切智
智清淨无二无二分无別无斷故善現大悲
清淨故諸佛无上正等菩提清淨諸佛无上
正等菩提清淨故一切智智清淨何以故若
大悲清淨若諸佛无上正等菩提清淨若
一切智智清淨无二无二分无別无斷故

BD05113號　大般若波羅蜜多經卷二三六　（19–11）

智清淨无二无二分无別无斷故善現大悲
清淨故諸佛无上正等菩提清淨諸佛无上
正等菩提清淨故一切智智清淨何以故若
大悲清淨若諸佛无上正等菩提清淨若
一切智智清淨无二无二分无別无斷故
復次善現大喜清淨故色清淨色清淨故
一切智智清淨何以故若大喜清淨若色清
淨若一切智智清淨无二无二分无別无斷
故大喜清淨故受想行識清淨受想行識清
淨故一切智智清淨何以故若大喜清淨若
受想行識清淨若一切智智清淨无二无二分
无別无斷故善現大喜清淨故眼處清淨眼
處清淨故一切智智清淨何以故若大喜清
淨若眼處清淨若一切智智清淨无二无二
分无別无斷故大喜清淨故耳鼻舌身意處
清淨耳鼻舌身意處清淨故一切智智清
淨何以故若大喜清淨若耳鼻舌身意處
清淨若一切智智清淨无二无二分无別无斷
故善現大喜清淨故色處清淨色處清淨故
一切智智清淨何以故若大喜清淨若色處清
淨若一切智智清淨无二无二分无別无斷
故大喜清淨故聲香味觸法處清淨聲香
味觸法處清淨故一切智智清淨何以故若
大喜清淨若聲香味觸法處清淨若一切智智
清淨无二无二分无別无斷故善現大喜清
淨故眼界清淨眼界清淨故一切智智清淨
何以故若大喜清淨若眼界清淨若一切智

BD05113號　大般若波羅蜜多經卷二三六　（19–12）

味觸法處清淨故一切智智清淨何以故若
大喜清淨若聲香味觸法處清淨若一切智
清淨无二无二分无別无斷故善現大喜清
淨故眼界清淨眼界清淨故一切智智清淨
何以故若大喜清淨若眼界清淨若一切智
智清淨无二无二分无別无斷故大喜清淨
故色界眼識界及眼觸眼觸為緣所生諸受
清淨色界乃至眼觸為緣所生諸受清淨故
一切智智清淨何以故若大喜清淨若色界
乃至眼觸為緣所生諸受清淨若一切智智
清淨无二无二分无別无斷故善現大喜清
淨故耳界清淨耳界清淨故一切智智清淨
何以故若大喜清淨若耳界清淨若一切智
智清淨无二无二分无別无斷故大喜清淨
故聲界耳識界及耳觸耳觸為緣所生諸受
清淨聲界乃至耳觸為緣所生諸受清淨故
一切智智清淨何以故若大喜清淨若聲界
乃至耳觸為緣所生諸受清淨若一切智智
清淨无二无二分无別无斷故善現大喜清
淨故鼻界清淨鼻界清淨故一切智智清淨
何以故若大喜清淨若鼻界清淨若一切智
清淨无二无二分无別无斷故大喜清淨故
香界鼻識界及鼻觸鼻觸為緣所生諸受
清淨香界乃至鼻觸為緣所生諸受清淨
故一切智智清淨何以故若大喜清淨若香界
乃至鼻觸為緣所生諸受清淨若一切智
智清淨无二无二分无別无斷故善現大喜

BD05113號　大般若波羅蜜多經卷二三六　（19–13）

清淨无二无二分无別无斷故大喜清淨故
香界鼻識界及鼻觸鼻觸為緣所生諸受
清淨香界乃至鼻觸為緣所生諸受清淨
故一切智智清淨何以故若大喜清淨若香界
乃至鼻觸為緣所生諸受清淨若一切智
智清淨无二无二分无別无斷故善現大喜
清淨故舌界清淨舌界清淨故一切智智清
淨何以故若大喜清淨若舌界清淨若一切智
智清淨无二无二分无別无斷故大喜清淨
故味界舌識界及舌觸舌觸為緣所生諸受
清淨味界乃至舌觸為緣所生諸受清淨故
一切智智清淨何以故若大喜清淨若味界
乃至舌觸為緣所生諸受清淨若一切智智清
淨无二无二分无別无斷故善現大喜清淨
故身界清淨身界清淨故一切智智清淨
何以故若大喜清淨若身界清淨若一切智
智清淨无二无二分无別无斷故大喜清淨
故觸界身識界及身觸身觸為緣所生諸受
清淨觸界乃至身觸為緣所生諸受清淨故
一切智智清淨何以故若大喜清淨若觸界乃
至身觸為緣所生諸受清淨若一切智智
清淨无二无二分无別无斷故善現大喜清
淨故意界清淨意界清淨故一切智智清淨
何以故若大喜清淨若意界清淨若一切智
智清淨无二无二分无別无斷故大喜清淨
故法界意識界及意觸意觸為緣所生諸受
清淨法界乃至意觸為緣所生諸受清淨故

BD05113號　大般若波羅蜜多經卷二三六　（19–14）

淨故意界清淨意界清淨故一切智智清淨
何以故若大喜清淨若意界清淨若一切智
智清淨无二无二分无別无斷故大喜清淨
故法界意識界及意觸意觸為緣所生諸受
清淨法界乃至意觸為緣所生諸受清淨故
一切智智清淨何以故若大喜清淨若法界
乃至意觸為緣所生諸受清淨若一切智智
清淨无二无二分无別无斷故善現大喜
清淨故地界清淨地界清淨故一切智智清
淨何以故若大喜清淨若地界清淨若一切
智智清淨无二无二分无別无斷故大喜清
淨故水火風空識界清淨水火風空識界清
淨故一切智智清淨何以故若大喜清淨若
水火風空識界清淨若一切智智清淨无二
无二分无別无斷故善現大喜清淨故无明
清淨无明清淨故一切智智清淨何以故若
大喜清淨若无明清淨若一切智智清淨无
二无二分无別无斷故大喜清淨故行識名
色六處觸受愛取有生老死愁歎苦憂惱清
淨行乃至老死愁歎苦憂惱清淨故一切智
智清淨何以故若大喜清淨若行乃至老死
愁歎苦憂惱清淨若一切智智清淨无二无
二分无別无斷故
善現大喜清淨故布施波羅蜜多清淨布施
波羅蜜多清淨故一切智智清淨何以故若大
喜清淨若布施波羅蜜多清淨若一切智
智清淨无二无二分无別无斷故大喜清淨

BD05113 號　大般若波羅蜜多經卷二三六　（19–15）

二分无別无斷故
善現大喜清淨故布施波羅蜜多清淨布施
波羅蜜多清淨故一切智智清淨何以故若大
喜清淨若布施波羅蜜多清淨若一切智
智清淨无二无二分无別无斷故大喜清淨
故淨戒安忍精進靜慮般若波羅蜜多清淨
淨戒乃至般若波羅蜜多清淨故一切智智
清淨何以故若大喜清淨若淨戒乃至般若
波羅蜜多清淨若一切智智清淨无二无二
分无別无斷故善現大喜清淨故內空清淨
內空清淨故一切智智清淨何以故若大喜
清淨若內空清淨若一切智智清淨无二无二
分无別无斷故大喜清淨故外空內外空空
空大空勝義空有為空无為空畢竟空无
際空散空无變異空本性空自相空共相空一
切法空不可得空无性空自性空无性自性
空清淨外空乃至无性自性空清淨故一切智
智清淨何以故若大喜清淨若外空乃至
无性自性空清淨若一切智智清淨无二无
二分无別无斷故善現大喜清淨故真如清
淨真如清淨故一切智智清淨何以故若大
喜清淨若真如清淨若一切智智清淨无二
无二分无別无斷故大喜清淨故法界法性
不虛妄性不變異性平等性離生性法定法
住實際虛空界不思議界清淨法界乃至不
思議界清淨故一切智智清淨何以故若大

BD05113 號　大般若波羅蜜多經卷二三六　（19–16）

无二分无別无斷故[illegible]
不虚妄性不變異性平等性離生性法定法
住實際虚空界不思議界清淨法界乃至不
思議界清淨故一切智智清淨何以故若大
喜清淨若法界乃至不思議界清淨若一切
智智清淨無二無二分無別無斷故善現
大喜清淨故苦聖諦清淨苦聖諦清淨故一切
智智清淨何以故若大喜清淨若苦聖諦
清淨若一切智智清淨無二無二分無別無
斷故大喜清淨故集滅道聖諦清淨集滅
道聖諦清淨故一切智智清淨何以故若大
喜清淨若集滅道聖諦清淨若一切智智
清淨無二无二分无別无斷故善現大喜清
淨故四靜慮清淨四靜慮清淨故一切智智
清淨何以故若大喜清淨若四靜慮清淨
若切智智清淨无二无二分无別无斷故大喜
清淨故四无量四无色定清淨四无量四无
色定清淨故一切智智清淨何以故若大喜
清淨若四无量四无色定清淨若一切智智
清淨无二无二分无別无斷故善現大喜清
淨故八解脫清淨八解脫清淨故一切智智
清淨何以故若大喜清淨若八解脫清淨若
一切智智清淨无二无二分无別无斷故大
喜清淨故八勝處九次第定十遍處清淨八
勝處九次第定十遍處清淨故一切智智清
淨何以故若大喜清淨若八勝處九次第定
十遍處清淨若一切智智清淨无二无二分

BD05113號　大般若波羅蜜多經卷二三六　（19–17）

[illegible]
一切智智清淨无二无二分无別无斷故大
喜清淨故八勝處九次第定十遍處清淨八
勝處九次第定十遍處清淨故一切智智清
淨何以故若大喜清淨若八勝處九次第定
十遍處清淨若一切智智清淨无二无二分
无別无斷故善現大喜清淨故四念住清淨
四念住清淨故一切智智清淨何以故若大
喜清淨若四念住清淨若一切智智清淨无
二无二分无別无斷故大喜清淨故四正斷
四神足五根五力七等覺支八聖道支清淨
四正斷乃至八聖道支清淨故一切智智清
淨何以故若大喜清淨若四正斷乃至八聖
道支清淨若一切智智清淨无二无二分无
別无斷故善現大喜清淨故空解脫門清淨
空解脫門清淨故一切智智清淨何以故若
大喜清淨若空解脫門清淨若一切智智清
淨无二无二分无別无斷故大喜清淨故无
相无願解脫門清淨无相无願解脫門清淨
故一切智智清淨何以故若大喜清淨若无
相无願解脫門清淨若一切智智清淨无二
无二分无別无斷故善現大喜清淨故菩薩
十地清淨菩薩十地清淨故一切智智清淨
何以故若大喜清淨若菩薩十地清淨若
一切智智清淨无二无二分无別无斷故

大般若波羅蜜多經卷第二百卅六

BD05113號　大般若波羅蜜多經卷二三六　（19–18）

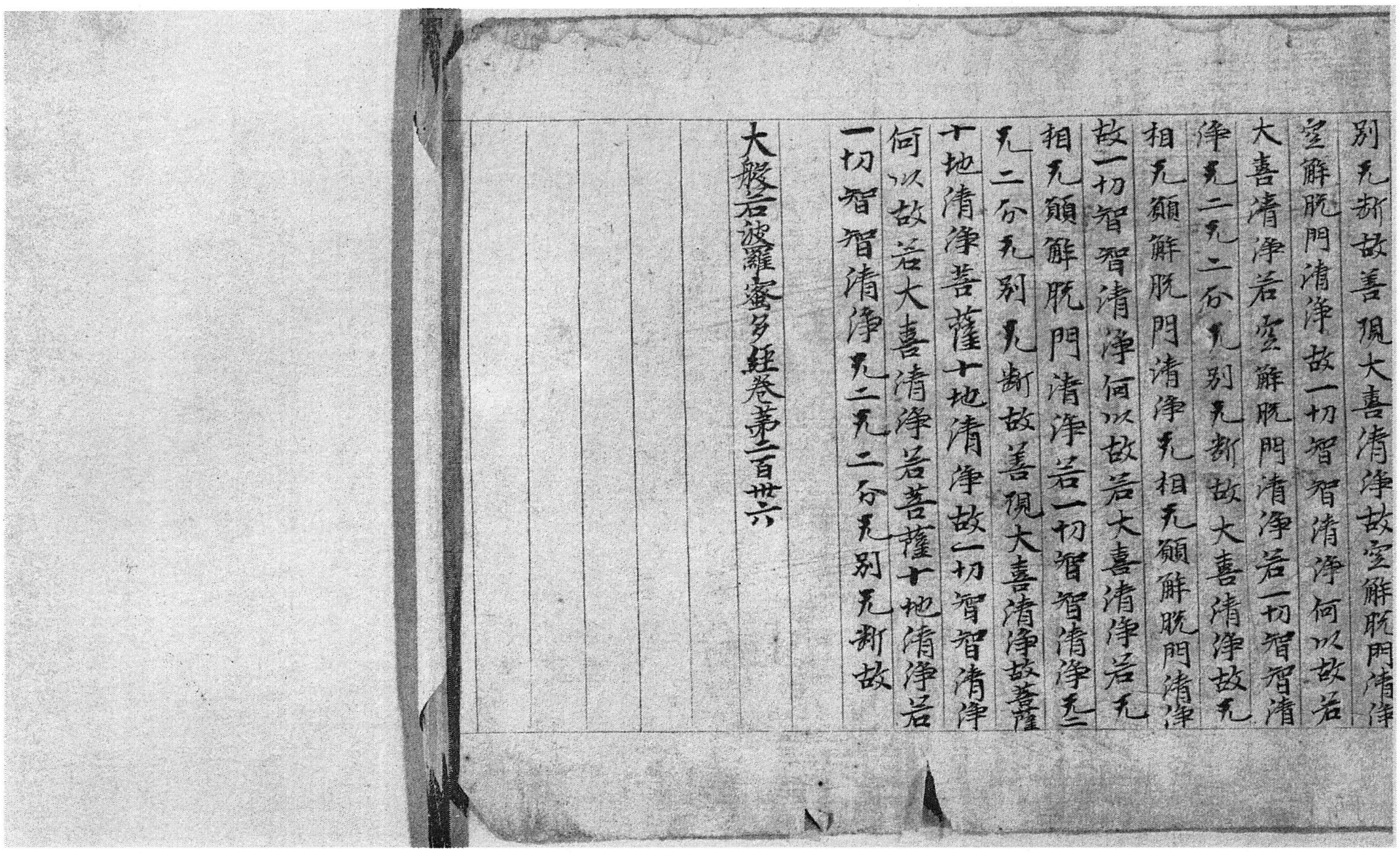

別无斷故善現大喜清淨故空解脫門清淨
空解脫門清淨故一切智智清淨何以故若
大喜清淨若空解脫門清淨若一切智智清
淨无二无二分无別无斷故大喜清淨故无
相无願解脫門清淨无相无願解脫門清淨
故一切智智清淨何以故若大喜清淨若无
相无願解脫門清淨若一切智智清淨无二
无二分无別无斷故善現大喜清淨故菩薩
十地清淨菩薩十地清淨故一切智智清淨
何以故若大喜清淨若菩薩十地清淨若
一切智智清淨无二无二分无別无斷故

大般若波羅蜜多經卷第二百卅六

BD05113號　大般若波羅蜜多經卷二三六　（19–19）

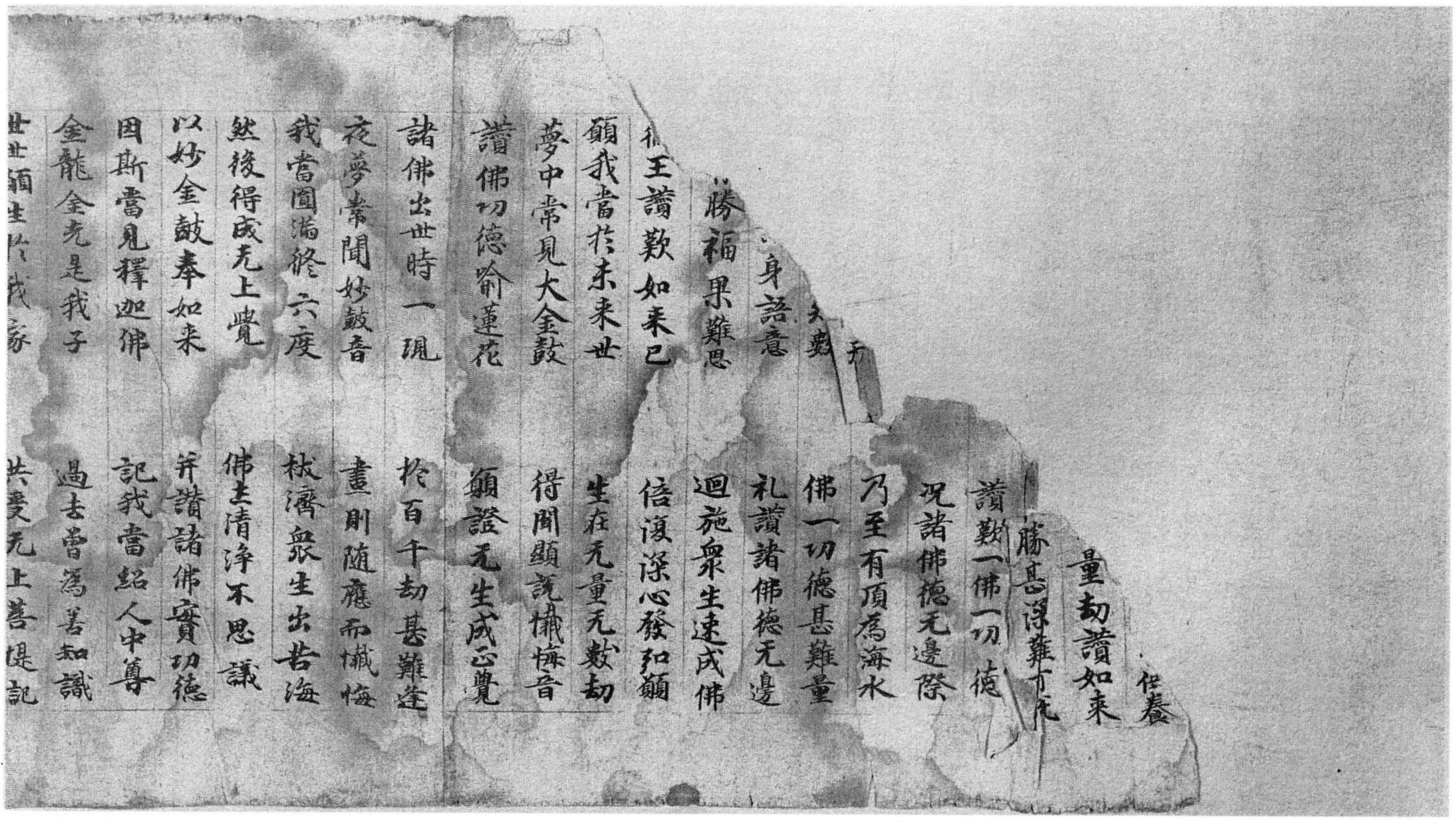

供養
量劫讚如來
勝甚深難[illegible]
讚歎一佛一切德
况諸佛德无邊際
方　乃至有頂為海水
大數　佛一切德甚難量
身語意　礼讚諸佛德无邊
勝福果難思　迴施衆生速成佛
王讚歎如來已　信復深心發弘願
願我當於未來世　生在无量无數劫
夢中常見大金鼓　得聞顯說懺悔音
讚佛功德喻蓮花　願證无生成正覺
諸佛出世時一現　於百千劫甚難逢
夜夢常聞妙鼓音　晝則隨應而懺悔
我當圓滿修六度　拔濟衆生出苦海
然後得成无上覺　佛土清淨不思議
以妙金鼓奉如來　并讚諸佛實功德
因斯當見釋迦佛　記我當紹人中尊
金龍金光是我子　過去曾為善知識
世世願生於我家　共受无上菩提記

BD05114號　金光明最勝王經卷五　（19–1）

我當圓滿修六度　拔濟衆生出苦海
然後得成无上覺　佛土清淨不思議
以妙金皷奉如来　并讚諸佛實功德
因斯當見釋迦佛　記我當紹人中尊
金龍金光是我子　過去曾為善知識
世世願生於我家　共受无上菩提記
若有衆生无救護　長夜輪迴受衆苦
我於来世作歸依　令彼常得安隱樂
三有衆苦願除滅　悉得隨心安樂處
於未来世修菩提　皆如過去成佛者
願此金光懺悔福　永竭苦海罪消滅
業障煩惱悉皆亡　令我速招清淨果
福智大海量无邊　清淨離垢深无底
願我獲斯功德海　速成无上大菩提
以此金光懺悔力　當獲福德淨光明
既得清淨妙光明　常以智光照一切
願我身光等諸佛　福德智慧亦復然
一切世界獨稱尊　威力自在无倫匹
有漏苦海願超越　无為樂海願常遊
現在福海願恒盈　當来智海願圓滿
願我剎土超三界　殊勝功德量无邊
諸有緣者悉同生　皆得速成清淨智
妙幢汝當知　國王金龍主　曾發如是願　彼即是汝身
往時有二子　金龍及金光　即銀相銀光　當受我所記
大衆聞是說　皆發菩提心　願現在未来　常依此懺悔

現在福海願恒盈　當来智海願圓滿
願我剎土超三界　殊勝功德量无邊
諸有緣者悉同生　皆得速成清淨智
妙幢汝當知　國王金龍主　曾發如是願　彼即是汝身
往時有二子　金龍及金光　即銀相銀光　當受我所記
大衆聞是說　皆發菩提心　願現在未来　常依此懺悔

金光明最勝王經金勝陀羅尼品第八

尒時世尊復於衆中告善住菩薩摩訶薩善
男子有陀羅尼名曰金勝若有善男子善女
人欲求親見過去未来現在諸佛恭敬供養
者應當受持此陀羅尼何以故此陀羅尼乃是
過現未来諸佛之母是故當知持此陀羅尼
者具大福德已於過去无量佛所殖諸善
本今得受持於戒清淨不毀不缺无有障礙
決定能入甚深法門世尊即為說持呪法先
稱諸佛及菩薩名至心礼敬然後誦呪
南謨十方一切諸佛　南謨諸大菩薩摩訶薩
南謨聲聞緣覺一切賢聖
南謨釋迦牟尼佛　南謨東方不動佛
南謨南方寶幢佛　南謨西方阿弥陀佛
南謨北方天鼓音王佛　南謨上方廣衆德佛
南謨下方明德佛　南謨寶藏佛
南謨普光佛　南謨普明佛
南謨香積王佛　南謨蓮花勝佛
南謨平等見佛　南謨寶髻佛

南謨北方天鼓音王佛　南謨上方廣眾德佛
南謨下方明德佛　南謨寶藏佛
南謨普光佛　南謨普明佛
南謨香積王佛　南謨蓮花勝佛
南謨平等見佛　南謨寶語佛
南謨寶上佛　南謨寶光佛
南謨无垢光明佛　南謨辯才莊嚴思惟佛
南謨淨月光稱相王佛　南謨花光佛
南謨光明王佛　南謨善光无垢稱王佛
南謨觀察无畏自在佛　南謨无畏名稱佛
南謨最勝王佛
南謨觀自在菩薩摩訶薩　南謨地藏菩薩摩訶薩
南謨虛空藏菩薩摩訶薩　南謨妙吉祥菩薩摩訶薩
南謨金剛手菩薩摩訶薩　南謨普賢菩薩摩訶薩
南謨无盡意菩薩摩訶薩　南謨大勢至菩薩摩訶薩
南謨慈氏菩薩摩訶薩　南謨善惠菩薩摩訶薩
陁羅尼曰
南謨曷喇怛娜怛喇夜也　怛姪他
君睇君睇　矩折囇矩折囇
壹窒哩蜜窒哩　莎訶
佛告善住菩薩此陁羅尼是三世佛母若
有善男子善女人持此呪者能生无量无邊福
德之聚即是供養恭敬尊重讚歎无數諸
佛如是諸佛皆與此人授阿耨多羅三藐三
菩提記善住若有人能持此呪者隨其所欲衣

BD05114號　金光明最勝王經卷五　（19–4）

佛告善住菩薩此陁羅尼是三世佛母若
有善男子善女人持此呪者能生无量无邊福
德之聚即是供養恭敬尊重讚歎无數諸
佛如是諸佛皆與此人授阿耨多羅三藐三
菩提記善住若有人能持此呪者隨其所欲衣
食財寶多聞聰慧无病長壽獲福甚多隨所
願求无不遂意善住持是呪者乃至未證无
上菩提常與金城山菩薩慈氏菩薩大海菩
薩觀自在菩薩妙吉祥菩薩大氷伽羅菩薩
等而共居止為諸菩薩之所攝護善住當知
持此呪時作如是法先應誦持滿一万八遍為
前方便次於闇室莊嚴道場黑月一日清
淨洗浴著鮮潔衣燒香散花種種供養并
諸飲食入道場中先當稱礼如前所說諸佛菩
薩至心慇重悔先罪已右膝著地可誦前呪
滿一千八遍端坐思惟念其所願日未出時
於道場中食淨黑食日唯一食至十五日方
出道場能令此人福德威力不可思議隨所
願求无不圓滿若不遂意重入道場既稱心
已常持莫忘
金光明最勝王經重顯空性品第九
尒時世尊說此呪已為欲利益菩薩摩訶薩
人天大眾令得悟解甚深真實第一義故重
明空性而說頌曰
我已於餘甚深經　廣說真空微妙法

BD05114號　金光明最勝王經卷五　（19–5）

已常持莫忘
金光明最勝王經重顯空性品第九
尒時世尊說此呪已為欲利益菩薩摩訶薩
人天大衆令得悟解甚深真實第一義故重
明空性而說頌曰
我已於餘甚深經　廣說真空微妙法
今復於此經王內　略說空法不思議
於諸廣大甚深法　有情无知不能解
故我於斯重敷演　令於空法得開悟
大悲哀愍有情故　以善方便勝因緣
我今於此大衆中　演說令彼明空義
當知此身如空聚　六賊依止不相知
六塵諸賊別依根　各不相知亦如是
眼根常觀於色處　耳根聽聲不斷絕
鼻根恒齅於香境　舌根鎮嘗於美味
身根受於輕耎觸　意根了法不知猒
此等六根隨事起　各於自境生分別
識如幻化非真實　依止根處妄貪求
如人奔走空聚中　六識依根亦如是
心遍馳求隨處轉　託根緣境了諸事
常受色聲香味觸　於法尋思无暫停
隨緣遍行於六根　如鳥飛空无障礙
藉此諸根作依處　方能了別於外境
此身无知无作者　體不堅固託緣成
皆從虛妄分別生　譬如機關由業轉
地水火風共成身　隨彼因緣招異果

BD05114號　金光明最勝王經卷五　（19-6）

常受色聲香味觸　於法尋思无暫停
隨緣遍行於六根　如鳥飛空无障礙
藉此諸根作依處　方能了別於外境
此身无知无作者　體不堅固託緣成
皆從虛妄分別生　譬如機關由業轉
地水火風共成身　隨彼因緣招異果
同在一處相違害　如四毒蛇居一篋
此四大蛇性各異　雖居一處有昇沉
或上或下遍於身　斯等終歸於滅法
於此四種毒蛇中　地水二蛇多沉下
風火二蛇性輕舉　由此乖違衆病生
心識依止於此身　造作種種善惡業
當往人天三惡趣　隨其業力受身形
遭諸疾病身死後　大小便利悉盈流
膿爛蟲蛆不可樂　棄在屍林如朽木
汝等當觀法如是　云何執有我衆生
一切諸法悉无常　悉從无明緣力起
彼諸大種咸虛妄　本非實有體无生
故說大種性皆空　知此浮虛非實有
无明自性本是无　藉衆緣力和合有
於一切時失正慧　故我說彼為无明
行識為緣有名色　六處及觸受隨生
愛取有緣生老死　憂悲苦惱恒隨逐
衆苦惡業常纏迫　生死輪迴无息時
本來非有體是空　由不如理生分別
我斷一切諸煩惱　常以正知現前行

BD05114號　金光明最勝王經卷五　（19-7）

於一切時失正慧　故我說彼為无明
行識為緣有名色　六處及觸受隨生
愛取有緣生老死　憂悲苦惱恒隨逐
衆苦惡業常纏迫　生死輪迴无息時
本來非有體是空　由不如理生分別
我斷一切諸煩惱　常以正知現前行
了五蘊宅悉皆空　求證菩提真實處
我開甘露大城門　示現甘露微妙器
既得甘露真實味　常以甘露施群生
我擊最勝大法鼓　我吹最勝大法螺
我然最勝大明燈　我降最勝大法雨
降伏煩惱諸怨結　建立无上大法幢
於生死海濟群迷　我當關閉三惡趣
煩惱熾火燒衆生　无有救護无依止
清涼甘露充足彼　身心熱惱並皆除
由是我於无量劫　恭敬供養諸如來
堅持禁戒趣菩提　求證法身安樂處
施他眼耳及手足　妻子僮僕心无悋
財寶七珍莊嚴具　隨來求者咸供給
忍等諸度皆遍修　十地圓滿成正覺
故我得稱一切智　无有衆生度量者
假使三千大千界　盡此土地生長物
所有叢林諸樹木　稻麻竹葦及枝條
此等諸物皆伐取　並悉細末作微塵
隨處積集量難知　乃至充滿虛空界

BD05114 號　金光明最勝王經卷五

(19–8)

故我得稱一切智　无有衆生度量者
假使三千大千界　盡此土地生長物
所有叢林諸樹木　稻麻竹葦及枝條
此等諸物皆伐取　並悉細末作微塵
隨處積集量難知　乃至充滿虛空界
一切十方諸剎土　所有三千大千界
地土皆悉末為塵　此微塵量不可數
假使一切衆生智　以此智慧與一人
如是智者量无邊　容可知彼微塵數
牟尼世尊一念智　令彼智人共度量
於多俱胝劫數中　不能算知其少分
時諸大衆聞佛說此甚深空性有无量衆
生悉能了達四大五蘊體性俱空六根六
境妄生繫縛願捨輪迴正修出離深心慶
喜如說奉持
金光明最勝王經依空滿願品第十
尒時如意寶光耀天女於大衆中聞說深
法歡喜踊躍從座而起偏袒右肩右膝著
地合掌恭敬白佛言世尊唯願為說於甚深
理修行之法而說頌言
我問照世界　兩足最勝尊　菩薩正行法　唯願慈聽許
佛言善女天　若有疑惑者　隨汝意所問　吾當分別說
是時天女請世尊曰
云何諸菩薩　行菩提正行　離生死涅槃　饒益自他故
佛告善女天依於法界行菩提法修平等行

BD05114 號　金光明最勝王經卷五

(19–9)

佛言善女天　若有異或者　隨汝意所問　吾當爲分別說
是時天女請世尊曰
云何諸菩薩　行菩提正行　離生死涅槃　饒益自他故
佛告善女天依於法界行菩提法修平等行
云何依於法界行菩提修平等行謂於五
蘊能現法界法界即是五蘊五蘊不可說
非五蘊亦不可說何以故若法界是五蘊即是
斷見若離五蘊即是常見離於二相不着二
邊不可見過所見无名无相是則名爲說於法
界善女天云何五蘊能現法界如是五蘊
不從因緣生何以故若從因緣生者爲已生
故生爲未生故生若已生生者何用因緣若
未生生者不可得生何以故未生諸法即是
非有无名无相非校量譬喻之所能及非是
因緣之所生故善女天譬如鼓聲依木依皮
及桴手等故得出聲如是鼓聲過去亦空未
來亦空現在亦空何以故是鼓音聲不從木
生不從皮生及桴手生不於三世生是則不生
若不可生則不可滅若不可滅无所從來若
无所從來亦无所去若无所去則非常非
斷若非常非斷則不一不異何以故此若是
一則不異法界若如是者凡夫之人應見真
諦得於无上安樂涅槃既不如是故知不一
若言異者一切諸佛菩薩行相即是執着未

BD05114 號　金光明最勝王經卷五　（19–10）

无所從來亦无所去若无所去則非常非
斷若非常非斷則不一不異何以故此若是
一則不異法界若如是者凡夫之人應見真
諦得於无上安樂涅槃既不如是故知不一
若言異者一切諸佛菩薩行相即是執着未
得解脫煩惱繫縛即不證阿耨多羅三藐三
菩提何以故一切聖人於行非行同真實性
是故不異故知五蘊非有非无不從因緣生
非无因緣生是聖所知非餘境故亦非言說
之所能及无名无相无因无緣亦无譬喻始
終寂靜本來自空是故五蘊能現法界善
女天若善男子善女人欲求阿耨多羅三藐
三菩提異真異俗難可思量於凡聖境體
非一異不捨於俗不離於真依於法界行菩提
行尒時世尊作是語已時善女天踊躍歡喜即
從座起偏袒右肩右膝著地合掌恭敬一心
頂礼而白佛言世尊如上所說菩提正行我今
當學是時索訶世界主大梵天王於大衆中
問如意寶光耀善女天曰此菩提行難可修
行汝今云何於菩提行而得自在尒時善女
天荅梵王曰大梵王如佛所說實是甚深一
切異生不解其義是聖境界微妙難知若使
我今依於此法得安樂住是實語者願令一
切五濁惡世无量无數无邊衆生皆得金
色卅二相非男非女坐寶蓮花受无量樂雨

BD05114 號　金光明最勝王經卷五　（19–11）

天荅梵王曰大梵王如佛所說實是甚深一
切異生不解其義是聖境界微妙難知若使
我今依於此法得安樂住是實語者願令一
切五濁惡世无量无數无邊衆生皆得金
色卅二相非男非女坐寶蓮花受无量樂雨
天妙花諸天音樂不鼓自鳴一切供養皆悉
具足時善女天說是語已一切五濁惡世所
有衆生皆悉金色具大人相非男非女坐寶
蓮花受无量樂猶如他化自在天宮无諸惡
道寶樹行列七寶蓮花遍滿世界又雨七寶
上妙天花作天伎樂如意寶光耀善女天即
轉女身作梵天身時大梵王問如意寶光耀
菩薩言仁者如何行菩提行荅言梵王若水
中月行菩提行我亦行菩提若夢中行菩
提行我亦行菩提行若陽餤行菩提行我
亦行菩提行若谷響行菩提行我亦行菩提行
時大梵王聞此說已白菩薩言仁依何義而
說此語荅言梵王无有一法是實相者但由
因緣而得成故梵王言若如是者諸凡夫人
皆悉應得阿耨多羅三藐三菩提荅言仁以
何意而作是說愚癡人異智慧人異菩提異
非菩提異解脫異非解脫異梵王如是諸法
平等无異於此法界真如不異无有中間而
可執著无增无減梵王譬如幻師及幻弟子
善解幻術於四衢道取諸沙土草木葉等聚
在一處作諸幻術使人覩見象衆馬衆車兵

非菩提異解脫異非解脫異梵王如是諸法
平等无異於此法界真如不異无有中間而
可執著无增无減梵王譬如幻師及幻弟子
善解幻術於四衢道取諸沙土草木葉等聚
在一處作諸幻術使人覩見象衆馬衆車兵
等衆七寶之聚種種倉庫若有衆生愚癡
无智不能思惟不知幻本若見若聞作是思惟
我所見聞象馬等衆此是實有餘皆虛妄於
後更不審察思惟有智之人則不如是了於
幻本若見若聞作如是念如我所見象馬等
衆非是真實唯有幻事惑人眼目妄謂象等
及諸倉庫有名實如我見聞不執為實後
時思惟知其虛妄是故智者了一切法皆无
實體但隨世俗如見如聞表宣其事思惟諦
理則不如是復由假說顯實義故梵王愚癡
異生未得出世聖慧之眼未知一切諸法真
如不可說故是諸凡愚若見若聞行非行法
如是思惟便生執著謂以為實於第一義不
能了知諸法真如是不可說是諸聖人若見
若聞行非行法隨其力能不生執著以為實
有了知一切无實行法无實非行法但妄思量
行非行相唯有名字无有實體是諸聖人
隨世俗說為欲令他知真實義如是梵王是
諸聖人以聖智見了法真如不可說故行非行
法亦復如是令他證知故說種種世俗名言
時大梵王問如意寶光耀菩薩言有幾衆

行非行相唯有名字无有實體是諸聖人
隨世俗說爲欲令他知真實義如是梵王是
諸聖人以聖智見了法真如不可說故行非行
法亦復如是令他證知故說種種世俗名言
時大梵王問如意寶光耀菩薩言有幾衆
生能解如是甚深正法荅言梵王有衆幻人心
心數法能解如是甚深正法梵王曰此幻化人
體是非有此之心數從何而生荅曰若知法
界不有不无如是衆生能解深義
尒時梵王白佛言世尊是如意寶光耀菩薩
不可思議通達如是甚深之義佛言如是如
是梵王如汝所言此如意寶光耀已教汝等
發心修學无生忍法是時大梵天王與諸梵
衆從座而起偏袒右肩合掌恭敬頂礼如
意寶光耀菩薩足作如是言希有希有我
等今日幸遇大士得聞正法
尒時世尊告梵王言是如意寶光耀於未來
世當得作佛号寶餤吉祥藏如來應正遍知
明行圓滿善逝世間解无上士調御丈夫天人
師佛世尊說是品時有三千億菩薩於阿
耨多羅三藐三菩提得不退轉八千億天子
无量无數國王臣民遠塵離垢得法眼淨
尒時會中有五十億苾芻行菩薩行欲退菩
提心聞如意寶光耀菩薩說是法時皆得堅
固不可思議滿足上願更復發起菩提之心

BD05114號　金光明最勝王經卷五　（19–14）

耨多羅三藐三菩提得不退轉八千億天子
无量无數國王臣民遠塵離垢得法眼淨
尒時會中有五十億苾芻行菩薩行欲退菩
提心聞如意寶光耀菩薩說是法時皆得堅
固不可思議滿足上願更復發起菩提之心
各自脫衣供養菩薩重發无上勝進之心作
如是願令我等功德善根悉皆不退迴向阿
耨多羅三藐三菩提梵王是諸苾芻依此
功德如說修行過九十大劫當得解悟出離
生死尒時世尊即爲授記汝諸苾芻過卅阿
僧祇劫當得作佛劫名難勝光王國名无垢
光同時皆得阿耨多羅三藐三菩提皆同一
号名願莊嚴聞飾王十号具足梵王是金光
明微妙經典若正聞持有大威力假使有人
於百千大劫行六波羅蜜无有方便若有善
男子善女人書寫如是金光明經半月半月
專心讀誦是功德聚於前功德百分不及一
乃至筭數譬喻所不能及梵王是故我今令
汝修學憶念受持爲他廣說何以故我於往
昔行菩薩道時猶如勇士入於戰陣不惜身
命流通如是微妙經王受持讀誦爲他解說
梵王譬如轉輪聖王若王在世七寶不滅王若
命終所有七寶自然滅盡梵王是金光明微
妙經王若現在世无上法寶悉皆不滅若无

BD05114號　金光明最勝王經卷五　（19–15）

命流通如是微妙經王受持讀誦為他解說
梵王譬如轉輪聖王若王在世七寶不滅王若
命終所有七寶自然滅盡梵王是金光明微
妙經王若現在世无上法寶悉皆不滅若无
是經隨處隱沒是故應當於此經王專心
聽聞受持讀誦為他解說勸令書寫行精進
波羅蜜不惜身命不憚疲勞功德中勝我諸
弟子應當如是精勤修學
尒時大梵天王與无量梵衆帝釋四王及諸
藥叉俱從座起偏袒右肩右膝著地合掌恭
敬而白佛言世尊我等皆願守護流通是金
光明微妙經典及說法師若有諸難我當除
遣令具衆善色力充足辯才无礙身意泰然
時會聽者皆受安樂所在國土若有飢饉怨
賊非人為惱害者我等天衆皆為擁護使其
人民安隱豐樂无諸枉橫是我等天衆之
力若有供養是經典者我等亦當恭敬供養
如佛不異
尒時佛告大梵天王及諸梵衆乃至四王諸
藥叉等善哉善哉汝等得聞甚深妙法復
能於此微妙經王發心擁護及持經者當獲
无邊殊勝之福速成无上正等菩提時梵王
聞佛語已歡喜頂受
金光明最勝王經四天王觀察人天品第十一

BD05114 號　金光明最勝王經卷五　（19–16）

藥叉等善哉善哉汝等得聞甚深妙法復
能於此微妙經王發心擁護及持經者當獲
无邊殊勝之福速成无上正等菩提時梵王
聞佛語已歡喜頂受
金光明最勝王經四天王觀察人天品第十一
尒時多聞天王持國天王增長天王廣目天
王俱從座起偏袒右肩右膝著地合掌向佛
礼佛足已白言世尊是金光明最勝王經一
切諸佛常念觀察一切菩薩之所恭敬一切
天龍常所供養及諸天衆常生歡喜一切護
世稱揚讚歎聲聞獨覺皆共受持悉能明
照諸天宮殿能與一切衆生殊勝安樂止息地
獄餓鬼傍生諸趣苦惱一切怖畏悉能除殄
所有怨敵尋即退散飢饉惡時能令豐稔疾
疫病苦皆令蠲愈一切災變百千苦惱咸悉
消滅世尊是金光明最勝王經能為如是安
隱利樂饒益我等唯願世尊於大衆中廣為
宣說我等四王并諸眷屬聞此甘露无上法
味氣力充實增益威光精進勇猛神通倍勝
世尊我等四王修行正法常說正法以法化世
我等令彼天龍藥叉健闥婆阿蘇羅揭路荼
俱槃荼緊那羅莫呼羅伽及諸人王常以
正法而化於世遮去諸惡所有鬼神吸人精
氣无慈悲者悉令遠去世尊我等四王與二
十八部藥叉大將并與无量百千藥叉以淨天

BD05114 號　金光明最勝王經卷五　（19–17）

俱睺荼緊那羅莫呼羅伽及諸人王常以
正法而化於世遮去諸惡所有鬼神吸人精
氣无慈悲者悉令遠去世尊我等四王與二
十八部藥叉大將并與无量百千藥叉以淨天
眼過於世人觀察擁護此贍部洲世尊以此
因緣我等諸王名護世者又復於此洲中
若有國王被他怨賊常來侵擾及多飢饉疾
疫流行无量百千災厄之事世尊我等四王
於此金光明最勝王經恭敬供養若有苾
芻法師受持讀誦我等四王共往覺悟勸請
其人時彼法師由我神通覺悟力故往彼國界
廣宣流布是金光明微妙經典由經力故令
彼无量百千衰惱災厄之事悉皆除遣世尊
若諸人王於其國內有持是經苾芻法師至
彼國時當知此經亦至其國世尊彼國王
應往法師處聽其所說聞已歡喜於彼法師
恭敬供養深心擁護令无憂惱演說此經利
益一切世尊以是緣故我等四王皆共一心
護是人王及國人民令離災患常得安隱世
尊若有苾芻苾芻尼鄔波索迦鄔波斯迦持
是經者時彼人王隨其所須供給供養令无
乏少我等四王令彼國主及以國人悉皆安
隱遠離災患世尊若有受持讀誦是經典者
人王於此供養恭敬尊重讚歎我等當令彼

BD05114號　金光明最勝王經卷五　（19–18）

護是人王及國人民令離災患常得安隱世
尊若有苾芻苾芻尼鄔波索迦鄔波斯迦持
是經者時彼人王隨其所須供給供養令无
乏少我等四王令彼國主及以國人悉皆安
隱遠離災患世尊若有受持讀誦是經典者
人王於此供養恭敬尊重讚歎我等當令彼
王於諸王中恭敬尊重最為第一諸餘國王
共所稱歎大衆聞已歡喜受持

金光明最勝王經卷第五

弃 盈益 齅 許救 窒 丁結 稔 任甚

BD05114號　金光明最勝王經卷五　（19–19）

佛告須菩提於意云何如來昔在然燈佛
所於法有所得不世尊如來在燃燈佛所
於法實无所得
須菩提於意云何菩薩莊嚴佛土不不也世
尊何以故莊嚴佛土者則非莊嚴是名莊
嚴是故須菩提諸菩薩摩訶薩應如是生
清淨心不應住色生心不應住聲香味觸
法生心應无所住而生其心須菩提辟如有
人身如須弥山王於意云何是身為大不須
菩提言甚大世尊何以故佛說非身是名大
身
須菩提如恒河中所有沙數如是沙等恒
河於意云何是諸恒河沙寧為多不須菩
提言甚多世尊但諸恒河尚多无數何况
其沙須菩提我今實言告汝若有善男子
善女人以七寶滿尒所恒河沙數三千大千
世界以用布施得福多不須菩提言甚多
世尊佛告須菩提若善男子善女人於此
經中乃至受持四句偈等為他人說而此
福德勝前福德
復次須菩提隨說是經乃至四句偈等當
知此處一切世間天人阿脩羅皆應供養如

BD05115號　金剛般若波羅蜜經　（10–1）

世界以用布施得福多不須菩提言甚多
世尊佛告須菩提若善男子善女人於此
經中乃至受持四句偈等為他人說而此
福德勝前福德
復次須菩提隨說是經乃至四句偈等當
知此處一切世間天人阿脩羅皆應供養如
佛塔廟何况有人盡能受持讀誦須菩
提當知是人成就最上第一希有之法若
是經典所在之處則為有佛若尊重弟子
尒時須菩提白佛言世尊當何名此經我
等云何奉持佛告須菩提是經名為金
剛般若波羅蜜以是名字汝當奉持
所以者何須菩提佛說般若波羅蜜則
非般若波羅蜜須菩提於意云何如來
有所說法不須菩提白佛言世尊如來
无所說須菩提於意云何三千大千世
界所有微塵是為多不須菩提言甚
多世尊須菩提諸微塵如來說非微塵
是名微塵如來說世界非世界是名世界
須菩提於意云何可以三十二相見如來
不不也世尊不可以三十二相得見如來
何以故如來說三十二相即是非相是名三
十二相
須菩提若有善男子善女人以恒河沙
等身命布施若復有人於此經中乃至
受持四句偈等為他人說其福甚多
尒時須菩提聞說是經深解義趣涕淚
悲泣而白佛言希有世尊佛說如是甚
深經典我從昔來所得慧眼未曾得聞
如是之經世尊若復有人得聞是經信心
清淨則生實相當知是人成就第一希
有功德世尊是實相者則是非相是故如
來說名實相世尊我今得聞如是經典

BD05115號　金剛般若波羅蜜經　（10–2）

悲泣而白佛言希有世尊佛說如是甚
深經典我從昔來所得慧眼未曾得聞
如是之經世尊若復有人得聞是經信心
清淨則生實相當知是人成就第一希
功德世尊是實相者則是非相是故如
來說名實相世尊我今得聞如是經典
信解受持不足為難若當來世後五百
歲其有眾生得聞是經信解受持是
人則為第一希有何以故此人无我相人
相眾生相壽者相所以者何我相即是非
相人相眾生相壽者相即是非相何以故
離一切諸相則名諸佛
佛告須菩提如是如是若復有人得聞
是經不驚不怖不畏當知是人甚為希
有何以故須菩提如來說第一波羅蜜
非第一波羅蜜是名第一波羅蜜
須菩提忍辱波羅蜜如來說非忍辱波
羅蜜何以故須菩提如我昔為歌利王割
截身體我於尒時无我相无人相无眾
生相无壽者相何以故我於往昔節節
支解時若有我相人相眾生相壽者相
應生瞋恨須菩提又念過去於五百世
作忍辱仙人於尒所世无我相无人相无
眾生相无壽者相是故須菩提菩薩
應離一切相發阿耨多羅三藐三菩提心
不應住色生心不應住聲香味觸法生
心應生无所住心若心有住則為非住是
故佛說菩薩心不應住色布施須菩
提菩薩為利益一切眾生應如是布
施如來說一切諸相即是非相又說一切
眾生則非眾生
須菩提如來是真語者實語者如語者
不誑語者不異語者須菩提如來所得
法此法无實无虛
須菩提若菩薩心住於法而行布施如人

BD05115號　金剛般若波羅蜜經　（10–3）

眾生則非眾生
須菩提如來是真語者實語者如語者
不誑語者不異語者須菩提如來所得
法此法无實无虛
須菩提若菩薩心住於法而行布施如人
入闇則无所見若菩薩心不住法而行
布施如人有目日光明照見種種色
須菩提當來之世若有善男子善女人能
於此經受持讀誦則為如來以佛智慧悉
知是人悉見是人皆得成就无量无邊功
德
須菩提若有善男子善女人初日分以
恒河沙等身布施中日分復以恒河沙等
身布施後日分亦以恒河沙等身布施
如是无量百千万億劫以身布施若復
有人聞此經典信心不逆其福勝彼何況
書寫受持讀誦為人解說
須菩提以要言之是經有不可思議不可
稱量无邊功德如來為發大乘者說為
發最上乘者說若有人能受持讀誦
廣為人說如來悉知是人悉見是人皆得
成就不可量不可稱无有邊不可思議
功德如是人等則為荷擔如來阿耨多
羅三藐三菩提何以故須菩提若樂小
法者著我見人見眾生見壽者見則於
此經不能聽受讀誦為人解說須菩提
在在處處若有此經一切世間天人阿
修羅所應供養當知此處則為是塔皆
應恭敬作礼圍遶以諸花香而散其處
復次須菩提善男子善女人受持讀誦此
經若為人輕賤是人先世罪業應墮惡
道以今世人輕賤故先世罪業則為消滅
當得阿耨多羅三藐三菩提須菩提我
念過去无量阿僧祇劫於然燈佛前得
值八百四千万億那由他諸佛悉皆供養

BD05115號　金剛般若波羅蜜經　（10–4）

應恭敬作礼圍遶以諸花香而散其處
復次須菩提善男子善女人受持讀誦此
經若為人輕賤是人先世罪業應墮惡
道以今世人輕賤故先世罪業則為消滅
當得阿耨多羅三藐三菩提須菩提我
念過去无量阿僧祇劫於然燈佛前得
值八百四千万億那由他諸佛悉皆供養
承事无空過者若復有人於後末世能
受持讀誦此經所得功德於我所供養
諸佛功德百分不及一千万億分乃至筭
數譬喻所不能及須菩提若善男子善
女人於後末世有受持讀誦此經所得功
德我若具說者或有人聞心則狂亂狐
疑不信須菩提當知是經義不可思議
果報亦不可思議
尒時須菩提白佛言世尊善男子善女
人發阿耨多羅三藐三菩提心云何應住
云何降伏其心佛告須菩提善男子善
女人發阿耨多羅三藐三菩提者當生
如是心我應滅度一切衆生滅度一切衆
生已而无有一衆生實滅度者何以故若
菩薩有我相人相衆生相壽者相則非菩
薩所以者何須菩提實无有法發阿耨
多羅三藐三菩提者
須菩提於意云何如來於然燈佛所有法
得阿耨多羅三藐三菩提不不也世尊如
我解佛所說義佛於然燈佛所无有得阿
耨多羅三藐三菩提佛言如是如是須菩
提實无有法如來得阿耨多羅三藐三
菩提須菩提若有法如來得阿耨多
羅三藐三菩提然燈佛則不與我受記汝
於來世當得作佛号釋迦牟尼以實无
有法得阿耨多羅三藐三菩提是故然
燈佛與我受記作是言汝於來世當得

耨多羅三藐三菩提佛言如是如是須菩
提實无有法如來得阿耨多羅三藐三
菩提須菩提若有法如來得阿耨多
羅三藐三菩提然燈佛則不與我受記汝
於來世當得作佛号釋迦牟尼以實无
有法得阿耨多羅三藐三菩提是故然
燈佛與我受記作是言汝於來世當得
作佛号釋迦牟尼何以故如來者即諸法
如義若有人言如來得阿耨多羅三藐
三菩提須菩提如來所得阿耨多羅三
藐三菩提於是中无實无虛是故如來
說一切法皆是佛法須菩提所言一切法
是故名一切法
須菩提譬如人身長大須菩提言世尊如
來說人身長大則為非大身是名大身
須菩提菩薩亦如是若作是言我當滅
度无量衆生則不名菩薩何以故須菩提
實无有法名為菩薩是故佛說一切法无
我无人无衆生无壽者須菩提若菩薩
作是言我當莊嚴佛土是不名菩薩何
以故如來說莊嚴佛土者即非莊嚴是名
莊嚴須菩提若菩薩通達无我法者如
來說名真是菩薩
須菩提於意云何如來有肉眼不如是世
尊如來有肉眼須菩提於意云何如來
有天眼不如是世尊如來有天眼須菩
提於意云何如來有慧眼不如是世尊如
來有慧眼須菩提於意云何如來有法
眼不如是世尊如來有法眼須菩提於
意云何如來有佛眼不如是世尊如來
有佛眼須菩提於意云何恒河中所有
沙佛說是沙不如是世尊如來說是沙
須菩提於意云何如一恒河中所有沙有
如是等恒河是諸恒河所有沙數佛世界

來有慧眼須菩提於意云何如來有法
眼不如是世尊如來有法眼須菩提於
意云何如來有佛眼不如是世尊如來
有佛眼須菩提於意云何恒河中所有
沙佛說是沙不如是世尊如來說是沙
須菩提於意云何如一恒河中所有沙有
如是等恒河是諸恒河所有沙數佛世界
如是寧為多不甚多世尊佛告須菩提
尒所國土中所有衆生若干種心如來悉
知何以故如來說諸心皆為非心是名為心
所以者何須菩提過去心不可得現在心不
可得未來心不可得須菩提於意云何若
有人滿三千大千世界七寶以用布施是人
以是因緣得福多不如是世尊此人以是因
緣得福甚多若福德有實如來不說得
福德多以福德无故如來說得福德多
須菩提於意云何佛可以具足色身見不
不也世尊如來不應以具足色身見何以
故如來說具足色身即非具足色身是名
具足色身須菩提於意云何如來可以具足
諸相見不不也世尊如來不應以具足
諸相見何以故如來說諸相具足即非具
足是名諸相具足須菩提汝勿謂如來
作是念我當有所說法莫作是念何以
故若人言如來有所說法即為謗佛不
能解我所說故須菩提說法者无法可
說是名說法
尒時慧命須菩提白佛言世尊頗有衆生
於未來世聞說是法生信心不佛言須菩
提彼非衆生非不衆生何以故須菩提衆
生者如來說非衆生是名衆生
須菩提白佛言世尊佛得阿耨多羅三
藐三菩提為无所得邪如是如是須菩提
我於阿耨多羅三藐三菩提乃至无有少
法可得是名阿耨多羅三藐三菩提須

BD05115號　金剛般若波羅蜜經　（10–7）

說是名說法
尒時慧命須菩提白佛言世尊頗有衆生
於未來世聞說是法生信心不佛言須菩
提彼非衆生非不衆生何以故須菩提衆
生者如來說非衆生是名衆生
須菩提白佛言世尊佛得阿耨多羅三
藐三菩提為无所得邪如是如是須菩提
我於阿耨多羅三藐三菩提乃至无有少
法可得是名阿耨多羅三藐三菩提復
次須菩提是法平等无有高下是名阿
耨多羅三藐三菩提以无我无人无衆生
无壽者脩一切善法則得阿耨多羅三
藐三菩提須菩提所言善法者如來說
非善法是名善法
須菩提若三千大千世界中所有諸須
弥山王如是等七寶聚有人持用布施若
人以此般若波羅蜜經乃至四句偈等受
持讀誦為他人說於前福德百分不及
一千万億分乃至筭數譬喻所不能及
須菩提於意云何汝等勿謂如來作是
念我當度衆生須菩提莫作是念何以
故實无有衆生如來度者若有衆生如
來度者如來則有我人衆生壽者須
菩提如來說有我者則非有我而凡夫
之人以為有我須菩提凡夫者如來說
則非凡夫
須菩提於意云何可以卅二相觀如來不須
菩提言如是如是以卅二相觀如來佛言須
菩提若以卅二相觀如來者轉輪聖王則是
如來須菩提白佛言世尊如我解佛所說
義不應以卅二相觀如來尒時世尊而
說偈言
若以色見我　以音聲求我　是人行邪道　不能見如來
須菩提汝若作是念如來不以具足相故得
阿耨多羅三藐三菩提須菩提莫作是念

BD05115號　金剛般若波羅蜜經　（10–8）

菩提若以卅二相觀如來者轉輪聖王則是
如來須菩提白佛言世尊如我解佛所說
義不應以卅二相觀如來尒時世尊而
說偈言
若以色見我　以音聲求我　是人行邪道　不能見如來
須菩提汝若作是念如來不以具足相故得
阿耨多羅三藐三菩提須菩提莫作是念
如來不以具足相故得阿耨多羅三藐三菩提
須菩提汝若作是念發阿耨多羅三藐三菩提
菩提者說諸法斷滅相莫作是念何以故
發阿耨多羅三藐三菩提者於法不說斷滅
相須菩提若菩薩以滿恒河沙等世界七
寶布施若復有人知一切法无我得成於
忍此菩薩勝前菩薩所得功德須菩提
以諸菩薩不受福德故須菩提白佛言世
尊云何菩薩不受福德須菩提菩薩所
作福德不應貪著是故說不受福德
須菩提若有人言如來若來若去若坐
若卧是人不解我所說義何以故如來者
无所從來亦无所去故名如來
須菩提若善男子善女人以三千大千世界
碎為微塵於意云何是微塵衆寧為多不
甚多世尊何以故若是微塵衆實有者佛
則不說是微塵衆所以者何佛說微塵衆
則非微塵衆是名微塵衆世尊如來所
說三千大千世界則非世界是名世界何
以故若世界實有者則是一合相如來說一
合相則非一合相是名一合相須菩提一合
相者則是不可說但凡夫之人貪著其
事須菩提若人言佛說我見人見衆生
見壽者見須菩提於意云何是人解我
所說義不世尊是人不解如來所說義
何以故世尊說我見人見衆生見壽者見
即非我見人見衆生見壽者見是名我

BD05115 號　金剛般若波羅蜜經　（10–9）

合相則非一合相是名一合相須菩提一合
相者則是不可說但凡夫之人貪著其
事須菩提若人言佛說我見人見衆生
見壽者見須菩提於意云何是人解我
所說義不世尊是人不解如來所說義
何以故世尊說我見人見衆生見壽者見
即非我見人見衆生見壽者見是名我
見人見衆生見壽者見須菩提發阿耨
多羅三藐三菩提心者於一切法應如是
知如是見如是信解不生法相須菩提
所言法相者如來說即非法相是名法
相須菩提若有人以滿无量阿僧祇劫
世界七寶持用布施若有善男子善
女人發菩薩心者持於此經乃至四句
偈等受持讀誦為人演說其福勝彼云
何為人演說不取於相如如不動何以故
一切有為法　如夢幻泡影　如露亦如電　應作如是觀
佛說是經已長老須菩提及諸比丘比
尼優婆塞優婆夷一切世間天人阿脩
羅聞佛所說皆大歡喜信受奉行

金剛般若經

BD05115 號　金剛般若波羅蜜經　（10–10）

具足[illegible]悲喜捨三十二相八十
[illegible]磨金色十力四無所畏四攝法十八不
[illegible]通道力成等正覺廣度衆生皆因提婆
達多善知識故告諸四衆提婆達多却後過
無量劫當得成佛号曰天王如來應供正遍
知明行足善逝世間解無上士調御丈夫天
人師佛世尊世界名天道時天王佛住世二
十中劫廣爲衆生說於妙法恒河沙衆生得
阿羅漢果無量衆生發緣覺心恒河沙衆生
發無上道心得無生法忍至不退轉時天王佛
般涅槃後正法住世二十中劫全身舍利
起七寶塔高六十由旬縱廣四十由旬諸天
人民悉以雜華末香燒香塗香衣服瓔珞幢
幡寶蓋伎樂歌頌礼拜供養七寶妙塔無量
衆生得阿羅漢果無量衆生悟辟支佛不可
思議衆生發菩提心至不退轉佛告諸比丘未
來世中若有善男子善女人聞妙法華經提
婆達多品淨心信敬不生疑惑者不墮地獄
餓鬼畜生生十方佛前所生之處常聞此經
若生人天中受勝妙樂若在佛前蓮華化生
於時下方多寶世尊所從菩薩名曰智積白
多寶佛當還本土釋迦牟尼佛告智積曰善
男子且待須臾此有菩薩名文殊師利可與
[illegible]

BD05116號　妙法蓮華經（八卷本）卷五　（24–1）

婆達多品淨心信敬不生疑惑者不墮地獄
餓鬼畜生生十方佛前所生之處常聞此經
若生人天中受勝妙樂若在佛前蓮華化生
於時下方多寶世尊所從菩薩名曰智積白
多寶佛當還本土釋迦牟尼佛告智積曰善
男子且待須臾此有菩薩名文殊師利可與
相見論說妙法可還本土尒時文殊師利坐
千葉蓮華大如車輪俱來菩薩亦坐寶華從
於大海娑竭羅龍宮自然踊出住虛空中詣
靈鷲山從蓮華下至於佛所頭面敬礼二世尊
足脩敬已畢往智積所共相慰問却坐一面
智積菩薩問文殊師利仁往龍宮所化衆生
其數幾何文殊師利言其數無量不可稱計
非口所宣非心所測且待須臾自當有證所
言未竟無數菩薩坐寶蓮華從海踊出詣靈
鷲山住在虛空此諸菩薩皆是文殊師利之
所化度具菩薩行皆共論說六波羅蜜本聲
聞人在虛空中說聲聞行今皆脩行大乘空
義文殊師利謂智積曰於海教化其事如是
尒時智積菩薩以偈讚曰
大智德勇健　化度無量衆　今此諸大會　及我皆已見
演暢實相義　開闡一乘法　廣度諸群生　令速成菩提
文殊師利言我於海中唯常宣說妙法華經智
積問文殊師利言此經甚深微妙諸經中
寶世所希有頗有衆生勤加精進脩行此經
速得佛不文殊師利言有娑竭羅龍王女年
始八歲智慧利根善知衆生諸根行業得陁

BD05116號　妙法蓮華經（八卷本）卷五　（24–2）

演暢實相義　開闡一乘法　廣導諸群生　令速成菩提
文殊師利言我於海中唯常宣說妙法華經智
積問文殊師利言此經甚深微妙諸經中
寶世所希有頗有衆生勤加精進脩行此經
速得佛不文殊師利言有娑竭羅龍王女年
始八歲智慧利根善知衆生諸根行業得陁
羅尼諸佛所說甚深秘藏悉能受持深入禪
定了達諸法於剎那頃發菩提心得不退轉
辯才無礙慈念衆生猶如赤子功德具足心
念口演微妙廣大慈悲仁讓志意和雅能至
菩提智積菩薩言我見釋迦如來於無量劫
難行苦行積功累德求菩薩道未曾止息觀
三千大千世界乃至無有如芥子許無非菩
薩捨身命處為衆生故然後乃得成菩提道
不信此女於須臾頃便成正覺言論未訖時
龍王女忽現於前頭面禮敬却住一面以偈
讚曰
深達罪福相　遍照於十方　微妙淨法身　具相三十二
以八十種好　用莊嚴法身　天人所戴仰　龍神咸恭敬
一切衆生類　無不宗奉者　又聞成菩提　唯佛當證知
我闡大乘教　度脫苦衆生
時舍利弗語龍女言汝謂不久得無上道是
事難信所以者何女身垢穢非是法器云何
能得無上菩提佛道懸曠經無量劫勤苦積
行具修諸度然後乃成又女人身猶有五障
一者不得作梵王　二者帝釋三者魔王四者
轉輪聖王五者佛身云何女身速得成佛

時舍利弗語龍女言汝謂不久得無上道是
事難信所以者何女身垢穢非是法器云何
能得無上菩提佛道懸曠經無量劫勤苦積
行具修諸度然後乃成又女人身猶有五障
一者不得作梵王　二者帝釋三者魔王四者
轉輪聖王五者佛身云何女身速得成佛
介時龍女有一寶珠價直三千大千世界持
以上佛佛即受之龍女謂智積菩薩尊者
舍利弗言我獻寶珠世尊納受是事疾不荅
言甚疾女言以汝神力觀我成佛復速於此
當時衆會皆見龍女忽然之間變成男子具
菩薩行即往南方無垢世界坐寶蓮華成等
正覺三十二相八十種好普為十方一切衆
生演說妙法介時娑婆世界菩薩聲聞天龍
八部人與非人皆遥見彼龍女成佛普為時
會人天說法心大歡喜悉遥敬礼無量衆生
聞法解悟得不退轉無量衆生得受道記無
垢世界六反震動娑婆世界三千衆生住不
退地三千衆生發菩提心而得受記智積菩
薩及舍利弗一切衆會默然信受
妙法蓮華經勸持品第十三
介時藥王菩薩摩訶薩及大樂說菩薩摩訶
薩與二万菩薩眷屬俱皆於佛前作是誓言
惟願世尊不以為慮我等於佛滅後當奉持
讀誦說此經典後惡世衆生善根轉少多增
上慢貪利供養增不善根遠離解脫雖難可
教化我等當起大忍力讀誦此經持說書寫

薩與二万菩薩眷屬俱皆於佛前作是誓言
惟願世尊不以為慮我等於佛滅後當奉持
讀誦說此經典後惡世衆生善根轉少多增
上慢貪利供養增不善根遠離解脫雖難可
教化我等當起大忍力讀誦此經持說書寫
種種供養不惜身命尒時衆中五百阿羅漢
得受記者白佛言世尊我等亦自誓願於異
國土廣說此經復有學無學八千人得受記
者從座而起合掌向佛作是誓言世尊我等
亦當於他國土廣說此經所以者何是娑婆
國中人多弊惡懷增上慢功德淺薄瞋濁諂
曲心不實故尒時佛姨母摩訶波闍波提比
丘尼與學無學比丘尼六千人俱從座而起
一心合掌瞻仰尊顏目不暫捨於時世尊告
憍曇弥何故憂色而視如來汝心將無謂我
不說汝名得受阿耨多羅三藐三菩提記耶
憍曇弥我先惣說一切聲聞皆已授記今汝
欲知記者將來之世當於六萬八千億諸佛
法中為大法師及六千學無學比丘尼俱為
法師汝如是漸漸具菩薩道當得作佛号一
切衆生喜見如來應供正遍知明行足善逝
世間解無上士調御丈夫天人師佛世尊憍
曇弥是一切衆生喜見佛及六千菩薩轉次
授記得阿耨多羅三藐三菩提尒時羅睺羅
母耶輸陁羅比丘尼作是念世尊於授記中獨
不說我名佛告耶輸陁羅汝於來世百千万
億諸佛法中脩菩薩行為大法師漸具佛道

BD05116號　妙法蓮華經（八卷本）卷五　（24–5）

曇弥是一切衆生喜見佛及六千菩薩轉次
授記得阿耨多羅三藐三菩提尒時羅睺羅
母耶輸陁羅比丘尼作是念世尊於授記中獨
不說我名佛告耶輸陁羅汝於來世百千万
億諸佛法中脩菩薩行為大法師漸具佛道
於善國中當得作佛号具足千万光相如來
應供正遍知明行足善逝世間解無上士調
御丈夫天人師佛世尊佛壽無量阿僧祇劫
尒時摩訶波闍波提比丘尼及耶輸陁羅比
丘尼并其眷屬皆大歡喜得未曾有即於佛
前而說偈言
世尊導師　安隱天人　我等聞記　心安具足
諸比丘尼說是偈已白佛言世尊我等亦能
於他方國土廣宣此經尒時世尊視八十萬
億那由他諸菩薩摩訶薩是諸菩薩皆是阿
惟越致轉不退輪　得諸陁羅尼即從座起
至於佛前一心合掌而作是念若世尊告勅
我等持說此經者當如佛教廣宣斯法復作
是念佛今黙然不見告勅我當云何時諸菩
薩敬順佛意并欲自滿本願便於佛前作師
子吼而發誓言世尊我等於如來滅後周旋
往反十方世界能令衆生書寫此經受持讀誦
解說其義如法脩行正憶念皆是佛之威力
惟願世尊在於他方遙見守護即時諸菩
薩俱同發聲而說偈言
惟願不為慮　於佛滅度後　恐怖惡世中　我等當廣說
有諸無智人　惡口罵詈等　及加刀杖者　我等皆當忍

BD05116號　妙法蓮華經（八卷本）卷五　（24–6）

解說其義如法脩行正憶念皆是佛之威力
惟願世尊在於他方遙見守護即時諸菩
薩俱同發聲而說偈言
惟願不為慮　於佛滅度後　恐怖惡世中　我等當廣說
有諸無智人　惡口罵詈等　及加刀杖者　我等皆當忍
惡世中比丘　邪智心諂曲　未得謂為得　我慢心充滿
或有阿練若　納衣在空閑　自謂行真道　輕賤人間者
貪著利養故　與白衣說法　為世所恭敬　如六通羅漢
是人懷惡心　常念世俗事　假名阿練若　好出我等過
而作如是言　此諸比丘等　為貪利養故　說外道論議
自作此經典　誑惑世間人　為求名聞故　分別於是經
常在大眾中　欲毀我等故　向國王大臣　婆羅門居士
及餘比丘眾　誹謗說我惡　謂是邪見人　說外道論議
我等敬佛故　悉忍是諸惡　為斯所輕言　汝等皆是佛
如此輕慢言　皆當忍受之　濁劫惡世中　多有諸恐怖
惡鬼入其身　罵詈毀辱我　我等敬信佛　當著忍辱鎧
為說是經故　忍此諸難事　我不愛身命　但惜無上道
我等於來世　護持佛所囑　世尊自當知　濁世惡比丘
不知佛方便　隨宜所說法　惡口而顰蹙　數數見擯出
遠離於塔寺　如是等眾惡　念佛告勅故　皆當忍是事
諸聚落城邑　其有求法者　我皆到其所　說佛所囑法
我是世尊使　處眾無所畏　我當善說法　願佛安隱住
我於世尊前　諸來十方佛　發如是誓言　佛自知我心
妙法蓮華經安樂行品第十四
尒時文殊師利法王子菩薩摩訶薩白佛言
世尊是諸菩薩甚為難有敬順佛故發大誓
願於後惡世護持讀誦是法華經世尊菩薩

BD05116號　妙法蓮華經（八卷本）卷五　（24–7）

我於世尊前　諸來十方佛　發如是誓言　佛自知我心
妙法蓮華經安樂行品第十四
尒時文殊師利法王子菩薩摩訶薩白佛言
世尊是諸菩薩甚為難有敬順佛故發大誓
願於後惡世護持讀誦是法華經世尊菩薩
摩訶薩於後惡世云何能說是經佛告文殊
師利若菩薩摩訶薩於後惡世欲說是經當
安住四法一者安住菩薩行處親近處能為
眾生演說是經文殊師利云何名菩薩摩訶
薩行處若菩薩摩訶薩住忍辱地柔和善順
而不卒暴心亦不驚又復於法無所行而觀
諸法如實相亦不行不分別是名菩薩摩訶
薩行處云何名菩薩摩訶薩親近處菩薩
摩訶薩不親近國王王子大臣官長不親近
諸外道梵志尼揵子等及造世俗文筆讚詠
外書及路伽耶陀逆路伽耶陀者亦不親近諸
有凶戲相扠相撲及那羅等種種變現之
戲又不親近旃陀羅及畜猪羊雞狗畋獵漁
捕諸惡律儀如是人等或時來者則為說法
無所悕望又不親近求聲聞比丘比丘尼優
婆塞優婆夷亦不問訊若於房中若經行處
若在講堂中不共住止或時來者隨宜說法
無所希求文殊師利又菩薩摩訶薩不應
於女人身取能生欲想相而為說法亦不樂見若
入他家不與小女處女寡女等共語亦復不近
五種不男之人以為親厚不獨入他家若有
因緣須獨入時但一心念佛若為女人說

BD05116號　妙法蓮華經（八卷本）卷五　（24–8）

無所希求文殊師利又菩薩摩訶薩不應
於女人身取能生欲想相而為說法亦不樂見若
入他家不與小女處女寡女等共語亦復不近
五種不男之人以為親厚不獨入他家若有
因緣須獨入時但一心念佛若為女人說
法不露齒笑不現胷臆乃至為法猶不親厚
況復餘事不樂畜年少弟子沙弥小兒亦
不樂與同師常好坐禪在於閑處脩攝其心
文殊師利是名初親近處復次菩薩摩訶薩
觀一切法空如實相不顛倒不動不退不轉
如虛空無所有性一切語言道斷不生不出
不起無名無相實無所有無量無邊無礙無
障但以因緣有從顛倒生故說常樂觀如是
法相是名菩薩摩訶薩第二親近處尒時世
尊欲重宣此義而說偈言
若有菩薩 於後惡世 無怖畏心 欲說是經
應入行處 及親近處 常離國王 及國王子
大臣官長 凶險戲者 及旃陀羅 外道梵志
亦不親近 增上慢人 貪着小乘 三藏學者
破戒比丘 名字羅漢 及比丘尼 好戲笑者
深着五欲 求現滅度 諸優婆夷 皆勿親近
若是人等 以好心来 到菩薩所 為聞佛道
菩薩則以 無所畏心 不懷希望 而為說法
寡女處女 及諸不男 皆勿親近 以為親厚
亦莫親近 屠兒魁膾 畋獵漁捕 為利殺害
販肉自活 衒賣女色 如是之人 皆勿親近
凶險相撲 種種嬉戲 諸婬女等 盡勿親近

BD05116 號　妙法蓮華經（八卷本）卷五　（24–9）

若是人等 以好心来 到菩薩所 為聞佛道
菩薩則以 無所畏心 不懷希望 而為說法
寡女處女 及諸不男 皆勿親近 以為親厚
亦莫親近 屠兒魁膾 畋獵漁捕 為利殺害
販肉自活 衒賣女色 如是之人 皆勿親近
凶險相撲 種種嬉戲 諸婬女等 盡勿親近
莫獨屏處 為女說法 若說法時 無得戲笑
入里乞食 將一比丘 若無比丘 一心念佛
是則名為 行處近處 以此二處 能安樂說
又復不行 上中下法 有為無為 實不實法
亦不分別 是男是女 不得諸法 不知不見
是則名為 菩薩行處 一切諸法 空無所有
無有常住 亦無起滅 是名智者 所親近處
顛倒分別 諸法有無 是實非實 是生非生
在於閑處 脩攝其心 安住不動 如須弥山
觀一切法 皆無所有 猶如虛空 無有堅固
不生不出 不動不退 常住一相 是名近處
若有比丘 於我滅後 入是行處 及親近處
說斯經時 無有怯弱 菩薩有時 入於靜室
以正憶念 隨義觀法 從禪定起 為諸國王
王子臣民 婆羅門等 開化演暢 說斯經典
其心安隱 無有怯弱 文殊師利 是名菩薩
安住初法 能於後世 說法華經
又文殊師利如來滅後於末法中欲說是經
應住安樂行若口宣說若讀經時不樂說人
及經典過亦不輕慢諸餘法師不說他人好
惡長短於聲聞人亦不稱名說其過惡亦不
稱名讚歎其美又亦不生怨嫌之心善脩如

BD05116 號　妙法蓮華經（八卷本）卷五　（24–10）

安住初法　能於後世　說法華經
又文殊師利如來滅後於末法中欲說是經
應住安樂行若口宣說若讀經時不樂說人
及經典過亦不輕慢諸餘法師不說他人好
惡長短於聲聞人亦不稱名說其過惡亦不
稱名讚歎其美又亦不生怨嫌之心善脩如
是安樂心故諸有聽者不逆其意有所難問
不以小乘法荅但以大乘而為解說令得一
切種智尒時世尊欲重宣此義而說偈言
菩薩常樂　安隱說法　於清淨地　而施牀座
以油塗身　澡浴塵穢　著新淨衣　內外俱淨
安處法座　隨問為說　若有比丘　及比丘尼
諸優婆塞　及優婆夷　國王王子　羣臣士民
以微妙義　和顏為說　若有難問　隨義而荅
因緣譬喻　敷演分別　以是方便　皆使發心
漸漸增益　入於佛道　除嬾惰意　及懈怠想
離諸憂惱　慈心說法　晝夜常說　無上道教
以諸因緣　無量譬喻　開示眾生　咸令歡喜
衣服卧具　飲食醫藥　而於其中　無所希望
但一心念　說法因緣　願成佛道　令眾亦尒
是則大利　安樂供養　我滅度後　若有比丘
能演說斯　妙法華經　心無嫉恚　諸惱障礙
亦無憂愁　及罵詈者　又無怖畏　加刀杖等
亦無擯出　安住忍故　智者如是　善脩其心
能住安樂　如我上說　其人功德　千万億劫
筭數譬喻　說不能盡
又文殊師利菩薩摩訶薩於後末世法欲滅

BD05116號　妙法蓮華經（八卷本）卷五　（24–11）

亦無擯出　安住忍故　智者如是　善脩其心
能住安樂　如我上說　其人功德　千万億劫
筭數譬喻　說不能盡
又文殊師利菩薩摩訶薩於後末世法欲滅
時受持讀誦斯經典者無懷嫉妬諂誑之心
亦勿輕罵學佛道者求其長短若比丘比丘
尼優婆塞優婆夷求聲聞者求辟支佛者
求菩薩道者無得惱之令其疑悔語其人言汝
等去道甚遠終不能得一切種智所以者何
汝是放逸之人於道懈怠故又亦不應戲論
諸法有所諍競當於一切眾生起大悲想於
諸如來起慈父想於諸菩薩起大師想於十
方諸大菩薩常應深心恭敬禮拜於一切眾
生平等說法以順法故不多不少乃至深愛
法者亦不為多說文殊師利是菩薩摩訶薩
於後末世法欲滅時有成就是第三安樂行
者說是法時無能惱亂得好同學共讀誦是
經亦得大眾而來聽受聽已能持持已能誦
誦已能說說已能書若使人書供養經卷
恭敬尊重讚歎尒時世尊欲重宣此義而
說偈言
若欲說是經　當捨嫉恚慢　諂誑邪偽心　常脩質直行
不輕蔑於人　亦不戲論法　不令他疑悔　云汝不得佛
是佛子說法　常柔和能忍　慈悲於一切　不生懈怠心
十方大菩薩　愍眾故行道　應生恭敬心　是則我大師
於諸佛世尊　生無上父想　破於憍慢心　說法無障礙
第三法如是　智者應守護　一心安樂行　無量眾所敬

BD05116號　妙法蓮華經（八卷本）卷五　（24–12）

若欲說是經　當捨嫉恚慢　諂誑邪偽心　常脩質直行
不輕蔑於人　亦不戲論法　不令他疑悔　云汝不得佛
是佛子說法　常柔和能忍　慈悲於一切　不生懈怠心
十方大菩薩　愍衆故行道　應生恭敬心　是則我大師
於諸佛世尊　生無上父想　破於憍慢心　說法無障礙
第三法如是　智者應守護　一心安樂行　無量衆所敬
又文殊師利菩薩摩訶薩於後末世法欲滅
時有持是法華經者於在家出家人中生大
慈心於非菩薩人中生大悲心應作是念如
是之人則為大失如來方便隨宜說法不聞
不知不覺不問不信不解其人雖不問不信
不解是經我得阿耨多羅三藐三菩提時隨
在何地以神通力智慧力引之令得住是法
中文殊師利是菩薩摩訶薩於如來滅後有
成就此第四法者說是法時無有過失常為
比丘比丘尼優婆塞優婆夷國王王子大臣人
民婆羅門居士等供養恭敬尊重讚嘆虛空
諸天為聽法故亦常隨侍若在聚落城邑
空閑林中有人來欲難問者諸天晝夜常為
法故而衛護之能令聽者皆得歡喜所以者
何此經是一切過去未來現在諸佛神力所
護故文殊師利是法華經於無量國中乃至
名字不可得聞何況得見受持讀誦文殊師
利譬如強力轉輪聖王欲以威勢降伏諸國
而諸小王不順其命時轉輪王起種種兵而往討
伐王見兵衆戰有功者即大歡喜隨功賞
賜或與田宅聚落城邑或與衣服嚴身之具

BD05116號　妙法蓮華經（八卷本）卷五　（24–13）

名字不可得聞何況得見受持讀誦文殊師
利譬如強力轉輪聖王欲以威勢降伏諸國
而諸小王不順其命時轉輪王起種種兵而往討
伐王見兵衆戰有功者即大歡喜隨功賞
賜或與田宅聚落城邑或與衣服嚴身之具
或與種種珍寶金銀瑠璃車璩馬瑙珊瑚虎
珀象馬車乘奴婢人民唯髻中明珠不以與
之所以者何獨王頂上有此一珠若以與之
王諸眷屬必大驚怪文殊師利如來亦復
如是以禪定智慧力得法國土王於三界而
諸魔王不肯順伏如來賢聖諸將與之共戰
其有功者心亦歡喜於四衆中為說諸經令
其心悅賜以禪定解脫無漏根力諸法之財
又復賜與涅槃之城言得滅度引導其心皆
令歡喜而不為說是法華經文殊師利如轉
輪王見諸兵衆有大功者心甚歡喜以此難
信之珠久在髻中不妄與人而今與之如來
亦復如是於三界中為大法王以法教化一切
衆生見賢聖軍與五陰魔煩惱魔死魔共
戰有大功勳滅三毒出三界破魔網尒時如
來亦大歡喜此法華經能令衆生至一切智
一切世間多怨難信先所未說而今說之文
殊師利此法華經是諸如來第一之說於諸
說中最為甚深末後賜與如彼強力之王久
護明珠今乃與之文殊師利此法華經諸佛
如來祕密之藏於諸經中最在其上長夜守

BD05116號　妙法蓮華經（八卷本）卷五　（24–14）

一切世間多怨難信先所未說而今說之文
殊師利此法華經是諸如来第一之說於諸
說中最為甚深末後賜與如彼強力之王久
護明珠今乃與之文殊師利此法華經諸佛
如来秘密之藏於諸經中最在其上長夜守
護不妄宣說始於今日乃與汝等而敷演之
尒時世尊欲重宣此義而說偈言
常行忍辱　哀愍一切　乃能演說　佛所讚經
後末世時　持此經者　於家出家　及非菩薩
應生慈悲　斯等不聞　不信是經　則為大失
我得佛道　以諸方便　為說此法　令住其中
譬如強力　轉輪之王　兵戰有功　賞賜諸物
象馬車乘　嚴身之具　及諸田宅　聚落城邑
或與衣服　種種珍寶　奴婢財物　歡喜賜與
如有勇健　能為難事　王解髻中　明珠賜之
如来亦尒　為諸法王　忍辱大力　智慧寶藏
以大慈悲　如法化世　見一切人　受諸苦惱
欲求解脫　與諸魔戰　為是眾生　說種種法
以大方便　說此諸經　既知眾生　得其力已
末後乃為　說是法華　如王解髻　明珠與之
此經為尊　眾經中上　我常守護　不妄開示
今正是時　為汝等說
我滅度後　求佛道者　欲得安隱　演說斯經
應當親近　如是四法　讀是經者　常無憂惱
又無病痛　顏色鮮白　不生貧窮　卑賤醜陋
眾生樂見　如慕賢聖　天諸童子　以為給使
刀杖不加　毒不能害　若人惡罵　口則閉塞

今正是時　為汝等說
我滅度後　求佛道者　欲得安隱　演說斯經
應當親近　如是四法　讀是經者　常無憂惱
又無病痛　顏色鮮白　不生貧窮　卑賤醜陋
眾生樂見　如慕賢聖　天諸童子　以為給使
刀杖不加　毒不能害　若人惡罵　口則閉塞
遊行無畏　如師子王　智慧光明　如日之照
若於夢中　但見妙事　見諸如来　坐師子座
諸比丘眾　圍繞說法　又見龍神　阿脩羅等
數如恒沙　恭敬合掌　自見其身　而為說法
又見諸佛　身相金色　放無量光　照於一切
以梵音聲　演說諸法　佛為四眾　說無上法
見身處中　合掌讚佛　聞法歡喜　而為供養
得陀羅尼　證不退智　佛知其心　深入佛道
即為授記　成最正覺　汝善男子　當於来世
得無量智　佛之大道　國土嚴淨　廣大無比
亦有四眾　合掌聽法　又見自身　在山林中
脩習善法　證諸實相　深入禪定　見十方佛
諸佛身金色　百福相莊嚴　聞法為人說　常有是好夢
又夢作國王　捨宮殿眷屬　及上妙五欲　行詣於道場
在菩提樹下　而處師子座　求道過七日　得諸佛之智
成無上道已　起而轉法輪　為四眾說法　經千萬億劫
說無漏妙法　度無量眾生　後當入涅槃　如烟盡燈滅
若後惡世中　說是第一法　是人得大利　如上諸功德

妙法蓮華經從地踊出品第十五

尒時他方國土諸来菩薩摩訶薩過八恒河
沙數於大眾中起立合掌作禮而白佛言世

成無上道已　起而轉法輪　爲四衆說法　經千万億劫
說無漏妙法　度無量衆生　後當入涅槃　如烟盡燈滅
若後惡世中　說是第一法　是人得大利　如上諸功德

妙法蓮華經從地踊出品第十五

尒時他方國土諸來菩薩摩訶薩過八恒河
沙數於大衆中起立合掌作礼而白佛言世
尊若聽我等於佛滅後在此娑婆世界勤加
精進護持讀誦書寫供養是經典者當於此
土而廣說之尒時佛告諸菩薩摩訶薩衆止
善男子不須汝等護持此經所以者何我娑
婆世界自有六万恒河沙等菩薩摩訶薩
一一菩薩各有六萬恒河沙眷屬是諸人等
能於我滅後護持讀誦廣說此經佛說是語
時娑婆世界三千大千國土地皆震裂而於其
中有無量千萬億菩薩摩訶薩同時踊出是
諸菩薩身皆金色三十二相無量光明先盡
在此娑婆世界之下此界虛空中住是諸菩
薩聞釋迦牟尼佛所說音聲從下發來一一菩
薩皆是大衆唱導之首各將六萬恒河沙眷
屬况將五万四万三万二万一万　恒河沙等
眷屬者况復乃至一恒河沙半恒河沙四分
之一乃至千万億那由他分之一况復千万
億那由他眷屬况復億万眷屬况復千万百
万乃至一万况復一千一百乃至一十况復
將五四三二一弟子者况復單己樂遠離行
如是等比無量無邊筭數譬喻所不能知是
諸菩薩從地出已各詣虛空七寶妙塔多

BD05116號　妙法蓮華經（八卷本）卷五　（24–17）

之一乃至千万億那由他分之一况復千万
億那由他眷屬况復億万眷屬况復千万百
万乃至一万况復一千一百乃至一十况復
將五四三二一弟子者况復單己樂遠離行
如是等比無量無邊筭數譬喻所不能知是
諸菩薩從地出已各詣虛空七寶妙塔多
寶如來釋迦牟尼佛所到已向二世尊頭面礼
足及至諸寶樹下師子座上佛所亦皆作礼
右繞三帀合掌恭敬以諸菩薩種種讚法而
以讚嘆住在一面欣樂瞻仰於二世尊是諸
菩薩摩訶薩從初踊出以諸菩薩種種讚
法而讚於佛如是時間經五十小劫是時釋迦
牟尼佛默然而坐及諸四衆亦皆默然五十
小劫佛神力故令諸大衆謂如半日尒時四
衆亦以佛神力故見諸菩薩遍滿無量百千
万億國土虛空是菩薩衆中有四導師一名
上行二名無邊行三名淨行四名安立行是
四菩薩於其衆中最爲上首唱導之師在
大衆前各共合掌觀釋迦牟尼佛而問訊言
世尊少病少惱安樂行不所應度者受教易
不不令世尊生疲勞耶尒時四大菩薩而
說偈言
世尊安樂　少病少惱　教化衆生　得無疲倦
又諸衆生　受化易不　不令世尊　生疲勞耶
尒時世尊於菩薩大衆中而作是言如是如
是諸善男子如來安樂少病少惱諸衆生等
易可化度無有疲勞所以者何是諸衆生世

BD05116號　妙法蓮華經（八卷本）卷五　（24–18）

說偈言
世尊安樂　少病少惱　教化衆生　得無疲惓
又諸衆生　受化易不　不令世尊　生疲勞耶
尒時世尊於菩薩大衆中而作是言如是如
是諸善男子如來安樂少病少惱諸衆生等
易可化度無有疲勞所以者何是諸衆生世
世已來常受我化亦於過去諸佛供養尊重
種諸善根此諸衆生始見我身聞我所說即
皆信受入如來慧除先脩習學小乘者如是
之人我今亦令得聞是經入於佛慧尒時諸
大菩薩而說偈言
善哉善哉　大雄世尊　諸衆生等　易可化度
能問諸佛　甚深智慧　聞已信行　我等隨喜
於時世尊讚歎上首諸大菩薩善哉善哉善
男子汝等能於如來發隨喜心尒時弥勒菩
薩及八千恒河沙諸菩薩衆皆作是念我等
從昔已來不見不聞如是大菩薩摩訶薩衆
從地踊出住世尊前合掌供養問訊如來時
弥勒菩薩摩訶薩知八千恒河沙諸菩薩等
心之所念并欲自決所疑合掌向佛以偈問曰
無量千万億　大衆諸菩薩　昔所未曾見　願兩足尊說
是從何所來　以何因緣集　巨身大神通　智慧叵思議
其志念堅固　有大忍辱力　衆生所樂見　為從何所來
一一諸菩薩　所將諸眷屬　其數無有量　如恒河沙等
或有大菩薩　將六万恒沙　如是諸大衆　一心求佛道
是諸大師等　六万恒河沙　俱來供養佛　及護持是經
將五万恒沙　其數過於是　四万及三万　二万至一万

BD05116號　妙法蓮華經（八卷本）卷五　（24–19）

是從何所來　以何因緣集　巨身大神通　智慧叵思議
其志念堅固　有大忍辱力　衆生所樂見　為從何所來
一一諸菩薩　所將諸眷屬　其數無有量　如恒河沙等
或有大菩薩　將六万恒沙　如是諸大衆　一心求佛道
是諸大師等　六万恒河沙　俱來供養佛　及護持是經
將五万恒沙　其數過於是　四万及三万　二万至一万
一千一百等　乃至一恒沙　半及三四分　億万分之一
千万那由他　万億諸弟子　乃至於半億　其數復過上
百万至一万　一千及一百　五十與一十　乃至三二一
單己無眷屬　樂於獨處者　俱來至佛所　其數轉過上
如是諸大衆　若人行籌數　過於恒沙劫　猶不能盡知
是諸大威德　精進菩薩衆　誰為其說法　教化而成就
從誰初發心　稱揚何佛法　受持行誰經　脩習何佛道
如是諸菩薩　神通大智力　四方地震裂　皆從中踊出
世尊我昔來　未曾見是事　願說其所從　國土之名号
我常遊諸國　未曾見是事　我於此衆中　乃不識一人
忽然從地出　願說其因緣　今此之大會　無量百千億
是諸菩薩等　皆欲知此事　是諸菩薩衆　本末之因緣
無量德世尊　唯願決衆疑
尒時釋迦牟尼分身諸佛從無量千万億他方
國土來者在於八方諸寶樹下師子座上
結加趺坐其佛侍者各各見是菩薩大衆於
三千大千世界四方從地踊出住於虛空各
白其佛言世尊此諸無量無邊阿僧祇菩薩
大衆從何所來尒時諸佛各告侍者諸善男
子且待須臾有菩薩摩訶薩名曰弥勒釋迦
牟尼佛之所授記次得作佛已問斯事佛今
答之汝等自當因是得聞尒時釋迦牟尼佛告

BD05116號　妙法蓮華經（八卷本）卷五　（24–20）

白其佛言世尊此諸無量無邊阿僧祇菩薩
大衆從何所來尒時諸佛各告侍者諸善男
子且待須臾有菩薩摩訶薩名曰弥勒釋迦
牟尼佛之所授記次後作佛已問斯事佛今
荅之汝等自當因是得聞尒時釋迦牟尼佛告
弥勒菩薩言善哉善哉阿逸多乃能問佛如
是大事汝等當共一心被精進鎧發堅固意
如来今欲顯發宣示諸佛智慧諸佛自在
神通之力諸佛師子奮迅之力諸佛威猛大
勢之力尒時世尊欲重宣此義而說偈言
當精進一心　我欲說此事　勿得有疑悔　佛智叵思議
汝今出信力　住於忍善中　昔所未聞法　今皆當得聞
我今安慰汝　勿得懷疑懼　佛無不實語　智慧不可量
所得第一法　甚深叵分別　如是今當說　汝等一心聽
尒時世尊說此偈已告弥勒菩薩我今於此
大衆宣告汝等阿逸多是諸大菩薩摩訶薩
無量無數阿僧祇從地踊出汝等昔所未見
者我於是娑婆世界得阿耨多羅三藐三菩
提已教化示導是諸菩薩調伏其心令發道
意此諸菩薩皆於是娑婆世界之下此界虛
空中住於諸經典讀誦通利思惟分別正憶念
阿逸多是諸善男子等不樂在衆多有所
說常樂靜處勤行精進未曾休息亦不依止
人天而住常樂深智無有障礙亦常樂於諸
佛之法一心精進求無上慧尒時世尊欲重
宣此義而說偈言
阿逸汝當知　是諸大菩薩　從無數劫來　脩習佛智慧

BD05116號　妙法蓮華經（八卷本）卷五　（24–21）

空中住於諸經典讀誦通利思惟分別正憶念
阿逸多是諸善男子等不樂在衆多有所
說常樂靜處勤行精進未曾休息亦不依止
人天而住常樂深智無有障礙亦常樂於諸
佛之法一心精進求無上慧尒時世尊欲重
宣此義而說偈言
阿逸汝當知　是諸大菩薩　從無數劫來　脩習佛智慧
悉是我所化　令發大道心　此等是我子　依止是世界
常行頭陁事　志樂於靜處　捨大衆憒閙　不樂多所說
如是諸子等　學習我道法　晝夜常精進　為求佛道故
在娑婆世界　下方空中住　志念力堅固　常勤求智慧
說種種妙法　其心無所畏　我於伽耶城　菩提樹下坐
得成最正覺　轉無上法輪　尒乃教化之　令初發道心
今皆住不退　悉當得成佛　我今說實語　汝等一心信
我從久遠來　教化是等衆
尒時弥勒菩薩摩訶薩及無數諸菩薩等心
生疑惑怪未曾有而作是念云何世尊於少
時間教化如是無量無邊阿僧祇諸大菩薩
令住阿耨多羅三藐三菩提即白佛言世尊
如来為太子時出於釋宮去伽耶城不遠坐
於道場得成阿耨多羅三藐三菩提從是已
來始過四十餘年世尊云何於此少時大作
佛事以佛勢力以佛功德教化如是無量大
菩薩衆當成阿耨多羅三藐三菩提世尊
此大菩薩衆假使有人於千萬億劫數不能
盡不得其邊斯等久遠已來於無量無邊諸
佛所殖諸善根成就菩薩道常脩梵行世尊
如此之事世所難信譬如有人色美髮黑年

BD05116號　妙法蓮華經（八卷本）卷五　（24–22）

來始過四十餘年世尊云何於此少時大作
佛事以佛勢力以佛功德教化如是無量大
菩薩衆當成阿耨多羅三藐三菩提世尊
此大菩薩衆假使有人於千万億劫數不能
盡不得其邊斯等久遠已來於無量無邊諸
佛所殖諸善根成就菩薩道常脩梵行世尊
如此之事世所難信譬如有人色美髮黑年二
十五指百歲人言是我子其百歲人亦指年
少言是我父生育我等是事難信佛亦如是
得道已來其實未久而此大衆諸菩薩等已
於無量千万億劫為佛道故勤行精進善入
出住無量百千万億三昧得大神通久脩梵
行善能次第習諸善法巧於問荅人中之
寶一切世間甚為希有今日世尊方云得佛道
時初令發心教化示導令向阿耨多羅三藐
三菩提世尊得佛未久乃能作此大功德事
我等雖復信佛隨宜所說佛所出言未曾虛
妄佛所知者皆悉通達然諸新發意菩薩於
佛滅後若聞是語或不信受而起破法罪業
因緣唯然世尊願為解說除我等疑及未來
世諸善男子聞此事已亦不生疑尒時彌勒菩
薩欲重宣此義而說偈言
佛昔從釋種　出家近伽耶　坐於菩提樹　尒來尚未久
此諸佛子等　其數不可量　久已得佛道　住神通智力
善學菩薩道　不染世間法　如蓮華在水　從地而踊出
皆起恭敬心　住於世尊前　是事難思議　云何而可信
佛得道甚近　所成就甚多　願為除衆疑　如實分別說

BD05116號　妙法蓮華經（八卷本）卷五　（24–23）

因緣唯然世尊願為解說除我等疑及未來
世諸善男子聞此事已亦不生疑尒時彌勒菩
薩欲重宣此義而說偈言
佛昔從釋種　出家近伽耶　坐於菩提樹　尒來尚未久
此諸佛子等　其數不可量　久已得佛道　住神通智力
善學菩薩道　不染世間法　如蓮華在水　從地而踊出
皆起恭敬心　住於世尊前　是事難思議　云何而可信
佛得道甚近　所成就甚多　願為除衆疑　如實分別說
譬如少壯人　年始二十五　示人百歲子　髮白而面皺
是等我所生　子亦說是父　父少而子老　舉世所不信
世尊亦如是　得道來甚近　是諸菩薩等　志固無怯弱
從無量劫來　而行菩薩道　巧於難問荅　其心無所畏
忍辱心決定　端正有威德　十方佛所讚　善能分別說
不樂在人衆　常好在禪定　為求佛道故　於下空中住
我等從佛聞　於此事無疑　願佛為未來　演說令開解
若有於此經　生疑不信者　即當墮惡道　願今為解說
是無量菩薩　云何於少時　教化令發心　而住不退地

妙法蓮華經卷第五

BD05116號　妙法蓮華經（八卷本）卷五　（24–24）

長者乃至不與實小一車猶
不虛妄何以故是長者先作是意我以方便
令子得出以是因緣无虛妄也何況長者自
知財富无量欲饒益諸子等與大車佛告舍
利弗善哉善哉如汝所言舍利弗如來亦復
如是則為一切世間之父於諸怖畏衰惱憂
患无明闇蔽永盡无餘而悉成就无量知見
力无所畏有大神力及智慧力具足方便智
慧波羅蜜大慈大悲常无懈惓恒求善事
利益一切而生三界朽故火宅為度衆生生老
病死憂悲苦惱愚癡闇蔽三毒之火教化令
得阿耨多羅三藐三菩提見諸衆生為生老
病死憂悲苦惱之所燒煮亦以五欲財利故
受種種苦又以貪著追求故現受衆苦後受
地獄畜生餓鬼之苦若生天上及在人間貧
窮困苦愛別離苦怨憎會苦如是等種種諸
苦衆生没在其中歡喜遊戲不覺不知不驚
不怖亦不生猒不求解脫於此三界火宅東
西馳走雖遭大苦不以為患舍利弗佛見此

BD05117號　妙法蓮華經卷二　（21-1）

地獄畜生餓鬼之苦若生天上及在人間貧
窮困苦愛別離苦怨憎會苦如是等種種諸
苦衆生没在其中歡喜遊戲不覺不知不驚
不怖亦不生猒不求解脫於此三界火宅東
西馳走雖遭大苦不以為患舍利弗佛見此
已便作是念我為衆生之父應拔其苦難與
无量无邊佛智慧樂令其遊戲舍利弗如來
復作是念若我但以神力及智慧力捨於方
便為諸衆生讚如來知見力无所畏者衆生
不能以是得度所以者何是諸衆生未免生
老病死憂悲苦惱而為三界火宅所燒何由
能解佛之智慧舍利弗如彼長者雖復身手
有力而不用之但以慇懃方便免濟諸子火
宅之難然後各與珍寶大車如來亦復如是
雖有力无所畏而不用之但以智慧方便於
三界火宅拔濟衆生為說三乘聲聞辟支佛
佛乘而作是言汝等莫得樂住三界火宅勿
貪麤弊色聲香味觸也若貪著生愛則為所
燒汝速出三界當得三乘聲聞辟支佛佛乘
我今為汝保任此事終不虛也汝等但當勤
脩精進如來以是方便誘進衆生復作是言
汝等當知此三乘法皆是聖所稱歎自在无
繫无所依求乘是三乘以无漏根力覺道禪
定解脫三昧等而自娛樂便得无量安隱快
樂舍利弗若有衆生內有智性從佛世尊聞
法信受慇懃精進欲速出三界自求涅槃是
名聲聞乘如彼諸子為求羊車出於火宅若

BD05117號　妙法蓮華經卷二　（21-2）

汝等當知此三乘法皆是聖所稱歎自在无
繫无所依求乘是三乘以无漏根力覺道禪
定解脫三昧等而自娛樂便得无量安隱快
樂舍利弗若有衆生内有智性從佛世尊聞
法信受慇懃精進欲速出三界自求涅槃是
名聲聞乘如彼諸子為求羊車出於火宅若
有衆生從佛世尊聞法信受慇懃精進求自
然慧樂獨善寂深知諸法因緣是名辟支佛
乘如彼諸子為求鹿車出於火宅若有衆生
從佛世尊聞法信受勤脩精進求一切智佛
智自然智无師智如来知見力无所畏愍念
安樂无量衆生利益天人度脫一切是名大
乘菩薩求此乘故名為摩訶薩如彼諸子為
求牛車出於火宅舍利弗如彼長者見諸子
等安隱得出火宅到无畏處自惟財富无量
等以大車而賜諸子如来亦復如是為一切
衆生之父若見无量億千衆生以佛教門出
三界苦怖畏險道得涅槃樂如来尒時便作
是念我有无量无邊智慧力无畏等諸佛法
藏是諸衆生皆是我子等與大乘不令有人
獨得滅度皆以如来滅度而滅度之是諸衆
生脫三界者悉與諸佛禪定解脫等娛樂之
具皆是一相一種聖所稱歎能生淨妙第一
之樂舍利弗如彼長者初以三車誘引諸子
然後但與大車寳物莊嚴安隱第一然彼長
者无虛妄之咎如来亦復如是无有虛妄初
說三乘引導衆生然後但以大乘而度脫之

BD05117 號　妙法蓮華經卷二

（21-3）

生脫三界者悉與諸佛禪定解脫等娛樂之
具皆是一相一種聖所稱歎能生淨妙第一
之樂舍利弗如彼長者初以三車誘引諸子
然後但與大車寳物莊嚴安隱第一然彼長
者无虛妄之咎如来亦復如是无有虛妄初
說三乘引導衆生然後但以大乘而度脫之
何以故如来有无量智慧力无所畏諸法之
藏能與一切衆生大乘之法但不盡能受舍
利弗以是因緣當知諸佛方便力故於一佛
乘分別說三佛欲重宣此義而說偈言
譬如長者　有一大宅　其宅久故　而復頓弊
堂舍高危　柱根摧朽　梁棟傾斜　基陛頹毀
墻壁圮坼　泥塗褫落　覆苫亂墜　椽梠差脫
周障屈曲　雜穢充遍　有五百人　止住其中
鵄梟鵰鷲　烏鵲鳩鴿　蚖蛇蝮蠍　蜈蚣蚰蜒
守宮百足　狖狸鼷鼠　諸惡虫輩　交横馳走
屎尿臭處　不淨流溢　蜣蜋諸虫　而集其上
狐狼野干　咀嚼踐蹋　嚌齧死屍　骨肉狼藉
由是群狗　競来搏撮　飢羸慞惶　處處求食
鬪諍齟掣　啀喍嘷吠　其舍恐怖　變狀如是
處處皆有　魑魅魍魎　夜叉惡鬼　食噉人肉
毒虫之屬　諸惡禽獸　孚乳產生　各自藏護
夜叉競来　爭取食之　食之既飽　惡心轉熾
鬪諍之聲　甚可怖畏　鳩槃荼鬼　蹲踞土埵
或時離地　一尺二尺　往返遊行　縱逸嬉戲
捉狗兩足　撲令失聲　以脚加頸　怖狗自樂
復有諸鬼　其身長大　裸形黑瘦　常住其中
發大惡聲　叫呼求食　復有諸鬼　其咽如針

BD05117 號　妙法蓮華經卷二

（21-4）

夜叉競来　爭取食之　食之既飽　惡心轉熾
鬪諍之聲　甚可怖畏　鳩槃荼鬼　蹲踞土埵
或時離地　一尺二尺　往返遊行　縱逸嬉戲
捉狗兩足　撲令失聲　以脚加頸　怖狗自樂
復有諸鬼　其身長大　裸形黑瘦　常住其中
發大惡聲　叫呼求食　復有諸鬼　其咽如針
復有諸鬼　首如牛頭　或食人肉　或復噉狗
頭髮蓬亂　殘害凶險　飢渴所逼　叫喚馳走
夜叉餓鬼　諸惡鳥獸　飢急四向　窺看窓牖
如是諸難　恐畏无量　是朽故宅　屬于一人
其人近出　未久之間　於後舍宅　欻然火起
四面一時　其焰俱熾　棟梁椽柱　爆聲震裂
摧折墮落　牆壁崩倒　諸鬼神等　揚聲大叫
鵰鷲諸鳥　鳩槃荼等　周章惶怖　不能自出
惡獸毒虫　藏竄孔穴　毗舍闍鬼　亦住其中
薄福德故　為火所逼　共相殘害　飲血噉肉
野干之屬　並已前死　諸大惡獸　競来食噉
臭烟烽㶿　四面充塞　蜈蚣蚰蜒　毒蛇之類
為火所燒　爭走出穴　鳩槃荼鬼　隨取而食
又諸餓鬼　頭上火燃　飢渴熱惱　周章悶走
其宅如是　甚可怖畏　毒害火災　眾難非一
是時宅主　在門外立　聞有人言　汝諸子等
先因遊戲　来入此宅　稚小无知　歡娛樂著
長者聞已　驚入火宅　方宜救濟　令无燒害
告喻諸子　說眾患難　惡鬼毒虫　災火蔓莚
眾苦次第　相續不絕　毒蛇蚖蝮　及諸夜叉
鳩槃荼鬼　野干狐狗　鵰鷲鵄梟　百足之屬

BD05117號　妙法蓮華經卷二　（21–5）

先因遊戲　来入此宅　稚小无知　歡娛樂著
長者聞已　驚入火宅　方宜救濟　令无燒害
告喻諸子　說眾患難　惡鬼毒虫　災火蔓莚
眾苦次第　相續不絕　毒蛇蚖蝮　及諸夜叉
鳩槃荼鬼　野干狐狗　鵰鷲鵄梟　百足之屬
飢渴惱急　甚可怖畏　此苦難處　況復大火
諸子无知　雖聞父誨　猶故樂著　嬉戲不已
是時長者　而作是念　諸子如此　益我愁惱
今此舍宅　无一可樂　而諸子等　耽湎嬉戲
不受我教　將為火害　即便思惟　設諸方便
告諸子等　我有種種　珍玩之具　妙寶好車
羊車鹿車　大牛之車　今在門外　汝等出来
吾為汝等　造作此車　隨意所樂　可以遊戲
諸子聞說　如此諸車　即時奔競　馳走而出
到於空地　離諸苦難　長者見子　得出火宅
住於四衢　坐師子座　而自慶言　我今快樂
此諸子等　生育甚難　愚小无知　而入險宅
多諸毒虫　魑魅可畏　大火猛焰　四面俱起
而此諸子　貪樂嬉戲　我已救之　令得脫難
是故諸人　我今快樂　爾時諸子　知父安坐
皆詣父所　而白父言　願賜我等　三種寶車
如前所許　諸子出来　當以三車　隨汝所欲
今正是時　唯垂給與　長者大富　庫藏眾多
金銀琉璃　車璖馬瑙　以眾寶物　造諸大車
莊校嚴飾　周帀欄楯　四面懸鈴　金繩交絡
真珠羅網　張施其上　金華諸瓔　處處垂下
眾綵雜飾　周帀圍繞　柔軟繒纊　以為茵褥

BD05117號　妙法蓮華經卷二　（21–6）

如前所許　諸子出来　當以三車　随汝所欲
今正是時　唯垂給與　長者大富　庫藏衆多
金銀琉璃　車𤦲馬瑙　以衆寶物　造諸大車
莊校嚴飾　周帀欄楯　四面懸鈴　金繩交絡
真珠羅網　張施其上　金華諸瓔　處處垂下
衆綵雜飾　周帀圍繞　柔軟繒纊　以為茵蓐
上妙細㲲　價直千億　鮮白淨潔　以覆其上
有大白牛　肥壯多力　形體姝好　以駕寶車
多諸儐從　而侍衛之　以是妙車　等賜諸子
諸子是時　歡喜踊躍　乘是寶車　遊於四方
嬉戲快樂　自在无礙　告舍利弗　我亦如是
衆聖中尊　世間之父　一切衆生　皆是吾子
深著世樂　无有慧心　三界无安　猶如火宅
衆苦充滿　甚可怖畏　常有生老　病死憂患
如是等火　熾然不息　如来已離　三界火宅
寂然閑居　安處林野　今此三界　皆是我有
其中衆生　悉是吾子　而今此處　多諸患難
唯我一人　能為救護　雖復教詔　而不信受
於諸欲染　貪著深故　是以方便　為說三乘
令諸衆生　知三界苦　開示演說　出世間道
是諸子等　若心決定　具足三明　及六神通
有得緣覺　不退菩薩　汝舍利弗　我為衆生
以此譬喻　說一佛乘　汝等若能　信受是語
一切皆當　得成佛道　是乘微妙　清淨第一
於諸世間　為无有上　佛所悅可　一切衆生
所應稱讃　供養礼拜　无量億千　諸力解脫
禪定智慧　及佛餘法　得如是乘　令諸子等

BD05117號　妙法蓮華經卷二　（21–7）

以此譬喻　說一佛乘　汝等若能　信受是語
一切皆當　得成佛道　是乘微妙　清淨第一
於諸世間　為无有上　佛所悅可　一切衆生
所應稱讃　供養礼拜　无量億千　諸力解脫
禪定智慧　及佛餘法　得如是乘　令諸子等
日夜劫數　常得遊戲　與諸菩薩　及聲聞衆
乘此寶乘　直至道場　以是因緣　十方諦求
更无餘乘　除佛方便　告舍利弗　汝諸人等
皆是吾子　我則是父　汝等累劫　衆苦所燒
我皆濟拔　令出三界　我雖先說　汝等滅度
但盡生死　而實不滅　今所應作　唯佛智慧
若有菩薩　於是衆中　能一心聽　諸佛實法
諸佛世尊　雖以方便　所化衆生　皆是菩薩
若人小智　深著愛欲　為此等故　說於苦諦
衆生心喜　得未曾有　佛說苦諦　真實无異
若有衆生　不知苦本　深著苦因　不能暫捨
為是等故　方便說道　諸苦所因　貪欲為本
若滅貪欲　无所依止　滅盡諸苦　名第三諦
為滅諦故　修行於道　離諸苦縛　名得解脫
是人於何　而得解脫　但離虛妄　名為解脫
其實未得　一切解脫　佛說是人　未實滅度
斯人未得　无上道故　我意不欲　令至滅度
我為法王　於法自在　安隱衆生　故現於世
汝舍利弗　我此法印　為欲利益　世間故說
在所遊方　勿妄宣傳　若有聞者　隨喜頂受
當知是人　阿鞞跋致　若有信受　此經法者
是人已曾　見過去佛　恭敬供養　亦聞是法

BD05117號　妙法蓮華經卷二　（21–8）

我為法王　於法自在　安隱衆生　故現於世
汝舍利弗　我此法印　為欲利益　世間故說
在所遊方　勿妄宣傳　若有聞者　隨喜頂受
當知是人　阿鞞跋致　若有信受　此經法者
是人已曾　見過去佛　恭敬供養　亦聞是法
若人有能　信汝所說　則為見我　亦見於汝
及比丘僧　并諸菩薩　斯法華經　為深智說
淺識聞之　迷惑不解　一切聲聞　及辟支佛
於此經中　力所不及　汝舍利弗　尚於此經
以信得入　況餘聲聞　其餘聲聞　信佛語故
隨順此經　非己智分　又舍利弗　憍慢懈怠
計我見者　莫說此經　凡夫淺識　深著五欲
聞不能解　亦勿為說　若人不信　毀謗此經
則斷一切　世間佛種　或復顰蹙　而懷疑惑
汝當聽說　此人罪報　若佛在世　若滅度後
其有誹謗　如斯經典　見有讀誦　書持經者
輕賤憎嫉　而懷結恨　此人罪報　汝今復聽
其人命終　入阿鼻獄　具足一劫　劫盡更生
如是展轉　至无數劫　從地獄出　當墮畜生
若狗野干　其形頺瘦　梨黮疥癩　人所觸嬈
又復為人　之所惡賤　常困飢渴　骨肉枯竭
生受楚毒　死被瓦石　斷佛種故　受斯罪報
若作駱駞　或生驢中　身常負重　加諸杖捶
但念水草　餘无所知　謗斯經故　獲罪如是
有作野干　來入聚落　身體疥癩　又无一目
為諸童子　之所打擲　受諸苦痛　或時致死
於此死已　更受蟒身　其形長大　五百由旬

BD05117號　妙法蓮華經卷二　（21–9）

若作駱駞　或生驢中　身常負重　加諸杖捶
但念水草　餘无所知　謗斯經故　獲罪如是
有作野干　來入聚落　身體疥癩　又无一目
為諸童子　之所打擲　受諸苦痛　或時致死
於此死已　更受蟒身　其形長大　五百由旬
聾騃无足　宛轉腹行　為諸小虫　之所唼食
晝夜受苦　无有休息　謗斯經故　獲罪如是
若得為人　諸根闇鈍　矬陋攣躄　盲聾背傴
有所言說　人不信受　口氣常臭　鬼魅所著
貧窮下賤　為人所使　多病痟瘦　无所依怙
雖親附人　人不在意　若有所得　尋復忘失
若脩醫道　順方治病　更增他疾　或復致死
若自有病　无人救療　設服良藥　而復增劇
若他反逆　抄劫竊盜　如是等罪　橫羅其殃
如斯罪人　永不見佛　衆聖之王　說法教化
如斯罪人　常生難處　狂聾心亂　永不聞法
於无數劫　如恒河沙　生輒聾瘂　諸根不具
常處地獄　如遊園觀　在餘惡道　如己舍宅
駞驢猪狗　是其行處　謗斯經故　獲罪如是
若得為人　聾盲瘖瘂　貧窮諸衰　以自莊嚴
水腫乾痟　疥癩癰疽　如是等病　以為衣服
身常臭處　垢穢不淨　深著我見　增益瞋恚
婬欲熾盛　不擇禽獸　謗斯經故　獲罪如是
告舍利弗　謗斯經者　若說其罪　窮劫不盡
以是因緣　我故語汝　无智人中　莫說此經
若有利根　智慧明了　多聞強識　求佛道者
如是之人　乃可為說　若人曾見　億百千佛

BD05117號　妙法蓮華經卷二　（21–10）

身常臭處　垢穢不淨　深著我見　增益瞋恚
婬欲熾盛　不擇禽獸　謗斯經故　獲罪如是
告舍利弗　謗斯經者　若說其罪　窮劫不盡
以是因緣　我故語汝　无智人中　莫說此經
若有利根　智慧明了　多聞強識　求佛道者
如是之人　乃可為說　若人曾見　億百千佛
殖諸善本　深心堅固　如是之人　乃可為說
若人精進　常修慈心　不惜身命　乃可為說
若人恭敬　无有異心　離諸凡愚　獨處山澤
如是之人　乃可為說　又舍利弗　若見有人
捨惡知識　親近善友　如是之人　乃可為說
若見佛子　持戒清潔　如淨明珠　求大乘經
如是之人　乃可為說　若人无瞋　質直柔軟
常愍一切　恭敬諸佛　如是之人　乃可為說
復有佛子　於大眾中　以清淨心　種種因緣
譬喻言辭　說法无礙　如是之人　乃可為說
若有比丘　為一切智　四方求法　合掌頂受
但樂受持　大乘經典　乃至不受　餘經一偈
如是之人　乃可為說　如人至心　求佛舍利
如是求經　得已頂受　其人不復　志求餘經
亦未曾念　外道典籍　如是之人　乃可為說
告舍利弗　我說是相　求佛道者　窮劫不盡
如是等人　則能信解　汝當為說　妙法華經

妙法蓮華經信解品第四

尒時慧命須菩提摩訶迦旃延摩訶迦葉摩
訶目揵連從佛所聞未曾有法世尊授舍利
佛阿耨多羅三藐三菩提記發希有心歡喜

BD05117號　妙法蓮華經卷二　（21-11）

告舍利弗　我說是相　求佛道者　窮劫不盡
如是等人　則能信解　汝當為說　妙法華經

妙法蓮華經信解品第四

尒時慧命須菩提摩訶迦旃延摩訶迦葉摩
訶目揵連從佛所聞未曾有法世尊授舍利
佛阿耨多羅三藐三菩提記發希有心歡喜
踊躍即從座起整衣服偏袒右肩右膝著地
一心合掌曲躬恭敬瞻仰尊顏而白佛言我
等居僧之首年並朽邁自謂已得涅槃无所
堪任不復進求阿耨多羅三藐三菩提世尊
往昔說法既久我時在座身體疲懈但念空
无相无作於菩薩法遊戲神通淨佛國土成
就眾生心不喜樂所以者何世尊令我等出
於三界得涅槃證又今我等年已朽邁於佛
教化菩薩阿耨多羅三藐三菩提不生一念
好樂之心我等今於佛前聞授聲聞阿耨多
羅三藐三菩提記心甚歡喜得未曾有不謂
於今忽然得聞希有之法深自慶幸獲大善
利无量珍寶不求自得世尊我等今者樂說
譬喻以明斯義譬若有人年既幼稚捨父逃
逝久住他國或十二十至五十歲年既長大
加復窮困馳騁四方以求衣食漸漸遊行遇
向本國其父先來求子不得中止一城其家
大富財寶无量金銀琉璃珊瑚虎珀頗梨珠
等其諸倉庫悉皆盈溢多有僮僕臣佐吏民
象馬車乘牛羊无數出入息利乃遍他國商
估賈客亦甚眾多時貧窮子遊諸聚落經
歷國邑遂到其父所止之城父每念子與子離

BD05117號　妙法蓮華經卷二　（21-12）

向本國其父先來求子不得中止一城其家
大富財寶无量金銀琉璃珊瑚虎珀頗梨珠
等其諸倉庫悉皆盈溢多有僮僕臣佐吏民
象馬車乘牛羊无數出入息利乃遍他國商
估賈客亦甚衆多時貧窮子遊諸聚落經
歷國邑遂到其父所止之城父每念子與子離
別五十餘年而未曾向人說如此事但自思惟
心懷悔恨自念老朽多有財物金銀珍寶
倉庫盈溢无有子息一旦終沒財物散失无
所委付是以慇懃每憶其子復作是念我若
得子委付財物坦然快樂无復憂慮世尊尒
時窮子傭賃展轉遇到父舍住立門側遙見
其父踞師子床寶几承足諸婆羅門剎利居
士皆恭敬圍繞以真珠瓔珞價直千万莊嚴
其身吏民僮僕手執白拂侍立左右覆以寶
帳垂諸華幡香水灑地散衆名華羅列寶物
出內取與有如是等種種嚴飾威德特尊窮
子見父有大力勢即懷恐怖悔來至此竊作
是念此或是王或是王等非我傭力得物之
處不如往至貧里肆力有地衣食易得若久
住此或見逼迫強使我作作是念已疾走而
去時富長者於師子座見子便識心大歡喜
即作是念我財物庫藏今有所付我常思念
此子无由見之而忽自來甚適我願我雖年
朽猶故貪惜即遣傍人急追將還尒時使者
疾走往捉窮子驚愕稱怨大喚我不相犯何
為見捉使者執之逾急強牽將還于時窮子
自念无罪而被囚執此必定死轉更惶怖悶

BD05117號　妙法蓮華經卷二　（21–13）

即作是念我財物庫藏今有所付我常思念
此子无由見之而忽自來甚適我願我雖年
朽猶故貪惜即遣傍人急追將還尒時使者
疾走往捉窮子驚愕稱怨大喚我不相犯何
為見捉使者執之逾急強牽將還于時窮子
自念无罪而被囚執此必定死轉更惶怖悶
絕躄地父遙見之而語使言不須此人勿強
將來以冷水灑面令得醒悟莫復與語所以
者何父知其子志意下劣自知豪貴為子所
難審知是子而以方便不語他人云是我子
使者語之我今放汝隨意所趣窮子歡喜得
未曾有從地而起往至貧里以求衣食尒時
長者將欲誘引其子而設方便密遣二人形
色憔悴无威德者汝可詣彼徐語窮子此有
作處倍與汝直窮子若許將來使作若言欲
何所作便可語之雇汝除糞我等二人亦共
汝作時二使人即求窮子既已得之具陳上
事尒時窮子先取其價尋與除糞其父見子
愍而怪之又以他日於窗牖中遙見子身羸
瘦憔悴糞土塵坌污穢不淨即脫瓔珞細軟
上服嚴飾之具更著麤弊垢膩之衣塵土坌
身右手執持除糞之器狀有所畏語諸作人
汝等勤作勿得懈息以方便故得近其子後
復告言咄男子汝常此作勿復餘去當加汝
價諸有所須盆器米麵鹽醋之屬莫自疑難
亦有老弊使人須者相給好自安意我如汝
父勿復憂慮所以者何我年老大而汝少壯
汝常作時无有欺怠瞋恨怨言都不見汝有

BD05117號　妙法蓮華經卷二　（21–14）

汝等勤作勿得懈息以方便故得近其子後
復告言咄男子汝常此作勿復餘去當加汝
價諸有所須瓫器米麵塩酢之屬莫自疑難
亦有老弊使人須者相給好自安意我如汝
父勿復憂慮所以者何我年老大而汝少壯
汝常作時无有欺怠瞋恨怨言都不見汝有
此諸惡如餘作人自今已後如所生子即時長
者更與作字名之為兒尒時窮子雖欣此遇
猶故自謂客作賤人由是之故於二十年
中常令除糞過是已後心相體信入出无難
然其所止猶在本處世尊尒時長者有疾自
知將死不久語窮子言我今多有金銀珎寶
倉庫盈溢其中多少所應取與汝悉知之我
心如是當體此意所以者何今我與汝便為
不異宜加用心无令漏失尒時窮子即受教
勅領知衆物金銀珎寶及諸庫藏而无悕取
一飡之意然其所止故在本處下劣之心亦
未能捨復經少時父知子意漸已通泰成就
大志自鄙先心臨欲終時而命其子并會親
族國王大臣剎利居士皆悉已集即自宣言
諸君當知此是我子我之所生於某城中捨
吾逃走跉跰辛苦五十餘年其本字某我名
某甲昔在本城懷憂推覓忽於此間遇會得
之此實我子我實其父今我所有一切財物
皆是子有先所出內是子所知世尊是時窮
子聞父此言即大歡喜得未曾有而作是念
我本无心有所悕求今此寶藏自然而至世

某甲昔在本城懷憂推覓忽於此間遇會得
之此實我子我實其父今我所有一切財物
皆是子有先所出內是子所知世尊是時窮
子聞父此言即大歡喜得未曾有而作是念
我本无心有所悕求今此寶藏自然而至世
尊大富長者則是如來我等皆似佛子如來
常說我等為子世尊我等以三苦故於生死
中受諸熱惱迷惑无知樂著小法今日世尊
令我等思惟蠲除諸法戲論之糞我等於中
勤加精進得至涅槃一日之價既得此已心
大歡喜自以為足便自謂於佛法中勤精進
故所得弘多然世尊先知我等心著弊欲樂
於小法便見縱捨不為分別汝等當有如來
知見寶藏之分世尊以方便力說如來智慧
我等從佛得涅槃一日之價以為大得於此
大乘无有志求我等又因如來智慧為諸菩
薩開示演說而自於此无有志願所以者何
佛知我等心樂小法以方便力隨我等說而
我等不知真是佛子今我等方知世尊於佛
智慧无所悋惜所以者何我等昔來真是佛
子而但樂小法若我等有樂大之心佛則為
我說大乘法此經中唯說一乘而昔於菩薩
前毀呰聲聞樂小法者然佛實以大乘教化
是故我等說本无心有所悕求今法王大寶
自然而至如佛子所應得者皆已得之尒時
摩訶迦葉欲重宣此義而說偈言
我等今日　聞佛音教　歡喜踊躍　得未曾有

前毀呰聲聞樂小法者然佛實以大乘教化
是故我等說本无心有所悕求今法王大寶
自然而至如佛子所應得者皆已得之尒時
摩訶迦葉欲重宣此義而說偈言
我等今日　聞佛音教　歡喜踊躍　得未曾有
佛說聲聞　當得作佛　无上寶聚　不求自得
譬如童子　幼稚无識　捨父逃逝　遠到他土
周流諸國　五十餘年　其父憂念　四方推求
求之既疲　頓止一城　造立舍宅　五欲自娛
其家巨富　多諸金銀　車璖馬瑙　真珠琉璃
象馬牛羊　輦轝車乘　田業僮僕　人民眾多
出入息利　乃遍他國　商估賈人　无處不有
千万億眾　圍繞恭敬　常為王者　之所愛念
群臣豪族　皆共宗重　以諸緣故　往來者眾
豪富如是　有大力勢　而年朽邁　益憂念子
夙夜惟念　死時將至　癡子捨我　五十餘年
庫藏諸物　當如之何　尒時窮子　求索衣食
從邑至邑　從國至國　或有所得　或无所得
飢餓羸瘦　體生瘡癬　漸次經歷　到父住城
傭賃展轉　遂至父舍　尒時長者　於其門內
施大寶帳　處師子座　眷屬圍繞　諸人侍衛
或有計算　金銀寶物　出內財產　注記券疏
窮子見父　豪貴尊嚴　謂是國王　若是王等
驚怖自怪　何故至此　覆自念言　我若久住
或見逼迫　強驅使作　思惟是已　馳走而去
借問貧里　欲往傭作　長者是時　在師子座
遙見其子　默而識之　即勅使者　追捉將來

BD05117號　妙法蓮華經卷二　（21–17）

或有計算　金銀寶物　出內財產　注記券疏
窮子見父　豪貴尊嚴　謂是國王　若是王等
驚怖自怪　何故至此　覆自念言　我若久住
或見逼迫　強驅使作　思惟是已　馳走而去
借問貧里　欲往傭作　長者是時　在師子座
遙見其子　默而識之　即勅使者　追捉將來
窮子驚喚　迷悶躃地　是人執我　必當見煞
何用衣食　使我至此　長者知子　愚癡狹劣
不信我言　不信是父　即以方便　更遣餘人
眇目矬陋　无威德者　汝可語之　云當相雇
除諸糞穢　倍與汝價　窮子聞之　歡喜隨來
為除糞穢　淨諸房舍　長者於牖　常見其子
念子愚劣　樂為鄙事　於是長者　著弊垢衣
執除糞器　往到子所　方便附近　語令勤作
既益汝價　并塗足油　飲食充足　薦席厚煖
如是苦言　汝當勤作　又以軟語　若如我子
長者有智　漸令入出　經二十年　執作家事
示其金銀　真珠頗梨　諸物出入　皆使令知
猶處門外　止宿草菴　自念貧事　我无此物
父知子心　漸已曠大　欲與財物　即聚親族
國王大臣　剎利居士　於此大眾　說是我子
捨我他行　經五十歲　自見子來　已二十年
昔於某城　而失是子　周行求索　遂來至此
凡我所有　舍宅人民　悉以付之　恣其所用
子念昔貧　志意下劣　今於父所　大獲珍寶
并及舍宅　一切財物　甚大歡喜　得未曾有
佛亦如是　知我樂小　未曾說言　汝等作佛
而說我等　得諸无漏　成就小乘　聲聞弟子

BD05117號　妙法蓮華經卷二　（21–18）

捨我他行　經五十歲　自見子來　已二十年
昔於其城　而失是子　周行求索　遂來至此
凡我所有　舍宅人民　悉以付之　恣其所用
子念昔貧　志意下劣　今於父所　大獲珍寶
并及舍宅　一切財物　甚大歡喜　得未曾有
佛亦如是　知我樂小　未曾說言　汝等作佛
而說我等　得諸无漏　成就小乘　聲聞弟子
佛勅我等　說最上道　修習此者　當得成佛
我承佛教　為大菩薩　以諸因緣　種種譬喻
若干言辭　說无上道　諸佛子等　從我聞法
日夜思惟　精勤修習　是時諸佛　即授其記
汝於來世　當得作佛　一切諸佛　秘藏之法
但為菩薩　演其實事　而不為我　說斯真要
如彼窮子　得近其父　雖知諸物　心不希取
我等雖說　佛法寶藏　自无志願　亦復如是
我等內滅　自謂為足　唯了此事　更无餘事
我等若聞　淨佛國土　教化眾生　都无欣樂
所以者何　一切諸法　皆悉空寂　无生无滅
无大无小　无漏无為　如是思惟　不生喜樂
我等長夜　於佛智慧　无貪无著　无復志願
而自於法　謂是究竟　我等長夜　修習空法
得脫三界　苦惱之患　住最後身　有餘涅槃
佛所教化　得道不虛　則為已得　報佛之恩
我等雖為　諸佛子等　說菩薩法　以求佛道
而於是法　永无願樂　導師見捨　觀我心故
初不勸進　說有實利　如富長者　知子志劣
以方便力　柔伏其心　然後乃付　一切財物

得脫三界　苦惱之患　住最後身　有餘涅槃
佛所教化　得道不虛　則為已得　報佛之恩
我等雖為　諸佛子等　說菩薩法　以求佛道
而於是法　永无願樂　導師見捨　觀我心故
初不勸進　說有實利　如富長者　知子志劣
以方便力　柔伏其心　然後乃付　一切財物
佛亦如是　現希有事　知樂小者　以方便力
調伏其心　乃教大智　我等今日　得未曾有
非先所望　而今自得　如彼窮子　得无量寶
世尊我今　得道得果　於无漏法　得清淨眼
我等長夜　持佛淨戒　始於今日　得其果報
法王法中　久修梵行　今得无漏　无上大果
我等今者　真是聲聞　以佛道聲　令一切聞
我等今者　真阿羅漢　於諸世間　天人魔梵
普於其中　應受供養　世尊大恩　以希有事
憐愍教化　利益我等　无量億劫　誰能報者
手足供給　頭頂禮敬　一切供養　皆不能報
若以頂戴　兩肩荷負　於恒沙劫　盡心恭敬
又以美膳　无量寶衣　及諸臥具　種種湯藥
牛頭栴檀　及諸珍寶　以起塔廟　寶衣布地
如斯等事　以用供養　於恒沙劫　亦不能報
諸佛希有　无量无邊　不可思議　大神通力
无漏无為　諸法之王　能為下劣　忍于斯事
取相凡夫　隨宜為說　諸佛於法　得最自在
知諸眾生　種種欲樂　及其志力　隨所堪任
以无量喻　而為說法　隨諸眾生　宿世善根
又知成熟　未成熟者　種種籌量　分別知已

我等今者　真阿羅漢　於諸世間　天人魔梵
普於其中　應受供養　世尊大恩　以希有事
憐愍教化　利益我等　无量億劫　誰能報者
手足供給　頭頂礼敬　一切供養　皆不能報
若以頂戴　兩肩荷負　於恒沙劫　盡心恭敬
又以美饍　无量寶衣　及諸卧具　種種湯藥
牛頭栴檀　及諸珍寶　以起塔廟　寶衣布地
如斯等事　以用供養　於恒沙劫　亦不能報
諸佛希有　无量无邊　不可思議　大神通力
无漏无為　諸法之王　能為下劣　忍于斯事
取相凡夫　隨宜為說　諸佛於法　得最自在
知諸眾生　種種欲樂　及其志力　隨所堪任
以无量喻　而為說法　隨諸眾生　宿世善根
又知成熟　未成熟者　種種籌量　分別知已
於一乘道　隨宜說三

妙法蓮華經卷第二

BD05117號　妙法蓮華經卷二　（21–21）

愚人不知老病死等
法復次迦葉如婆羅門幼稚童子為飢所逼
見人糞中有菴羅菓即便取之有智見已呵
嘖之言汝婆羅門種姓清淨何故取是糞中
穢菓童子聞已赧然有愧即答之言我實不
食為欲洗淨還棄捨之智者聞言汝大愚癡
若還棄者本不應取善男子菩薩摩訶薩亦
復如是於此生分不受不捨如彼智者呵嘖
童子凡夫之人欣生惡死如彼童子取菓還
棄復次迦葉譬如四衢道頭有人器盛滿食
色香味具而欲賣之有人遠來飢羸之見
其飯食色香味具即指之言此是何物食
主答言此是上食色香味具若食此食得色
得力能除飢渴得見諸天唯有一患所謂命
終是人聞已即作是念我今不用色力見天
亦不用死即作是言食是食已若命終者汝
今何用於此賣之食主答言有智之人終不肯
買唯有愚人不知是事多與我價貪而食之
善男子菩薩摩訶薩亦復如是不願生天得

BD05118號　大般涅槃經（北本）卷一二　（2–1）

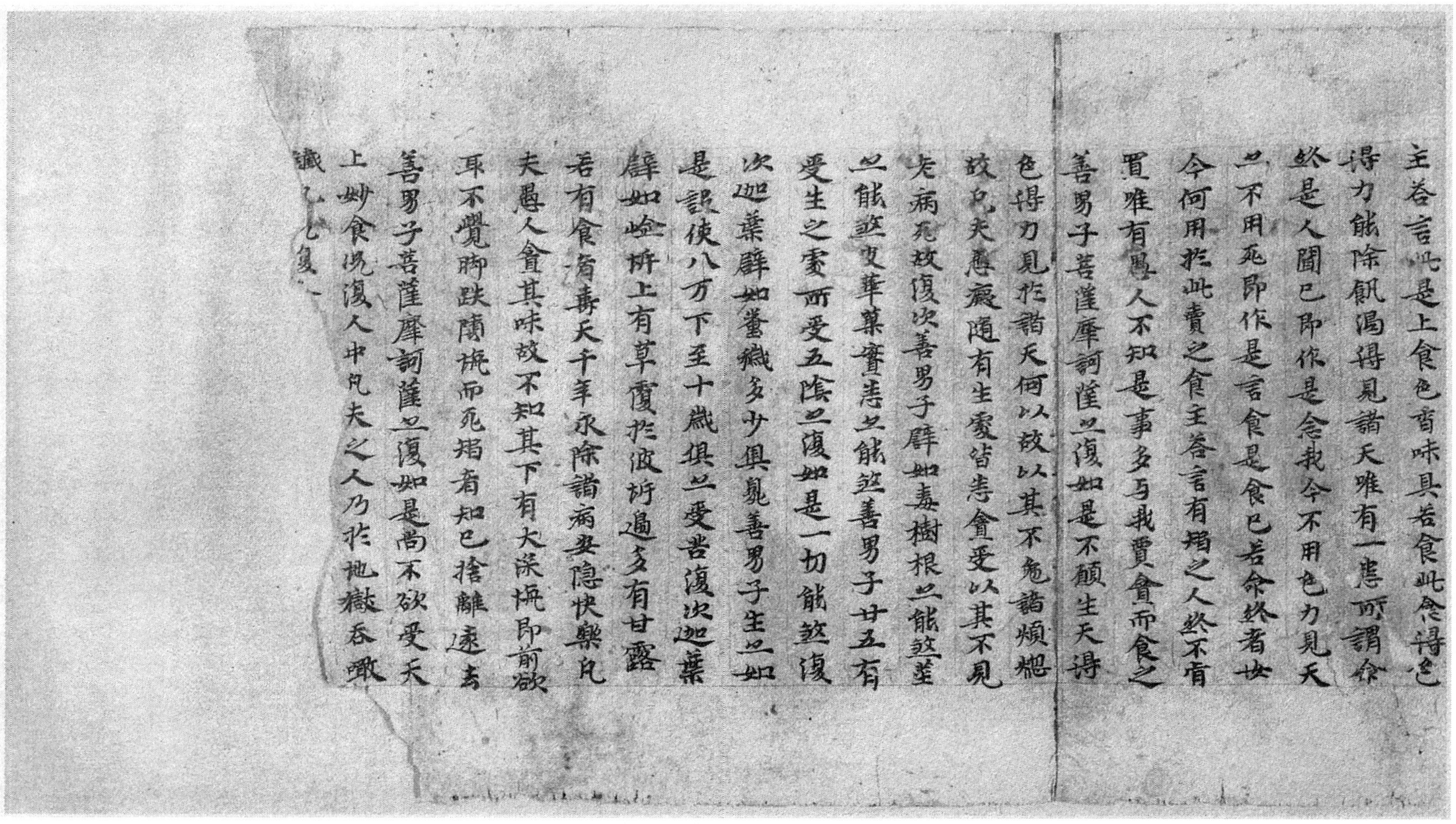
主答言此是上食色香味具若食此食得色
得力能除飢渴得見諸天唯有一患所謂命
終是人聞已即作是念我今不用色力見天
亦不用死即作是言食是食已若命終者汝
今何用於此賣之食主答言有智之人終不肯
買唯有愚人不知是事多与我價貪而食之
善男子菩薩摩訶薩亦復如是不願生天得
色得力見於諸天何以故以其不免諸煩惱
故凡夫愚癡隨有生處皆悉貪受以其不見
老病死故復次善男子譬如毒樹根亦能殺莖
亦能殺枝葉實悉亦能殺善男子廿五有
受生之處所受五陰亦復如是一切能殺復
次迦葉譬如糞穢多少俱臭善男子生亦如
是設使八万下至十歲俱亦受苦復次迦葉
譬如嶮岸上有草覆於彼岸邊多有甘露
若有食者壽天千年永除諸病安隱快樂凡
夫愚人貪其味故不知其下有大深坑即前欲
取不覺脚跌墮坑而死智者知已捨離遠去
善男子菩薩摩訶薩亦復如是尚不欲受天
上妙食況復人中凡夫之人乃於地獄吞噉
鐵[illegible]復[illegible]

BD05118號　大般涅槃經（北本）卷一二　（2–2）

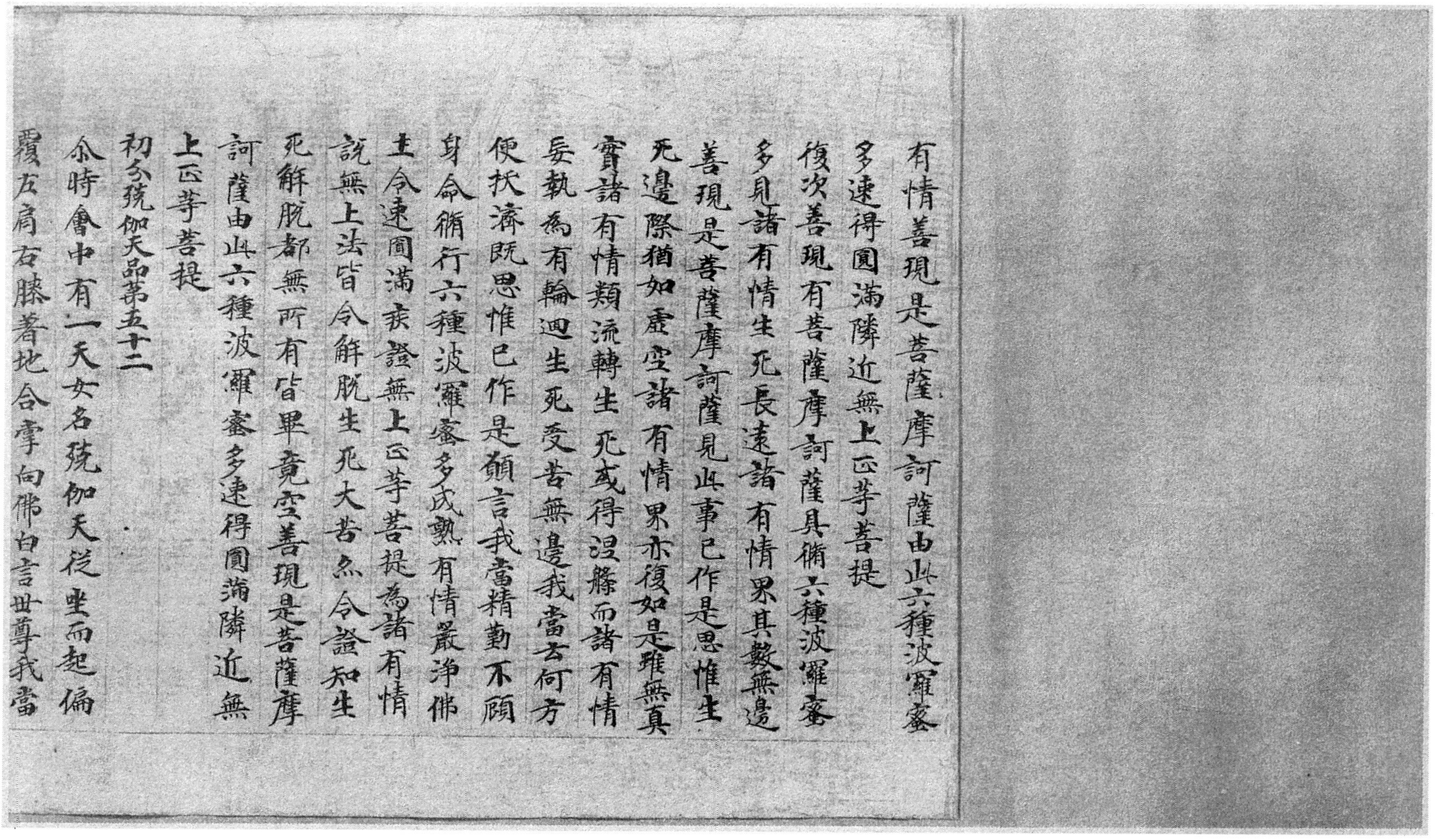
有情善現是菩薩摩訶薩由此六種波羅蜜
多速得圓滿隣近無上正等菩提
復次善現有菩薩摩訶薩具脩六種波羅蜜
多見諸有情生死長遠諸有情界其數無邊
善現是菩薩摩訶薩見此事已作是思惟生
死邊際猶如虛空諸有情界亦復如是雖無真
實諸有情類流轉生死或得涅槃而諸有情
妄執為有輪迴生死受苦無邊我當云何方
便拔濟既思惟已作是願言我當精勤不顧
身命脩行六種波羅蜜多成熟有情嚴淨佛
土令速圓滿疾證無上正等菩提為諸有情
說無上法皆令解脫生死大苦亦令證知生
死解脫都無所有皆畢竟空善現是菩薩摩
訶薩由此六種波羅蜜多速得圓滿隣近無
上正等菩提
初分殑伽天品第五十二
爾時會中有一天女名殑伽天從座而起偏
覆左肩右膝著地合掌向佛白言世尊我當

BD05119號　大般若波羅蜜多經卷三三一　（5–1）

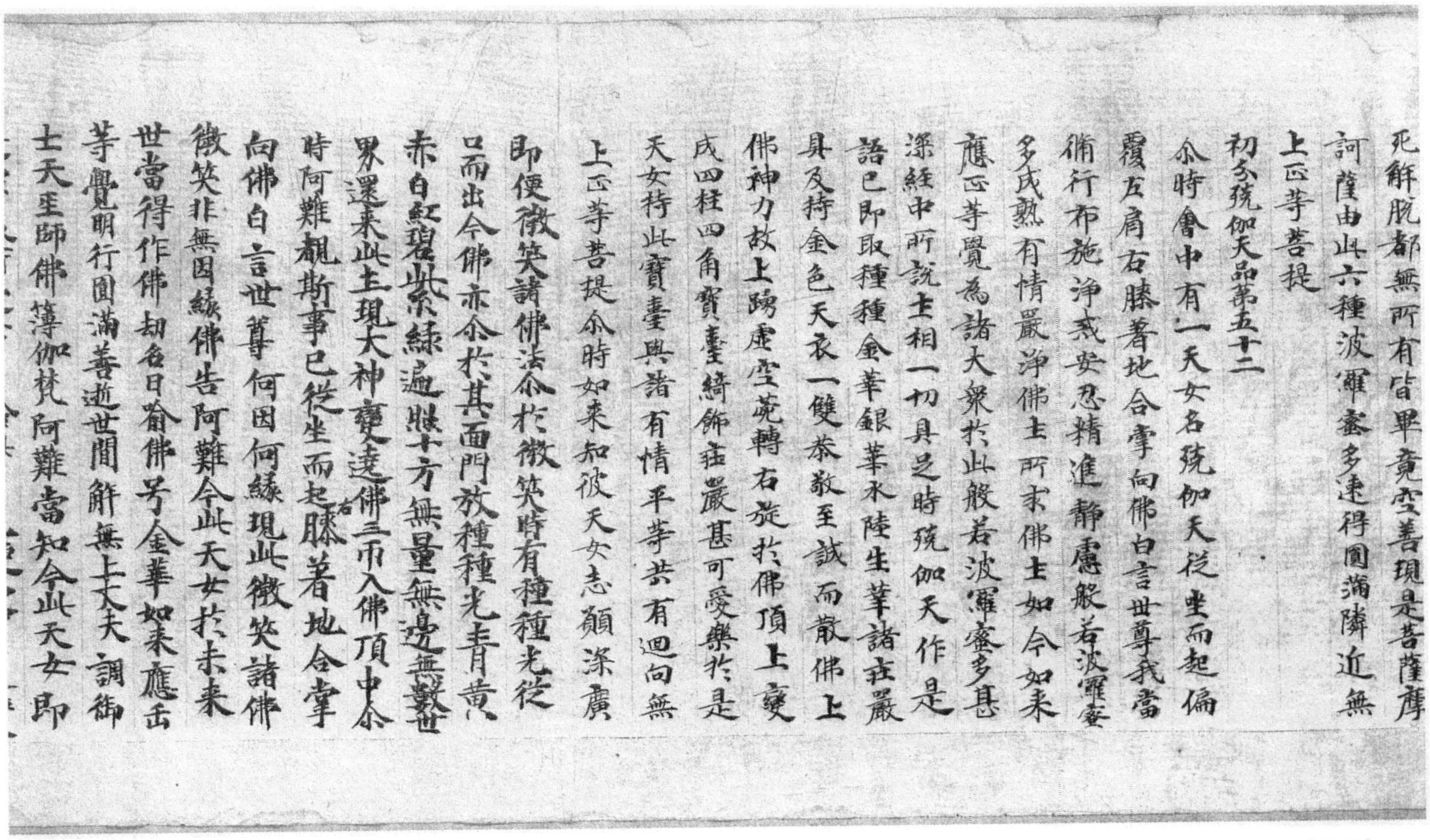

死解脫都無所有皆畢竟空善現是菩薩摩
訶薩由此六種波羅蜜多速得圓滿隣近無
上正等菩提
初分殑伽天品第五十二
尒時會中有一天女名殑伽天從坐而起偏
覆左肩右膝著地合掌向佛白言世尊我當
脩行布施淨戒安忍精進靜慮般若波羅蜜
多成熟有情嚴淨佛土所求佛土如今如來
應正等覺為諸大衆於此般若波羅蜜多甚
深經中所說土相一切具足時殑伽天作是
語已即取種種金華銀華水陸生華諸莊嚴
具及持金色天衣一雙恭敬至誠而散佛上
佛神力故上踊虛空宛轉右旋於佛頂上變
成四柱四角寶臺綺飾莊嚴甚可愛樂於是
天女持此寶臺與諸有情平等共有迴向無
上正等菩提尒時如來知彼天女志願深廣
即便微笑諸佛法尒於微笑時有種種光從
口而出今佛亦尒於其面門放種種光青黃
赤白紅碧紫綠遍照十方無量無邊無數世
界還來此土現大神變遶佛三帀入佛頂中尒
時阿難覩斯事已從坐而起右膝著地合掌
向佛白言世尊何因何緣現此微笑諸佛
微笑非無因緣佛告阿難今此天女於未來
世當得作佛劫名星喻佛號金華如來應正
等覺明行圓滿善逝世間解無上丈夫調御
士天人師佛薄伽梵阿難當知今此天女即

BD05119 號　大般若波羅蜜多經卷三三一　（5–2）

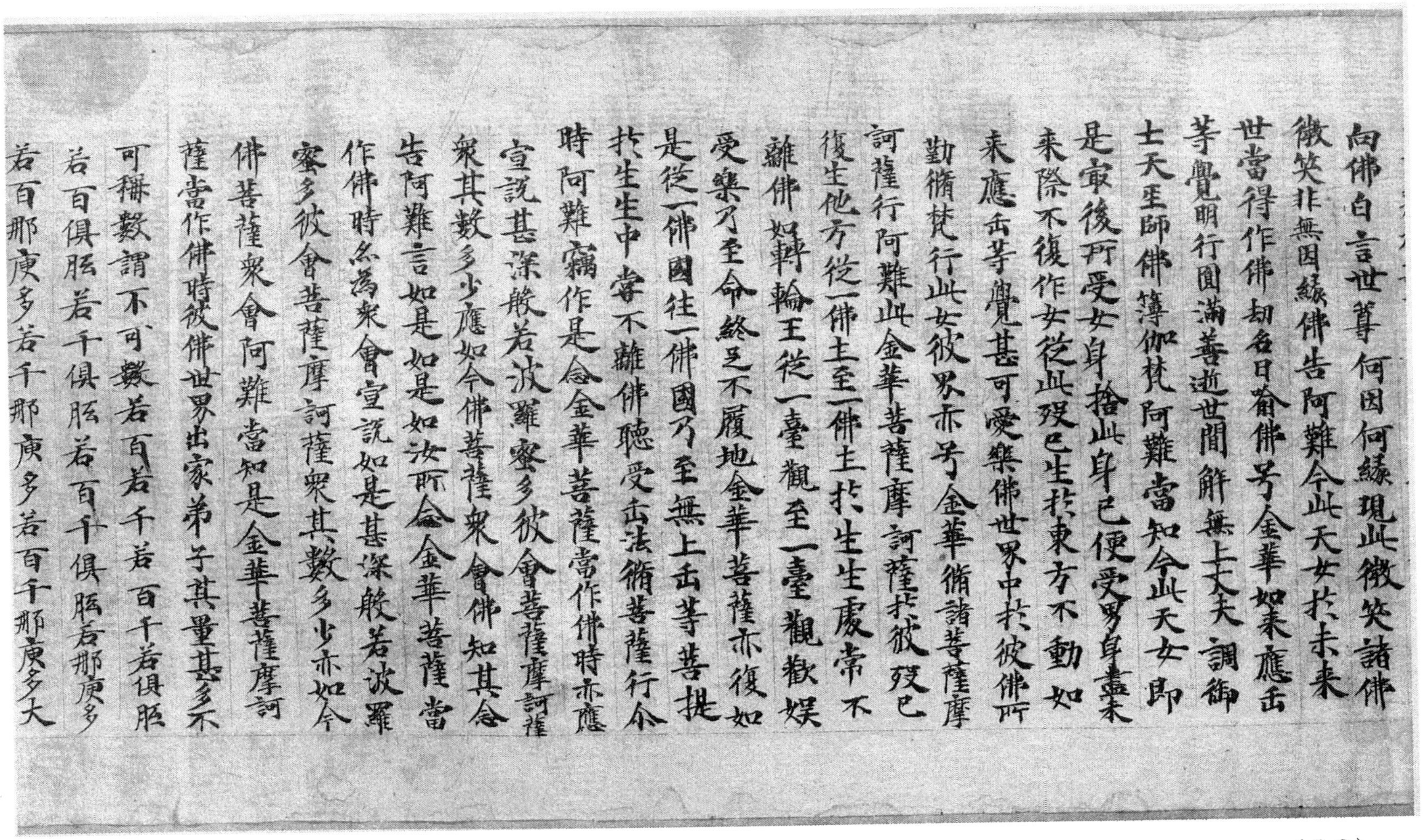

向佛白言世尊何因何緣現此微笑諸佛
微笑非無因緣佛告阿難今此天女於未來
世當得作佛劫名星喻佛號金華如來應正
等覺明行圓滿善逝世間解無上丈夫調御
士天人師佛薄伽梵阿難當知今此天女即
是最後所受女身捨此身已便受男身盡未
來際不復作女從此歿已生於東方不動如
來應正等覺甚可愛樂佛世界中於彼佛所
勤脩梵行此女彼界亦號金華脩諸菩薩摩
訶薩行阿難此金華菩薩摩訶薩於彼歿已
復生他方從一佛土至一佛土於生生處常不
離佛如轉輪王從一臺觀至一臺觀歡娛
受樂乃至命終足不履地金華菩薩亦復如
是從一佛國往一佛國乃至無上正等菩提
於生生中常不離佛聽受正法脩菩薩行尒
時阿難竊作是念金華菩薩當作佛時亦應
宣說甚深般若波羅蜜多彼會菩薩摩訶薩
衆其數多少應如今佛菩薩衆會佛知其念
告阿難言如是如是如汝所念金華菩薩當
作佛時亦為衆會宣說如是甚深般若波羅
蜜多彼會菩薩摩訶薩衆其數多少亦如今
佛菩薩衆會阿難當知是金華菩薩摩訶
薩當作佛時彼佛世界出家弟子其量甚多不
可稱數謂不可數若百若千若百千若俱胝
若百俱胝若千俱胝若百千俱胝若那庾多
若百那庾多若千那庾多若百千那庾多大

BD05119 號　大般若波羅蜜多經卷三三一　（5–3）

蜜多彼會菩薩摩訶薩衆其數多少亦如今
佛菩薩衆會阿難當知是金華菩薩摩
薩當作佛時彼佛世界出家弟子其量甚多不
可稱數謂不可數若百若千若百千若俱胝
若百俱胝若千俱胝若百千俱胝若那庾多
若百那庾多若千那庾多若百千那庾多大
苾芻衆但可揔說無數無量無邊百千俱胝
那庾大苾芻衆阿難當知是金華菩薩摩訶
訶薩當作佛時其土無有如此般若波羅蜜
多經中所說衆多過患尒時具壽阿難復白
佛言世尊今此天女先於何佛已發無上正
等覺心種諸善根迴向發願今得遇佛恭
敬供養而得受於不退轉記佛告阿難今此
天女於然燈佛已發無上正等覺心種諸善根
迴向發願故今遇我恭敬供養而得受於不
退轉記阿難當知我於過去然燈佛所以五
莖華奉散彼佛迴向發願然燈如來應正等
覺知我根熟而證我記天女尒時聞佛證我
大菩提記歡喜踊躍即以金華奉散佛上便
發無上正等覺心種諸善根迴向發願使我
來世於此菩薩當作佛時亦如今佛現前證
我大菩提記故我今者與彼證記具壽阿難
聞佛所說歡喜踊躍復白佛言今此天女久
為無上正等菩提植衆德本今得成熟佛為
受記佛告阿難如是如是今此天女久為無
上正等菩提植衆德本今既成熟我為證記

BD05119號　大般若波羅蜜多經卷三三一　（5–4）

迴向發願故今遇我恭敬供養而得受於不
退轉記阿難當知我於過去然燈佛所以五
莖華奉散彼佛迴向發願然燈如來應正等
覺知我根熟而證我記天女尒時聞佛證我
大菩提記歡喜踊躍即以金華奉散佛上便
發無上正等覺心種諸善根迴向發願使我
來世於此菩薩當作佛時亦如今佛現前證
我大菩提記故我今者與彼證記具壽阿難
聞佛所說歡喜踊躍復白佛言今此天女久
為無上正等菩提植衆德本今得成熟佛為
受記佛告阿難如是如是今此天女久為無
上正等菩提植衆德本今既成熟我為證記

初分善學品第五十三

尒時具壽善現白佛言世尊行深般若波羅
蜜多諸菩薩摩訶薩云何習近空三摩地云
何入空三摩地云何習近無相三摩地云何
入無相三摩地云何習近無願三摩地云何

BD05119號　大般若波羅蜜多經卷三三一　（5–5）

或現自在天身大自在天身或現天大將軍
身或現毗沙門天王身或現轉輪聖王身或
現諸小王身或現長者身或現居士身或現
宰官身或現婆羅門身或現比丘比丘尼優
婆塞優婆夷身或現長者居士婦女身或現
宰官婦女身或現婆羅門婦女身或現童男
童女身或現天龍夜叉乾闥婆阿脩羅迦樓
羅緊那羅摩睺羅伽人非人等身而說是經
諸有地獄餓鬼畜生及衆難處皆能救濟乃
至於王後宮變為女身而說是經華德是妙
音菩薩能救護娑婆世界諸衆生者是妙音
菩薩如是種種變化現身在此娑婆國土為
諸衆生說是經典於神通變化智慧无所損
減是菩薩以若干智慧明照娑婆世界令一
切衆生各得所知於十方恒河沙世界中亦
復如是若應以聲聞形得度者現聲聞形而
為說法應以辟支佛形得度者現辟支佛形
而為說法應以菩薩形得度者現菩薩形而

BD05120 號　妙法蓮華經卷七　　（2–1）

羅緊那羅摩睺羅伽人非人等身而說是經
諸有地獄餓鬼畜生及衆難處皆能救濟乃
至於王後宮變為女身而說是經華德是妙
音菩薩能救護娑婆世界諸衆生者是妙音
菩薩如是種種變化現身在此娑婆國土為
諸衆生說是經典於神通變化智慧无所損
減是菩薩以若干智慧明照娑婆世界令一
切衆生各得所知於十方恒河沙世界中亦
復如是若應以聲聞形得度者現聲聞形而
為說法應以辟支佛形得度者現辟支佛形
而為說法應以菩薩形得度者現菩薩形而
為說法應以佛形得度者即現佛形而為說
法如是種種隨所應度而為現形乃至應以
滅度而得度者示現滅度華德妙音菩薩摩
訶薩成就大神通智慧之力其事如是尒時
華德菩薩白佛言世尊是妙音菩薩深種善
根世尊是菩薩住何三昧而能如是在所變
現度脫衆生佛告華德菩薩善男子其三昧
名現一切色身妙音菩薩住是三昧中能如
是饒益无量衆生說是妙音菩薩品時與妙
音菩薩俱來者八万四千人皆得現一切色

BD05120 號　妙法蓮華經卷七　　（2–2）

入於深山 思

深脩禪定 得五神通 又見菩

以千万偈 讚諸法王 復見菩薩 智深志固

能問諸佛 聞悉受持 又見佛子 定慧具足

以无量喻 為衆講法 欣樂說法 化諸菩薩

破魔兵衆 而擊法鼓 又見菩薩 寂然宴默

天龍恭敬 不以為喜 又見菩薩 處林放光

濟地獄苦 令入佛道 又見佛子 未嘗睡眠

經行林中 懃求佛道 又見具戒 威儀无缺

淨如寶珠 以求佛道 又見佛子 住忍辱力

增上慢人 惡罵捶打 皆悉能忍 以求佛道

又見菩薩 離諸戲笑 及癡眷屬 親近智者

一心除亂 攝念山林 億千万歲 以求佛道

或見菩薩 餚饍飲食 百種湯藥 施佛及僧

名衣上服 價直千万 或无價衣 施佛及僧

千万億種 栴檀寶舍 衆妙臥具 施佛及僧

清淨園林 華菓茂盛 流泉浴池 施佛及僧

如是等施 種種微妙 歡喜无猒 求无上道

或有菩薩 說寂滅法 種種教詔 无數衆生

或見菩薩 觀諸法性 无有二相 猶如虛空

又見佛子 心无所著 以此妙慧 求无上道

BD05121號　妙法蓮華經卷一　（21–1）

名衣上服 價直千万 或无價衣 施佛及僧

千万億種 栴檀寶舍 衆妙臥具 施佛及僧

清淨園林 華菓茂盛 流泉浴池 施佛及僧

如是等施 種種微妙 歡喜无猒 求无上道

或有菩薩 說寂滅法 種種教詔 无數衆生

或見菩薩 觀諸法性 无有二相 猶如虛空

又見佛子 心无所著 以此妙慧 求无上道

文殊師利 又有菩薩 佛滅度後 供養舍利

又見佛子 造諸塔廟 无數恒沙 嚴飾國界

寶塔高妙 五千由旬 縱廣正等 二千由旬

一一塔廟 各千幢幡 珠交露幔 寶鈴和鳴

諸天龍神 人及非人 香華伎樂 常以供養

文殊師利 諸佛子等 為供舍利 嚴飾塔廟

國界自然 殊特妙好 如天樹王 其華開敷

佛放一光 我及衆會 見此國界 種種殊妙

諸佛神力 智慧希有 放一淨光 照无量國

我等見此 得未曾有 佛子文殊 願決衆疑

四衆欣仰 瞻仁及我 世尊何故 放斯光明

佛子時荅 決疑令喜 何所饒益 演斯光明

佛坐道場 所得妙法 為欲說此 為當授記

示諸佛土 衆寶嚴淨 及見諸佛 此非小緣

文殊當知 四衆龍神 瞻察仁者 為說何等

是時文殊師利語彌勒菩薩摩訶薩及諸大

士善男子等如我惟忖今佛世尊欲說大法

雨大法雨吹大法蠡擊大法鼓演大法義諸

善男子我於過去諸佛曾見此瑞放斯光已

BD05121號　妙法蓮華經卷一　（21–2）

示諸佛土眾寶嚴淨及見諸佛此非小緣
文殊當知四眾龍神瞻察仁者為說何等
是時文殊師利語弥勒菩薩摩訶薩及諸大
士善男子等如我惟忖今佛世尊欲說大法
雨大法雨吹大法螺擊大法鼓演大法義諸
善男子我於過去諸佛曾見此瑞放斯光已
即說大法是故當知今佛現光亦復如是欲
令眾生咸得聞知一切世間難信之法故現
斯瑞諸善男子如過去无量无邊不可思議
阿僧祇劫尒時有佛號日月燈明如來應供
正遍知明行足善逝世間解无上士調御丈
夫天人師佛世尊演說正法初善中善後善
其義深遠其語巧妙純一无雜具足清白梵
行之相為求聲聞者說應四諦法度生老病
死究竟涅槃為求辟支佛者說應十二因緣法
為諸菩薩說應六波羅蜜令得阿耨多羅
三藐三菩提成一切種智次復有佛亦名日
月燈明次復有佛亦名日月燈明如是二万
佛皆同一字號日月燈明又同一姓姓頗羅
墮弥勒當知初佛後佛皆同一字名日月燈
明十號具足所可說法初中後善其最後
佛未出家時有八子一名有意二名善意三名
无量意四名寶意五名增意六名除疑意七
名嚮意八名法意是八王子威德自在各領
四天下是諸王子聞父出家得阿耨多羅三
藐三菩提悉捨王位亦隨出家發大乘意常

BD05121號　妙法蓮華經卷一　（21–3）

佛未出家時有八子一名有意二名善意三名
无量意四名寶意五名增意六名除疑意七
名嚮意八名法意是八王子威德自在各領
四天下是諸王子聞父出家得阿耨多羅三
藐三菩提悉捨王位亦隨出家發大乘意常
脩梵行皆為法師已於千万佛所殖諸善本
是時日月燈明佛說大乘經名无量義教菩
薩法佛所護念說是經已即於大眾中結加
趺坐入於无量義處三昧身心不動是時天
雨曼陀羅華摩訶曼陀羅華曼殊沙華摩
訶曼殊沙華而散佛上及諸大眾普佛世界
六種震動尒時會中比丘比丘尼優婆塞優
婆夷天龍夜叉乾闥婆阿脩羅迦樓羅緊那羅
摩睺羅伽人非人等及諸小王轉輪聖王等是
諸大眾得未曾有歡喜合掌一心觀佛尒時
如來放眉間白毫相光照東方万八千佛土
靡不周遍如今所見是諸佛土弥勒當知尒
時會中有二十億菩薩樂欲聽法是諸菩薩
見此光明普照佛土得未曾有欲知此光所為
因緣時有菩薩名曰妙光有八百弟子是時日
月燈明佛從三昧起因妙光菩薩說大乘經名
妙法蓮華教菩薩法佛所護念六十小劫不起
于坐時會聽者亦坐一處六十小劫身心不動
聽佛所說謂如食頃是時眾中无有一人若身
若心而生懈惓日月燈明佛於六十小劫說是

BD05121號　妙法蓮華經卷一　（21–4）

妙法蓮華教菩薩法佛所護念六十小劫不起
于坐時會聽者亦坐一處六十小劫身心不動
聽佛所說謂如食頃是時衆中无有一人若身
若心而生懈惓日月燈明佛於六十小劫說是
經已即於梵魔沙門婆羅門及天人阿脩羅
衆中而宣此言如來於今日夜當入无餘涅
槃時有菩薩名曰德藏日月燈明佛即授其
記告諸比丘是德藏菩薩次當作佛号曰淨
身多陁阿伽度阿羅訶三藐三佛陁佛授記
已便於中夜入无餘涅槃佛滅度後妙光菩
薩持妙法蓮花經滿八十小劫爲人演說日
月燈明佛八子皆師妙光妙光教化令其堅
固阿耨多羅三藐三菩提是諸王子供養无
量百千万億佛已皆成佛道其最後成佛
者名曰然燈八百弟子中有一人号曰求名
貪著利養雖復讀誦衆經而不通利多所
忘失故号求名是人亦以種諸善根因緣故
得值无量百千万億諸佛供養恭敬尊重讚
嘆彌勒當知尒時妙光菩薩豈異人乎我身
是也求名菩薩汝身是也今見此瑞與本无
異是故惟忖今日如來當說大乘經名妙法
蓮花教菩薩法佛所護念尒時文殊師利於
大衆中欲重宣此義而說偈言
我念過去世　无量无數劫　有佛人中尊　号日月燈明
世尊演說法　度无量衆生　无數億菩薩　令入佛智慧
佛未出家時　所生八王子　見大聖出家　亦隨脩梵行

蓮花教菩薩法佛所護念尒時文殊師利於
大衆中欲重宣此義而說偈言
我念過去世　无量无數劫　有佛人中尊　号日月燈明
世尊演說法　度无量衆生　无數億菩薩　令入佛智慧
佛未出家時　所生八王子　見大聖出家　亦隨脩梵行
時佛說大乘　經名无量義　於諸大衆中　而爲廣分別
佛說此經已　即於法坐上　加趺坐三昧　名无量義處
天雨曼陁花　天鼓自然鳴　諸天龍鬼神　供養人中尊
一切諸佛土　即時大震動　佛放眉閒光　現諸希有事
此光照東方　万八千佛土　示一切衆生　生死業報處
有見諸佛土　以衆寶莊嚴　琉璃頗梨色　斯由佛光照
及見諸天人　龍神夜叉衆　揵闥婆緊那羅　各供養其佛
又見諸如來　自然成佛道　身色如金山　端嚴甚微妙
如淨琉璃中　内現真金像　世尊在大衆　敷演深法義
一一諸佛土　聲聞衆无數　因佛光所照　悉見彼大衆
或有諸比丘　在於山林中　精進持淨戒　猶如護明珠
又見諸菩薩　行施忍辱等　其數如恒沙　斯由佛光照
又見諸菩薩　深入諸禪定　身心寂不動　以求无上道
又見諸菩薩　知法寂滅相　各於其國土　說法求佛道
尒時四部衆　見日月燈佛　現大神通力　其心皆歡喜
各各自相問　是事何因緣　天人所奉尊　適從三昧起
讚妙光菩薩　汝爲世間眼　一切所歸信　能奉持法藏
如我所說法　唯汝能證知　世尊既讚歎　令妙光歡喜
說是法花經　滿六十小劫　不起於此坐　所說上妙法
是妙光法師　悉皆能受持　佛說是法花　令衆歡喜已
尋即於是日　告於天人衆　諸法實相義　已爲汝等說

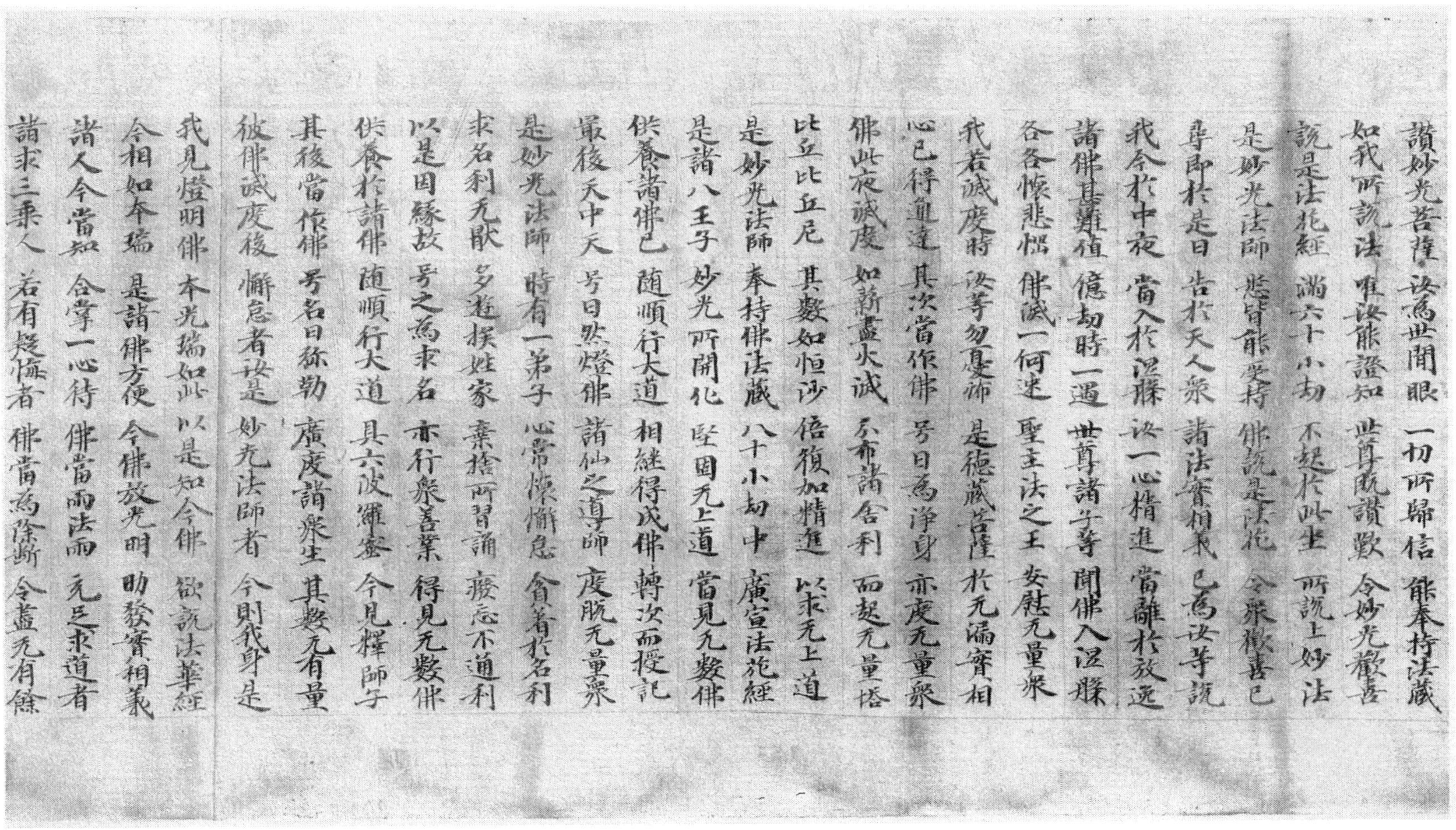
讚妙光菩薩 汝為世間眼 一切所歸信 能奉持法藏
如我所說法 唯汝能證知 世尊既讚歎 令妙光歡喜
說是法花經 滿六十小劫 不起於此座 所說上妙法
是妙光法師 悉皆能受持 佛說是法花 令衆歡喜已
尋即於是日 告於天人衆 諸法實相義 已為汝等說
我今於中夜 當入於涅槃 汝一心精進 當離於放逸
諸佛甚難值 億劫時一遇 世尊諸子等 聞佛入涅槃
各各懷悲惱 佛滅一何速 聖主法之王 安慰无量衆
我若滅度時 汝等勿憂怖 是德藏菩薩 於无漏實相
心已得通達 其次當作佛 号曰為淨身 亦度无量衆
佛此夜滅度 如薪盡火滅 分布諸舍利 而起无量塔
比丘比丘尼 其數如恒沙 倍復加精進 以求无上道
是妙光法師 奉持佛法藏 八十小劫中 廣宣法花經
是諸八王子 妙光所開化 堅固无上道 當見无數佛
供養諸佛已 隨順行大道 相繼得成佛 轉次而授記
最後天中天 号曰然燈佛 諸仙之導師 度脫无量衆
是妙光法師 時有一弟子 心常懷懈怠 貪著於名利
求名利无厭 多遊族姓家 棄捨所習誦 廢忘不通利
以是因緣故 号之為求名 亦行衆善業 得見无數佛
供養於諸佛 隨順行大道 具六波羅蜜 今見釋師子
其後當作佛 号名曰彌勒 廣度諸衆生 其數无有量
彼佛滅度後 懈怠者汝是 妙光法師者 今則我身是
我見燈明佛 本光瑞如此 以是知今佛 欲說法華經
今相如本瑞 是諸佛方便 今佛放光明 助發實相義
諸人今當知 合掌一心待 佛當雨法雨 充足求道者
諸求三乘人 若有疑悔者 佛當為除斷 令盡无有餘

BD05121號　妙法蓮華經卷一　（21–7）

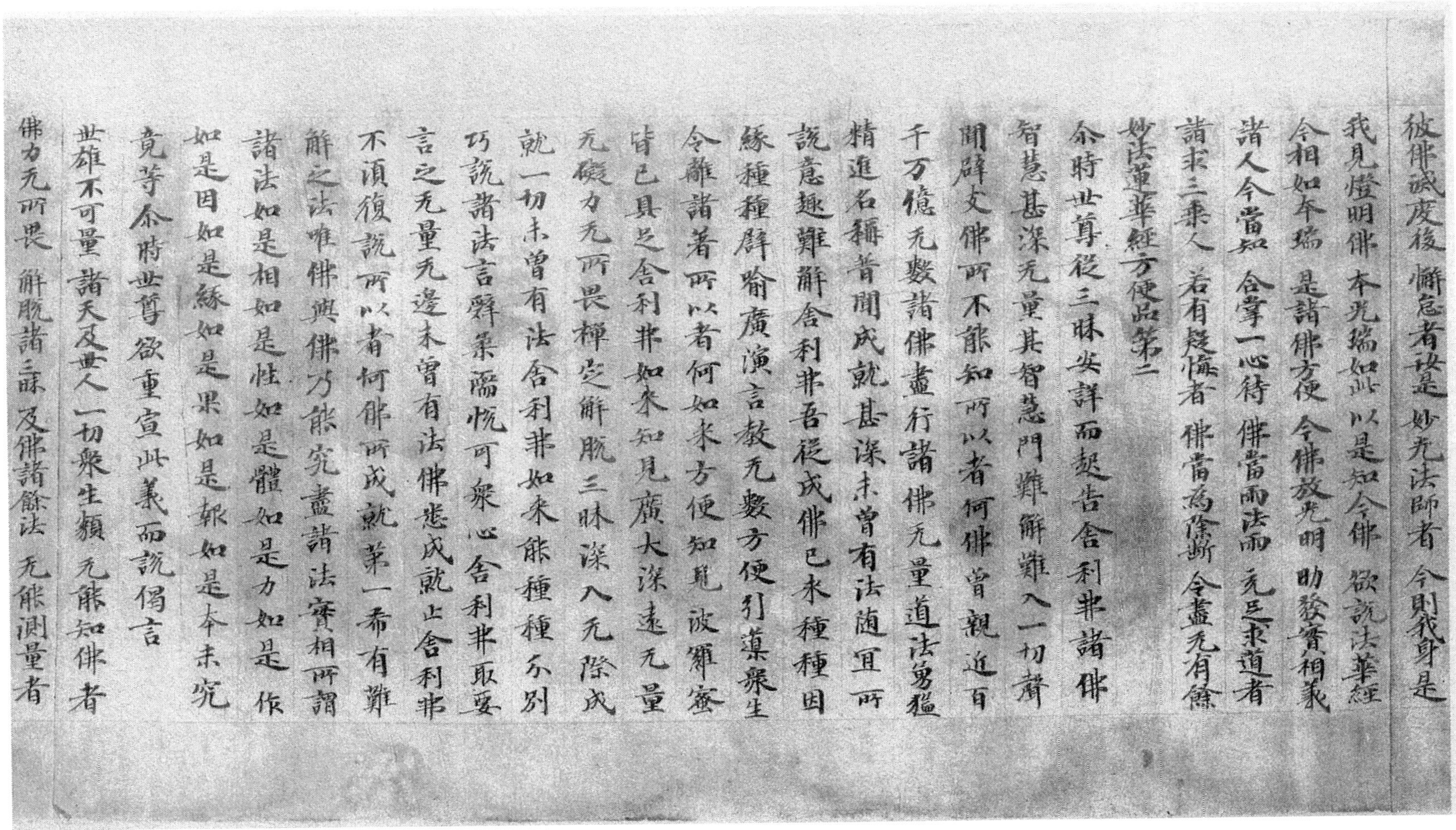
彼佛滅度後 懈怠者汝是 妙光法師者 今則我身是
我見燈明佛 本光瑞如此 以是知今佛 欲說法華經
今相如本瑞 是諸佛方便 今佛放光明 助發實相義
諸人今當知 合掌一心待 佛當雨法雨 充足求道者
諸求三乘人 若有疑悔者 佛當為除斷 令盡无有餘
妙法蓮華經方便品第二
尒時世尊從三昧安詳而起告舍利弗諸佛
智慧甚深无量其智慧門難解難入一切聲
聞辟支佛所不能知所以者何佛曾親近百
千万億无數諸佛盡行諸佛无量道法勇猛
精進名稱普聞成就甚深未曾有法隨宜所
說意趣難解舍利弗吾從成佛已來種種因
緣種種譬喻廣演言教无數方便引導衆生
令離諸著所以者何如來方便知見波羅蜜
皆已具足舍利弗如來知見廣大深遠无量
无礙力无所畏禪定解脫三昧深入无際成
就一切未曾有法舍利弗如來能種種分別
巧說諸法言辭柔軟悅可衆心舍利弗取要
言之无量无邊未曾有法佛悉成就止舍利弗
不須復說所以者何佛所成就第一希有難
解之法唯佛與佛乃能究盡諸法實相所謂
諸法如是相如是性如是體如是力如是作
如是因如是緣如是果如是報如是本末究
竟等尒時世尊欲重宣此義而說偈言
世雄不可量 諸天及世人 一切衆生類 无能知佛者
佛力无所畏 解脫諸三昧 及佛諸餘法 无能測量者

BD05121號　妙法蓮華經卷一　（21–8）

諸法如是相 如是性 如是體 如是力 如是作
如是因 如是緣 如是果 如是報 如是本末究
竟等 尒時世尊欲重宣此義而說偈言
世雄不可量 諸天及世人 一切衆生類 无能知佛者
佛力无所畏 解脫諸三昧 及佛諸餘法 无能測量者
本從无數佛 具足行諸道 甚深微妙法 難見難可了
於无量億劫 行此諸道已 道場得成果 我已悉知見
如是大果報 種種性相義 我及十方佛 乃能知是事
是法不可示 言辭相寂滅 諸餘衆生類 无有能得解
除諸菩薩衆 信力堅固者 諸佛弟子衆 曾供養諸佛
一切漏已盡 住是最後身 如是諸人等 其力所不堪
假使滿世間 皆如舍利弗 盡思共度量 不能測佛智
正使滿十方 皆如舍利弗 及餘諸弟子 亦滿十方剎
盡思共度量 亦復不能知 辟支佛利智 无漏最後身
亦滿十方界 其數如竹林 斯等共一心 於億无量劫
欲思佛實智 莫能知少分 新發意菩薩 供養无數佛
了達諸義趣 又能善說法 如稻麻竹葦 充滿十方剎
一心以妙智 於恒河沙劫 咸皆共思量 不能知佛智
不退諸菩薩 其數如恒沙 一心共思求 亦復不能知
又告舍利弗 无漏不思議 甚深微妙法 我今已具得
唯我知是相 十方佛亦然 舍利弗當知 諸佛語无異
於佛所說法 當生大信力 世尊法久後 要當說真實
告諸聲聞衆 及求緣覺乘 我令脫苦縛 逮得涅槃者
佛以方便力 示以三乘教 衆生處處著 引之令得出
尒時大衆中有諸聲聞漏盡阿羅漢阿若憍
陳如等千二百人及發聲聞辟支佛心比丘

BD05121號　妙法蓮華經卷一　（21–9）

於佛所說法 當生大信力 世尊法久後 要當說真實
告諸聲聞衆 及求緣覺乘 我令脫苦縛 逮得涅槃者
佛以方便力 示以三乘教 衆生處處著 引之令得出
尒時大衆中有諸聲聞漏盡阿羅漢阿若憍
陳如等千二百人及發聲聞辟支佛心比丘
比丘尼優婆塞優婆夷各作是念今者世尊
何故慇懃稱歎方便而作是言佛所得法甚
深難解有所言說意趣難知一切聲聞辟支
佛所不能及佛說一解脫義我等亦得此法
到於涅槃而今不知是義所趣尒時舍利弗
知四衆心疑自亦未了而白佛言世尊何因
何緣慇懃稱歎諸佛第一方便甚深微妙難
解之法我自昔來未曾從佛聞如是說今者
四衆咸皆有疑唯願世尊敷演斯事世尊何
故慇懃稱歎甚深微妙難解之法尒時舍利
弗欲重宣此義而說偈言
慧日大聖尊 久乃說是法 自說得如是 力无畏三昧
禪定解脫等 不可思議法 道場所得法 无能發問者
我意難可測 亦无能問者 无問而自說 稱歎所行道
智慧甚深妙 諸佛之所得 无漏諸羅漢 及求涅槃者
今皆墮疑網 佛何故說是 其求緣覺者 比丘比丘尼
諸天龍鬼神 及乾闥婆等 相視懷猶豫 瞻仰兩足尊
是事為云何 願佛為解說 於諸聲聞衆 佛說我第一
我今自於智 疑惑不能了 為是究竟法 為是所行道
佛口所生子 合掌瞻仰待 願出微妙音 時為如實說
諸天龍神等 其數如恒沙 求佛諸菩薩 大數有八万

BD05121號　妙法蓮華經卷一　（21–10）

今皆墮疑網　佛何故說是　其求緣覺者　比丘比丘尼
諸天龍鬼神　及乾闥婆等　相視懷猶豫　瞻仰兩足尊
是事為云何　願佛為解說　於諸聲聞眾　佛說我第一
我今自於智　疑惑不能了　為是究竟法　為是所行道
佛口所生子　合掌瞻仰待　願出微妙音　時為如實說
諸天龍神等　其數如恒沙　求佛諸菩薩　大數有八万
又諸万億國　轉輪聖王至　合掌以敬心　欲聞具足道
尒時佛告舍利弗止止不須復說若說是事
一切世間諸天及人皆當驚疑舍利弗重白
佛言世尊唯願說之唯願說之所以者何是
會无數百千万億阿僧祇眾生曾見諸佛諸
根猛利智慧明了聞佛所說則能敬信尒時
舍利弗欲重宣此義而說偈言
法王无上尊　唯說願勿慮　是會无量眾　有能敬信者
佛復止舍利弗若說是事一切世間天人阿脩
羅皆當驚疑增上慢比丘將墜於大坑尒
時世尊重說偈言
止止不須說　我法妙難思　諸增上慢者　聞必不敬信
尒時舍利弗重白佛言世尊唯願說之唯願
說之今此會中如我等比百千万億世世已
曾從佛受化如此人等必能敬信長夜安隱
多所饒益尒時舍利弗欲重宣此義而說偈言
无上兩足尊　願說第一法　我為佛長子　唯垂分別說
是會无量眾　能敬信此法　佛已曾世世　教化如是等
皆一心合掌　欲聽受佛語　我等千二百　及餘求佛者
願為此眾故　唯垂分別說　是等聞此法　則生大歡喜
尒時世尊告舍利弗汝已慇懃三請豈得不

BD05121號　妙法蓮華經卷一　（21–11）

多所饒益尒時舍利弗欲重宣此義而說偈言
无上兩足尊　願說第一法　我為佛長子　唯垂分別說
是會无量眾　能敬信此法　佛已曾世世　教化如是等
皆一心合掌　欲聽受佛語　我等千二百　及餘求佛者
願為此眾故　唯垂分別說　是等聞此法　則生大歡喜
尒時世尊告舍利弗汝已慇懃三請豈得不
說汝今諦聽善思念之吾當為汝分別解說
說此語時會中有比丘比丘尼優婆塞優婆
夷五千人等即從坐起禮佛而退所以者何
此輩罪根深重及增上慢未得謂得未證謂
證有如此失是以不住世尊嘿然而不制止
尒時佛告舍利弗我今此眾无復枝葉純有
貞實舍利弗如是增上慢人退亦佳矣汝今
善聽當為汝說舍利弗言唯然世尊願樂欲
聞佛告舍利弗如是妙法諸佛如來時乃說
之如優曇鉢華時一現耳舍利弗汝等當信
佛之所說言不虛妄舍利弗諸佛隨宜說法
意趣難解所以者何我以无數方便種種因
緣譬喻言辭演說諸法是法非思量分別之
所能解唯有諸佛乃能知之所以者何諸佛
世尊唯以一大事因緣故出現於世舍利弗
云何名諸佛世尊唯以一大事因緣故出現
於世諸佛世尊欲令眾生開佛知見使得清
淨故出現於世欲示眾生佛之知見故出現
於世欲令眾生悟佛知見故出現於世欲令
眾生入佛知見道故出現於世舍利弗是為

BD05121號　妙法蓮華經卷一　（21–12）

云何名諸佛世尊唯以一大事因緣故出現
於世諸佛世尊欲令衆生開佛知見使得清
淨故出現於世欲示衆生佛之知見故出現
於世欲令衆生悟佛知見故出現於世欲令
衆生入佛知見道故出現於世舍利弗是為
諸佛以一大事因緣故出現於世佛告舍利
弗諸佛如來但教化菩薩諸有所作常為一
事唯以佛之知見示悟衆生舍利弗如來但
以一佛乘故為衆生說法无有餘乘若二若
三舍利弗一切十方諸佛法亦如是舍利弗
過去諸佛以无量无數方便種種因緣譬喻
言辭而為衆生演說諸法是法皆為一佛乘
故是諸衆生從諸佛聞法究竟皆得一切種
智舍利弗未來諸佛當出於世亦以无量无
數方便種種因緣譬喻言辭而為衆生演說
諸法是法皆為一佛乘故是諸衆生從佛聞
法究竟皆得一切種智舍利弗現在十方无
量百千万億佛土中諸佛世尊多所饒益安
樂衆生是諸佛亦以无量无數方便種種因
緣譬喻言辭而為衆生演說諸法是法皆為
一佛乘故是諸衆生從佛聞法究竟皆得一
切種智舍利弗是諸佛但教化菩薩欲以佛
之知見示衆生故欲以佛之知見悟衆生故
欲令衆生入佛知見道故舍利弗我今亦復
如是知諸衆生有種種欲深心所著隨其本
性以種種因緣譬喻言辭方便力而為說法

BD05121號　妙法蓮華經卷一　（21–13）

一佛乘故是諸衆生從佛聞法究竟皆得一
切種智舍利弗是諸佛但教化菩薩欲以佛
之知見示衆生故欲以佛之知見悟衆生故
欲令衆生入佛知見道故舍利弗我今亦復
如是知諸衆生有種種欲深心所著隨其本
性以種種因緣譬喻言辭方便力而為說法
舍利弗如此皆為得一佛乘一切種智故舍
利弗十方世界中尚无二乘何況有三舍利
弗諸佛出於五濁惡世所謂劫濁煩惱濁衆
生濁見濁命濁如是舍利弗劫濁亂時衆生
垢重慳貪嫉妬成就諸不善根故諸佛以方
便力於一佛乘分別說三舍利弗若我弟子
自謂阿羅漢辟支佛者不聞不知諸佛如來
但教化菩薩事此非佛弟子非阿羅漢非辟
支佛又舍利弗是諸比丘比丘尼自謂已得
阿羅漢是最後身究竟涅槃便不復志求阿
耨多羅三藐三菩提當知此輩皆是增上慢
人所以者何若有比丘實得阿羅漢若不信
此法无有是處除佛滅度後現前无佛所以
者何佛滅度後如是等經受持讀誦解義者
是人難得若遇餘佛於此法中便得決了舍
利弗汝等當一心信解受持佛語諸佛如來
言无虛妄无有餘乘唯一佛乘爾時世尊欲
　重宣此義而說偈言
比丘比丘尼　有懷增上慢　優婆塞我慢　優婆夷不信
如是四衆等　其數有五千　不自見其過　於戒有缺漏

BD05121號　妙法蓮華經卷一　（21–14）

是人難得若遇餘佛於此法中便得決了舍
利弗汝等當一心信解受持佛語諸佛如來
言无虛妄无有餘乘唯一佛乘尒時世尊欲
重宣此義而說偈言
比丘比丘尼 有懷增上慢 優婆塞我慢 優婆夷不信
如是四衆等 其數有五千 不自見其過 於戒有缺漏
護惜其瑕疵 是小智已出 衆中之糟糠 佛威德故去
斯人尠福德 不堪受是法 此衆无枝葉 唯有諸貞實
舍利弗善聽 諸佛所得法 无量方便力 而為衆生說
衆生心所念 種種所行道 若干諸欲性 先世善惡業
佛悉知是已 以諸緣譬喻 言辭方便力 令一切歡喜
或說修多羅 伽陁及本事 本生未曾有 亦說於因緣
譬喻并祇夜 優波提舍經 鈍根樂小法 貪著於生死
於諸无量佛 不行深妙道 衆苦所惱亂 為是說涅槃
我設是方便 令得入佛慧 未曾說汝等 當得成佛道
所以未曾說 說時未至故 今正是其時 決定說大乘
我此九部法 隨順衆生說 入大乘為本 以故說是經
有佛子心淨 柔濡亦利根 无量諸佛所 而行深妙道
為此諸佛子 說是大乘經 我記如是人 來世成佛道
以深心念佛 修持淨戒故 此等聞得佛 大喜充遍身
佛知彼心行 故為說大乘 聲聞若菩薩 聞我所說法
乃至於一偈 皆成佛无疑 十方佛土中 唯有一乘法
无二亦无三 除佛方便說 但以假名字 引導於衆生
說佛智慧故 諸佛出於世 唯此一事實 餘二則非真
終不以小乘 濟度於衆生 佛自住大乘 如其所得法
定慧力莊嚴 以此度衆生 自證无上道 大乘平等法

BD05121號　妙法蓮華經卷一　(21–15)

乃至於一偈 皆成佛无疑 十方佛土中 唯有一乘法
无二亦无三 除佛方便說 但以假名字 引導於衆生
說佛智慧故 諸佛出於世 唯此一事實 餘二則非真
終不以小乘 濟度於衆生 佛自住大乘 如其所得法
定慧力莊嚴 以此度衆生 自證无上道 大乘平等法
若以小乘化 乃至於一人 我則墮慳貪 此事為不可
若人信歸佛 如來不欺誑 亦无貪嫉意 斷諸法中惡
故佛於十方 而獨无所畏 我以相嚴身 光明照世間
无量衆所尊 為說實相印 舍利弗當知 我本立誓願
欲令一切衆 如我等无異 如我昔所願 今者已滿足
化一切衆生 皆令入佛道 若我遇衆生 盡教以佛道
无智者錯亂 迷惑不受教 我知此衆生 未曾修善本
堅著於五欲 癡愛故生惱 以諸欲因緣 墜墮三惡道
輪迴六趣中 備受諸苦毒 受胎之微形 世世常增長
薄德少福人 衆苦所逼迫 入邪見稠林 若有若无等
依止此諸見 具足六十二 深著虛妄法 堅受不可捨
我慢自矜高 諂曲心不實 於千万億劫 不聞佛名字
亦不聞正法 如是人難度 是故舍利弗 我為設方便
說諸盡苦道 示之以涅槃 我雖說涅槃 是亦非真滅
諸法從本來 常自寂滅相 佛子行道已 來世得作佛
我有方便力 開示三乘法 一切諸世尊 皆說一乘道
今此諸大衆 皆應除疑惑 諸佛語无異 唯一无二乘
過去无數劫 无量滅度佛 百千万億種 其數不可量
如是諸世尊 種種緣譬喻 无數方便力 演說諸法相
是諸世尊等 皆說一乘法 化无量衆生 令入於佛道
又諸大聖主 知一切世間 天人群生類 深心之所欲

BD05121號　妙法蓮華經卷一　(21–16)

我有方便力 開示三乘法 一切諸世尊 皆說一乘道
今此諸大衆 皆應除疑惑 諸佛語无異 唯一无二乘
過去无數劫 无量滅度佛 百千万億種 其數不可量
如是諸世尊 種種緣譬喻 无數方便力 演說諸法相
是諸世尊等 皆說一乘法 化无量衆生 令入於佛道
又諸大聖主 知一切世間 天人群生類 深心之所欲
更以異方便 助顯第一義 若有衆生類 值諸過去佛
若聞法布施 或持戒忍辱 精進禪智等 種種脩福慧
如是諸人等 皆已成佛道 諸佛滅度已 若人善軟心
如是諸衆生 皆已成佛道 諸佛滅度已 供養舍利者
起万億種塔 金銀及頗梨 車𤦲與馬瑙 玫瑰瑠璃珠
清淨廣嚴飾 莊校於諸塔 或有起石廟 栴檀及沉水
木櫁并餘材 塼瓦泥土等 若於曠野中 積土成佛廟
乃至童子戲 聚沙為佛塔 如是諸人等 皆已成佛道
若人為佛故 建立諸形像 刻彫成衆相 皆已成佛道
或以七寶成 鍮石赤白銅 白鑞及鈆錫 鐵木及與泥
或以膠漆布 嚴飾作佛像 如是諸人等 皆已成佛道
綵畫作佛像 百福莊嚴相 自作若使人 皆已成佛道
乃至童子戲 若草木及筆 或以指抓甲 而畫作佛像
如是諸人等 漸漸積功德 具足大悲心 皆已成佛道
但化諸菩薩 度脫无量衆 若人於塔廟 寶像及畫像
以華香幡蓋 敬心而供養 若使人作樂 擊鼓吹角貝
簫笛琴箜篌 琵琶鐃銅鈸 如是衆妙音 盡持以供養
或以歡喜心 歌唄頌佛德 乃至一小音 皆已成佛道
若人散亂心 乃至以一華 供養於畫像 漸見无數佛
或有人礼拜 或復但合掌 乃至舉一手 或復小低頭

BD05121號　妙法蓮華經卷一　（21–17）

但化諸菩薩 度脫无量衆 若人於塔廟 寶像及畫像
以華香幡蓋 敬心而供養 若使人作樂 擊鼓吹角貝
簫笛琴箜篌 琵琶鐃銅鈸 如是衆妙音 盡持以供養
或以歡喜心 歌唄頌佛德 乃至一小音 皆已成佛道
若人散亂心 乃至以一華 供養於畫像 漸見无數佛
或有人礼拜 或復但合掌 乃至舉一手 或復小低頭
以此供養像 漸見无量佛 自成无上道 廣度无數衆
入无餘涅槃 如薪盡火滅 若人散亂心 入於塔廟中
一稱南无佛 皆已成佛道 於諸過去佛 在世或滅度
若有聞是法 皆已成佛道 未來諸世尊 其數无有量
是諸如來等 亦方便說法 一切諸如來 以无量方便
度脫諸衆生 入佛无漏智 若有聞法者 无一不成佛
諸佛本誓願 我所行佛道 普欲令衆生 亦同得此道
未來世諸佛 雖說百千億 无數諸法門 其實為一乘
諸佛兩足尊 知法常无性 佛種從緣起 是故說一乘
是法住法位 世間相常住 於道場知已 導師方便說
天人所供養 現在十方佛 其數如恒沙 出現於世間
安隱衆生故 亦說如是法 知第一寂滅 以方便力故
雖示種種道 其實為佛乘 知衆生諸行 深心之所念
過去所習業 欲性精進力 及諸根利鈍 以種種因緣
譬喻亦言辭 隨應方便說 今我亦如是 安隱衆生故
以種種法門 宣示於佛道 我以智慧力 知衆生性欲
方便說諸法 皆令得歡喜 舍利弗當知 我以佛眼觀
見六道衆生 貧窮无福慧 入生死嶮道 相續苦不斷
深著於五欲 如犛牛愛尾 以貪愛自蔽 盲瞑无所見
不求大勢佛 及與斷苦法 深入諸邪見 以苦欲捨苦

BD05121號　妙法蓮華經卷一　（21–18）

譬喻亦言辭 隨應方便說 今我亦如是 安隱衆生故
以種種法門 宣示於佛道 我以智慧力 知衆生性欲
方便說諸法 皆令得歡喜 舍利弗當知 我以佛眼觀
見六道衆生 貧窮无福慧 入生死嶮道 相續苦不斷
深著於五欲 如犛牛愛尾 以貪愛自蔽 盲瞑无所見
不求大勢佛 及與斷苦法 深入諸邪見 以苦欲捨苦
為是衆生故 而起大悲心 我始坐道場 觀樹亦經行
於三七日中 思惟如是事 我所得智慧 微妙最第一
衆生諸根鈍 著樂癡所盲 如斯之等類 云何而可度
尒時諸梵王 及諸天帝釋 護世四天王 及大自在天
并餘諸天衆 眷屬百千万 恭敬合掌禮 請我轉法輪
我即自思惟 若但讚佛乘 衆生沒在苦 不能信是法
破法不信故 墜於三惡道 我寧不說法 疾入於涅槃
尋念過去佛 所行方便力 我今所得道 亦應說三乘
作是思惟時 十方佛皆現 梵音慰喻我 善哉釋迦文
第一之導師 得是无上法 隨諸一切佛 而用方便力
我等亦皆得 最妙第一法 為諸衆生類 分別說三乘
少智樂小法 不自信作佛 是故以方便 分別說諸果
雖復說三乘 但為教菩薩 舍利弗當知 我聞聖師子
深淨微妙音 稱南无諸佛 復作如是念 我出濁惡世
如諸佛所說 我亦隨順行 思惟是事已 即趣波羅㮈
諸法寂滅相 不可以言宣 以方便力故 為五比丘說
是名轉法輪 便有涅槃音 及以阿羅漢 法僧差別名
從久遠劫來 讚示涅槃法 生死苦永盡 我常如是說
舍利弗當知 我見佛子等 志求佛道者 无量千万億
咸以恭敬心 皆來至佛所 曾從諸佛聞 方便所說法
我即作是念 如來所以出 為說佛慧故 今正是其時

BD05121號 妙法蓮華經卷一 （21–19）

如諸佛所說 我亦隨順行 思惟是事已 即趣波羅㮈
諸法寂滅相 不可以言宣 以方便力故 為五比丘說
是名轉法輪 便有涅槃音 及以阿羅漢 法僧差別名
從久遠劫來 讚示涅槃法 生死苦永盡 我常如是說
舍利弗當知 我見佛子等 志求佛道者 无量千万億
咸以恭敬心 皆來至佛所 曾從諸佛聞 方便所說法
我即作是念 如來所以出 為說佛慧故 今正是其時
舍利弗當知 鈍根小智人 著相憍慢者 不能信是法
今我喜无畏 於諸菩薩中 正直捨方便 但說无上道
菩薩聞是經 疑網皆已除 千二百羅漢 悉亦當作佛
如三世諸佛 說法之儀式 我今亦如是 說无分別法
諸佛興出世 懸遠值遇難 正使出于世 說是法復難
无量无數劫 聞是法亦難 能聽是法者 斯人亦復難
譬如優曇花 一切皆愛樂 天人所希有 時時乃一出
聞法歡喜讚 乃至發一言 則為已供養 一切三世佛
是人甚希有 過於優曇花 汝等勿有疑 我為諸法王
普告諸大衆 但以一乘道 教化諸菩薩 无聲聞弟子
汝等舍利弗 聲聞及菩薩 當知是妙法 諸佛之秘要
以五濁惡世 但樂著諸欲 如是等衆生 終不求佛道
當來世惡人 聞佛說一乘 迷惑不信受 破法墮惡道
有慚愧清淨 志求佛道者 當為如是等 廣讚一乘道
舍利弗當知 諸佛法如是 以万億方便 隨宜而說法
其不習學者 不能曉了此 汝等既已知 諸佛世之師
隨宜方便說 无復諸疑惑 心生大歡喜 自知當作佛

妙法蓮華經卷第一

BD05121號 妙法蓮華經卷一 （21–20）

汝等舍利弗 聲聞及菩薩 當知是妙法 諸佛之秘要
以五濁惡世 但樂著諸欲 如是等衆生 終不求佛道
當來世惡人 聞佛說一乘 迷惑不信受 破法墮惡道
有慚愧清淨 志求佛道者 當為如是等 廣讚一乘道
舍利弗當知 諸佛法如是 以萬億方便 隨宜而說法
其不習學者 不能曉了此 汝等既已知 諸佛世之師
隨宜方便說 无復諸疑惑 心生大歡喜 自知當作佛

妙法蓮華經卷第一

BD05121號　妙法蓮華經卷一　(21–21)

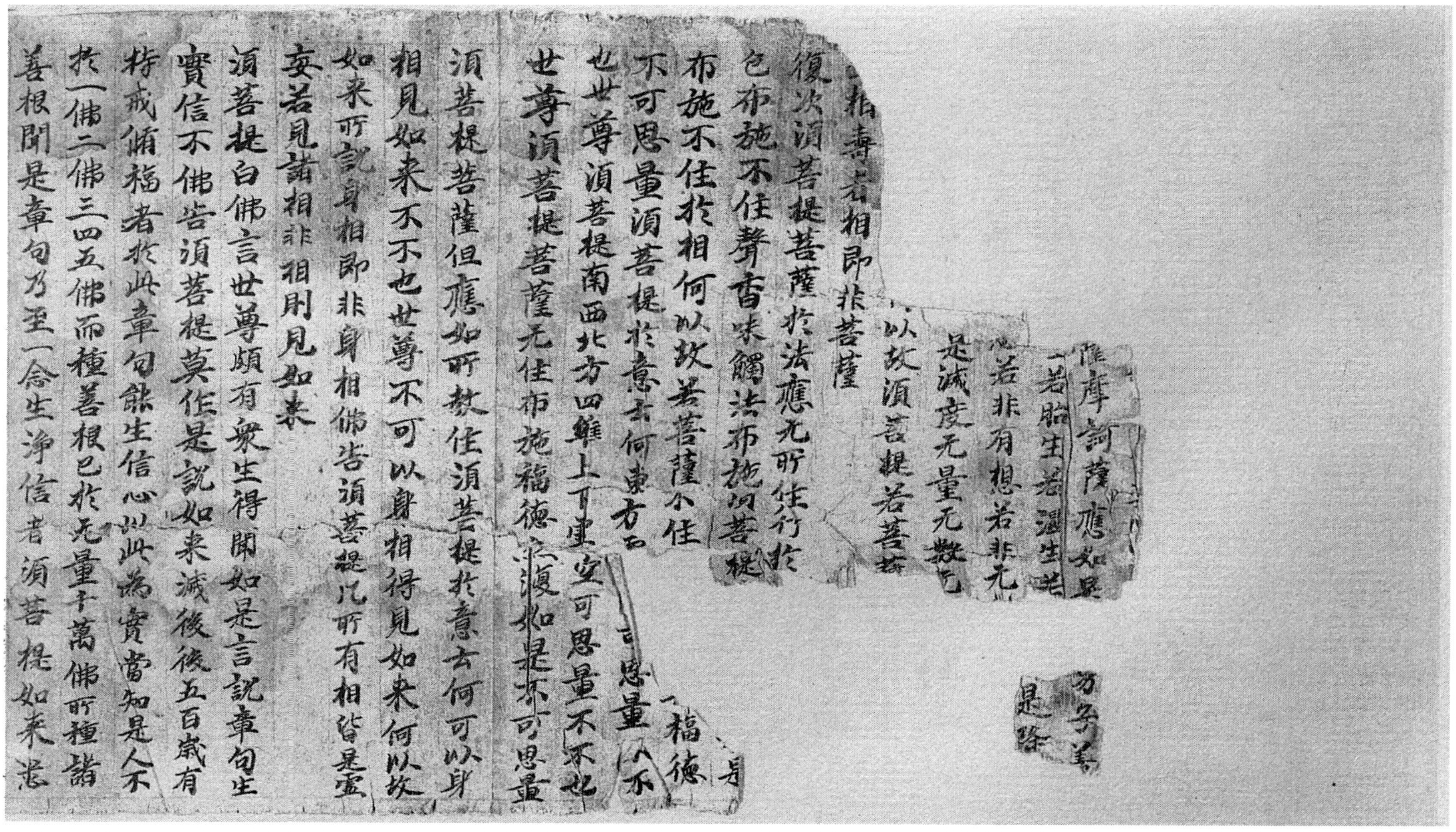

薩摩訶薩應如是
若胎生若濕生若
若非有想若非无
是滅度无量无數无
以故須菩提若菩薩
相壽者相即非菩薩
復次須菩提菩薩於法應无所住行於
色布施不住聲香味觸法布施須菩提
布施不住於相何以故若菩薩不住
不可思量須菩提於意云何東方
也世尊須菩提南西北方四維上下虛空可思量不不也
世尊須菩提菩薩无住布施福德亦復如是不可思量
須菩提菩薩但應如所教住須菩提於意云何可以身
相見如來不不也世尊不可以身相得見如來何以故
如來所說身相即非身相佛告須菩提凡所有相皆是虛
妄若見諸相非相則見如來
須菩提白佛言世尊頗有衆生得聞如是言說章句生
實信不佛告須菩提莫作是說如來滅後後五百歲有
持戒脩福者於此章句能生信心以此為實當知是人不
於一佛二佛三四五佛而種善根已於无量千萬佛所種諸
善根聞是章句乃至一念生淨信者須菩提如來悉

BD05122號　金剛般若波羅蜜經　(13–1)

如来所說身相即非身相佛告須菩提凡所有相皆是虛
妄若見諸相非相則見如来
須菩提白佛言世尊頗有衆生得聞如是言說章句生
實信不佛告須菩提莫作是說如来滅後後五百歲有
持戒脩福者於此章句能生信心以此為實當知是人不
於一佛二佛三四五佛而種善根已於无量千萬佛所種諸
善根聞是章句乃至一念生淨信者須菩提如来悉
知悉見是諸衆生得如是无量福德何以故是諸衆
生无復我相人相衆生相壽者相无法相亦无
非法相何以故是諸衆生若心取相則為著我
人衆生壽者若取法相即著我人衆生壽者何以
故若取非法相即著我人衆生壽者是故不應取
法不應取非法以是義故如来常說汝等比丘
知我說法如筏喻者法尚應捨何况非法
須菩提於意云何如来得阿耨多羅三藐三菩提
耶如来有所說法耶須菩提言如我解佛所說義
无有定法名阿耨多羅三藐三菩提亦无有定法
如来可說何以故如来所說法皆不可取不可說
非法非非法所以者何一切賢聖皆以无為法而有
差別
須菩提於意云何若人滿三千大千世界七寶
以用布施是人所得福德寧為多不須菩提言甚
多世尊何以故是福德即非福德性是故如来說福
德多若復有人於此經中受持乃至四句偈等為他
人說其福勝彼何以故須菩提一切諸佛及諸佛阿
耨多羅三藐三菩提法皆從此經出須菩提所謂佛法

BD05122 號　金剛般若波羅蜜經

（13–2）

以用布施是人所得福德寧為多不須菩提言甚
多世尊何以故是福德即非福德性是故如来說福
德多若復有人於此經中受持乃至四句偈等為他
人說其福勝彼何以故須菩提一切諸佛及諸佛阿
耨多羅三藐三菩提法皆從此經出須菩提所謂佛法
者即非佛法
須菩提於意云何須陁洹能作是念我得須陁
洹果不須菩提言不也世尊何以故須陁洹名為
入流而无所入不入色聲香味觸法是名須陁洹
須菩提於意云何斯陁含能作是念我得斯陁含
果不須菩提言不也世尊何以故斯陁含名一往
来而實无往来是名斯陁含須菩提於意云何
阿那含能作是念我得阿那含果不須菩提言
不也世尊何以故阿那含名為不来而實无来
是故名阿那含須菩提於意云何阿羅漢能作是
念我得阿羅漢道不須菩提言不也世尊何以故
實无有法名阿羅漢世尊若阿羅漢作是念我得阿
羅漢道即為著我人衆生壽者世尊佛說我得无
諍三昧人中最為第一是第一離欲阿羅漢我不作
是念我是離欲阿羅漢世尊我若作是念我得阿
羅漢道世尊則不說須菩提是樂阿蘭那行者
以須菩提實无所行而名須菩提是樂阿蘭那行
佛告須菩提於意云何如来昔在然燈佛所於法
有所得不世尊如来在然燈佛所於法實无所得須
菩提於意云何菩薩莊嚴佛土不不也世尊何以故
莊嚴佛土者則非莊嚴是名莊嚴是故須菩提諸

BD05122 號　金剛般若波羅蜜經

（13–3）

漢道世尊則不說須菩提是樂阿蘭那行者
以須菩提實无所行而名須菩提是樂阿蘭那行
佛告須菩提於意云何如來昔在然燈佛所於法
有所得不世尊如來在然燈佛所於法實无所得須
菩提於意云何菩薩莊嚴佛土不不也世尊何以故
莊嚴佛土者則非莊嚴是名莊嚴是故須菩提諸
菩薩摩訶薩應如是生清淨心不應住色生
心不應住聲香味觸法生心應无所住而生其
心須菩提譬如有人身如須弥山王於意云
何是身為大不須菩提言甚大世尊何以
故佛說非身是名大身須菩提如恒河
中所有沙數如是沙等恒河於意云何是諸
恒河沙寧為多不須菩提言甚多世尊但諸
恒河尚多无數何況其沙須菩提我今實言告
汝若有善男子善女人以七寶滿尒所恒河沙數三千
大千世界以用布施得福多不須菩提言甚多世尊
佛告須菩提若善男子善女人於此經中乃至受持
四句偈等為他人說而此福德勝前福德復次須菩
提隨說是經乃至四句偈等當知此處一切世間天
人阿脩羅皆應供養如佛塔廟何況有人盡能受
持讀誦須菩提當知是人成就最上第一希有之法若
是經典所在之處則為有佛若尊重弟子
尒時須菩提白佛言世尊當何名此經我等云何
奉持佛告須菩提是經名為金剛般若波羅蜜以
是名字汝當奉持所以者何須菩提佛說般若波
羅蜜則非般若波羅蜜須菩提於意云何如來有
所說法不須菩提白佛言世尊如來无所說須菩提

BD05122 號　金剛般若波羅蜜經　（13–4）

持讀誦須菩提當知是人成就最上第一希有之法若
是經典所在之處則為有佛若尊重弟子
尒時須菩提白佛言世尊當何名此經我等云何
奉持佛告須菩提是經名為金剛般若波羅蜜以
是名字汝當奉持所以者何須菩提佛說般若波
羅蜜則非般若波羅蜜須菩提於意云何如來有
所說法不須菩提白佛言世尊如來无所說須菩提
於意云何三千大千世界所有微塵是為多不須菩
言甚多世尊須菩提諸微塵如來說非微塵是名
微塵如來說世界非世界是名世界須菩提於意
云何可以三十二相見如來不不也世尊不可以三
十二相得見如來何以故如來說三十二相即是非
相是名三十二相須菩提若有善男子善女人以
恒河沙等身命布施若復有人於此經中乃至
受持四句偈等為他人說其福甚多
尒時須菩提聞說是經深解義趣涕淚悲泣而白
佛言希有世尊佛說如是甚深經典我從昔
來所得慧眼未曾得聞如是之經世尊若復有
人得聞是經信心清淨則生實相當知是人成就
第一希有功德世尊是實相者則是非相是故
如來說名實相世尊我今得聞如是經典信解
受持不足為難若當來世後五百歲其有衆
生得聞是經信解受持是人則為第一希有何
以故此人无我相人相衆生相壽者相所以者
何我相即是非相人相衆生相壽者相即是非相
何以故離一切諸相則名諸佛
佛告須菩提如是如是若復有人得聞是經不驚不

BD05122 號　金剛般若波羅蜜經　（13–5）

生得聞是經信解受持是人則為第一希有何
以故此人无我相人相衆生相壽者相所以者
何我相即是非相人相衆生相壽者相即是非相
何以故離一切諸相則名諸佛
佛告須菩提如是如是若復有人得聞是經不驚不
怖不畏當知是人甚為希有何以故須菩提如來說
第一波羅蜜非第一波羅蜜是名第一波羅蜜
須菩提忍辱波羅蜜如來說非忍辱波羅蜜何
以故須菩提如我昔為歌利王割截身體我於尒
時无我相无人相无衆生相无壽者相何以故我
於往昔節節支解時若有我相人相衆生相壽者
相應生瞋恨須菩提又念過去於五百世作忍辱
仙人於尒所世无我相无人相无衆生相无壽者相
是故須菩提菩薩應離一切相發阿耨多羅三
藐三菩提心不應住色生心不應住聲香味觸
法生心應生无所住心若心有住則為非住是故
佛說菩薩心不應住色布施須菩提菩薩為
利益一切衆生應如是布施如來說一切諸
相即是非相又說一切衆生則非衆生須菩提如
來是真語者實語者如語者不誑語者不異
語者須菩提如來所得法此法无實无虛須
菩提若菩薩心住於法而行布施如人入闇
則无所見若菩薩心不住法而行布施如人有
目日光明照見種種色須菩提當來之世若有
善男子善女人能於此經受持讀誦則為如來
以佛智慧悉知是人悉見是人皆得成就无量

BD05122號　金剛般若波羅蜜經

（13–6）

語者須菩提如來所得法此法无實无虛須
菩提若菩薩心住於法而行布施如人入闇
則无所見若菩薩心不住法而行布施如人有
目日光明照見種種色須菩提當來之世若有
善男子善女人能於此經受持讀誦則為如來
以佛智慧悉知是人悉見是人皆得成就无量
无邊功德
須菩提若有善男子善女人初日分以恒河沙
等身布施中日分復以恒河沙等身布施後日
分亦以恒河沙等身布施如是无量百千萬億劫
以身布施若復有人聞此經典信心不逆其福
勝彼何況書寫受持讀誦為人解說須菩提
以要言之是經有不可思議不可稱量无邊功
得如來為發大乘者說為發最上乘者說若有人
能受持讀誦廣為人說如來悉知是人悉見是人
皆得成就不可量不可稱无有邊不可思議功德
如是人等則為荷擔如來阿耨多羅三藐三菩提
何以故須菩提若樂小法者著我見人見衆生見
壽者見則於此經不能聽受讀誦為人解說須
菩提在在處處若有此經一切世間天人阿修羅
所應供養當知此處則為是塔皆應恭敬作礼
圍繞以諸華香而散其處
復次須菩提善男子善女人受持讀誦此經若為
人輕賤是人先世罪業應墮惡道以今世人輕賤
故先世罪業則為消滅當得阿耨多羅三藐三菩
提須菩提我念過去无量阿僧祇劫於然燈佛
前得值八百四千萬億那由他諸佛悉皆供養

BD05122號　金剛般若波羅蜜經

（13–7）

復次須菩提善男子善女人受持讀誦此經若為
人輕賤是人先世罪業應墮惡道以今世人輕賤
故先世罪業則為消滅當得阿耨多羅三藐三菩
提須菩提我念過去无量阿僧祇劫於然燈佛
前得值八百四千萬億那由他諸佛悉皆供養
承事无空過者若復有人於後末世能受持讀
誦此經所得功德於我所供養諸佛功德百分不
及一千萬億分乃至筭數譬喻所不能及須菩
提若善男子善女人於後末世有受持讀誦此經
所得功德我若具說者或有人聞心則狂亂狐疑
不信須菩提當知是經義不可思議果報亦不
可思議
尒時須菩提白佛言世尊善男子善女人發阿耨
多羅三藐三菩提心云何應住云何降伏其心
佛告須菩提善男子善女人發阿耨多羅三藐
三菩提者當生如是心我應滅度一切衆生滅
度一切衆生已而无有一衆生實滅度者何以故若
菩薩有我相人相衆生相壽者相則非菩薩所以者
何實无有法發阿耨多羅三藐三菩提者須菩提於
意云何如来於然燈佛所有法得阿耨多羅三藐
三菩提不不也世尊如我解佛所說義佛於然
燈佛所无有法得阿耨多羅三藐三菩提佛言如
是如是須菩提實无有法如来得阿耨多羅三藐
三菩提須菩提若有法如来得阿耨多羅三藐三
菩提者然燈佛則不與我受記汝於来世當
得作佛号釋迦牟尼以實无有法得阿耨多羅

BD05122號　金剛般若波羅蜜經　（13–8）

燈佛所无有法得阿耨多羅三藐三菩提佛言如
是如是須菩提實无有法如来得阿耨多羅三藐
三菩提須菩提若有法如来得阿耨多羅三藐三
菩提者然燈佛則不與我受記汝於来世當
得作佛号釋迦牟尼以實无有法得阿耨多羅
三藐三菩提是故然燈佛與我受記作是言汝於
来世當得作佛号釋迦牟尼何以故如来者即諸
法如義若有人言如来得阿耨多羅三藐三菩提
須菩提實无有法佛得阿耨多羅三藐三菩提須
菩提如来所得阿耨多羅三藐三菩提於是中无實
无虛是故如来說一切法皆是佛法須菩提所言一
切法者即非一切法是故名一切法須菩提譬如人身
長大須菩提言世尊如来說人身長大則為非大
身是名大身須菩提菩薩亦如是若作是言我當
滅度无量衆生則不名菩薩何以故須菩提實无
有法名為菩薩是故佛說一切法无我无人无衆生
无壽者須菩提若菩薩作是言我當莊嚴佛土
是不名菩薩何以故如来說莊嚴佛土者即非
莊嚴是名莊嚴須菩提若菩薩通達无我法者
如来說名真是菩薩
須菩提於意云何如来有肉眼不如是世尊如
来有肉眼須菩提於意云何如来有天眼不如是
世尊如来有天眼須菩提於意云何如来有慧
眼不如是世尊如来有慧眼須菩提於意云何
如来有法眼不如是世尊如来有法眼須菩提於意
云何如来有佛眼不如是世尊如来有佛眼須菩提

BD05122號　金剛般若波羅蜜經　（13–9）

須菩提於意云何如来有肉眼不如是世尊如
来有肉眼須菩提於意云何如来有天眼不如是
世尊如来有天眼須菩提於意云何如来有慧
眼不如是世尊如来有慧眼須菩提於意云何
如来有法眼不如是世尊如来有法眼須菩提於意
云何如来有佛眼不如是世尊如来有佛眼須菩提
於意云何恒河中所有沙佛說是沙不如是世尊如
来說是沙須菩提於意云何如一恒河中所有沙
有如是等恒河是諸恒河所有沙數佛世界如是
寧為多不甚多世尊佛告須菩提尒所國土中
所有衆生若干種心如来悉知何以故如来說
諸心皆為非心是名為心所以者何須菩提過去心
不可得現在心不可得未来心不可得須菩提於
意云何若有人滿三千大千世界七寶以用布施是人
以是因緣得福多不如是世尊此人以是因緣得福
甚多須菩提若福德有實如来不說得福德多以
福德无故如来說得福德多
須菩提於意云何佛可以具足色身見不不也世
尊如来不應以具足色身見何以故如来說具足
色身即非具足色身是名具足色身須菩提於
意云何如来可以具足諸相見不不也世尊如来
應以具足諸相見何以故如来說諸相具足即非具
足是名諸相具足須菩提汝勿謂如来作是念我當
有所說法莫作是念何以故若人言如来有所說法
即為謗佛不能解我所說故須菩提說法者无法
可說是名說法須菩提白佛言世尊佛得阿耨多羅
三藐三菩提為无所得耶如是如是須菩提我於阿

BD05122號　金剛般若波羅蜜經

（13–10）

足是名諸相具足須菩提汝勿謂如来作是念我當
有所說法莫作是念何以故若人言如来有所說法
即為謗佛不能解我所說故須菩提說法者无法
可說是名說法須菩提白佛言世尊佛得阿耨多羅
三藐三菩提為无所得耶如是如是須菩提我於阿
耨多羅三藐三菩提乃至无有少法可得是名阿
耨多羅三藐三菩提復次須菩提是法平等无有
高下是名阿耨多羅三藐三菩提以无我无人无衆
生无壽者脩一切善法則得阿耨多羅三藐三菩提
須菩提所言善法者如来說非善法是名善法須
菩提若三千大千世界中所有諸須弥山王如是等
七寶聚有人持用布施若人以此般若波羅蜜經
乃至四句偈等受持讀誦為他人說於前福德百
分不及一百千万億分乃至筭數譬喻所不能及
須菩提於意云何汝等勿謂如来作是念我當度
衆生須菩提莫作是念何以故實无有衆生如来
度者若有衆生如来度者如来則有我人衆生
壽者須菩提如来說有我者則非有我而凡夫之
人以為有我須菩提凡夫者如来說則非凡夫須
菩提於意云何可以三十二相觀如来不須菩提言
如是如是以三十二相觀如来佛言須菩提若以三
十二相觀如来者轉輪聖王則是如来須菩提白佛
言世尊如我解佛所說義不應以三十二相觀如
尒時世尊而說偈言
若以色見我　以音聲求我　是人行邪道　不能見如来
須菩提汝若作是念如来不以具足相故得阿耨

BD05122號　金剛般若波羅蜜經

（13–11）

十二相觀如來者轉輪聖王則是如來須菩提白佛
言世尊如我解佛所說義不應以三十二相觀如
尒時世尊而說偈言
若以色見我　以音聲求我　是人行邪道　不能見如來
須菩提汝若作是念如來不以具足相故得阿耨
多羅三藐三菩提須菩提莫作是念如來不以
具足相故得阿耨多羅三藐三菩提須菩提汝
若作是念發阿耨多羅三藐三菩提者說諸法斷
滅相莫作是念何以故發阿耨多羅三藐三菩提
者於法不說斷滅相須菩提若菩薩以滿恒河沙
等世界七寶布施若復有人知一切法无我得成
於忍此菩薩勝前菩薩所得功德須菩提以諸
菩薩不受福德故須菩提白佛言世尊云何
菩薩不受福德須菩提菩薩所作福德不應
貪着是故說不受福德須菩提若有人言如來若
來若去若坐若卧是人不解我所義何以故如來者
无所從來亦无所去故名如來
須菩提若善男子善女人以三千大千世界碎為微
塵於意云何是微塵衆寧為多不甚多世尊何
以故若是微塵衆實有者佛則不說是微塵衆
所以者何佛說微塵衆則非微塵衆是名微塵衆
世尊如來所說三千大千世界則非世界是名世界
何以故若世界實有者則是一合相如來說一合
相則非一合相是名一合相須菩提一合相者則是
不可說但凡夫之人貪著其事須菩提若人言佛

BD05122 號　金剛般若波羅蜜經　（13–12）

所以者何佛說微塵衆則非微塵衆是名微塵衆
世尊如來所說三千大千世界則非世界是名世界
何以故若世界實有者則是一合相如來說一合
相則非一合相是名一合相須菩提一合相者則是
不可說但凡夫之人貪著其事須菩提若人言佛
說我見人見衆生見壽者見須菩提於意云何是
人解我所說義不世尊是人不解如來所說義
何以故世尊說我見人見衆生見壽者見即非
我見人見衆生見壽者見是名我見人見衆生
見壽者見須菩提發阿耨多羅三藐三菩提心者
於一切法應如是知如是見如是信解不生法相須
菩提所言法相者如來說即非法相是名法相須菩
若有人以滿无量阿僧祇世界七寶持用布施若
有善男子善女人發菩薩心者持於此經乃至四
句偈等受持讀誦為人演說其福勝彼云何為
人演說不取於相如如不動何以故
一切有為法　如夢幻泡影　如露亦如電　應作如是觀
佛說是經已長老須菩提及諸比丘比丘尼優婆塞
優婆夷一切世間天人阿脩羅聞佛所說皆大
歡喜信受奉行
金剛般若波羅蜜經

BD05122 號　金剛般若波羅蜜經　（13–13）

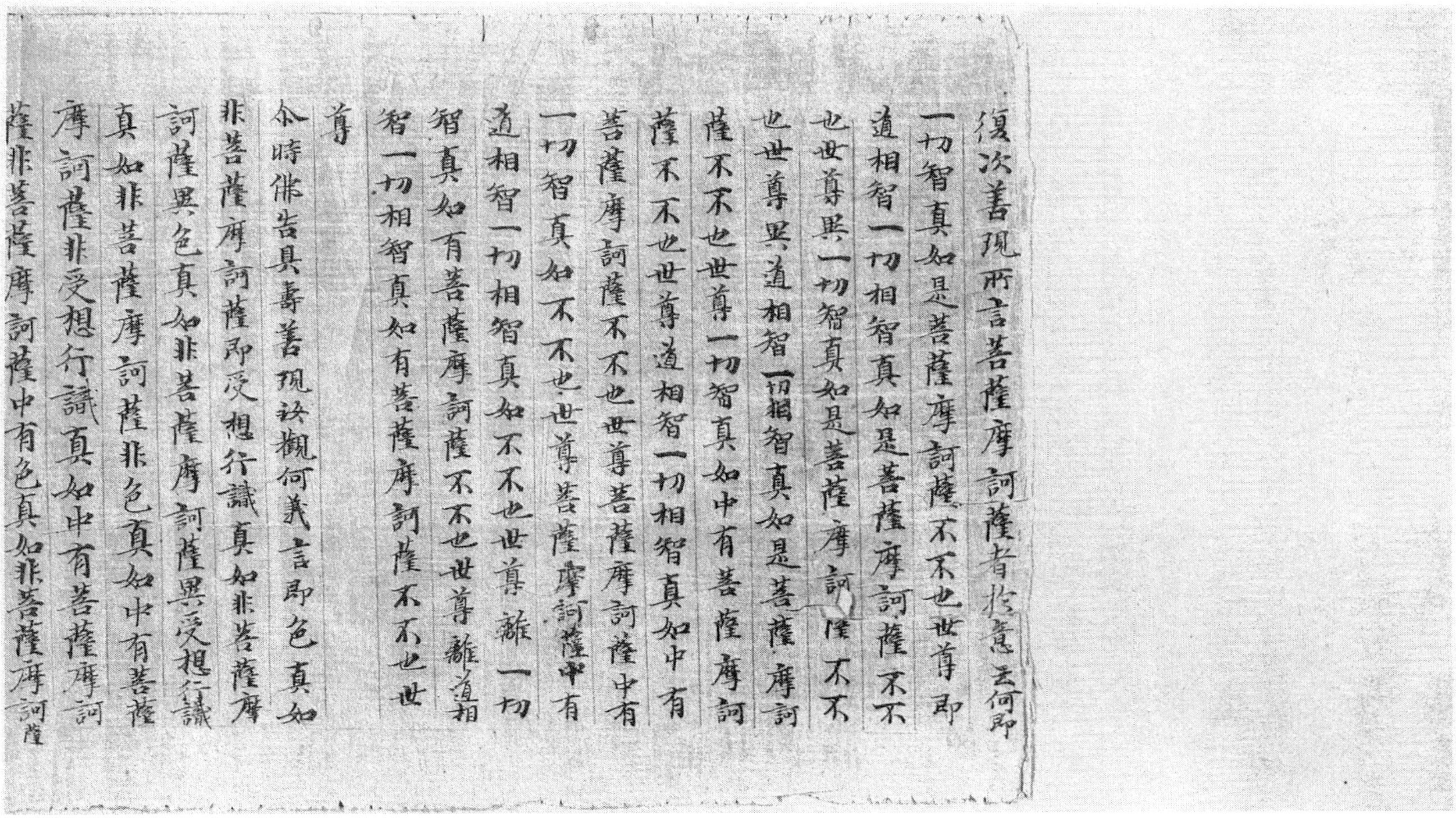

復次善現所言菩薩摩訶薩者於意云何即
一切智真如是菩薩摩訶薩不不也世尊即
道相智一切相智真如是菩薩摩訶薩不不
也世尊異一切智真如是菩薩摩訶薩不不
也世尊異道相智一切相智真如是菩薩摩訶
薩不不也世尊一切智真如中有菩薩摩訶
薩不不也世尊道相智一切相智真如中有
菩薩摩訶薩不不也世尊菩薩摩訶薩中有
一切智真如不不也世尊菩薩摩訶薩中有
道相智一切相智真如不不也世尊離一切
智真如有菩薩摩訶薩不不也世尊離道相
智一切相智真如有菩薩摩訶薩不不也世
尊
尒時佛告具壽善現汝觀何義言即色真如
非菩薩摩訶薩即受想行識真如非菩薩摩
訶薩異色真如非菩薩摩訶薩異受想行識
真如非菩薩摩訶薩非色真如中有菩薩
摩訶薩非受想行識真如中有菩薩摩訶
薩非菩薩摩訶薩中有色真如非菩薩摩訶薩

BD05123 號　大般若波羅蜜多經卷一六　（3–1）

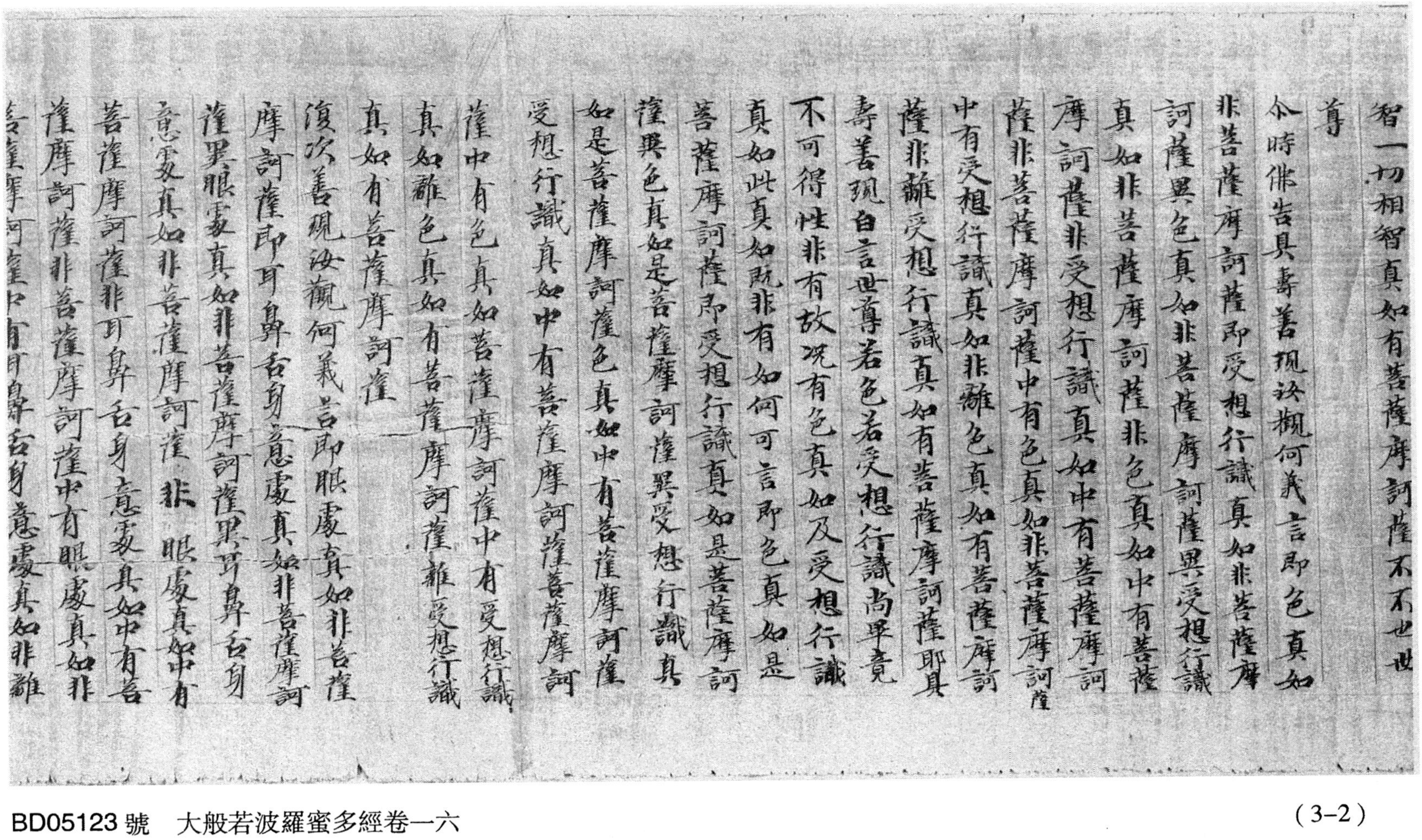

智一切相智真如有菩薩摩訶薩不不也世
尊
尒時佛告具壽善現汝觀何義言即色真如
非菩薩摩訶薩即受想行識真如非菩薩摩
訶薩異色真如非菩薩摩訶薩異受想行識
真如非菩薩摩訶薩非色真如中有菩薩
摩訶薩非受想行識真如中有菩薩摩訶
薩非菩薩摩訶薩中有色真如非菩薩摩訶薩
中有受想行識真如非離色真如有菩薩摩訶
薩非離受想行識真如有菩薩摩訶薩耶具
壽善現白言世尊若色若受想行識尚畢竟
不可得性非有故況有色真如及受想行識
真如此真如既非有如何可言即色真如是
菩薩摩訶薩即受想行識真如是菩薩摩訶
薩異色真如是菩薩摩訶薩異受想行識真
如是菩薩摩訶薩色真如中有菩薩摩訶薩
受想行識真如中有菩薩摩訶薩菩薩摩訶
薩中有色真如菩薩摩訶薩中有受想行識
真如離色真如有菩薩摩訶薩離受想行識
真如有菩薩摩訶薩
復次善現汝觀何義言即眼處真如非菩薩
摩訶薩即耳鼻舌身意處真如非菩薩摩訶
薩異眼處真如非菩薩摩訶薩異耳鼻舌身
意處真如非菩薩摩訶薩非眼處真如中有
菩薩摩訶薩非耳鼻舌身意處真如中有菩
薩摩訶薩非菩薩摩訶薩中有眼處真如非
菩薩摩訶薩中有耳鼻舌身意處真如非離

BD05123 號　大般若波羅蜜多經卷一六　（3–2）

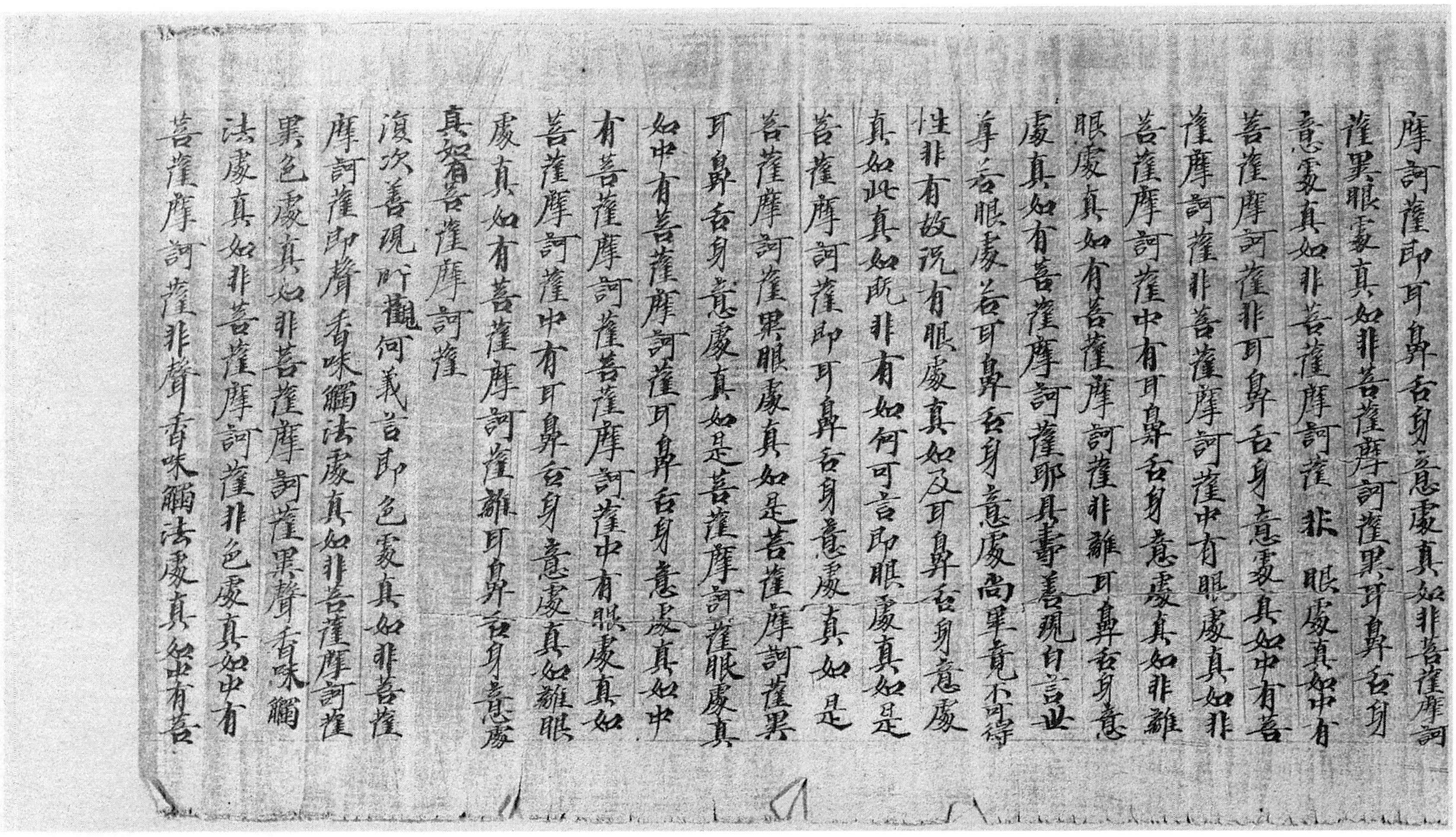

摩訶薩即耳鼻舌身意處真如非菩薩摩訶
薩異眼處真如非菩薩摩訶薩異耳鼻舌身
意處真如非菩薩摩訶薩非眼處真如中有
菩薩摩訶薩非耳鼻舌身意處真如中有菩
薩摩訶薩非菩薩摩訶薩中有眼處真如非
菩薩摩訶薩中有耳鼻舌身意處真如非離
眼處真如有菩薩摩訶薩非離耳鼻舌身意
處真如有菩薩摩訶薩耶具壽善現白言世
尊若眼處若耳鼻舌身意處尚畢竟不可得
性非有故況有眼處真如及耳鼻舌身意處
真如此真如既非有如何可言即眼處真如是
菩薩摩訶薩即耳鼻舌身意處真如是
菩薩摩訶薩異眼處真如是菩薩摩訶薩異
耳鼻舌身意處真如是菩薩摩訶薩眼處真
如中有菩薩摩訶薩耳鼻舌身意處真如中
有菩薩摩訶薩菩薩摩訶薩中有眼處真如
菩薩摩訶薩中有耳鼻舌身意處真如離眼
處真如有菩薩摩訶薩離耳鼻舌身意處
真如有菩薩摩訶薩
復次善現所觀何義言即色處真如非菩薩
摩訶薩即聲香味觸法處真如非菩薩摩訶薩
異色處真如非菩薩摩訶薩異聲香味觸
法處真如非菩薩摩訶薩非色處真如中有
菩薩摩訶薩非聲香味觸法處真如中有菩

BD05123號　大般若波羅蜜多經卷一六　（3–3）

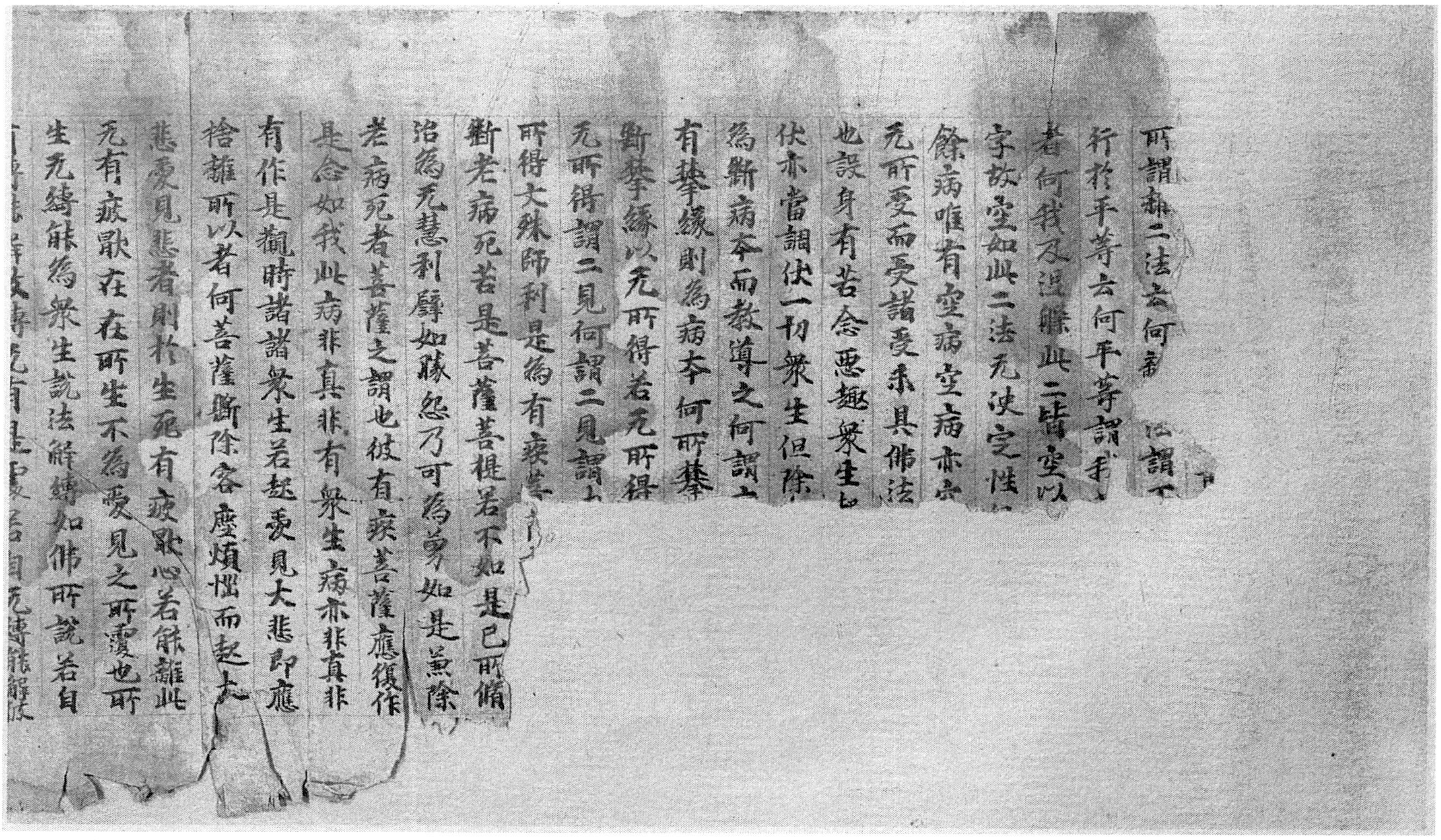

所謂離二法云何離[illegible]謂
行於平等云何平等謂我[illegible]
者何我及涅槃此二皆空以
字故空如此二法无決定性[illegible]
餘病唯有空病空病亦空[illegible]
无所受而受諸受未具佛法
也設身有苦念惡趣衆生起[illegible]
伏亦當調伏一切衆生但除
為斷病本而教導之何謂病[illegible]
有攀緣則為病本何所攀[illegible]
斷攀緣以无所得若无所得
无所得謂二見何謂二見謂[illegible]
所得文殊師利是為有疾菩[illegible]
斷老病死苦是菩薩菩提若不如是已所脩
治為无慧利譬如勝怨乃可為勇如是兼除
老病死者菩薩之謂也彼有疾菩薩應復作
是念如我此病非真非有衆生病亦非真非
有作是觀時諸衆生若起愛見大悲即應
捨離所以者何菩薩斷除客塵煩惱而起大
悲愛見悲者則於生死有疲厭心若能離此
无有疲厭在在所生不為愛見之所覆也所
生无縛能為衆生說法解縛如佛所說若自
[illegible]自无縛能解彼

BD05124號　維摩詰所說經卷中　（25–1）

是念如我此病非真非有眾生病亦非真非有
有作是觀時諸眾生若起愛見大悲即應
捨離所以者何菩薩斷除客塵煩惱而起大
悲愛見悲者則於生死有疲厭心若能離此
无有疲厭在在所生不為愛見之所覆也所
生无縛能為眾生說法解縛如佛所說若自
有縛能解彼縛无有是處若自无縛能解彼
縛斯有是處是故菩薩不應起縛何謂縛何
謂解貪著禪味是菩薩縛以方便生是菩薩
解又无方便慧縛有方便慧解无慧方便縛
有慧方便解何謂无方便慧縛謂菩薩以愛
見心莊嚴佛土成就眾生於空无相无作法
中而自調伏是名无方便慧縛何謂有方便
慧解謂不以愛見心莊嚴佛土成就眾生於
空无相无作法中以自調伏而不疲厭是名
有方便慧解何謂无慧方便縛謂菩薩住貪
欲瞋恚邪見等諸煩惱而殖眾德本是名无
慧方便縛何謂有慧方便解謂離諸貪欲瞋
恚邪見等諸煩惱而殖眾德本迴向阿耨多
羅三藐三菩提是名有慧方便解文殊師利
彼有疾菩薩應如是觀諸法又復觀身无常
苦空非我是名為慧雖身有疾常在生死饒
益一切而不厭惓是名方便又復觀身身不
離病病不離身是病是身非新非故是名為
慧設身有疾而不永滅是名方便文殊師利
有疾菩薩應如是調伏其心不住其中亦復
不住不調伏心所以者何若住不調伏心是
愚人法若住調伏心是聲聞法是故菩薩不

BD05124號　維摩詰所說經卷中　（25–2）

益一切而不厭惓是名方便又復觀身身不
離病病不離身是病是身非新非故是名為
慧設身有疾而不永滅是名方便文殊師利
有疾菩薩應如是調伏其心不住其中亦復
不住不調伏心所以者何若住不調伏心是
愚人法若住調伏心是聲聞法是故菩薩不
當住於調伏不調伏心離此二法是菩薩行
在於生死不為汙行住於涅槃不永滅度是
菩薩行非凡夫行非賢聖行是菩薩行非垢
行非淨行是菩薩行雖過魔行而現降眾魔
是菩薩行求一切智无非時求是菩薩行雖
觀諸法不生而不入正位是菩薩行雖觀十
二緣起而入諸邪見是菩薩行雖攝一切眾
生而不愛著是菩薩行雖樂遠離而不依身
心盡是菩薩行雖行三界而不壞法性是菩
薩行雖行於空而殖眾德本是菩薩行雖行
无相而度眾生是菩薩行雖行无作而現受
身是菩薩行雖行无起而起諸善法是菩薩
行雖行六波羅蜜而遍知眾生心心數法是
菩薩行雖行六通而不盡漏是菩薩行雖
行四无量心而不貪著生於梵世是菩薩行雖
行禪定解脫三昧而不隨禪生是菩薩行雖
行四念處而不永離身受心法是菩薩行雖
行四正勤而不捨身心精進是菩薩行雖行
四如意足而得自在神通是菩薩行雖行五
根而分別眾生諸根利鈍是菩薩行雖行五
力而樂求佛十力是菩薩行雖行七覺分而
分別佛之智慧是菩薩行雖行八正道而樂

BD05124號　維摩詰所說經卷中　（25–3）

行四念處而不永離身受心法是菩薩行雖
行四正勤而不捨身心精進是菩薩行雖行
四如意足而得自在神通是菩薩行雖行五
根而分別衆生諸根利鈍是菩薩行雖行五
力而樂求佛十力是菩薩行雖行七覺分而
分別佛之智慧是菩薩行雖行八正道而樂
行无量佛道是菩薩行雖行止觀助道之法
而不畢竟墮於寂滅是菩薩行雖行諸法不
生不滅而以相好莊嚴其身是菩薩行雖現
聲聞辟支佛威儀而不捨佛法是菩薩行雖
隨諸法究竟淨相而隨所應為現其身是菩
薩行雖觀諸佛國土永寂如空而現種種清
淨佛土是菩薩行雖得佛道轉于法輪入於
涅槃而不捨於菩薩之道是菩薩行說是語
時文殊師利所將大衆其中八千天子皆發
阿耨多羅三藐三菩提心

不思議品第六

尒時舍利弗見此室中无有牀坐作是念斯
諸菩薩大弟子衆當於何坐長者維摩詰知
其意語舍利弗言云何仁者為法來耶求牀
坐耶舍利弗言我為法來非為牀坐維摩詰
言唯舍利弗夫求法者不貪軀命何況牀坐
夫求法者非有色受想行識之求非有界入
之求非有欲色无色之求唯舍利弗夫求法
者不著佛求不著法求不著衆求夫求法者
无見苦求无斷集求无造盡證修道之求所
以者何法无戲論若言我當見苦斷集滅證修
道是則戲論非求法也唯舍利弗法名寂滅

BD05124號　維摩詰所說經卷中　（25–4）

夫求法者非有色受想行識之求非有界入
之求非有欲色无色之求唯舍利弗夫求法
者不著佛求不著法求不著衆求夫求法者
无見苦求无斷集求无造盡證修道之求所
以者何法无戲論若言我當見苦斷集滅證修
道是則戲論非求法也唯舍利弗法名寂滅
若行生滅是求生滅非求法也法名无染
若染於法乃至涅槃是則染著非求法也法
无行處若行於法是則行處非求法也法无
取捨若取捨法是則取捨非求法也法无處
所若著處所是則著處非求法也法名无相
若隨相識是則求相非求法也法不可住若
住於法是則住法非求法也法不可見聞覺
知若行見聞覺知是則見聞覺知非求法也法
名无為若行有為是求有為非求法也是
故舍利弗若求法者於一切法應无所求說
是語時五百天子於諸法中得法眼淨
尒時長者維摩詰問文殊師利仁者遊於无
量千萬億阿僧祇國何等佛土有好上妙功
德成就師子之座文殊師利言居士東方度
三十六恒河沙國有世界名須弥相其佛号
須弥燈王今現在彼佛身長八萬四千由旬
其師子座高八萬四千由旬嚴飾第一於是
長者維摩詰現神通力即時彼佛遣三萬二
千師子座高廣嚴淨來入維摩詰室諸菩薩
大弟子釋梵四天王等昔所未見其室廣博
悉皆包容三萬二千師子座无所妨礙於毗耶

BD05124號　維摩詰所說經卷中　（25–5）

須彌燈王今現在彼佛身長八萬四千由旬
其師子座高八萬四千由旬嚴飾第一於是
長者維摩詰現神通力即時彼佛遣三萬二
千師子座高廣嚴淨來入維摩詰室諸菩薩
大弟子釋梵四天王等昔所未見其室廣博
悉包容三萬二千師子座无所妨礙於毗耶
離城及閻浮提四天下亦不迫迮悉見如故
尒時維摩詰語文殊師利就師子座與諸菩
薩上人俱坐當自立身如彼坐像其得神通
菩薩即自變形爲四萬二千由旬坐師子座
諸新發意菩薩及大弟子皆不能昇尒時維
摩詰語舍利弗就師子座舍利弗言居士此
座高廣吾不能昇維摩詰言唯舍利弗爲須
彌燈王如來作礼乃可得坐於是新發意菩
薩及大弟子即爲須彌燈王如來作礼便得
坐師子座舍利弗言居士未曾有也如是小
室乃容受此高廣之座於毗耶離城无所妨
礙又於閻浮提聚落城邑及四天下諸天龍
王鬼神宮殿亦不迫迮維摩詰言唯舍利弗
諸佛菩薩有解脫名不可思議若菩薩住是
解脫者以須彌之高廣內芥子中无所增減
須彌山王本相如故而四天王忉利諸天不覺
不知己之所入唯應度者乃見須彌入芥
子中是名不可思議解脫法門又以四大海
水入一毛孔不嬈魚鼈黿鼉水性之屬而彼
大海本相如故諸龍鬼神阿脩羅等不覺不
知己之所入於此衆生亦无所嬈又舍利弗
住不可思議解脫菩薩斷取三千大千世界

不知己之所入唯應度者乃見須彌入芥
子中是名不可思議解脫法門又以四大海
水入一毛孔不嬈魚鼈黿鼉水性之屬而彼
大海本相如故諸龍鬼神阿脩羅等不覺不
知己之所入於此衆生亦无所嬈又舍利弗
住不可思議解脫菩薩斷取三千大千世界
如陶家輪著右掌中擲過恒河沙世界之外
其中衆生不覺不知己之所往又復還置本
處都不使人有往來想而此世界本相如故
又舍利弗或有衆生樂久住世而可度者菩
薩即演七日以爲一劫令彼衆生謂之一劫或
有衆生不樂久住而可度者菩薩即促一
劫以爲七日令彼衆生謂之七日又舍利弗
住不可思議解脫菩薩以一切佛土嚴飾之
事集在一國示於衆生又菩薩以一佛土衆
生置之右掌飛到十方遍示一切而不動本
處又舍利弗十方衆生供養諸佛之具菩薩
於一毛孔皆令得見又十方國土所有日月
星宿於一毛孔普使見之又舍利弗十方世界
所有諸風菩薩悉能吸著口中而身无損外
諸樹木亦不摧折又十方世界劫盡燒時以一
切火內於腹中火事如故而不爲害又於下
方過恒河沙等諸佛世界取一佛土舉著
上方過恒河沙无數世界如持針鋒舉一棗
葉而无所嬈又舍利弗住不可思議解脫菩
薩能以神通現作佛身或現辟支佛身或
現聲聞身或現帝釋身或現梵王身或現世
主身或現轉輪王身又十方世界所有衆聲

方過恒河沙等諸佛世界取一佛土舉着
上方過恒河沙无數世界如持針鋒舉一棗
葉而无所嬈又舍利弗住不可思議解脫菩
薩能以神通現作佛身或現辟支佛身或
現聲聞身或現帝釋身或現梵王身或現世
主身或現轉輪王身又十方世界所有衆聲
上中下音皆能變之令作佛聲演出无常苦
空无我之音及十方諸佛所說種種之法皆
於其中普令得聞舍利弗我今略說菩薩不
可思議解脫之力若廣說者窮劫不盡是時
大迦葉聞說菩薩不可思議解脫法門嘆未
曾有謂舍利弗譬如有人於盲者前現衆色
像非彼所見一切聲聞聞是不可思議解脫法
門不能解了爲若此也智者聞是其誰不發
阿耨多羅三藐三菩提心我等何爲永絶其根
於此大乘已如敗種一切聲聞聞是不可思
議解脫法門皆應號泣聲震三千大千世
界一切菩薩應大欣慶頂受此法若有菩薩
信解不可思議解脫法門者一切魔衆无如
之何大迦葉說是語時三萬二千天子皆發
阿耨多羅三藐三菩提心爾時維摩詰語大
迦葉仁者十方无量阿僧祇世界中作魔王
者多是住不可思議解脫菩薩以方便力教
化衆生現作魔王又迦葉十方无量菩薩或
有人從乞手足耳鼻頭目髓腦血肉皮骨聚
落城邑妻子奴婢象馬車乘金銀琉璃車
渠馬瑙珊瑚虎珀真珠珂貝衣服飲食如此乞

BD05124號　維摩詰所說經卷中　（25–8）

者多是住不可思議解脫菩薩以方便力教
化衆生現作魔王又迦葉十方无量菩薩或
有人從乞手足耳鼻頭目髓腦血肉皮骨聚
落城邑妻子奴婢象馬車乘金銀琉璃車
渠馬瑙珊瑚虎珀真珠珂貝衣服飲食如此乞
者多是住不可思議解脫菩薩以方便力而
往試之令其堅固所以者何住不可思議解
脫菩薩有威德力故行逼迫示諸衆生如是
難事凡夫下劣无有力勢不能如是逼迫菩
薩譬如龍象蹴踏非驢所堪是名住不可思
議解脫菩薩智慧方便之門

觀衆生品第七

爾時文殊師利問維摩詰言菩薩云何觀於
衆生維摩詰言譬如幻師見所幻人菩薩觀
衆生爲若此如智者見水中月如鏡中見其
面像如熱時焰如呼聲響如空中雲如水聚
沫如水上泡如芭蕉堅如電久住如第五大
如第六陰如第七情如十三入如十九界菩
薩觀衆生爲若此如无色界色如燋穀芽如
須陀洹身見如阿那含入胎如阿羅漢三毒
如得忍菩薩貪恚毀禁如佛煩惱習如盲者
見色如入滅盡定出入息如空中鳥跡如石女
兒如化人煩惱如夢所見已寤如滅度者
受身如无烟之火菩薩觀衆生爲若此
文殊師利言若菩薩作是觀者云何行慈維
摩詰言菩薩作是觀已自念我當爲衆生說
如斯法是則真實慈也行寂滅慈无所生故

BD05124號　維摩詰所說經卷中　（25–9）

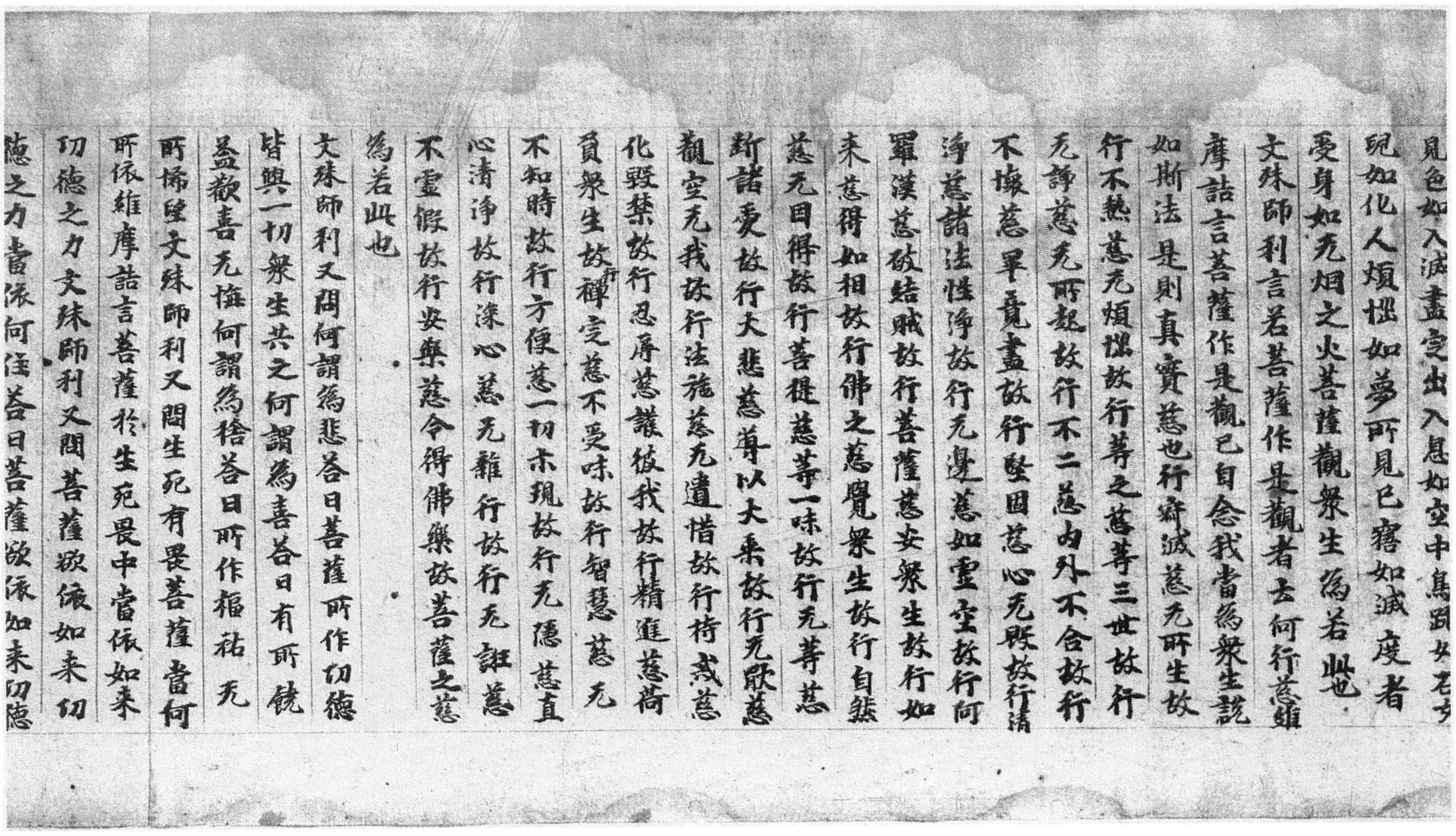

見色如入滅盡定出入息如空中鳥跡如石女
兒如化人煩惱如夢所見已寤如滅度者
受身如无烟之火菩薩觀眾生為若此也
文殊師利言若菩薩作是觀者云何行慈維
摩詰言菩薩作是觀已自念我當為眾生說
如斯法是則真實慈也行寂滅慈无所生故
行不熱慈无煩惱故行等之慈等三世故行
无諍慈无所起故行不二慈內外不合故行
不壞慈畢竟盡故行堅固慈心无毀故行清
淨慈諸法性淨故行无邊慈如虛空故行阿
羅漢慈破結賊故行菩薩慈安眾生故行如
來慈得如相故行佛之慈覺眾生故行自然
慈无因得故行菩提慈等一味故行无等慈
斷諸愛故行大悲慈導以大乘故行无厭慈
觀空无我故行法施慈无遺惜故行持戒慈
化毀禁故行忍辱慈護彼我故行精進慈荷
負眾生故行禪定慈不受味故行智慧慈无
不知時故行方便慈一切示現故行无隱慈直
心清淨故行深心慈无雜行故行无誑慈
不虛假故行安樂慈令得佛樂故菩薩之慈
為若此也
文殊師利又問何謂為悲答曰菩薩所作功德
皆與一切眾生共之何謂為喜答曰有所饒
益歡喜无悔何謂為捨答曰所作福祐无
所悕望文殊師利又問生死有畏菩薩當何
所依維摩詰言菩薩於生死畏中當依如來
功德之力文殊師利又問菩薩欲依如來功
德之力當依何住答曰菩薩欲依如來功德

BD05124 號　維摩詰所說經卷中　（25–10）

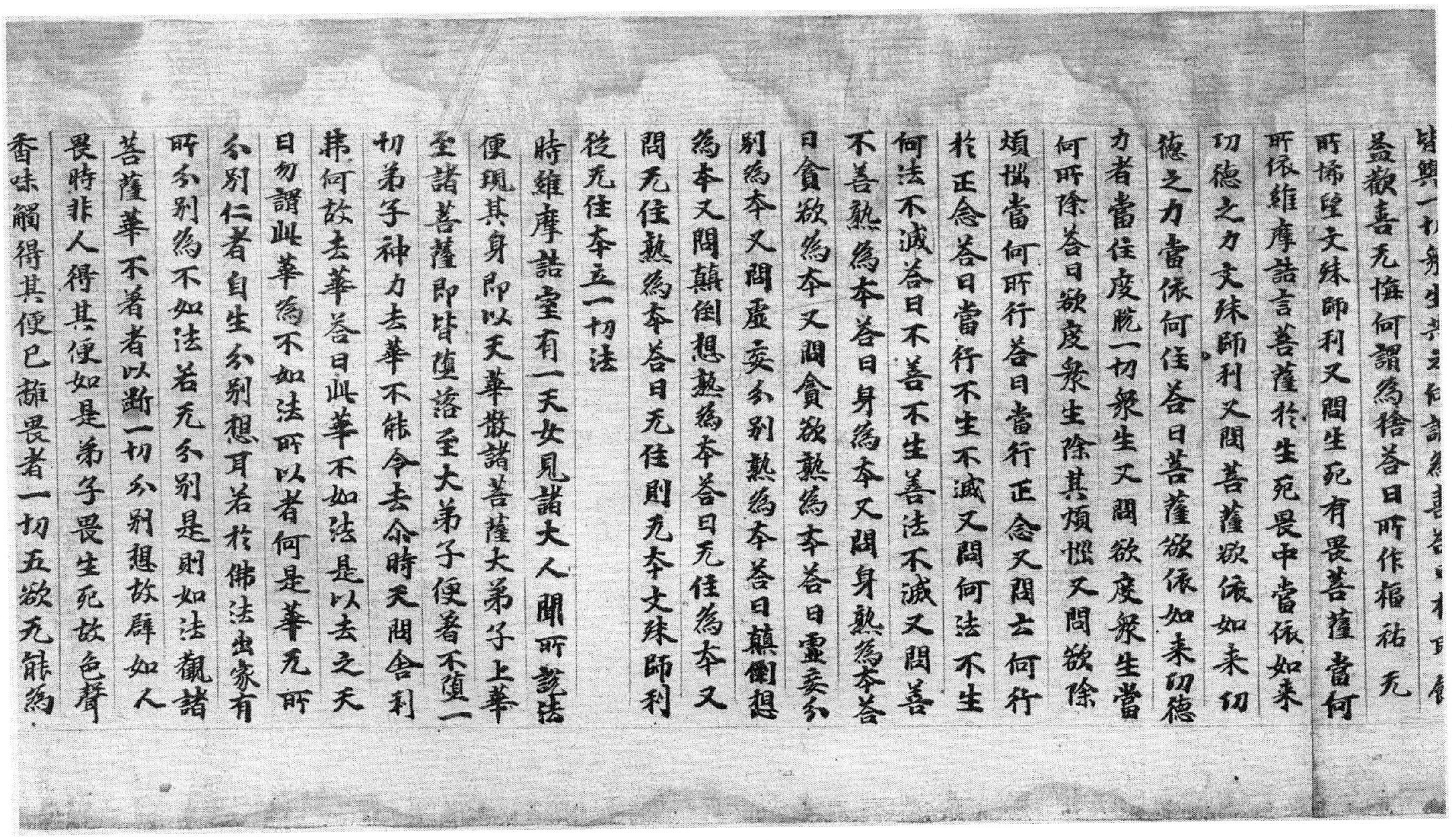

皆與一切眾生共之何謂為喜答曰有所饒
益歡喜无悔何謂為捨答曰所作福祐无
所悕望文殊師利又問生死有畏菩薩當何
所依維摩詰言菩薩於生死畏中當依如來
功德之力文殊師利又問菩薩欲依如來功
德之力當依何住答曰菩薩欲依如來功德
力者當住度脫一切眾生又問欲度眾生當
何所除答曰欲度眾生除其煩惱又問欲除
煩惱當何所行答曰當行正念又問云何行
於正念答曰當行不生不滅又問何法不生
何法不滅答曰不善不生善法不滅又問善
不善孰為本答曰身為本又問身孰為本答
曰貪欲為本又問貪欲孰為本答曰虛妄分
別為本又問虛妄分別孰為本答曰顛倒想
為本又問顛倒想孰為本答曰无住為本又
問无住孰為本答曰无住則无本文殊師利
從无住本立一切法
時維摩詰室有一天女見諸大人聞所說法
便現其身即以天華散諸菩薩大弟子上華
至諸菩薩即皆墮落至大弟子便著不墮一
切弟子神力去華不能令去尒時天問舍利
弗何故去華答曰此華不如法是以去之天
曰勿謂此華為不如法所以者何是華无所
分別仁者自生分別想耳若於佛法出家有
所分別為不如法若无所分別是則如法觀諸
菩薩華不著者以斷一切分別想故譬如人
畏時非人得其便如是弟子畏生死故色聲
香味觸得其便已離畏者一切五欲无能為

BD05124 號　維摩詰所說經卷中　（25–11）

弗何故去華荅曰此華不如法是以去之天
曰勿謂此華為不如法所以者何是華无所
分別仁者自生分別想耳若於佛法出家有
所分別為不如法若无分別是則如法觀諸
菩薩華不著者以斷一切分別想故譬如人
畏時非人得其便如是弟子畏生死故色聲
香味觸得其便已離畏者一切五欲无能為
也結習未盡華著身耳結習盡者華不著也
舍利弗言天止此室其已久如荅曰我止此
室如耆年解脫舍利弗言止此久也天曰耆
年解脫亦何如久舍利弗嘿然不荅天曰如
何耆舊大智如嘿荅曰解脫者无所言說故
吾於是不知所云天曰言說文字皆解脫相
所以者何解脫者不內不外不在兩間文字
亦不內不外不在兩間是故舍利弗无離文
字說解脫也所以者何一切諸法是解脫相
舍利弗言不復以離婬怒癡為解脫乎天曰
佛為增上慢人說離婬怒癡為解脫耳若无
增上慢者佛說婬怒癡性即是解脫舍利弗言
善哉善哉天女汝何所得以何為證辯乃
如是天曰我无得无證故辯如是所以者何
若有得有證者則於佛法為增上慢
舍利弗問天汝於三乘為何志求天曰以聲
聞法化衆生故我為聲聞以因緣法化衆生
故我為辟支佛以大悲化衆生故我為大乘
舍利弗如人入瞻蔔林唯嗅瞻蔔不嗅餘香
如是若入此室但聞佛功德之香不樂聲聞
辟支佛功德香也舍利弗其有釋梵四天王諸

BD05124號　維摩詰所說經卷中

(25–12)

舍利弗問天汝於三乘為何志求天曰以聲
聞法化衆生故我為聲聞以因緣法化衆生
故我為辟支佛以大悲化衆生故我為大乘
舍利弗如人入瞻蔔林唯嗅瞻蔔不嗅餘香
如是若入此室但聞佛功德之香不樂聲聞
辟支佛功德香也舍利弗其有釋梵四天王諸
天龍鬼神等入此室者聞斯上人講說正法
皆樂佛功德之香發心而出舍利弗吾止此
室十有二年初不聞說聲聞辟支佛法但聞
菩薩大慈大悲不可思議諸佛之法舍利弗
此室常現八未曾有難得之法何等為八此
室常以金色光照晝夜无異不以日月所照
為明是為一未曾有難得之法此室入者不
為諸垢之所惱也是為二未曾有難得之法
此室常有釋梵四天王他方菩薩來會不絕
是為三未曾有難得之法此室常說六波
羅蜜不退轉法是為四未曾有難得之法此
室常作天人第一之樂絃出无量法化之聲
是為五未曾有難得之法此室有四大藏衆
寶積滿周窮濟乏求得无盡是為六未曾有
難得之法此室釋迦牟尼佛阿彌陀佛阿閦
佛寶德寶炎寶月寶嚴難勝師子響一切利
成如是等十方无量諸佛是上人念時即皆
為來廣說諸佛秘要法藏說已還去是為七
未曾有難得之法此室一切諸天嚴飾宮殿
諸佛淨土皆於中現是為八未曾有難得之
法舍利弗此室常現八未曾有難得之法誰
有見斯不思議事而復樂於聲聞法乎

BD05124號　維摩詰所說經卷中

(25–13)

佛寶德寶炎寶月寶嚴難勝師子響一切利
成如是等十方无量諸佛是上人念時即皆
為來廣說諸佛秘要法藏說已還去是為七
未曾有難得之法此室一切諸天嚴飾宮殿
諸佛淨土皆於中現是為八未曾有難得之
法舍利弗此室常現八未曾有難得之法誰
有見斯不思議事而復樂於聲聞法乎
舍利弗言汝何以不轉女身天曰我從十二
年來求女人相了不可得當何所轉譬如幻
師化作幻女若有人問何以不轉女身是人
為正問不舍利弗言不也幻无定相當何所
轉天曰一切諸法亦復如是无有定相云何
乃問不轉女身即時天女以神通力變舍利
弗令如天女天自化身如舍利弗而問言何
以不轉女身舍利弗以天女像而荅言我今
不知何轉而變為女身天曰舍利弗若能轉
此女身則一切女人亦當能轉如舍利弗非
女而現女身一切女人亦復如是雖現女身
而非女也是故佛說一切諸法非男非女即
時天女還攝神力舍利弗身還復如故天問
舍利弗女身色相今何所在舍利弗言女身
色相无在无不在天曰一切諸法亦復如是
无在无不在夫无在无不在者佛所說舍
利弗問天汝於此沒當生何所天曰佛化所生
吾如彼生曰佛化所生非沒生也天曰衆生
猶然无沒生也舍利弗問天汝久如當得阿
耨多羅三藐三菩提天曰如舍利弗還為凡
夫我乃當成阿耨多羅三藐三菩提舍利弗

无在无不在夫无在无不在者佛所說舍
利弗問天汝於此沒當生何所天曰佛化所生
吾如彼生曰佛化所生非沒生也天曰衆生
猶然无沒生也舍利弗問天汝久如當得阿
耨多羅三藐三菩提天曰如舍利弗還為凡
夫我乃當成阿耨多羅三藐三菩提舍利弗
言我作凡夫无有是處天曰我得阿耨多羅
三藐三菩提亦无是處所以者何菩提无住
處是故无有得者舍利弗言今諸佛得阿耨
多羅三藐三菩提已得當得如恒河沙皆謂
何乎天曰皆以世俗文字數故說有三世非
謂菩提有去來今天曰舍利弗汝得阿羅漢
道耶曰无所得故而得天曰諸佛菩薩亦復
如是无所得故而得尒時維摩詰語舍利弗
是天女曾已供養九十二億佛已能遊戲菩薩
神通所願具足得无生忍住不退轉以大願
故隨意能現教化衆生

佛道品第八

尒時文殊師利問維摩詰言菩薩云何通達
佛道維摩詰言若菩薩行於非道是為通達
佛道又問云何菩薩行於非道荅曰若菩薩
行五无間而无惱恚至于地獄无諸罪垢至
于畜生无有无明憍慢等過至于餓鬼而具
足功德行色无色界道不以為勝示行貪欲
離諸染著示行瞋恚於諸衆生无有恚閡示
行愚癡而以智慧調伏其心示行慳貪而捨
內外所有不惜身命示行毀禁而安住淨戒

于畜生无有无明憍慢等過至于餓鬼而具
足功德行色无色界道不以爲勝亦行貪欲
離諸染著亦行瞋恚於諸衆生无有罣閡亦
行愚癡而以智慧調伏其心亦行慳貪而捨
内外所有不惜身命亦行毀禁而安住淨戒
乃至小罪猶懷大懼亦行瞋恚而常慈忍亦
行懈怠而勤修功德亦行亂意而常念定亦
行愚癡而通達世閒出世閒慧亦行諂僞而
善方便隨諸經義亦行憍慢而於衆生猶如
橋梁亦行諸煩惱而心常清淨亦入於魔而
順佛智慧不隨他教亦入聲聞而爲衆生說
未聞法亦入辟支佛而成就大悲教化衆生
亦入貧窮而有寶手功德无盡亦入刑殘而
具諸相好以自莊嚴亦入下賤而生佛種姓
中具諸功德亦入羸劣醜陋而得那羅延身
一切衆生之所樂見亦入老病而永斷病根
超越死畏亦有資生而恒觀无常實无所貪
亦有妻妾綵女而常遠離五欲淤泥現於訥
鈍而成就辯才總持无失亦入邪濟而以正
濟度諸衆生現遍入諸道而斷其因緣現於
涅槃而不斷生死文殊師利菩薩能如是行
於非道是爲通達佛道
於是維摩詰問文殊師利何等爲如來種文
殊師利言有身爲種无明有愛爲種貪恚癡
爲種四顛倒爲種五蓋爲種六入爲種七識
處爲種八邪法爲種九惱處爲種十不善道
爲種以要言之六十二見及一切煩惱皆是

涅槃而不斷生死文殊師利菩薩能如是行
於非道是爲通達佛道
於是維摩詰問文殊師利何等爲如來種文
殊師利言有身爲種无明有愛爲種貪恚癡
爲種四顛倒爲種五蓋爲種六入爲種七識
處爲種八邪法爲種九惱處爲種十不善道
爲種以要言之六十二見及一切煩惱皆是
佛種曰何謂也荅曰若見无爲入正位者不
能復發阿耨多羅三藐三菩提心譬如高原
陸地不生蓮華卑濕淤泥乃生此華如是見
无爲法入正位者終不復能生於佛法煩惱
泥中乃有衆生起佛法耳又如植種於空終
不得生糞壤之地乃能滋茂如是入无爲正
位者不生佛法起於我見如須弥山猶能發
于阿耨多羅三藐三菩提心生佛法矣是故當
智一切煩惱爲如來種譬如不下巨海不能
得无價寶珠如是不入煩惱大海則不能得
一切智寶
尒時大迦葉歎言善哉善哉文殊師利快說
此語誠如所言塵勞之疇爲如來種我等今
者不復堪任發阿耨多羅三藐三菩提心乃
至五无閒罪猶能發意生於佛法而今我等
永不能發譬如根敗之士其於五欲不能復
利如是聲聞諸結斷者於佛法中无所復益
永不志願是故文殊師利凡夫於佛法有反
復而聲聞无也所以者何凡夫聞佛法能起
无上道心不斷三寶正使聲聞終身聞佛法
力无畏等永不能發无上道意尒時會中有

[illegible]
者不復堪任發阿耨多羅三藐三菩提心乃
至五无間罪猶能發意生於佛法而今我等
永不能發辟如根敗之士其於五欲不能復
利如是聲聞諸結斷者於佛法中无所復益
永不志願是故文殊師利凡夫於佛法有反
復而聲聞无也所以者何凡夫聞佛法能起
无上道心不斷三寶正使聲聞終身聞佛法
力无畏等永不能發无上道意尒時會中有
菩薩名普現色身問維摩詰言居士父母妻
子親戚眷屬吏民知識悉為是誰奴婢僮
僕象馬車乘皆何所在於是維摩詰以偈荅曰
智度菩薩母　方便以為父　一切眾導師　无不由是生
法喜以為妻　慈悲心為女　善心誠實男　畢竟空寂舍
弟子眾塵勞　隨意之所轉　道品善知識　由是成正覺
諸度法等侶　四攝為伎女　歌詠誦法言　以此為音樂
摠持之園苑　无漏法林樹　覺意淨妙華　解脫智慧果
八解之浴池　定水湛然滿　布以七淨華　浴此无垢人
象馬五通馳　大乘以為車　調御以一心　遊於八正路
相具以嚴容　眾好飾其姿　慚愧之上服　深心為華鬘
富有七財寶　教授以滋息　如所說修行　迴向為大利
四禪為牀坐　從於淨命生　多聞增智慧　以為自覺音
甘露法之食　解脫味為漿　淨心以澡浴　戒品為塗香
摧滅煩惱賊　勇健无能踰　降伏四種魔　勝幡建道場
雖知无起滅　示彼故有生　悉現諸國土　如日无不現
供養於十方　无量億如來　諸佛及己身　无有分別想
雖知諸佛國　及與眾生空　而常修淨土　教化於群生
諸有眾生類　形聲及威儀　无畏力菩薩　一時能盡現

BD05124號　維摩詰所說經卷中　（25-18）

甘露法之食　解脫味為漿　淨心以澡浴　戒品為塗香
摧滅煩惱賊　勇健无能踰　降伏四種魔　勝幡建道場
雖知无起滅　示彼故有生　悉現諸國土　如日无不現
供養於十方　无量億如來　諸佛及己身　无有分別想
雖知諸佛國　及與眾生空　而常修淨土　教化於群生
諸有眾生類　形聲及威儀　无畏力菩薩　一時能盡現
覺知眾魔事　而示隨其行　以善方便智　隨意皆能現
或示老病死　成就諸群生　了知如幻化　通達无有閡
或現劫燒盡　天地皆洞然　眾人有常想　照令知无常
无數億眾生　俱來請菩薩　一時到其舍　化令向佛道
經書禁呪術　工巧諸伎藝　盡現行此事　饒益諸群生
世間眾道法　悉於中出家　因以解人惑　而不墮邪見
或作日月天　梵王世界主　或時作地水　或復作風火
劫中有疾疫　現作諸藥草　若有服之者　除病消眾毒
劫中有飢饉　現身作飲食　先救彼飢渴　却以法語人
劫中有刀兵　為之起慈悲　化彼諸眾生　令住无諍地
若有大戰陣　立之以等力　菩薩現威勢　降伏使和安
一切國土中　諸有地獄處　輒往到于彼　勉濟其苦惱
一切國土中　畜生相食噉　皆現生於彼　為之作利益
示受於五欲　亦復現行禪　令魔心憒亂　不能得其便
火中生蓮華　是可謂希有　在欲而行禪　希有亦如是
或現作婬女　引諸好色者　先以欲鉤牽　後令入佛智
或為邑中主　或作商人導　國師及大臣　以祐利眾生
諸有貧窮者　現作无盡藏　因以勸導之　令發菩提心
我心憍慢者　為現大力士　消伏諸貢高　令住无上道
其有恐懼眾　居前而慰安　先施以无畏　後令發道心
或現離婬欲　為五通仙人　開導諸群生　令住戒忍慈
見須供事者　為現作僮僕　既悅可其意　乃發以道心

BD05124號　維摩詰所說經卷中　（25-19）

諸有貧窮者　現作无盡藏　因以勸導之　令發菩提心
我心憍慢者　為現大力士　消伏諸貢高　令住佛上道
其有恐懼衆　居前而慰安　先施以无畏　後令發道心
或現離婬欲　為五通仙人　開道諸群生　令住戒忍慈
見須供事者　為現作僮僕　既悅可其意　乃發以道心
隨彼之所須　得入於佛道　以善方便力　皆能給足之
如是道无量　所行无有崖　智慧无邊際　度脫无數衆
假令一切佛　於无數億劫　讚歎其功德　猶上不能盡
誰聞如此法　不發菩提心　除彼不肖人　癡冥无智者
入不二法門品第九
尒時維摩詰謂衆菩薩言諸仁者云何菩薩
入不二法門各隨所樂說之會中有菩薩名
法自在說言諸仁者生滅為二法本不生今
則无滅得此无生法忍是為入不二法門
德首菩薩曰我我所為二因有我故便有我
所若无有我則无我所是為入不二法門
不眴菩薩曰受不受為二若法不受則不可
得以不可得故无取无捨无作无行是為入
不二法門
德頂菩薩曰垢淨為二見垢實性則无淨相
順於滅相是為入不二法門
善宿菩薩曰是動是念為二不動則无念无
念即无分別通達此者是為入不二法門
善眼菩薩曰一相无相為二若知一相即是无
相亦不取无相入於平等是為入不二法門
妙臂菩薩曰菩薩心聲聞心為二觀心相空
如幻化者无菩薩心无聲聞心是為入不二法
門

BD05124號　維摩詰所說經卷中　（25–20）

善宿菩薩曰是動是念為二不動則无念无
念即无分別通達此者是為入不二法門
善眼菩薩曰一相无相為二若知一相即是无
相亦不取无相入於平等是為入不二法門
妙臂菩薩曰菩薩心聲聞心為二觀心相空
如幻化者无菩薩心无聲聞心是為入不二法
門
弗沙菩薩曰善不善為二若不起善不善入
无相際而通達者是為入不二法門
師子菩薩曰罪福為二若達罪性則與福无異
以金剛慧決了此相无縛无解者是為入不二
法門
師子意菩薩曰有漏无漏為二若得諸法等
則不起漏不漏想不著於相亦不住无相是為
入不二法門
淨解菩薩曰有為无為為二若離一切數則心如
虛空以清淨慧无所閡者是為入不二法門
那羅延菩薩曰世間出世間為二世間性空即是
出世間於其中不入不出不溢不散是為入
不二法門
善意菩薩曰生死涅槃為二若見生死性則
无生死无縛无解不然不滅如是解者是為
入不二法門
現見菩薩曰盡不盡為二法若究竟盡若不
盡皆是无盡相无盡相即是空空則无有盡不
盡相如是入者是為入不二法門
普守菩薩曰我无我為二我尚不可得非我
何可得見我實性者不復起二是為入不二

BD05124號　維摩詰所說經卷中　（25–21）

入不二法門
現見菩薩曰盡不盡為二法若究竟盡若不
盡皆是无盡相无盡相即是空空則无有盡不
盡相如是入者是為入不二法門
普守菩薩曰我无我為二我尚不可得非我
何可得見我實性者不復起二是為入不二
法門
雷天菩薩曰明无明為二无明實性即是明
明亦不可取離一切數於其中平等无二者是
為入不二法門
喜見菩薩曰色色空為二色則是空非色滅
空色性自空如是受想行識識空為二識即
是空非識滅空識性自空於其中而通達者
是為入不二法門
明相菩薩曰四種異空種異為二四種性即是
空種性如前際後際空故中際亦空若能如
是知諸種性者是為入不二法門
妙意菩薩曰眼色為二若知眼性於色不貪
不恚不癡是名寂滅如是耳聲鼻香舌味身
觸意法為二若知意性於法不貪不恚不癡
是名寂滅安住其中是為入不二法門
无盡意菩薩曰布施迴向一切智為二布施性
即是迴向一切智性如是持戒忍辱精進禪
定智慧迴向一切智為二智慧性即是迴向一
切智性於其中入一相者是為入不二法門
深慧菩薩曰是空是无相是无作為二空即
无相无相即无作若空无相无作則无心意

BD05124 號　維摩詰所說經卷中　（25–22）

即是迴向一切智性如是持戒忍辱精進禪
定智慧迴向一切智為二智慧性即是迴向一
切智性於其中入一相者是為入不二法門
深慧菩薩曰是空是无相是无作為二空即
无相无相即无作若空无相无作則无心意
識於一解脫門即是三解脫門者是為入不二
法門
寂根菩薩曰佛法眾為二佛即是法法即是
眾是三寶皆无為相與虛空等一切法亦尒
能隨此行者是為入不二法門
心无閡菩薩曰身身滅為二身即是身滅所
以者何見身實相者不起見身及以滅身身
與滅身无二无分別於其中不驚不懼者是
為入不二法門
上善菩薩曰身口意善為二是三業皆无作
相身无作相即口无作相口无作相即意无
作相是三業无作相即一切法无作相能如
是隨无作慧者是為入不二法門
福田菩薩曰福行罪行不動行為二三行實
性即是空空則无福行无罪行无不動行於
此三行而不起者是為入不二法門
華嚴菩薩曰從我起二為二見我實相者不
起二法若不住二法則无有識无所識者是
為入不二法門
德藏菩薩曰有所得相為二若无所得則无
取捨无取捨者是為入不二法門
月上菩薩曰闇與明為二无闇无明則无有

BD05124 號　維摩詰所說經卷中　（25–23）

華嚴菩薩曰從我起二爲二見我實相者不
起二法若不住二法則无有識无所識者是
爲入不二法門
德藏菩薩曰有所得相爲二若无所得則无
取捨无取捨者是爲入不二法門
月上菩薩曰闇與明爲二无闇无明則无有
二所以者何如入滅受想定无闇无明一切法
相亦復如是於其中平等入者是爲入不
二法門
寶印手菩薩曰樂涅槃不樂世間爲二若不
樂涅槃不猒世間則无有二所以者何若有
縛則有解若本无縛其誰求解无縛无解則
无樂猒是爲入不二法門
珠頂王菩薩曰正道邪道爲二住正道者則
不分別是邪是正離此二者是爲入不二法門
樂實菩薩曰實不實爲二實見者尚不見實
何況非實所以者何非肉眼所見慧眼乃能
見而此慧眼无見无不見是爲入不二法門
如是諸菩薩各各說已問文殊師利何等是
菩薩入不二法門文殊師利曰如我意者於
一切法无言无說无示无識離諸問答是爲
入不二法門
於是文殊師利問維摩詰言我等各自說已
仁者當說何等是菩薩入不二法門時維摩
詰嘿然无言文殊師利歎曰善哉善哉乃至无
有文字語言是真入不二法門說是入不二法
門時於此衆中五千菩薩皆入不二法門得
无生法忍

BD05124 號　維摩詰所說經卷中　（25–24）

无樂猒是爲入不二法門
珠頂王菩薩曰正道邪道爲二住正道者則
不分別是邪是正離此二者是爲入不二法門
樂實菩薩曰實不實爲二實見者尚不見實
何況非實所以者何非肉眼所見慧眼乃能
見而此慧眼无見无不見是爲入不二法門
如是諸菩薩各各說已問文殊師利何等是
菩薩入不二法門文殊師利曰如我意者於
一切法无言无說无示无識離諸問答是爲
入不二法門
於是文殊師利問維摩詰言我等各自說已
仁者當說何等是菩薩入不二法門時維摩
詰嘿然无言文殊師利歎曰善哉善哉乃至无
有文字語言是真入不二法門說是入不二法
門時於此衆中五千菩薩皆入不二法門得
无生法忍

維摩詰經卷中

BD05124 號　維摩詰所說經卷中　（25–25）

正法滅盡已　像法三十二　舍利廣流布　天人普供養
華光佛所為　其事皆如是　其兩足聖尊　最勝无倫匹
彼即是汝身　宜應自欣慶
尒時四部衆比丘比丘尼優婆塞優婆夷天
龍夜叉乾闥婆阿脩羅迦樓羅緊那羅摩睺
羅伽等大衆見舍利弗於佛前受阿耨多羅
三藐三菩提記心大歡喜踊躍无量各各脫
身所著上衣以供養佛釋提桓因梵天王等
與无數天子亦以天妙衣天曼陁羅華摩訶
曼陁羅華等供養於佛所散天衣住虛空中
而自迴轉諸天伎樂百千万種於虛空中一
時俱作雨衆天華而作是言佛昔於波羅奈
初轉法輪今乃復轉无上最大法輪尒時諸
天子欲重宣此義而說偈言
昔於波羅柰　轉四諦法輪　分別說諸法　五衆之生滅
今復轉最妙　无上大法輪　是法甚深奧　少有能信者
我等從昔來　數聞世尊說　未曾聞如是　深妙之上法
世尊說是法　我等皆隨喜　大智舍利弗　今得受尊記
我等亦如是　必當得作佛　於一切世間　最尊无有上
佛道叵思議　方便隨宜說　我所有福業　今世若過世
及見佛功德　盡迴向佛道

BD05125號　妙法蓮華經卷二　（2–1）

與无數天子亦以天妙衣天曼陁羅華摩訶
曼陁羅華等供養於佛所散天衣住虛空中
而自迴轉諸天伎樂百千万種於虛空中一
時俱作雨衆天華而作是言佛昔於波羅奈
初轉法輪今乃復轉无上最大法輪尒時諸
天子欲重宣此義而說偈言
昔於波羅柰　轉四諦法輪　分別說諸法　五衆之生滅
今復轉最妙　无上大法輪　是法甚深奧　少有能信者
我等從昔來　數聞世尊說　未曾聞如是　深妙之上法
世尊說是法　我等皆隨喜　大智舍利弗　今得受尊記
我等亦如是　必當得作佛　於一切世間　最尊无有上
佛道叵思議　方便隨宜說　我所有福業　今世若過世
及見佛功德　盡迴向佛道
尒時舍利弗白佛言世尊我今无復疑悔親
於佛前得受阿耨多羅三藐三菩提記是諸
千二百心自在者昔住學地佛常教化言我
法能離生老病死究竟涅槃是學无學人亦
各自以離我見及有无見等謂得涅槃而今
於世尊前聞所未聞皆墮疑惑善哉世尊願
為四衆說其因緣令離疑悔尒時佛告舍利

BD05125號　妙法蓮華經卷二　（2–2）

生愛之若子衆生病則菩薩病衆生病愈菩
薩亦愈又言是病何所因起菩薩病者以大
悲起文殊師利言居士此室何以空无侍者
維摩詰言諸佛國土亦復皆空又問以何為
空答曰以空空又問空何用空答曰以无分
別空故空又問空可分別耶答曰分別亦空
又問空當於何求答曰當於六十二見中求又
問六十二見當於何求答曰當於諸佛解脫
中求又問諸佛解脫當於何求答曰當於
一切衆生心行中求又仁所問何无侍者一
切衆魔及諸外道皆吾侍也所以者何衆魔
者樂生死菩薩於生死而不捨外道者樂諸
見菩薩於諸見而不動文殊師利言居士所
疾為何等相維摩詰言我病无形不可見又
問此病身合耶心合耶答曰非身合身相離
故亦非心合心如幻故又問地大水大火大
風大於此四大何大之病答曰是病非地大亦
不離地大水火風大亦復如是而衆生病從
四大起以其有病是故我病尒時文殊師利
問維摩詰言菩薩應云何慰喻有病菩薩
維摩詰言說身无常不說厭離於身說身有

BD05126號　維摩詰所說經卷中　（27–1）

問此病身合耶心合耶答曰非身合身相離
故亦非心合心如幻故又問地大水大火大
風大於此四大何大之病答曰是病非地大亦
不離地大水火風大亦復如是而衆生病從
四大起以其有病是故我病尒時文殊師利
問維摩詰言菩薩應云何慰喻有病菩薩
維摩詰言說身无常不說厭離於身說身有
苦不說樂於涅槃說身无我而說教導衆生
說身空寂不說畢竟寂滅說悔先罪而不說
入於過去以己之疾愍於彼疾當識宿世无
數劫苦當念饒益一切衆生憶所脩福念於
淨命勿生憂惱常起精進當作醫王療治衆
病菩薩應如是慰喻有疾菩薩令其歡喜文
殊師利言居士有疾菩薩云何調伏其心維
摩詰言有疾菩薩應作是念今我此病皆從
前世妄想顛倒諸煩惱生无有實法誰受病
者所以者何四大合故假名為身四大无主身
亦无我又此病起皆由著我是故於我不應
生著既知病本即除我想及衆生想當起
法想應作是念但以衆法合成此身起唯法
起滅唯法滅又此法者各不相知起時不言
我起滅時不言我滅彼有疾菩薩為滅法
想當作是念此法想者亦是顛倒顛倒者即是
大患我應離之云何為離離我我所云何離我我
所謂離二法云何離二法謂不念內外諸法
行於平等云何平等謂我等涅槃等所以
者何我及涅槃此二皆空以何為空但以名

BD05126號　維摩詰所說經卷中　（27–2）

想當作是念此法想者亦是顛倒顛倒者即是
大患我應離之云何為離離我我所云何離我我
所謂離二法云何離二法謂不念内外諸法
行於平等云何平等謂我等涅槃等所以
者何我及涅槃此二皆空以何為空但以名
字故空如此二法无決定性得是平等无有
餘病唯有空病空病亦空是有疾菩薩以无
所受而受諸受未具佛法亦不滅受而取證
也設身有苦念惡趣衆生起大悲心我既調
伏亦當調伏一切衆生但除其病而不除法
為斷病本而教導之何謂病本謂有攀緣從
有攀緣則為病本何所攀緣謂之三界云何
斷攀緣以无所得若无所得則无攀緣何謂
无所得謂二見何謂二見謂内見外見是无
所得文殊師利是為有疾菩薩調伏其心為
斷老病死苦是菩薩菩提若不如是已所脩
治為无慧利譬如勝怨乃可為勇如是兼除
老病死者菩薩之謂也彼有疾菩薩應復作
是念如我此病非真非有衆生病亦非真非
有作是觀時於諸衆生若起愛見大悲即應
捨離所以者何菩薩斷除客塵煩惱而起大
悲愛見悲者則於生死有疲厭心若能離
此无有疲厭在在所生不為愛見之所覆也
所生无縛能為衆生說法解縛如佛所說若
自有縛能解彼縛无有是處若自无縛能解
彼縛斯有是處是故菩薩不應起縛何謂縛

所生无縛能為衆生說法解縛如佛所說若
自有縛能解彼縛无有是處若自无縛能解
彼縛斯有是處是故菩薩不應起縛何謂縛
何謂解貪著禪味是菩薩縛以方便生是菩薩
解又无方便慧縛有方便慧解无慧方便縛
有慧方便解何謂无方便慧縛謂菩薩以愛
見心莊嚴佛土成就衆生於空无相无作法中
而自調伏是名无方便慧縛何謂有方便
慧解謂不以愛見莊嚴佛土成就衆生於空
无相无作法中以自調伏而不疲厭是名有方
便慧解何謂无慧方便縛謂菩薩住貪欲
瞋恚邪見等諸煩惱而殖衆德本是名无慧
方便縛何謂有慧方便解謂離諸貪欲瞋恚
邪見等諸煩惱而殖衆德本迴向阿耨多羅
三藐三菩提心是名有慧方便解文殊師利
彼有疾菩薩應如是觀諸法又復觀身无常
苦空非我是名為慧雖身有疾常在生死饒
益一切而不厭惓是名方便又復觀身身不離
病病不離身是病是身非新非故是名為慧
設身有疾而不永滅是名方便文殊師利有
疾菩薩應如是調伏其心不住其中亦復不
住不調伏心所以者何若住不調伏心是愚人
法若住調伏心是聲聞法是故菩薩不當
住於調伏不調伏心離此二法是菩薩行在
於生死不為汙行住於涅槃不永滅度是菩
薩行非凡夫行非賢聖行是菩薩行非垢行

疾菩薩應如是調伏其心不住其中亦復不
住不調伏心所以者何若住不調伏心是愚人
法若住調伏心是聲聞法是故菩薩不當
住於調伏不調伏心離此二法是菩薩行在
於生死不為污行住於涅槃不永滅度是菩
薩行非凡夫行非賢聖行是菩薩行非垢行
非淨行是菩薩行雖過魔行而現衆魔是
菩薩行求一切智无非時求是菩薩行雖觀
諸法不生而不入正位是菩薩行雖觀十二緣
起而入諸邪見是菩薩行雖攝一切衆生而
不愛著是菩薩行雖樂遠離而不依身心
盡是菩薩行雖行三界而不壞法性是菩薩
行雖行於空而殖衆德本是菩薩行雖行无
相而度衆生是菩薩行雖行无起而現受身
是菩薩行雖行无作而起諸善法是菩薩
行雖行六波羅蜜而遍知衆生心心數法是
菩薩行雖行六通而不盡漏是菩薩行雖行
四无量心而不貪著生於梵世是菩薩行雖
行禪定解脫三昧而不隨禪生是菩薩行雖
行四念處而不永離身受心法是菩薩行
雖行四正勤而不捨身心精進是菩薩行
雖行四如意足而得自在神通是菩薩行雖
行五根而分別衆生諸根利鈍是菩薩行雖
行五力而樂求佛十力是菩薩行雖行七覺分
而分別佛之智慧是菩薩行雖行八正道而樂
行无量佛道是菩薩行雖行止觀助道之法
而不畢竟墮於寂滅是菩薩行雖行諸法不

雖行四如意足而得自在神通是菩薩行雖
行五根而分別衆生諸根利鈍是菩薩行雖
行五力而樂求佛十力是菩薩行雖行七覺分
而分別佛之智慧是菩薩行雖行八正道而樂
行无量佛道是菩薩行雖行止觀助道之法
而不畢竟墮於寂滅是菩薩行雖行諸法不
生不滅而以相好莊嚴其身是菩薩行雖現
聲聞辟支佛威儀而不捨佛法是菩薩行雖
隨諸法究竟淨相而隨所應為現其身是菩
薩行雖觀諸佛國土永寂如空而現種種清
淨佛土是菩薩行雖得佛道轉于法輪入於
涅槃而不捨於菩薩之道是菩薩行說是語
時文殊師利所將大衆其中八千天子皆發
阿耨多羅三藐三菩提心

不思議品第六

尒時舍利弗見此室中无有牀坐作是念斯
諸菩薩大弟子衆當於何坐長者維摩詰知
其意語舍利弗言云何仁者為法來耶求牀
坐耶舍利弗言我為法來非為牀坐維摩詰
言唯舍利弗夫求法者不貪軀命何況牀坐
夫求法者非有色受想行識之求非有界入
之求非有欲色无色之求唯舍利弗夫求法
者不著佛求不著法求不著衆求夫求法者
无見苦求无斷集求无造盡證脩道之求所
以者何法无戲論若言我當見苦斷集證滅
脩道是則戲論非求法也唯舍利弗法名寂
滅若行生滅是求生滅非求法也法名无染若

者不著佛求不著法求不著衆求夫求法者
无見苦求无斷集求无造盡證脩道之求所
以者何法无戲論若言我當見苦斷集證滅
脩道是則戲論非求法也唯舍利弗法名寂
滅若行生滅是求生滅非求法也法名无染若
染於法乃至涅槃是則染著非求法也法无
行處若行於法是則行處非求法也法无取
捨若取捨法是則取捨非求法也法无處所
若著處所是則著處非求法也法名无相若
隨相識是則求相非求法也法不可住若住
於法是則住法非求法也法不可見聞覺知
若行見聞覺知是則見聞覺知非求法也
法名无爲若行有爲是求有爲非求法也是
故舍利弗若求法者於一切法應无所求說
是語時五百天子於諸法中得法眼淨
尒時長者維摩詰問文殊師利仁者遊於无
量千万億阿僧祇國何等佛土有好上妙功
德成就師子之座文殊師利言居士東方度
三十六恒河沙國有世界名須弥相其佛号
須弥燈王今現在彼佛身長八万四千由旬其
師子坐高八万四千由旬嚴飾第一於是長
者維摩詰現神通力即時彼佛遣三万二千
師子之坐高廣嚴淨來入維摩詰室諸菩薩
大弟子釋梵四天王等昔所未見其室廣博
悉苞容受三万二千師子之坐无所妨閡於毗耶
離城及閻浮提四天下亦不迫迮悉現如故
尒時維摩詰語文殊師利就師子坐與諸菩薩

師子之坐高廣嚴淨來入維摩詰室諸菩薩
大弟子釋梵四天王等昔所未見其室廣博
悉苞容受三万二千師子之坐无所妨閡於毗耶
離城及閻浮提四天下亦不迫迮悉現如故
尒時維摩詰語文殊師利就師子坐與諸菩薩
上人俱坐當自立身如彼坐像其得神通
菩薩即自變形爲四万二千由旬坐師子坐諸
新發意菩薩及大弟子皆不能昇尒時維摩
詰語舍利弗就師子坐舍利弗言居士此坐高
廣吾不能昇維摩詰言唯舍利弗爲須弥
燈王如來作礼乃可得坐於是新發意菩薩
及大弟子即爲須弥燈王如來作礼便得坐
師子座舍利弗言居士未曾有也如是小室乃
容受此高廣之坐於毗耶離城无所妨閡又
於閻浮提聚落城邑及四天下諸天龍王
鬼神宮殿亦不迫迮維摩詰言唯舍利弗諸
佛菩薩有解脫名不可思議若菩薩住是解
脫者以須弥之高廣內芥子中无所增減須
弥山王本相如故而四天王忉利諸天不覺
不知己之所入唯應度者乃見須弥入芥子中
是名不可思議解脫法門又以四大海水入
一毛孔不嬈魚鱉黿鼉水性之屬而彼大
海本相如故諸龍鬼神阿脩羅等不覺不知
己之所入於此衆生亦无所嬈又舍利弗住不
可思議解脫菩薩斷取三千大千世界如陶
家輪著右掌中擲過恒沙世界之外其中
衆生不覺不知己之所往又復還置本處都

一毛孔不嬈魚鼈黿鼉水性之属而彼大
海本相如故諸龍鬼神阿脩羅等不覺不知
己之所入於此衆生亦无所嬈又舍利弗住不
可思議解脫菩薩斷取三千大千世界如陶
家輪著右掌中擲過恒沙世界之外其中
衆生不覺不知己之所往又復還置本處都
不使人有往來想而此世界本相如故又舍
利弗或有衆生樂久住世而可度者菩薩即
演七日以為一劫令彼衆生謂之一劫或有衆
生不樂久住而可度者菩薩即促一劫以為
七日令彼衆生謂之七日又舍利弗住不可思
議解脫菩薩以一切佛土嚴飾之事集在
一國示於衆生又菩薩以一佛土衆生置之右
掌飛到十方遍示一切而不動本處又舍利
弗十方衆生供養諸佛之具菩薩於一毛
孔皆令得見又十方國土所有日月星宿於一
毛孔普使見之又舍利弗十方世界所有諸
諸風菩薩悉能吸著口中而身无損外諸樹
木亦不摧折又十方世界劫盡燒時以一切
火內於腹中火事如故而不為害又於下方
過恒河沙等諸佛世界取一佛土舉著上方
過恒河沙无數世界如持鍼鋒舉一棗葉而
无所嬈又舍利弗住不可思議解脫菩薩能
以神通現作佛身或現辟支佛身或現聲聞
身或現帝釋身或現梵王身或現世主身或
現轉輪王身又十方世界所有衆聲上中下音
皆能變之令作佛聲演出无常苦空无我之

BD05126號　維摩詰所說經卷中　（27–9）

无所嬈又舍利弗住不可思議解脫菩薩能
以神通現作佛身或現辟支佛身或現聲聞
身或現帝釋身或現梵王身或現世主身或
現轉輪王身又十方世界所有衆聲上中下音
皆能變之令作佛聲演出无常苦空无我之
音及十方諸佛所說種種之法皆於其中普
令得聞舍利弗我今略說菩薩不可思議解
脫之力若廣說者窮劫不盡是時大迦葉聞
說菩薩不可思議解脫法門歎未曾有謂舍
利弗譬如有人於盲者前現衆色像非彼所
見一切聲聞聞是不可思議解脫法門不能解
了為若此也智者聞是其誰不發阿耨多羅
三藐三菩提心我等何為永絕其根於此大
乘猶已如敗種一切聲聞聞是不可思議解脫
法門皆應號泣聲震三千大千世界一切菩薩
應大欣慶頂受此法若有菩薩信解不可
思議解脫法門者一切魔衆无如之何大迦
葉說是語時三万二千天子皆發阿耨多羅
三藐三菩提心
尒時維摩詰語大迦葉仁者十方无量阿僧
祇世界中作魔王者多是住不可思議解脫
菩薩以方便力故教化衆生現作魔王又迦
葉十方无量菩薩或有人從乞手足耳鼻頭
目髓腦血肉皮骨聚落城邑妻子奴婢象馬
車乘金銀瑠璃車𤦲馬瑙珊瑚虎珀真珠軻
貝衣服飲食如此乞者多是住不可思議解

BD05126號　維摩詰所說經卷中　（27–10）

菩薩以方便力故教化衆生現作魔王又迦
葉十方无量菩薩或有人從乞手足耳鼻頭
目髓腦血肉皮骨聚落城邑妻子奴婢象馬
車乘金銀瑠璃車璩馬瑙珊瑚虎珀真珠珂
貝衣服飲食如此乞者多是住不可思議解
脫菩薩以方便力而往試之令其堅固所以者
何住不可思議解脫菩薩有威德力故行
逼迫示諸衆生如是難事凡夫下劣无有力
勢不能如是逼迫菩薩譬如龍象蹴踏非驢
所堪是名住不可思議解脫菩薩智慧方便
之門

觀衆生品第七

尒時文殊師利問維摩詰言菩薩云何觀於
衆生維摩詰言譬如幻師見所幻人菩薩觀衆
生為若此如智者見水中月如鏡中見其面
像如熱時炎如呼聲響如空中雲如水聚沫
如水上泡如芭蕉堅如電久住如第五大如第
六陰如第七情如十三入如十九界菩薩
觀衆生為若此如无色界色如燋穀牙如
須陁洹身見如阿那含入胎如阿羅漢三毒
如得忍菩薩貪恚毀禁如佛煩惱習如盲者
見色如入滅定出入息如空中鳥跡如石女
兒如化人煩惱如夢所見已寤如滅度者受
身如无烟之火菩薩觀衆生為若此
文殊師利言若菩薩作是觀者云何行慈維
摩詰言菩薩作是觀已自念我當為衆生說
如斯法是則真實慈也行寂滅慈无所生故

見色如入滅定出入息如空中鳥跡如石女
兒如化人煩惱如夢所見已寤如滅度者受
身如无烟之火菩薩觀衆生為若此
文殊師利言若菩薩作是觀者云何行慈維
摩詰言菩薩作是觀已自念我當為衆生說
如斯法是則真實慈也行寂滅慈无所生故
行不熱慈无煩惱故行等之慈等三世故行
无諍慈无所起故行不二慈内外不合故行
不壞慈畢竟盡故行堅固慈心无毀故行清
淨慈諸法性淨故行无邊慈如虛空故行阿
羅漢慈破結賊故行菩薩慈安衆生故行如
来慈得如相故行佛之慈覺衆生故行自然
慈无因得故行菩提慈等一味故行无等慈
斷諸愛故行大悲慈導以大乘故行无厭慈
觀空无我故行法施慈无遺惜故行持戒慈
化毀禁故行忍辱慈護彼我故行精進慈荷
負衆生故行禪定慈不受味故行智慧慈无
不知時故行方便慈一切示現故行无隱慈
直心清淨故行深心慈无雜行故行无誑慈
不虛假故行安樂慈令得佛樂故菩薩之慈
為若此也文殊師利又問何謂為悲答曰菩
薩所作功德皆與一切衆生共之何謂為喜
答曰有所饒益歡喜无悔何謂為捨答曰所
作福祐无所悕望文殊師利又問生死有畏
菩薩當何所依維摩詰言菩薩於生死畏中當
依如来功德之力文殊師利又問菩薩欲依
如来功德之力當依何住答曰菩薩欲依如

荅曰有所饒益歡喜无悔何謂爲捨荅曰所
作福祐无所悕望文殊師利又問生死有畏
菩薩當何所依維摩詰言菩薩於生死畏中當
依如來功德之力文殊師利又問菩薩欲依
如來功德之力當依何住荅曰菩薩欲依如
來功德力者當度脫一切衆生又問欲度衆
生當何所除荅曰欲度衆生除其煩惱又
問欲除煩惱當何所行荅曰當行正念又問云
何行於正念荅曰當行不生不滅又問何法
不生何法不滅荅曰不善不生善法不滅又
問善不善孰爲本荅曰身爲本又問身孰爲
本荅曰貪欲爲本又問貪欲孰爲本荅曰虛
妄分別爲本又問虛妄分別孰爲本荅曰顛
倒想爲本又問顛倒想孰爲本荅曰无住爲
本又問无住孰爲本荅曰无住則无本文殊師
利從无住本立一切法
時維摩詰有一天女見諸大人聞所說法便現
其身即以天華散諸菩薩大弟子上華
至諸菩薩即皆墮落至大弟子便著不墮
一切弟子神力去華不能令去尒時天問舍利
弗何故去華荅曰此華不如法是以去之天
曰勿謂此華爲不如法所以者何是華无所
分別仁者自生分別想耳若於佛法出家有
所分別爲不如法若无分別是則如法觀諸
菩薩華不著者以一切分別想故譬如人
畏時非人得其便如是弟子畏生死故色聲
香味觸得其便已離畏者一切五欲无能爲

分別仁者自生分別想耳若於佛法出家有
所分別爲不如法若无分別是則如法觀諸
菩薩華不著者以一切分別想故譬如人
畏時非人得其便如是弟子畏生死故色聲
香味觸得其便已離畏者一切五欲无能爲
也結習未盡華著身耳結習盡者華不著也
舍利弗言天止此室其已久如荅曰我止此
室如耆年解脫舍利弗言止此久耶天曰耆
年解脫亦何如久舍利弗默然不荅天曰如
何耆舊大智而默荅曰解脫者无所言說故
吾於是不知所云天曰言說文字皆解脫相
所以者何解脫者不內不外不在兩間文字
亦不內不外不在兩間是故舍利弗无離文
字說解脫也所以者何一切諸法是解脫相
舍利弗言不復以離婬怒癡爲解脫乎天曰
佛爲增上慢人說離婬怒癡爲解脫耳若无
增上慢者佛說婬怒癡性即是解脫舍利弗
言善哉善哉天女汝何所得以何爲證辯乃
如是天曰我无得无證故辯如是所以者何若
有得有證者則於佛法爲增上慢
舍利弗問天汝於三乘爲何志求天曰以聲
聞法化衆生故我爲聲聞以因緣法化衆生
故我爲辟支佛以大悲化衆生故我爲大乘
舍利弗如人入瞻蔔林唯嗅瞻蔔不嗅餘香
如是若入此室但聞佛功德之香不樂聞聲
聞辟支佛功德香也舍利弗其有釋梵四天

舍利弗問天汝於三乘為何志求天曰以聲
聞法化衆生故我為聲聞以因緣法化衆生
故我為辟支佛以大悲化衆生故我為大乘
舍利弗如人入瞻蔔林唯嗅瞻蔔不嗅餘香
如是若入此室但聞佛功德之香不樂聞聲
聞辟支佛功德香也舍利弗其有釋梵四天
王諸天龍鬼神等入此室者聞斯上人講說
正法皆樂佛功德之香發心而出舍利弗吾
止此室十有二年初不聞說聲聞辟支佛法
但聞菩薩大慈大悲不可思議諸佛之法舍
利弗此室常現八未曾有難得之法何等為
八此室常以金色光照晝夜无異不以日月
所照為明是為一未曾有難得之法此室入
者不為諸垢之所惱也是為二未曾有難得
之法此室常有釋梵四天王他方菩薩來會
不絕是為三未曾有難得之法此室常說六
波羅蜜不退轉法是為四未曾有難得之法
此室常作天人第一之樂絃出无量法化之聲
是為五未曾有難得之法此室有四大藏衆
寶積滿周窮濟乏求得无盡是為六未曾有
難得之法此室釋迦牟尼佛阿弥陀佛阿閦
佛寶德寶炎寶月寶嚴難勝師子響一切利
成如是等十方无量諸佛是上人念時即皆
為來廣說諸佛祕要法藏說已還去是為七
未曾有難得之法此室一切諸天嚴飾宮殿
諸佛淨土皆於中現是為八未曾有難得之法
舍利弗此室常現八未曾有難得之法　誰

成如是等十方无量諸佛是上人念時即皆
為來廣說諸佛祕要法藏說已還去是為七
未曾有難得之法此室一切諸天嚴飾宮殿
諸佛淨土皆於中現是為八未曾有難得之法
舍利弗此室常現八未曾有難得之法誰
有見斯不思議事而復樂於聲聞法乎
舍利弗言汝何以不轉女身天曰我從十二年
來求女人相了不可得當何所轉譬如幻
師化作幻女若有人問何以不轉女身是人為
正問不舍利弗言不也幻无定相當何所
轉天曰一切諸法亦復如是无有定相云何
乃問不轉女身即時天女以神通力變舍利
弗令如天女天自化身如舍利弗而問言何
以不轉女身舍利弗以天女像而答言我今
不知何轉而變為女身天曰舍利弗若能轉
此女身則一切女人亦當能轉如舍利弗非女
而現女身一切女人亦復如是雖現女身而
非女也是故佛說一切諸法非男非女即時
天女還攝神力舍利弗身復還如故天問舍
利弗女身色相今何所在舍利弗言女身色
相无在无不在天曰一切諸法亦復如是无
在无不在夫无在无不在者佛所說也舍利
弗問天汝於此沒當生何所天曰佛化所生
吾如彼生曰佛化所生非沒生也天曰衆生
猶然无沒生也舍利弗問天汝久如當得阿
耨多羅三藐三菩提天曰如舍利弗還為凡
夫我乃當成阿耨多羅三藐三菩提舍利弗

在无不在夫无在无不在者佛所說也舍利
弗問天汝於此沒當生何所天曰佛化所生
吾如彼生曰佛化所生非沒生也天曰衆生
猶然无沒生也舍利弗問天汝久如當得阿
耨多羅三藐三菩提天曰如舍利弗還為凡
夫我乃當成阿耨多羅三藐三菩提舍利弗
言我作凡夫无有是處天曰我得阿耨多羅
三藐三菩提亦无是處所以者何菩提无住
處是故无有得者舍利弗言今諸佛得阿耨
多羅三藐三菩提已得當得如恒河沙
皆謂何乎天曰皆以世俗文字數故說有三
世非謂菩提有去來今天曰舍利弗汝得阿羅
羅漢道耶曰无所得故而得天曰諸佛菩薩
亦復如是无所得故而得尒時維摩詰語舍
利弗是天女曾已供養九十二億佛已能遊戲
菩薩神通所願具足得无生忍住不退轉
以本願故隨意能現教化衆生

佛道品第八

尒時文殊師利問維摩詰言菩薩云何通達
佛道維摩詰言若菩薩行於非道是為通達
佛道又問云何菩薩行於非道答曰若菩薩
行五无間而无惱恚至于地獄无諸罪垢至
于畜生无有无明憍慢等過至于餓鬼而具
足功德行色无色界道不以為勝示行貪欲
離染著示行瞋恚於諸衆生无有恚㝵示行
愚癡而以智慧調伏其心示行慳貪而捨内
外所有不惜身命示行毀禁而安住淨戒乃

行五无間而无惱恚至于地獄无諸罪垢至
于畜生无有无明憍慢等過至于餓鬼而具
足功德行色无色界道不以為勝示行貪欲
離染著示行瞋恚於諸衆生无有恚㝵示行
愚癡而以智慧調伏其心示行慳貪而捨内
外所有不惜身命示行毀禁而安住淨戒乃
至小罪猶懷大懼示行瞋恚而常慈忍示行
懈怠而勤脩功德示行亂意而常念定示行
愚癡而通達世間出世間慧示行諂偽而善
方便隨諸經義示行憍慢而於衆生猶如橋
梁示行諸煩惱而心常清淨示入於魔而順
佛智慧不隨他教示入聲聞而為衆生說未
聞法示入辟支佛而成就大悲教化衆生示
入貧窮而有寶手功德无盡示入刑殘而具
諸相好以自莊嚴示入下賤而生佛種姓中
具諸功德示入羸劣醜陋而得那羅延身一
切衆生之所樂見示入老病而永斷病根超
越死畏示有資生而恒觀无常實无所貪示
有妻妾綵女而常遠離五欲淤泥現於訥鈍
而成就辯才總持无失示入耶濟而以正濟
度諸衆生現遍入諸道而斷其因緣現於涅
槃而不斷生死文殊師利菩薩能如是行於非
道是為通達佛道
於是維摩詰問文殊師利何等為如來種文
殊師利言有身為種无明有愛為種貪恚癡
為種四顛倒為種五蓋為種六入為種七識
處為種八耶法為種九惱處為種十不善道

道是爲通達佛道
於是維摩詰問文殊師利何等爲如来種文
殊師利言有身爲種无明有愛爲種貪恚癡
爲種四顛倒爲種五盖爲種六入爲種七識
處爲種八邪法爲種九惱處爲種十不善道
爲種以要言之六十二見及一切煩惱皆是佛
種曰何謂也答曰若見无爲入正位者不能
復發阿耨多羅三藐三菩提心譬如高原陸
地不生蓮華卑濕汙泥乃生此華如是見
无爲法入正位者終不復能生於佛法煩惱
泥中乃有衆生起佛法耳又如殖種於空終
不得生糞壤之地乃能滋茂如是入无爲正
位者不生佛法起我見如須弥山猶能發
于阿耨多羅三藐三菩提心生佛法矣是故
當知一切煩惱爲如来種譬如不下巨海不
能得无價寶珠如是不入煩惱大海則不能
得一切智寶尒時大迦葉歎言善哉善哉文殊
師利快說此語誠如所言塵勞之疇爲如
来種我等今者不復堪任發阿耨多羅三藐
三菩提心乃至五无間罪猶能發意生於佛
法而今我等永不能發譬如根敗之士其於
五欲不能復利如是聲聞諸結斷者於佛法
中无所復益永不志願是故文殊師利凡夫
於佛法有反復而聲聞无也所以者何凡夫
聞佛法能起无上道心不斷三寶正使聲聞
終身聞佛法力无畏等永不能發无上道意
尒時會中有菩薩名普現色身問維摩詰言

BD05126號　維摩詰所說經卷中　（27–19）

中无所復益永不志願是故文殊師利凡夫
於佛法有反復而聲聞无也所以者何凡夫
聞佛法能起无上道心不斷三寶正使聲聞
終身聞佛法力无畏等永不能發无上道意
尒時會中有菩薩名普現色身問維摩詰言
居士父母妻子親戚眷屬吏民知識悉爲是
誰奴婢僮僕象馬車乘皆何所在於是維摩
詰以偈答曰
智度菩薩母　方便以爲父　一切衆導師　无不由是生
法喜以爲妻　慈悲心爲女　善心誠實男　畢竟空寂舍
弟子衆塵勞　隨意之所轉　道品善知識　由是成正覺
諸度法等侶　四攝爲伎女　歌詠誦法言　以此爲音樂
惣持之園苑　无漏法林樹　覺意淨妙華　解脫智慧果
八解之浴池　定水湛然滿　布以七淨華　浴此无垢人
象馬五通馳　大乘以爲車　調御以一心　遊於八正路
相具以嚴容　衆好飾其姿　慚愧之上服　深心爲華鬘
富有七財寶　教授以滋息　如所說脩行　迴向爲大利
四禪爲牀坐　從於淨命生　多聞增智慧　以爲自覺音
甘露法之食　解脫味爲漿　淨心以澡浴　戒品爲塗香
摧滅煩惱賊　勇健无能踰　降伏四種魔　勝幡建道場
雖知无起滅　示彼故有生　悉現諸國土　如日无不見
供養於十方　无量億如来　諸佛及已身　无有分別想
雖知諸佛國　及與衆生空　而常脩淨土　教化於羣生
諸有衆生類　形聲及威儀　无畏力菩薩　一時能盡現
覺知衆魔事　而示隨其行　以善方便智　隨意皆能現
或示老病死　成就諸羣生　了知如幻化　通達无有㝵

BD05126號　維摩詰所說經卷中　（27–20）

雖智无起滅 示彼故有生 悉現諸國土 如日无不現
供養於十方 无量億如來 諸佛及己身 无有分別想
雖知諸佛國 及與衆生空 而常脩淨土 教化於群生
諸有衆生類 形聲及威儀 无畏力菩薩 一時能盡現
覺知衆魔事 而示隨其行 以善方便智 隨意皆能現
或示老病死 成就諸群生 了知如幻化 通達无有㝵
或現劫盡燒 天地皆洞然 衆人有常想 照令知无常
无數億衆生 俱來請菩薩 一時到其舍 化令向佛道
經書禁呪術 工巧諸伎藝 盡現行此事 饒益諸群生
世間衆道法 悉於中出家 因以解人惑 而不墮邪見
或作日月天 梵王世界主 或時作地水 或復作風火
劫中有疾疫 現作諸藥草 若有服之者 除病消衆毒
劫中有飢饉 現身作飲食 先救彼飢渴 却以法語人
劫中有刀兵 為之起慈悲 化彼諸衆生 令住无諍地
若有大戰陣 立之以等力 菩薩現威勢 降伏使和安
一切國土中 諸有地獄處 輙往到于彼 勉濟其苦惱
一切國土中 畜生相食噉 皆現生於彼 為之作利益
示受於五欲 亦復現行禪 令魔心憒亂 不能得其便
火中生蓮華 是可謂希有 在欲而行禪 希有亦如是
或現作婬女 引諸好色者 先以欲鉤牽 後令入佛智
或為邑中主 或作商人導 國師及大臣 以祐利衆生
諸有貧窮者 現作无盡藏 因以勸導之 令發菩提心
我心憍慢者 為現大力士 消伏諸貢高 令住佛上道
其有恐懼衆 於前而慰安 先施以无畏 後令發道心
或現離婬欲 為五通仙人 開導諸群生 令住戒忍慈
見須供事者 現為作僮僕 既悅可其意 乃發以道心
隨彼之所須 得入於佛道 以善方便力 皆能給足之

諸有貧窮者 現作无盡藏 因以勸導之 令發菩提心
我心憍慢者 為現大力士 消伏諸貢高 令住佛上道
其有恐懼衆 於前而慰安 先施以无畏 後令發道心
或現離婬欲 為五通仙人 開導諸群生 令住戒忍慈
見須供事者 現為作僮僕 既悅可其意 乃發以道心
隨彼之所須 得入於佛道 以善方便力 皆能給足之
如是道无量 所行无有崖 智慧无邊際 度脫无數衆
假令一切佛 於无數億劫 讚歎其功德 猶尚不能盡
誰聞如是法 不發菩提心 除彼不肖人 癡冥无智者

入不二法門品第九

尒時維摩詰謂衆菩薩言　諸仁者云何菩薩入不二法門　各隨所樂說之　會中有菩薩名法自在　說言　諸仁者　生滅為二　法本不生　今則无滅　得此无生法忍　是為入不二法門
德守菩薩曰　我我所為二　因有我故便有我所　若无有我　則无我所　是為入不二法門
不眴菩薩曰　受不受為二　若法不受　則不可得　以不可得故　无取无捨　无作无行　是為入不二法門
德頂菩薩曰　垢淨為二　見垢實性　則无淨相　順於滅相　是為入不二法門
善宿菩薩曰　是動是念為二　不動則无念　无念即无分別　通達此者　是為入不二法門
善眼菩薩曰　一相无相為二　若知一相即是无相　亦不取无相　入於平等　是為入不二法門
妙臂菩薩曰　菩薩心聲聞心為二　觀心相空如幻化者　无菩薩心　无聲聞心　是為入不二法門
弗沙菩薩曰　善不善為二　若不起善不善　入无相

善眼菩薩曰一相无相為二若知一相即是无相
亦不取无相入於平等是為入不二法門
妙臂菩薩曰菩薩心聲聞心為二觀心相空如
幻化者无菩薩心无聲聞心是為入不二法門
弗沙菩薩曰善不善為二若不起善不善入无相
際而通達者是為入不二法門
師子菩薩曰罪福為二若達罪性則與福无異
以金剛慧決了此相无縛无解者是為入不二法門
師子意菩薩曰有漏无漏為二若得諸法等則
不起漏不漏想不著於相亦不住无相是為
入不二法門
淨解菩薩曰有為无為為二若離一切數則
心如虛空以清淨慧无所㝵者是為入不二法門
那羅延菩薩曰世間出世間為二世間性空即
是出世間於其中不入不出不溢不散是為入不
二法門
善意菩薩曰生死涅槃為二若見生死性則无
生死无縛无解不然不滅如是解者是為入
不二法門
現見菩薩曰盡不盡為二法若究竟盡若不
盡皆是无盡相无盡相即是空空則无有盡不
盡相如是入者是為入不二法門
普守菩薩曰我无我為二我尚不可得非我何
可得見我實性者不復起二是為入不二法門
電天菩薩曰明无明為二无明實性即是明明
亦不可取離一切數於其中平等无二者是為
入不二法門

BD05126號　維摩詰所說經卷中　（27–23）

普守菩薩曰我无我為二我尚不可得非我何
可得見我實性者不復起二是為入不二法門
電天菩薩曰明无明為二无明實性即是明明
亦不可取離一切數於其中平等无二者是為
入不二法門
喜見菩薩曰色色空為二色即是空非色滅
空色性自空如是受想行識識空為二識即是
空非識滅空識性自空於其中而通達者是
為入不二法門
明相菩薩曰四種異空種異為二四種性即
是空種性如前際後際空故中際亦空若能
如是知諸種性者是為入不二法門
妙意菩薩曰眼色為二若知眼性於色不貪
不恚不癡是名寂滅如是耳聲鼻香舌味身
觸意法為二若知意性於法不貪不恚不癡
是名寂滅安住其中是為入不二法門
无盡意菩薩曰布施迴向一切智為二布施
性即是迴向一切智性如是持戒忍辱精進
禪定智慧迴向一切智為二智慧性即是迴
向一切智性於其中入一相者是為入不二法門
深慧菩薩曰是空是无相是无作為二空即
无相无相即无作若空无相无作則无心意
識於一解脫門即是三解脫門者是為入不二
法門
寂根菩薩曰佛法衆為二佛即是法法即是
衆是三寶皆无為相與虛空等一切法亦尒
能隨此行者是為入不二法門

BD05126號　維摩詰所說經卷中　（27–24）

无相无相即无作若空无相无作則无心意
識於一解脫門即是三解脫門者是為入不二
法門
寂根菩薩曰佛法衆為二佛即是法法即是
衆是三寶皆无為相與虛空等一切法亦尒
能隨此行者是為入不二法門
心无㝵菩薩曰身滅為二身即是身滅所以
者何見身實相者不起見身及滅身身與滅身
无二无分別於其中不驚不懼者是為入不二法門
上善菩薩曰身口意善為二是三業皆无作
相身无作相即口无作相口无作相即意无作
相是三業无作相即一切法无作相能如是
隨无作慧者是為入不二法門
福田菩薩曰福行罪行不動行為二三行實
性即是空空則无福行无罪行无不動行於
此三行而不起者是為入不二法門
華嚴菩薩曰從我起二為二見我實相者不
起二法若不住二法則无有識无所識者是
為入不二法門
德藏菩薩曰有所得相為二若无所得則无
取捨无取捨者是為入不二法門
月上菩薩曰闇與明為二无闇无明則无有
二所以者何如入滅受想定无闇无明一切法
相亦復如是於其中平等入者是為入不二法門
寶印手菩薩曰樂涅槃不樂世間為二若不
樂涅槃不厭世間則无有二所以者何若有

BD05126 號　維摩詰所說經卷中　（27–25）

月上菩薩曰闇與明為二无闇无明則无有
二所以者何如入滅受想定无闇无明一切法
相亦復如是於其中平等入者是為入不二法門
寶印手菩薩曰樂涅槃不樂世間為二若不
樂涅槃不厭世間則无有二所以者何若有
縛則有解若本无縛其誰求解无縛无解則
无樂厭是為入不二法門
珠頂王菩薩曰正道耶道為二住正道者則
不分別是耶是正離此二者是為入不二法門
樂實菩薩曰實不實為二實見者尚不見實
何況非實所以者何非肉眼所見慧眼乃見而
此慧眼无見无不見是為入不二法門
如是諸菩薩各各說已問文殊師利何等是
菩薩入不二法門文殊師利曰如我意者於一切
法无言无說无示无識離諸問荅是為入不
二法門於是文殊師利問維摩詰我等各自
說已仁者當說何等是菩薩入不二法門時
維摩詰嘿然无言文殊師利歎曰善哉善哉
乃至无有文字語言是真入不二法門說是
入不二法門時於此衆中五千菩薩皆入不二法
門得无生法忍

維摩詰經卷中

BD05126 號　維摩詰所說經卷中　（27–26）

此慧眼无見无不見是為入不二法門
如是諸菩薩各各說已問文殊師利何等是
菩薩入不二法門文殊師利曰如我意者於一切
法无言无說无示无識離諸問荅是為入不
二法門於是文殊師利問維摩詰我等各自
說已仁者當說何等是菩薩入不二法門時
維摩詰嘿然无言文殊師利歎曰善哉善哉
乃至无有文字語言是真入不二法門說是
入不二法門時於此衆中五千菩薩皆入不二法
門得无生法忍

維摩詰經卷中

BD05126號　維摩詰所說經卷中　（27–27）

天上諸宮殿　上中下差別　衆寶華莊嚴　聞香悉能知
天園林勝殿　諸觀妙法堂　在中而娛樂　聞香悉能知
諸天若聽法　或受五欲時　來往行坐卧　聞香悉能知
天女所著衣　好華香莊嚴　周旋遊戲時　聞香悉能知
如是展轉上　乃至於梵世　入禪出禪者　聞香悉能知
光音遍淨天　乃至于有頂　初生及退沒　聞香悉能知
諸比丘衆等　於法常精進　若坐若經行　及讀誦經法
或在林樹下　專精而坐禪　持經者聞香　悉知其所在
菩薩志堅固　坐禪若讀誦　或為人說法　聞香悉能知
在在方世尊　一切所恭敬　愍衆而說法　聞香悉能知
衆生在佛前　聞經皆歡喜　如法而脩行　聞香悉能知
雖未得菩薩　无漏法生鼻　而是持經者　先得此鼻相
復次常精進若善男子善女人受持是經若
讀若誦若解說若書寫得千二百舌功德若
好若醜若美不美及諸苦澀物在其舌根皆
變成上味如天甘露无不美者若以舌根於
大衆中有所演說出深妙聲能入其心皆令
歡喜快樂又諸天子天女釋梵諸天聞是深
妙音聲有所演說言論次第皆悉來聽及諸
龍龍女夜叉夜叉女乾闥婆乾闥婆女阿脩

BD05127號　妙法蓮華經卷六　（3–1）

好若醜若美不美及諸苦澀物在其舌根皆
變成上味如天甘露无不美者若以舌根於
大衆中有所演說出深妙聲能入其心皆令
歡喜快樂又諸天子天女釋梵諸天聞是深
妙音聲有所演說言論次第皆悉來聽及諸
龍龍女夜叉夜叉女乾闥婆乾闥婆女阿脩
羅阿脩羅女迦樓羅迦樓羅女緊那羅緊那
羅女摩睺羅伽摩睺羅伽女為聽法故皆來
親近恭敬供養及比丘比丘尼優婆塞優婆
夷國王王子羣臣眷屬小轉輪王大轉輪王
七寶千子內外眷屬乘其宮殿俱來聽法以
是菩薩善說法故婆羅門居士國內人民盡
其形壽隨侍供養又諸聲聞辟支佛菩薩諸
佛常樂見之是人所在方面諸佛皆向其處
說法悉能受持一切佛法又能出於深妙法
音尒時世尊欲重宣此義而說偈言
是人舌根淨　終不受惡味　其有所食噉　悉皆成甘露
以深淨妙聲　於大衆說法　以諸因緣喻　引導衆生心
聞者皆歡喜　設諸上供養　諸天龍夜叉　及阿脩羅等
皆以恭敬心　而共來聽法　是說法之人　若欲以妙音
遍滿三千界　隨意即能至　大小轉輪王　及千子眷屬
合掌恭敬心　常來聽受法　諸天龍夜叉　羅剎毗舍闍
亦以歡喜心　常樂來供養　梵天王魔王　自在大自在
如是諸天衆　常來至其所　諸佛及弟子　聞其說法音

BD05127號　妙法蓮華經卷六　（3–2）

遍滿三千界　隨意即能至　大小轉輪王　及千子眷屬
合掌恭敬心　常來聽受法　諸天龍夜叉　羅剎毗舍闍
亦以歡喜心　常樂來供養　梵天王魔王　自在大自在
如是諸天衆　常來至其所　諸佛及弟子　聞其說法音
常念而守護　或時為現身
復次常精進若善男子善女人受持是經若
讀若誦若解說若書寫得八百身功德得清
淨身如淨瑠璃衆生喜見其身淨故三千大
千世界衆生生時死時上下好醜生善處惡處
悉於中現及鐵圍山大鐵圍山彌樓山摩訶彌
樓山等諸山及其中衆生悉於中現下至阿
鼻地獄上至有頂所有及衆生悉於中現若
聲聞辟支佛菩薩諸佛說法皆於身中現其
色像尒時世尊欲重宣此義而說偈言
若持法華者　其身甚清淨　如彼淨琉璃　衆生皆喜見
又如淨明鏡　悉見諸色像　菩薩於淨身　皆見世所有
唯獨自明了　餘人所不見　三千世界中　一切諸羣萌
天人阿脩羅　地獄鬼畜生　如是諸色像　皆於身中現
諸天等宮殿　乃至於有頂　鐵圍及彌樓　摩訶彌樓山
諸大海水等　皆於身中現　諸佛及聲聞　佛子菩薩等
若獨若在衆　說法悉皆現　雖未得无漏　法性之妙身
以清淨常體　一切於中現

BD05127號　妙法蓮華經卷六　（3–3）

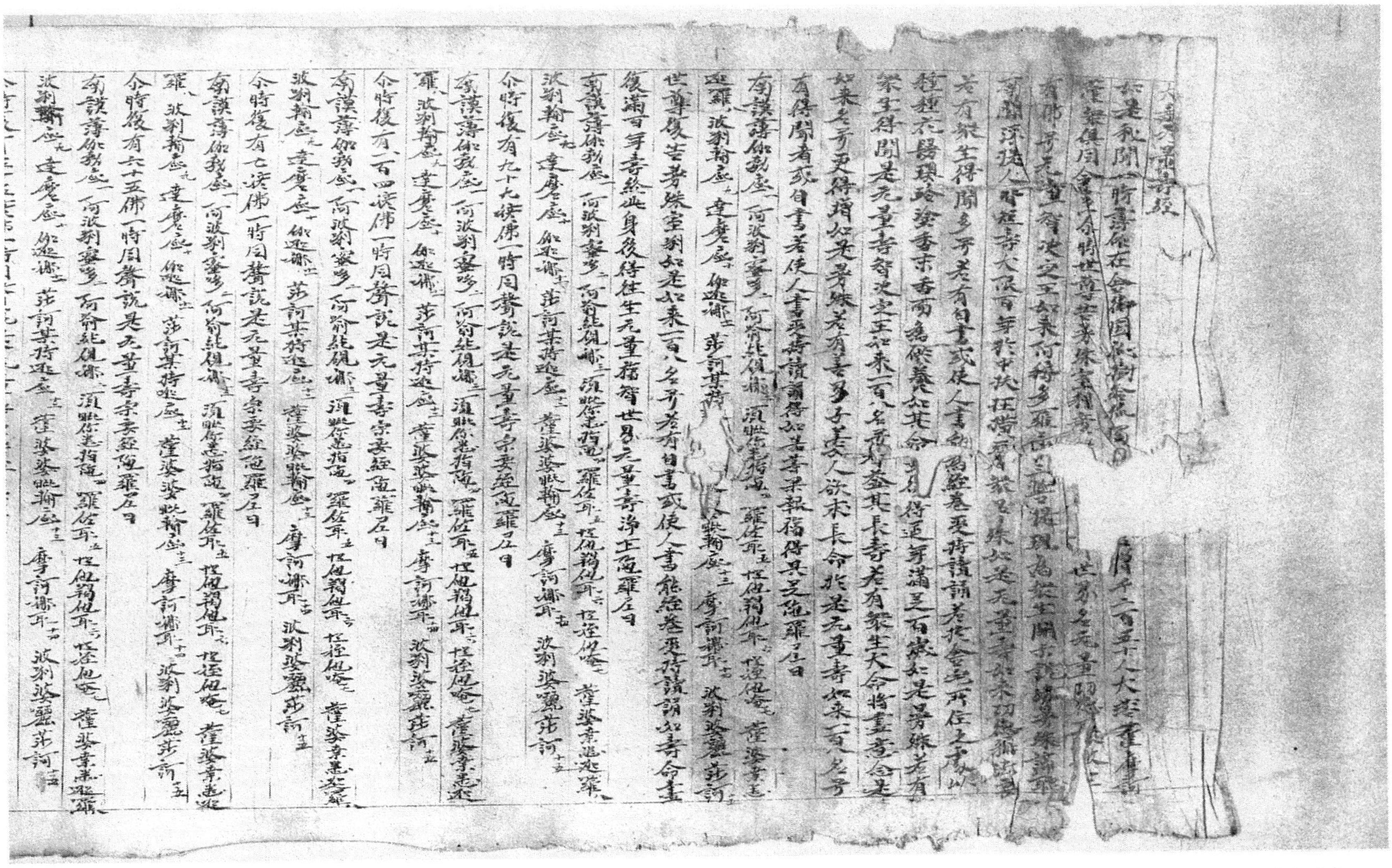

BD05128 號　無量壽宗要經　　（5–1）

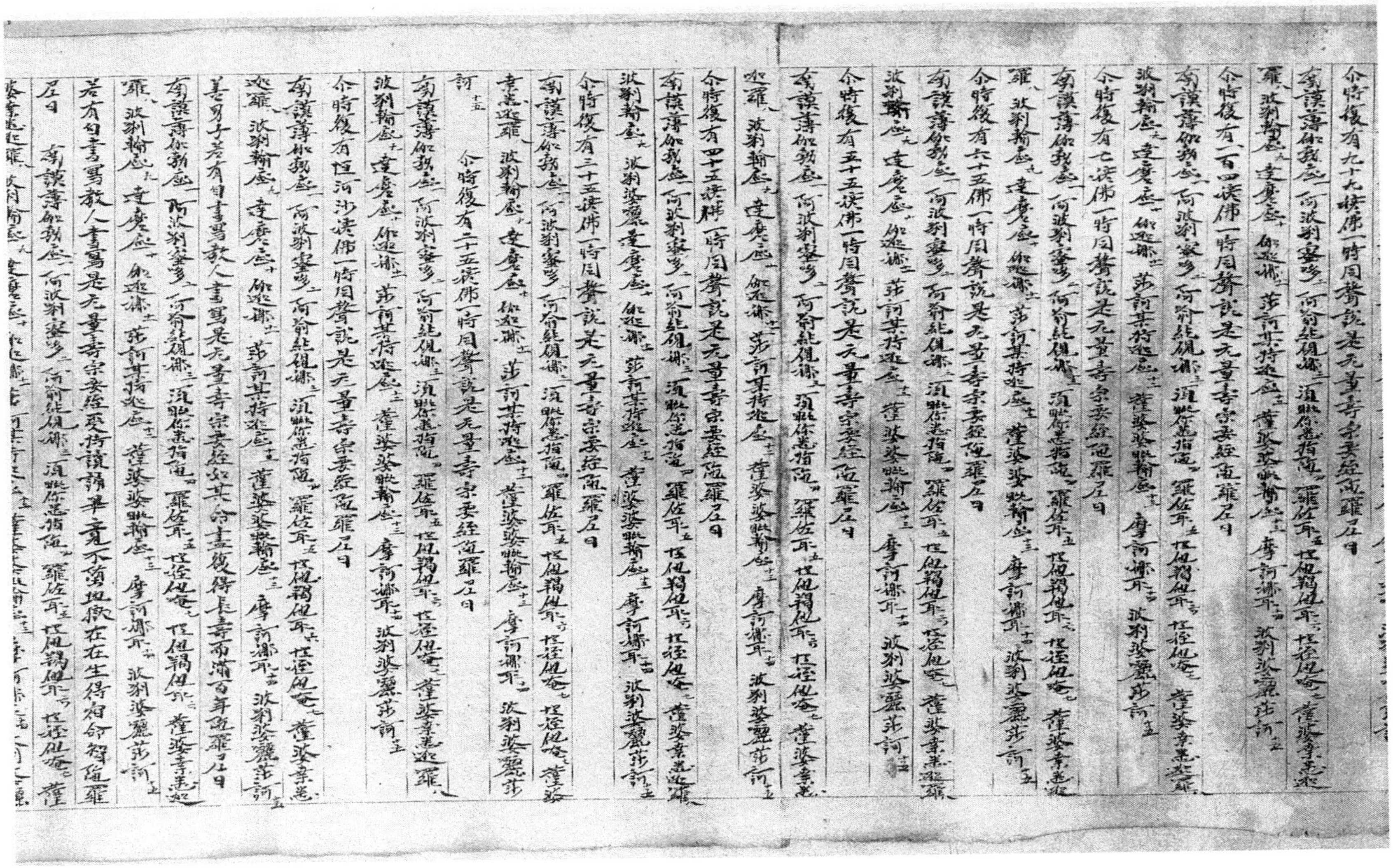

BD05128 號　無量壽宗要經　　（5–2）

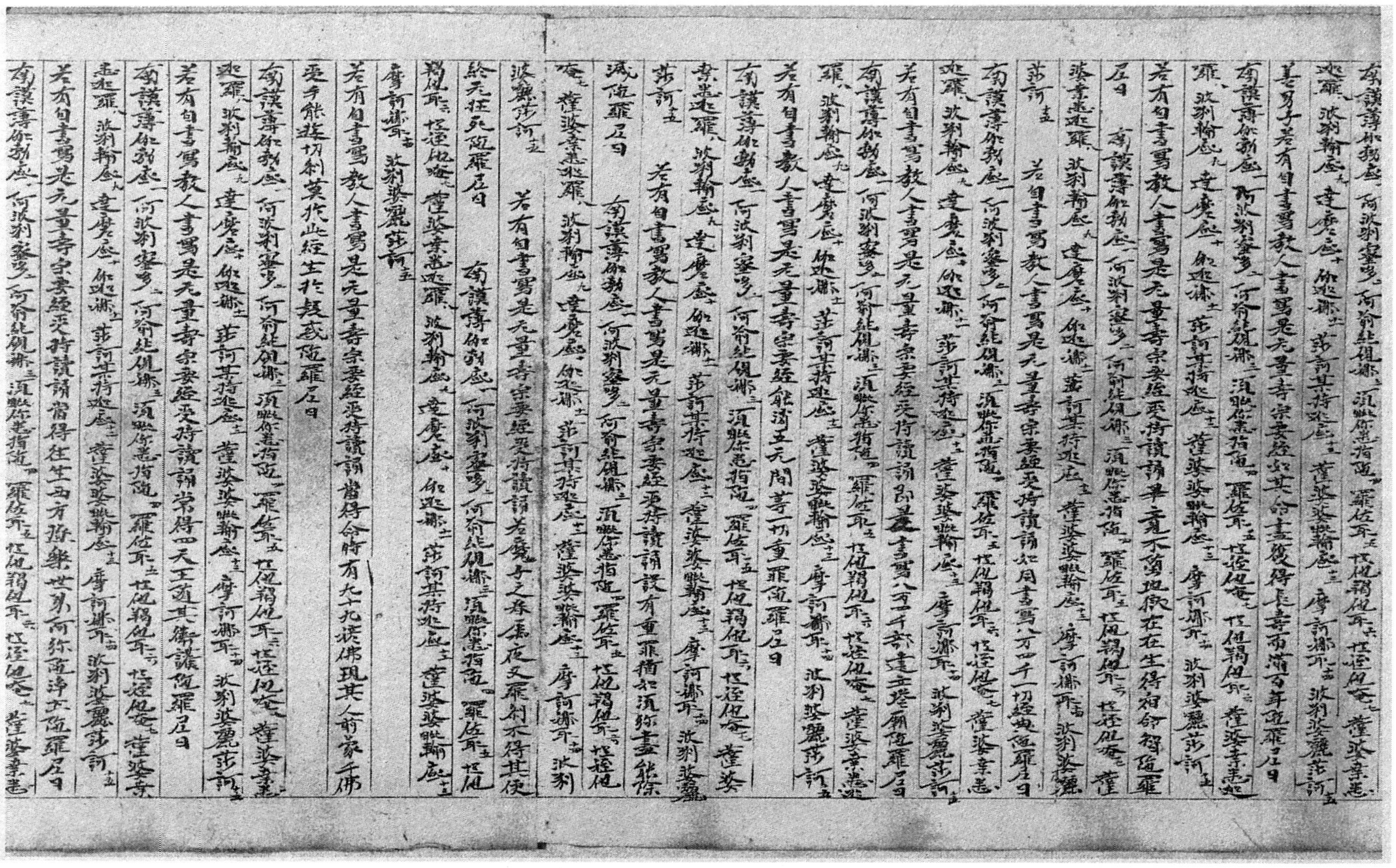

BD05128號　無量壽宗要經　（5–3）

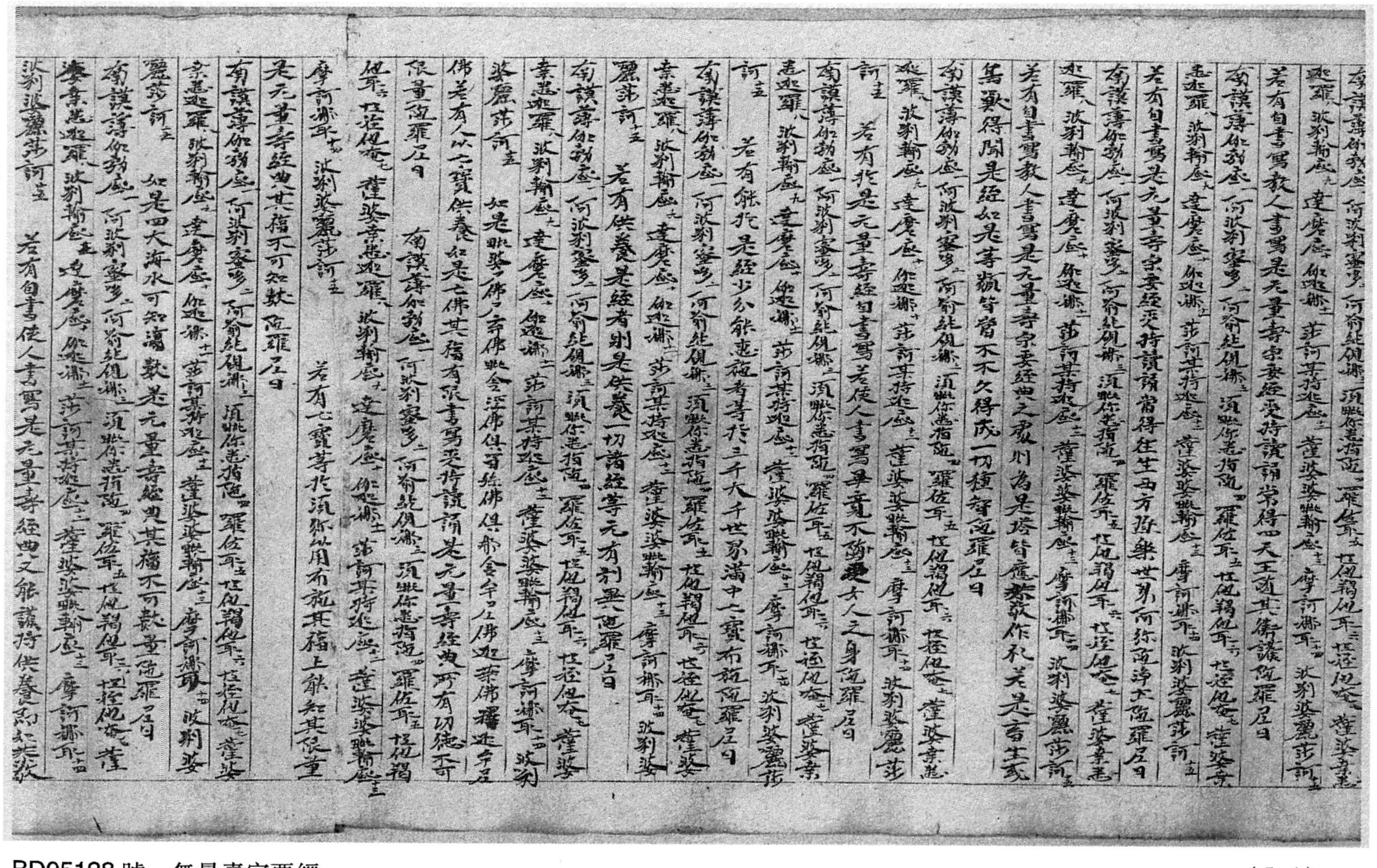

BD05128號　無量壽宗要經　（5–4）

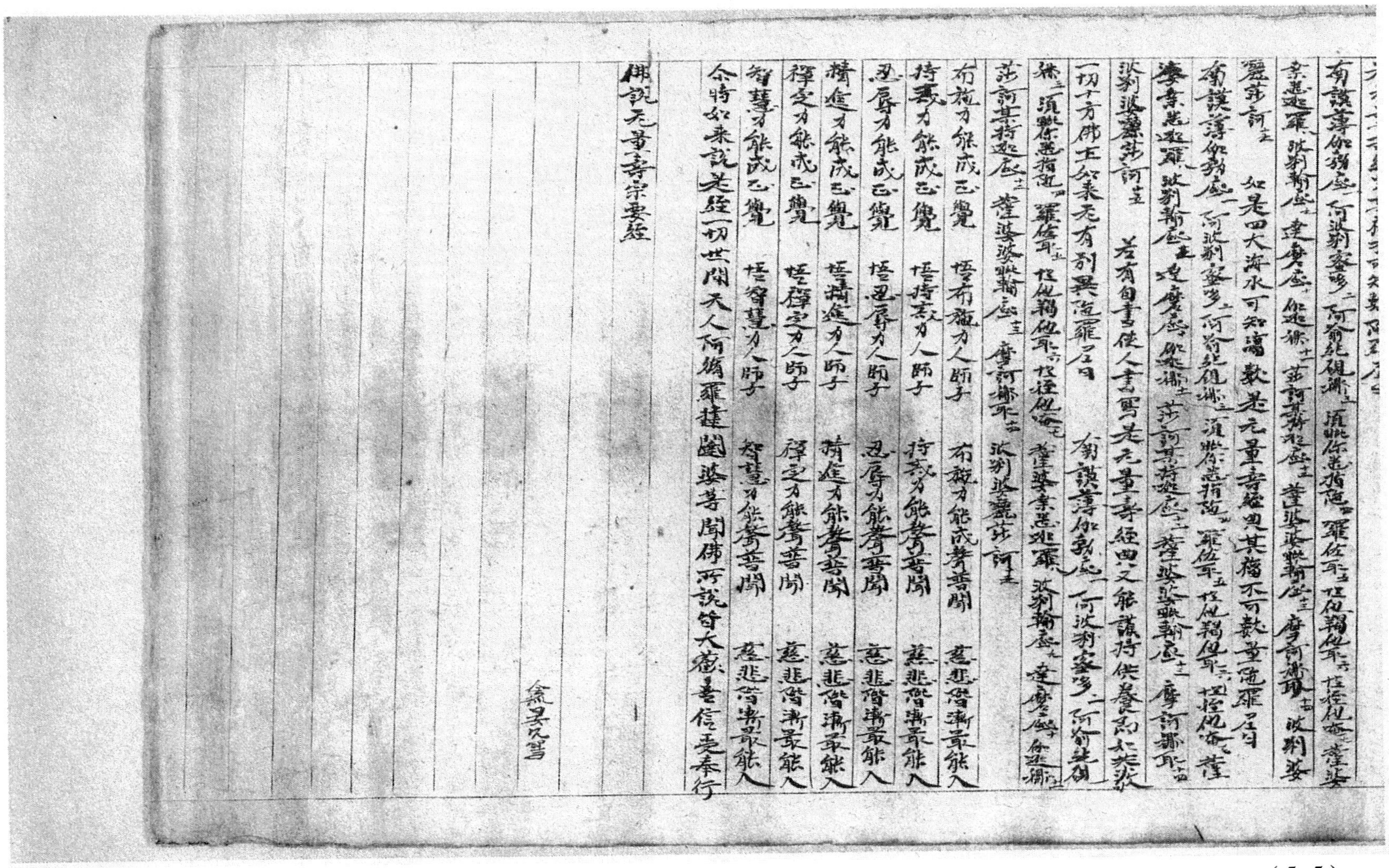

[illegible]

南謨薄伽勃底一 阿波唎蜜多二 阿諭紇硯那三 須毗你悉指陀四 囉佐耶五 怛他羯他耶六 怛姪他七 薩婆

桑悉迦囉八 波唎輸底九 達磨底十 伽迦那十一 莎訶摩訥伽底十二 薩婆婆毗輸底十三 摩訶娜耶十四 波唎婆

囉莎訶十五 如是四大海水可知滴數 是無量壽經[illegible]其福不可數量 陀羅尼曰

南謨薄伽勃底一 阿波唎蜜多二 阿諭紇硯那三 須毗你悉指陀四 囉佐耶五 怛他羯他耶六 怛姪他七 薩

婆桑悉迦囉八 波唎輸底九 達磨底十 伽迦那十一 莎訶摩訥伽底十二 薩婆婆毗輸底十三 摩訶娜耶十四

波唎婆囉莎訶十五 若有自書使人書寫是無量壽經四之能讀持供養尊如於

一切十方佛土如來無有別異 陀羅尼曰 南謨薄伽勃底一 阿波唎蜜多二 阿諭紇硯

那三 須毗你悉指陀四 囉佐耶五 怛他羯他耶六 怛姪他七 薩婆桑悉迦囉八 波唎輸底九 達磨底十 伽迦那十一

莎訶摩訥伽底十二 薩婆婆毗輸底十三 摩訶娜耶十四 波唎婆囉莎訶十五

布施力能成正覺 悟布施力人師子 布施力能成聲普聞 慈悲階漸最能入

持戒力能成正覺 悟持戒力人師子 持戒力能聲普聞 慈悲階漸最能入

忍辱力能成正覺 悟忍辱力人師子 忍辱力能聲普聞 慈悲階漸最能入

精進力能成正覺 悟精進力人師子 精進力能聲普聞 慈悲階漸最能入

禪定力能成正覺 悟禪定力人師子 禪定力能聲普聞 慈悲階漸最能入

智慧力能成正覺 悟智慧力人師子 智慧力能聲普聞 慈悲階漸最能入

尒時如來說是經一切世間天人阿脩羅揵闥婆等聞佛所說皆大歡喜信受奉行

佛說無量壽宗要經

[illegible]晏兒寫

BD05128 號　無量壽宗要經　　（5–5）

BD05128 號背　勘記　　（1–1）

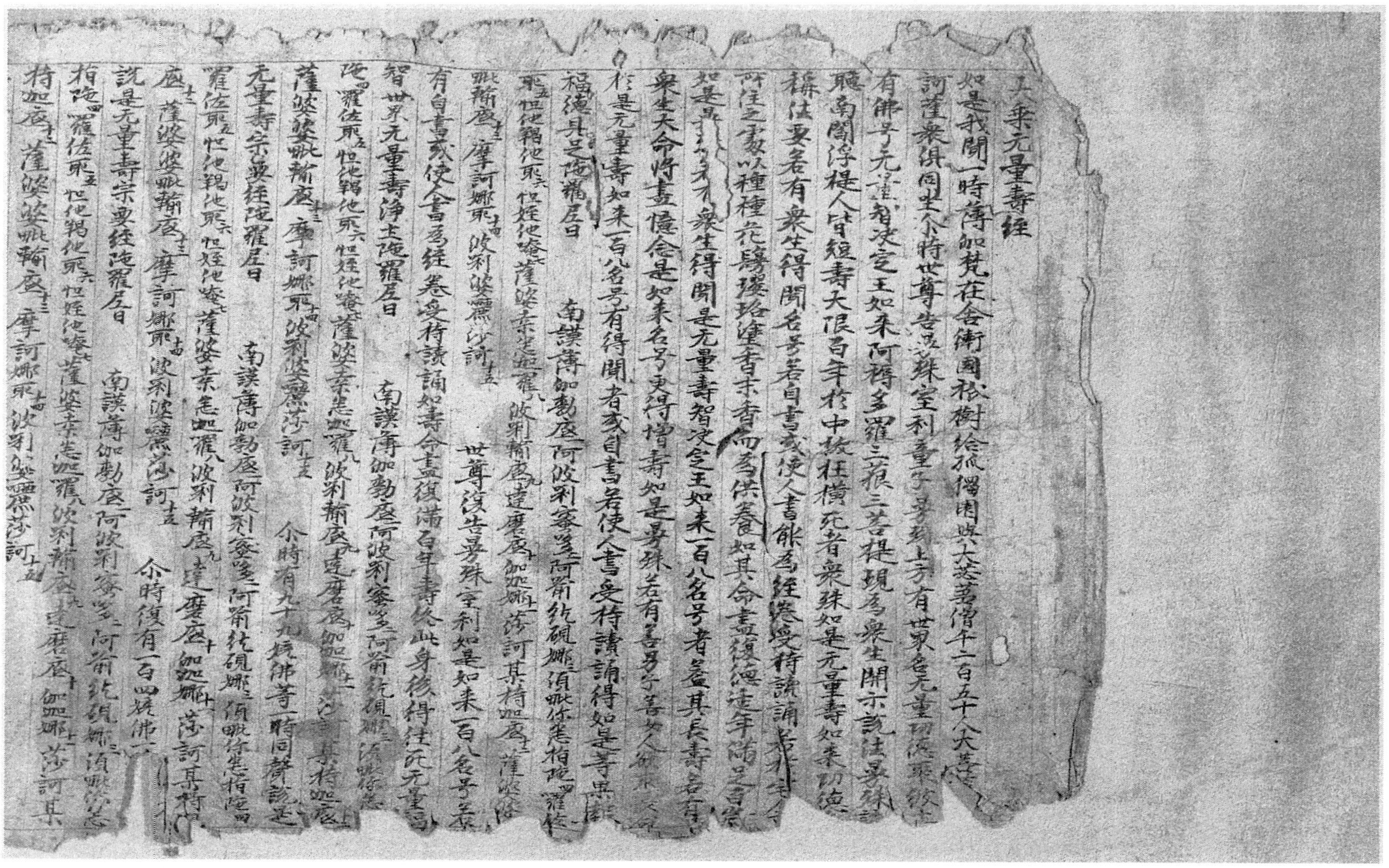

BD05129 號　無量壽宗要經　（2–1）

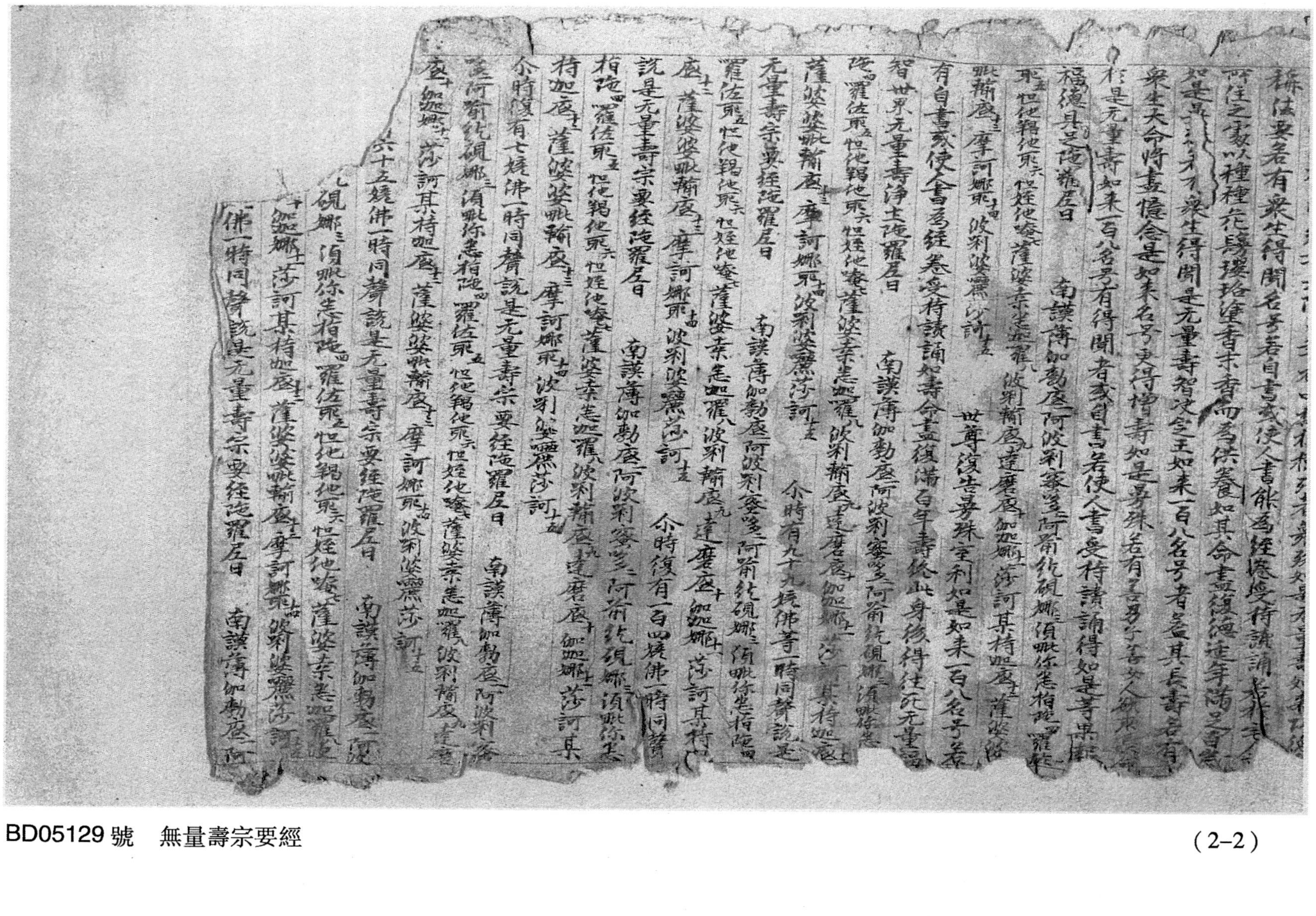

BD05129 號　無量壽宗要經　（2–2）

觸法處有罪無罪增語此增語既非有如何
可言即色處若有罪若無罪增語是菩薩摩
訶薩即聲香味觸法處若有罪若無罪增語
是菩薩摩訶薩善現汝復觀何義言即色處
若有煩惱若無煩惱增語非菩薩摩訶薩即
聲香味觸法處若有煩惱若無煩惱增語非
菩薩摩訶薩耶世尊若色處有煩惱無煩惱
若聲香味觸法處有煩惱無煩惱尚畢竟不
可得性非有故況有色處有煩惱無煩惱增
語及聲香味觸法處有煩惱無煩惱增語此
增語既非有如何可言即色處若有煩惱若
無煩惱增語是菩薩摩訶薩即聲香味觸法
處若有煩惱若無煩惱增語是菩薩摩訶薩
善現汝復觀何義言即色處若世間若出世
間增語非菩薩摩訶薩即聲香味觸法處若
世間若出世間增語非菩薩摩訶薩耶世尊
若色處世間出世間若聲香味觸法處世間

BD05130號　大般若波羅蜜多經卷二四　（8–1）

無煩惱增語是菩薩摩訶薩即聲香味觸法
處若有煩惱若無煩惱增語是菩薩摩訶薩
善現汝復觀何義言即色處若世間若出世
間增語非菩薩摩訶薩即聲香味觸法處若
世間若出世間增語非菩薩摩訶薩耶世尊
若色處世間出世間若聲香味觸法處世間
出世間尚畢竟不可得性非有故況有色處
世間出世間增語及聲香味觸法處世間出
世間增語此增語既非有如何可言即色處
若世間若出世間增語是菩薩摩訶薩即聲
香味觸法處若世間若出世間增語是菩薩
摩訶薩善現汝復觀何義言即色處若雜染
若清淨增語非菩薩摩訶薩即聲香味觸法
處若雜染若清淨增語非菩薩摩訶薩耶世
尊若色處雜染清淨若聲香味觸法處雜染
清淨尚畢竟不可得性非有故況有色處雜
染清淨增語及聲香味觸法處雜染清淨增
語此增語既非有如何可言即色處若雜染
若清淨增語是菩薩摩訶薩即聲香味觸法
處若雜染若清淨增語是菩薩摩訶薩善現
汝復觀何義言即色處若屬生死若屬涅槃
增語非菩薩摩訶薩即聲香味觸法處若屬
生死若屬涅槃增語非菩薩摩訶薩耶世尊
若色處屬生死屬涅槃若聲香味觸法處屬
生死屬涅槃尚畢竟不可得性非有故況有
色處屬生死屬涅槃增語及聲香味觸法處

BD05130號　大般若波羅蜜多經卷二四　（8–2）

增語非菩薩摩訶薩即聲香味觸法處若屬
生死若屬涅槃增語非菩薩摩訶薩耶世尊
若色處屬生死屬涅槃若聲香味觸法處屬
生死屬涅槃尚畢竟不可得性非有故況有
色處屬生死屬涅槃增語及聲香味觸法處
屬生死屬涅槃增語此增語既非有如何可
言即色處若屬生死若屬涅槃增語是菩薩
摩訶薩即聲香味觸法處若屬生死若屬涅
槃增語是菩薩摩訶薩善現汝復觀何義言
即色處若在內若在外若在兩間增語非菩
薩摩訶薩即聲香味觸法處若在內若在外
若在兩間增語非菩薩摩訶薩耶世尊若色
處在內在外在兩間若聲香味觸法處在內在
外在兩間尚畢竟不可得性非有故況有色
處在內在外在兩間增語及聲香味觸法處
在內在外在兩間增語此增語既非有如何
可言即色處若在內若在外若在兩間增語
是菩薩摩訶薩即聲香味觸法處若在內若
在外若在兩間增語是菩薩摩訶薩善現汝
復觀何義言即色處若可得若不可得增語
非菩薩摩訶薩即聲香味觸法處若可得若
不可得增語非菩薩摩訶薩耶世尊若色處
可得不可得若聲香味觸法處可得不可得
尚畢竟不可得性非有故況有色處可得不
可得增語及聲香味觸法處可得不可得增

BD05130號　大般若波羅蜜多經卷二四　（8–3）

非菩薩摩訶薩即聲香味觸法處若可得若
不可得增語非菩薩摩訶薩耶世尊若色處
可得不可得若聲香味觸法處可得不可得
尚畢竟不可得性非有故況有色處可得不
可得增語及聲香味觸法處可得不可得增
語此增語既非有如何可言即色處若可得若
不可得增語是菩薩摩訶薩即聲香味觸法
處若可得若不可得增語是菩薩摩訶薩
復次善現汝觀何義言即眼界增語非菩薩
摩訶薩即耳鼻舌身意界增語非菩薩摩訶
薩耶具壽善現答言世尊若眼界若耳鼻舌
身意界尚畢竟不可得性非有故況有眼界
增語及耳鼻舌身意界增語此增語既非有
如何可言即眼界增語是菩薩摩訶薩即耳
鼻舌身意界增語是菩薩摩訶薩善現汝復
觀何義言即眼界若常若無常增語非菩薩
摩訶薩即耳鼻舌身意界若常若無常增語
非菩薩摩訶薩耶世尊若眼界常無常若耳
鼻舌身意界常無常尚畢竟不可得性非有
故況有眼界常無常增語及耳鼻舌身意界
常無常增語此增語既非有如何可言即眼
界若常若無常增語是菩薩摩訶薩即耳鼻
舌身意界若常若無常增語是菩薩摩訶薩
善現汝復觀何義言即眼界若樂若苦增語
非菩薩摩訶薩即耳鼻舌身意界若樂若苦
增語非菩薩摩訶薩耶世尊若眼界樂苦

BD05130號　大般若波羅蜜多經卷二四　（8–4）

界若常若無常增語是菩薩摩訶薩即耳鼻
舌身意界若常若無常增語是菩薩摩訶薩
善現汝復觀何義言即眼界若樂若苦增語
非菩薩摩訶薩即耳鼻舌身意界若樂若苦
增語非菩薩摩訶薩耶世尊若眼界樂苦若
耳鼻舌身意界樂苦尚畢竟不可得性非有
故況有眼界樂苦增語及耳鼻舌身意界樂
苦增語此增語既非有如何可言即眼界若
樂若苦增語是菩薩摩訶薩即耳鼻舌身意
界若樂若苦增語是菩薩摩訶薩善現汝復
觀何義言即眼界若我若無我增語非菩薩
摩訶薩即耳鼻舌身意界若我若無我增語
非菩薩摩訶薩耶世尊若眼界我無我若耳
鼻舌身意界我無我尚畢竟不可得性非有
故況有眼界我無我增語及耳鼻舌身意界
我無我增語此增語既非有如何可言即眼
界若我若無我增語是菩薩摩訶薩即耳鼻
舌身意界若我若無我增語是菩薩摩訶薩
善現汝復觀何義言即眼界若淨若不淨增
語非菩薩摩訶薩即耳鼻舌身意界若淨若
不淨增語非菩薩摩訶薩耶世尊若眼界淨
不淨若耳鼻舌身意界淨不淨尚畢竟不可
得性非有故況有眼界淨不淨增語及耳鼻
舌身意界淨不淨增語此增語既非有如何
可言即眼界若淨若不淨增語是菩薩摩訶
薩即耳鼻舌身意界若淨若不淨增語是菩

BD05130號　大般若波羅蜜多經卷二四

（8–5）

不淨增語非菩薩摩訶薩耶世尊若眼界淨
不淨若耳鼻舌身意界淨不淨尚畢竟不可
得性非有故況有眼界淨不淨增語及耳鼻
舌身意界淨不淨增語此增語既非有如何
可言即眼界若淨若不淨增語是菩薩摩訶
薩即耳鼻舌身意界若淨若不淨增語是菩
薩摩訶薩善現汝復觀何義言即眼界若空
若不空增語非菩薩摩訶薩即耳鼻舌身意
界若空若不空增語非菩薩摩訶薩耶世尊
若眼界空不空若耳鼻舌身意界空不空尚
畢竟不可得性非有故況有眼界空不空增
語及耳鼻舌身意界空不空增語此增語既
非有如何可言即眼界若空若不空增語是
菩薩摩訶薩即耳鼻舌身意界若空若不空
增語是菩薩摩訶薩善現汝復觀何義言即
眼界若有相若無相增語非菩薩摩訶薩即
耳鼻舌身意界若有相若無相增語非菩薩
摩訶薩耶世尊若眼界有相無相若耳鼻舌
身意界有相無相尚畢竟不可得性非有故
況有眼界有相無相增語及耳鼻舌身意界
有相無相增語此增語既非有如何可言即
眼界若有相若無相增語是菩薩摩訶薩即
耳鼻舌身意界若有相若無相增語是菩薩
摩訶薩善現汝復觀何義言即眼界若有願
若無願增語非菩薩摩訶薩即耳鼻舌身意
界若有願若無願增語非菩薩摩訶薩耶世

BD05130號　大般若波羅蜜多經卷二四

（8–6）

眼界若有相若無相增語是菩薩摩訶薩即
耳鼻舌身意界若有相若無相增語是菩薩
摩訶薩善現汝復觀何義言即眼界若有願
若無願增語非菩薩摩訶薩即耳鼻舌身意
界若有願若無願增語非菩薩摩訶薩耶世
尊若眼界有願無願若耳鼻舌身意界有願
無願尚畢竟不可得性非有故況有眼界有
願無願增語及耳鼻舌身意界有願無願增
語此增語既非有如何可言即眼界若有願
若無願增語是菩薩摩訶薩即耳鼻舌身意
界若有願若無願增語是菩薩摩訶薩善現
汝復觀何義言即眼界若寂靜若不寂靜增
語非菩薩摩訶薩即耳鼻舌身意界若寂靜
若不寂靜增語非菩薩摩訶薩耶世尊若眼
界寂靜不寂靜若耳鼻舌身意界寂靜
不寂靜尚畢竟不可得性非有故況有眼
界寂靜不寂靜增語及耳鼻舌身意界寂
靜不寂靜增語此增語既非有如何可言
即眼界若寂靜若不寂靜增語是菩薩摩訶
薩即耳鼻舌身意界若寂靜若不寂靜增語
是菩薩摩訶薩善現汝復觀何義言即眼界
若遠離若不遠離增語非菩薩摩訶薩即耳
鼻舌身意界若遠離若不遠離增語非菩薩
摩訶薩耶世尊若眼界遠離不遠離若耳鼻
舌身意界遠離不遠離尚畢竟不可得性非
有故況有眼界遠離不遠離增語及耳鼻舌

BD05130號　大般若波羅蜜多經卷二四　（8–7）

薩即耳鼻舌身意界若寂靜若不寂靜增語
是菩薩摩訶薩善現汝復觀何義言即眼界
若遠離若不遠離增語非菩薩摩訶薩即耳
鼻舌身意界若遠離若不遠離增語非菩薩
摩訶薩耶世尊若眼界遠離不遠離若耳鼻
舌身意界遠離不遠離尚畢竟不可得性非
有故況有眼界遠離不遠離增語及耳鼻舌
身意界遠離不遠離增語此增語既非有如
何可言即眼界若遠離若不遠離增語是菩
薩摩訶薩即耳鼻舌身意界若遠離若不遠
離增語是菩薩摩訶薩

大般若波羅蜜多經卷第廿四

BD05130號　大般若波羅蜜多經卷二四　（8–8）

調伏心是愚人法若住調伏
故菩薩不當住於調伏心不
是菩薩行在於生死不爲汙
永滅度是菩薩行非凡夫行非
薩行非垢行非淨行是菩薩行雖
現降衆魔是菩薩行求一切智无非
菩薩行雖觀諸法不生而不入正位
行雖觀十二緣起而入諸耶見是菩
攝一切衆生而不愛著是菩薩行雖樂
而不依身心盡是菩薩行雖行三界而不壞
法性是菩薩行雖行於空而殖衆德本是菩
薩行雖行无相而度衆生是菩薩行雖行无
作而現受身是菩薩行雖行无起而起一切
善行是菩薩行雖行六波羅蜜而遍知衆生
心心數法是菩薩行雖行六通而不盡漏是
菩薩行雖行四无量心而不貪著生於梵世
是菩薩行雖行禪定解脫三昧而不隨禪生
是菩薩行雖行四念處而不畢竟永離身受
心法是菩薩行雖行四正勤而不捨身心精進
是菩薩行雖行四如意足而得自在神通是菩
薩行雖行五根而分別衆生諸根利鈍是菩
薩行雖行五力而樂求佛十力是菩薩行雖

BD05131號　維摩詰所說經卷中　（3–1）

是菩薩行雖行禪定解脫三昧而不隨禪生
是菩薩行雖行四念處而不畢竟永離身受
心法是菩薩行雖行四正勤而不捨身心精進
是菩薩行雖行四如意足而得自在神通是菩
薩行雖行五根而分別衆生諸根利鈍是菩
薩行雖行五力而樂求佛十力是菩薩行雖
行七覺分而分別佛之智慧是菩薩行雖行
八正道而樂行无量佛法是菩薩行雖行止
觀助道之法而不畢竟墮於寂滅是菩薩行
雖行諸法不生不滅而以相好莊嚴其身是
菩薩行雖現聲聞辟支佛威儀而不捨佛法
是菩薩行雖隨諸法究竟淨相而隨所應爲
現其身是菩薩行雖觀諸佛國土永寂如空
而現種種清淨佛土是菩薩行雖得佛道轉
于法輪入於涅槃而不捨於菩薩之道是菩薩
行說是語時文殊師利所將大衆其中八
千天子皆發阿耨多羅三藐三菩提心
不思議品第六
尒時舍利弗見此室中无有牀座作是念斯
諸菩薩大弟子衆當於何坐長者維摩詰知
其意語舍利弗言云何仁者爲法來耶求牀
座耶舍利弗言我爲法來非爲牀座維摩詰
言唯舍利弗夫求法者不貪軀命何況牀座
夫求法者非有色受想行識之求非有界入
之求非有欲色无色之求唯舍利弗夫求法
者不著佛求不著法求不著衆求夫求法者

BD05131號　維摩詰所說經卷中　（3–2）

座耶舍利弗言我爲法來非爲牀座維摩詰
言唯舍利弗夫求法者不貪軀命何况牀座
夫求法者非有色受想行識之求非有界入
之求非有欲色无色之求唯舍利弗夫求法
者不着佛求不着法求不着衆求夫求法者
无見苦求无斷集求无造盡證脩道之求所
以者何法无戲論若言我當見苦斷集證滅
脩道是則戲論非求法也唯舍利弗法名寂
滅若行生滅是求生滅非求法也法名无染
若染於法乃至涅槃是則染着非求法也法
无行處若行於法是則行處非求法也法无
取捨若取捨法是則取捨非求法也法无處
所若着處所是則着處非求法也法名无相
若隨相識是則求相非求法也法不可住若
住於法是則住法非求法也法不可見聞覺
知若行見聞覺知是則見聞覺知非求法也
法名无爲若行有爲是求有爲非求法也是
故舍利弗若求法者於一切法應无所求說是
語時五百天子於諸法中得法眼淨
尒時長者維摩詰問文殊師
量千万億阿僧祇國
德成就師子

BD05131 號　維摩詰所說經卷中　（3–3）

波羅蜜因不知恩人成就菩薩尸波羅蜜如
因惡性瞋恚衆生成就菩薩忍波羅蜜因嬾
墯者成就菩薩毗梨耶波羅蜜因散亂人成就
菩薩禪波羅蜜因諸癡鈍成就菩薩般若波羅
蜜若有衆生損惱菩薩菩薩因此不起瞋心
菩薩若見脩行善法向菩提者生已身想猶我
子心菩薩摩訶薩若人讃歎不生歡喜毀不瞋恚
見苦衆生則起大悲若見受樂則生大喜若
因難化佷戾衆生菩薩則發奢摩他心因信行
者菩薩即得知恩智慧若見衆生外惡緣强善因
弱者菩薩則起擁護之心菩薩若見因力强者種
種方便令其受教菩薩若見智慧開悟解義
衆生則爲此人說甚深法若有智人菩薩則
爲次第說法着文字者爲說句義若已先學奢
摩他者菩薩爲說毗婆舍那若有先學毗婆舍
那則應爲彼說諸三昧若着持戒爲說地獄持
戒不着則不說之若有聞者爲說思脩着三昧
者說入般若樂阿蘭若即應爲說心遠離法若
有樂聞佛功德者爲說聖智爲貪欲者說不
淨法爲瞋恚人說慈悲法爲愚癡者說緣生

BD05132 號　勝天王般若波羅蜜經卷四　（2–1）

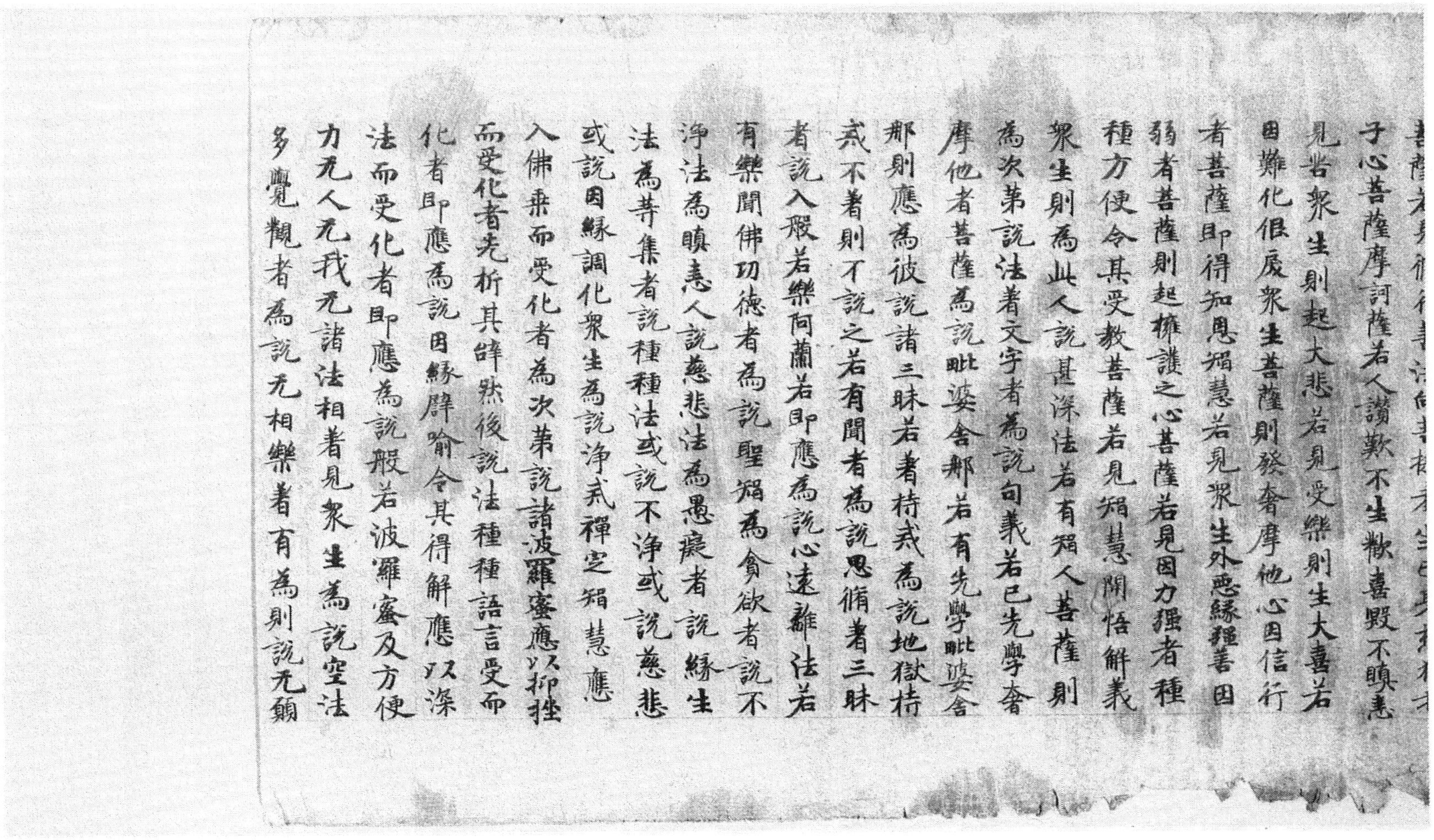

子心菩薩摩訶薩若人讚歎不生歡喜毀不瞋恚
見苦衆生則起大悲若見受樂則生大喜若
因難化佷戾衆生菩薩則發奢摩他心因信行
者菩薩即得知見智慧若見衆生外惡緣强善因
弱者菩薩則起擁護之心菩薩若見因力强者種
種方便令其受教菩薩若見智慧開悟解義
衆生則為此人說甚深法若有智人菩薩則
為次第說法著文字者為說句義若已先學奢
摩他者菩薩為說毗婆舍那若有先學毗婆舍
那則應為彼說諸三昧若著持戒為說地獄持
戒不著則不說之若有聞者為說思脩著三昧
者說入般若樂阿蘭若即應為說心遠離法若
有樂聞佛功德者為說聖智為貪欲者說不
淨法為瞋恚人說慈悲法為愚癡者說緣生
法為等集者說種種法或說不淨或說慈悲
或說因緣調化衆生為說淨戒禪定智慧應
入佛乘而受化者為次第說諸波羅蜜應以抑挫
而受化者先折其辟然後說法種種語言受而
化者即應為說因緣譬喻令其得解應以深
法而受化者即應為說般若波羅蜜及方便
力无人无我无諸法相著見衆生為說空法
多覺觀者為說无相樂著有為則說无願

BD05132號　勝天王般若波羅蜜經卷四　（2–2）

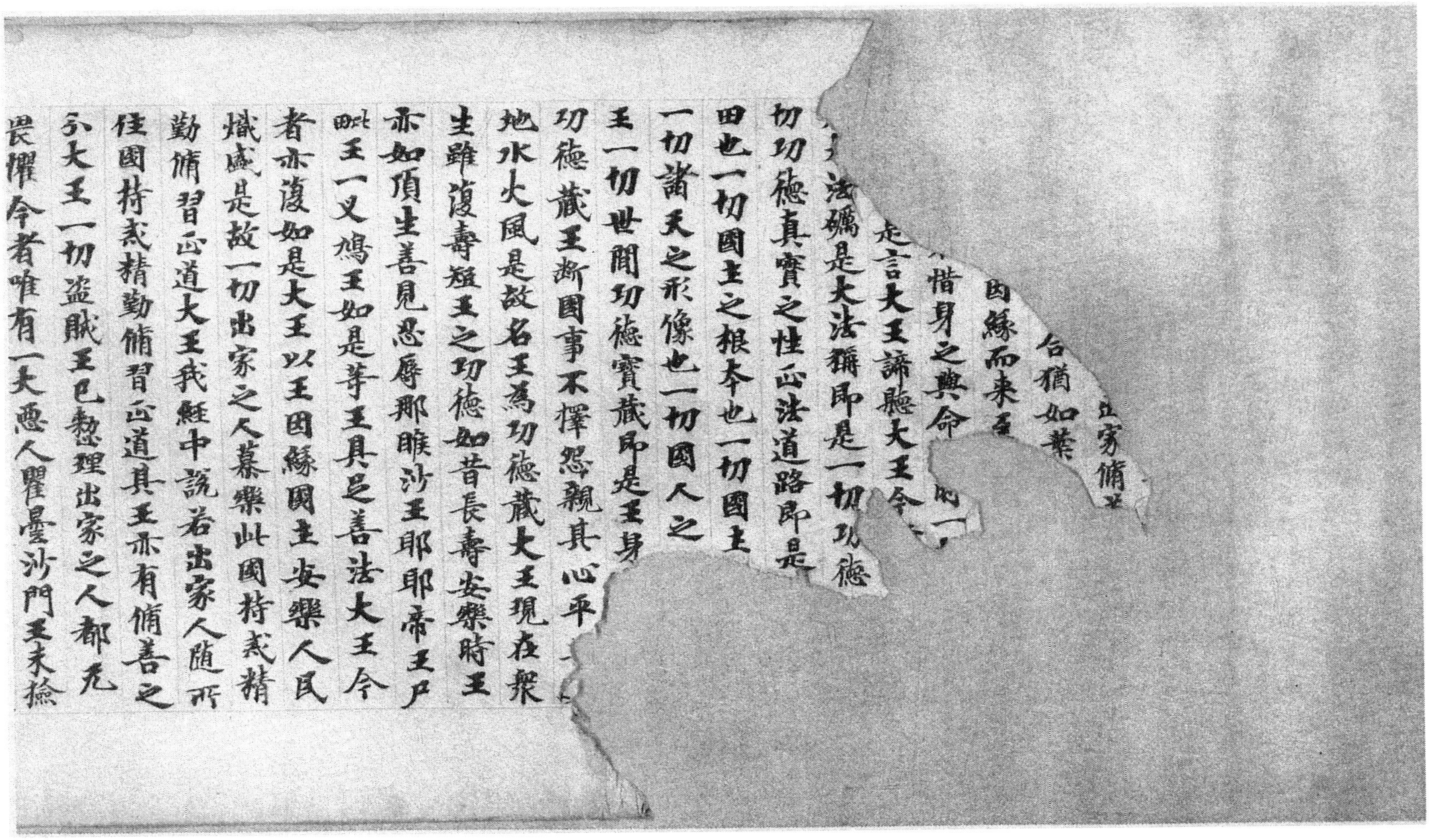

丘家脩
合猶如葉
因緣而來
惜身之與命
是言大王諦聽大王今
法礪是大法稱即是一切功德
切功德真實之性正法道路即是
田也一切國土之根本也一切國土
一切諸天之形像也一切國人之
王一切世間功德寶藏即是王身
功德藏王斷國事不擇怨親其心平
地水火風是故名王為功德藏大王現在衆
生雖復壽短王之功德如昔長壽安樂時王
亦如須生善見忍辱那睺沙王耶耶帝王尸
毗王一叉鳩王如是等王具足善法大王今
者亦復如是大王以王因緣國土安樂人民
熾盛是故一切出家之人慕樂此國持戒精
勤脩習正道大王我經中說若出家人隨所
住國持戒精勤脩習正道其王亦有脩善之
分大王一切盜賊王已整理出家之人都无
畏懼今者唯有一大惡人瞿曇沙門王未撿

BD05133號　大般涅槃經（北本　異卷）卷三八　（4–1）

者亦復如是大王以王因緣國主安樂人民
熾盛是故一切出家之人慕樂此國持戒精
勤脩習正道大王我經中說若出家人隨所
住國持戒精勤脩習正道其王亦有脩善之
分大王一切盜賊王已整理出家之人都无
畏懼今者唯有一大惡人瞿曇沙門王未撿
校我等甚畏其人自恃豪族種姓身色具足
又因過去布施之報多得供養恃此衆事生
大憍慢或因呪術而生憍慢以是因緣不能
苦行受畜細軟衣服卧具是故一切世間惡
人為利養故往集其所而為眷屬不能脩苦
呪術力故調伏迦葉及舍利弗目揵連等今
復來至我所住處娑羅林中宣說是身常樂
我淨誘我弟子大王瞿曇先說无常无樂无
我无淨我能忍之今乃宣說常樂我淨我實
不忍唯願大王聽我與彼瞿曇論議王即答
言諸大士汝等今者為誰教導而令其心狂
亂不定如水濤波旋火之輪猨猴擲樹是事
可恥智人若聞則生憐愍愚人聞之則生嗤
咲汝等所說非出家相汝若病風黃水患者
吾悉有藥能療治之如其鬼病家兄耆婆善
能去之汝等今者欲以手爪鉋須弥山欲以
口齒齚嚙金剛諸大士辟如愚人見師子王
飢時睡眠而欲悟之如人以指置毒虵口如
欲以手觸灰覆火汝等今者亦復如是善男
子辟如野狐作師子吼猶如蚉子共金翅鳥

BD05133號　大般涅槃經（北本　異卷）卷三八　（4–2）

咲汝等所說非出家相汝若病風黃水患者
吾悉有藥能療治之如其鬼病家兄耆婆善
能去之汝等今者欲以手爪鉋須弥山欲以
口齒齚嚙金剛諸大士辟如愚人見師子王
飢時睡眠而欲悟之如人以指置毒虵口如
欲以手觸灰覆火汝等今者亦復如是善男
子辟如野狐作師子吼猶如蚉子共金翅鳥
捔行疑疾如兎度海欲盡其底汝等今者亦
復如是汝若夢見勝瞿曇者是夢狂惑未足
可信諸大士汝等今者興建是意猶如飛蛾
投大火聚汝隨我語不須更說汝雖讚我平
等如稱勿令外人復聞此語尒時外道復作
是言大王瞿曇沙門所作幻術到汝邊耶乃
令大王心疑不信是等聖人大王不應輕蔑
如是大士大王是月增減大海鹹味摩羅延
山如是等事誰之所作豈非我等婆羅門耶
大王不聞阿竭多仙十二年中恒河之水停
耳中耶大王不聞瞿曇仙人大現神通十二
年中變作釋身并令釋身作羖羊形作千
女根在釋身耶大王不聞耆兊仙人一日之中
飲四海水令大地乾耶大王不聞婆藪仙人
為自在天作三眼耶大王不聞羅羅仙人變
迦羅冨城作鹵土耶大王婆羅門中有如是
等大力諸仙現可撿挍大王云何見輕蔑耶
王言諸仁者若不見信故欲為者如來正覺
今者近在娑羅林中汝等可往隨意問難如

BD05133號　大般涅槃經（北本　異卷）卷三八　（4–3）

耳中耶大王不聞瞿曇仙人大現神通十二
年中變作釋身并令釋身作羖羊形作千
女根在釋身耶大王不聞耆羌仙人一日之中
飲四海水令大地乾耶大王不聞婆藪仙人
為自在天作三眼耶大王不聞羅羅仙人變
迦羅富城作鹵土耶大王婆羅門中有如是
等大力諸仙現可撿按大王云何見輕蔑耶
王言諸仁者若不見信故欲為者如來正覺
今者近在娑羅林中汝等可往隨意問難如
來亦當為汝分別稱汝意荅

大般涅槃經卷第三十八

BD05133號　大般涅槃經（北本　異卷）卷三八　（4–4）

須菩提南西北方四維上下虛空可思量不
不也世尊須菩提菩薩無住相布施福德亦
復如是不可思量須菩提菩薩但應如所教住
須菩提於意云何可以身相見如來不不也
世尊不可以身相得見如來何以故如來所
說身相即非身相佛告須菩提凡所有相皆
是虛妄若見諸相非相則見如來
須菩提白佛言世尊頗有衆生得聞如是
言說章句生實信不佛告須菩提莫作是說
如來滅後後五百歲有持戒修福者於此章
句能生信心以此為實當知是人不於一佛二
佛三四五佛而種善根已於無量千万佛所
種諸善根聞是章句乃至一念生淨信者須
菩提如來悉知悉見是諸衆生得如是無量
福德何以故是諸衆生無復我相人相衆生
相壽者相無法相亦無非法相何以故是諸
衆生若心取相則為着我人衆生壽者若取
法相即着我人衆生壽者何以故若取非法
相即着我人衆生壽者是故不應取法不應
取非法以是義故如來常說汝等比丘知我
說法如筏喻者法尚應捨何況非

BD05134號　金剛般若波羅蜜經　（5–1）

菩提如來悉知悉見是諸衆生得如是無量
福德何以故是諸衆生無復我相人相衆生
相壽者相無法相亦無非法相何以故是諸
衆生若心取相則爲著我人衆生壽者若取
法相即著我人衆生壽者何以故若取非法
相即著我人衆生壽者是故不應取法不應
取非法以是義故如來常說汝等比丘知我
說法如筏喻者法尚應捨何况非
須菩提於意云何如來得阿耨多羅三藐三
菩提耶如來有所說法耶須菩提言如我
解佛所說義無有定法名阿耨多羅三藐三菩
提亦無有定法如來可說何以故如來所說
法皆不可取不可說非法非非法所以者何
一切賢聖皆以無爲法而有差別
須菩提於意云何若人滿三千大千世界七
寶以用布施是人所得福德寧爲多不須菩
提言甚多世尊何以故是福德即非福德性
是故如來說福德多若復有人於此經中受
持乃至四句偈等爲他人說其福勝彼何以
故須菩提一切諸佛及諸佛阿耨多羅三藐
三菩提法皆從此經出須菩提所謂佛法者
即非佛法
須菩提於意云何須陁洹能作是念我得須
陁洹果不須菩提言不也世尊何以故須陁
洹名爲入流而無所入不入色聲香味觸法是
名須陁洹須菩提於意云何斯陁含能作

BD05134 號　金剛般若波羅蜜經　（5–2）

三菩提法皆從此經出須菩提所謂佛法者
即非佛法
須菩提於意云何須陁洹能作是念我得須
陁洹果不須菩提言不也世尊何以故須陁
洹名爲入流而無所入不入色聲香味觸法是
名須陁洹須菩提於意云何斯陁含能作
是念我斯陁含果不須菩提言不也世尊
何以故斯陁含名一往來而實無往來是名
斯陁含須菩提於意云何阿那含能作是念
我得阿那含果不須菩提言不也世尊何以
故阿那含名爲不來而實無來是故名阿那
含須菩提於意云何阿羅漢能作是念我得
阿羅漢道不須菩提言不也世尊何以故實
無有法名阿羅漢世尊若阿羅漢作是念我
得阿羅漢道即爲著我人衆生壽者世尊
佛說我得無諍三昧人中最爲第一是第一離
欲阿羅漢我不作是念我是離欲阿羅漢世
尊我若作是念我得阿羅漢道世尊則不說
須菩提是樂阿蘭那行者以須菩提實無所
行而名須菩提是樂阿蘭那行
佛告須菩提於意云何如來昔在然燈佛所
於法有所得不不也世尊如來昔在然燈佛
所於法實無所得須菩提於意云何菩薩莊
嚴佛土不不也世尊何以故莊嚴佛土者則
非莊嚴是名莊嚴是故須菩提諸菩薩摩訶
薩應如是生清淨心不應住色生心不應住
聲香味觸法生心應無所住而生其心須菩

BD05134 號　金剛般若波羅蜜經　（5–3）

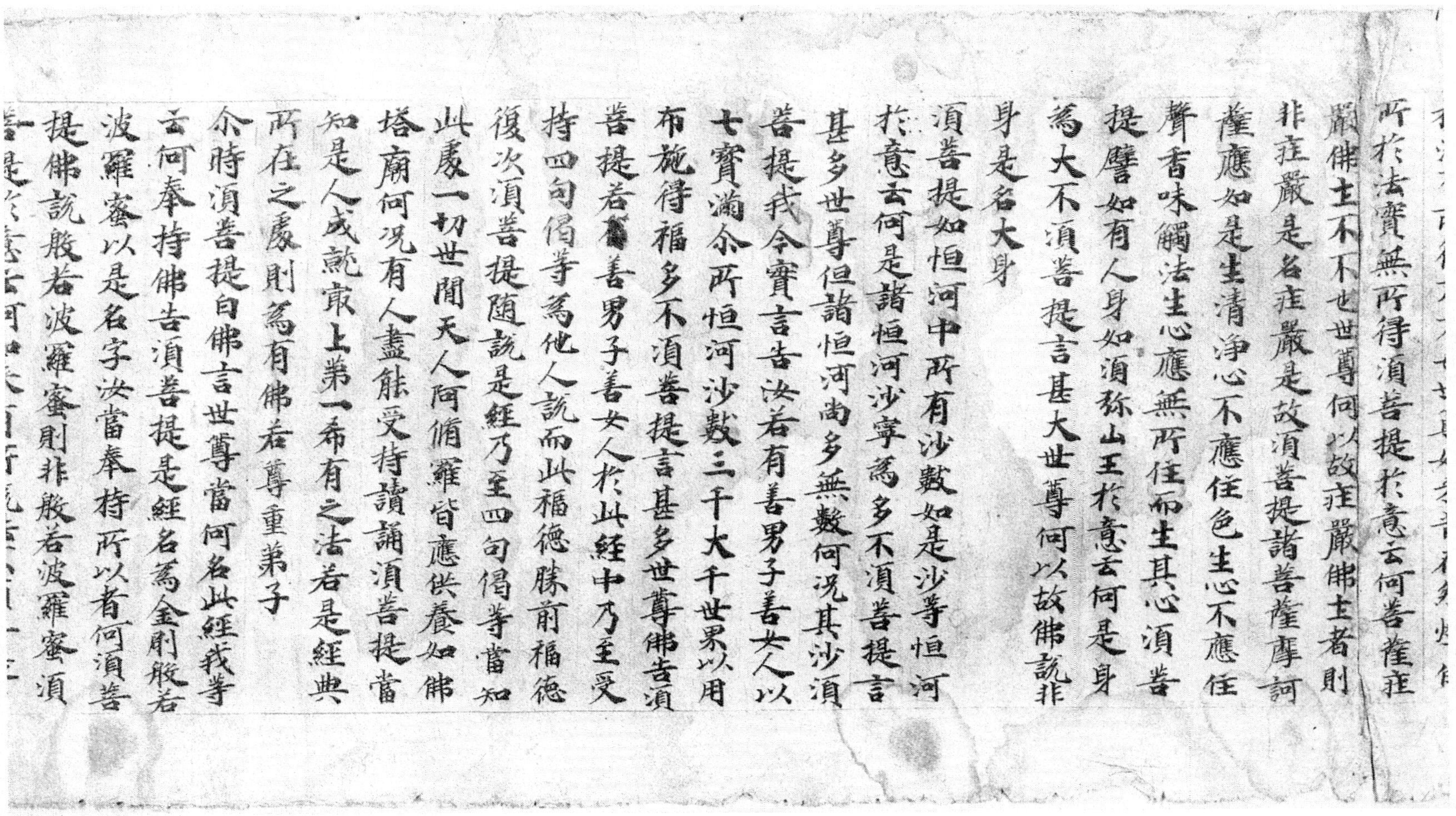

所於法實無所得須菩提於意云何菩薩莊
嚴佛土不不也世尊何以故莊嚴佛土者則
非莊嚴是名莊嚴是故須菩提諸菩薩摩訶
薩應如是生清淨心不應住色生心不應住
聲香味觸法生心應無所住而生其心須菩
提譬如有人身如須弥山王於意云何是身
為大不須菩提言甚大世尊何以故佛說非
身是名大身
須菩提如恒河中所有沙數如是沙等恒河
於意云何是諸恒河沙寧為多不須菩提言
甚多世尊但諸恒河尚多無數何況其沙須
菩提我今實言告汝若有善男子善女人以
七寶滿尓所恒河沙數三千大千世界以用
布施得福多不須菩提言甚多世尊佛告須
菩提若[illegible]善男子善女人於此經中乃至受
持四句偈等為他人說而此福德勝前福德
復次須菩提隨說是經乃至四句偈等當知
此處一切世間天人阿脩羅皆應供養如佛
塔廟何況有人盡能受持讀誦須菩提當
知是人成就最上第一希有之法若是經典
所在之處則為有佛若尊重弟子
尓時須菩提白佛言世尊當何名此經我等
云何奉持佛告須菩提是經名為金剛般若
波羅蜜以是名字汝當奉持所以者何須菩
提佛說般若波羅蜜則非般若波羅蜜須

BD05134號　金剛般若波羅蜜經　（5–4）

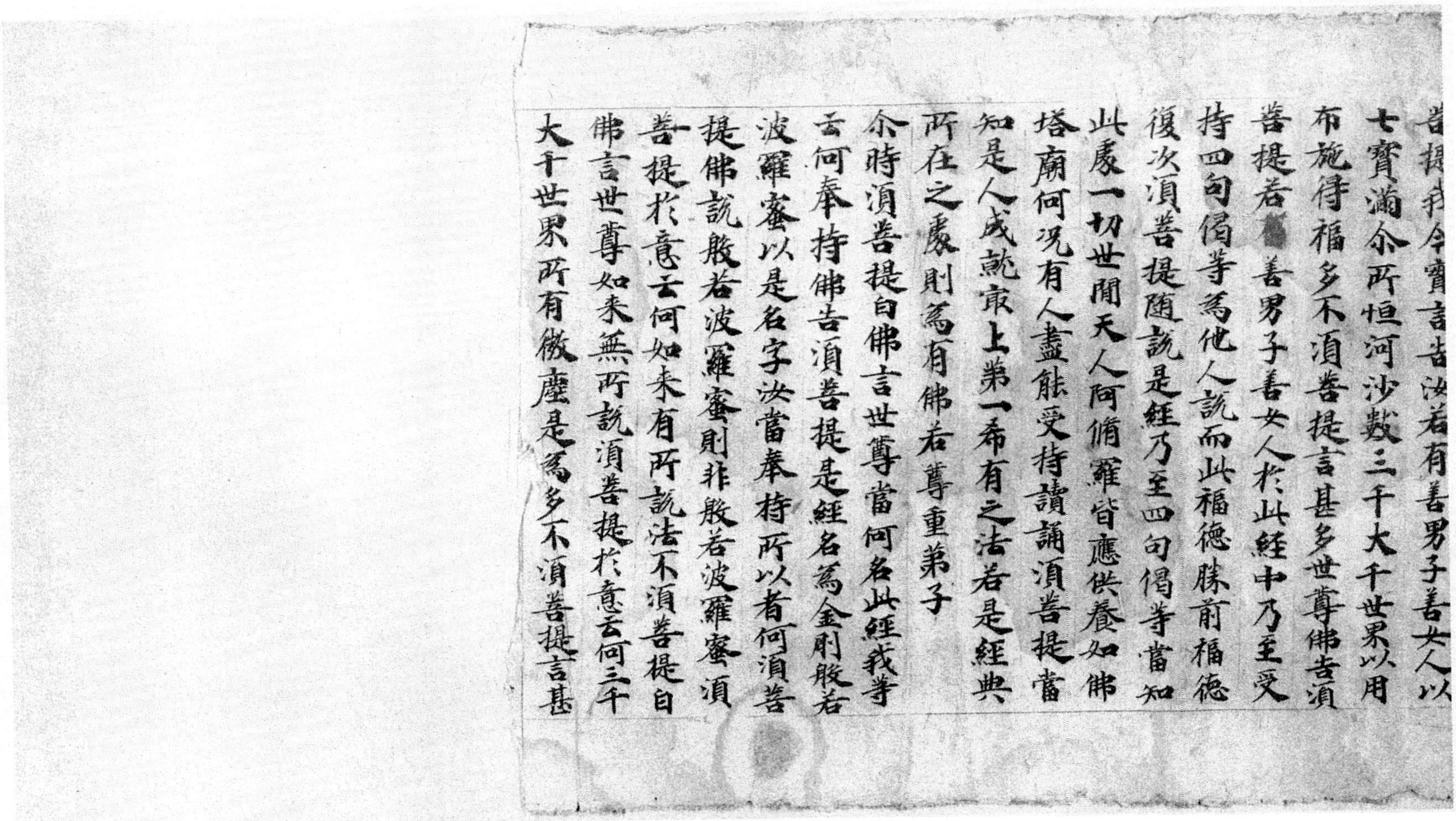

菩提我今實言告汝若有善男子善女人以
七寶滿尓所恒河沙數三千大千世界以用
布施得福多不須菩提言甚多世尊佛告須
菩提若[illegible]善男子善女人於此經中乃至受
持四句偈等為他人說而此福德勝前福德
復次須菩提隨說是經乃至四句偈等當知
此處一切世間天人阿脩羅皆應供養如佛
塔廟何況有人盡能受持讀誦須菩提當
知是人成就最上第一希有之法若是經典
所在之處則為有佛若尊重弟子
尓時須菩提白佛言世尊當何名此經我等
云何奉持佛告須菩提是經名為金剛般若
波羅蜜以是名字汝當奉持所以者何須菩
提佛說般若波羅蜜則非般若波羅蜜須
菩提於意云何如來有所說法不須菩提白
佛言世尊如來無所說須菩提於意云何三千
大千世界所有微塵是為多不須菩提言甚

BD05134號　金剛般若波羅蜜經　（5–5）

著　錄　凡　例

本目錄採用條目式著錄法。諸條目意義如下：

1.1　著錄編號。用漢語拼音首字“BD”表示，意為“北京圖書館藏敦煌遺書”，簡稱“北敦號”。文獻寫在背面者，標註為“背”。一件遺書上抄有多個文獻者，用數字 1、2、3 等標示小號。一號中包括幾件遺書，且遺書形態各自獨立者，用字母 A、B、C 等區別。

1.2　著錄分類號。本條記目錄暫不分類，該項空缺。

1.3　著錄文獻的名稱、卷本、卷次。

1.4　著錄千字文編號。

1.5　著錄縮微膠卷號。

2.1　著錄遺書的總體數據。包括長度、寬度、紙數、正面抄寫總行數與每行字數、背面抄寫總行數與每行字數。如該遺書首尾有殘破，則對殘破部分單獨度量，用加號加在總長度上。凡屬這種情況，長度用括弧標註。

2.2　著錄每紙數據。包括每紙長度及抄寫行數或界欄數。

2.3　著錄遺書的外觀。包括：（1）裝幀形式。（2）首尾存況。（3）護首、軸、軸頭、天竿、縹帶，經名是書寫還是貼簽，有無經名號，扉頁、扉畫。（4）卷面殘破情況及其位置。（5）尾部情況。（6）有無附加物（蟲繭、油污、線繩及其他）。（7）有無裱補及其年代。（8）界欄。（9）修整。（10）其他需要交待的問題。

2.4　著錄一件遺書抄寫多個文獻的情況。

3.1　著錄文獻首部文字與對照本核對的結果。

3.2　著錄文獻尾部文字與對照本核對的結果。

3.3　著錄錄文。

3.4　著錄對文獻的説明。

4.1　著錄文獻首題。

4.2　著錄文獻尾題。

5　著錄本文獻與對照本的不同之處。

6.1　著錄本遺書首部可與另一遺書綴接的編號。

6.2　著錄本遺書尾部可與另一遺書綴接的編號。

7.1　著錄題記、題名、勘記等。

7.2　著錄印章。

7.3　著錄雜寫。

7.4　著錄護首及扉頁的內容。

8　著錄年代。

9.1　著錄字體。如有武周新字、合體字、避諱字等，予以説明。

9.2　著錄卷面二次加工的情況。包括句讀、點標、科分、間隔號、行間加行、行間加字、硃筆、墨塗、倒乙、刪除、兑廢等。

10　著錄敦煌遺書發現後，近現代人所加內容，裝裱、題記、印章等。

11　備註。著錄揭裱互見、圖版本出處及其他需要説明的問題。

上述諸條，有則著錄，無則空缺。

為避文繁，上述著錄中出現的各種參考、對照文獻，暫且不列版本説明。全目結束時，將統一編制本條記目錄出現的各種參考書目。

本條記目錄為農曆年份標註其公曆紀年時，未進行歲頭年末之換算，請讀者使用時注意自行換算。

條　記　目　錄

BD05071—BD05134

1.1　BD05071 號
1.3　大般若波羅蜜多經卷三七三
1.4　珠 071
1.5　084:3021
2.1　(9.6+618.6)×26.4 厘米；14 紙；356 行，行 17 字。
2.2　01：06.5，護首；　02：3.1+45，28；　03：48.5，28；
04：48.3，28；　05：48.3，28；　06：48.2，28；
07：48.2，28；　08：48.4，28；　09：48.3，28；
10：48.2，28；　11：48.1，28；　12：48.0，28；
13：48.1，28；　14：43.0，20。
2.3　卷軸裝。首殘尾全。紙張砑光上蠟。首紙前粘一素紙為護首，劃有烏絲欄，殘碎嚴重。第 2 紙上邊下邊殘破，有殘洞及破裂。尾有原軸，鑲蓮蓬形軸頭，上軸頭脱落。有烏絲欄。
3.1　首 2 行上殘→大正 220，6/923C1～2。
3.2　尾全→6/927C12。
4.2　大般若波羅蜜多經卷第三百七十三（尾）。
7.1　卷首背有勘記"第三百七十三卷（本文獻卷次），卅八（本文獻所屬袟次），恩（敦煌寺院報恩寺簡稱）"。
8　8～9 世紀。吐蕃統治時期寫本。
9.1　楷書。
10　下軸頭粘有膠布。
11　圖版：《敦煌寶藏》，76/103B～111B。

1.1　BD05072 號
1.3　妙法蓮華經卷五
1.4　珠 072
1.5　105:5583
2.1　96.4×26.8 厘米；2 紙；57 行，行 17 字。
2.2　01：48.4，28；　02：48.0，29。
2.3　卷軸裝。首尾均脱。第 1 紙横向破裂。有烏絲欄。
3.1　首殘→大正 262，9/40B12。
3.2　尾殘→9/41B7。
6.1　首→BD05073 號。
8　8 世紀。唐寫本。
9.1　楷書。
11　圖版：《敦煌寶藏》，93/192B～193B。

1.1　BD05073 號
1.3　妙法蓮華經卷五
1.4　珠 073
1.5　105:5496
2.1　(2+190.2)×26.7 厘米；5 紙；115 行，行 17 字。
2.2　01：02.0，01；　02：47.1，27；　03：47.3，29；
04：48.0，29；　05：47.8，29。
2.3　卷軸裝。首殘尾脱。通卷下有黴斑；第 1 紙右下脱落 1 殘片，已綴接；卷面多有破裂；第 3、4 紙接縫處脱開。有烏絲欄。
3.1　首行下殘→大正 262，9/38C20～22。
3.2　尾殘→9/40B11。
6.2　尾→BD05072 號。
8　8 世紀。唐寫本。
9.1　楷書。
11　圖版：《敦煌寶藏》，92/563B～566A。

1.1　BD05074 號
1.3　瑜伽師地論抉擇分分門記卷二
1.4　珠 074
1.5　201:7195
2.1　188.8×31.9 厘米；5 紙；153 行，行字不等。
2.2　01：12.4，09；　02：44.2，36；　03：44.1，39；
04：44.1，31；　05：44.0，38。
2.3　卷軸裝。首尾均脱。首紙前端有破裂，下有殘損。第 4 紙有 3 行空行。有烏絲欄。
3.4　説明：
本文獻内容與大正 2801，85/923C17～926A29 相應，但釋文更爲詳細。乃同聽法成講學之其他學僧的筆記。對研究法成思想及講學有重要價值。

7.1　卷端背面有題名“福贊”。
8　9～10 世紀。歸義軍時期寫本。
9.1　行書。
9.2　有行間校加字。有硃筆點標、科分。有倒乙符號。
11　圖版：《敦煌寶藏》，104/455A～457A。

1.1　BD05075 號
1.3　金光明最勝王經卷七
1.4　珠 075
1.5　083:1821
2.1　643.4×25.5 厘米；15 紙；399 行，行 17 字。
2.2　01：14.0，08；　02：46.4，28；　03：46.3，28；
04：46.4，28；　05：46.3，28；　06：46.2，28；
07：46.5，28；　08：46.4，28；　09：42.9，26；
10：45.0，28；　11：45.0，28；　12：49.0，29；
13：49.1，29；　14：49.2，29；　15：24.7，26。
2.3　卷軸裝。首殘尾全。卷端破碎殘缺嚴重；脱落 1 塊碎片，文可綴接。有燕尾。有烏絲欄。
3.1　首殘→大正 665，16/433A7。
3.2　尾全→16/437C13。
4.2　金光明經卷第七（尾）。
5　尾附音義。
8　9～10 世紀。歸義軍時期寫本。
9.1　楷書。
11　圖版：《敦煌寶藏》，70/189A～197A。

1.1　BD05076 號
1.3　佛名經（十六卷本）卷一四
1.4　珠 076
1.5　063:0792
2.1　(9+236.3)×25.4 厘米；5 紙；134 行，行 16 字。
2.2　01：9+34，22；　02：50.5，28；　03：50.8，28；
04：50.6，28；　05：50.4，28。
2.3　卷軸裝。首殘尾脱。經黄打紙。第 1、2 紙接縫上部開裂，第 3、4 與第 4、5 紙接縫下部開裂。有烏絲欄。
3.1　首 3 行上下殘→《七寺古逸經典研究叢書》，3/714 頁第 372～374 行。
3.2　尾殘→《七寺古逸經典研究叢書》，3/722 頁第 479 行。
5　卷中懺悔文後多《罪業報應教化地獄經》21 行。
8　7～8 世紀。唐寫本。
9.1　楷書。
11　圖版：《敦煌寶藏》，62/325B～328B。

1.1　BD05077 號
1.3　大般若波羅蜜多經卷一六二
1.4　珠 077
1.5　084:2417
2.1　246.9×25.2 厘米；6 紙；138 行，行 17 字。
2.2　01：14.5，護首；　02：44.5，26；　03：46.5，28；
04：47.1，28；　05：47.3，28；　06：47.0，28。
2.3　卷軸裝。首全尾脱。有護首，護首有殘洞、殘缺，卷上部多水漬，通卷多殘破。背有古代裱補。有烏絲欄。已修整。
3.1　首全→大正 220，5/871A8。
3.2　尾殘→5/872C4。
4.1　大般若波羅蜜多經卷第一百六十二，初分校量功德品□卅之六十，三藏法師玄奘奉詔譯/（首）。
7.1　護首背有勘記“十七（本文獻所屬袟次）”。
8　7～8 世紀。唐寫本。
9.1　楷書。
11　圖版：《敦煌寶藏》，73/223A～226A。

1.1　BD05078 號
1.3　大般若波羅蜜多經卷四八三
1.4　珠 078
1.5　084:3200
2.1　(5+826.7)×26.9 厘米；18 紙；491 行，行 18 字。
2.2　01：5+29.7，21；　02：46.6，28；　03：46.9，28；
04：46.9，28；　05：46.6，28；　06：46.8，28；
07：46.9，28；　08：47.0，28；　09：46.9，28；
10：46.8，28；　11：47.1，28；　12：46.8，28；
13：47.0，28；　14：46.9，28；　15：47.0，28；
16：47.0，28；　17：47.0，28；　18：46.8，22。
2.3　卷軸裝。首殘尾全。通卷上部有等距離殘缺。有烏絲欄。已修整。
3.1　首 3 行上殘→大正 220，7/449A18～20。
3.2　尾全→7/454C13。
4.2　大般若波羅蜜多經卷第四百八十三（尾）。
8　8～9 世紀。吐蕃統治時期寫本。
9.1　楷書。
11　圖版：《敦煌寶藏》，76/608A～619A。
從該件上揭下碎片 17 塊，今編爲 BD16094 號。

1.1　BD05079 號
1.3　維摩詰所説經卷中
1.4　珠 079
1.5　070:1188
2.1　95×26 厘米；2 紙；56 行，行 17 字。
2.2　01：47.5，28；　02：47.5，28。
2.3　卷軸裝。首尾均脱。卷面油污，變色變脆。卷面上下邊有破裂，第 2 紙中間有殘洞，接縫處下部開裂。有烏絲欄。
3.1　首殘→大正 475，14/548A7。
3.2　尾殘→14/548C7。
6.1　首→BD04978 號。
8　8～9 世紀。吐蕃統治時期寫本。

9.1　楷書。
11　圖版：《敦煌寶藏》，65/624A～625A。

1.1　BD05080 號
1.3　四分比丘尼戒本
1.4　珠 080
1.5　157:6937
2.1　(11+873)×25.4 厘米；21 紙；502 行，行 17 字。
2.2　01：11+26，22；　02：42.0，24；　03：42.5，24；
04：42.0，24；　05：42.5，24；　06：42.5，24；
07：42.5，24；　08：42.5，24；　09：42.5，24；
10：42.5，24；　11：42.5，24；　12：42.5，24；
13：42.5，24；　14：42.0，24；　15：42.5，24；
16：42.5，24；　17：42.5，24；　18：42.0，24；
19：42.0，24；　20：42.0，24；　21：42.0，24。
2.3　卷軸裝。首殘尾脱。首紙上下方殘破。背有古代裱補，紙上有字，文字向内粘貼，難以辨認。有烏絲欄。
3.1　首 7 行下殘→大正 1431，22/1031B11～16。
3.2　尾殘→22/1037B5。
5　與《大正藏》本對照，文字略有不同。
8　8 世紀。唐寫本。
9.1　楷書。
9.2　有行間校加字。有校改。有倒乙符號。
11　圖版：《敦煌寶藏》，102/617B～629B。

1.1　BD05081 號
1.3　大般若波羅蜜多經卷一三〇
1.4　珠 081
1.5　084:2357
2.1　(3+467.7)×25.7 厘米；12 紙；282 行，行 17 字。
2.2　01：3+3.5，4；　02：45.5，28；　03：45.3，28；
04：45.5，28；　05：45.6，28；　06：45.4，28；
07：45.0，28；　08：45.6，28；　09：45.2，28；
10：45.0，28；　11：45.4，26；　12：10.7，拖尾。
2.3　卷軸裝。首殘尾全。第 2 紙上下邊有殘缺，第 6、7 紙接縫處中間開裂。有燕尾。尾有蟲繭。有烏絲欄。
3.1　首 2 行上下殘→大正 220，5/710C27～29。
3.2　尾全→5/714A16。
4.2　大般若波羅蜜多經卷第一百卌（尾）。
7.1　第 11 紙有題名“維真”。
7.3　第 10 紙背面有雜寫“社司轉帖”。
8　8～9 世紀。吐蕃統治時期寫本。
9.1　楷書。
11　圖版：《敦煌寶藏》，73/67B～74A。

1.1　BD05082 號
1.3　妙法蓮華經卷二
1.4　珠 082
1.5　105:4954
2.1　(9.1+52.5+4.7)×25.8 厘米；2 紙；44 行，行 17 字。
2.2　01：9.1+37.8，31；　02：14.7+4.7，13。
2.3　卷軸裝。首尾均殘。經黄打紙，砑光上蠟。背有古代裱補。有烏絲欄。
3.1　首 6 行下殘→大正 262，9/16C18～25。
3.2　尾 3 行下殘→9/17B5～7。
6.1　首→BD01882 號。
8　7～8 世紀。唐寫本。
9.1　楷書。
9.2　有硃筆斷句。
11　圖版：《敦煌寶藏》，87/317A～B。

1.1　BD05083 號
1.3　大般若波羅蜜多經卷三三九
1.4　珠 083
1.5　084:2914
2.1　(18+180)×25.3 厘米；5 紙；110 行，行 17 字。
2.2　01：06.0，護首；　02：12+33.3，26；　03：49.0，28；
04：49.0，28；　05：48.7，28。
2.3　卷軸裝。首殘尾脱。有護首，護首上下殘缺。第 2 紙有殘洞，卷中上下邊有殘破。有烏絲欄。
3.1　首 7 行上下殘→大正 220，6/737C2～11。
3.2　尾殘→6/738C28。
4.1　［大般若］波羅蜜多經卷第三百卌九，/初分巧便學品第五十五之三，三藏□…□/（首）。
6.2　尾→BD05227 號。
7.1　第 2 紙背面有勘記“九（本文獻卷次），三十四袟（本文獻所屬袟次）”。
8　9～10 世紀。歸義軍時期寫本。
9.1　楷書。
11　圖版：《敦煌寶藏》，75/450A～452B。

1.1　BD05084 號
1.3　大般若波羅蜜多經卷二五九
1.4　珠 084
1.5　084:2688
2.1　179.6×25 厘米；4 紙；93 行，行 17 字。
2.2　01：46.0，28；　02：46.7，28；　03：45.2，28；
04：41.7，09。
2.3　卷軸裝。首脱尾全。砑光上蠟。第 1 紙有破裂，前 3 紙下邊殘破。有燕尾。有烏絲欄。
3.1　首殘→大正 220，6/313B25。
3.2　尾全→6/314C1。
4.2　大般若波羅蜜多經卷第二百五十九（尾）。
6.1　首→BD04923 號。

8　8～9 世紀。吐蕃統治時期寫本。
9.1　楷書。
11　圖版：《敦煌寶藏》，74/424B～426B。

1.1　BD05085 號
1.3　妙法蓮華經卷六
1.4　珠 085
1.5　105:5818
2.1　(46+4)×26 厘米；1 紙；28 行，行 17 字。
2.3　卷軸裝。首尾均脱。打紙，紙面刷潢。有烏絲欄。
3.1　首殘→大正 262，9/51A28。
3.2　尾 2 行下殘→9/51C4～5。
8　7～8 世紀。唐寫本。
9.1　楷書。
11　圖版：《敦煌寶藏》，95/229B～230A。

1.1　BD05086 號
1.3　金光明最勝王經卷五
1.4　珠 086
1.5　083:1752
2.1　239.6×25.5 厘米；5 紙；127 行，行 17 字。
2.2　01：48.5，28；　02：48.1，28；　03：48.2，28；
04：48.1，28；　05：46.7，15。
2.3　卷軸裝。首脱尾全。卷面有油污。卷尾有蟲繭。有烏絲欄。尾端中部繫有細麻繩。
3.1　首殘→大正 665，16/425C23。
3.2　尾全→16/427B13。
4.2　金光明最勝王經卷第五（尾）。
5　尾附音義。
8　9～10 世紀。歸義軍時期寫本。
9.1　楷書。
9.2　有刮改。
11　圖版：《敦煌寶藏》，69/599A～602A。

1.1　BD05087 號
1.3　金剛般若波羅蜜經
1.4　珠 087
1.5　094:4234
2.1　(8+57)×24.5 厘米；2 紙；40 行，行 17 字。
2.2　01：8+11，12；　02：46.0，28。
2.3　卷軸裝。首殘尾脱。經黄打紙。卷首殘破嚴重。有烏絲欄。
3.1　首 12 行下殘→大正 235，8/751A9～14。
3.2　尾殘→8/751B23。
8　7～8 世紀。唐寫本。
9.1　楷書。
11　圖版：《敦煌寶藏》，82/468B～469A。

1.1　BD05088 號
1.3　妙法蓮華經卷二
1.4　珠 088
1.5　105:4893
2.1　(4.3+29.7)×27.2 厘米；1 紙；18 行，行 16～18 字。
2.3　卷軸裝。首殘尾脱。打紙。有烏絲欄。
3.1　首 2 行上下殘→大正 262，9/12C29～13A2。
3.2　尾殘→9/13A19。
8　7～8 世紀。唐寫本。
9.1　楷書。
11　圖版：《敦煌寶藏》，87/176A。

1.1　BD05089 號
1.3　妙法蓮華經（八卷本）卷五
1.4　珠 089
1.5　105:5418
2.1　47.5×25 厘米；1 紙；26 行，行 17 字。
2.3　卷軸裝。首全尾脱。經黄打紙。卷面多水漬，有殘洞。背有古代裱補。有烏絲欄。
3.1　首全→大正 262，9/34B23。
3.2　尾殘→9/34C28。
4.1　妙法蓮華經提婆達多品第十二　五（首）。
5　與《大正藏》本對照，分卷不同，相當於卷四“提婆達多品”第十二前部。屬於八卷本。
7.1　首行右下有題記“弟子汜思亮受持”。
8　7～8 世紀。唐寫本。
9.1　楷書。
11　圖版：《敦煌寶藏》，91/435B～436A。

1.1　BD05090 號
1.3　金光明最勝王經卷六
1.4　珠 090
1.5　083:1769
2.1　(1+644.6)×26.5 厘米；15 紙；394 行，行 17 字。
2.2　01：1+26，18；　02：44.4，28；　03：44.0，28；
04：44.1，28；　05：44.0，28；　06：44.5，28；
07：44.1，28；　08：44.2，28；　09：44.3，28；
10：44.3，28；　11：44.2，28；　12：44.3，28；
13：44.1，28；　14：44.1，28；　15：44.0，12。
2.3　卷軸裝。首殘尾全。紙張砑光上蠟。卷首脱落 1 塊殘片，卷面有油污。有燕尾。有烏絲欄。
3.1　首行上下殘→大正 665，16/427C26～27。
3.2　尾全→16/432C10。
4.2　金光明最勝王經卷第六（尾）。
5　尾附音義。
8　8～9 世紀。吐蕃統治時期寫本。
9.1　楷書。

9.2　有刮改。
11　圖版：《敦煌寶藏》，70/9B～17B。

1.1　BD05091 號
1.3　大般若波羅蜜多經卷二七四
1.4　珠 091
1.5　084:2741
2.1　(4.5＋275.1＋2.1)×25.7 厘米；7 紙；169 行，行 17 字。
2.2　01：4.5＋22.5，18；　02：47.5，28；　03：47.0，28；
04：47.3，28；　05：47.4，28；　06：47.4，28；
07：16＋2.1，11。
2.3　卷軸裝。首尾均殘。紙張砑光上蠟。卷面多破損，通卷下邊多殘破。有烏絲欄。已修整。
3.1　首 3 行上下殘→大正 220，6/387C24～27。
3.2　尾行上殘→6/389C14～15。
6.2　尾→BD04883 號。
8　8～9 世紀。吐蕃統治時期寫本。
9.1　楷書。
11　圖版：《敦煌寶藏》，74/599A～602B。

1.1　BD05092 號
1.3　大方廣佛華嚴經（晉譯六十卷本）卷五二
1.4　珠 092
1.5　001:0030
2.1　(2＋591.9＋7)×25.6 厘米；17 紙；359 行，行 17 字。
2.2　01：2＋14，9；　02：36.5，22；　03：36.5，22；
04：36.5，22；　05：36.5，22；　06：36.5，22；
07：36.5，22；　08：36.6，22；　09：36.7，22；
10：36.6，22；　11：36.5，22；　12：36.5，22；
13：37.0，22；　14：37.0，22；　15：37.0，22；
16：37.0，22；　17：28＋7，20。
2.3　卷軸裝。首尾均殘。第 13 紙上邊有破損。背有古代裱補。卷面有劃界欄針孔。已修整。
3.1　首 1 行殘→大正 278，9/725C19～20。
3.2　尾 3 行下中殘→9/731B12～14。
8　5～6 世紀。南北朝寫本。
9.1　隸楷。
9.2　有刮改。有重文號。
11　圖版：《敦煌寶藏》，56/156B～164B。

1.1　BD05093 號
1.3　妙法蓮華經卷一
1.4　珠 093
1.5　105:4576
2.1　(8.4＋530.7)×25.5 厘米；11 紙；306 行，行 17 字。
2.2　01：8.4＋36.7，26；　02：49.5，28；　03：49.4，28；
04：49.4，28；　05：49.5，28；　06：49.5，28；
07：49.5，28；　08：49.3，28；　09：49.5，28；
10：49.5，28；　11：48.9，28。
2.3　卷軸裝。首殘尾脫。經黄打紙，砑光上蠟。卷前部下邊殘損，第 2 紙中部有 1 個殘洞，卷面有破裂，第 8、9 紙接縫處下部開裂。背有古代裱補。有烏絲欄。
3.1　首 5 行上下殘→大正 262，9/4A17～22。
3.2　尾殘→9/9C10。
8　7～8 世紀。唐寫本。
9.1　楷書。
11　圖版：《敦煌寶藏》，84/566B～574A。

1.1　BD05094 號
1.3　維摩詰所說經卷上
1.4　珠 094
1.5　070:0997
2.1　(4＋255.5)×25.2 厘米；6 紙；157 行，行 17 字。
2.2　01：4＋42，27；　02：46.0，28；　03：46.5，28；
04：46.0，28；　05：46.0，28；　06：29.0，18。
2.3　卷軸裝。首殘尾斷。卷首尾多油污，卷面多有破裂。有烏絲欄。
3.1　首 2 行中上殘→大正 475，14/541B12～14。
3.2　尾殘→14/543B5。
8　8～9 世紀。吐蕃統治時期寫本。
9.1　楷書。有武周新字“正”，使用不周遍。
11　圖版：《敦煌寶藏》，64/320A～323B。

1.1　BD05095 號
1.3　大般若波羅蜜多經卷二二〇
1.4　珠 095
1.5　084:2565
2.1　468×26.8 厘米；10 紙；280 行，行 17 字。
2.2　01：46.5，28；　02：46.6，28；　03：46.3，28；
04：46.8，28；　05：47.0，28；　06：47.1，28；
07：46.8，28；　08：47.0，28；　09：47.1，28；
10：46.8，28。
2.3　卷軸裝。首尾均脱。第 1 紙有殘洞，卷前部上下邊有多處殘缺。有烏絲欄。
3.1　首殘→大正 220，6/103B28。
3.2　尾殘→6/106C21。
8　8～9 世紀。吐蕃統治時期寫本。
9.1　楷書。
11　圖版：《敦煌寶藏》，74/85B～91B。

1.1　BD05096 號
1.3　大般若波羅蜜多經卷一九七
1.4　珠 096
1.5　084:2494

2.1　205.4×25 厘米；6 紙；110 行，行 17 字。
2.2　01：22.5，護首；　02：43.5，26；　03：46.7，28；
04：26.5，16；　05：19.4，12；　06：46.8，28。
2.3　卷軸裝。首全尾脱。有護首，護首有竹製天竿。通卷破損嚴重。有烏絲欄。已修整。
3.1　首全→大正 220，5/1054A11。
3.2　尾殘→5/1055B7。
4.1　大般若波羅蜜多經卷第一百九十七，/初分難信解品第卅四之十六，三藏法師玄奘奉詔譯/（首）。
7.4　護首有經名"大般若波羅蜜多經卷第一百九十七，廿（本文獻所屬袟次）"，上有經名號。
8　8~9 世紀。吐蕃統治時期寫本。
9.1　楷書。
11　圖版：《敦煌寶藏》，73/484B~487A。

1.1　BD05097 號
1.3　大般涅槃經（北本）卷一
1.4　珠 097
1.5　115:6284
2.1　(4+590.3)×27.1 厘米；13 紙；347 行，行 17 字。
2.2　01：4+43.5，27；　02：47.5，28；　03：47.5，28；
04：47.5，28；　05：47.9，28；　06：47.9，28；
07：47.8，28；　08：47.8，28；　09：47.8，28；
10：47.8，28；　11：47.7，28；　12：47.6，28；
13：22.0，12。
2.3　卷軸裝。首全尾斷。卷首上下殘缺。尾有餘空。有烏絲欄。
3.1　首全→大正 374，12/365C2。
3.2　尾缺→12/369C11。
4.1　大般涅槃經壽命品第一（首）。
8　9~10 世紀。歸義軍時期寫本。
9.1　楷書。
9.2　有刮改。
11　圖版：《敦煌寶藏》，97/539B~546B。

1.1　BD05098 號
1.3　金光明最勝王經卷五
1.4　珠 098
1.5　083:1741
2.1　(3.5+203.2+1)×26 厘米；5 紙；119 行，行 17 字。
2.2　01：3.5+12.5，9；　02：49.2，28；　03：49.0，28；
04：49.0，28；　05：43.5+1，26。
2.3　卷軸裝。首尾均殘。有烏絲欄。
3.1　首 2 行上殘→大正 665，16/424A16~17。
3.2　尾行殘→16/425B24。
8　9~10 世紀。歸義軍時期寫本。
9.1　楷書。
11　圖版：《敦煌寶藏》，69/555A~557B。

1.1　BD05099 號
1.3　大般涅槃經（北本）卷一三
1.4　珠 099
1.5　115:6361
2.1　(9+821.5)×25.6 厘米；17 紙；454 行，行 17 字。
2.2　01：9+25，19；　02：50.5，28；　03：50.5，28；
04：50.5，28；　05：50.5，28；　06：50.5，28；
07：50.3，28；　08：50.2，28；　09：50.3，28；
10：50.2，28；　11：50.0，28；　12：50.0，28；
13：50.3，28；　14：50.0，28；　15：49.0，27；
16：50.8，28；　17：43.0，16。
2.3　卷軸裝。首殘尾全。經黄打紙。卷首右下殘缺，下邊有等距離黴斑及殘破，接縫處有開裂。有燕尾。有烏絲欄。
3.1　首 5 行下殘→大正 374，12/440A26~B2。
3.2　尾全→12/445B20。
4.2　大般涅槃經卷第十三（尾）。
8　7~8 世紀。唐寫本。
9.1　楷書。
11　圖版：《敦煌寶藏》，98/397A~408B。

1.1　BD05100 號
1.3　妙法蓮華經度量天地品
1.4　珠 100
1.5　409:8565
2.1　(17+380.4+10.2)×27 厘米；9 紙；240 行，行 17~18 字。
2.2　01：17+33，29；　02：50.0，29；　03：50.1，29；
04：50.0，30；　05：50.0，30；　06：50.1，30；
07：49.2，29；　08：48+1.7，29；　09：08.5，05。
2.3　卷軸裝。首尾均殘。卷首右下殘缺，卷面多水漬，有破裂及殘洞。卷尾背有鳥糞。有烏絲欄。
3.4　說明：
本文獻首 10 行下殘，尾 6 行上殘。為中國人所撰佛經，未為歷代大藏經所收。
8　9~10 世紀。歸義軍時期寫本。
9.1　楷書。
11　圖版：《敦煌寶藏》，110/591B~596B。

1.1　BD05101 號
1.3　金剛般若波羅蜜經
1.4　稱 001
1.5　094:3666
2.1　(5.6+503.8+7)×26.5 厘米；12 紙；282 行，行 17 字。
2.2　01：05.6，03；　02：49.6，28；　03：49.7，28；
04：49.7，28；　05：49.6，28；　06：49.8，28；
07：50.0，28；　08：49.7，28；　09：49.8，28；
10：49.8，28；　11：49.6，27；　12：6.5+7，拖尾。

2.3 卷軸裝。首殘尾殘。經黄紙。第2、3紙接縫處脱開。卷尾殘損，下有蟲繭。有燕尾。背有古代裱補。有烏絲欄。
3.1 首3行上下殘→大正235，8/749A15～18。
3.2 尾全→8/752C3。
4.2 金剛般若波羅蜜經（尾）。
7.1 卷背邊緣處有少數民族文字勘記5處。
8 7～8世紀。唐寫本。
9.1 楷書。
11 圖版：《敦煌寶藏》，79/426A～432B。

1.1 BD05102號
1.3 四分律比丘戒本
1.4 稱002
1.5 156:6824
2.1 （9+274）×28厘米；8紙；172行，行25字。
2.2 01：9+21，17； 02：17.5，11； 03：41.5，27；
04：41.5，27； 05：42.0，27； 06：41.5，27；
07：41.5，27； 08：27.5，09。
2.3 卷軸裝。首全尾殘。卷首上部殘破，第2、3紙上下方殘損，接縫上部開裂。尾有餘空。有烏絲欄，上下邊被剪。
3.1 首2行上殘→大正1429，22/1015A21。
3.2 尾殘→22/1018B8。
7.3 第2紙背有雜寫2字，似“龍行”。
8 9～10世紀。歸義軍時期寫本。
9.1 楷書。
11 圖版：《敦煌寶藏》，102/107B～111A。

1.1 BD05103號
1.3 瑜伽師地論卷四七
1.4 稱003
1.5 201:7210
2.1 （2.6+457.3）×29厘米；13紙；287行，行27～29字。
2.2 01：02.6，01； 02：40.3，26； 03：39.7，26；
04：40.6，26； 05：40.6，26； 06：40.7，25；
07：40.7，26； 08：40.8，26； 09：40.7，25；
10：40.7，26； 11：40.7，25； 12：40.6，25；
13：11.2，04。
2.3 卷軸裝。首殘尾全。卷面有黴斑，第2紙有破裂殘損，第3紙以後各紙接縫處均下部開裂。背有古代裱補。有烏絲欄。
3.1 首行上下殘→大正1579，30/551A15。
3.2 尾全→30/556B19。
4.2 瑜伽師地論卷第卌七（尾）。
7.1 卷尾有題記“寅年六月十一日比丘明照寫記”。
8 9～10世紀。歸義軍時期寫本。
9.1 楷書。有合體字“菩薩”。
9.2 有行間校加字。有刪節、倒乙符號。有硃筆科分。
11 圖版：《敦煌寶藏》，104/578A～583B。

1.1 BD05104號
1.3 妙法蓮華經卷七
1.4 稱004
1.5 111:6223
2.1 96.5×26.2厘米；2紙；52行，行17字。
2.2 01：48.1，26； 02：48.4，26。
2.3 卷軸裝。首殘尾脱。經黄紙。卷首上下有破裂，脱落一小殘片，文可綴接。卷面有油污。背有古代裱補。有烏絲欄。
3.1 首殘→大正262，9/56C25。
3.2 尾殘→9/57B21。
8 7～8世紀。唐寫本。
9.1 楷書。
11 圖版：《敦煌寶藏》，97/399B～400B。

1.1 BD05105號1
1.3 阿彌陀經
1.4 稱005
1.5 014:0193
2.1 （14+121.5）×26.6厘米；5紙；75行，行17字。
2.2 01：02.0，01； 02：12+33，27； 03：44.5，27；
04：25.0，13； 05：19.0，07。
2.3 卷軸裝。首殘尾全。本件原卷殘破，現已修復。有烏絲欄。後配趙城金藏軸。
2.4 本遺書包括2個文獻：（一）《阿彌陀經》，68行，今編為BD05105號1。（二）《阿彌陀佛說咒》，7行，今編為BD05105號2。
3.1 首8行中殘→大正366，12/347B6～14。
3.2 尾全→12/348A29。
4.2 佛說阿彌陀經一卷（尾）。
8 8世紀。唐寫本。
9.1 楷書。
9.2 有行間校加字。
11 圖版：《敦煌寶藏》，57/87A～88B。

1.1 BD05105號2
1.3 阿彌陀佛說咒
1.4 稱005
1.5 014:0193
2.4 本遺書由2個文獻組成，本號為第2個，7行。餘參見BD05105號1之第2項、第11項。
3.1 首全→大正369，12/352A25。
3.2 尾全→12/352B3。
5 與《大正藏》本相比，尾缺“若能如法受持決定得生彌陀佛國”一句。
8 8世紀。唐寫本。
9.1 楷書。

1.1 BD05106 號
1.3 妙法蓮華經卷三
1.4 稱 006
1.5 105:4979
2.1 1011.3×26.9 厘米；21 紙；556 行，行 17 字。
2.2 01：14.3，護首； 02：49.2，27； 03：49.8，28；
04：49.6，28； 05：49.4，28； 06：49.7，28；
07：49.8，28； 08：49.8，28； 09：49.8，27；
10：49.8，29； 11：50.1，29； 12：50.2，29；
13：50.1，29； 14：50.0，28； 15：50.0，28；
16：49.9，28； 17：50.1，28； 18：49.9，30；
19：50.1，29； 20：50.1，29； 21：49.6，18。
2.3 卷軸裝。首尾均全。有護首，已殘破。卷面有水漬，第 3 紙破損嚴重。有燕尾。尾有原軸，兩端塗黑漆，上端已壞。背面有古代裱補及近代裱補（上有北圖寫經組工作印章）。有烏絲欄。
3.1 首全→大正 262，9/19A14。
3.2 尾全→9/27B9。
4.1 妙法蓮華經藥草喻品第五，三（首）。
4.2 妙法蓮華經卷第三（尾）。
8 8 世紀。唐寫本。
9.1 楷書。
11 圖版：《敦煌寶藏》，87/391B～404B。

1.1 BD05107 號
1.3 妙法蓮華經卷六
1.4 稱 007
1.5 105:5667
2.1 965.3×25.8 厘米；21 紙；571 行，行 17 字。
2.2 01：46.7，28； 02：46.7，28； 03：46.8，28；
04：46.6，28； 05：46.9，28； 06：47.0，28；
07：46.9，28； 08：47.0，28； 09：47.1，28；
10：47.1，28； 11：47.0，28； 12：47.2，28；
13：47.0，28； 14：46.9，28； 15：47.0，28；
16：46.9，28； 17：46.9，28； 18：46.8，28；
19：46.8，28； 20：46.6，28； 21：27.4，11。
2.3 卷軸裝。首脱尾全。接縫處有開裂，上下邊有殘缺，卷面有殘洞。有燕尾。有烏絲欄。
3.1 首殘→大正 262，9/46C20。
3.2 尾全→9/55A9。
4.2 妙法蓮華經卷第六（尾）。
8 7～8 世紀。唐寫本。
9.1 楷書。
11 圖版：《敦煌寶藏》，94/30B～43B。

1.1 BD05108 號
1.3 妙法蓮華經卷四
1.4 稱 008
1.5 105:5213
2.1 (8+1033.1)×25.5 厘米；22 紙；653 行，行 17 字。
2.2 01：8+30，24； 02：48.8，31； 03：49.0，31；
04：49.0，31； 05：49.2，31； 06：49.0，31；
07：49.0，31； 08：49.2，30； 09：49.0，31；
10：49.2，31； 11：49.4，31； 12：49.0，31；
13：49.2，31； 14：49.0，32； 15：49.4，31；
16：49.2，31； 17：49.2，31； 18：49.0，31；
19：49.0，31； 20：48.8，31； 21：49.0，31；
22：21.5，09。
2.3 卷軸裝。首殘尾全。卷首多水漬。有燕尾。尾有原軸，兩端塗黑漆。有烏絲欄。
3.1 首 5 行上下殘→大正 262，9/27B22～27。
3.2 尾全→9/37A2。
4.2 妙法蓮華經卷第四（尾）。
8 8～9 世紀。吐蕃統治時期寫本。
9.1 楷書。
11 圖版：《敦煌寶藏》，89/490A～506A。

1.1 BD05109 號
1.3 大般若波羅蜜多經卷一一六
1.4 稱 009
1.5 084:2316
2.1 236.1×25.8 厘米；5 紙；140 行，行 17 字。
2.2 01：47.5，28； 02：47.1，28； 03：47.2，28；
04：47.2，28； 05：47.1，28。
2.3 卷軸裝。首尾脱。第 1 紙有破裂及殘洞，第 2、3 紙接縫處上開裂。有烏絲欄。
3.1 首殘→大正 220，5/637C26。
3.2 尾殘→5/639B21。
6.2 尾→BD05235 號。
8 8～9 世紀。吐蕃統治時期寫本。
9.1 楷書。
11 圖版：《敦煌寶藏》，72/630B～633B。

1.1 BD05110 號
1.3 妙法蓮華經卷三
1.4 稱 010
1.5 105:5000
2.1 952.6×26.5 厘米；23 紙；534 行，行 16～18 字。
2.2 01：42.0，24； 02：42.3，24； 03：42.0，24；
04：42.4，24； 05：42.1，24； 06：42.5，24；
07：42.2，24； 08：42.0，24； 09：42.0，24；
10：42.1，24； 11：42.3，24； 12：42.3，24；
13：42.2，24； 14：41.9，24； 15：42.6，24；
16：40.7，23； 17：42.9，24； 18：42.6，24；
19：42.6，24； 20：42.7，24； 21：42.7，24；

22：42.6，24；　23：22.9，07。
2.3　卷軸裝。首脱尾全。卷面多水漬。有燕尾。有烏絲欄。
3.1　首殘→大正262，9/19B11。
3.2　尾全→9/27B9。
4.2　妙法蓮華經卷第三（尾）。
8　7～8世紀。唐寫本。
9.1　楷書。
11　圖版：《敦煌寶藏》，87/625B～638B。

1.1　BD05111號
1.3　妙法蓮華經卷二
1.4　稱011
1.5　105:4783
2.1　323.2×28.1厘米；8紙；192行，行17字。
2.2　01：40.8，24；　02：40.2，24；　03：40.3，24；
04：40.3，24；　05：40.4，24；　06：40.5，24；
07：40.4，24；　08：40.3，24。
2.3　卷軸裝。首尾均脱。第7、8紙接縫處有開裂。卷背有鳥糞。有烏絲欄。
3.1　首殘→大正262，9/15B14。
3.2　尾殘→9/18A8。
8　8世紀。唐寫本。
9.1　楷書。
11　圖版：《敦煌寶藏》，86/561B～565B。

1.1　BD05112號
1.3　大般若波羅蜜多經卷七七
1.4　稱012
1.5　084:2221
2.1　231.5×26.7厘米；5紙；140行，行17字。
2.2　01：46.5，28；　02：46.2，28；　03：46.3，28；
04：46.2，28；　05：46.3，28。
2.3　卷軸裝。首尾均脱。有烏絲欄。
3.1　首殘→大正220，5/432C28。
3.2　尾殘→5/434B21。
8　8～9世紀。吐蕃統治時期寫本。
9.1　楷書。
11　圖版：《敦煌寶藏》，72/320A～323A。

1.1　BD05113號
1.3　大般若波羅蜜多經卷二三六
1.4　稱013
1.5　084:2611
2.1　（6.5+660.5）×26.4厘米；15紙；387行，行17字。
2.2　01：6.5+3.6，6；　02：47.3，28；　03：47.4，28；
04：47.5，28；　05：47.5，28；　06：47.0，28；
07：47.5，28；　08：47.5，28；　09：47.5，28；
10：47.3，28；　11：47.5，28；　12：47.4，28；
13：47.3，28；　14：47.2，28；　15：41.0，17。
2.3　卷軸裝。首殘尾全。卷面有水漬，上下邊有殘缺。尾有原軸，兩端塗黑漆。有烏絲欄。
3.1　首4行中上殘→大正220，6/188C26～29。
3.2　尾全→6/193B6。
4.2　大般若波羅蜜多經卷第二百卌六（尾）。
8　8～9世紀。吐蕃統治時期寫本。
9.1　楷書。
11　圖版：《敦煌寶藏》，74/228A～236A。

1.1　BD05114號
1.3　金光明最勝王經卷五
1.4　稱014
1.5　083:1722
2.1　（8+650.3）×25厘米；14紙；363行，行17字。
2.2　01：8+5.7，13；　02：47.7，27；　03：48.0，27；
04：47.8，27；　05：47.7，27；　06：51.0，29；
07：50.0，28；　08：50.2，28；　09：49.8，29；
10：49.9，28；　11：49.9，28；　12：50.0，28；
13：51.3，28；　14：51.3，16。
2.3　卷軸裝。首殘尾全。卷面多水漬，卷尾有蟲蛀殘洞及蟲繭。有燕尾。有烏絲欄。
3.1　首10行上殘→大正665，16/423A9～18。
3.2　尾全→16/427B13。
4.2　金光明最勝王經卷第五（尾）。
5　尾附音義。
8　8～9世紀。吐蕃統治時期寫本。
9.1　楷書。
11　圖版：《敦煌寶藏》，69/448B～457A。

1.1　BD05115號
1.3　金剛般若波羅蜜經
1.4　稱015
1.5　094:3909
2.1　346.2×26厘米；10紙；257行，行15字。
2.2　01：04.5，03；　02：24.0，18；　03：45.7，35；
04：44.5，35；　05：41.0，31；　06：46.0，35；
07：32.5，25；　08：44.5，34；　09：46.0，34；
10：17.5，07。
2.3　卷軸裝。首斷尾全。有烏絲欄。
3.1　首殘→大正235，8/749C16。
3.2　尾全→8/752C3。
4.2　金剛般若經（尾）。
5　與《大正藏》本相比，本卷經文雖有冥司偈，但為60字，少“衆生”2字。參見《大正藏》，8/751C16～19。
8　9～10世紀。歸義軍時期寫本。

9.1　楷書。
11　圖版:《敦煌寶藏》,81/158B～162B。

1.1　BD05116號
1.3　妙法蓮華經（八卷本）卷五
1.4　稱016
1.5　105:5403
2.1　(5＋838.1)×29.5厘米；20紙；505行，行17字。
2.2　01：5＋38.2，26；　02：43.5，26；　03：43.2，26；
04：43.3，26；　05：43.3，26；　06：43.3，26；
07：43.3，26；　08：43.2，26；　09：43.3，26；
10：43.2，26；　11：43.2，26；　12：43.5，26；
13：43.2，26；　14：43.4，26；　15：43.2，26；
16：43.0，26；　17：43.5，26；　18：43.0，26；
19：43.0，26；　20：21.3，11。
2.3　卷軸裝。首脱尾全。卷首上下残缺。有烏絲欄。
3.1　首3行上下殘→大正262，9/34C27～35A1。
3.2　尾全→9/42A28。
4.2　妙法蓮華經卷第五（尾）。
5　與《大正藏》本相比，分卷不同，相當於《大正藏》本卷四“提婆達多品”第十二至卷五“從地踴出品”第十五，屬於八卷本。
8　7～8世紀。唐寫本。
9.1　楷書。
11　圖版:《敦煌寶藏》,91/358A～369B。

1.1　BD05117號
1.3　妙法蓮華經卷二
1.4　稱017
1.5　105:4762
2.1　(1.4＋719)×24.6厘米；17紙；431行，行17字。
2.2　01：1.4＋5.6，04；　02：46.2，28；　03：46.4，28；
04：46.2，28；　05：46.2，28；　06：46.2，28；
07：46.2，28；　08：46.2，28；　09：46.2，28；
10：46.2，28；　11：46.2，28；　12：46.2，28；
13：46.3，28；　14：46.2，28；　15：46.2，28；
16：46.3，28；　17：20.0，07。
2.3　卷軸裝。首殘尾全。經黄紙。接縫處有開裂，卷面有破裂。有燕尾。有烏絲欄。
3.1　首行上下殘→大正262，9/13A7。
3.2　尾全→9/19A12。
4.2　妙法蓮華經卷第二（尾）。
8　7～8世紀。唐寫本。
9.1　楷書。
11　圖版:《敦煌寶藏》,86/392A～401B。

1.1　BD05118號
1.3　大般涅槃經（北本）卷一二
1.4　稱018
1.5　115:6354
2.1　(3＋54.5＋3)×25.2厘米；2紙；33行，行17字。
2.2　01：3＋31.5，19；　02：23＋3，14。
2.3　卷軸裝。首尾均殘。通卷殘破嚴重。首紙下脱落一小殘片。有烏絲欄。已修整。
3.1　首2行下殘→大正374，12/435C25～27。
3.2　尾行下殘→12/436A29。
8　6世紀。南北朝寫本。
9.1　楷書。
11　圖版:《敦煌寶藏》,98/371A～B。

1.1　BD05119號
1.3　大般若波羅蜜多經卷三三一
1.4　稱019
1.5　084:2899
2.1　144.7×26.2厘米；3紙；84行，行17字。
2.2　01：48.5，28；　02：48.2，28；　03：48.0，28。
2.3　卷軸裝。首尾均脱。第2紙字迹與第1、3紙不同。有烏絲欄。
3.1　首殘→大正220，6/697B21。
3.2　尾殘→6/698B17。
6.2　尾→BD04801號。
8　8～9世紀。吐蕃統治時期寫本。
9.1　楷書。有武周新字“人”、“正”，使用不周遍。
9.2　有行间校加字。
11　圖版:《敦煌寶藏》,75/420～421B。

1.1　BD05120號
1.3　妙法蓮華經卷七
1.4　稱020
1.5　105:5934
2.1　47.2×26厘米；1紙；28行，行17字。
2.3　卷軸裝。首尾均脱。經黄紙。卷首上邊有破裂，卷面變色。有烏絲欄。
3.1　首殘→大正262，9/56A16。
3.2　尾殘→9/56B18。
8　7～8世紀。唐寫本。
9.1　楷書。
11　圖版:《敦煌寶藏》,96/63B～64A。

1.1　BD05121號
1.3　妙法蓮華經卷一
1.4　稱021
1.5　105:4552
2.1　(3＋720.3)×25.5厘米；18紙；409行，行17字。

2.2　01：3＋30.8，20；　02：41.2，24；　03：41.3，24；
04：41.5，24；　05：41.8，24；　06：41.7，24；
07：41.8，24；　08：41.7，24；　09：41.7，24；
10：41.7，24；　11：41.8，24；　12：41.7，24；
13：41.7，24；　14：41.8，24；　15：41.6，24；
16：41.6，24；　17：41.9，24；　18：23.0，05。
2.3　卷軸裝。首殘尾全。卷前部油污變色，卷面有等距離黴斑，卷尾上下有多處蟲繭。有烏絲欄。
3.1　首2行殘→大正262，9/3A20～23。
3.2　尾全→9/10B21。
4.2　妙法蓮華經卷第一（尾）。
8　7～8世紀。唐寫本。
9.1　楷書。
11　圖版：《敦煌寶藏》，84/369B～380B。

1.1　BD05122號
1.3　金剛般若波羅蜜經
1.4　稱022
1.5　094:3650
2.1　(16＋440.3)×26厘米；12紙；264行，行18～19字。
2.2　01：16＋4.5，12；　02：42.5，25；　03：42.3，25；
04：42.5，25；　05：42.4，25；　06：42.5，25；
07：42.5，25；　08：42.5，25；　09：42.4，25；
10：42.5，24；　11：42.2，24；　12：11.5，04。
2.3　卷軸裝。首殘尾全。第2紙有破裂，第11、12紙接縫處開裂；卷面脱落2塊殘片，一塊可以綴接。卷尾有蟲繭。背有古代裱補。有烏絲欄。
3.1　首10行上、下殘→大正235，8/749A5～16。
3.2　尾全→8/752C3。
4.2　金剛般若波羅蜜經（尾）。
5　與《大正藏》本相比，本卷經文無冥司偈，參見《大正藏》，8/751C16～19。
8　9～10世紀。歸義軍時期寫本。
9.1　楷書。
11　圖版：《敦煌寶藏》，79/346A～351B。

1.1　BD05123號
1.3　大般若波羅蜜多經卷一六
1.4　稱023
1.5　084:2048
2.1　95×25.4厘米；2紙；56行，行17字。
2.2　01：48.0，28；　02：47.0，28。
2.3　卷軸裝。首尾均脱。卷面有横向破裂。有烏絲欄。
3.1　首殘→大正220，5/85C9。
3.2　尾殘→5/86B6。
6.1　首→BD04867號。
8　8～9世紀。吐蕃統治時期寫本。
9.1　楷書。
9.2　有刮改。
11　圖版：《敦煌寶藏》，71/473B～474B。

1.1　BD05124號
1.3　維摩詰所説經卷中
1.4　稱024
1.5　070:1085
2.1　(21.5＋838)×26厘米；19紙；519行，行17字。
2.2　01：21.5＋10，19；　02：46.0，28；　03：46.0，28；
04：46.0，28；　05：46.0，28；　06：46.0，28；
07：46.0，28；　08：46.0，28；　09：46.0，28；
10：46.0，28；　11：46.0，28；　12：46.0，28；
13：46.0，28；　14：46.0，28；　15：46.0，28；
16：46.0，28；　17：46.0，28；　18：46.0，28；
19：46.0，24。
2.3　卷軸裝。首殘尾全。卷首右下殘缺，卷面有水漬及破裂，卷尾有蟲繭，有蟲蛀殘洞。有烏絲欄。
3.1　首13行中下殘→大正475，14/545A8～22。
3.2　尾全→14/551C27。
4.2　維摩詰經卷中（尾）。
8　9～10世紀。歸義軍時期寫本。
9.1　楷書。
11　圖版：《敦煌寶藏》，65/207A～218B。

1.1　BD05125號
1.3　妙法蓮華經卷二
1.4　稱025
1.5　105:4866
2.1　50.5×25厘米；1紙；28行，行17字。
2.3　卷軸裝。首尾均脱。經黄打紙。卷面有油污，卷下有破裂、殘損。背有古代裱補。有烏絲欄。
3.1　首殘→大正262，9/12A2。
3.2　尾殘→9/12B9。
8　7～8世紀。唐寫本。
9.1　楷書。
11　圖版：《敦煌寶藏》，87/123A～B。

1.1　BD05126號
1.3　維摩詰所説經卷中
1.4　稱026
1.5　070:1086
2.1　(2＋940)×25.5厘米；22紙；550行，行17字。
2.2　01：2＋35，23；　02：44.0，26；　03：44.0，26；
04：44.0，26；　05：44.0，26；　06：44.0，26；
07：44.0，26；　08：44.0，26；　09：44.0，26；
10：44.0，26；　11：44.0，26；　12：44.0，26；

13：44.0，26；　14：44.0，26；　15：44.0，26；
16：44.0，26；　17：44.0，26；　18：44.0，26；
19：44.0，26；　20：44.0，26；　21：44.0，26；
22：25.0，07。
2.3　卷軸裝。首殘尾全。第1、2紙上下邊有破裂，第3紙尾斷爲2截。有烏絲欄。
3.1　首行殘→大正475，14/544B26。
3.2　尾全→14/551C27。
4.2　維摩詰經卷中（尾）。
8　8~9世紀。吐蕃統治時期寫本。
9.1　楷書。
9.2　有刮改。
11　圖版：《敦煌寶藏》，65/219A~232A。

1.1　BD05127號
1.3　妙法蓮華經卷六
1.4　稱027
1.5　105:5774
2.1　103×25.8厘米；2紙；56行，行17字。
2.2　01：51.5，28；　02：51.5，28。
2.3　卷軸裝。首尾均脱。經黄打紙。第1紙接縫處下部有開裂。有烏絲欄。
3.1　首殘→大正262，9/49A20。
3.2　尾殘→9/50A17。
8　7~8世紀。唐寫本。
9.1　楷書。
11　圖版：《敦煌寶藏》，94/662B~663B。

1.1　BD05128號
1.3　無量壽宗要經
1.4　稱028
1.5　275:7830
2.1　171.5×31厘米；4紙；112行，行30餘字。
2.2　01：43.0，30；　02：43.0，31；　03：43.0，31；
04：42.5，20。
2.3　卷軸裝。首尾均全。卷首殘破嚴重。有烏絲欄。
3.1　首全→大正936，19/82A3。
3.2　尾全→19/84C29。
4.1　大乘無量壽經（首）。
4.2　佛説無量壽宗要經（尾）。
7.1　第1紙首背面有寺院題名“修”（敦煌寺院靈修寺簡稱）。第4紙末有題記“令狐晏兒寫”。
8　8~9世紀。吐蕃統治時期寫本。
9.1　行楷。
9.2　有刮改。有校改。
11　圖版：《敦煌寶藏》，108/66A~68A。

1.1　BD05129號
1.3　無量壽宗要經
1.4　稱029
1.5　275:7929
2.1　(40+6.5)×31厘米；1紙；30行，行30餘字。
2.3　卷軸裝。首全尾殘。上下邊殘損，中間有横向破裂和殘洞。有烏絲欄。
3.1　首全→大正936，19/82A3。
3.2　尾4行上殘→19/82C4~11。
4.1　大乘無量壽經（首）。
8　8~9世紀。吐蕃統治時期寫本。
9.1　行楷。
11　圖版：《敦煌寶藏》，108/320A。

1.1　BD05130號
1.3　大般若波羅蜜多經卷二四
1.4　稱030
1.5　084:2070
2.1　262×25.7厘米；6紙；145行，行17字。
2.2　01：48.4，28；　02：48.2，28；　03：48.2，28；
04：48.2，28；　05：48.0，28；　06：21.0，05。
2.3　卷軸裝。首脱尾全。卷面有殘洞。有燕尾。尾有原軸，兩端塗硃漆，軸頭已壞。有烏絲欄。
3.1　首殘→大正220，5/135A5。
3.2　尾全→5/136C3。
4.2　大般若波羅蜜多經卷第廿四（尾）。
8　8~9世紀。吐蕃統治時期寫本。
9.1　楷書。
11　圖版：《敦煌寶藏》，71/564B~567B。

1.1　BD05131號
1.3　維摩詰所説經卷中
1.4　稱031
1.5　070:1087
2.1　(17+78+7)×25厘米；3紙；59行，行17字。
2.2　01：17+30.5，28；　02：47.5，28；　03：07.0，03。
2.3　卷軸裝。首脱尾殘。經黄紙。卷首右下有殘缺，卷面有殘洞。有烏絲欄。
3.1　首10行下殘→大正475，14/545B25~C7。
3.2　尾3行下殘→14/546A28~B1。
8　7~8世紀。唐寫本。
9.1　楷書。
9.2　有校改。
11　圖版：《敦煌寶藏》，65/232B~233B。

1.1　BD05132號
1.3　勝天王般若波羅蜜經卷四

1.4　稱 032
1.5　461:8678
2.1　46.4×26.4 厘米；1 紙；28 行，行 17 字。
2.3　卷軸裝。首尾均脫。有烏絲欄。
3.1　首殘→大正 231，8/707B6。
3.2　尾殘→8/707C6。
8　7～8 世紀。唐寫本。
9.1　楷書。
11　圖版：《敦煌寶藏》，111/160A～B。

1.1　BD05133 號
1.3　大般涅槃經（北本　異卷）卷三八
1.4　稱 033
1.5　115:6523
2.1　（19＋103）×26.5 厘米；3 紙；62 行，行 17 字。
2.2　01：19＋26，26；　02：49.0，28；　03：28.0，08。
2.3　卷軸裝。首殘尾全。經黃打紙。首紙上下有殘損。有燕尾。有烏絲欄。
3.1　首 11 行上下殘破→大正 374，12/591C23～592A4。
3.2　尾全→12/592B26。
4.2　大般涅槃經卷第三十八（尾）。
5　與《大正藏》本相比，分卷不同。相當於《大正藏》本卷三九的前部分。宮内寮本卷二八末尾結束處與本文獻同。
8　7～8 世紀。唐寫本。
9.1　楷書。
11　圖版：《敦煌寶藏》，100/112B～114A。

1.1　BD05134 號
1.3　金剛般若波羅蜜經
1.4　稱 034
1.5　094:3658
2.1　144×25.5 厘米；3 紙；83 行，行 17 字。
2.2　01：48.0，28；　02：48.5，28；　03：47.5，27。
2.3　卷軸裝。首尾均脫。前 2 紙下邊有等距離殘缺，第 2、3 紙接縫開裂，卷面有水漬。背有古代裱補。有烏絲欄。
3.1　首殘→大正 235，8/749A17。
3.2　尾殘→8/750A18。
8　9～10 世紀。歸義軍時期寫本。
9.1　楷書。
9.2　有塗抹。
11　圖版：《敦煌寶藏》，79/386B～388A。

新舊編號對照表

一、千字文號與北敦號、縮微膠卷號對照表

千字文號	北敦號	縮微膠卷號
珠 071	BD05071 號	084：3021
珠 072	BD05072 號	105：5583
珠 073	BD05073 號	105：5496
珠 074	BD05074 號	201：7195
珠 075	BD05075 號	083：1821
珠 076	BD05076 號	063：0792
珠 077	BD05077 號	084：2417
珠 078	BD05078 號	084：3200
珠 079	BD05079 號	070：1188
珠 080	BD05080 號	157：6937
珠 081	BD05081 號	084：2357
珠 082	BD05082 號	105：4954
珠 083	BD05083 號	084：2914
珠 084	BD05084 號	084：2688
珠 085	BD05085 號	105：5818
珠 086	BD05086 號	083：1752
珠 087	BD05087 號	094：4234
珠 088	BD05088 號	105：4893
珠 089	BD05089 號	105：5418
珠 090	BD05090 號	083：1769
珠 091	BD05091 號	084：2741
珠 092	BD05092 號	001：0030
珠 093	BD05093 號	105：4576
珠 094	BD05094 號	070：0997
珠 095	BD05095 號	084：2565
珠 096	BD05096 號	084：2494
珠 097	BD05097 號	115：6284
珠 098	BD05098 號	083：1741
珠 099	BD05099 號	115：6361
珠 100	BD05100 號	409：8565
稱 001	BD05101 號	094：3666
稱 002	BD05102 號	156：6824
稱 003	BD05103 號	201：7210
稱 004	BD05104 號	111：6223
稱 005	BD05105 號 1	014：0193
稱 005	BD05105 號 2	014：0193
稱 006	BD05106 號	105：4979
稱 007	BD05107 號	105：5667
稱 008	BD05108 號	105：5213
稱 009	BD05109 號	084：2316
稱 010	BD05110 號	105：5000
稱 011	BD05111 號	105：4783
稱 012	BD05112 號	084：2221
稱 013	BD05113 號	084：2611
稱 014	BD05114 號	083：1722
稱 015	BD05115 號	094：3909
稱 016	BD05116 號	105：5403
稱 017	BD05117 號	105：4762
稱 018	BD05118 號	115：6354
稱 019	BD05119 號	084：2899
稱 020	BD05120 號	105：5934
稱 021	BD05121 號	105：4552
稱 022	BD05122 號	094：3650
稱 023	BD05123 號	084：2048
稱 024	BD05124 號	070：1085
稱 025	BD05125 號	105：4866
稱 026	BD05126 號	070：1086
稱 027	BD05127 號	105：5774
稱 028	BD05128 號	275：7830
稱 029	BD05129 號	275：7929
稱 030	BD05130 號	084：2070
稱 031	BD05131 號	070：1087
稱 032	BD05132 號	461：8678
稱 033	BD05133 號	115：6523
稱 034	BD05134 號	094：3658

二、縮微膠卷號與北敦號、千字文號對照表

縮微膠卷號	北敦號	千字文號	縮微膠卷號	北敦號	千字文號
001：0030	BD05092 號	珠 092	094：3909	BD05115 號	稱 015
014：0193	BD05105 號 1	稱 005	105：4576	BD05093 號	珠 093
014：0193	BD05105 號 2	稱 005	105：4893	BD05088 號	珠 088
063：0792	BD05076 號	珠 076	105：4954	BD05082 號	珠 082
070：0997	BD05094 號	珠 094	105：5418	BD05089 號	珠 089
070：1188	BD05079 號	珠 079	105：5496	BD05073 號	珠 073
070：1085	BD05124 號	稱 024	105：5583	BD05072 號	珠 072
070：1086	BD05126 號	稱 026	105：5818	BD05085 號	珠 085
070：1087	BD05131 號	稱 031	105：4552	BD05121 號	稱 021
083：1741	BD05098 號	珠 098	105：4762	BD05117 號	稱 017
083：1752	BD05086 號	珠 086	105：4783	BD05111 號	稱 011
083：1769	BD05090 號	珠 090	105：4866	BD05125 號	稱 025
083：1821	BD05075 號	珠 075	105：4979	BD05106 號	稱 006
083：1722	BD05114 號	稱 014	105：5000	BD05110 號	稱 010
084：2357	BD05081 號	珠 081	105：5213	BD05108 號	稱 008
084：2417	BD05077 號	珠 077	105：5403	BD05116 號	稱 016
084：2494	BD05096 號	珠 096	105：5667	BD05107 號	稱 007
084：2565	BD05095 號	珠 095	105：5774	BD05127 號	稱 027
084：2688	BD05084 號	珠 084	105：5934	BD05120 號	稱 020
084：2741	BD05091 號	珠 091	111：6223	BD05104 號	稱 004
084：2914	BD05083 號	珠 083	115：6284	BD05097 號	珠 097
084：3021	BD05071 號	珠 071	115：6361	BD05099 號	珠 099
084：3200	BD05078 號	珠 078	115：6354	BD05118 號	稱 018
084：2048	BD05123 號	稱 023	115：6523	BD05133 號	稱 033
084：2070	BD05130 號	稱 030	156：6824	BD05102 號	稱 002
084：2221	BD05112 號	稱 012	157：6937	BD05080 號	珠 080
084：2316	BD05109 號	稱 009	201：7195	BD05074 號	珠 074
084：2611	BD05113 號	稱 013	201：7210	BD05103 號	稱 003
084：2899	BD05119 號	稱 019	275：7830	BD05128 號	稱 028
094：4234	BD05087 號	珠 087	275：7929	BD05129 號	稱 029
094：3650	BD05122 號	稱 022	409：8565	BD05100 號	珠 100
094：3658	BD05134 號	稱 034	461：8678	BD05132 號	稱 032
094：3666	BD05101 號	稱 001			